Hans-Joachim Lauth (Hrsg.)

Vergleichende Regierungslehre

Hans-Joachim Lauth (Hrsg.)

Vergleichende Regierungslehre

Eine Einführung

3., aktualisierte und erweiterte Auflage

Bibliografische Information der Deutschen Nationalbibliothek
Die Deutsche Nationalbibliothek verzeichnet diese Publikation in der
Deutschen Nationalbibliografie; detaillierte bibliografische Daten sind im Internet über
<http://dnb.d-nb.de> abrufbar.

1. Auflage 2002
2. Auflage 2006
3., aktualisierte und erweiterte Auflage 2010

Alle Rechte vorbehalten
© VS Verlag für Sozialwissenschaften | Springer Fachmedien Wiesbaden GmbH 2010

Lektorat: Frank Schindler

VS Verlag für Sozialwissenschaften ist eine Marke von Springer Fachmedien.
Springer Fachmedien ist Teil der Fachverlagsgruppe Springer Science+Business Media.
www.vs-verlag.de

Das Werk einschließlich aller seiner Teile ist urheberrechtlich geschützt. Jede
Verwertung außerhalb der engen Grenzen des Urheberrechtsgesetzes ist
ohne Zustimmung des Verlags unzulässig und strafbar. Das gilt insbesondere
für Vervielfältigungen, Übersetzungen, Mikroverfilmungen und die Einspei-
cherung und Verarbeitung in elektronischen Systemen.

Die Wiedergabe von Gebrauchsnamen, Handelsnamen, Warenbezeichnungen usw. in diesem
Werk berechtigt auch ohne besondere Kennzeichnung nicht zu der Annahme, dass solche
Namen im Sinne der Warenzeichen- und Markenschutz-Gesetzgebung als frei zu betrachten
wären und daher von jedermann benutzt werden dürften.

Umschlaggestaltung: KünkelLopka Medienentwicklung, Heidelberg
Druck und buchbinderische Verarbeitung: Ten Brink, Meppel
Gedruckt auf säurefreiem und chlorfrei gebleichtem Papier
Printed in Germany

ISBN 978-3-531-17309-2

Inhalt

Vorwort zur dritten Auflage 7

Vorwort zur zweiten Auflage 9

I. Grundlagen und Methoden

Gegenstand, grundlegende Kategorien und Forschungsfragen
der „Vergleichenden Regierungslehre"
Hans-Joachim Lauth / Christoph Wagner 17

Methoden der Vergleichenden Regierungslehre
Hans-Joachim Lauth / Jürgen Winkler 39

Comparing 'Systems' and 'Cultures':
Between Universalities, Imperialism, and Indigenousity
Hartmut Behr / Felix Roesch 73

II. *Polity* – Strukturen und Institutionen

Regimetypen: Totalitarismus – Autoritarismus – Demokratie
Hans-Joachim Lauth 95

Regierungssysteme und Demokratietypen
Aurel Croissant 117

Vergleichende Verwaltungswissenschaft: Verwaltungssysteme,
Verwaltungskulturen und Verwaltungsreformen in internationaler
Perspektive
Sabine Kuhlmann 140

Die Europäische Union in der Vergleichenden Politikwissenschaft
Siegmar Schmidt 161

Systemwechsel
Wolfgang Merkel / Peter Thiery 186

III. *Politics* – Akteure und Prozesse

Parteien und Parteiensysteme
Jürgen Winkler 215

Wahlen und Wahlsysteme
Dieter Nohlen 237

Parlamente
Klaus von Beyme 264

Demokratietypen, institutionelle Dynamik und Interessenvermittlung:
Das Konzept der Verhandlungsdemokratie
Roland Czada 283

Politische Kultur
Bettina Westle 306

IV. *Policy* – Politikergebnisse und Handlungsbedingungen

Sozialpolitik
Nico A. Siegel / Sven Jochem 329

Umweltpolitik
Wolfgang Muno 349

Vergleichende Sozialkapitalforschung
Volker Kunz 373

Politikfeldanalyse und internationale Kooperation
Jörg Faust / Thomas Vogt 396

Anhang

Personenverzeichnis 421

Stichwortverzeichnis 423

Autorenverzeichnis 436

Vorwort zur dritten Auflage

In den Sozialwissenschaften ändert sich nicht nur der Gegenstand der Forschung ständig, sondern auch die Ausrichtung der Forschung selbst ist im Wandel begriffen. Lehrbücher versuchen stets das aktuellste Bild der wissenschaftliche Diskussion und Forschungstätigkeit zu erfassen. Zugleich entwerfen sie mit dem Fokus auf die zentralen Themen ein Bild der Disziplin, in dem sich diese in ihren wesentlichen Bestandteilen findet. Auch die hier vorliegende dritte Auflage der Vergleichenden Regierungslehre stand vor dieser Aufgabe. Dabei zeigte sich, dass die bestehende Grundstruktur weiterhin trägt. Lediglich ein Beitrag zur Vergleichenden Verwaltungswissenschaft wurde neu aufgenommen, da dieser Bereich in den letzten Jahren eine verstärkte komparative Ausrichtung erfahren und wichtige thematische Überschneidungen mit der Politikwissenschaft hat, wie auch die gemeinsamen Wurzeln verdeutlichen. Dagegen wurde der Beitrag zur Politik im Netz herausgenommen, der auf wichtige Web-Adressen im Bereich der vergleichenden Politikwissenschaft verwiesen hatte. Kaum ein anderer Bereich verdeutlicht so rasch die Veränderung der Lehr- und Forschungssituation. Dies betrifft zum einen die Web-Adressen selbst, die sich ständig verändern, und zum anderen die Studierenden, die nach jahrelanger eigener Web-Erfahrung solch einer Hilfestellung nicht mehr bedürfen. Hier sei lediglich der obligatorische Hinweis angebracht, dass „find, copy and paste" kein angemessenes Verständnis für wissenschaftliches Arbeiten ist. Abgesehen davon, dass Plagiate immer leichter gefunden werden, wird der Sinn des Studiums zentral verfehlt, der auf eigenständigem Arbeiten beruht. Die anderen Beiträge des Bandes wurden aktualisiert, wobei der neuste Forschungsstand einbezogen wurde.

Für die Bereitschaft der Autorinnen und Autoren, diese Aufgaben zu übernehmen, möchte ich mich bedanken; gleichfalls bei Frau Anne Fuchs, die sich wiederum für die Layout-Gestaltung verantwortlich zeigte. Allen Studierenden soll der vorliegenden Band nicht nur einen systematischen Überblick über die Grundlagen der vergleichenden Politikwissenschaft geben, sondern auch dazu beitragen, dass sie anschließend viele Fragen beantworten können, aber auch neue gefunden haben.

Würzburg im Frühjahr 2010   *Hans-Joachim Lauth*

Vorwort zur zweiten Auflage

Im Bereich der „Vergleichenden Politikwissenschaft" beziehungsweise *comparative politics* haben sich im letzten Jahrzehnt bemerkenswerte Änderungen vollzogen. Dies ist im Bereich der US-amerikanischen Politikwissenschaft gut dokumentiert (Caporaso 2000; Laitin 2000) und lässt sich gleichfalls für die deutsche Diskussion feststellen. Im Maßgeblichen betrifft die Debatte das methodologische Selbstverständnis der Subdisziplin. Diese Veränderungen geben in einem doppelten Sinne Anlass, sich mit diesen jüngeren Entwicklungen zu beschäftigen. Zum einen ist es erneut angebracht, über das Selbstverständnis der vergleichenden Politikwissenschaft nachzudenken: Was ist ihr einigender Kern? Bereits die Vielfalt der Etikettierungen der Subdisziplin verweist auf die bis heute bestehenden Schwierigkeiten, einen Konsens darüber zu finden, was Zweck und Gegenstand dieser Subdisziplin sein soll. Zum anderen ist es nahe liegend, Studierenden eine Orientierung an die Hand zu geben, damit sich diese in der komplexen Situation besser zurecht finden können. Angesprochen sind damit sowohl die Grundlagen (Begriffe, Theorien und Methoden) und bleibenden Fragestellungen der Vergleichenden Politikwissenschaft als auch überblickartige Informationen über neuere und neueste Entwicklungen. Solch eine Orientierung, die der vorliegende Band geben möchte, ist maßgeblich an diejenigen gerichtet, die beginnen, sich mit der Materie auseinanderzusetzen. Es wird jedoch zugleich an verschiedener Stelle die Möglichkeit eröffnet, sich auch vertiefend mit zentralen Fragen zu befassen.

Fast schon Tradition hat die Behauptung, dass diese Subdisziplin eine gespaltene ist (Mayer 1989). Dies wird mit dem Hinweis der divergenten methodologischen Perspektive begründet. Demnach besteht nach der einen Tradition der maßgebliche Zweck der komparativen Forschung in der Erzeugung und Überprüfung theoretischer Aussagen. Komparatistik wird nur als Methode begriffen, um dieses Ziel zu erreichen. Voraussetzung ist die Annahme, dass Methoden und grundlegende begriffliche Kategorien universell einsetzbar sind. Dieser Position steht die zweite Tradition skeptisch gegenüber. Deren Anliegen besteht in dem angemessenen Verstehen des Einzelfalls. In der differenzierten Betrachtung des Falles zeige sich, das die Besonderheiten der einzelnen Fälle es wenig aussichtsreich erscheinen lassen, zu theoretischen Aussagen zu gelangen. Wenn überhaupt lassen sich lediglich Gemeinsamkeiten und Unterschiede zwischen ihnen feststellen. Beide Positionen markieren Extreme, die in ihrer Reinform nur selten vertreten werden. Die empirische Forschung hat sich demgegenüber viel stärker pragmatisch verhalten und in unterschiedlicher Weise versucht, die Anliegen beider Traditionen zu verknüpfen. Im *mainstream* der Forschung hat sich hierbei die Relevanz der Theoriegeleitetheit der vergleichenden Untersuchung eindrucksvoll bestätigt (Helms/Jun 2004). Dies reflektiert zugleich das Verlangen, durch den Vergleich zu theoretischen Aussagen zu gelangen. Damit hat sich die in der ersten Tradition zugrunde liegende methodische Ausrichtung als richtungweisend für die vergleichende Politikwissenschaft erwiesen (vgl. Brown 2000). Die zweite Tradition bildet in diesem Zusammenhang ein kritisches Korrektiv, um die Grenzen und Fallen einer naiven methodologischen Position aufzuzeigen sowie die Bedeutung der kulturellen Verankerung von Forscher und Forschungsobjekt zu reflektieren. Durch die intensive methodologische Debatte in den letzten Jahren haben sich das methodologische Instrumentarium und die diesbezügliche Reflexion sehr beachtlich weiterentwickelt (Ragin 1987; King/Keohane/Verba 1994; Peters 1998).

Diese Entwicklung macht darauf aufmerksam, dass sich die Spaltung der Subdisziplin zugleich mit dem Hinweis auf Integrationstendenzen verbinden lässt (Keman 1993). Dies bedeutet jedoch nicht, dass keinerlei Spannungen zu verzeichnen sind. Es lassen sich vielmehr verschiedene Bruchstellen aufzeigen, die zum Teil mit der genannten methodischen Trennung in Zusammenhang stehen und die zeigen, dass eine umfassende Integration der politikwissenschaftlichen Komparatistik bislang nicht vorliegt. Im methodischen Bereich haben sich trotz aller Integrationsperspektiven Positionen behauptet und weiterentwickelt, die verschiedene Wege favorisieren. Neben der statistischen Methode ist hier der makro-qualitative Ansatz (Ragin) zu nennen. Zugleich haben Fallstudien in spieltheoretischer Ausrichtung an Aktualität gewonnen (Bates u. a. 1998). Ebenfalls bleibt die kulturrelativistische Kritik an der universalistischen Ausrichtung der vergleichenden Methode virulent. Ein eher banaler Grund hat zur – in vielen Facetten noch bestehenden – Trennung der Untersuchung von Industrieländern (OECD-Staaten) und Entwicklungsländern (oftmals unter den Betriff *area-studies* gefasst) beigetragen. Dieser besteht in der unterschiedlichen Daten- und Quellenlage. Während viele untersuchungsrelevante Faktoren in OECD-Ländern gut dokumentiert sind (z. B. Lane 1997), gilt dies nicht in gleicher Weise für Entwicklungsländer, wenngleich auch hier beachtliche Fortschritte zu verzeichnen sind (Nohlen/Nuscheler). Doch weiterhin bleibt oftmals die Datenlage unsicher und lückenhaft, wie Statistiken der Weltbank zeigen. Der Mangel an Informationen hatte wiederum auch dazu geführt, dass viele Entwicklungsländerstudien in der Vergangenheit eher deskriptiv ausgerichtet waren. Doch inzwischen hatten sich die Untersuchungsmethoden und theoretischen Konzeptionen im OECD- und Nicht-OECD-Bereich vielfach angenähert; mehr noch: Gerade die theoretische Reflexion über die empirischen Befunde in Entwicklungsländern haben neue konzeptionelle Impulse geliefert. Dazu zählt neben typologischen Innovationen (z. B. Subtypen der Demokratie) der Einbezug informeller Institutionen in die vergleichende Untersuchung. Diese werden als wichtige Verhaltensdeterminanten jenseits der formalen Institutionen zunehmend auch in OECD-Ländern beachtet (Lauth/Liebert 1999).

Eine weitere Differenzierung findet ihren Ausdruck in der präferierten Ebenenwahl. Während klassischen Vergleichsstudien vornehmlich der Nationalstaat als Untersuchungsobjekt zugrunde lag, beachten neuere Studien in verstärktem Maße auch die lokale und regionale Ebene (Putnam 1993). Darüber hinaus finden supranationale Einrichtungen, internationale Organisationen und Regime zunehmend Eingang in die komparative Forschung. Damit ist nicht nur eine Erweiterung der Untersuchungsebene verbunden, sondern deren Veränderung selbst. So werden zu Recht immer stärker internationale Faktoren als konzeptionelle Bestandteile zahlreicher Untersuchungen von nationaler Politik berücksichtigt, was allerdings die Forschung nicht einfacher macht. Eine andere analytische Trennung findet schließlich ebenfalls ihre Entsprechung in der empirischen Forschung. Angesprochen ist die Unterscheidung zwischen *polity, politics* und *policy,* die auch für die Gliederung dieses Bandes aufgegriffen wurde. Vor allem *Policy*-Studien haben hierbei an Bedeutung gewonnen. Dabei wird oftmals übersehen, dass gerade Themen aus dem Bereich der *policy* – zu denken ist an die Forschung über Transformation und Stabilität staatlicher Strukturen – und der *politics* – sei es in dem weiten Feld politischer Partizipation oder hinsichtlich von Konfliktverhalten – maßgeblich zur jüngeren Forschungsentwicklung beigetragen haben. Die Konfrontationsstellung ist zudem unnötig, da eine adäquate *policy*-Forschung gerade Akteursverhalten und Institutionen berücksichtigt (Schmidt 1997; Scharpf 2000).

Als vorläufiges Fazit kann daher behauptet werden, dass trotz sichtbarer Differenzierungstendenzen ein gehöriges Maß an Integrationspotenzial vorhanden ist, das die Subdisziplin ihre Einheit bewahren lässt. Der vorliegende Band möchte die unterschiedlichen Perspektiven aufnehmen und zugleich Hinweise liefern, wie die Differenzen in verschiedener Weise zu integrieren sind. Auf diese Weise prägt ein diskursiver Duktus den Band. Auch wenn der unterschiedliche theoretische Standpunkt der einzelnen Autorinnen und Autoren nicht ignoriert werden soll, so steht stets das Bemühen im Vordergrund, die unterschiedlichen Zugänge zu den einzelnen Themen und ihren zentralen Fragestellungen zu verdeutlichen. Dass es hierbei innerhalb der Autorengruppe durchaus zu Differenzen kommen kann, ist weder zu vermeiden noch ungewollt. Es verdeutlicht vielmehr die Pluralität der wissenschaftlichen Zugänge. Solche Differenzen sollen aber den Blick auf die mannigfaltigen Gemeinsamkeiten nicht verstellen, die inzwischen das Feld der vergleichenden Regierungslehre kennzeichnen. Dies betrifft das wissenschaftliche Verständnis ebenso wie die Konventionen hinsichtlich der Begriffsverwendungen. Ein weiteres besonderes Kennzeichen des Bandes liefert die vielschichtige Behandlung der *Demokratie.* Erörtert werden Begriff und typologische Differenzierungen auf den Ebenen von Regimetyp und Regierungssystem. In die Überlegungen zur Demokratie einbezogen sind zentrale Aspekte der inneren Dynamik und Stabilisierung, der Repräsentation sowie der maßgeblichen institutionellen Akteure. Weiterhin werden kulturelle Grundlagen der Demokratie und die Performanz demokratischer Systeme in ausgewählten Politikfeldern thematisiert. Die besondere Betonung der Demokratie ist nicht zuletzt ein Ergebnis der umfassenden Demokratisierung der letzten Jahrzehnte, die erstmals im Verlauf der Geschichte diese Regierungsform zum dominanten Herrschaftstypus auf globaler Ebene werden ließ. Diese regionalen Veränderungen werden in den Beiträgen berücksichtigt.

Im Rahmen dieses Vorwortes ist auch der Titel des Bandes zu begründen. „Vergleichende Regierungslehre", „Vergleichende Politikwissenschaft" oder „Analyse und Vergleich politischer Systeme" sind gängige Bezeichnungen der Subdisziplin der Politikwissenschaft. Die Bezeichnung „Vergleichende Regierungslehre" wurde gewählt, wenngleich sie im traditionellen Verständnis zu eng greift. Doch sie soll deutlich machen, dass das Regieren – das Regierungshandeln, das Tun und Lassen von Regierenden und alle möglichen Einflussfaktoren darauf – weiterhin im Zentrum der Subdisziplin steht. Der Begriff „Lehre" lässt sich im doppelten Sinne verstehen: Zum einen zielt er auf die Vermittlung der Kenntnisse, die zur Analyse des Gegenstands notwendig sind – also Begriffe, Methoden und Theorien. Zum anderen macht er durchaus darauf aufmerksam, dass damit auch noch die Idee des guten Regierens nicht gänzlich aus dem Blickfeld geraten ist, wie auch die aktuelle Diskussion zu *good governance* (Knack/Keefer 1996; Faust 2001) verdeutlicht. Damit ist der Bezug zur politischen Philosophie ebenso gegeben wie der Zugang zur Politikberatung, der im Bereich der Vergleichenden Regierungslehre diverse Kontaktstellen besitzt.

Vergleichende Regierungslehre ist sicherlich einer der spannendsten und fruchtbringendsten Bereiche der Politikwissenschaft. In dem vorliegenden Band werden nicht nur die bestehenden Forschungstraditionen vorgestellt, sondern es wird deutlich, dass die Forschung in vielen Fragen erst am Anfang steht. Zwar sind zentrale Grundlagen gelegt, doch der Horizont der Themen erscheint unendlich. Wer Interesse hat, sich auf solche Wagnisse einzulassen und dies gegebenenfalls mit Auslandsaufenthalten verbinden kann, der wird sicherlich nicht enttäuscht werden. So kann ich nur hoffen, dass viele, die dieses Buch in die Hand nehmen, erkennen, dass die Beschäftigung mit dieser Materie weit mehr ist als eine lästige, aber notwendige Studienverpflichtung. Eine vergleichende Perspektive trägt weit über den Bereich der Politikwissenschaft hinaus und eröffnet Horizonte, die sich in vielen Berufsfeldern produktiv auswirken.

Dank sei allen Autorinnen und Autoren des Bandes, die sich trotz hoher Arbeitsbelastung auf die Mitarbeit und auf dem Wege der „Produkterzeugung" auf zahlreiche Kontroversen und Nachfragen eingelassen haben. Nicht zuletzt sei dem Lektor des Verlags, Frank Schindler, zu danken, der maßgeblich zur Realisierung des Projektes beigetragen hat.

Mainz, im April 2006 *Hans-Joachim Lauth*

Literatur

Bates, Robert/Greif, Avner/Levi, Margaret/Rosenthal, Jean-Laurent/Weingast, Barry (Hrsg.), 1998: Analytic Narratives. Princeton.
Beyme, Klaus von, 1990: Die vergleichende Politikwissenschaft und der Paradigmenwechsel in der politischen Theorie, in PVS 3, 457–474.
Brown, Bernard E. (Hrsg.), 2000: Comparative Politics. Notes and Readings. 9. Aufl., Fort Worth u.a.
Caporaso, James, 2000: Comparative Politics: Diversity and Coherence, in: Comparative Political Studies 33 (6–7), 699–702 *(vgl. die anderen Beiträge dieser Ausgabe).*
Collier, David, 1993: The Comparative Method, in: *Ada D. Finifter* (Hrsg.): The State of the Discipline II. Washington, 105–119.
Faust, Jörg, 2001: Institutionen, Good Governance und Politikberatung, in: Asien, Afrika, Lateinamerika, Vol. 29, 453–466.
Helms, Ludger/Jun, Uwe (Hrsg.), 2004: Politische Theorie und Regierungslehre: eine Einführung in die politikwissenschaftliche Insitutionenforschung. Frankfurt a.M.
Keman, Hans (Hrsg.), 1993: Comparativ Politics. New Directions in Theory and Method. Amsterdam.
King, Gary/Keohane, Robert/Verba, Sidney, 1994: Designing Social Inquiry. Princeton.
Knack, Stephen/Keefer, Philip, 1995: Institutions and Economic Performance: Cross-Country Tests Using Alternative Institutional Measures, in: Economics and Politics 7, 207–227.
Laitin, David D., 2000: Comparative Politics: The State of the Subdiscipline. Paper APSA Annual Meeting.
Lane, Jan-Erik, 1997: Political Data Handbook: OECD-Countries. Oxford.
Lauth, Hans-Joachim/Liebert, Ulrike (Hrsg.), 1999: Im Schatten demokratischer Legitimität. Informelle Institutionen und politische Partizipation im interkulturellen Demokratien-Vergleich. Opladen.
Mayer, L.C., 1989: Redefining Comparative Politics: Promise versus Performance. Newbury Park.
Nohlen, Dieter/Nuscheler, Franz (Hrsg.) (versch. Jahre): Handbuch der Dritten Welt. 8 Bde., Bonn.
Peters, Guy B., 1998: Comparative Politics. Theory and Methods. New York.
Putnam, Robert D., 1993: Making Democracy Work. Civic Traditions in Modern Italy. Princeton.
Ragin, Charles C., 1987: The Comparative Method: Moving Beyond Qualitative and Quantitative Strategies. Berkeley.
Scharpf, Fritz W., 2000: Interaktionsformen. Akteurszentrierter Institutionalismus in der Politikforschung. Opladen.
Schmidt, Manfred G., 1997: Vergleichende Policy-Forschung, in: *Dirk Berg-Schlosser/Ferdinand Müller-Rommel* (Hrsg.): Vergleichende Politikwissenschaft. 3. Aufl., Opladen, 207–221.
Verba, Sidney, 1991: Comparative Politics: Where Have We Been, Where Are We Going?, in: *Howard J. Wiarda* (Hrsg.): New Directions in Comparative Politics. 2. Aufl., Boulder.

I. Grundlagen und Methoden

Gegenstand, grundlegende Kategorien und Forschungsfragen der „Vergleichenden Regierungslehre"

Hans-Joachim Lauth / Christoph Wagner

1. Einleitung

Seitdem politische Phänomene bewusst als solche wahrgenommen werden, gibt es Anstrengungen, über eine reine Binnenperspektive hinauszukommen. Bereits Aristoteles, der auch als „Gründer" der „Vergleichenden Regierungslehre" gilt, untersuchte 158 Verfassungen, welche die empirische Basis seines Werkes *Politika* bildeten. Aus dem Vergleich sowohl gesetzlicher Regelungen als auch der jeweiligen Verfassungswirklichkeit leitete er nicht nur allgemeine Begriffe der Staatstheorie ab, sondern klassifizierte Staatsformen, um so das Modell einer bestmöglichen Verfassung zu entwickeln. In seiner Typologie, die sowohl auf einem quantitativen Kriterium (Wer herrscht bzw. wie viele herrschen?) als auch einem qualitativen Kriterium (Wie wird geherrscht, nämlich eher eigennützig oder eher zugunsten des Gemeinwohls?) basiert, unterscheidet er zwischen drei „guten" und drei davon abweichenden, „schlechten" Erscheinungsformen:

Abbildung 1: Staatsformentypologie nach Aristoteles

Zahl der Herrschenden	Qualität der Herrschaft	
	gut	*schlecht*
Alleinherrschaft	Monarchie	Tyrannei
Herrschaft der Wenigen	Aristokratie	Oligarchie
Volksherrschaft	Politie	Demokratie bzw. Ochlokratie[1]

Diese Einteilung von Aristoteles lieferte lange Zeit einen Orientierungsrahmen zur Unterscheidung verschiedener Staatsformen. Ansätze für eine vergleichende Betrachtung politischer Phänomene finden sich auch in der römischen Geschichtsschreibung. In der Neuzeit entstehen weitere Beiträge im Rahmen der politischen Philosophie, die meist stark an historischen Beispielen orientiert argumentierten und bis heute die Diskussion der „Vergleichenden Regierungslehre" beeinflussen (z. B. Machiavelli, Montesquieu). Ihnen allen gemein war die Konzentration auf institutionelle Arrangements, also vor allem auf Fragen der Staatslehre, Herrschaftsformen, Gewal-

---

1 Im Sinne einer Herrschaft des „Pöbels".

tenteilung und des Verfassungsrechts. Ähnlich wie bei Aristoteles prägten dabei normative Aspekte das Erkenntnisinteresse. Die Leitfrage lautete: Welche Herrschaftsform bzw. welche Regierungsweise ist als „gut" zu betrachten? Einen Schritt weiter ging im 19. Jahrhundert Tocqueville mit seiner Untersuchung *Über die Demokratie in Amerika*. Bei seinen neunmonatigen Recherchen in den USA ging es ihm vor allem darum, Erkenntnisse zu gewinnen, die sich auch und gerade für das eigene politische Umfeld nutzbar machen lassen sollten. Der Blick über die eigenen Grenzen zielte also darauf, einen „fremden" gesellschaftspolitischen Entwurf mit dem eigenen Erfahrungshintergrund zu vergleichen.

Mit Tocqueville sind bereits zwei grundsätzliche Motive des Vergleiches angesprochen: Zum einen geht es darum, systematisch Unterschiede und/oder Gemeinsamkeiten von mindestens zwei Fällen herauszuarbeiten. Zum anderen stellt sich die Frage der Übertragbarkeit von Erfahrungen. (Inwieweit können beispielsweise erfolgreiche Problemlösungen von einem politischen System übernommen werden?) Um letztgenannte Frage zu beantworten, ist es notwendig, die jeweilige Funktionsweise eines Systems zu verstehen. Dies beinhaltet Aussagen über den Zusammenhang von Wirkung und Ursachen beziehungsweise von abhängigen und unabhängigen Variablen. Kurz gesagt: Wir benötigen Theorien. Der Vergleich ermöglicht nun eine systematische Prüfung der hypothetisch behaupteten Zusammenhänge, wobei unterschiedliche methodische Zugänge gewählt werden können *(vgl. zu den Methoden des Vergleichs den Beitrag von Lauth/Winkler in diesem Band)*. Auf dieser Basis sind dann auch wissenschaftlich fundierte, überprüfbare Prognosen möglich, d.h. Aussagen darüber, welche Entwicklungen sich wahrscheinlich unter bestimmten Konstellationen ergeben. Dies wiederum kann im Rahmen der Politikberatung für die praktische Politik nutzbar gemacht werden. Eine zentrale Grundlage all dieser Schritte ist die Bildung von Begriffen, die dazu beiträgt, die Realität anhand zentraler Kategorien zu strukturieren und die Komplexität sozialer Phänomene zu reduzieren.

Abbildung 2: Ziele des Vergleichs

---

1. Beobachtungen beschreiben und systematisieren (Gemeinsamkeiten bzw. Unterschiede finden, Zusammenhänge verstehen)
2. Klassifikationen erstellen (Komplexität reduzieren, Typologien bilden)
3. Hypothesen entwickeln und überprüfen (Theorie bilden und testen)
4. Voraussagen treffen (am Modell Entwicklungen prognostizieren)

Der vorliegende Beitrag setzt im Grundlagenbereich der Begriffsbildung an. Im Folgenden werden in einer historischen Betrachtung der Untersuchungsgegenstand des Fachs, wie er sich heute in seinen verschiedenen Ausprägungen darstellt, und damit verbundene Zielsetzungen umrissen. Inhaltlich vertieft wird dies in einem zweiten Schritt, indem für das Fach zentrale Begriffe, Konzeptionen und Analysekategorien erläutert werden. Dabei werden unterschiedliche Zugriffe auf bestimmte Problemstellungen verdeutlicht, die das jeweils vorherrschenden Erkenntnisinteresse reflektieren. In einem dritten Schritt werden dann ausgewählte Forschungsgebiete mit ihren zentralen Leitfragen vorgestellt, deren theoretische Annahmen und empirischen Ergebnisse in den entsprechenden Beiträgen in diesem Band ausführlicher diskutiert werden, bevor abschließend noch kurz auf Perspektiven der Teildisziplin eingegangen wird.

2. Gegenstand, Zielsetzung und Erkenntnisinteressen der vergleichenden Regierungslehre

Was ist nun der Gegenstand der „Vergleichenden Regierungslehre" im Einzelnen? Genau so, wie in den anderen Teilgebieten der Politikwissenschaft, geht es prinzipiell um die wissenschaftliche Auseinandersetzung mit Politik. Der Begriff „Politik" ist in seinem alltagssprachlichen Gebrauch allerdings zu unpräzise, um den Untersuchungsgegenstand angemessen zu erfassen. Denn unter dem Politikbegriff können ganz unterschiedliche Ausprägungen subsummiert werden, nämlich Politik als „[...] die Verwirklichung von Politik – policy – mit Hilfe von Politik – politics – auf der Grundlage von Politik – polity [...]" (Rohe 1994: 67). *Polity* bezeichnet die auch bei den Klassikern der „Vergleichenden Regierungslehre" zentrale institutionelle Dimension der Politik, welche die politischen Strukturen und Formen in den Mittelpunkt des Erkenntnisinteresses rückt. Mit *politics* ist die Untersuchungsperspektive umrissen, welche die Gestaltenden von Politik und die politischen Prozesse im Sinne der Art und Weise der Umsetzung von Politik in den Blick nimmt. Hier wird also versucht, sich der Politik mit Fragen nach dem „Wer?" und dem „Wie?" anzunähern. In erster Linie ergebnisorientiert hingegen ist der Zugriff auf die Politik im Sinne von *policy*. Gefragt wird nach den Gründen und Einflussfaktoren für Entscheidungen über die Verteilung von Gütern und Normen. Gefragt wird auch, welche Resultate in bestimmten Politikfeldern erzielt werden und welche Effekte dies hat.

Bei dieser begrifflichen Unterscheidung der drei Dimensionen handelt es sich um eine analytische Trennung. Dies bedeutet, dass sich bestimmte, reale Phänomene in ihrer Komplexität kaum so reduzieren lassen, dass sie eindeutig nur einer Dimension zugeordnet werden können. Stellt man z.B. die Frage nach der politischen Steuerung in einem Politikfeld, so werden damit in der Regel alle drei Dimensionen des Politikbegriffs berührt. Bei dem Politikfeld „Agrarpolitik" etwa bezieht sich die Frage, wie eine Umgestaltung der Landwirtschaft politisch gesteuert werden kann, sowohl auf die konkreten Ziele, die damit verfolgt werden *(policy),* als auch auf Interessen und Einflussmöglichkeiten relevanter Akteure wie politische Parteien, Agrarlobby und Verbraucherverbände *(politics).* Der *polity*-Bereich wiederum wird dann berührt, wenn es die gesetzlichen Kompetenzbereiche der Institutionen und Akteure betrifft, wenn es um konkrete Gesetze und Verordnungen geht, aber auch bereits dann, wenn

„ungeschriebene Gesetze" in Form von informellen Spielregeln – z. B. wie Regierung und Bauernverbände miteinander umgehen – untersucht werden.

Die Untersuchungsperspektive richtet sich somit in aller Regel an einer der genannten Dimensionen des Politikbegriffs aus, ohne jedoch die beiden anderen Dimensionen vollständig ausblenden zu können. Recht deutlich wird dies, wenn wir kurz die Entwicklung der Teildisziplin betrachten, denn die drei Dimensionen des Politikbegriffs stehen jeweils auch für unterschiedliche Etappen bei der Herausbildung und Weiterentwicklung der Teildisziplin „Vergleichende Regierungslehre".

In ihren Anfängen konzentrierte sich die „Vergleichende Regierungslehre" auf die institutionelle Dimension der Politik. Es ging um Regierungslehre im ursprünglichen Sinne des Wortes, nämlich um die unterschiedliche Ausgestaltung von Regierungssystemen durch verfassungsrechtliche Regelungen, Gesetze und Ordnungen, um unterschiedliche Herrschaftsformen, Aspekte der Gewaltentrennung usw. (vgl. Friedrich 1953; Loewenstein 1959).[2] Das Erkenntnisinteresse war vor allem normativ ausgerichtet, zentrale Klammer bildete oftmals die Frage nach der „guten" Herrschafts- und Regierungsweise.

In den Jahren nach dem Zweiten Weltkrieg kam eine Reihe von Forschern zu der Überzeugung, dass die vorliegenden, relativ engen Konzepte der Politikwissenschaft wenig tauglich seien, um damit neuere Entwicklungen angemessen aus vergleichender Perspektive analytisch erfassen zu können. Es bildete sich ein neuer, systemtheoretisch inspirierter *mainstream* heraus, der sich von der Fixierung auf die formalen Institutionen abgrenzte. Statt dessen wurde jetzt der *politics*-Dimension, also den Politik beeinflussenden und Politik gestaltenden Akteuren sowie politischen Funktionen und Prozessen, besondere Aufmerksamkeit geschenkt. Im Rahmen des systemtheoretischen Ansatzes wurde davon ausgegangen, dass alle politischen Systeme die gleichen Funktionen ausüben. Es wurde dann unter anderem versucht, Antworten darauf zu geben, wie diese Funktionen konkret erfüllt, d. h. wie z. B. Interessen artikuliert, aggregiert und im politischen Prozess zur Geltung gebracht werden. Diese *input*-Funktionen, zu denen zunächst auch die später abgetrennten Systemfunktionen (politische Sozialisation, Rekrutierung und politische Kommunikation) zählten, rückten in den Vordergrund des politischen Interesses. Der bislang auf die westlichen Industrienationen zentrierte Blick erweiterte sich beträchtlich. Vor allem um Gabriel A. Almond entstand eine Forschergruppe, die ein Modell entwickelte, mit dem explizit die „Dritte-Welt-Länder" der vergleichenden Analyse zugänglich gemacht werden sollten.[3] Wenngleich immer noch stark an westlichen bzw. US-amerikanischen Vorstellungen orientiert, etablierten sich nun die so genannten *area-studies*, welche die bis dahin vernachlässigten Regionen Afrika, Asien und Lateinamerika in die Untersuchung ein-

---

2 Für einen Überblick über die Geschichte des Fachs siehe u. a. Eckstein (1966).
3 Geradezu programmatischen Charakter hatte so auch der erste Satz der damaligen Pionierstudie von Almond/Coleman: „This book is the first effort to compare the political systems of the ‚developing' areas, and, to compare them systematically according to a common set of categories" (Almond 1960: 3).

bezogen. Dabei richtete sich das Erkenntnisinteresse an der Frage nach den Möglichkeiten und Bedingungsfaktoren sozioökonomischer und politischer Entwicklung aus.[4]

Als damals entwicklungstheoretische Hauptströmung bildeten sich die Modernisierungstheorien heraus, die weitgehend von einem linearen Entwicklungsverständnis geprägt waren. Entwicklung wurde im Prinzip gleichgesetzt mit einem Prozess, bei dem „traditionale", rückständige Gesellschaften durch die Überwindung interner Entwicklungshindernisse zu „modernen" Gesellschaften nach westlichem Vorbild werden (vgl. Lerner 1958; Eisenstadt 1963; Weiner 1966).

Der Perspektivwechsel in der Forschung hin zu politischen Prozessen manifestierte sich damals auch in einer neuen Bezeichnung für das Fach, die sich international in der *scientific community* weitgehend durchsetzte. Aus der bisherigen *comparative government* im Sinne der traditionellen, institutionenorientierten „Vergleichenden Regierungslehre" wurde die *comparative politics*. Die Suche nach einer deutschsprachigen Entsprechung war nur von relativem Erfolg gekrönt. Am ehesten setzte sich noch der Begriff „Vergleichende Politikwissenschaft" durch. Wenn heute allerdings jenseits von wissenschaftshistorischen Aspekten wieder häufiger von „Vergleichender Regierungslehre" die Rede ist, wird meist die zwischenzeitlich erfolgte inhaltliche Erweiterung der *polity*-Dimension um die *politics*- und die *policy*-Dimension mitgedacht, so auch in der hier vorliegenden Einführung.

Auch wenn in der „Politischen Systemforschung" die *output*-Funktionen des politischen Systems in Form von Regelsetzung, Regelanwendung und Regelauslegungen durchaus nicht ausgeblendet wurden, stand jedoch die *input*-Seite klar im Vordergrund.[5] Infolgedessen war es fast schon eine logisch-konsequente Reaktion, dass sich andere Politikwissenschaftler nunmehr den *outputs* zuwendeten. Dies erschien umso nahe liegender als die Frage nach der Steuerbarkeit von Politik und Gesellschaft verstärkt Interesse erfuhr. So erlebte seit den 70er Jahren die *policy*-Forschung einen Aufschwung. Gefragt wurde etwa danach, welche Ziele von relevanten Akteuren formuliert werden, welche Faktoren die inhaltliche Ausgestaltung eines Politikfeldes beeinflussen, welche Gestaltungsmöglichkeiten im Sinne von politischer Steuerung sich in einem Politikfeld bieten, wie Aufgaben erfüllt und Probleme gelöst – oder auch nicht gelöst – werden, was Regierungen und andere jeweils relevante Akteure zur Lösung eines Problems tun oder unterlassen, welche Ursachen bzw. Folgen dies hat und welche konkreten Ergebnisse letztendlich erzielt werden. Während zunächst noch

---

4 Hinsichtlich Konzeptualisierung und Theoriebildung zählt die neunbändige, zwischen 1963 und 1978 herausgegebene Reihe „Studies in Political Development" des „Committee on Comparative Politics" zu den wohl einflussreichsten Werken auf diesem Gebiet. Vgl. auch Rokkan (1979).

5 Es soll an dieser Stelle allerdings nicht unterschlagen werden, dass Almond mit G. Bingham Powell in späteren Arbeiten sein Systemmodell modifizierte, wobei nun vor allem die *output*-Seite weiter ausdifferenziert wurde. So unterschieden die Autoren dann genauer zwischen Entscheidungen, Gesetzen und Verordnungen einerseits (*outputs*) und tatsächlichen Ergebnissen und Folgen politischer Entscheidungen andererseits (*outcomes*).

eine Planungseuphorie hinsichtlich der Gestaltbarkeit der *outcomes* und *impacts* vorherrschte, musste diese im Zuge der empirischen Forschung (vgl. *policy*-Zyklus, Implementierungsforschung) erheblich relativiert werden; neben die Idee der direkten Steuerung trat das Konzept der Koordination über Netzwerke *(siehe dazu auch den Beitrag von Faust/Vogt in diesem Band)*.[6]

Es zeigte sich zudem, dass die *policy*-Analyse bei der Forschung nach Ursachen von politischen Problemen bzw. nach möglichen Problemlösungen häufig auf die Zusammenarbeit mit anderen wissenschaftlichen Disziplinen angewiesen ist. Analysen beispielsweise, die das Politikfeld Wirtschaft oder Umwelt betreffen, sind ohne entsprechende Fachkenntnisse kaum durchzuführen. Von dieser problemorientierten Forschung, die auf Interdisziplinarität baut, lässt sich allerdings die interaktionsorientierte *policy*-Forschung unterscheiden, die ureigenes politikwissenschaftliches Terrain ist (vgl. Scharpf 2000: 32 ff.). Diese Forschungsrichtung geht davon aus, dass Politikergebnisse ein Produkt der Interaktion individueller, kollektiver und/oder korporativer Akteure sind. Akteurshandeln wird untersucht, um so die Faktoren herauszufinden, welche die *outputs* eines politischen Systems beeinflussen. Der institutionelle Kontext spielt dabei insofern eine Rolle, als er das Zusammenspiel des Akteurshandelns strukturiert und damit durchaus auch einen – indirekten bzw. mittelbaren – Einfluss auf die Ergebnisse hat. Wie allerdings einzelne Akteure den institutionell vorgegebenen Handlungsspielraum konkret nutzen, hängt davon ab, welche der unterschiedlichen strategischen Optionen gewählt wird.

Ähnlich wie Scharpf gehen Vertreter des Neo-Institutionalismus davon aus, dass Akteurshandeln durch Institutionen geprägt ist (vgl. North 1992). Infolgedessen rückt hier wieder die *polity*-Dimension in den Mittelpunkt des Erkenntnisinteresses. Mit dem Aufkommen des Neo-Institutionalismus erleben wir seit den 80er Jahren eine Renaissance der Institutionen. Der Institutionenbegriff ist nunmehr allerdings anders gefasst als bei den „alten" Institutionalisten. Denn es wird davon ausgegangen, dass sowohl formale Normen und juristisch kodifizierte Regelsysteme als auch informelle Spielregeln das Verhalten und das Handeln von Akteuren in der politischen Realität leiten können *(vgl. die Ausführungen im dritten Kapitel)*.

Nicht zuletzt sollte darauf hingewiesen werden, dass sich mit der Übernahme der Kategorien der politischen Systemforschung die Auswahl des Untersuchungsgegenstandes nicht mehr allein am nationalstaatlichen Rahmen orientiert. Gleichfalls werden Vergleiche auf der supranationalen Ebene – beispielsweise hinsichtlich der Integrationsprozesse in Asien und Lateinamerika (vgl. Mols 1996) – oder auf regionaler und lokaler Ebene durchgeführt (vgl. Putnam 1993; Gabriel u. a. 2000; Kunz 2000; Oliver 2001). In der „Vergleichenden Regierungslehre" werden außerdem die Analyseobjekte aus unterschiedlichen Perspektiven betrachtet. Während ein Bereich wie etwa die politische Kulturforschung Individualdaten als Ausgangsbasis nimmt, wid-

---

6 Grundlegend zur Politikfeldforschung siehe den Sammelband von Héritier (1993). Für einen aktuellen Überblick mit weiteren Literaturhinweisen siehe Lauth/Thiery (2009).

men sich andere Forschungsrichtungen (z. B. Systemansätze) vor allem strukturellen Merkmalen. Diese unterschiedlichen Sichtweisen sind insofern nicht unproblematisch als sich daraus Schwierigkeiten der Vermittlung zwischen Mikro- und Makroebene ergeben können *(structure-agency-problem)*.

Die bisherige Skizzierung verdeutlicht, dass sich die „Vergleichende Regierungslehre" heute als stark ausdifferenzierte politikwissenschaftliche Teildisziplin darstellt, die in ihrer ganzen Komplexität kaum noch überblickt werden kann. Die folgende Übersicht fasst daher die zentralen Gegenstandsbereiche des Faches noch einmal zusammen.

Abbildung 3: Gegenstand der Vergleichenden Regierungslehre

Dimension	Polity	Politics	Policy
Erkenntnis-interesse	Ausprägung politischer Strukturen	Ausgestaltung politischer Prozesse	Inhalte von Politik
Ausrichtung	Institutionenorientiert	Inputorientiert	Outputorientiert
Erscheinungs-formen	Verfassungen, Gesetze, Normen, formale und informelle „Spielregeln"	Einstellungen, Interessen, Verhalten, Konflikte, Handlungspotenziale, Entscheidungsfindung und -durchsetzung	Ziele und Aufgaben der Politik, Einflussfaktoren auf Politikfelder, Tun und Lassen von Regierungen und anderen Akteuren, politische Steuerung, Ergebnisse der Politik
Untersuchungs-bereiche	Verfassungsrecht, Staats- und Herrschaftsformen, Regimetypen, Regierungssysteme, formale und informelle Institutionen	Parteien, Interessengruppen, Verbände, Wahlen, politische Kultur, politische Prozesse, Zivilgesellschaft, Medien	Politikfelder (z.B. Wirtschafts-, Bildungs-, Umwelt-, Einwanderungspolitik); Staatstätigkeit

3. Grundbegriffe, Konzeptionen und Analysekategorien

Wissenschaft kommt ohne Fachtermini nicht aus. Dabei sehen sich besonders die Sozialwissenschaften aber mit dem Problem konfrontiert, dass viele der in den einzelnen Disziplinen verwendeten Begriffe auch in der Alltagssprache Gebrauch finden. Umso wichtiger ist es für eine Wissenschaft wie die Politologie, mit „klaren" Begriffen zu arbeiten. Das Vorhandensein konkurrierender Definitionen verlangt, das eigene Begriffsverständnis eindeutig zu klären und offen zu legen. Auf dieser Grundlage können Phänomene und Entwicklungen angemessen erfasst, also „begriffen" werden. In den folgenden Kapiteln werden deshalb einige ausgewählte Begriffe diskutiert und konzeptionell erfasst, denen grundlegenden Charakter für die „Vergleichende Regierungslehre" zukommt.

3.1 Staat, politisches System – Anarchie, Regime und Regierung, Institution

Staat ist eine, wenn nicht die zentrale Kategorie der klassischen politikwissenschaftlichen Reflexion. Der *mainstream* des heutigen Verständnisses folgt hierbei einer Definition von Max Weber (1976: 29). Demnach ist der Staat ein „politischer Anstaltsbetrieb [...] wenn und insoweit sein Verwaltungsstab erfolgreich das Monopol legitimen physischen Zwanges für die Durchführung der Ordnungen in Anspruch nimmt". Legitim bedeutet nicht, dass jedes staatliche Zwangshandeln als legitim zu bezeichnen wäre, sondern dass sich das Gewaltmonopol des Staates im Prinzip rechtfertigen lässt. Aus der staatsrechtlichen Perspektive ist in dieser Tradition das herausragende Merkmal eines Staates die erfolgreiche Ausübung des Gewaltmonopols (Staatsgewalt) innerhalb eines fest umrissenen Gebiets (Staatsgebiet) über die dort lebenden Menschen (Staatsvolk). In der historischen Entfaltung des Staatsverständnisses wurde der Begriff normativ durch Ausführungen über Staatsziele und Staatszweck gefüllt. In dieser Version bot es zahlreiche Angriffsflächen für eine empirisch ausgerichtete Politikwissenschaft.

Im Zuge der Neuorientierung der „Vergleichenden Regierungslehre" durch die Systemtheorie war es daher nicht verwunderlich, dass der Begriff des Staates sukzessiv durch den deskriptiv gehaltenen Begriff des *politischen Systems* ersetzt wurde, der von David Easton (1953) in die politikwissenschaftliche Debatte eingebracht und von Almond/Coleman/Powell für die Vergleichende Politikwissenschaft aufgegriffen worden war. An die Stelle normativer Forderungen traten Funktionsbeschreibungen, welche die Aufgaben, Fähigkeiten und Leistungen des politischen Systems erfassten (siehe hierzu Kap. 2). Dabei wurde davon ausgegangen, dass alle politischen Systeme vier gemeinsame Charakteristika aufweisen (vgl. Almond 1960), nämlich: 1) Sie verfügen alle über eine politische *Struktur* im Sinne von regelmäßigen Handlungsformen, mittels derer die politische Ordnung aufrecht erhalten werden soll. 2) Sie üben alle die gleichen *Funktionen* aus. 3) Was den Zusammenhang von Strukturen und Funktionen betrifft, so gibt es kein genaues Entsprechungsverhältnis: Politische Strukturen sind vielmehr *multifunktional.* 4) Politische Systeme sind in ihren konkreten Erscheinungsformen weder völlig traditionell noch völlig modern, sondern zeichnen sich immer durch einen *kulturellen Mischcharakter* aus.

Im Unterschied zum Begriff des Staats war der neue Begriff in der Lage verschiedenartige soziale Phänomene als politisches System zu identifizieren, die relativ wenig mit dem westlichen Staatsverständnis zu haben (z. B. Kontrollgebiete von Guerilla oder Mafia). Dies wurde u. a. möglich gemacht durch die bereits erwähnte Prämisse von der Multifunktionalität der Strukturen, die sich gegen eine starre Zuweisung einzelner Funktionen an bestimmte Strukturen wendet (vgl. Mols 2001). Bei allen Unterschieden im Verständnis von „Staat" und „politischem System" gibt es eine zentrale Gemeinsamkeit beider Begriffe: Auch das politische System ist in seinem Kern durch den Besitz des Gewaltmonopols gekennzeichnet (vgl. Almond/Powell 1966).

Trotz der weitgehenden Dominanz des Systembegriffs geriet der Staatsbegriff nicht in Vergessenheit, wie allein die zahlreichen Studien zur Staatstätigkeit (vgl. u. a. PVS-Sonderheft 19) und zur Steuerungsdebatte (vgl. Benz 2008) belegen. Weniger wirkungsträchtig blieb so für die „Vergleichende Regierungslehre" eine neomarxistisch inspirierte Staatstheorie, die dem Staat bestimmte Handlungsmotive unterlegte (vgl. Offe 1972). Im Unterschied zum Begriff des politischen Systems bietet der Staatsbegriff expliziter eine Verbindung zur Machtfrage, die in neueren Studien wieder an Bedeutung gewann (vgl. Rueschemeyer/Huber/Stevens 1992). Der Staatsbegriff ist in dieser Perspektive die Antipode zur *Anarchie*, die kein Gewaltmonopol kennt. Anarchie bedeutet letztlich die Auflösung jeglicher staatlichen Ordnung. Ihre Existenz entzieht damit auch jeglicher Herrschaftsform – sei es eine Autokratie oder eine Demokratie – die Grundlage *(vgl. hierzu den Beitrag von Lauth in diesem Band)*. Solche Herrschaftsformen werden durch den *Regimebegriff* erfasst, der den jeweils charakteristischen Zugang zur politischen Herrschaft als zentrales Merkmal der Unterscheidung verwendet. Die Existenz eines Staates – und damit seiner wesentlichen Erscheinungsmerkmale (Gewaltmonopol und die damit verbundenen Institutionen wie Polizei, Militär, Justiz und Bürokratie) – wird in ihrem Bestand nicht von einem Regimewechsel tangiert *(vgl. den Beitrag von Merkel/Thiery in diesem Band)*. Der Begriff der *Regierung* bezieht sich auf die Inhaber der exekutiven Macht. Während ein Regimewechsel in der Regel mit einem Regierungswechsel verbunden ist, bedeutet letzterer dagegen nicht notwendigerweise einen Wechsel der Regime, wie die zahlreichen Regierungswechsel in Demokratien und Autokratien belegen.

Wie bereits betont, beruht der Staat auf der Funktionsfähigkeit seiner Institutionen. Unter *Institutionen* wurden im traditionellen Verständnis die empirischen Manifestationen der zentralen Verfassungsnormen verstanden, die sich entlang der Exekutive, der Legislative und der Judikative ausbildeten, wobei die normativen Vorgaben z. B. in der Verfassung oder gar in Form der Grundrechte oftmals bereits als Ausdruck empirischer Evidenz verstanden wurden. Diese Vorstellungen waren nur partiell identisch mit dem Strukturbegriff der Systemtheorie, der auf empirischer Beobachtung beruht. Hier schließen neo-institutionalistische Konzeptionen an (vgl. North 1992; Peters 2005), die den Institutionenbegriff an die Prägekraft von empirisch beobachtbaren Strukturen für das Handeln binden. Demzufolge ist eine formale Institution (wie die Justiz) nur dann eine Institution, wenn ihre formalen Regeln und Normen tatsächlich das Verhalten der Beteiligten maßgeblich prägen. Diese Perspektive ermöglicht es, auch informelle Strukturen (wie beispielsweise Klientelismus, Korruption oder Rechtstraditionen) als Institutionen zu begreifen und in die Analyse des politischen Systems einzubeziehen. Da informelle Institutionen in der Regel über eine große Widerstandsfähigkeit verfügen, ist es ein großer Unterschied für die Funktionsfähigkeit eines politischen Systems, ob sich z. B. Korruption als punktuelles soziales Phänomen oder institutionell gefestigt zeigt.

Eine neo-institutionelle Untersuchungsperspektive erweitert somit produktiv das Analysefeld. Für das Verständnis zahlreicher politischer Systeme, deren Funktionsweise nicht nur den formalen Regeln folgt, ist diese Ausweitung unumgänglich („Informal Institutions matter"; Lauth/Liebert 1999; Köllner 2005). Die Neuinterpretation des Institutionenbegriffs bedeutet allerdings nicht, dass das alte Institutionenverständnis verschwunden wäre oder eliminiert werden sollte. Es macht durchaus Sinn von einer Verfassung als Institution zu sprechen, auch wenn ihre empirische Prägekraft noch nicht hinlänglich unter Beweis gestellt werden konnte. Aufgrund dieser doppelten Perspektive ist daher die Frage zulässig, inwieweit die formalen Institutionen tatsächlich institutionalisiert sind. Allerdings ist deutlich zu machen, mit welchem Verständnis jeweils agiert wird. Weiterführende Fragen beschäftigen sich dann mit der Existenz und Dynamik informeller Institutionen und deren Beziehung zu den formalen Institutionen. Zu klären ist hierbei, inwieweit beide kompatibel sind oder sich wechselseitig unterminieren (vgl. Lauth 2004).

Der Blick auf den Staat und auf Institutionen eröffnet somit ein reichhaltiges Tableau für die „Vergleichende Regierungslehre". Lediglich ein Aspekt sei exemplarisch hervorgehoben: Für das Verständnis von Regimetypen und Regierungssystemen ist es wichtig zu wissen, ob und in welchem Maße überhaupt ein Staat vorliegt (vgl. Linz/ Stepan 1996: 16–37). Wird das behauptete Gewaltmonopol tatsächlich empirisch realisiert oder existieren verschiedene politische Systeme auf einem Staatsgebiet (wie z. B. längere Zeit in Kolumbien, Somalia oder Sri Lanka)?

3.2 Macht, Recht, Rechtssystem und Rechtsstaat

Für staatliches Handeln, ja für politisches Handeln generell ist Macht eine notwendige Bedingung. Deswegen ist der Begriff der Macht auch eine zentrale Kategorie der Politikwissenschaft. Von Max Weber (1976: 28) stammt die wohl gängigste Definition von Macht als „jede Chance, innerhalb einer sozialen Beziehung den eigenen Willen auch gegen Widerstreben durchzusetzen, gleichviel, worauf diese Chance beruht". Um diese Chance zu haben, benötigt das politische System Machtressourcen. Die zentralen Pfeiler bilden hierbei Bürokratie und die Institutionen der Sicherheit (Polizei, Justiz und Militär). Diese Machtressourcen lassen sich allerdings nicht problemlos in Macht überführen. Entweder können sie ineffizient verwendet werden oder die Art ihrer Anwendung provoziert erhebliche Gegenwehr. Die effektive Ausübung der Macht erfordert eine geeignete Strategie, um die genannten Reibungsverluste zu verringern. Neben dem Weg, die Administration rational zu gestalten, bildet die Akzeptanz der Herrschaft eine wichtige Ressource zur Durchsetzung von Macht (vgl. die Anmerkungen zu *Legitimation* in Kap. 3.4).

Obwohl Macht für die Aufrechterhaltung der staatlichen Ordnung und für das effektive Handeln der Regierung unerlässlich ist, wird Machterringung im demokratischen Kontext oftmals mit Misstrauen betrachtet. Die Ausübung von Macht impliziert immer auch die Möglichkeit des Machtmissbrauchs. Missbrauchte und ungezügelte Macht eines „übermächtigen" Staates, zu dessen zentralen Machtressourcen

Bürokratie und Militär zählen, kann in pure Willkürherrschaft münden. Ideengeschichtlich ist in diesem inhaltlichen Kontext die Entwicklung der Gewaltenteilung und des liberalen Rechtsstaatsgedankens zu verorten. Die Bindung staatlichen Handelns an das Recht soll nicht zuletzt staatliche Willkür verhindern. Darauf aufbauend zielt Rechtsstaatlichkeit auf die Zügelung staatlicher Macht bzw. auf die Stärkung der Abwehrrechte des Individuums gegenüber staatlichem Zugriff. Doch zunächst ist zu klären, was unter Recht zu verstehen ist.

Recht ist die maßgebliche Institution zur Regelung der staatlichen Ordnung. Das positiv gesetzte Recht markiert die Rechte der einzelnen Bürger, die Kompetenzen und die Beziehungen der staatlichen Institutionen untereinander und zum Bürger, regelt die Konfliktaustragung und ist das wesentliche Medium staatlicher Steuerung (Gesetzgebung). Das zentrale Merkmal des Rechts ist die Erzwingbarkeit der rechtlichen Regeln innerhalb des Staatsgebiets, die letztlich auf dem Gewaltmonopol des Staates gegründet ist (vgl. Avenarius 1991: 382). Die Gesamtheit aller Rechte, rechtlichen Regelungen und Verfahren bildet das *Rechtssystem*, dessen Anwendung von spezifischen, selbst an das Recht gebundenen Institutionen (Jurisdiktion) „überwacht" wird.

Eine zentrale Streitfrage betrifft den Charakter des Rechts selbst: Erhält dieses seinen Status bereits allein aufgrund der genannten Merkmale oder benötigt es eine normative Bindung an Rechte? Oder anders gefragt: Kann alles Recht werden? Wir können diese Frage an dieser Stelle nicht angemessen behandeln (zur Diskussion vgl. Gosepath/Lohmann 2007). Es bietet sich vielmehr ein pragmatischer Umgang an. Da es trotz der Menschenrechts-Charta der UN keine weltweite Übereinstimmung hinsichtlich eines gemeinsamen Rechtssystems gibt, macht es wenig Sinn, zur Identifikation eines Rechtssystem einen normativen Maßstab anzugeben. Für das Anliegen der vergleichenden Regierungslehre ist es vielmehr angebracht, einen normativ nicht geladenen Begriff eines Rechtssystems zu verwenden, der auf den formalen Kriterien basiert. Allerdings muss nun betont werden, dass nicht jedes Rechtssystem zugleich ein *Rechtsstaat* ist. Dies gilt umso mehr, wenn nicht nur die formale Version eines Rechtsstaats – also die Bindung der Staatstätigkeit an Form und Verfahren ohne Berücksichtigung der konkreten inhaltlichen Ausgestaltung – betrachtet, sondern von einem materiellen Rechtsstaat ausgegangen wird, wie er dem Rechtsstaatsverständnis in Deutschland oder der „rule of law"-Tradition in Großbritannien in etwa entspricht.

Um von einem materiellen Rechtsstaat sprechen zu können, ist dieser an einen Menschenrechtskanon zu binden, der die wesentlichen Grund- und Bürgerrechte enthält. Des Weiteren ist eine Reihe von formalen Kriterien zu beachten, die in der folgenden Tabelle aufgelistet sind:

Abbildung 4: Formale Kriterien des Rechtsstaats

1. Die Allgemeinheit des Gesetzes (Gesetzesformulierung in Unkenntnis der konkreten Anwendungsfälle, nicht *ad personam*).
2. Die Bekanntheit des Gesetzes bei den Betroffenen.
3. Das Verbot rückwirkender Gesetze.
4. Die klare und verständliche Fassung von Gesetzen.
5. Keine widersprüchlichen Gesetze (in sich, gegenüber anderen und hinsichtlich der Verfassungsnormen).
6. Keine Verhaltensanforderungen, die unmöglich zu erfüllen sind (unfaire Gesetze).
7. Die relative Stabilität der Gesetze (keine allzu häufigen Änderungen) – Rechtssicherheit.
8. Übermaßverbot (Verhältnismäßigkeit des Zweck-Mittel-Einsatzes).
9. Gleichheit vor dem Gesetz, allgemeine Anwendung des Gesetzes unabhängig vom sozialen Status der Betroffenen (Fairnessgebot, Unparteilichkeit des Rechts).
10. Die Anwendung des Gesetzes auf den Staat und aller seiner Institutionen (Rechtsbindung der staatlichen Herrschaft „Alle sind dem Gesetz unterworfen" und Klärung der Bereiche gesetzlicher Handlungsgrundlage, Vorrang des Gesetzes, Gesetzesvorbehalt).
11. Unabhängigkeit und effektive Kontrollkompetenz der Gerichte (effektiver Rechtsschutz gegen den Staat; Gerichtsschutz).
12. Angemessene Verfahren/Prozessrecht (kein Urteil und keine Verhaftung ohne Verfahren, begrenzte zeitliche Prozessdauer, Offenheit für alle (Zugänglichkeit), Rechtsbeistand, professionelle Richter, angemessenes Strafmaß, Revisionsmöglichkeiten, Fairness, Transparenz und Öffentlichkeit des Verfahrens, gleiche Behandlung gleicher Fälle).
13. Recht auf Schadensersatzleistungen, wenn und soweit möglich; Staatshaftung.
14. Verwirklichung des Rechtsgedankens (Willkürverzicht und Beitrag zur Gerechtigkeit).

Die Untersuchung der Rechtsstaatlichkeit von politischen Systemen hat in den letzten Jahren einen Aufschwung erlebt (vgl. Méndez/O'Donnell/Pinheiro 1999; Becker/Lauth/Pickel 2001). Zu erklären ist dies u.a. mit der Beobachtung, dass etliche junge Demokratien zwar wichtige demokratische Institutionen (wie Wahlen) aufweisen, jedoch andere Funktionsweisen als die etablierten Demokratien an den Tag legen. Als maßgebliche Differenz wird die zuweilen unzureichende Ausprägung des Rechtsstaats verstanden. Nicht selten wird ein für die Demokratie grundlegender funktionierender Rechtsstaat in der Praxis durch die Akteure des Rechtsstaates selbst unterminiert, indem informelle, mit dem Rechtsstaat nicht kompatible Norm- und Regelsysteme (z. B. Klientelismus, Korruption) verwendet werden. Vor diesem Hintergrund steht das Interesse an einer Entwicklung des Rechtsstaats auch im Kontext von „good governance"-Konzepten, welche die Effizienz und Effektivität der Staatstätigkeit verbessern wollen.

3.3 Stabilität und politische Entwicklung

Stabilität ist auf der begrifflichen Ebene ein rein deskriptiver, analytischer und wertneutraler Terminus. Stabilität ist nicht per se an einen bestimmten Systemtyp gebunden, sondern beschreibt vielmehr einen System*zustand*. Unabhängig also vom Systemtyp kann politische Stabilität definiert werden als „die Disposition eines politischen Systems, so zu reagieren, daß es seine Identität bewahrt" (Garzón Valdés 1988: 129).

Relativ schwer fassbar wird der Stabilitätsbegriff durch seinen – zumindest auf den ersten Blick – janusköpfigen Charakter: Denn auf der einen Seite bedeutet Stabilität Beständigkeit und Dauerhaftigkeit; auf der anderen Seite impliziert Stabilität die Notwendigkeit von Veränderung und Evolution. Denn durch die reine Aufrechterhaltung eines Status quo lässt sich ein System kaum dauerhaft stabil halten. Wie nun lässt sich dieser Widerspruch zwischen Beständigkeit und Veränderung auflösen? Haben wir es hier überhaupt mit einem Widerspruch zu tun?

Bereits die frühen Systemtheoretiker sind davon ausgegangen, dass sich soziale Systeme im Wesentlichen durch Anpassung selbst erhalten. In Talcott Parsons' (1951) berühmten AGIL-Schema zur Funktionsbestimmung sozialer Systeme etwa steht der Buchstabe „A" für *adaption*, also für die Anpassung eines Systems an seine Umwelt. Wenn Veränderung verstanden wird als Anpassung im Sinne gleichgewichtssichernder Reaktion auf dynamische Prozesse des sozialen Wandels, steht dies in keinem Widerspruch zur Beständigkeit. Im Gegenteil: Beide Ausprägungen sind konstitutiv dafür, dass sich ein System politisch weiter entwickelt und so auch stabil bleiben kann. *Politische Entwicklung* findet dann im Wesentlichen dadurch statt, dass Leistungsfähigkeiten erworben werden, mit denen aufkommende Probleme und neue Anforderungen bewältigt werden können (vgl. Coleman 1971: 74 f.).[7] Eng damit korrespondiert die Idee der Stabilität verstanden als ein Fließgleichgewicht, das aufgrund von Veränderungen im Innern und in der Umwelt eines Systems fortwährend neu geschaffen werden muss (vgl. Sandschneider 1995: 111). Allerdings ist dabei nicht immer einfach zu klären, inwieweit das sich verändernde System seine Identität bewahrt hat. Zur Untersuchung dieser Thematik ist es daher notwendig, stets die Identität (oder *rules of recognition;* vgl. Garzón Valdés 1988: 33 f.) zu bestimmen. Diese kann beispielsweise anhand der Herrschaftsform (Demokratie, Autokratie) geschehen; möglich sind auch differenziertere Kategorien wie etwa Regierungssysteme.

Von diesem Stabilitätsbegriff sind die Bedingungsfaktoren für politische Stabilität klar zu trennen. Diese können sich sehr wohl je nach Systemtyp stark unterscheiden. Beispielsweise können autoritäre Systeme anders als Demokratien politische Stabilität bis zu einem gewissen Grad auch durch repressive Maßnahmen aufrecht erhalten. Unabhängig vom Systemtyp gilt eine „erfolgreiche" Politik generell als systemstabilisierender Faktor. In seinem Modell politischer Stabilität differenziert Juan Linz

---

7 Zum Thema „politische Entwicklung" siehe auch den Überblick bei Martinussen (1997: 165–181).

(1978: 19) im Kontext der so genannten *Breakdown*-Forschung, die die Ursachen für den Zusammenbruch von Demokratien erforscht, zwischen *efficacy* und *effectiveness*. *Efficacy* bezieht sich auf die Fähigkeit, drängende Probleme zu erkennen und Lösungen zu formulieren (Problemwahrnehmung und allgemeine Problemlösungsfähigkeit); *effectiveness* bezeichnet hingegen die Fähigkeit, Entscheidungen auch tatsächlich umzusetzen, um so die gewünschten Resultate zu erzielen (Durchsetzungsfähigkeit und erbrachte Leistungen). Allerdings greift allein die Frage nach dem Erfolg im Sinne von *efficacy* und *effectivenes* hinsichtlich seiner unmittelbar legitimitätsstiftenden Funktion[8] zu kurz, um auf die Stabilität des politischen Systems schließen zu können. Entscheidender Faktor für die Systemstabilität ist vielmehr die Existenz bzw. das Fehlen von als besser wahrgenommenen Systemalternativen (vgl. Przeworski 1991: 51 f.). Gleichfalls von Relevanz sind die Muster der politischen Kultur und ihre Korrespondenz zu den politischen Strukturen. So haben bereits Almond/Verba in ihrer 1963 erschienenen Pionierstudie zur politischen Kulturforschung die Kongruenz von politischer Kultur und den politischen Strukturen als ein wesentliches Merkmal der Stabilität identifiziert, wobei „civic culture" als die Mischform verschiedener Idealtypen politischer Kultur die beste Voraussetzung für die Stabilität und die Funktionsfähigkeit eines demokratischen politischen Systems liefert *(zur politischen Kulturforschung siehe weiterführend den Beitrag von Westle in diesem Band)*.

3.4 Legitimität und Legitimation

Grundlegend für den Fortbestand eines politischen Systems ist, dass es von seinen Mitgliedern als legitim anerkannt wird. *Legitimität* als Anerkennungswürdigkeit (vgl. Habermas 1973) kann begrifflich sowohl normativ als auch empirisch verstanden werden. Die Vermischung beider Ebenen hat zur Folge, dass Legitimität immer wieder auch mit *Legitimation* gleichgesetzt wird, worunter allerdings die analytische Trennschärfe der Begriffe leidet. Wenn Legitimität und Legitimation im Wesentlichen als bedeutungsgleiche Begriffe verstanden werden, „[...] so besäße – da jede Herrschaftsform irgendeine Art von Legitimation besitzt – jedes existierende politische System Legitimität, was offensichtlich falsch ist" (Garzón Valdés 1988: 26). Aus Gründen der inhaltlichen und analytischen Klarheit halten wir es deshalb für sinnvoll, an einer begrifflichen Unterscheidung zwischen Legitimität und Legitimation festzuhalten.

Der Begriff der *Legitimation* steht in der Tradition der empirischen Fassung des *Legitimitätsglaubens* von Max Weber (1976). Unabhängig von der normativen Prägung besagt er in einer deskriptiven Weise, inwieweit das politische System (oder seine zentralen Institutionen, Normen) oder die politische Herrschaft von der Bevölkerung Akzeptanz erfahren; inwieweit die Bevölkerung die Herrschaft aus ihrer Perspektive

---

8 Auf den Zusammenhang zwischen erfolgreicher Politik, Systemstabilität und Legitimität wird im folgenden Kapitel näher eingegangen.

für legitim hält. Dagegen ist *Legitimität* eine normative Kategorie, die auf einem moralischen Urteil beruht. Damit wird bereits ein zentrales Problem in der Anwendung des Legitimitätsbegriffs deutlich: das Fehlen einer allgemein akzeptierten Moralvorstellung. So kann – je nach Standpunkt – demselben politischen System Legitimität zu- oder abgesprochen werden. Diese Problematik hat dazu geführt, dass in der vergleichenden politikwissenschaftlichen Forschung das empirische Verständnis – also der Legitimationsbegriff – zum Einsatz kam. Aber auch ein inhaltliches Argument lässt sich dafür anführen: So ist es aus der Stabilitätsperspektive relevanter, den Legitimitätsglauben zu untersuchen als die Legitimität eines politischen Systems.

Allerdings kann durchaus auch der Legitimitätsbegriff in der vergleichenden Forschung aufgegriffen werden. Beispielsweise ließe sich die von Parsons vertretene Annahme überprüfen, dass in modernen Gesellschaft die Legitimation politischer Herrschaft nur unter Bezugnahme auf universalisierbare Normen möglich sei. Als Referenz für die Legitimität einer politischen Herrschaft gelten somit Menschenrechte und die auf ihnen beruhende Rationalität von Verfahren zur Bestimmung und Kontrolle politischer Herrschaft, wie sie unter anderen von Niklas Luhmann (1989) angesprochen und unter dem Titel „Legitimation durch Verfahren" thematisiert wurden. Erkenntnisleitend ist etwa die Frage, mit welchen Verfahren eine Regierung bestimmt oder ein politisches System installiert wird. In repräsentativen Demokratien geschieht dies durch allgemeine, freie, gleiche, geheime und kompetitive Wahlen. Diese Überlegungen schließen an den *Typus legaler Herrschaft* an, den Max Weber (1976) als eine Form legitimer Herrschaft begreift. Dagegen bieten seine beiden anderen Typen legitimer Herrschaft – begründet durch *Tradition* oder *Charisma* – keine ausreichende Begründung legitimer Herrschaft in modernen Gesellschaften.

Wenn die Legitimation politischer Systeme auf der Akzeptanz ihrer zentralen Normen beruht, haben diese einen Vorteil gegenüber denjenigen, die sich nur über Leistung legitimieren können. So differenziert David Easton (1965: 273) zwischen einer *spezifischen* Zustimmung, die auf konkreten Ergebnissen bzw. Erfolgen des politischen Systems gründet, und einer *diffusen* Zustimmung, die eine von Einzelmaßnahmen weitgehend unabhängige Unterstützung des Gesamtsystems umfasst und sich z. B. dadurch äußert, dass die Demokratie in Demokratien als „Wert an sich" begriffen wird. In komparativen Studien im Rahmen der politischen Kulturforschung wird entsprechend zwischen den beiden Formen der Zustimmung unterschieden und gleichfalls ihr Zusammenhang analysiert. Auf dieser Grundlage kann der Aspekt der Stabilität in die Untersuchung – speziell der Transformationsforschung – einbezogen werden, wobei dann zu trennen ist, inwieweit das Vertrauen in die Legitimität des politischen Systems von Eliten oder der breiten Bevölkerung getragen wird.

4. Forschungsgebiete und Perspektiven

In diesem Artikel wurden der Gegenstand und zentrale Kategorien (sowie ansatzweise Modelle) der „Vergleichenden Regierungslehre" entfaltet. Damit sind wichtige Grundlagen für die vergleichende politikwissenschaftliche Analyse aufbereitet, die zur Strukturierung der Untersuchung notwendig sind. Auf diese Weise lässt sich der Fokus der Analyse, die ihren Ausgang in einer spezifischen Fragestellung hat, präziser verorten. In der weiteren Untersuchung gilt es dann, den Zusammenhang zwischen abhängigen und unabhängigen Variablen zu analysieren. Hierzu ist die Bezugnahme auf Theorien unerlässlich, welche zur Identifikation der zentralen Variablen führen. Verschiedene theoretische Zugänge bieten sich an. Es lassen sich Hypothesen aus allgemeineren Theorien entwickeln (strukturalistische Theorien, Handlungstheorie), oder es können größere Theoriezusammenhänge (z. B. Modernisierungstheorien oder neo-institutionalistische Theorien) aufgegriffen werden. In der Regel werden Theorien herangezogen, die bereits im Umfeld des Untersuchungsgegenstands entwickelt wurden und die oftmals Bezüge zu den beiden ersten Theoriebereichen enthalten. Im Konkreten gibt es die unterschiedlichsten Theorien analog zur vorgestellten Trias der Politikdimensionen (vgl. Chilcote 1994). Im *Polity*-Bereich treffen wir beispielsweise auf Theorien zum Entstehen, zur Dynamik und zum Wandel von Institutionen. Bei den politischen Prozessen *(Politics)* finden sich unter anderem Theorien zum Wählerverhalten, zum Wertewandel oder zur Entwicklung von Parteien und Verbänden. Der Bereich der Staatstätigkeit wird in den einzelnen *Policy*-Feldern untersucht. Entwickelt wurden hier Theorien zur Entstehung verschiedener Typen des Sozialstaats oder zur Steuerbarkeit von Politik.

Im Folgenden werden zentrale Forschungsgebiete der „Vergleichenden Regierungslehre" mit ihren maßgeblichen Fragestellungen angeführt und wichtige Studien in diesen Bereichen beispielhaft genannt. Dort finden sich die theoretischen Bezüge, die in den entsprechenden Beiträgen des vorliegenden Bands erläutert werden.

Wenn wir die Perspektiven der „Vergleichenden Regierungslehre" ansprechen, so ist es überflüssig, nochmals ausführlicher die hohe Relevanz vergleichender Studien – sowohl für die wissenschaftliche Beschäftigung mit Politik als auch für die praktische Politik – zu unterstreichen. Dagegen sollen folgende Aspekte betont werden, die für die Weiterentwicklung der „Vergleichenden Regierungslehre" von Bedeutung sind:

(1) Verstärkte Anforderungen sind in der Theoriebildung zu leisten. Inwieweit ist es möglich, bestehende Theoriefragmente zu kombinieren oder zumindest zu systematisieren? Im Unterschied zur Subdisziplin „Internationale Politik" beispielsweise gibt es kaum ähnliche Übersichten zu Theorien der „Vergleichenden Regierungslehre" (und sei es auch nur nach einer der drei Politikdimensionen)[10]. (2) Gleichfalls sind die me-

---
9 Die folgende Übersicht basiert im Wesentlichen auf Birle/Wagner (2006: 114 ff.).
10 Von wenigen Ausnahmen abgesehen (vgl. Chilcote 1994; Sabatier 1999; Helms/Jun 2004).

Abbildung 5: Zentrale Forschungsbereiche, Themen und Literatur[9]

Herrschafts- und Regierungssysteme
Merkmale und Funktionszusammenhänge unterschiedlicher Typen politischer Herrschaft (demokratische, autoritäre, totalitäre Systeme); Vor- und Nachteile verschiedener Typen demokratischer Regierungssysteme (Parlamentarismus versus Präsidentialismus; Konsens- versus Mehrheitsmodell; Repräsentativmodell versus direkte Demokratie; Konkurrenz- versus Konkordanzmodell; Veto-Spieler und policy-Stabilität). Literatur: *Josep M. Colomer* (Hrsg.): Political Institutions in Europe. 2. Aufl., London/New York 2002; *Robert A. Dahl:* Polyarchy. New Haven 1971; *Jon Elster, Claus Offe, Ulrich Klaus Preuss:* Institutional Design in Post-Communist Societies: Rebuilding the Ship at Sea. Cambridge 1997; *Juan Linz, Arturo Valenzuela* (Hrsg.): The Failure of Presidential Democracy. Baltimore/London 1994; *Juan Linz:* Totalitäre und autoritäre Regime. Berlin 2000; *Arend Lijphart:* Democracies: Patterns of Majoritarian and Consensus Government in Twenty-One Countries. New Haven/London 1984; *Arend Lijphart:* Patterns of Democracy. Government Forms and Performance in Thirty-Six Countries. New Haven/London 1999; *Giovanni Sartori:* Comparative Constitutional Engineering. 2. Aufl., Basingstoke u. a. 1997; *Manfred G. Schmidt:* Demokratietheorien. Eine Einführung. 4. Aufl., Opladen 2008; *George Tsebelis:* Veto-Players. How Political Institutions Work. Princeton 2002.
Parteien und Parteiensysteme
Entstehung, Funktionen und Bedeutung von politischen Parteien in unterschiedlichen politischen Systemen; Parteientypologien; Klassifikation von Parteiensystemen. Literatur: *Joachim Betz, Gero Erdmann, Patrick Köllner* (Hrsg.): Die gesellschaftlichen Verankerungen politischer Parteien. Formale und informelle Dimensionen im internationalen Vergleich. Wiesbaden 2004; *David Broughton, Mark Donovan:* The Changing Party Systems in Western Europe. London 1998; *Ian Budge, Hans Keman:* Parties and Democracy: Coalition Formation and Government Functioning in Twenty States. Oxford 1993; *Ulrich Eith, Gerd Mielke* (Hrsg.): Gesellschaftliche Konflikte und Parteiensysteme. Wiesbaden 2001; *Herbert Kitschelt, Zdenka Mansfeldova:* Post-Communist Party Systems. Competition, Participation, and Inter-Party Cooperation. Cambridge 1999; *Peter Mair, Wolfgang C. Müller, Fritz Plasser:* Parteien auf komplexen Wählermärkten. Reaktionsstrategien politischer Parteien in Westeuropa. Wien 1999; *Oskar Niedermayer, Richard Stöss, Melanie Haas* (Hrsg.): Die Parteiensysteme Westeuropas. Wiesbaden 2006.
Verbände und Interessengruppen
Entstehung, Funktion und Bedeutung von Interessengruppen für das Funktionieren demokratischer politischer Systeme; Interessenvermittlung zwischen Staat und Verbänden; Durchsetzungsfähigkeit und Einfluss von Interessengruppen. Literatur: *Ulrich von Alemann, Bernhard Wessels* (Hrsg.): Verbände in vergleichender Perspektive. Beiträge zu einem vernachlässigten Feld. Berlin 1997; *Colin Crouch, Franz Traxler* (Hrsg.): Organized Industrial Relations in Europe. What Future? London 1995; *Lösche, Peter:* Verbände und Lobbyismus in Deutschland. Stuttgart 2007; *Wolfgang Merkel, Eberhard Sandschneider* (Hrsg.): Systemwechsel 4. Die Rolle von Verbänden im Transformationsprozess. Opladen 1999; *Philip Norton* (Hrsg.): Parliaments and Pressure Groups in Western Europe. London 1998; *Mancur Olson:* Die Logik des kollektiven Handelns. Kollektivgüter und die Theorie der Gruppen. 5. Aufl., Tübingen 2004; *Werner Reutter, Peter Rütters* (Hrsg.): Verbände und Verbandssysteme in Westeuropa, Opladen 2001.

Wahlen und Wahlsysteme

Vorzüge und Nachteile unterschiedlicher Wahlsysteme; Auswirkungen des Wahlrechts auf die politische Willensbildung, das Parteiensystem und den Parteienwettbewerb.

Literatur: *Jürgen W. Falter, Harald Schoen* (Hrsg.): Handbuch Wahlforschung. Wiesbaden 2005; *Lawrence Leduc, Richard G. Niemi, Pippa Norris* (Hrsg.): Comparing Democracies: Elections and Voting in Global Perspective. Sage Pubns 1996; *Lawrence Leduc, Richard G. Niemi, Pippa Norris* (Hrsg.): Comparing Democracies 2. New Challenges in the Study of Elections and Voting. London u.a. 2003; *Arend Lijphart:* Electoral Systems and Party Systems, Oxford 1995; *Dieter Nohlen:* Wahlrecht und Parteiensystem. 5. Aufl., Opladen 2007; *Dieter Nohlen, Mirjana Kasapovic:* Wahlsysteme und Systemwechsel in Osteuropa. Opladen 1996; *Dieter Nohlen, Bernhard Thibaut, Michael Krennerich* (Hrsg.): Elections in Africa. Oxford 1999; *Jacques Thomassen* (Hrsg.): The European Voter. A Comparative Study of Modern Democracies. Oxford 2005.

Politische Kultur und Wertewandel

Einstellungen der Bevölkerung gegenüber den verschiedenen Instanzen politischer Systeme; Wissen über Politik, Beurteilung der Leistungen von politischen Systemen, Einschätzung der eigenen Rolle, der Partizipationsmöglichkeiten; Typen politischer Kultur; Veränderungen in der politischen Kultur und deren Auswirkungen auf Politik und Gesellschaft.

Literatur: *Gabriel A. Almond, Sidney Verba* (Hrsg.): The Civic Culture Revisited. An Analytic Study. Boston 1980; *Dieter Fuchs, Edeltraud Roller, Bernhard Wessels* (Hrsg.): Bürger und Demokratie in Ost und West. Studien zur politischen Kultur und zum politischen Prozess. Wiesbaden 2002; *Ronald Inglehart:* Kultureller Umbruch: Wertewandel in der westlichen Welt. Frankfurt a.M./New York 1989; *Ronald Inglehart:* Modernisierung und Postmodernisierung. Kultureller, wirtschaftlicher und politischer Wandel in 43 Gesellschaften. Frankfurt a.M./New York 1998; *Max Kaase, Kenneth Newton:* Beliefs in Government. Oxford 1998; *Norbert Kersting, Lasse Cronqvist* (Hrsg.): Democratization and Political Culture in Comparative Perspective. Wiesbaden 2005; *Hans-Dieter Klingenmann, Dieter Fuchs* (Hrsg.): Citizens and the State. Oxford 1998; *Detlef Pollack u. a.* (Hrsg.): Political Culture in Post-Communist Europe. Attitudes in New Democracies. Aldershot 2003; *Richard Rose, William Mishler, Christian Haerpfer:* Democracy and its Alternatives. Understanding Post-Communist Societies. Baltimore 1998; *Jan W. van Deth u. a.* (Hrsg.): Citizenship and Involvement in European Democracies. A Comparative Analysis. London 2007; *Jan W. van Deth, Elinor Scarbrough* (Hrsg.): The Impact of Values. Oxford 1998; *Christian Welzel:* Fluchtpunkt Humanentwicklung. Wiesbaden 2001.

Systemwechsel und Transformation

Ursachen für den Zusammenbruch autokratischer Herrschaftssysteme; unterschiedliche Übergänge zur Demokratie; Akteure des Transformationsprozesses; Faktoren, die die Konsolidierungschancen „junger" Demokratien beeinflussen; Stand der Demokratieentwicklung; Gründe für den Niedergang von Demokratien.

Literatur: *Larry Diamond:* Developing Democracy. Toward Consolidation. Baltimore/London 1999; *Samuel P. Huntington:* The Third Wave. Democratization in the Late Twentieth Century. Norman/London 1991; André Kaiser, Thomas Zittel (Hrsg.): Demokratietheorie und Demokratieentwicklung. Wiesbaden 2004; *Juan Linz, Alfred Stepan:* Problems of Democratic Transition and Consolidation. Southern Europe, South America, and Post-Communist Europe. Baltimore/London 1996; *Wolfgang Merkel u. a.* (Hrsg.): Systemwechsel 1–5. Opladen 1994–2000; *Wolfgang Merkel:* Systemtransformation. 2. Aufl., Wiesbaden 2010; *Guillermo O'Donnell, Philippe C. Schmitter, Laurence Whitehead* (Hrsg.): Transitions from Authoritarian Rule. Prospects for Democracy. Baltimore/London 1986; *Adam Przeworski:* Democracy and the Market. Political and Economic Reforms in Eastern Europe and Latin America. Cambridge 1991.

> **Demokratiemessung**
> Demokratiemodelle und deren Operationalisierung; empirische Bestimmung der Qualität einer Demokratie; Klassifikation von politischen Systemen (Regimetypen und Subtypen).
> Literatur: *David Beetham* (Hrsg.): Defining and Measuring Democracy. London u.a. 1994; *David Beetham, Stuart Weir:* Political Power and Democratic Control in Britain. London 1999; *Freedom House:* Freedom in the World. The Annual Survey of Political Rights & Civil Liberties. New York (erscheint jährlich); *Axel Inkeles* (Hrsg.): On Measuring Democracy. New York 1991; *Keith Jaggers, Ted Robert Gurr:* Transitions to Democracy: Tracking the Third Wave with Polity III Indicators of Democracy and Autocracy, in: Journal of Peace Research (November) 1995, 469–482; *Hans-Joachim Lauth:* Demokratie und Demokratiemessung. Wiesbaden 2004; *Hans-Joachim Lauth, Gert Pickel, Christian Welzel* (Hrsg.): Demokratiemessung. Konzepte und Befunde im internationalen Vergleich. Opladen 2000; *Tutu Vanhanen:* Prospects of Democracy. A Study of 172 Countries. London/New York 1997.

> **Gender-Studien**
> Untersuchungen zur geschlechtsspezifischen Differenz von Politik hinsichtlich der Partizipationsmöglichkeiten und der Politikformulierung; geschlechtsdifferenzierende Rolle von Institutionen in der Politik.
> Literatur: *Ute Behning, Birgit Sauer* (Hrsg.): Was bewirkt Gender Mainstreaming? Evaluierung durch Policy-Analysen. Frankfurt a.M. 2005; *Susan Gal, Gail Kligman:* The Politics of Gender after Socialism. Princeton University Press 2000; *Marianne Githens, Pippa Norris, Joni Lovenduski* (Hrsg.): Different Roles, Different Voices: Women and Politics in the United States and Europe. HarperCollins College 1994; *Melissa Haussman, Birgit Sauer* (Hrsg.): Gendering the State in the Age of Globalization. London 2007; *Beate Hoecker:* Politische Partizipation von Frauen. Opladen 1995; *Ulrike Liebert, Nancy Hirschmann* (Hrsg.): Revisioning the Welfare State: Comparative Gender Perspectives on the US and Europe. Rutgers University Press 1999; *Caroline O. N. Moser:* Gender Planning and Development. Theory, Practice, and Training. London u.a. 1998; *Barbara J. Nelson, Najma Chowdhury* (Hrsg.): Woman and Politics Worldwide. Yale University Press 1994; *Diane Sainsbury:* Gender, Equality and Welfare States. Cambridge University Press 1996.

thodischen Anstrengungen zu Möglichkeiten und Grenzen des Vergleichs zu intensivieren. Hierbei gilt es auch die bereits bestehenden methodischen Reflexionen noch stärker in den empirischen Forschungsprozess zu integrieren (vgl. Lauth/Pickel/Pickel 2008). (3) Das Nebeneinander quantitativer und qualitativer Methoden lässt oft Möglichkeiten zusätzlicher Erkenntnisgewinne ungenutzt. Versuche, diese zwei unterschiedlichen Forschungsstrategien pragmatisch miteinander zu verknüpfen, erscheinen insofern lohnenswert als beide sich im Sinne eines „lively pluralism" (Peters 1998: 215) sinnvoll ergänzen können. (4) Sinnvoll ist es außerdem, die bestehenden Forschungen in verschiedenen regionalen *areas* auszubauen und intensiver zu vernetzen. Damit das Potenzial vergleichender Untersuchungen umfassend genutzt werden kann, ist eine Verengung des Blickfeldes auf die OECD-Länder – also auf eine im globalen Kontext nur relativ geringe Zahl von Staaten – nicht bei jeder Fragestellung sinnvoll. (5) Verschiedene Hinweise zu Rechtssystem, Legitimität oder Regimetypen (Demokratie) haben verdeutlicht, dass die Relevanz normativer Positionen hinsichtlich der Festlegung von Maßstäben gestiegen ist. Ein Beispiel bildet die Neuinterpretation des Topoi „Gute Herrschaft" im Kontext der *good governance*-Debatte. Folglich benötigt die „Vergleichende Regierungslehre" weiterhin eine Rückbindung zur politischen Philosophie. (6) Schließlich verändert die zunehmende Globalisierung den Untersuchungsgegenstand, indem immer stärker internationale Faktoren für die nationale Politik an Relevanz gewinnen (vgl. Keohane 1999). Eine Vernetzung mit Forschungen aus dem Bereich der internationalen Politik ist für einen adäquaten Forschungszugang unumgänglich *(vgl. die Beiträge von Faust/Vogt und Schmidt in diesem Band).* Die hier behandelte Teildisziplin ist somit in der Lage, aus unterschiedlichen Perspektiven zur Integration der Politikwissenschaft beizutragen.

Literatur

Almond, Gabriel A., 1960: Introduction. A Functional Approach to Comparative Politics, in: *ders./James S. Coleman* (Hrsg.): The Politics of Developing Areas. Princeton, 3–60.
Almond, Gabriel A./Powell, G. Bingham, 1966: Comparative Politics. A Developmental Approach. Boston.
Almond, Gabriel A./Powell, G. Bingham, 2003: Comparative Politics. A Theoretical Framework. 4. Aufl., New York.
Almond, Gabriel A./Verba, Sidney, 1963: The Civic Culture. Political Attitudes and Democracy in Five Nations. Princeton.
Almond, Gabriel A. u.a. (Hrsg.), 2009: Comparative Politics Today. A World View. 9. Aufl., New York.
Avenarius, Hermann, 1991: Recht von A – Z. 6. Aufl., Freiburg im Breisgau u.a.
Becker, Michael/Lauth, Hans-Joachim/Pickel, Gert (Hrsg.), 2001: Rechtsstaat und Demokratie. Theoretische und empirische Studien zum Recht in der Demokratie. Wiesbaden.
Benz, Arthur (Hrsg.), 2004: Governance – Regieren in komplexen Regelsystemen. Eine Einführung. Wiesbaden.
Benz, Arthur, 2008: Der moderne Staat. Grundlagen einer politologischen Analyse. München.
Berg-Schlosser, Dirk (Hrsg.), 2007: Democratization. The State of the Art. 2. Aufl., Wiesbaden.
Berg-Schlosser, Dirk/Müller-Rommel, Ferdinand (Hrsg.), 2003: Vergleichende Politikwissenschaft. Ein einführendes Studienhandbuch. 4. Aufl., Opladen.
Bernard, E./Macridis, Roy C. (Hrsg.), 2005: Comparative Politics. Notes and Readings. 10. Aufl., Orlando.
Beyme, Klaus von, 1988: Der Vergleich in der Politikwissenschaft. München.
Beyme, Klaus von, 1999: Die parlamentarische Demokratie. Entstehung und Funktionsweise 1789–1999. Opladen/Wiesbaden.
Beyme, Klaus von, 2000: Die politischen Theorien der Gegenwart. Eine Einführung. 8. Aufl., Wiesbaden.
Birle, Peter/Wagner, Christoph, 2006: Vergleichende Politikwissenschaft. Analyse und Vergleich politischer Systeme, in: *Manfred Mols/Hans-Joachim Lauth/Christian Wagner* (Hrsg.): Politikwissenschaft. Eine Einführung. 5. Aufl., Paderborn u.a., 99–134.
Blondel, Jean, 1995: Comparative Government. An Introduction. 2. Aufl., New York u.a.
Calvert, Peter, 1983: Politics, Power and Revolution. An Introduction to Comparative Politics. Brighton.
Chilcote, Ronald H., 1994: Theories of Comparative Politics. The Search for a Paradigm Reconsidered. 2. Aufl., Boulder.
Coleman, James S., 1971: The Development Syndrome: Differentiation – Equality – Capacity, in: *Leonard Binder* u.a.: Crises and Sequences in Political Development. Princeton/New Jersey, 73–100.
Colomer, Josep M., 2002: Political Institutions in Europe. 2. Aufl., London/New York.
Daalder, Hans (Hrsg.), 1997: Comparative European Politics. The Story of a Profession. London/New York.
Dahl, Robert A., 1971: Polyarchy. Participation and Opposition. New Haven/London.
Easton, David, 1953: The Political System. New York.
Easton, David, 1965: A Systems Analysis of Political Life. New York u.a.

Eckstein, Harry, 1966: A Perspective on Comparative Politics, Past and Present, in: *ders./David E. Apter* (Hrsg.): Comparative Politics. A Reader. 4. Aufl., New York u.a., 3–32.
Eisenstadt, Samuel N., 1963: Modernization. Growth and Diversity. Bloomington.
Friedrich, Carl Joachim, 1953: Der Verfassungsstaat der Neuzeit. Berlin/Heidelberg (englischsprachiges Original 1937).
Gabriel, Oscar W./Hoffmann-Martinot, Vincent/Savitch, Hank V., 2000: Urban Democracy, Opladen.
Gabriel, Oscar W./Kropp, Sabine (Hrsg.), 2008: Die EU-Staaten im Vergleich. Strukturen, Prozesse, Politikinhalte. 3. Aufl., Wiesbaden.
Garzón Valdés, Ernesto, 1988: Die Stabilität politischer Systeme: Analyse des Begriffs mit Fallbeispielen aus Lateinamerika. Freiburg/München.
Göhler, Gerhard (Hrsg.), 1997: Institutionenwandel (Leviathan Sonderheft 16). Opladen.
Gosepath, Stefan/Lohmann, Georg (Hrsg.), 2007: Philosophie der Menschenrechte. 4. Aufl., Frankfurt a.M.
Habermas, Jürgen, 1973: Legitimationsprobleme im Spätkapitalismus. Frankfurt a.M.
Hague, Rod/Harrop, Martin, 2007: Comparative Government and Politics. An Introduction. 7. Aufl., Basingstoke/New York.
Hartmann, Jürgen, 1995: Vergleichende Politikwissenschaft. Ein Lehrbuch. Frankfurt a.M./New York.
Helms, Ludger/Jun, Uwe (Hrsg.), 2004: Politische Theorie und Regierungslehre: eine Einführung in die politikwissenschaftliche Institutionenforschung. Frankfurt a.M./New York.
Héritier, Adrienne (Hrsg.), 1993: Policy-Analyse. Kritik und Neuorientierung (PVS-Sonderheft 24). Opladen.
Ismayr, Wolfgang (Hrsg.), 2009: Die politischen Systeme Westeuropas. 4. Aufl., Wiesbaden.
Ismayr, Wolfgang (Hrsg.), 2010: Die politischen Systeme Osteuropas. 3. Aufl., Wiesbaden.
Keman, Hans (Hrsg.), 1993: Comparative Politics. New Directions in Theory and Method. Amsterdam.
Keman, Hans (Hrsg.), 2002: Comparative Democratic Politics. A Guide to Contemporary Theory and Research. London u.a.
Keohane, Robert O., 1999: Internationalization and Domestic Politics. Cambridge.
Kesselman, Mark/Krieger, Joel/Joseph, William A. (Hrsg.), 1996: Comparative Politics at the Crossroads. Lexington.
Köllner, Patrick, 2005: Formale und informelle Politik aus institutioneller Perspektive: Ein Analyseansatz für die vergleichenden Area Studies. Hamburg, DÜI Working Papers Nr. 6.
Kopstein, Jeffrey/Lichbach, Mark (Hrsg.), 2005: Comparative Politics. Interests, Identities and Institutions in a Changing Global Order. 2. Aufl., Cambridge.
Kunz, Volker, 2000: Parteien und kommunale Haushaltspolitik im Städtevergleich. Opladen.
Lauth, Hans-Joachim, 2004: Demokratie und Demokratiemessung. Wiesbaden.
Lauth, Hans-Joachim/Liebert, Ulrike (Hrsg.), 1999: Im Schatten demokratischer Legitimität. Informelle Institutionen und politische Partizipation im interkulturellen Vergleich. Opladen/Wiesbaden.
Lauth, Hans-Joachim/Pickel, Gert/Pickel, Susanne, 2008: Methoden der vergleichenden Politikwissenschaft. Wiesbaden.
Lauth, Hans-Joachim/Thiery, Peter, 2009: Politikfeldanalyse, in: *Hans-Joachim Lauth/Christian Wagner* (Hrsg.): Politikwissenschaft. Eine Einführung. 6. Aufl., Paderborn u.a., 263–293.
Lehner, Franz/Widmaier, Ulrich, 2002: Vergleichende Regierungslehre. 4., überarb. Aufl., Opladen.
Lerner, Daniel, 1958: The Passing of Traditional Society. Glencoe.
Linz, Juan J., 1978: Crisis, Breakdown and Reequilibration, in: *ders./Alfred Stepan* (Hrsg.): The Breakdown of Democratic Regimes, Part I. Baltimore/London, 3–124.
Linz, Juan J./Stepan, Alfred, 1996: Problems of Democratic Transition and Consolidation. Baltimore/London.
Loewenstein, Karl, 1959: Verfassungslehre. Tübingen (englischsprachiges Original 1957).
Luhmann, Niklas, 1989: Legitimation durch Verfahren. 2. Aufl., Frankfurt a.M.
Martinussen, John, 1997: Society, State & Market. A Guide to Competing Theories of Development. London u.a.
Méndez, Juan/O'Donnell, Guillermo/Pinheiro, Paulo Sérgio (Hrsg.), 1999: The (Un)Rule of Law and the Underprivileged in Latin America. Notre Dame.
Merkel, Wolfgang, 2010: Systemtransformation. Eine Einführung in die Theorie und Empirie der Transformationsforschung. 2. Aufl., Wiesbaden.

Merkel, Wolfgang/Busch, Andreas (Hrsg.), 1999: Demokratie in Ost und West. Frankfurt a.M.
Mols, Manfred, 1996: Integration und Kooperation in zwei Kontinenten. Das Streben nach Einheit in Lateinamerika und in Südostasien. Stuttgart.
Mols, Manfred, 2001: Gabriel A. Almond. Modernisierungstheorie: Die USA als Blaupause für die Dritte Welt, in: E+Z – Entwicklung und Zusammenarbeit 2, 47–50.
Needler, Martin C., 1991: The Concepts of Comparative Politics. New York.
Newton, Kenneth/van Deth, Jan W., 2005: Foundations of Comparative Politics. Cambridge.
Nohlen, Dieter/Waldmann, Peter/Ziemer, Klaus (Hrsg.), 1997: Die östlichen und südlichen Länder. (Lexikon der Politik, Band 4) München.
North, Douglass C., 1992: Institutionen, institutioneller Wandel und Wirtschaftsleistung. Tübingen.
Offe, Claus, 1972: Strukturprobleme des kapitalistischen Staates. Frankfurt a.M.
Oliver J. Eric, 2001: Democracy in Suburbia. Princeton University Press.
Parsons, Talcott, 1951: The Social System. New York.
Pennings, Paul/Keman, Hans/Kleinnijenhuis, Jan, 1999: Doing Research in Political Science. An Introduction to Comparative Methods and Statistics. London.
Peters, Guy B., 1998: Comparative Politics. Theory and Methods. Basingstoke/London.
Peters, Guy B., 2005: Institutional Theory in Political Science. 2. Aufl., London/New York.
Przeworski, Adam, 1991: Some Problems in the Study of the Transition to Democracy, in: *Guillermo O'Donnell/Philippe C. Schmitter/Laurence Whitehead* (Hrsg.): Transitions from Authoritarian Rule. Comparative Perspectives. 3. Aufl., Baltimore/London, 47–63.
Putnam, Robert D., 1993: Making Democracy Work. Civic Traditions in Moden Italy. Princeton.
Rohe, Karl, 1994: Politik: Begriffe und Wirklichkeiten. Eine Einführung in das politische Denken. 2. Aufl., Stuttgart u.a.
Rokkan, Stein, 1979: Die vergleichende Analyse der Staaten- und Nationenbildung: Modelle und Methoden, in: *Wolfgang Zapf* (Hrsg.): Theorien des sozialen Wandels. 4. Aufl., Königstein/Ts.
Rueschemeyer, Dietrich/Huber Stephens, Evelyne/Stephens, John D., 1992: Capitalist Development and Democracy. Chicago.
Rustow, Dankwart A./Erickson, Kenneth Paul (Hrsg.), 1991: Comparative Political Dynamics. Global Research Perspectives. New York.
Sabatier, Paul A. (Hrsg.), 1999: Theories of the Policy Process. Boulder.
Sandschneider, Eberhard, 1995: Stabilität und Transformation politischer Systeme. Stand und Perspektiven politischer Transformationsforschung. Opladen.
Scharpf, Fritz W., 2000: Interaktionsformen. Akteurszentrierter Institutionalismus in der Politikforschung. Opladen.
Schmidt, Manfred G., 2008: Demokratietheorien. Eine Einführung. 4. Aufl., Wiesbaden.
Schreyer, Bernhard/Schwarzmeier, Manfred, 2005: Grundkurs Politikwissenschaft: Studium der politischen Systeme. 2. Aufl., Wiesbaden.
Sontheimer, Kurt, 1988: Wie stabil sind die pluralistischen Demokratien Westeuropas?, in: *Gesine Schwan* (Hrsg.): Bedingungen und Probleme politischer Stabilität. Baden-Baden, 35–48.
Weber, Max, 1976: Wirtschaft und Gesellschaft. 5., rev. Aufl., Tübingen.
Weiner, Myron (Hrsg.), 1966: Modernisation. The Dynamics of Growth. New York.
Wiarda, Howard J. (Hrsg.), 2002: New Directions in Comparative Politics. 3. Aufl., Boulder.
Wiarda, Howard J., 2003: Introduction to Comparative Politics. Concepts and Processes. 3. Aufl., Fort Worth u.a.

Methoden der Vergleichenden Politikwissenschaft

Hans-Joachim Lauth / Jürgen R. Winkler

1. Einleitung

Wissenschaftliches Arbeiten unterscheidet sich von der zufälligen, ungesicherten Vorgehensweise der Gewinnung von Alltagserkenntnissen vor allem durch ihr systematisches Vorgehen. Die Vergleichende Regierungslehre bzw. Vergleichende Politikwissenschaft wird erst dadurch zur Wissenschaft, dass im Prozess der Erkenntnisgewinnung Methoden eingesetzt werden, die geeignet sind, die Fragestellungen zu beantworten, die die Beteiligten aufwerfen. Methoden der Vergleichenden Politikwissenschaft geben mithin Wege an, um Erkenntnisse über den Gegenstand der Teildisziplin zu erlangen.

In der Politikwissenschaft hat vor allem der Vergleich einen hohen Stellenwert und ist ein – wenn nicht das zentrale – konstitutives Element der Teildisziplin Vergleichende Politikwissenschaft. Trotz dieser Übereinkunft bleibt jedoch die genaue Bedeutung des Vergleichs in der Politikwissenschaft häufig unklar. Während einige Autoren bereits das Nebeneinanderstellen von Fällen mit dem Ziel des Erkennens von Gemeinsamkeiten und Unterschieden als Vergleich betrachten, sprechen andere erst dann davon, wenn weitergehende Voraussetzungen und Zielsetzungen gegeben sind. Die Unsicherheit in der Einschätzung reflektiert auch die bislang wenig ausgeprägte methodentheoretische Diskussion zu dieser Thematik in der bundesdeutschen Politikwissenschaft, die sich von wenigen Ausnahmen abgesehen weitgehend auf die Rezeption einiger Autoren aus dem US-amerikanischen Kontext begrenzte, wie Dieter Nohlen (1994: 507) hervorhebt: „Die Logik vergleichender Forschung ist in Relation zu ihrer allseits anerkannten Bedeutung – sogar als Kriterium für die Abgrenzung von Teildisziplinen – unterentwickelt. Dies trifft v. a. für die Politikwissenschaft in der Bundesrepublik zu, die sich hinsichtlich der methodischen Grundlagen des Vergleichs ausgesprochen wortkarg und rezeptiv verhielt."

Um sich einem adäquaten Verständnis der komparativen Methoden zu nähern, ist zunächst eine Unterscheidung von vergleichender Methode im *umfassenden* und im *engeren* (forschungsstrategischen) Sinne notwendig. In einem umfassenden Sinne ist Vergleichen jedem wissenschaftlichen Verfahren inhärent. Bereits die Wahrnehmung und Beschreibung politischer Objekte setzt Vergleiche voraus. Ganz allgemein kann man unter einem Vergleich das Inbeziehungsetzen von zwei oder mehreren begrifflich erfassten Objekten oder Eigenschaften verstehen, welches dazu dient, ihre Identität, ihre Gleichheit, ihre Ähnlichkeit oder ihre Verschiedenheit festzustellen.

In der Teildisziplin Vergleichende Politikwissenschaft werden unter anderem folgende *Ziele* des Vergleichs genannt:

- Gleichheit und Identität festzustellen,
- Unterschiede und Gemeinsamkeiten zu erkennen,
- auf Unbekanntes oder Besonderes hinzuweisen,
- funktionale Äquivalente zu erkennen,
- Informationen über die Fälle (insbes. andere Länder) zu erhalten,
- empirische Phänomene zu ordnen,
- hierzu und hierbei Klassifikationen und Typologien zu entwickeln,
- einzelne Fälle an Maßstäben (z. B. Realtyp, Idealtyp) zu messen, um Defizite identifizieren zu können,
- oder um bei konkreten Problemen Fälle aufzuspüren, die eine Lösung gefunden haben (s. Politikberatung),
- der Entwicklung und Prüfung von Hypothesen und Theorien,
- Vorhersagen zu treffen.

Auch wenn der Vergleich in der Politikwissenschaft allen diesen Zwecken dienen kann, wird vom eigentlichen Vergleich bzw. von vergleichenden Methoden im engen Sinne häufig erst dann gesprochen, wenn das Inbeziehungsetzen von begrifflich erfassten Objekten und Eigenschaften der Erklärung politischer Phänomene dient. Vergleiche leisten einen Beitrag zur Theoriebildung, der Hypothesenprüfung und -erzeugung. Obgleich sie zur Feststellung von Gemeinsamkeiten und Unterschieden notwendig sind, geht es doch in erster Linie um die Erkennung kausaler Zusammenhänge. Dies bedeutet nicht, dass andere Zielsetzungen nicht gleichfalls im Rahmen des Vergleichs anzusiedeln oder als wichtige Voraussetzungen weiterführender Vergleiche zu verstehen sind.

Wie erwähnt, werden im Prozess der Erkenntnisgewinnung gezielt Methoden eingesetzt. Methoden der Vergleichenden Politikwissenschaft geben mithin Wege an, um Erkenntnisse über den Gegenstand der Teildisziplin zu erlangen. Einerseits beruhen alle adäquaten Verfahren auf Vergleichen. Andererseits stellt sich die Frage, wie in der Praxis der Vergleichenden Politikwissenschaft verglichen wird, um Aussagen zu generieren und zu prüfen. Jene methodischen Schritte, die Vergleiche in der hier betrachteten Teildisziplin leiten, sollen Methoden der Vergleichenden Politikwissenschaft heißen.

Wir wollen im folgenden Kapitel zunächst einige Grundbegriffe der Vergleichenden Politikwissenschaft klären. Im anschließenden Kapitel werden wir den Gang einer empirischen Untersuchung unter methodischen Gesichtspunkten nachzeichnen und wichtige Entscheidungen im Forschungsprozess verorten. Im darauf folgenden Kapitel folgt eine kurze Darstellung unterschiedlicher Untersuchungsformen der Komparatistik. In Kapitel fünf erörtern wir sodann etwas eingehender zentrale, mit der Fallauswahl zusammenhängende Aspekte. Wir stellen kurz das Auswahlproblem dar, gehen auf Einzelfallstudien ein und stellen die grundlegenden kontrollierten Versuchsanordnungen dar. In Kapitel sechs gehen wird dann auf die Messung politikwissenschaftlicher Konzepte unter Berücksichtigung der in der Vergleichenden Politikwissenschaft anzutreffenden Probleme ein. Kapitel sieben erörtert sodann die Aufbereitung und Analyse von Daten. Im abschließenden Kapitel skizzieren wir in Kürze einige methodische Perspektiven der Teildisziplin.

2. Grundbegriffe

Bevor wir die einzelnen Konstellationen näher betrachten, sind einige Grundbegriffe zu erläutern. Ein systematischer Vergleich setzt voraus, dass sich die empirischen Phänomene ordnen lassen. Die Ordnung der Phänomene dient dazu, die Komplexität der realen Welt zu reduzieren. Die Ordnung und Strukturierung eines Objektbereichs erfolgt durch Klassifikation und typologischen Zuordnung der politischen Objekte. Unter *Klassifikation* wird die Einteilung von Objekten im Hinblick auf ein Einteilungskriterium (Vergleichskriterium) in verschiedene Klassen verstanden. So können Staaten aufgrund der Zugehörigkeit zu einer Organisation (z. B. OECD) oder einer Region (z. B. skandinavische oder südamerikanische Länder) klassifiziert werden. Eine *Typologie* erfordert dagegen den Einbezug von mindestens zwei Merkmalen (vgl. die Ausführungen zu autoritären und demokratischen Regimen in diesem Band). Eine typologische Zuordnung liefert damit mehr Informationen als eine einfache Klassifikation. Wenn wir beispielsweise wissen, dass ein Land A zur Klasse der präsidentiellen Regierungssysteme gehört, verfügen wir bereits über eine Fülle von Informationen hinsichtlich damit gegebener Institutionen, ihrer Kompetenzen und Funktionen. Typologien können auf unterschiedlichen Abstraktionsstufen angesiedelt sein. Je höher diese ist, desto mehr Fälle können im Allgemeinen zugeordnet werden und desto geringer ist der Informationsgehalt. Je konkreter eine Typologie (oder ein Typus) angelegt ist, desto mehr konkrete Information enthält sie (er), und die Zahl der Fälle nimmt ab (z. B. faschistische Diktatur oder theokratische Diktatur als Formen einer Diktatur).[1] Eine Typologie ist dazu angelegt, die empirischen Phänomene zu ordnen und nicht zu erklären. Dagegen zeigt ein Modell Zusammenhänge zwischen Merkmalen auf; es „tends to explain" (Dogan/Pelassy 1990: 184). Unter einem Modell verstehen wir ein konzeptionelles Schema, welches die Beziehungen zwischen den relevanten Variablen eines zu untersuchenden Gegenstandsbereichs abbilden.

Modelle oder Theorien (zumindest in ihrer rudimentären Form von Hypothesen) stehen am Anfang eines jeden Vergleichs. Als eine Theorie wird zumeist ein in einem Begründungszusammenhang stehendes System miteinander verbundener, relativ allgemeiner Aussagen über einen Objektbereich verstanden. Theorien informieren über Teile der Realität und dienen der Organisation von Systemen gesetzesartiger Aussa-

---

1 Vgl. die Erläuterung der Abstraktionsleiter bei Sartori (1970).

gen, was erst eine einheitliche Erfassung eines größeren Forschungsbereiches ermöglicht. In einem allgemeinen Sinne liefern sie die Begriffe und Kategorien anhand derer die empirischen Phänomene erschlossen werden. Ihre Relevanz für den Vergleich besitzen sie aufgrund ihrer Kausalannahmen, die es erlaubt, die untersuchungsrelevanten Faktoren zu identifizieren. Zu trennen ist hierbei die *abhängige Variable*, die das zu erklärende Phänomen bezeichnet (z. B. Regimewechsel), von den *unabhängigen Variablen*, welche die vermuteten Ursachen des Phänomens betreffen.

Beginnt jede Untersuchung mit einer Fragestellung (z. B. nach den Ursachen eines Regimewechsels), so ist der weitere Forschungsprozess theoriegeleitet durchzuführen. Zu klären ist unter anderem, welche Hypothesen oder Theorien den Rahmen einer empirischen Untersuchung bilden. Hierzu ist stets ein Studium des bestehenden Forschungsstandes hilfreich. Die Fragestellung und die Theoriewahl präjudiziert im Wesentlichen den weiteren Forschungsverlauf. Sie beeinflusst sowohl die Auswahl der Variablen als auch der Fälle.

Was ist ein *Fall*? Ein Fall ist eine räumlich und zeitliche abgegrenzte Untersuchungseinheit (vgl. Nohlen 1994: 511 f.). Im klassischen Fall handelt es sich um ein politisches System (Nationalstaat) in einer bestimmten Zeitspanne. Es kann sich aber auch um kleinere Einheiten (Regionen, Kommunen, Individuen) handeln (Linz/de Miguel 1966; Putnam 1993) oder auch um supranationale Gebilde (z. B. Integrationsräume EU, NAFTA und ASEAN). In einer komparativen Untersuchung kann ein Fall in seiner Gesamtheit betrachtet werden (z. B. hinsichtlich der Stabilität eines politischen Systems) oder es können ausgewählte Bereiche der zentralen Dimensionen des Politischen – *Polity, Politics und Policy* – untersucht werden.[2]

Ein Fall bildet im traditionellen Verständnis jeweils eine abgeschlossene Einheit von abhängigen und unabhängigen Variablen. Die Ursachen für das zu erklärende Phänomen werden also innerhalb eines Falles gesucht. Nun besteht aber die Möglichkeit, dass auch Ursachen außerhalb eines Falles angesiedelt sind und für mehrere Fälle gelten *(Galtons Problem)*. Diese Möglichkeit der Diffusion steigt bei einer zunehmenden Globalisierung.[3] Mit der Bedeutung externer Variablen wird die Logik der Komparatistik gestört, die auf die Isolierung ursächlicher Faktoren innerhalb eines Falles abzielt. Um das Problem zu kontrollieren, bedarf es einer systematischen Berücksichtigung auch externer Variablen (vgl. Jahn 2003). Ein Fall kann dann aus dieser Perspektive nicht mehr als abgeschlossen betrachtet werden. Diese Problemlage verweist auf die Notwendigkeit, die Forschung in den Bereichen der internationalen Beziehungen und der Komparatistik stärker zu verbinden *(vgl. den Beitrag von Faust/ Vogt in diesem Band)*.

---

2 Vgl. die Beiträge zu einzelnen Forschungsfeldern in diesem Band; vgl. ebenso die entsprechenden Überblicksartikel in Berg-Schlosser/Müller-Rommel (1997).
3 So kann das Verhalten einer nationalen Notenbank bei der Gestaltung der Zinshöhe oftmals weniger durch nationale Faktoren motiviert sein als durch die Vorgaben der amerikanischen Zentralbank. Im Bereich der Transformationsforschung wäre zu fragen, ob die Impulse zur Demokratisierung durch interne Prozesse oder durch globale oder regionale Einflüsse motiviert wurden.

3. Der Ablauf vergleichender Untersuchungen

Empirische Forschung kann als ein Prozess von Entscheidungen bzw. als eine Strategie zur Lösung wissenschaftlicher Probleme begriffen werden. Sie beginnt mit einer präzisen Fragestellung. Dabei kann es sich um eine offene Frage handeln, etwa nach der sozialen Rekrutierung der Regierungen in Lateinamerika oder dem Verlauf der Demokratisierung in den Ländern Mittel- und Osteuropas. Es kann ein theoretisches Problem sein wie die Frage nach der Gültigkeit von Hypothesen über die sozialen Bedingungen von Demokratie oder den Auswirkungen von Wahlsystemen. Ferner kann es sich um ein technisches Problem handeln, etwa nach der Gültigkeit des Konstrukts „Autoritäre Persönlichkeit" oder der Messung von Demokratie. Schließlich kann es sich um eine praktische Aufgabe handeln wie die Suche nach geeigneten Strategien zur Bekämpfung rechtspopulistischer Protestparteien in Westeuropa. Wenngleich die Fragestellungen der Vergleichenden Politikwissenschaft sehr unterschiedlich sein können, ähneln sich doch die Problemlösungsversuche im Kern. Um das Untersuchungsziel zu erreichen, werden in allen Fällen gezielt Methoden als Problemlösungsmittel eingesetzt (vgl. für den Ablauf eines empirischen Forschungsprozesses im Allgemeinen bes. von Alemann 1984).

Die Entscheidungen, vor denen man im Laufe eines Projektes steht, lassen sich in eine zeitliche und systematische, je nach Zielsetzung, Forschungsstand, verfügbaren Daten und Methoden variierende Reihenfolge bringen. Eine für alle Forschungsvorhaben verbindliche Abfolge der zu fällenden Entscheidungen gibt es jedoch nicht, wenngleich in international vergleichenden Untersuchungen im Allgemeinen die folgenden Arbeitsschritte aufeinander folgen.

Die erste Entscheidung betrifft immer die Problemstellung einer Untersuchung. Nach der Explikation der *Fragestellung* besteht der nächste Schritt darin, das Untersuchungsgebiet zu strukturieren, die Problemsituation möglichst präzise zu beschreiben und zu analysieren, Ausschau nach geeigneten Erklärungshypothesen zu halten und eventuell erst Explorationen vorzunehmen, um das Vorwissen zu erweitern. Letztere sind immer dann nützlich, wenn Phänomene entdeckt werden, die dem Vorverständnis widersprechen, oder wenn nur wenig Literatur zur explizierten Fragestellung vorliegt. Zur Lösung wissenschaftlicher Probleme werden sodann Vermutungen darüber angestellt, wie eine mögliche Lösung aussehen könnte. Deshalb werden zunächst *Hypothesen* formuliert, für die einige Gründe sprechen. Der Ausgangspunkt einer Untersuchung sind also immer theoretische Vorstellungen. Ohne derartige Hypothesen wüsste man nicht, worauf im Rahmen einer Untersuchung zu achten ist. Liegt für einen ausgewählten Gegenstandsbereich keine ausgearbeitete Theorie vor, so kann man zunächst versuchen, Theorien verwandter oder allgemeiner Gegenstandsbereiche zu übertragen. So bieten viele soziologische, sozialpsychologische und ökonomische Theorien erste Ansatzpunkte für die Theoriebildung in der Vergleichenden Politikwissenschaft. Zur Lösung von Problemen ist es sinnvoll, bevorzugt solche theoretischen Erkenntnisse heranzuziehen, die sich bewährt haben.

Um zu verstehen, was eine Theorie impliziert, und um feststellen zu können, inwieweit eine Theorie zutrifft, ist es notwendig, die Bedeutung der in der Theorie benutzen zentralen Ausdrücke präzise anzugeben. Viele Begriffe politikwissenschaftlicher Theorien sind allerdings derart ungenau, dass es schlichtweg unmöglich ist festzustellen, ob bestimmte Phänomene darunter fallen oder nicht. Man bezeichnet die Phase im Forschungsprozess, in der solche theoretischen Klärungen erfolgen, als *Konzeptspezifikation*. In dieser Phase müssen u.a. Entscheidungen getroffen werden, die die Wahl der Begriffe, die Definitionen und die Auswahl der Indikatoren betreffen. Dabei ist zu fragen, ob die verwendeten Begriffe einen empirischen Bezug haben, ob die gemeinten Sachverhalte beobachtbar sind und welche Schwierigkeiten dabei auftreten können. Hierzu zählt auch, inwieweit das Instrumentarium in verschiedenen kulturellen Regionen einsetzbar ist (*travelling problem*).

Das *travelling problem* impliziert auf der konzeptionellen Ebene die Frage, inwieweit die Begriffe und Typologien, die innerhalb eines bestimmten kulturellen Kontextes entstanden, sich gleichfalls für die Untersuchung anderer Regionen eignen *(vgl. den Beitrag von Behr)*. Ist beispielsweise die Vorstellung einer direkten Demokratie, die am Beispiel der Schweiz gewonnen wurde, angemessen, um direkte Demokratie in afrikanischen Staaten zu erfassen oder müssten hierbei andere Kriterien berücksichtigt werden? Die Problematik verschärft sich, wenn informelle Institutionen einbezogen werden (vgl. Liebert/Lauth 1999). Eine Möglichkeit, kontextspezifische Grenzen zu überwinden und die Reichweite von Konzepten zu erhöhen, besteht darin, von an konkreten Fällen erprobten Vorstellungsinhalten zu abstrahieren und – in den Worten von Sartori (1970) – die Leiter der Abstraktion emporzusteigen. Die Erhöhung des Abstraktionsniveaus darf dabei jedoch nicht dazu führen, dass die benutzen Konzepte vage werden. Sartori warnt entsprechend vor einem *conceptual stretching*.

Sobald die Problemstellung expliziert sowie die theoretischen und begrifflichen Fragen einer vergleichenden Untersuchung geklärt sind, muss jeder Untersuchende Entscheidungen darüber treffen, welche Art von Informationen wann, wo und wie häufig erhoben werden müssen und wie eine Analyse dieser Daten erfolgen kann, um die aufgeworfenen Fragen beantworten und Hypothesen prüfen zu können. Nach der Art der Daten, der Anzahl der Datenerhebungszeitpunkte und Anzahl der Untersuchungseinheiten können diverse *Untersuchungsformen* unterschieden werden. Zu den wichtigsten zählen die Quer- und Längsschnittanalyse, die Panel- und Kohortenanalyse, die Trend- und Zeitreihenanalyse, Primär- und Sekundäranalysen, Individual- und Aggregatdatenanalysen sowie Einzelfallstudien.

Abbildung 1: Der Ablauf eines Forschungsprozesses

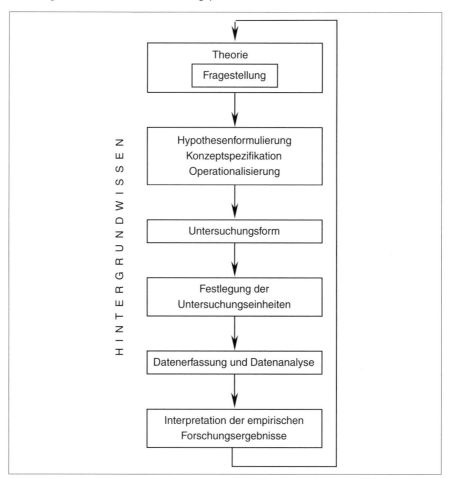

Darüber hinaus muss in einem Untersuchungszusammenhang eine Entscheidung über die *Auswahl der Fälle* (Untersuchungseinheiten) getroffen werden. Zum einen stellt sich die Frage, auf welche Grundgesamtheit sich die Aussagen beziehen. Zum anderen muss die Frage geklärt werden, ob nur einige ausgewählte oder alle Elemente des Gegenstandsbereichs untersucht werden sollen.

Der Bestimmung der Untersuchungseinheiten folgt die *Datenerhebung*. Zu diesem Zwecke sind verschiedene Erhebungsmethoden entwickelt und verfeinert worden. Zu den wichtigsten Methoden der Datenerhebung zählen Interviews, Beobachtungen, Inhalts- und Dokumentenanalysen. Die Wahl der Erhebungsmethoden ist einerseits von der Fragestellung der Untersuchung, andererseits von der Zugangsweise zu Personen und Dokumenten anhängig. Im Falle einer Befragung in mehreren Ländern wird man vor allem sehr viel Zeit für die Konstruktion äquivalenter Fragebögen aufwenden müssen. Die Feldforschung wird in der Regel professionellen Meinungsforschungsinstituten in den ausgewählten Ländern übertragen. Die erhobenen Daten werden anschließend protokolliert, aufbereitet und bereinigt. Bevor mit der Auswertung der Daten begonnen werden kann, müssen die Daten außerdem eine bestimmte EDV-gerechte Struktur aufweisen.

Zur *Auswertung der Daten* stehen schließlich eine Vielzahl unterschiedlicher statistischer Auswertungstechniken zur Verfügung. Dabei ist darauf zu achten, dass zur Analyse der Daten möglichst angemessene statistische Modelle eingesetzt und alle für die Problemformulierung relevanten Daten ausgewertet werden. Die Auswertungsphase endet mit einer Antwort auf das eingangs formulierte Problem. Der Untersuchende trifft jetzt die Entscheidung, ob die Ausgangshypothese verworfen oder bestätigt wird. Die Erfahrungen, Probleme und Ergebnisse fließen in den Forschungsbericht ein.

Alle Entscheidungen, die im Rahmen einer Untersuchung getroffen werden, sind auf das zu beziehen, was bereits als erkannt gilt (Hintergrundwissen). Es sollte deutlich gemacht werden, inwieweit das Forschungsvorhaben in einem systematischen Zusammenhang mit dem bereits Gekannten steht. Dies gilt sowohl für die Theoriebildung als auch für die benutzten Forschungsinstrumente. Gut begründete neue Ergebnisse korrigieren das Hintergrundwissen. Der korrigierte Korpus des Wissens kann dann zum Ausgangspunkt neuer Forschungen werden und so fort. Der Anlass der Forschung und die Gewinnung von Hypothesen wird im Allgemeinen *Entdeckungszusammenhang* genannt. Der Weg zur Lösung des Forschungsproblems heißt *Begründungszusammenhang*. Er bezieht sich auf die Geltung der Ergebnisse. Der Effekt, der von einer Untersuchung ausgeht, bezeichnet den *Verwertungszusammenhang*. Hierzu zählt vor allem die praktische Nutzung der erarbeiteten Ergebnisse.

4. Untersuchungsformen

Wie erwähnt, folgt der Fragestellung und Konzeptspezifizierung in einem konkreten Forschungszusammenhang ein Untersuchungsplan, auch Forschungsdesign genannt. Vor allem vier Aspekte bestimmen die Art der Untersuchung: der Zielsetzung der Studie, die zur Verfügung stehenden Ressourcen, die Art der zugrundeliegenden Daten und die verfügbaren Forschungstechniken. Die Grundforderung an alle Untersuchungen ist, dass der Forschungsplan der Untersuchung angemessen ist. Derjenige Forschungsplan soll den Vorzug erhalten, der das in Frage stehende Problem unter den gegebenen Rahmenbedingungen auf dem einfachsten Wege zu lösen verspricht. Hierzu zählt unter anderem eine angemessene Auswahl der Fälle, die Entscheidung für valide Indikatoren, eine der Fragestellung angemessene Untersuchungsanordnung

und der Einsatz geeigneter Analyseverfahren (vgl. zu den Untersuchungsformen im Allgemeinen bes. Creswell 1998; Hakim 1992; Yin 1994).
Hinsichtlich der Zielsetzung vergleichend angelegter Untersuchungen kann zwischen *deskriptiven* und *erklärenden* Studien unterschieden werden. Deskriptive Untersuchungen legen Wert vor allem darauf, als relevant erachtete Aspekte eines Gegenstandsbereiches zu beschreiben, d.h. über die Daten einer Untersuchung zu berichten. Derartige Studien können vor allem dann bedeutsam werden, wenn sie zuvor unbekannte Ereignisse oder einen Gegenstandbereich im Lichte einer Theorie beschreiben. Vor allem historisch gesättigte vergleichende Studien und Darstellungen politischer Systeme stellen Beispiele für primär beschreibende Arbeiten dar. Nützlich sind sie auch, wenn man sich mit einem neuen Untersuchungsgegenstand vertraut machen oder Hypothesen zu generieren beabsichtigt. Andere Untersuchungen zielen darauf ab, Theorien zu konstruieren, Erklärungen zu liefern, Handlungsanweisungen vorzuschlagen oder Theorien oder zumindest einzelne Hypothesen zu überprüfen. Systematisch durchgeführte international vergleichende Untersuchungen eignen sich hervorragend dazu, die Gültigkeit allgemeiner Hypothesen und Theorien zu prüfen. Als Ergebnis kann sich dann möglicherweise zeigen, dass Hypothesen, die sich in bestimmten Ländern bewährt haben, nur unter bestimmten Bedingungen gelten.

Im Hinblick auf die Art der einer Studie zugrundegelegten Daten, kann zum einen zwischen Primär- und Sekundäruntersuchungen, zum anderen zwischen Individual- und Aggregatdatenanalysen unterschieden werden. Um eine *Primäranalyse* handelt es sich, wenn der Forscher eine eigene Datenerhebung durchführt, um eine *Sekundäranalyse*, wenn er auf Daten zurückgreift, die im Rahmen von ihm nicht selbst durchgeführter Projekte erhoben und aufbereitet wurden. Da mittlerweile zahlreiche Datenbestände in diversen Datenarchiven lagern und von dort für wissenschaftliche Analysen bezogen werden können, lassen sich im Falle von Sekundäranalysen beträchtliche finanzielle Mittel einsparen.[4] Da die Daten jedoch unter einer anderen Perspektive und bestimmten theoretischen Gesichtspunkten erhoben wurden, reichen die verfügbaren Daten nicht für jede Fragestellung aus. Erweitert werden können die Möglichkeiten sekundäranalytischer Forschungen, wenn man mehrere Datenquellen miteinander verknüpft. Neben den von der Wissenschaft gesammelten Daten können auch Daten der statistischen Ämter und anderer Organisationen herangezogen werden.

Die Untersuchungen können sodann im Hinblick auf die Analyseebene in Makro- und Mikrostudien unterschieden werden. International vergleichende *Mikrostudien* stützen sich in erster Linie auf Individualdaten, weshalb derartige Analysen auch Individualdatenanalysen genannt werden. *Makrostudien* stützen sich dagegen vor allem

---

4 Zu den größeren Datenarchiven zählen u. a. das Archiv des *Inter-University Consortiums for Political Research* an der Universität von Michigan, das *Roper Center* an der Universität von Connecticut, das *Economic and Social Research Council Data Archive* an der Universität von Essex sowie das *Zentralarchiv für empirische Sozialforschung* an der Universität Köln.

auf Aggregatdaten, weshalb sie auch Aggregatdatenanalysen heißen (vgl. hierzu u.a. Widmaier 1997). Bei *Aggregatdaten* handelt es sich um Informationen für territoriale Einheiten wie Staaten, Länder, Kreise oder Städte. Sie informieren über die Verteilung ganzer Populationen, insbesondere über Wahlen, über die soziale, wirtschaftliche oder konfessionelle Gliederung der Bevölkerung sowie über konjunkturelle Entwicklungen. Zumeist werden diese Daten von amtlichen Stellen erhoben und veröffentlicht. Zwar beruhen Aggregatdaten auf Individualzählungen, doch kann man nicht auf einzelne Individuen zurückgreifen. Aggregatdaten bilden eine Klasse ökologischer Daten. Eine weitere bilden Ereignisdaten wie die Häufigkeit von Protesten, Gewalttakten und Konflikten, die Verbreitung von Zeitungen, die Anzahl von politischen Versammlungen etc. in räumlichen Einheiten. Vor allem die vergleichende Forschung über Wohlfahrtsstaaten, Kriege, Unruhen und Revolutionen, Wahl- und Parteiensystemen sowie über die Bedingungen von Demokratie sind Domänen der Aggregatdatenanalysen. Die vergleichende Forschung bedient sich vor allem dann derartigen Daten, wenn die Theorie auf der Makroebene formuliert ist. Im Gegensatz zu Aggregatdaten geben *Individualdaten* direkt Auskunft über Merkmalsausprägungen von Individuen einer Population. Sie teilen die Eigenschaften von Individuen mit. Im Allgemeinen werden sie mittels repräsentativer Umfragen erhoben. In der international vergleichenden Umfrageforschung werden in diversen Ländern repräsentative Bevölkerungsumfragen durchgeführt und vergleichend ausgewertet. Unterschieden wird gleichfalls zwischen *quantitativ* und *qualitativ* ausgerichteter Forschung. Diese geschieht zu einem anhand der verwendeten Daten und zum anderen anhand der gewählten Auswertungsverfahren, die entweder stärker hermeneutisch oder statistisch ausgerichtet sind.

Im Hinblick auf die zeitliche Anordnung von Beobachtungen können schließlich Querschnitt- und Längsschnitt-Untersuchungen unterschieden werden. *Querschnitt-Analysen* liegen immer dann vor, wenn die verschiedenen Untersuchungseinheiten zu einem bestimmten Zeitpunkt beobachtet werden. Bei der Masse der Studien auf dem Gebiet der international vergleichenden Studien handelt es sich um eine derartige Untersuchungsform. Im Rahmen von Aggregatdatenanalysen kann so etwa der Einfluss ökonomischer, sozialer und politischer Bedingungen auf die Stabilität von Regierungen untersucht werden. Und im Rahmen von Individualdatenanalysen können zum Beispiel die Einstellungen der Bürger zum politischen System unter verschiedenen Bedingungen erforscht werden. Der Vorteil von Querschnitt-Analysen betrifft in erster Linie die Durchführbarkeit. Die einmalige Erhebung von Daten zu einem bestimmten Zeitpunkt oder innerhalb einer sehr begrenzten Zeitspanne bedingt eine nur kurze Feldphase und erfordert keinen sehr großen Personalaufwand. Ein Nachteil derartiger Studien besteht darin, dass eine Generalisierung der Befunde über den Zeitpunkt der Untersuchung hinaus im strengen Sinne nicht erfolgen kann. Soweit sich zwei Querschnittsanalysen aus nicht identischen Untersuchungsfällen zusammensetzen, sind ferner keine Angaben über intraindividuelle Veränderungen möglich.

Um *Längsschnitt*-Untersuchungen handelt es sich dagegen dann, wenn bei einer Studie Untersuchungseinheiten zu verschiedenen Zeitpunkten mit denselben oder vergleichbaren Instrumenten beobachtet werden. Diese Untersuchungsform ist immer dann zu wählen, wenn langfristig ablaufende Prozesse untersucht werden. Dabei können, Zeitreihen-, Trend-, Panel- und Kohortenanalysen unterschieden werden. Als eine *Zeitreihe* bezeichnet man einen Satz von Beobachtungen zu unterschiedlichen Zeitpunkten. Zeitreihenanalysen erfordern eine große Anzahl von Beobachtungszeitpunkten, wobei die Abstände zwischen ihnen gleich sein sollten. Im Falle einer *Trendanalyse* werden Untersuchungseinheiten zu wenigstens zwei verschiedenen Zeitpunkten beobachtet, um Entwicklungstendenzen zu beschreiben und Veränderungen zu erklären. Soweit es sich um Individualdatenanalysen handelt, spricht man von einer Trendanalyse, wenn mehrere, nicht identische Stichproben derselben Grundgesamtheit mehrfach beobachtet werden. Werden dagegen identische Stichproben, also immer dieselben Personen, befragt, liegt eine *Panelanalyse* vor. Verfolgt man soziale Gruppen, die durch dieselben Lebensereignisse innerhalb eines bestimmten Zeitraums gekennzeichnet sind, zu mehreren Zeitpunkten, liegt eine *Kohortenanalyse* vor. Da international vergleichende Längsschnitt-Untersuchungen besonders zeit- und kostenintensiv sind, bietet es sich für zahlreiche Fragestellungen an, Datenbestände großer Datenarchive im Rahmen von Sekundäranalysen heranzuziehen.

Ein Beispiel für eine Längsschnittuntersuchung wäre der Vergleich zwischen der Weimarer Republik und der Bundesrepublik Deutschland. So sinnvoll solch ein Vergleich sein kann – etwa hinsichtlich des unterschiedlichen Grades der demokratischen Konsolidierung – so schwierig kann er sich gestalten, da er spezifische methodische Probleme mit sich bringen kann. Weder ist stets die Untersuchungseinheit – also der Fall – identisch, da sich die Grenzen verändert haben (vgl. den Hinweis auf „schwammige Fälle" bei Aarebrot/Bakka 1997: 59), noch stehen für beide Fälle die gleichen Datenquellen zur Verfügung (z.B. politische Kulturforschung).[5] Diachron angelegte Studien oder Studien, die einen größeren historischen Zeitraum umfassen, sind allerdings in der Lage, die *Pfadabhängigkeit* einer Entwicklung zu entdecken. Pfadabhängigkeit bedeutet, dass frühere institutionelle Entscheidungen den Handlungsspielraum für später begrenzen und die Orientierung für weitere Entscheidung vorgeben. Untersuchungen zur Entwicklung der Sozialstaatstätigkeit (Esping-Anderson 1990; Schmidt 1998) sind Beispiele für die Fruchtbarkeit solch eines Vorgehens.

In der Vergleichenden Politikwissenschaft hat sich darüber hinaus eingebürgert, Untersuchungsformen mit Hilfe von zwei weiteren Kriterien zu unterscheiden (vgl. Aarebrot/Bakka 1997: 52; Landman 2000): der Anzahl der Variablen und der Anzahl der Fälle. Je nach Anzahl der Variablen und nach Anzahl der Fälle werden danach in Anlehnung an Lijphart (1971) drei Untersuchungsformen gegenübergestellt: das Ex-

---

5 Wenn Vergleichsperioden aus der jüngeren Vergangenheit genommen werden, reduziert sich das Problem spürbar. Ein Beispiel für eine diachron vergleichende Vorgehensweise ist die Studie von Lauth (1991), in der vier aufeinanderfolgende Regierungsperioden untersucht werden.

periment, die statistische Methode und die Fallstudie. Dabei wird postuliert, eine ideale Beschreibung liege vor, wenn alle verfügbaren Variablen eines Falles beschrieben, eine umfassende Erklärung vorliege, wenn alle verfügbaren Variablen mehrer Fälle berücksichtigt und universeller Test vorliege, wenn alle verfügbaren Variablen aller in Betracht kommenden Fälle herangezogen werden. Von einer Fallanalyse soll nach Lijphart dann gesprochen werden, wenn eine Untersuchung viele Variablen, aber nur einen Fall einschließt. Während die komparative Methode für eine kleinere und mittelgroße Anzahl von Fällen in Betracht komme, eigne sich die statistische Methode nur für viele Untersuchungsfälle.

Dabei wird nicht nur übersehen, dass die Qualität einer Beschreibung nur vor dem Hintergrund eines theoretischen Bezugsrahmens beurteilt werden kann, und das Kriterium Anzahl der Variablen zur Beurteilung der Qualität einer Erklärung irrelevant ist. Hinzu kommt, dass statistische Verfahren nicht nur dann eingesetzt werden können, wenn man es mit zahlreichen Beobachtungseinheiten zu tun hat. Für die Analyse kleiner Fallzahlen sind je nach Fragestellung jedoch andere statistische Methoden anzuwenden als für große.

Abbildung 2: Ort des Vergleichs

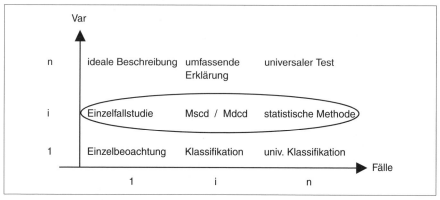

Agenda: der Kreis/die Ellipse markiert den Ort des Vergleichens; *most similar case design* (mscd) und *most dissimilar case design* (mdcd). Darstellung Aarebrot/Bakka (1997).

Die angeführten Kritikpunkte beziehen sich auf die problematische Systematik dieser Unterscheidung. Dies bedeutet jedoch nicht, dass sie für die vergleichende Methodik gänzlich ungeeignet wäre. Wir werden sie unter den verschiedenen Aspekten der Fallauswahl und der Datenauswertung wieder aufgreifen.

5. Die Auswahl der Untersuchungsfälle und Vergleichsanlagen

5.1 Grundlagen

Eine wesentliche, das Forschungsdesign betreffende Frage betrifft die Auswahl der Untersuchungsfälle und der in eine Untersuchung einzubeziehenden Staaten bzw. Länder. Unter einem Fall werden Objekte verstanden, über die Aussagen angestrebt und folglich Daten gesammelt werden. Beim Entwurf eines Untersuchungsdesigns muss man sich folglich zunächst Klarheit darüber verschaffen, über welchen Objektbereich Aussagen gemacht werden. Sodann ist festzulegen, auf welche beobachtbaren Einheiten sich die Untersuchung bezieht. Die Menge aller gleichartigen Individuen, Staaten oder Ereignisse, über die Aussagen angestrebt werden, heißt *Grundgesamtheit*.

So kann die Grundgesamtheit unter anderem aus den auf der Erde im 20. Jahrhundert bestehenden unabhängigen Staaten, den politischen Systemen Osteuropas in der zweiten Hälfte des 20. Jahrhunderts, den Bürgern der westlichen Demokratien in den 80er Jahren des vorigen Jahrhunderts, den Parteien Lateinamerikas oder den Regierungen Westeuropas bestehen. Will man beispielsweise bestimmen, wie häufig Staatsreiche in autoritären politischen Systemen vorkommt, so bilden alle autoritären politischen Systeme die Grundgesamtheit. Verfolgt man die Absicht, Aussagen über den Wandel der Wertorientierungen in westlichen Demokratien zu prüfen, so besteht die Grundgesamtheit aus den Bürgern westlicher Demokratien. Hat man dagegen das Ziel, Hypothesen über die sozioökonomischen Bedingungen demokratischer politischer Systeme zu testen, so bilden alle politische Systeme die Grundgesamtheit. Verfolgt man schließlich die Absicht, die Demokratisierung in Lateinamerika nachzuzeichnen, so bilden die Staaten Lateinamerikas die Grundgesamtheit. Angenommen, man beabsichtige eine Primäruntersuchung über die Wertorientierungen der Bürger in westlichen Demokratien, so steht man vor dem Problem, dass man selbst bei unbeschränktem Budget nicht alle Bürger in allen westlichen Demokratien befragen kann. Um trotzdem zu gültigen Aussagen zu kommen, wird man von speziellen Auswahlverfahren wie systematischen oder Zufallsstichproben in nach bestimmten Kriterien ausgewählten Ländern Gebrauch machen müssen (vgl. zu den Auswahlverfahren u.a. Böltken 1976; Schnell/Hill/Esser 1995; Diekmann 2000).

Um in Erfahrung zu bringen, wie häufig eine bestimmte Eigenschaft in einer Grundgesamtheit vorkommt, ist es arbeitsökonomisch oft nicht durchführbar, alle Elemente der Grundgesamtheit in die Untersuchung einzubeziehen. Werden Daten für alle Elemente einer Grundgesamtheit erhoben, handelt es sich um eine Voll- bzw. Totalerhebung. Praktisch durchführbar sind sie nur, wenn eine überschaubare Anzahl von Untersuchungseinheiten vorliegt, wie dies etwa in Studien über Parteiensysteme westlicher Demokratien oder in Studien über die Auswirkungen von Wahlsystemen möglich ist. Liegt einer Untersuchung lediglich eine Teilmenge aus der Grundgesamtheit zugrunde, handelt es sich um eine Teilerhebung. Von Auswahl oder Stichprobe spricht man, wenn die Elemente der Teilerhebung nach festgelegten Regeln bestimmt werden, andernfalls operiert man mit einer willkürlichen Auswahl. Eine willkürliche Auswahl liegt immer dann vor, wenn die Entscheidung über die Aufnahme unkontrolliert erfolgt und im Ermessen des Auswählenden liegt. Für wissenschaftliche Zwecke sind sie unbrauchbar, da die Grundgesamtheit nicht sinnvoll definiert und die Auswahlwahrscheinlichkeit für jedes Element der Grundgesamtheit vor der Auswahl nicht klar ist.

In der Forschungspraxis spielen häufig auch die Zugänglichkeit von Quellen und Daten, beschränkte finanzielle Ressourcen, Sprachkenntnisse, Kontakte mit Kollegen und persönliche Vorlieben eine Rolle bei der Auswahl der Beobachtungseinheiten. Die damit einhergehenden Fehlerquellen werden häufig übersehen. Ein Hauptproblem besteht im *selection bias*. Dieser liegt vor, wenn die Forschungsergebnisse allein durch die Auswahl der Fälle signifikant beeinflusst werden. Dies liegt beispielsweise vor, wenn lediglich die Fälle berücksichtigt werden, die eine favorisierte Hypothese bestätigen. Eine besondere Problematik besteht dann, wenn alle Fälle nach einer Ausprägung der abhängigen Variablen ausgewählt werden (vgl. die Ausführungen zur Konkordanzmethode in Kap. 5.3). Solch ein Sachverhalt liegt vor, wenn beispielsweise im Rahmen von Transformationsstudien nur gelungene Demokratisierungsprozesse aufgegriffen werden (vgl. Huntington 1991). Denn bei dieser Versuchsanordnung ist nicht auszuschließen, dass die für ursächlich gehaltenen Variablen auch dann vorliegen, wenn die Demokratisierung fehlgeschlagen ist. Um diesem Problem zu entgehen, ist es notwendig die Grundgesamtheit so zu wählen, dass die Ausprägung der abhängigen Variablen variiert. Welche und wie viele Fälle schließlich als Grundgesamtheit genommen werden, hängt schließlich von der Wahl der Forschungsanlage (vgl. Kap. 5.2 und 5.3) sowie der Methode der Datenauswertung ab (vgl. Kap. 7.2 und 7.3).

5.2 Einzelfallstudien

Die meisten Beiträge in Zeitschriften zur vergleichenden Politikwissenschaft können im Hinblick auf die Untersuchungsform als Einzelfallstudien bezeichnet werden. Zugleich handelt es sich bei der Einzelfallstudie um eine durchaus umstrittene Untersuchungsform der Vergleichenden Politikwissenschaft. Einzelfallstudien *(case studies)* zeichnen sich dadurch aus, dass einzelne Untersuchungseinheiten einer detaillierten Analyse unterzogen und im Hinblick auf für die jeweilige Fragestellung relevanten Aspekten möglicht vollständig beschrieben werden (vgl. u. a. Eckstein 1975; Yin 1994). Fallstudien können allerdings auch in der Absicht durchgeführt werden, Theorien an Einzelfällen zu testen. Der Untersuchungsansatz wird besonders bei explorativen Untersuchungen oder als Ergänzung zu komplexeren Studien gewählt. Einzelfallstudien bieten sich vor allem dann als Untersuchungsform an, wenn man über einen politischen Untersuchungsgegenstand nur sehr geringe Kenntnisse hat. Allerdings besteht der Nachteil darin, dass sich die gewonnenen Ergebnisse nicht verallgemeinern lassen. Man kann diesen Nachteil unter Umständen jedoch durch eine differenzierte Datenerhebung wenigstens teilweise wieder wettmachen. Gegenstand von Fallstudien können einzelne politische Systeme, Elemente davon oder Beziehungen zwischen ihnen sein. So handelt es sich beispielsweise bei Studien über das politische System Italiens, bei Untersuchungen über die Konservative Partei Großbritanniens oder das Verhältnis zwischen Parlament und Regierung in Argentinien um Einzelfallstudien.

Hague, Harrop und Breslin (1998: 277) unterscheiden fünf Formen von Fallstudien. Die verbreitetste Form ist die *repräsentative* Fallstudie, in der es darum geht, das typische dieses Falls stärker herauszuarbeiten. Ziel ist nicht nur, mehr Kenntnis über diesen Einzelfall zu erlangen, sondern auch das der Untersuchung grundlegende Modell an einem Beispiel zu präzisieren. So kann eine Studie zum britischen Regierungssystem die Funktionsweise einer Mehrheitsdemokratie verdeutlichen *(vgl. den Beitrag von Croissant in diesem Band)*. Eine zweite Variante bilden *prototypische* Fallstudien, mit denen die Vermutung verbunden ist, das sie (in embryonaler Form) später als repräsentativ betrachtete Fälle darstellen. Ein klassisches Beispiel hierfür ist die Studie von Tocqueville zur Demokratie in Amerika aus dem Jahre 1835.

Der dritte Typus sind *deviant cases* oder *konträre* Fälle. Dabei werden Fälle einer detaillierten Analyse unterzogen, die im Hinblick auf die forschungsrelevanten Phänomene gravierende Abweichung von den Modell- oder Theorieerwartungen darstellen. Stellt man in einer international vergleichenden Studie beispielsweise fest, dass die Erfolge rechtspopulistischer Parteien zumeist mit einer hohen Fremdenfeindlichkeit einhergehen, so liegt ein konträrer Fall vor, wenn in einem Land, das ein sehr hohes Niveau von Fremdenfeindlichkeit aufweist, rechtspopulistische Parteien keine nennenswerten Wahlerfolge verzeichnen. Ein abweichender Fall liegt auch dann vor, wenn rechtspopulistische Parteien in einem Land trotz sehr niedriger Fremdenfeindlichkeit sehr erfolgreich ist. In derartigen Fällen stellt sich die Frage, warum die Phänomene beobachtet werden können. Die Fallanalyse kann unter Umständen auf besondere, bislang übersehene Bedingungen aufmerksam machen, die einen Einfluss auf den Zusammenhang zwischen Fremdenfeindlichkeit und den Erfolgen rechtspopulistischer Parteien ausüben und so zu einer Modifikation des theoretischen Ausgangsmodells führen.

Eine vierte Variante bietet der Rückgriff auf *entscheidende* Fälle, in denen die Auswahl der Randbedingungen eine zentrale Rolle spielen. Hierbei werden Theorien unter zwei konträren Perspektiven getestet. Zum einen wird ein Fall gesucht, der die ungünstigsten Bedingungen für das erwartete Phänomen bietet. Zum anderen wird der Blick auf die günstigsten Bedingungen gelenkt. Im ersten Fall zeigt die Existenz des Phänomens dessen Robustheit, die eine Modifizierung der Theorie verlangt. Im zweiten Fall wäre nicht die Existenz des Phänomens überraschend, sondern seine Nicht-Existenz. Vor dem Hintergrund der Theorie, dass ein hohes wirtschaftliches Niveau und eine hohe Bildung die Stabilität von Demokratien fördern, stellt die Beobachtung, dass eine Demokratie trotz eines hohen sozioökonomischen Entwicklungsstandes und eines relativ hohen Bildungsgrads zusammenstürzt (vgl. Weimarer Republik), eine starke Herausforderung für diese dar. Derartige Fälle lassen stets Zweifel an der allgemeinen Gültigkeit von Theorien aufkommen.

Die fünfte und letzte Variante bilden *archetypische* Fallstudien, die ähnlich dem prototypischen Typus gelagert sind. Hierbei begründen die Fälle eine auf ihnen aufbauende Theorie, die dann für weitere Untersuchungen richtungsweisend wird. Die für einen Fall geltenden Entwicklungen und Zusammenhänge werden verallgemeinert und Bezugsrahmen weiterer Fallstudien oder vergleichend angelegter Untersuchungen. Ein Beispiel bildet die Untersuchung der Demokratie in Argentinien durch Guillermo O'Donnell (1994), die ihm als Folie für das Modell einer delegativen Demokratie diente.

Eine weitere Möglichkeit, die bereits in das Feld kontrollierter Fallauswahl hinreicht, besteht darin, eine Fallstudie im Sinne eines Quasi-Experiments aufzubauen. Unter der Annahme, dass alle weiteren relevanten Bedingungen konstant bleiben, kann die Veränderung einer Variablen gezielt untersucht werden. So kann etwa an Fallbeispielen studiert werden, welchen Einfluss Veränderungen am Wahlsystem (zum Beispiel die Einführung einer Sperrklausel oder der Übergang von der Verhältnis- zur Mehrheitswahl) zum einen auf das individuelle Wählerverhalten, zum anderen auf die Zusammensetzung des nationalen Parlaments hat. Das Hauptproblem derartiger Studien besteht in der Kontrolle weiterer Einflussgrößen auf die erklärungsrelevanten Phänomene.

Die Auswahl der Fälle orientiert sich also danach, welche Konstellationen bzw. Zusammenhänge zwischen empirischen Befunden und Theorie für bedeutsam und untersuchenswert erachtet werden (Fallorientierung). Bei der praktischen Durchführung einer Fallstudie können im Prinzip alle verbreiteten Methoden der Sozialforschung eingesetzt werden. Die Auswahl richtet sich auch hier nach der Zielsetzung der Untersuchung, der Art der benutzten Daten und den zur Verfügung stehenden Ressourcen. Was die Datenerhebung anbelangt, werden in zahlreichen Fallstudien Primär- und Sekundärquellen ausgewertet und diverse Arten von Interviews durchgeführt. Im Rahmen von Feldstudien spielt darüber hinaus die teilnehmende Beobachtung eine große Rolle. Eine spezifische und prominente Variante qualitativer Einzelfallstudien stellt die „dichte Beschreibung" *(thick description)* dar, mit der der Anthropologe Clifford Geertz (1987) die methodische Debatte anregte. Hierbei geht es neben einer möglichst detailgenauen Erfassung des Falls um die adäquate Interpretation der Beobachtungen, die ein Vertrautsein mit dem kommunikativen Code des Kontextes erfordern. Solch ein methodischer Zugang sperrt sich aufgrund seiner Forschungsintensität gegen eine bedeutsame Ausweitung der Fallzahl. Zugleich kann ein damit verbundener methodischer Relativismus die Vergleichbarkeit mit anderen Fällen erschweren. Neuere Ansätze ziehen spieltheoretische Elemente in die Untersuchung mit ein (Bates u. a. 1998). Generell tendiert die neuere Fallstudienforschung zu einer stärkeren theoretischen Aufladung und methodischer Kontrolle; dabei findet das Verfahren des *Process Tracing* zunehmend Berücksichtigung (Muno 2008).

5.3 Kontrollierte Versuchungsanordnungen

Soweit Länder und nicht Individuen die Grundgesamtheit bilden, Aussagen auf der Makroebene angestrebt werden und Totalerhebungen nicht durchgeführt werden können, sind in der Vergleichenden Politikwissenschaft vor allem zwei Strategien verbreitet, die Auswahl zu steuern. Während ein Weg darin besteht, möglichst verschiedenartige Fälle auszuwählen, besteht der andere darin, möglichst ähnliche Fälle zu untersuchen.

Mit der Kombination einer mittleren Anzahl von Fällen und Variablen wird zugleich ein Forschungsbereich abgesteckt, der von vielen als der eigentliche Ort der vergleichenden Methode verstanden wird (vgl. Nohlen 1994). Die Grundidee ist, Variablen derart zu kontrollieren, dass einzelne Kausalbeziehungen gezielt isoliert und analysiert werden können. Die Leitidee orientiert sich an dem Experiment, das jedoch aufgrund der gegebenen Begrenzung politikwissenschaftlicher Forschung nur in Annäherung erreicht wird. Die methodischen Überlegungen gehen auf John Stuart Mill zurück, der mit der Entwicklung der Differenz- und der Konkordanzmethode einen großen Einfluss auf die Vergleichende Politikwissenschaft ausgeübt hat. Damit verbunden sind zwei Arten des Forschungsdesign, die mit *most similar case design* (MSCD) und *most dissimilar case design* (MDCD) beschrieben werden und entweder sehr ähnliche Fälle oder sehr unterschiedliche Fälle umfassen (vgl. Przeworski/Teune 1970). Nach welchen Kriterien erfolgt hierbei die Fallauswahl? Zentral für die Auswahl der Fälle ist die Konstellation der unabhängigen und abhängigen Variablen. Das MSCD folgt hierbei der *Differenzmethode* nach *John Stuart Mill*. Ausgewählt werden Fälle, in denen die abhängige Variable in sehr ähnlichen Kontexten variiert – also ein Phänomen (Ergebnis) vorliegt oder nicht existent ist. Gesucht wird die Ursache für die Differenz, wobei zwischen unabhängigen Variablen und Kontextbedingungen unterschieden wird. Was meint hier Ähnlichkeit des Kontextes? Zunächst bedeutet es, dass alle Faktoren, die nicht mit der Hypothese in enger Verbindung gesehen werden (und somit den allgemeinen Kontext bilden) weitgehend gleich sein sollen, um den Einfluss intervenierender (Dritt-)Variablen gering zu halten. Darüber hinaus geht es darum, auch die unabhängigen Variablen – also diejenigen Faktoren, die als ursächlich für das Ereignis (abhängige Variable) angesehen werden – möglichst ähnlich zu halten. Allerdings dürfen diese Faktoren nicht gleich sein, da sie dann für die Erklärung von Unterschieden nicht herangezogen werden können. Vielmehr soll gerade die Anzahl der als ursächlich betrachteten Faktoren geringfügig variieren. „The logic of the most similar systems design is based on the assumption that characteristics shared by one group of systems, such as Scandinavian countries, can be removed one-by-one in quasi-experimental manner" (Przeworski/Teune 1970: 38).[6]

---

6 Ähnlich formuliert Lijphart (1975: 159): „Comparable cases (...) are similar in a large number of important characteristics, but dissimilar with regard to the variables between which a relationship is hypothesized."

Abbildung 3: Die Struktur der Differenzmethode

Fall	unabhängige Variablen (a – d)	Abhängige Variable
Fall 1	Kontext A (a, b, c, d)	Ergebnis: X
Fall 2	Kontext A (a, c, d)	Ergebnis: nicht X

Der Grund des unterschiedlichen Ergebnisses („X", „nicht X") liegt in der Differenz der verursachenden Faktoren oder unabhängigen Variablen („b" und „nicht b"), an denen sich die Hypothesenbildung oder Theoriebildung ausrichtet. In diesem Fall wäre die unabhängige Variable b eine notwendige Bedingung für die abhängige Variable X. Schwieriger gestaltet sich die Interpretation der anderen Variablen (a, c, d). Auch diese könnten notwendige Bedingungen sein. Dies kann aber erst durch die Isolierung dieser Variablen unter Hinzuziehung weiterer entsprechend gestalteter Fälle überprüft werden. Die Differenz kann in einer Variablen oder in der Kombination von mehreren bestehen. Im zweiten Falle ist die Vergleichsanlage so zu wählen, dass der Einfluss der verschiedenen Variablen getrennt erfasst wird (Variablenisolierung).

Eine spezifische Problematik dieses Forschungsweges ist die Konstruktion des Kontextes. Wann ist dieser gleich? Generell muss an dieser Stelle darauf hingewiesen werden, dass jede Annahme der Gleichheit und der zeitlichen Konstanz eine Illusion ist. Jeder Fall ist verschieden, wenn man ihn in all seinen Facetten betrachtet. Doch wir können von diesen Differenzen abstrahieren, wenn die Gemeinsamkeiten betont werden, die sich auf typologischer Ebene feststellen lassen. Die Auswahl der jeweiligen Typologie ist ausschlaggebend für den Feinheitsgrad des Designs (z. B. alle Demokratien, alle parlamentarischen Demokratien, alle Mehrparteiensysteme, alle Vier-Parteiensysteme etc.). Zu beachten gilt, dass die mit der typologischen Konstruktion einher gehenden Informationsverluste nicht für die theoretische Bestimmung relevant sind (da ansonsten wichtige Bestimmungsfaktoren eliminiert werden). Um dem Erfordernis möglichst ähnlicher Kontextfaktoren Rechnung zu tragen, werden oftmals geographisch nahe liegende Länder ausgewählt (z. B. die skandinavischen Länder, die westeuropäischen oder die südamerikanischen Länder). Das Forschungsdesign der ähnlichen Fälle begründet somit die Relevanz der *area-studies*.[7]

Die andere von Mill vorgeschlagene Vorgehensweise ist die *Konkordanzmethode* (oder *method of agreement*), die auf der Ähnlichkeit der abhängigen Variablen beruht. Untersucht werden Fälle, die alle das gleiche zu erklärende Phänomen aufweisen (z. B. Demokratisierung oder Revolutionen). Hierbei können die Fälle sehr unterschiedlich sein. Die Grundidee besteht darin, dass es trotz der großen Unterschiedlichkeit der Fälle (MDCD) einen (oder wenige) gemeinsame Faktoren gibt, die dann als ursächlich im Sinne einer hinreichenden Bedingungen für das Phänomen betrachtet werden. Diese Strategie, die unabhängige Variable aufzuspüren, stößt jedoch rasch

---

7 Die Bedeutung regionaler Forschungsanlage führt bisweilen dazu, diese als eigenen Typus des Vergleichens anzuführen; so Peters (1998: 18f.) in der Form von *regional statistical analyses*.

an Grenzen (Ragin 1987: 36 f.; Peters 1998: 40). Zum einen behauptet sie, dass das gleiche Phänomen nur eine Ursache hat – eine Annahme, und zum anderen, sollen die gleichen Ursachen in verschiedenen Rahmenbedingungen die gleichen Folgen haben. Die Forschung hat jedoch hinlänglich gezeigt, dass diverse Ursachen für erklärungsrelevante Phänomene geben kann und dass bestimmte Bedingungen je nach Kontext unterschiedliche Wirkungen zeigen können. Darüber hinaus wird in dieser einfachen Form der Forschungsanlage nicht getestet, inwieweit das Vorhandensein der Bedingung auch mit der Nicht-Existenz der unabhängigen Variablen einher gehen kann, da solche Fälle bereits in der Fallauswahl ausgeschlossen werden. Da die Fallauswahl aufgrund der abhängigen Variablen geschieht, ist ein typischer *selection bias* gegeben. Um dieses Problem zu reduzieren, muss zumindest auch dieser negative Test unternommen werden, um zu prüfen, inwieweit die identifizierte unabhängige Variable nicht auch mit der Nicht-Existenz der abhängigen Variable (also keine Demokratisierung) zusammenfällt.

Während die Forschungsanlage eines MSCD stark auf Ländervergleichen als Fallgrundlage basiert, orientiert sich die Konkordanzmethode stärker auf die Auswahl von Variablen, auf die ein Fall reduziert wird (vgl. Peters 1998: 40 f.). Im Prinzip ist es jedoch möglich, in einem Forschungsdesign beide Methoden – MSCD und MDCD – zu verwenden (vgl. die Studie von Linz/Stepan 1996).

Abbildung 4: Die Struktur der Konkordanzmethode

Fall	Unabhängige Variablen (a, b)	Abhängige Variable
Fall 1	Kontext A (a, b)	Ergebnis X
Fall 2	Kontext B (a)	Ergebnis X
Prüffall 1	Kontext C (b)	Ergebnis: Nicht X

Nach diesen allgemeinen Erläuterungen der Differenz- und der Konkordanzmethode stellt sich die Frage nach der angemessenen Fallzahl. Während dies bei der Konkordanzmethode (oder MDCD) von der Anzahl der vorliegenden empirischen Phänomen (z. B. Demokratisierungsfälle oder Revolutionen) und dem Einbezug von Prüffälle abhängt, richtet sich bei der Differenzmethode die adäquate Anzahl von Fälle nach der Menge der gewählten unabhängigen Variablen. Um einen systematischen Test durchzuführen, sollten alle Variablen sowohl in positiver als auch in negativer Ausprägung und in allen möglichen Kombinationsformen mindestens einmal vorliegen. Hieraus ergibt sich für die Feststellung der notwendigen Fallzahl die Berechnungsformel 2^n, wobei „n" die Anzahl der unabhängigen Variablen anzeigt.

Die Vergleichsstudien, die mit wenigen Fällen (2–4) und mit mehr Variablen arbeiten, lassen nur begrenzt eine systematische Auswertung in der skizzierten Form zu. Sie fungieren als Übergangsform von Einzelfallstudien und einer kompletten Vergleichsanlage. Sie geben eher Auskunft, „wie" die Gemeinsamkeiten und Unterschiede in den einzelnen Fällen gelagert sind als über deren Ursachen. Die weitestreichende Kontrolle der Forschungsanlage erlaubt die Differenzmethode, die eine systematische Analyse ermöglichen, die Charles Ragin (1987 und 2000) in seinem Programm der makro-qualitativen Forschung weiterentwickelt hat (vgl. Kap. 7.3).

6. Messung

Eine der Hauptforderungen an jedes empirische Aussagensystem ist seine Überprüfbarkeit. Inwieweit Hypothesen etwa über den Zusammenhang von Ökonomie und Demokratie oder die Auswirkungen polarisierter Parteiensysteme tatsächlich überprüfbar sind, hängt zu einem großen Teil von ihren zentralen Begriffen ab. Um entscheiden zu können, ob und in welchem Maße ein begrifflich intendierter Sachverhalt in der Realität vorliegt, muss hinreichend klar sein, welche Operationen notwendig sind, um die empirische Überprüfung durchzuführen (vgl. zu sozialwissenschaftlichen Messungen im Allgemeinen u. a. Schumann 1997; Diekmann 2000).

Auf dem Gebiet der Vergleichenden Politikwissenschaft können zahlreiche Begriffe nicht direkt mit Beobachtungsdaten konfrontiert werden. Infolgedessen ist eine Überprüfung nur möglich, wenn zuerst mittels semantischer Analyse der Bedeutungsgehalt der Begriffe geklärt wird. Die semantische Analyse hat zum Ziel, die Eigenschaften zu bestimmen, die Objekten anhaften, die unter einen Begriff fallen. So setzt sich beispielsweise der Begriff der Demokratie bei Jaggers und Gurr (1995) aus drei theoretischen Dimensionen bzw. Teilaspekten zusammen: (1) Institutionen, die es gestatten, dass die Bürger ihre politischen Präferenzen artikulieren und aggregieren, (2) die Garantie von Bürger- und Freiheitsrechten und (3) institutionelle Begrenzungen der Regierungsmacht. Bei Vanhanen (1997) weist der Demokratiebegriff dagegen die beiden Dimensionen politische Partizipation und Wettbewerb auf. Die unterschiedliche Verwendung des Demokratiebegriffs von Jaggers und Gurr auf der einen Seite und Vanhanen auf der anderen Seite hat zur Konsequenz, dass die von der einen Seite vorgetragenen Ergebnisse nicht gegen die von der anderen Seite vorgebrachten ausgespielt werden können. Denn tatsächlich sprechen Jaggers und Gurr über einen anderen Sachverhalt als Vanhanen. Ob die von Jaggers und Gurr oder die von Vanhanen verwendete dimensionale Struktur von Demokratie die angemessene ist, lässt sich allein vor dem Hintergrund ausgewählter Demokratietheorien und der Problemstellung einer empirischen Untersuchung beurteilen.

Angenommen, man habe die dimensionale Struktur der zentralen theoretischen Konstrukte hinreichend theoretisch begründet, so gilt es anschließend, Indikatoren zu finden, die genau das messen, was begrifflich intendiert ist. In der Methodenlehre unterscheidet man vor allem definitorische und korrelative Indikatoren. Im Falle so genannter definitorischer Indikatoren definiert die Messanweisung den theoretischen Begriff. Beispielsweise wird in vielen Untersuchungen Bildung als höchster Schulabschluss definiert. Der Schulabschluss selbst kann dann durch Befragung oder Beobachtung festgestellt werden. Bei korrelativen Indikatoren wird etwas anderes als das vom Begriff bezeichnete gemessen. Man nimmt aber an, dass das, was gemessen wird, in einem engen Zusammenhang mit dem eigentlich zu messenden Sachverhalt steht. Die Rechtfertigung der Zuordnung eines Indikators zu einem theoretischen Konstrukt ist ein Problem der Validität. Ein Indikator wird genau dann als gültig (oder valide) angesehen, wenn er das anzeigt, was mit dem Begriff bezeichnet wird. Während bei den so genannten definitorischen Indikatoren die Gültigkeit aufgrund der begrifflichen Zuordnung von Konstrukt und Indikator semantischer Natur ist (man spricht daher auch von logischer Validität), ist die Gültigkeit der korrelativen Indikatoren faktischer Natur (deshalb spricht man hier auch von empirischer Validität). Die Vermittlung zwischen Beobachtungsaussagen und theoretischen Begriffen übernehmen Korrespondenzregeln, das sind Hypothesen über die Korrespondenz von Indikatoren und Konstrukten. Den Gesamtzusammenhang verdeutlicht Abbildung 5.

Abbildung 5: Die Operationalisierung theoretischer Konstrukte

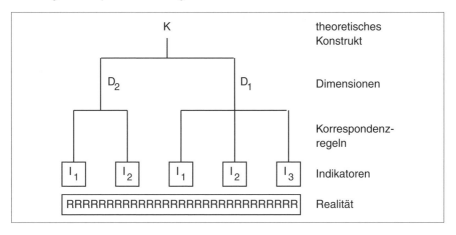

Man ordnet beim Messen Objekten oder Ereignissen gemäß einer bestimmten Regel bzw. Abbildungsvorschrift Zahlen zu. Stellt der Forscher fest, inwieweit einem Objekt ein Merkmal bzw. eine Eigenschaft zukommt, hat er folglich bereits eine Messung vorgenommen.[8]

Eine Menge empirischer Objekte, der nach einer zuvor festgelegten Regel eine Menge Zahlen zugeordnet wird, bildet eine *Skala*. Je nach Niveau unterscheidet man

---

8 So ist selbst die Benennung demokratischer politischer Systeme mit der Ziffer „1" und autoritärer sowie totalitärer politischer Systeme mit der Ziffer „0" eine Messung, da einem Objekt (hier ein politisches System) nach einer Regel (nur demokratische politische Systeme bekommen die „1") eine Zahl zugeordnet wird. Diese Zuordnungen werden per Konvention eingeführt, sie können also nicht wahr oder falsch sein, sondern nur innerhalb eines bestimmten Forschungszusammenhangs mehr oder weniger nützlich sein.

in der empirischen Forschung Nominal-, Ordinal-, Intervall und Verhältnisskalen. Um eine *Nominalskala* handelt es sich, wenn die Skala nur eine Identifikation oder Klassifikation zulässt. Geht es in einer Untersuchung darum festzustellen, ob ein bestimmtes Merkmal oder eine Kombination von Merkmalen vorhanden ist, so handelt es sich bei der Messung um eine Identifikation (z. B. die Identifikation eines politischen Systems als totalitär, autoritär oder demokratisch). Lässt sich in einer empirischen Untersuchung feststellen, dass eine bestimmte Eigenschaft bei einem Untersuchungsobjekt stärker ausgeprägt ist als bei einem anderen, ohne dass die Angabe einer Differenz möglich ist, spricht man von einem ordinalen Messniveau und die Skala, die diese Kleiner-Größer-Relationen (d. h. Rangordnungen) abbildet, heißt *Ordinalskala*. Eine Rangordnung liegt zum Beispiel vor, wenn die Staaten im Hinblick auf das Abschneiden in einem Bildungstest danach geordnet werden, wie sie relativ zu anderen abgeschnitten haben. Kann man zudem davon ausgehen, dass gleiche Zahlenwerte gleiche Merkmalsdifferenzen repräsentieren, spricht man von einer *Intervallskala*. Dies ist, zumindest dem Anspruch nach, z. B. bei den meisten Demokratieskalen der Fall. Schließlich heißen Skalen, bei denen darüber hinaus noch der Nullpunkt definiert ist, *Verhältnis-* oder *Ratioskalen*. Ein Beispiel für eine Verhältnisskala ist der Stimmenanteil einer rechtspopulistischen Partei oder die Fraktionalisierung von Parteiensystemen, wenn diese in Raes' Fraktionalisierungsindex ausgedrückt wird[9]. Ein möglichst hohes Messniveau hat vor allem drei Vorteile: Erstens ermöglicht es die Nutzung höherer mathematischer Verfahren, zweitens sind genauere Überprüfungen und Prognosen möglich und drittens steigt mit dem Skalenniveau auch der Informationsgehalt der Aussagen. Das Messniveau hat darüber hinaus einen großen Einfluss darauf, welche Auswertungsmethoden in der Phase der Datenanalyse eingesetzt werden können, d. h. welche statistischen Verfahren zulässig sind.

Das Ziel eines Messvorgangs, möglichst exakte und fehlerfreie Messwerte zu liefern, wird jedoch selten erreicht. Praktisch alle Messvorgänge schließen mehr oder weniger große Messfehler mit ein. Zur Beurteilung von Messungen werden in der Vergleichenden Politikwissenschaft vor allem zwei Kriterien herangezogen, und zwar die Gültigkeit und die Zuverlässigkeit von Messungen. Die Zuverlässigkeit oder Reliabilität einer Messung beschreibt die formale Messgenauigkeit. Man beurteilt sie danach, in welchem Maße wiederholte Messungen die gleichen Werte liefern. Ein Messinstrument, das bei wiederholten Messungen unter ansonsten gleichen Umständen sehr unterschiedliche Ergebnisse liefert, kann nicht als zuverlässig betrachtet werden. Bei der wiederholten Anwendung einer Demokratieskala bei den gleichen Staaten sollten mithin die selben oder doch sehr ähnliche Werte ermittelt werden. Auch im Falle hoher formaler Messgenauigkeit kann eine Messung unbefriedigende Ergebnisse liefern, falls das Messinstrument etwas anderes erfasst als beabsichtigt. Diese inhaltliche Messgenauigkeit, die dadurch definiert ist, dass ein Messinstrument tatsäch-

---

9 Fraktionalisierungsindex = Summe der quadrierten Mandatsanteile (oder Stimmenanteile) aller relevanten Parteien, die von 1 substrahiert wird.

lich das misst, was es messen soll, bezeichnet man als *Gültigkeit* oder *Validität* eines Messinstrumentes. Dabei werden drei Formen unterschieden: Inhalts-, Kriteriums- und Konstruktvalidität.[10]

Neben diesen für alle empirischen Studien geltenden Aspekten, muss in international vergleichenden Untersuchungen darüber hinaus bedacht werden, dass die begrifflich intendierten Phänomene in unterschiedliche Systemkontexte eingebunden sind (vgl. *travelling problem*). Da Ausdrücke in verschiedenen Kontexten mit unterschiedlichen Inhalten belegt sind, kann auch die in einem bestimmten Kontext vorgenommene Operationalisierung eines theoretischen Konstrukts nicht einfach auf andere Kontexte übertragen werden. Die wörtliche Übersetzung eines Items von der Sprache A in die Sprache B im Rahmen einer international vergleichen Umfragestudie kann dazu führen, dass letzen Endes im Kontext A ein anderer Sachverhalt gemessen wird als im Kontext B. In der international vergleichenden Sozialforschung gilt deshalb die Regel, dass die Messinstrumente in den verschiedenen Kontexten funktional äquivalent sein müssen. Ein Messinstrument ist genau dann funktional äquivalent, wenn es in den unterschiedlichen Kontexten genau das misst, was die theoretischen Konstrukte begrifflich intendieren (vgl. u. a. Niedermayer 1997; Przeworski/Teune 1970; van Deth 1998).

In der Praxis der international vergleichenden Umfrageforschung etwa wird zunächst in einem Kontext die Operationalisierung der Begriffe erörtert, indem die Dimensionen und ihre Indikatoren festgelegt werden. Nachdem in einer Sprache ein Konsens über die Forschungsinstrumente gefunden ist, werden die Instrumente auf die verschiedenen Kontexte, zumeist beteiligten Länder übertragen. Zur Minimierung von Übertragungsfehlern kommen dabei unterschiedliche Techniken zum Einsatz, und zwar die Übersetzung, die Rückübersetzung, die Serienübersetzung und die Parallelübersetzung.[11]

---

10 Die Inhaltsvalidität bezieht sich darauf, dass die gewählten Indikatoren, etwa die Indikatoren einer Demokratieskala, alle Aspekte eines theoretischen Begriffs berücksichtigen. Kriteriumsvalidität dagegen ist entweder dann gegeben, wenn mit Hilfe des benutzten Messinstruments aufgestellte Prognosen durch andere Instrumente bestätigt werden (beispielsweise die Messergebnisse einer neuen, kürzeren Demokratieskala durch die Messergebnisse einer bereits bewährten, längeren Skala) oder wenn die mit dem fraglichen Instrument erzielten Ergebnisse mit den Ausprägungen des Merkmals in bestimmten Kriteriumsgruppen übereinstimmen (so sollte eine Demokratieskala in der Lage sein, bekannte demokratische Systeme von bekannten autoritären Systemen zu unterscheiden). Leitet man aus einem Konstrukt überprüfbare Aussagen über den Zusammenhang des Konstrukts mit anderen theoretischen Begriffen ab und weist nach, dass diese Zusammenhänge tatsächlich in der hergeleiteten Weise bestehen, so liegt Konstruktvalidität vor.

11 Im ersten Fall übersetzt eine zweisprachige Person das Messinstrument von der Sprache A in die Sprache B. Im zweiten Fall werden die Forschungsinstrumente zunächst von der Sprache A in Sprache B und anschließend zurück von der Sprache B in die Sprache A übersetzt. Bei der Serienübersetzung wird das Instrument von der Sprache A in die Sprache B, von der Sprache B in die Sprache C und von der Sprache C in die Sprache A übersetzt. Eine Parallelübersetzung liegt schließlich vor, wenn das Instrumentarium zunächst von der Sprache A in die Sprachen B und C übersetzt wird und anschließend von der Sprache B in die Sprache C. Wird dabei deutlich, dass die lexikalische Äquivalenz in den verschiedenen Kontexten unterschiedliche Bedeutungen haben, so wird die formale Äquivalenz

7. Aufbereitung und Analyse von Daten

7.1 Datenaufbereitung

Nach der Datenerhebung steht man in einem Forschungsprojekt zunächst vor einem Berg ungeordneter Daten, wobei es sich um einen Stapel ausgefüllter Fragebögen, Beobachtungsprotokolle, Bandaufzeichnungen, Dokumenten, amtlichen Statistiken etc. handeln kann. Bevor die Daten analysiert werden können, müssen sie geordnet und formal und technisch aufbereitet werden.

Verfolgt man den Weg einer elektronisch gestützten Datenauswertung, so wird zunächst eine Liste aller erhobenen Merkmale (auch *Variablen* genannt) mit allen möglichen Ausprägungen angefertigt und einen Codeplan erstellt, der für jede Kategorie aller Variablen genau einen speziellen Wert (Code) enthält. Bei der Codierung dieser Informationen handelt es sich im Prinzip um eine Inhaltsanalyse sprachlichen Materials. Die Aufgabe besteht darin, die erhobenen Informationen nach dem Codeplan in Codes umzusetzen. Um die erhobenen Informationen mittels geeigneter Statistikprogrammpakete wie SPSS *(Statistical Package for the Social Sciences)* auswerten zu können, müssen die Daten zuvor maschinell lesbar gemacht werden. Zum Zwecke der Analyse wird man die Daten in einer ganz bestimmten Struktur aufbereiten, und zwar in Forme einer großen Tabelle, deren Zeilen jeweils eine Untersuchungseinheit (Land, Region, Individuen etc.) und deren Spalten jeweils eine Variable darstellen. Eine derartige Tabelle heißt Datenmatrix und hat folgende allgemeine Form:

Abbildung 6: Der formale Aufbau einer Datenmatrix

	Variable						
Fall	1	2	3	4	5	...	m
1	x_{11}	x_{12}	x_{13}	x_{14}	x_{15}	...	x_{1m}
2	x_{21}	x_{22}	x_{23}	x_{24}	x_{25}	...	x_{2m}
3	x_{31}	x_{32}	x_{33}	x_{34}	x_{35}	...	x_{3m}
4	x_{41}	x_{42}	x_{43}	x_{44}	x_{45}	...	x_{4m}
...	...	...	...	...	...	...	...
n	x_{n1}	x_{n2}	x_{n3}	x_{n4}	x_{n5}	...	x_{nm}

Eine Datenmatrix besteht aus so vielen Zeilen, wie Untersuchungseinheiten vorhanden sind, und so vielen Spalten, wie Merkmale erhoben wurden. Angenommen, die Matrix enthält die codierten Antworten einer Befragung, so enthält beispielsweise das Element X_{25} der Matrix die codierte Antwort der 2. Befragungsperson auf die 5. Fra-

---

zugunsten der funktionalen Äquivalenz aufgegeben. Die Sätze, die im Kontext A den Sachverhalt S messen, werden in Sätze übertragen, die im Kontext B ebenfalls den Sachverhalt S messen.

ge. Wie nützlich eine derartige Anordnung ist, zeigt sich, sobald man an die Auswertung der erhobenen Informationen geht.

7.2 Statistische Methoden

Wie bereits erwähnt, beginnt jede politische Forschung mit einem Problem, und der Zweck der Forschung besteht darin, eine Antwort auf die aufgeworfenen Fragen zu finden. Die Planung der Untersuchung, die Auswahl der Untersuchungseinheiten, die Erhebung und Aufbereitung der relevanten Daten beeinflussen zwar die gesuchte Antwort in erheblichem Maße, doch Aussagen über die Annahme oder Verwerfung von Hypothesen sind erst nach einer Auswertung der erhobenen Daten möglich. Welche Analyseverfahren anzuwenden sind, hängt vom Ziel der Forschung, von der Menge und der Qualität der Daten und der Komplexität des Forschungsproblems ab.

Ausgangspunkt jeder Datenanalyse bildet die *univariate Analyse*, das ist die Untersuchung einzelner Merkmale. Sie dient der Beschreibung des vorliegenden Materials und bildet die Vorstufe weiterer Analyseschritte (vgl. hierzu u. a. Gehring/Weins 2000; Schumann 1997; Diekmann 2000). Hierbei handelt es sich um Grundauszählungen einzelner Spalten einer Datenmatrix; einzelne Variablen werden also isoliert betrachtet. Auf dieser Stufe kann etwa das Ausmaß der mittleren Wahlbeteiligung in den untersuchten Ländern oder die mittlere Unterstützung eines politischen Systems ermittelt werden. Die Ergebnisse der univariaten Analyse werden in Tabellen oder Grafiken dargestellt, die alle für das Verständnis notwendigen Angaben enthalten. Eine einfache Subgruppenanalyse liegt bereits vor, wenn man deskriptive Statistiken der Häufigkeitsverteilung einer bestimmten Variablen in verschiedenen Subgruppen vergleicht; ein Beispiel wäre die mittlere Wahlbeteiligung in den alten und in den neuen Demokratien. Um die Form der Verteilung eines Merkmals in Erfahrung zu bringen und die Interpretation der Daten zu erleichtern, eignen sich vor allem grafische Darstellungen der Daten.[12]

Ist man an den Beziehungen zwischen den Merkmalen interessiert, bildet die *bivariate Analyse* die erste Analysestufe. Hierbei geht es vor allem darum zu erfahren, ob zwei Eigenschaften gemeinsam oder unabhängig voneinander auftreten oder sich verändern. Man vergleicht die Werte von jeweils zwei Spalten einer Datenmatrix mit dem Ziel, hypothetisch angenommene zu prüfen. Alle mit Hilfe statistischer Methoden begründenden Aussagen über Zusammenhänge zwischen Merkmalen beruhen auf Vergleichen.

---

12 So zeigen sich bei mittlerer, gleichmäßiger Zustimmung zumeist glockenförmige Verteilungen, während eine U-förmige Verteilung auf eine ambivalente Ausprägung hindeutet. Konzentrieren sich die Merkmalsausprägungen auf dem einen oder dem anderen Ende einer Skala, so liegen schiefe Verteilungen vor. Mehrgipfelige Verteilungen deuten auf ein mehrdimensionales Merkmal oder darauf, dass die Fälle sehr inhomogen sind.

Allerdings sind die ermittelten Beziehungen zwischen Merkmalen nicht immer eindeutig zu interpretieren. Beobachtet man eine positive Beziehung zwischen zwei Merkmalen A und B, kann eine kausale Interpretation völlig in die Irre führen, wenn nicht dritte Faktoren in die Betrachtung einbezogen werden, die möglicherweise einen Einfluss auf die Art der Beziehung zwischen den Merkmalen A und B haben *(Drittvariablenkontrolle)*. Es kann sich nämlich erweisen, dass die Beziehung zwischen A und B nicht mehr beobachtet wird, wenn ein dritter Faktor C kontrolliert wird. Andererseits kann die Kontrolle von C dazu führen, dass die ursprünglich gemessene Beziehung zwischen A und B stärker oder schwächer wird. Möglicherweise kommt eine Beziehung zwischen A und B auch erst dann zum Vorschein, wenn C in die statistische Analyse einbezogen wird.

In vielen Untersuchungen geht es darum, kausale Zusammenhänge zwischen mehreren Merkmalen zu prüfen. Es soll in ermittelt werden, welche der potenziellen unabhängigen Variablen die abhängige Variable erklären. Zur Ermittlung von Kausalbeziehungen eignen sich keine bivariaten statistischen Analysen. Das Ziel der Untersuchung verlangt vielmehr den Einsatz *multivariater* statistischer Verfahren. Zu den am häufigsten angewandten multivariaten Analyseverfahren zählen die Faktoren-, Regressions- und Pfadanalyse. Bei der *Faktorenanalyse* z. B. handelt es sich um eine statistische Methode, um das Zusammenwirken einer Reihe unabhängiger Faktoren zu ergründen. Sie ist besonders geeignet, auf induktivem Wege die unabhängigen Dimensionen zu ermitteln, auf die sich die zwischen mehreren Variablen bestehenden Korrelationen zurückführen lassen. Die *multiple Regressionsanalyse* eignet sich besonders zur Überprüfung kausaler Hypothesen. Sie gibt Aufschluss über den Zusammenhang zwischen Ursachen (unabhängige Variablen) und Wirkung (abhängige Variablen) und liefert Informationen darüber, welcher Anteil der Streuung einer abhängigen Variablen durch die unabhängigen Variablen erklärt wird und wie stark Veränderungen der unabhängigen Variablen die abhängige Variable beeinflussen. Sie wird daher häufig für die Beschreibung, Erklärung und Prognose politischer Ereignisse benutzt. Wo man es mit sehr komplexen Theorien bzw. Zusammenhängen zu tun hat, ist es darüber hinaus nützlich, die theoretischen Gebäude zunächst als so genannte Kausalmodelle zu rekonstruieren, bevor das Geflecht der Merkmale empirisch überprüft wird. Zur empirischen Überprüfung können sodann die verschiedenen Verfahren der *Pfadanalyse* eingesetzt werden.[13]

Neben der beschreibenden ist die schließende Statistik (*Inferenzstatistik*) für die politische Forschung von großer Bedeutung. Sie kommt vor allem dann zum Einsatz, wenn das Interesse über die vorliegenden Daten hinausgeht und von den Beobachtungsdaten auf die Grundgesamtheit geschlossen werden soll. Wahrscheinlichkeits-

---

13 Die kausalen Beziehungen zwischen den Variablen werden durch Pfeile angegeben. Die Zahlen an den Pfeilen heißen Pfadkoeffizienten. Sie können einen Wert zwischen −1 und +1 annehmen und drücken den Zusammenhang zwischen je zwei Variablen unter der Bedingung aus, dass alle anderen in dem Modell enthaltenen Variablen statistisch kontrolliert werden.

theoretisch begründete Aussagen über die Grundgesamtheit können allerdings nur dann gemacht werden, wenn die Fälle zufällig ausgewählt wurden. Inwieweit die anhand von Stichproben gewonnenen Ergebnisse auf die Grundgesamtheit generalisiert werden dürfen, d.h. tatsächlich bestehende Sachverhalte des Objektbereiches widerspiegeln, und inwieweit es sich bei einem bestimmten Resultat um ein zufällig zustande gekommenes Ergebnis handelt, wird im Rahmen so genannter *Signifikanzprüfungen* beantwortet. Alle induktiven Schlüsse implizieren eine bestimmte *Irrtumswahrscheinlichkeit*. Welche Irrtümer man zu machen bereit ist, muss er vor der Datenanalyse durch Angabe des *Signifikanzniveaus* festlegt werden.[14]

Den Schluss von ausgewählten Fällen auf die Grundgesamtheit und den statistisch gesicherten Test von Hypothesen gestatten lediglich Wahrscheinlichkeits- bzw. Zufallsauswahlen. Sie liegen vor, wenn jedes Element einer Grundgesamtheit die gleiche oder eine berechenbare Chance hat, in die Stichprobe zu gelangen.[15] In der international vergleichenden Umfrageforschung, in der Aussagen über die Bürger einer Gruppe von Ländern angestrebt wird, sind die Elemente der Grundgesamtheit von vornherein in Gruppen (nämlich die Länder) eingeteilt, und es wird dann aus jeder dieser Gruppen eine Zufallsauswahl gezogen wie dies beispielsweise im Rahmen der Eurobarometer der Fall ist. Ein derartiges Design ist immer dann von Vorteil, wenn die Streuung der interessierenden Merkmale in den einzelnen Gruppen sehr unterschiedlich ist und wenn die Untersuchung eine bestimmte Mindestfallzahl für bestimmte Gruppen erfordert, wie dies in der vergleichenden Forschung über Fremdenfeindlichkeit in Westeuropa der Fall ist. Strebt man Aussagen über die Grundgesamtheit und nicht über die einzelnen Länder an, sind die Untersuchungseinheiten der einzelnen Länder dann jedoch zu gewichten, um verzerrte Aussagen zu vermeiden.

7.3 Makro-qualitative Analyse (QCA)

Eine andere Möglichkeit der Analyse politischer Systeme bietet die makro-qualitative Vorgehensweise, die vor allem von Charles Ragin (1987) vorgeschlagen wurde (vgl. Ragin u. a. 1996; Berg-Schlosser 1997) und die inzwischen unter der Bezeichnung crisp-QCA oder cs-QCA bekannt ist. Die grundlegende Idee besteht darin, hinreichende und notwendige Bedingungen zu identifizieren, die für ein zu erklärendes Er-

---

14 Wählt man ein Fünf-Prozent-Signifikanzniveau, so ist man bereit, in fünf von 100 Fällen eine falsche Entscheidung zu fällen; zieht man das Ein-Prozent-Signifikanzniveau vor, so akzeptiert man lediglich in einen von 100 Fällen einen Fehler.
15 So kann man zuverlässige Informationen über die Wertorientierungen in Osteuropa nur gewinnen, wenn alle Personen Osteuropas, über die Daten gesammelt werden, nach dem Zufallsprinzip ausgewählt werden. Nur in dieser Weise sind die in Stichproben gefundenen Mittelwerte (etwa hinsichtlich der Verteilung von Materialisten und Postmaterialisten) innerhalb bestimmter Vertrauensbereiche und Fehlergrenzen auf die Gesamtbevölkerung übertragbar. Dabei muss bedacht werden, dass auf der Basis von Stichproben erstellte Schätzungen, und darum handelt es sich, immer mit so genannten Zufallsfehlern behaftet sind.

eignis ursächlich verantwortlich sind. Zugleich wird davon ausgegangen, dass verschiedene Faktoren beziehungsweise unterschiedliche Kombinationen von Faktoren für ein Ereignis verantwortlich sein können. In der Analyse werden die Beziehungen zwischen dichotomen Merkmalen auf der Ebene politischer Systeme betrachtet. Von dichotomen Merkmalen wird immer dann gesprochen, wenn die Merkmale lediglich zwei Ausprägungen aufweisen (Merkmal liegt vor oder nicht). Die dichotome Anlage der Variablen ermöglicht die Anwendung neuerer Analyseverfahren auf der Grundlage der Booleschen Algebra.

Bei der Datenerzeugung werden – ebenso wie oben berichtet – auch im Falle der qualitativ komparativen Analyse zunächst die Daten aufbereitet und in eine Datenmatrix übertragen. Für jedes Land wird eine Zeile und für jedes Merkmal eine Spalte reserviert. Die Zellen enthalten die Merkmalsausprägungen, in diesem Fall den Wert „1", wenn ein Land ein entsprechendes Merkmal aufweist und den Wert „0", wenn das Merkmal nicht vorliegt. Die Merkmale gehören entweder zu den unabhängigen oder abhängigen Variablen.

Beispielsweise könnten wir untersuchen, welche Faktoren für das Scheitern einer Demokratie verantwortlich sind. Eine Analyse der anwendbaren Theorien ergebe, dass fünf Variablen (A bis E) für das Scheitern von Demokratien als wichtig angesehen werden. Die Frage, die es mit Hilfe der makro-qualitativen Analyse zu beantworten gilt, lautet, welche der fünf Einflussgrößen erklären in welchen Kombinationen den Zusammenbruch von Demokratien. Durch den Vergleich aller möglichen Variablenkombinationen anhand festgelegter Regeln zur Minimierung der Wahrheitstafel soll ermittelt werden, ob das Scheitern von Demokratien mit einer oder mehreren Merkmalskombinationen zusammenhängt oder ob jedes Scheitern einer Demokratie mit einer anderen Faktorenkombination einhergeht. Als Ergebnis derartiger Analysen kann sich dann zeigen, dass ein Ereignis (Scheitern von Demokratie) in einigen Fällen der Merkmalskonstellation AB, in anderen Fällen dagegen der Merkmalskonstellation BDE geschuldet ist. Die monokausale Ausrichtung bei der Konkordanzmethode wird somit überwunden.

Abbildung 7: Beispiel für eine Wahrheitstafel (crisp-QCA)

Land	A	B	C	D	E	Ergebnis
X	0	1	0	0	1	1
Y	1	1	0	1	0	1
Z	0	0	1	0	1	0
U	0	0	1	0	0	0
V	0	1	0	1	1	1
W	0	0	1	0	0	0

Allerdings sind die Nachteile dieser Methode gleichfalls zu beachten. Die im Unterschied zur statistischen Analyse limitierte Fallauswahl begrenzt zugleich die Reichweite der Theorien. Ein weiterer Nachteil besteht im Informationsverlust der Variablen sowie der Schwierigkeit, für jede Variable Schwellenwerte festsetzen zu müssen. Die dichotome Ausprägung der Variablen führt zu der Notwendigkeit mit einer gewissen Weichheit der Kriterien zu arbeiten, die kontextadäquate Interpretationen erfordern. Generell schwierig wird die Untersuchung, wenn die Phänomene graduell angelegt sind und klare dichotome Unterscheidung fast willkürlich erscheinen.[16] Einen Ausweg bietet hier die Fuzzy-Set-Variante der QCA (Ragin 2000; Rihoux/Ragin 2009).

Fs-QCA bietet die Möglichkeit die empirischen Befunde nach unterschiedlichem Grad der Ausprägung einem Merkmal oder Mitgliedsklasse zuzuordnen, wobei je nach Bedarf verschiedene Differenzierungsstufen möglich sind. Ein empirischer Befund kann somit nur zum Teil Mitglied eines Merkmals oder Konzeptes sein. In der Regel wird mit einem mittleren Grad der Differenzierung (4–7 Stufen) gearbeitet, da weniger Stufen die Problematik der dichotomen Zuordnung kaum löst und eine größere Differenzierung, die Schwierigkeit der validen Zuordnung erhöht. Wichtig ist in jedem Falle, dass die gewählte Skalierung, die auch unterschiedliche numerische Abstände markieren kann, theoretisch gut begründet ist. Nehmen wir das Beispiel der Konsolidierung von Demokratien. Hier ließen sich folgende Werte vergeben: umfassend konsolidiert (1), weitgehend konsolidiert (0,8), wenig konsolidiert (0,2) und nicht konsolidiert (0). Die mittleren Werte ließen sich je nach Forschungslage aber auch mit „mehr konsolidiert als nicht" (0,6) und „eher nicht konsolidiert als konsolidiert (0,4) festlegen. Der Wert 0,5 sollte nicht vergebenen werden, da er nicht nur mathematische Schwierigkeit bei der Auswertung mit sich bringt, sondern letztlich die Entscheidung über die Zugehörigkeit eines empirischen Befunds zu einer Mitgliedsklasse vermeidet.

Die Schwellenwertproblematik stellt sich bei fs-QCA in zweierlei Hinsicht: zum einen bei der Festlegung der Schwellenwerte und zum anderen bei der empirischen Zuordnung. Doch auch die statistische Methode entgeht diesem Problem nicht, will sie nicht gänzlich auf eine typologische Zuordnung verzichten, was wiederum nicht sehr überzeugend wäre. Trotz der erhöhten methodischen Anforderungen stellt fs-QCA eine gegenüber crisp-QCA verbesserte Möglichkeit dar, die Realität angemessen zu erfassen.

Entsprechend der im fs-QCA gegebenen Möglichkeit einer differenzierten Wertezuweisung kompliziert sich das damit verbundene Analyseverfahren, bei dem weiterhin die grundlegende Idee der Identifizierung von notwendigen und hinreichenden Bedingungen besteht. Die nun vorhandenen Unschärfen verlangen jedoch die Bestimmung der Maße der Konsistenz und der Abdeckung. Die grundlegenden logischen Operatoren von cs-QCA werden auch weiterhin angewendet, sind jedoch nun

---

16 Dies betrifft sowohl viele sozio-ökonomische Phänomene (Grad der Entwicklung, der Arbeitslosigkeit, der Verschuldung etc.) als auch politische Phänomene (Stabilität, Qualität der Demokratie, Staat, Rechtsstaatlichkeit etc.), deren volle Ausprägung in der Realität nicht gegeben ist. Auch eine typologische Abstufung (hoch – niedrig) benötigt eine plausible Begründung der damit zu setzenden Schwellenwerte (vgl. Lauth 2002).

Abbildung 8: Beispiel für eine Wahrheitstafel (fs-QCA) mit vier Stufen (0; 0,3; 0,7 und 1)

Land	A	B	C	D	E	Ergebnis
X	0,3	1	0,3	0	1	0,7
Y	1	0,7	0,3	1	0	1
Z	0	0	1	0,3	0,7	0
U	0,3	0	0,7	0	0,3	0,3
V	0,7	1	0	0,7	1	1
W	0	0,3	1	0	0	0

in eine mehrstufige Analyse eingebunden. Auch wenn die plausible Anwendung von fs-QCA grundlegender Kenntnisse und Anwendungserfahrung bedarf, so sollte dies nicht deren Einsatz verhindern – zumal inzwischen hilfreiche Lehrbücher hierzu vorliegen (Schneider/Wagemann 2007; Rihoux/Ragin 2009). Gerade die komparative Forschung wird in Zukunft nicht auf dieses methodische Vorgehen verzichten können.

8. Fazit und Perspektiven der Forschung

Nach dem Überblick über grundlegende Methoden der vergleichenden Politikwissenschaft lassen sich als Fazit drei Punkte besonders hervorheben:

(1) Alle Vergleiche beruhen auf theoretischen und methodischen Überlegungen, die oftmals mit korrespondierenden Forschungsanlagen verbunden sind. Die zentrale Rolle der Theorie in der Gestaltung einer vergleichenden Untersuchung ist hierbei unbestritten. Ohne Theorie befinden sich die Komparatisten – wie ein gängiges Wort sagt – auf offener See ohne Karte und Kompass. Allerdings können Theorien, so notwendig sie auch sind, den Vergleich einengen, indem sie alles ausblenden, was innerhalb einer Theorie für unrelevant beachtet wird. Auch die methodische Wahl der Untersuchungsanlage hat ähnliche Effekte. Eine Möglichkeit, diese Begrenzung zu überwinden und innovative Wege zu gehen, besteht in der Berücksichtigung unterschiedlicher Theorien und vergleichenden Methoden. Dies erhöht aber wiederum den Schwierigkeitsgrad der Untersuchung. Damit kann bereits eine zentrale Regel der Komparatistik formuliert werden: Es gibt unterschiedliche Möglichkeiten, Phänomene vergleichend zu erforschen. Alle Wege haben bestimmte Vor- und Nachteile, die bereits im Stadium ihrer Wahl reflektiert werden sollten.

(2) Die Wahl einer bestimmten Forschungsstrategie mit ihren theoretischen und methodischen Bestandteilen impliziert zu einem nicht geringen Teil das Ergebnis. Die Auswahl der für relevant erachteten Variablen und Fälle ist dabei jedoch von der Fragestellung abhängig. Selbst das Verständnis der einzelnen Variablen und Konzepte ist theoretisch vorgeprägt. Für die Bestimmung des gleichen Kontextes können sich Typologien als fruchtbar erweisen. Der Prozess der Vereinfachung ist ein unerlässlicher

Schritt wissenschaftlicher Forschung, wie King/Keohane/Verba (1994: 42) betonen: „Simplification has been an integral part of every known scholarly work."

(3) Das Forschungsinteresse bestimmt gleichfalls die Auswahl der Fälle. Hierbei haben die Forschenden zu entscheiden, ob sie an einem differenzierten Verständnis eines Einzelfalls interessiert sind oder ob sie mehrer Fälle behandeln wollen, um kausale Zusammenhänge zu identifizieren. Wie wir gesehen haben, hat die Entscheidung Auswirkung auf das methodische Instrumentarium, das hierbei eingesetzt wird. Nicht alle Begriffe, Typologien oder Modelle, die für die differenzierte Erfassung eines Falles sinnvoll sind, eignen sich für interkulturell angelegte Vergleichsstudien (vgl. *travelling problem*). Wie haben gleichfalls darauf hingewiesen, dass es unterschiedliche Möglichkeiten gibt, Vergleichsfälle auszuwählen. Als Warnregel gilt hierbei zu beachten, die Auswahl so zu treffen, dass ein *selection bias* vermieden wird. Weiterhin haben wir darauf aufmerksam gemacht, dass es in Zeiten zunehmender Globalisierung immer schwieriger wird, die Fälle aufgrund der damit verbundenen Diffusion (vgl. Galtons Problem) isoliert zu betrachten und die Ursachen nur im Fall selbst zu suchen. Zusätzlich ist zu beachten, dass in Regionen fortgeschrittener Integration – wie in der EU – die Abgrenzung des Falls eine weitere Problematik erfährt *(vgl. den Beitrag von Schmidt in diesem Band).*

In unserem Beitrag haben wir verschiedene Möglichkeiten vergleichender Forschung aufgezeigt. Diese lassen sich im Wesentlichen anhand der Auswahl der Fälle (vgl. Kap. 5) und der Methoden der Datenauswertung (Kap. 7) unterscheiden. Alle Forschungsstrategien haben ihre Vorzüge und ihre Nachteile. Doch manchmal lassen sich die Nachteile kompensieren, indem unterschiedliche Methoden miteinander verbunden werden (*triangulation*). Trotz der sich abzeichnenden Dominanz statistischer Verfahren mit großer Fallzahl, die von dem wachsendem Bestand an verfügbaren Datenmaterial begünstig werden, und der zunehmenden Bedeutung makro-qualitativer Verfahren sollte die Fallstudie nicht gänzlich aus den Augen verloren werden. So ist die Fallstudie nach Ansicht von Hague/Harrop/Breslin (1998: 275) die „most underestimated research strategy".

Der alte Streit um den methodischen Königsweg der Vergleichenden Politikwissenschaft hat keine Lösung erbracht. Es gibt nicht den Königsweg der vergleichenden Forschung. Allein die damit verbundene Frage ist nicht hilfreich. Zu fragen ist vielmehr nach der Angemessenheit der Methode. Diese hängt von der Fragestellung und dem Erkenntnisinteresse ab. Erst auf dieser Grundlage entscheidet sich, welcher Forschungsweg sinnvoll ist. Hierbei bietet der Leitspruch von B. Guy Peters (1998: 30) eine hilfreiche Orientierung: „Maximise experimental variance, minimise error variance, and control extraneous variance." Unsere Ausführungen sollten auch verdeutlicht haben, dass die Aussage „dies ist nicht zu vergleichen" irreführend ist. Vergleichen bedeutet nicht gleichsetzen; zudem muss sogar dieser Aussage logisch ein Vergleich vorausgehen, der dann starke Unterschiede hervorhebt. Die entscheidende Frage lautet jeweils: Ist der Vergleich sinnvoll? Sind damit wissenschaftlich gesicherte Antworten auf relevante Fragen zu erwarten?

Wenn wir abschließend noch Fragen der Perspektiven im Bereich der Komparatistik ansprechen, so wollen wir dies mit einem Blick auf die Theorie verbinden. Trotz der Bedeutung der Theorien in der Vergleichenden Politikwissenschaft gibt es nur wenige, erfolgreich getestete Theorien, die eine größere Reichweite beanspruchen können. Viele Hypothesen oder Theorien beziehen sich auf räumlich und zeitlich begrenzte Untersuchungseinheiten. Es ist auch zu erwarten, dass sich der Schwerpunkt der Studien weiterhin in diesem Bereich ansiedeln wird, und zwar allein schon deshalb, weil auch auf dieser Ebene weiterhin viele offene Fragen bestehen, die selbst vielfach erforschte Gebiete betreffen. Je umfassender Aussagen in ihrer Reichweite ausgerichtet sind, umso mehr müssen sie vom konkreten Einzelfall abstrahieren. Trotz dieser Beschränkung und der aufgezeigten Ambivalenz der verschiedenen Forschungsstrategien bleibt festzuhalten, dass die wissenschaftlichen Fortschritte in der Vergleichenden Politikwissenschaft in den letzten Jahrzehnten maßgeblich auf ihrer methodologischen Entwicklung basieren, die das zentrale Element des Profils dieser Subdisziplin liefert.

Annotierte Bibliographie

Landman, Todd, 2000: Issues and Methods in Comparative Politics. An Introduction. London/New York.
Dieser Band liefert einen Überblick über übergrundlegende Methoden des Vergleichs in der Politikwissenschaft und diskutiert ihre Vor- und Nachteile. Weiterhin werden alle Methoden anhand repräsentativer Studien illustriert und auf ihre wissenschaftlichen Erträge befragt.
Lauth, Hans-Joachim/Pickel, Gert/Pickel, Susanne, 2009: Methoden der vergleichenden Politikwissenschaft, Wiesbaden.
Das Lehrbuch behandelt zentrale Fragen und Ansätze der vergleichenden politikwissenschaftlichen Forschung und vermittelt Leitlinien für die praktische Anwendung.
Peters, B. Guy, 1998: Comparative Politics. Theory and Methods. New York.
Peters erläutert die grundlegenden Methoden der vergleichenden Politikwissenschaft und deren Stärken und Schwächen. Besondere Aufmerksamkeit wird der theoretischen Fundierung des Vergleichs gegeben.

Weiterführende Literatur

Aarebrot, Frank H./Bakka, Pal H., 1997: Die vergleichende Methode in der Politikwissenschaft, in: *Dirk Berg-Schlosser/Ferdinand Müller-Rommel* (Hrsg.): Vergleichende Politikwissenschaft. 3., überarb. Aufl., Opladen, 49–66.
Alemann, Heine von, 1976: Der Forschungsprozess. Stuttgart.
Armingeon, Klaus, 1994: Staat und Arbeitsbeziehungen. Ein internationaler Vergleich. Opladen.
Bates, Robert/Greif, Avner/Levi, Margaret/Rosenthal, Jean-Laurent/Weingast, Barry (Hrsg.), 1998: Analytic Narratives. Princeton.
Behnke, Joachim/Baur, Nina/Behnke, Nathalie, 2010: Empirische Methoden der Politikwissenschaft. 2. Aufl. Paderborn u.a.
Berg-Schlosser, Dirk, 1997: Makro-qualitative vergleichende Methoden, in: *ders./Ferdinand Müller-Rommel* (Hrsg.): Vergleichende Politikwissenschaft. 3. Aufl., Opladen, 67–88.

Beyme, Klaus von, 1988: Der Vergleich in der Politikwissenschaft. München.
Böltken, Ferdinand, 1976: Auswahlverfahren. Eine Einführung für Sozialwissenschaftler. Stuttgart.
Collier, David, 1993: The Comparative Method: Two Decades of Change, in: *A. Finifter* (Hrsg.): Political Science: The State of the Discipline. Washington, 105–119.
Creswell, John W., 1998: Qualitative Inquiry and Research Design. Thousand Oaks u.a.
De Meur, Gisèle/Berg-Schlosser, Dirk, 1994: Comparing Political Systems – Establishing Similarities and Dissimilarities, in: European Journal for Political Research 26, 193–219.
Diekmann, Andreas, 2000: Empirische Sozialforschung. Grundlagen, Methoden, Anwednungen. Reinbek.
Dogan, Mattei/Pelassy, Dominique, 1990: How to Compare Nations. Chatham.
Eckstein, Harry, 1975: Case-Study and Theory in Political Science, in: *F.I. Greenstein/N.S. Polsby* (Hrsg.): Handbook of Political Science, Vol. 7: Strategies of Inquiry. Reading: 79–137.
Esping-Anderson, Gøsta, 1990: The Three Worlds of Welfare Capitalism. Cambridge.
Geertz, Clifford, 1987: Dichte Beschreibung. Frankfurt a.M.
Gehring, Uwe/Weins, Cornelia, 2000: Grundkurs Statistik für Politologen. 2., überarb. Aufl., Opladen.
Hague, Rod/Harrop, Martin, 2010: Comparative Government and Politics. 8. Aufl., Palgrave Macmillan, London.
Hakim, Catherine, 1992: Research Design. Straties and Choices in the Design of Social Research. London.
Holt, Robert T./Turner, John E. (Hrsg.), 1970: The Methodology of Comparative Research. New York.
Huntington, Samuel P., 1991: The Third Wave. Democratization in the Late Twentieth Century. University of Oklahoma Press.
Jaggers, Keith/Gurr, Robert T., 1995: Tracking Democracy's Third Wave with Polity-III Data, in: Journal of Peace Research 32, 469–482.
Jahn, Detlef, 2003: Globalisierung als Galton-Problem, in: *Susanne Pickel* u.a. (Hrsg.): Vergleichende politikwissenschaftliche Methoden. Wiesbaden, 59–86.
Jahn, Detlef, 2006: Einführung in die vergleichende Politikwissenschaft. Wiesbaden.
King, Gary/Keohane, Robert/Verba, Sidney, 1994: Designing Social Inquiry. Scientific Inference in Qualitative Research. Princeton.
Kropp, Sabine/Minkenberg, Michael, 2005: Vergleichen in der Politikwissenschaft. Wiesbaden.
Lauth, Hans-Joachim, 1991: Mexiko zwischen traditioneller Herrschaft und Modernisierung. Die Gewerkschaften im Wandel von Politik und Wirtschaft (1964–1988). Münster.
Lauth, Hans-Joachim, 2002: Die empirische Messung demokratischer Grauzonen: Das Problem der Schwellenbestimmung, in: *Petra Bendel/Aurel Croissant/Friedbert Rüb* (Hrsg.): Zwischen Diktatur und Demokratie. Zur Konzeption und Empirie demokratischer Grauzonen. Opladen, 119–138.
Lauth, Hans-Joachim/Pickel, Gerd/Pickel, Susanne, 2009: Methoden der vergleichenden Politikwissenschaft. Eine Einführung. Wiesbaden.
Lewis, P.G./Potter, D.C./Castles, F.G. (Hrsg.), 1978: The Practice of Comparative Politics. 2. Aufl., London.
Lichbach, M./Zuckerman, A. (Hrsg.), 1997: Comparative Politics: Rationality, Culture, and Structure. Cambridge.
Liebert, Ulrike/Lauth, Hans-Joachim, 1999: „Do Informal Institutions Matter?" Informelle Institutionen in der interkulturell vergleichenden Partizipations- und Demokratisierungsforschung, in: *Hans-Joachim Lauth/Ulrike Liebert* (Hrsg.): Im Schatten demokratischer Legitimität. Opladen, 11–36.
Lijphart, Arend, 1971: Comparative Politics and the Comparative Method, in: APSR 65, 682–693.
Lijphart, Arend, 1975: The Comparable-cases Strategy in Comparative Research, in: Comparative Political Studies 8, 158–177.
Linz, Juan J./Stepan, Alfred, 1996: Problems of Democratic Transition and Consolidation. Baltimore.
Mackie, T./Marsh, D., 1995: The Comparative Method, in: *D. Marsh/G. Stoker* (Hrsg.): Theories and Methods in Political Science. London, 173–188.
McKeown, Timothey J., 1999: Case Studies and the Statistical Worldview: Review of King, Keohane, and Verba's Designing Social Inquiry: Scientific Inference in Qualitative Research, in: International Organization 53, 161–190.
Mill, John Stuart, 1978: A System of Logic. 3 Bde, Toronto.

Muno, Wolfgang, 2008: Fallstudien und die vergleichende Methode, in: *Susanne Pickel/Gert Pickel/Hans-Joachim Lauth/Detlef Jahn* (Hrsg.): Methoden der vergleichenden Politik- und Sozialwissenschaft. Wiesbaden, 113–131.
Niedermayer, Oskar, 1997: Vergleichende Umfrageforschung: Probleme und Perspektiven, in: *Dirk Berg-Schlosser/Ferdinand Müller-Rommel* (Hrsg.): Vergleichende Politikwissenschaft. Ein einführendes Studienhandbuch. 3. Aufl., Opladen, 89–102.
Nohlen, Dieter, 1994: Vergleichende Methode, in: *Jürgen Kriz/Dieter Nohlen* (Hrsg.): Politikwissenschaftliche Methoden (Lexikon der Politik Bd. 2). München, 507–517.
O'Donnell, Guillermo, 1994: Delegative Democracy, in: Journal of Democracy 1, 55–69.
Pickel, Susanne u.a. (Hrsg.), 2008: Vergleichende politikwissenschaftliche Methoden. 2. Aufl. Wiesbaden.
Pickel, Susanne/Pickel, Gert/Lauth, Hans-Joachim/Jahn, Detlef (Hrsg.), 2008: Methoden der vergleichenden Politik- und Sozialwissenschaft. Wiesbaden.
Przeworski, Adam/Teune, Henry, 1970: The Logic of Comparative Social Inquiry. New York.
Ragin, Carles C., 1987: The Comparative Method: Moving Beyond Qualitative and Quantitative Strategies. Berkeley.
Ragin, Charles C., 2000: Fuzzy-Set Social Science. Chiacago.
Ragin, Charles C./Berg-Schlosser, Dirk/De Meur, G., 1996: Political Methodology: Qualitative Methods, in: R.E. Goodin/H. Klingemann (Hrsg.): A New Handbook of Political Science. Oxford, 749–768.
Rihoux, Benoit/Ragin, Charles C. (eds.), 2009: Configurational Comparative Methods. Los Angeles/London (SAGE).
Sanders, David, 1994: Methodological Considerations in Comparative Cross-national Research, in: International Social Science Journal 46, 513–521.
Sartori, Giovanni, 1970: Concept Misformation in Comparative Politics, in: APSR 64, 1033–1053.
Schmidt, Manfred G., 1998: Sozialpolitik in Deutschland. Historische Entwicklung und internationaler Vergleich. 2., überarb. Auflage, Opladen.
Schneider, Carsten Q./Wagemann, Claudius, 2007: Qualitative Comparative Analysis (QCA) und Fuzzy Sets. Ein Lehrbuch für Anwender und jene, die es werden wollen. Opladen.
Schnell, Rainer/Hill, Paul B./Esser, Elke, 1995: Methoden der empirischen Sozialforschung. 5., überarb. Aufl., München/Wien.
Schumann, Siegfried, 1997: Repräsentative Umfrage. Praxisorientierte Einführung in empirische Methoden und statistische Auswertungsverfahren. München/Wien.
van Deth, Jan W., 1998: Equivalence in Comparative Political Research, in: *ders.* (Hrsg.): Comparative Politics. The Problem of Equivalence. London/New York, 1–19.
Vanhanen, Tatu, 1997: Prospects of Democracy. A Study of 172 Countries. London/New York.
Weber, Max, 1980: Wirtschaft und Gesellschaft. Grundriß der verstehenden Soziologie. Tübingen.
Welzel, Christian, 2003: Wissenschaftstheoretische und methodische Grundlagen, in: *Manfred Mols/Hans-Joachim Lauth/Christian Wagner* (Hrsg.): Politikwissenschaft. Eine Einführung. 4., überarb. Aufl., Paderborn u.a., 395–430.
Widmaier, Ulrich, 1997: Vergleichende Aggregatdatenanalyse: Probleme und Perspektiven, in: *Dirk Berg-Schlosser/Ferdinand Müller-Rommel* (Hrsg.): Vergleichende Politikwissenschaft. Ein einführendes Studienhandbuch. 3. Aufl., Opladen, 103–118.
Winkler, Jürgen R./Falter, Jürgen W., 1995: Grundzüge der politikwissenschaftlichen Forschungslogik und Methodenlehre, in: *A. Mohr* (Hrsg.): Grundzüge der Politikwissenschaft. München/Wien, 65–141.
Yin, Robert K., 1994: Case Study Research. Thousand Oaks u.a.
Zahariadis, Nikolaos (Hrsg.), 1997: Theory, Case, and Method in Comparative Politics. Forth Worth u.a.

Comparing 'Systems' and 'Cultures': Between Universalities, Imperialism, and Indigenousity

Hartmut Behr / Felix Roesch

> "We (are) (...) aware of the fact that we (are) comparing non-Western political systems according to Western categories and from a Western perspective. After all, we are Westerners, beginning with the knowledge and concerns of the West." (Gabriel A. Almond 1973: 2)
>
> "Without concepts and methods we would not know where to look and what to look for (...) To what extent were the tool kits we brought with us from the United States capable of bridging differences between civilizations, cultures, and worldviews, between the Western observer and the non-Western observed?" (Susanne Hoeber Rudolph 2005: 6)

Introduction

The two quotes, from Gabriel A. Almond, one of the founders of (US dominated) comparative politics after World War II, and from Susanne Hoeber Rudolph, William Benton Distinguished Service Professor Emerita of Political Science at the University of Chicago and past president of the American Political Science Association, epitomize a fundamental, *threefold tension* at the heart of every comparison in social and political studies: the tension between the need of initial and hence necessarily universalized epistemological categories to start with, the risk of epistemological imperialism inherent on such categories and deduced concepts and methods, and the possibilities of indigenous categories, concepts, and maybe even methods. The problematic of this threefold tension manifests again in two kinds of comparative research, namely in intercultural comparison and in historical comparative perspectives.

Since the midst of the last century, social and political studies are dominated by a distinct appreciation of the named tension in both its intercultural and historical manifestations which leans towards positivist and structuralist tenets according to the perceived exemplary role of natural sciences. As a consequence of this dominance, 'culture' – or what has been associated with it such as religion, ethics/morality, and social norms and values – has become purposefully excluded as a too variable factor for social and political research in order to " hold as many conditions constant as possible" (Almond 1974: 3; see also Easton 1953; Merton 1968). This epistemological self-decapitation on the macro-political level of analysis has been tried to reintegrate ("to bring back in") on a micro-political level through the study of attitudes by the methodological individualism of the so-called *political culture*-approach (amongst others see Almond/Verba 1965, 1980; Gabriel 1986, 2008; Berg-Schlosser 1972; see more below). Apart from external criticism, which structuralist and positivist comparative political science experienced, particularly in the wake of the so-called 'cultural' (or 'linguistic' and 'interpretative') turn and the emergence of post-structuralist approaches since the late 1970s (see Hobsbawn/Ranger 1983; Wirz 1983; Lyotard 1984; Appiah 1992; Driessen 1993; Behr 1995; Said 2003 as well as more below), it is interesting to acknowledge the internal self-criticism from academics who in the earlier stages of their career brought into and applied positivist, structuralist paradigms and later on condemned their epistemological flaws, intellectual poverty, and categorial and conceptual imperialisms (such as Almond 1990, and Hoeber Rudolph 2005).

The remaining paper shall investigate the threefold tension outlined by three distinct problematizations and questions. These provide the structure of the following pages:

(1) The need for categories: Is it possible for comparative research, both historically and interculturally, to avoid the influence of own, subjective cultural perceptions and assumptions in formulating research premises and concepts? If yes, how should this be possible while it is a simultaneous necessity to start 'somewhere' and this 'somewhere' has to be derived from what is knowable and tangible?
(2) Conceptual implications: What are guidelines for developing epistemologies and concepts which are comprehensive enough to embrace and include cultural differences of political and social phenomena to be compared – such as party systems; decision making processes; electoral systems; institutions and organisations – and, at the same time, avoid epistemological hegemony of the observer over the observed and the object of study?
(3) The demand of and for reflexivity and criticality: The quandary of comparative research between the need for initial and comprehensive categories, on the one hand, and their inherency of intellectual hegemony and imperialism, on the other hand, seems to be resolvable only by reflectivity and practices of criticality which are build in both the construction of research agendas, their analytical frameworks and respective research processes. Which understanding of 'culture' is suggested here? And does an individualistic concept of 'culture' as existent in the still prevailing positivist methodology of comparative social and political science live up to the requirements of reflexivity and criticality?

1. *Epistemological Questions*

Both kinds of comparative research, historic as well as diachronic across cultures, are characterized by the fundamental problem and, consequently the need, to critically reflect their heuristic tools. It may well be, and very often is the case indeed, that own categories and concepts do not allow applicability back in time and cross-culturally due to very different meanings and understandings of these concepts and categories in different historical and spatial cultures. As Rod Hague et al. emphasize, "the 'same' phenomenon can have different meanings in different cultures. This makes it difficult to compare like with like" (Hague et al 1992: 30). Thus, the social, political, and last, but not least linguistic meanings and implications of Western concepts, such as 'state', 'individual', 'participation', or 'society', may have very different connotations and functions for understanding and political agency in, for example, India. The application of these Western concepts may distort the reality which is subjected to research; may distort and/or manipulate the perception of this 'reality' and research findings; may bias political and social agency upon this reality submitted to own categories and concepts; and may reinforce one-sided and logo-centric perceptions and expectations of, and actions towards, (the 'reality' of) 'the other'. These mismatches became obvious and meanwhile have become subject of widespread criticisms, mainly in the context of 'modernization' and 'development' theories/politics (see amongst others Gusfield 1967; Mols 1975; Eisenstadt 1973; Riegel 1982; Schneider 1985, Menzel 1992); and they have been emphasized by academic movements in non-Western countries themselves (see, with regard to India, for example Kothari 1969, 1976, 1989; Malhotra 1990; Nandy 1988; Metha 1983, 1988).

The same epistemological problem of the social, political, and linguistic applicability and transferability of own categories arises in case of historic research and the question whether, and in how far, the meaning of respective contemporary concepts can be transferred to different historical times and cultures. When Aristotle wrote about politics, his concepts of 'responsibility', 'ethics', the 'citizen', 'community' etc. have been fundamentally different to the times of Almond, Easton et al. And Thucydides's *History of the Peloponnesian War*, for example, stands methodologically for a very different genre of historiography, embedded in and influenced by specific ethical, cultural, religious, linguistic, and stylistic backgrounds and orientations, compared to a 20th century historian writing about World War One, for example. It is, however, Aristotle himself who reminds us in Book I of his *Politics (Politeia)* that every research has to start with what is familiar and knowable to the researcher in order to then progress to more specific knowledge and to finally explore regions of the unknown. Otherwise, he argues, no reliable knowledge would be possible unless the starting point of all inquiry would lie within the realm of 'ontological security' (Anthony Giddens).

Is has to be asked now, how to reconcile the two fundamentally opposite heuristic principles that, *first*, one has to start from what is known, thus from own, familiar categories and concepts which, *secondly*, however, can and in many cases will be simply false and lead to unreliable or manipulated knowledge due to their mismatch with, and non-applicability to, the objects studied and compared; or, as Hoeber

Rudolph describes her experiences when she did 'comparative' research in Madras, India, in the 1950s:

> "Using Anglo-American concepts and methods in new research arenas was unavoidable. They were our tool kit, our means for entering complex and unfamiliar non-Western environments. Without concepts and methods we would not know where to look and what to look for. The question was, and still is, to what extent were those concepts and methods amenable to infiltration, adaptation, modification, and transformation by the forms of life and worldview of the alien other? To what extent were the tool kits we brought with us from the United States capable of bridging differences between civilizations, cultures, and worldviews between the Western observer and the non-Western observed?" (Hoeber Rudolph 2005: 6).

The question of how the indispensability of an initial universalization of own categories (historically and diachronically) in order to 'start with' and to enable knowledge and agency in its simplest form can be reconciled with the formulation and finding of a *tertium comparationis* between the objects to compare, and thus of comparability at all, has found an interesting though nevertheless ambivalent answer from cultural hermeneutics. The basic idea here is that societies always have some form of political self-understanding and that there is no pre-political society. When it comes to researching and comparing societies and finally to constructing and formulating one's epistemologies and analytical framework, the hermeneutic argument demands that societal self-understandings have to be taken into account and to be compared on an epistemological and terminological level with one's own concepts and assumptions in order to elucidate and to guarantee a *tertium comparationis* and to sound out carefully similarities/comparabilities and differences/non-comparabilities *before* the actual comparative study could begin (see very instructive hereto Taylor 1992a).[1]

The problem with this approach is its ambivalence. While it is undoubtedly pointing in the right and most important direction in demanding careful consideration of similarities/comparabilities and specific differences/non-comparabilities between the objects prior to their actual study to find out what is comparable and on which conceptual basis – i. e. to formulate a historically and/or diachronically transcultural *tertium comparationis* which comprises similarities of all objects under study why and only on whose basis they are comparable –, this approach still does not address satisfactorily the problem consisting of the quandary between the (necessary) universalization of one's own initial epistemologies and their (potentially) hegemonic

---

[1] *Tertium comparationis* (Lat.: 'the third of a comparison') indicates a third component of comparison which comprises those elements which the phenomena to compare have in common. The *tertium comparationis* thus founds the comparative method and guarantees comparability, i.e. only if a *tertium comparationis* can be found and formulated, a comparison is possible in a meaningful way. According to Aristotle, a *tertium comparationis* is at the basis of all scientific conceptualization and terminology because each scientific concept/term needs to be specified via differentiation from any other concept/term (i.e. its *differentia specifica*) for which operation a *tertium comparationis* between the concept/terms to be specified is necessary; see Aristotle, *Metaphysics*, Book 10, Chapter 1 (1052a, 19 – 1052b, 7).

and imperialistic consequences for the 'other' (society, people, individuals); and how this problem can be dealt with heuristically and mitigated politically.

In order to attempt some more clarification on how to accomplish the heuristic sensitivity required as well as workable transcultural concepts, the next section shall investigate further in the quandary between heuristic universalization(s) and the avoidance of hegemonic/imperialistic knowledge claims in order to then suggest, based on cultural hermeneutics, a research methodology of reflexivity and (self)criticality to secure openness towards, and incorporation of, experiences of 'otherness'.

2. Conceptual Queries

2.1 Systems, Structures, Functions: Diachronical Imperialism and Historical 'Whiggishness'

The tension between and the problematic of the necessity of own concepts and categories to start with and their logo- and culture-centrism has been well aware to the founding generations of structuralist comparative political research in the 1950s. David Easton, for example, demands in *The Political System* (1953) that every researcher has to explicate and make transparent his/her premises and first assumptions on which the research is based.

> "Some social scientists (…) (and they are right) (…) would argue that (…) political science, like its sister disciplines, can hope only to discover principles of politics true for a particular time and place. The principles must lack the universality we associate with theories of science (…) The kind of beings we are depends on the culture in which we live (…) Therefore any generalizations are true only under particular conditions of the culture" (Easton 1953: 32).

Following this request, Easton suggests the development of 'cross-cultural theories' in order to overcome this limitation of knowledge and to accomplish a universalizability of research findings by theories that were 'truly universal'. Given that those theories would be possible at all, he suggests yet another demand, namely to "check [one's] theories with other cultures" because: "The growing impact of social anthropology on other social science will lead the political scientist to recognize the need to take into consideration the experiences of other cultures" (1953: 35). This sensible outlook characterizes David Easton in the early 1950s who is well aware of, and recognizes, the existence and influence of cultural differences and particularities on social science theory building. It is only the 1960s and onwards that this cultural sensitivity is becoming replaced by the idiosyncratic belief and illusion that he himself has found this 'cross-cultural' theory that would allow the formulation of universal theories: the theorem of the 'political system' and its functionalist conceptualization instilled this belief, including the conviction that understanding and developing this respective concept into a paradigm would make his previous demand to explicate and self-critically assess and eventually adjust own premises and their cultural biases superfluous.

This awareness of the relevance of cultural differences and the validity of theories and research findings, which Easton and Almond in the early years of structuralist comparative politics after World War II demonstrated, then seems to have gone lost very quickly thereafter. The belief in the universalities of the/a 'system', its 'structures' and 'functions' shall be picked up by, and be most influential for, the mainstream of comparative politics to come. And even the initial demand of critically scrutinizing and checking own assumptions and concepts in the face of experiencing the 'other' (culture, political 'system', etc.) as well as of explicating them in regard of their cultural bound standing became neglected and only brought back in comparative research in the wake to the cultural turn in the late 1970s and 1980s (see in the German context, amongst others, Matthes 1985, 1987, 1992; in the US context Geertz 1973) as well as by some academics looking critically back at the end of their career.[2]

To pick one example from German academia, it is interesting to look into Dirk Berg-Schlosser, Herbert Maier, and Theo Stammen who emphasized under some influence of structuralist illusionism in 1974 that the concept of the political system would allow, due to its value neutrality and universality, to compare divergent political and social phenomena in terms of their functions and processes; while in 1985 they point, much less euphemistically and more realistically, to the very specific normative nature and procedural characteristics of each political system which would finally qualify the universality and universalizability of any structuralist concept of the/a political system (1985). This change and increasing awareness of cultural differences and plurality is, however, only half-hearted since they miss to further elaborate on the consequences for the conceptualization of comparative approaches which follow from cultural differences and plurality.

If we remain in the context of German introductions into comparative politics – last, but not least the genre in which this paper appears – we find with Berg-Schlosser's *Political Culture* (1972) an attempt of a renewed conceptualization which starts from Almond's idea of a political system, however, intends to broaden this concept by incorporating a new variable. This variable should be capable of embracing universally the political aspects in *every* society in order to allow intercultural comparison without temporal and spatial limitations. Berg-Schlosser sees the panacea for such a variable in defining 'the political' in such a way that it would comprise all attitudes and values in a society which play importantly into political decision making processes. This attempt has its flaws not only in that it is merely formalistic, but further-

---

[2] Gabriel Almond is a most interesting example at hand. In a widely neglected, however, most instructive publication from 1990 he decisively criticizes his and others' positivist scholarship during the 1950s, 1960s, 1970s, and 1980s and demands a specific ontology and epistemology of the social sciences in differentiation to the natural sciences.

more in that it cannot but apply Western concepts in disguise of their ostensible universality, which are indeed, however, universalized such as Berg-Schlosser's usage of variables such as 'national identity', 'class consciousness', individualism', 'legitimacy' etc. and their quantification along a scale from 'low' to 'high' demonstrate. These objectifications are further classified in a spectrum between 'traditionalism' and 'modernity' which are probably the most significant, outstanding, and at the same time problematic logo-centrisms of epistemological imperialism. But, one has to ask, how can a criteria which is based on mere formalism and its proclamation to *be* universal instead of hermeneutic research in respective countries produce and reproduce anything else but logo-centric Western imaginations of 'otherness'?

While the application and universalization of own categories and concepts (and variables) seem inevitable and as heuristically necessary (as seen above in section 1), the more stress has to be put on the research process itself and how these concepts and categories can be dealt with. And with regard to the above discussed procedure of finding and formulating a *tertium comparationis* as methodological necessity for each comparison, the research design of Berg-Schlosser, such as each structuralist and behavioralist research, becomes heavily dubious: the variables are not being reflected and (re)considered during the research process with regard to their applicability to, and meaning in, different cultural contexts; and the question of their appropriateness to understand and to convey meaning in divergent places is regarded as sufficiently answered as long as their application recruits data and allows their positivistically exact (i.e. 'logical') systematization; put differently: as long as they are 'useful' (amongst others, see Berg-Schlosser 1972: 113). The standard, which is used for quantification and measurement for culturally *divergent* political systems, remains unquestionably Western-centric ('national identity', 'class consciousness', etc.) and is thus *not* a 'cross-cultural' comparative theorem (to use young Easton), but creates merely criteria for synchronizing and tuning different political systems and their 'cultures' under the paradigm of own logo-centric, idiosyncratic perceptions, traditions, imaginations and norms. Thus, we do not witness comparative politics in a genuine sense – according to the comparative rationality of comparing two or more phenomena according to their *tertium comparationis* – but an hegemonic subordination of differences under the Western 'self' in the form of an 'imperialism of categories' (Hoeber Rudolph).

What appears as the risk of an imperialism of categories in cross-cultural studies materializes as "Whiggishness" in historic comparison: the latter means studying different cultures in time whereas the first implies the study of different cultures in space. Relying solely on universal categories and concepts would dismiss the fact that, like in cross-cultural comparative politics, the scholar faces two distinct and possibly distinctively different cultures: in this case, his/her own, current culture and the past culture. This is also the case, even when he/she is engaged in a study dealing with the same cultural area. The above mentioned examples of Aristotle and Thucydides point out that the understanding of categories implied by them is not only different to the understanding of the same categories by, for example, a present-day American scholar, but certainly also by a then *contemporary* Greek scholar. Universal categories and concepts, as they are applied in positivist approaches, misleadingly create a common temporality that implies to be able to achieve an absolute truth, but, as it was suggested for example by Robert Musil, 'truth' in social sciences can be approximated at best, but not claimed (Musil 1978: 1075). Hence, although universal models are an heuristically necessary starting point (also Ringer 1969), the temporal distance requires moving beyond this kind of universalization.

Since it seems that in political science the mainstream has been largely ignorant to this problem and scholars have started just recently to challenge this kind of universalization, it is worth to look at representatives of other disciplines such as history, sociology, and philosophy where this epistemological problem is being discussed for some time already. Since the 1960s, scholars such as Fritz Ringer, Fritz Stern, and Peter Gay brought forward studies in which they successfully engaged with methodologically rigid analysis without falling into the trap of claiming 'truths' based on universalizations (Ringer 1969; Stern 1989; Gay 1959). It was essentially Quentin Skinner, however, who deliberated the possibilities of understanding past events and ideas (Skinner 1969). Heuristic models that solely rely on the autonomy of textual analysis or which stress that only contextual factors had to be taken into account in historical study, "have led to a series of conceptual muddles and mistaken empirical claims" (Skinner 1969: 4). Richard Rorty equally is arguing against such "whiggish accounts" by bluntly claiming that "analytic historians of philosophy are frequently accused of beating texts into the shape of propositions currently being debated in the philosophical journals" (Rorty 1984: 49 and 56). A pure textual analysis runs the risk that categories and concepts – applied or detected – do not stand the test of appropriateness and/or applicability when setting the texts into their historical contexts. A good example is epitomized in the historical study of international politics where the concepts of one of the 'heroic figures' of the discipline, Hans J. Morgenthau, such as 'power' or 'national interest', were not only misread due to the reception from different ontological and epistemological backgrounds, but furthermore were their specific spatial and temporal contexts neglected (Behr 2009; Rösch 2008).

Especially Anglo-Saxon academic history rendered outstanding service to discuss, and engage with, the task of contextualization. Lawrence Stone (re)introduced the method of prosopography, also known as collective biography, to a wider audience. This method allows exploring different biographical characteristics, such as wealth, religion, and birth (Stone 1971: 46; Gallus 2005: 43). However, only their contextualization helps to detect what Guy Oakes has called the "genetic" relations of concepts (Oakes 1990: 23) since only thereby historical proof can be given that a particular concept applied by one or more scholars is interrelated with a similar concept applied by another scholar. Yet, such empirical evidences merely state that there is a relation between these concepts. However, nothing is said either about the historic and particular significance of this relation, nor about the implications or meaning of this relation. In other words, why, in what way, and to what extent one concept has recourse, related, and referred to another concept: was this relation accidental or volitional, negatively or positively understood by the actors involved, and of cardinal or marginal importance for the identity of either concept? Hence, contextualizing methods are indeed important as a starting point, but need to be refined if a contribution to the production of knowledge about historically different cultures shall be successfully achieved.

From this follows that, like in cross-culturally comparative politics, it is necessary to reconstruct the meaning of categories and concepts. In fact, it is at the core of every methodological procedure studying politics and societies to ensure that one has accomplished a perspective from which the meanings, identity, and characteristics of the 'object' studied can be understood (Hitzler 1993: 231; also Hitzler/Honer 1997). In order to do so, the applied categories and concepts do not only have to be contextualized in the historicity of the object under study, but, taking this contextualization as a starting point only, one has to proceed to recover the meanings and implications which these categories and concepts had at their respective times. Therefore, studies in "intellectual history" (Rorty 1984: 67-74) have to fulfill these requirements by considering what Ringer called 'ideological' relations: to "account for a man's opinions [these opinions have to be traced] to his psychological orientation, his social position, his economic or his religious needs" (Ringer 1969: 4); and one might want to add that they, too, should be related to the milieu he/she was socialized in and to the experiences he/she went through. Only by considering these kinds of factors it will be possible to understand concepts and categories in their historical context and eventually consider them as useful for analyzing similar present-day situations. This, however, requires a double hermeneutic process, since, as Gerard Holden rightfully asks, "who contextualizes the contextualizers?" (Holden 2002: 253). It hence does not seem sufficient only to consider past intentions in order to reconstruct the meaning of historical categories and concepts, but it is furthermore required to acknowledge and understand one's own intentions. These 'knowledge-constitutive interests' (Habermas 1987), as it is exemplified by Hans-Ulrich Wehler in his *Deutsche Gesellschaftsgeschichte* (Wehler 1996: 12-20), shape the categories and concepts which are the basis for any analysis in the social sciences and therefore influence the way a scholar perceives the historic categories and concepts under study. In other words, one, too, has to contextualize oneself during the research process while reconstructing past intentions of the research object. Through this *interplay and constant realignment* a more reliable research will be achieved, because one is not only becoming aware of the intentions with which categories were used in the past, but also about one's own categories and about how underlying intentions and perceptions might distort the research. Possible methods to establish such interplay will be explained in the following sections.

2.2 Culture, Identity, and Comparison: Not Accidental, but Inherent

In order to avoid an 'imperialism of categories' and 'historical Whiggishness' and their inherent problems of seizing different (either cross-culturally or historio-culturally different) cultures under the hegemony of own categories and concepts, 'culture' has to be acknowledged as an inherent quality of the objects to compare and as a 'factor' endogenous to any comparative methodology. Whenever 'culture' is treated as something accidental or exogenous, the risks of epistemological hegemony, ignorance, distortion, or ego-centric bias exist. Critical studies point to this problem since the early 1970s, identifying the challenge of finding and formulating a *tertium comparationis* as a problem of translation and of the translatability of concepts from one cultural context into another (amongst others, see Przeworski and Teune 1973; Anderson 1973; Deutscher 1973) – whereas the mainstream of comparative politics and historical political science research did not see or recognize this challenge and treated 'culture' as some exogenous, accidental, and arbitrarily addable or subtractable variable to, or of, their positivist models.

Understood either way, 'comparative' research means two very different things:

▶ According to mainstream approaches, the research is less comparative than indicative for a search which seeks to identify whether, or nor, distinct phenomena (such as political institutions; parties; distinct features of decision-making procedures; social and political participation etc.) or concepts (such as 'state', 'society', 'individualism' etc.) of respective own societies do/did exist in a *same way* in cross-culturally or historically different societies while assessing differences not as cultural and/or historic specificities, but, under the umbrella of categorical and conceptual universalizations, as deviations, anomalies or gradual development/modernization stages (see also Cantori 1988).

▶ In a mainstream-critical and culturally more sensitive approach, the actual meaning of comparative research is becoming more comprehensively realized in that phenomena and concepts from different cultures and historic times are investigated with regard to eventual similarities – a/their *tertium comparationis* – according to which they shall be compared, given their comparability, or elucidated in their distinct differences (see also Ragin, 1987, and his respective characterisations as 'variable oriented approaches' or 'case oriented comparative methods').

2.3 Reflexivity, Criticality, Comparability

In order to guarantee the translatability of categories and concepts for comparative analysis, to approximate comparability, and to avoid hegemonic universalizations and subsequent distortions, the methodologies of intercultural and historical research have to be expanded for the incorporation of reflexivity and criticality. The incorporation of reflexivity and criticality implies most importantly that own categories and concepts are remained flexible for reformulations that are suggested as necessary readjustments due to experiences of cultural/historic differences during the research process itself. This openness seems to be guaranteed only in methodologies and procedures which acknowledge 'culture' as an inherent and endogenous quality of the field to be researched and in "case oriented comparative methods" respectively.[3] Only case-oriented genealogical and contextualizing investigations can sound out and identify the actual comparability of phenomena and determine their common *tertium comparationis;* and thus only they enable to reformulate initial epistemologies (categories and concepts) when distortions and manipulations were to be expected otherwise. Very opposite to this, methodologies based upon generalizing and universalizing assumptions lean towards the risk to simplify and to 'beat their objects into shape' on behalf of technical questions of operationalization and methodological rationalities.

> "Note in this strategy it is possible to manufacture a basis for generalizing about causes only by making simplifying assumptions about their operations. These assumptions sometimes are not necessary, but they greatly simplify the task of examining empirical data and the problem of summarizing and presenting the general patterns of covariation that exist among diverse cases. Statistical techniques are biased toward simplifying complexity through assumptions because assumptions are often built into the procedures themselves. Thus, these techniques do not decipher causal complexity but eliminate perplexing elements from it" (Ragin 1987: 32).

Reflexivity of, and criticality towards, one's own necessarily logo-centric categories and concepts in order to (attempt to) avoid distortions, manipulations, and intellectual hegemony slightly reminds, amongst others, of 'young Easton's' demand to cross-reference own theories and their assumptions with the political reality of the political system to be compared. The open and unanswered question is here, however, how to understand this 'reality' and how to cross-reference own theories *without* at the same time applying own theories *or* how to possess alternative instruments for grasping this 'reality' which were free of these biases so that the process of cross-referencing is promising in any regard. Another early and important voice airing the importance of some kind of corrective of one's own approach came from Erwin Scheuch who flagged up "that the researcher from a foreign culture is usually unaware of the existential basis of his own thinking. Thus the 'pains' involved in do-

---

3 Examples of such a method are Pierre Bourdieu's concepts of 'field' and 'habitus' which (so far) did unfortunately not attract as much interest in political science as they did in other social sciences. Applying these concepts enables not only to identify the dynamics within a field that create perceptions, thoughts, and actions forming the 'habitus' of the members of and acting in the field, but it also allows to acknowledge one's own field's dynamics and the potential distorting effect it has on analysing a different field. Throughout the research process these dynamics have to be kept in a constant, critical interplay and the categories with which the analysis is undertaken potentially need to be re-formulated, revised and eventually altered during the research process itself in order to ensure a more reflective approach (Bourdieu 1969, 1985; Behr 2001).

ing cross-cultural research is supposed to provide for a social science developing within a particular social system" (1967: 15).

Another procedure that comes close to the ideas of reflexivity and criticality has been suggested by Bruce Anderson in 1973 and in 1954 already by Stanley Schachter. This procedure links back to the problem of the translatability of terms, concepts, and their semantics – for example with regard to questionnaires; interviews; etc – and can be termed *back translation:* "One way in which a translation can be checked for equivalence is to ask additional bilinguals to start with the translated version and to translate it back into the origin" (Anderson 1973: 19). Schachter's suggestion is somewhat different to Anderson's in that he emphasizes less the immediate correspondence of certain terms and their semantic contexts or the agreement of the interviewees with the evaluation of their answers, for example, rather than he stresses the importance of the *inter-subjectivity* of those evaluations and interpretations (on this see also very important Geertz 1983, 1984a, 1984b; Matthes 1992; Weber-Schaefer 1997).

The methodological instruments of reflexivity and (self)criticality remind (slightly) of Gabriel Almond in his early and again in his later writings. Irrespective of these acknowledgements and early suggestions, however, a mainstream in comparative politics emerged and began prevailing the discipline since the 1960s which focussed on, and became obsessed with, the development of concepts of 'functionalities', 'structures', and 'systems' and their methodological sophistication as supposedly objectifiable and measurable entities. These developments went hand in hand with the belief that these entities would and could serve as universal epistemologies across cultural spaces and time. Thus, the early awareness of the necessities of cultural sensitivity and 'cultural bound theory' of (at least some of) the founder generation of post-World War II comparative politics became increasingly crowded out, ignored, and replaced by the cultural-blind and erroneous belief – ironically represented by the same generation (a comparison between Easton's writings from the 1950s and 1960s makes this very obvious as well as do the early and late writings of Almond) – to have found concepts and models of universal validity (such as 'system', 'structures', and 'functions'). This belief is a consequence of positivist and behaviouralist thinking which became resisted, and that only from the margins of the discipline of political science and social science in general, only in the late 1970s by what is called the 'cultural turn'. Here, and since then, reflexivity and (self)criticality entered the debates on comparative methodologies (cross-culture as well as in historic research) as the main monitoring instruments in order to adjust and to eventually reformulate own categories and concepts with which one has to necessarily start, but which may proof themselves inadequate in and during the research process. Reflexivity and (self)criticality perform as sensors and tools to become aware of such inadequatenesses and to, secondly, being able to respond towards them. Only then, comparative research can be comparative in a real sense and not just a test of the range and scope of *own* categories and concepts into spatio-temporally different cultural settings.

With regard to actual research processes, reflexivity and criticality imply that any meaningful quantitative research depends on a culturally sensitive process of *formulating* their initial hypotheses (not only of *testing* them at some later stage!) through their socio-political and historic investigation. This is a research process in itself and genuinely a hermeneutic one inquiring the meaning, semantics, genealogy, and practices associated with concepts, terms, and social and political imaginaries. Exemplary for this kind of fundamental methodology is Foucault's approach of an 'archaeology of knowledge' (see 2002) as well as the approach of 'conceptual history' (or *Begriffsgeschichte;* see Koselleck 2002; also Hartmann 1995). Whether, or not, such groundwork is preceding the actual research ('testing') of hypotheses, is a question which has to be answered and scrutinized with regard to each individual research approach and 'research design'; if, however, this kind of groundwork is *not* preceding and endorsing the initial *setup* and *formulation* of hypotheses, then the comparative research and subsequently its findings evince extensive ontological and epistemological flaws, distortions, and manipulations.

The underpinning question here is about the relation between methodological operationalization and the conditionalities/contingencies of the research object; and whether, or not, technical dictums of operationability should prevail over hermeneutic investigations of the objects' conditionalities and contingencies? This question is being answered here in favour of such hermeneutic investigations and most critical of the dominance of methodological technicalities which tend to exclude 'culture', or quantitatively intangible constituencies of social and politics life, in order, as Almond put it during his positivist phase, "to hold as many conditions constant as possible" (1974: 3).[4] Methodological ravines, however, should not sway over efforts to accomplish profound, specific, historically informed, and multidisciplinary knowledge of the object under study. A concept of historio-spatial contingency is therefore methodologically and substantially to be preferred over a concept of causality (see Weber 1973; Ringer 2000; also Foucault 1991, 2001).

3. What Concept of 'Culture'?

In this last section two questions shall be discussed: *first*, what concept of culture is underlying the mainstream of contemporary comparative politics? And, *secondly*, how to evaluate this concept of culture given the discussions in this paper so far? 'Culture' – if not excluded as a consequence of the idea to keep as many variables as constant as possible – is a thorn in the side of system-oriented, functional, and/or structural approaches and their logic of causality since 'culture' is viewed as an unpredictable and changing 'variable' which runs counter to and undermines the logic of causality. Nev-

---

4 On 'operation' and 'operationability' in humanities and social sciences see Dingler (1910); also Rapoport (1953); Hartmann (1995).

ertheless, there have been attempts to factor in 'culture', attempts which can be summarized under the term 'political culture'-approach.[5] How has 'culture' been made operationalizable in this approach? Representatives of the 'political culture'-approach argue and claim to synthesize two levels of analysis, the macro- and the micro-level of politics; a synthesis which they deem possible on the basis of the concept of the political 'system'. According to this concept's suggestion that there are input-factors into and output-factors of the political system, 'culture' is treated as an input-factor *(only)* which could be researched looking at individual, i.e. micro-political actions and attitudes of individuals and at how these attitudes feed into the system (as either demands or supports). These individual actions and attitudes are not necessarily constant (as demanded and as mentioned above), but they seem to satisfy positivist expectations of social 'science' in that they appear to be measurable at least by instruments such as questionnaires, interviews, etc.

Such an individualized understanding and measurement of 'culture' is opposed by a more holistic concept of culture in the traditions of interpretative political philosophy according to which culture is understood as socially shared and common norms, values and political imaginations, thus exactly by those criteria which positivist science aspires to exclude from research due to their non-operationability. The representatives of this holistic approach would agree with this view on the non-operationability of culture, while their approach does, however, explicitly *not* lead to its exclusion and to reductionism, but to qualitative-interpretative methodologies of understanding (see Voegelin 1983; Gebhardt 1981, 1986, 1987; Matthes 1992; Hildebrandt 1996, 2001).

This qualitative-interpretative, anti-positivist methodology of comparative politics is, though it promotes a very different concept of culture, nevertheless endorsed by another body of literature which became increasingly important since the last 15 to 20 years. This body of literature is critical towards a holistic concept of culture and sees culture instead as group-specific rationalities and moralities in which society as a whole would be fragmented (positively understood), divided, and (to be) differentiated. Such an understanding of culture is primarily propagated by studies that intend to develop concepts of justice and equality for socially suppressed and/or marginalized groups, arguing that their inclusion into holistic concepts of social and political culture would mean just another step of suppression, marginalization, and stigmatization. With regard to particular fields of study, such understanding is primarily shared by feminism and gender studies, within affirmative-action debates, and within studies of ethnic mobility which all are engaged with understanding specific milieus and their normative and moral imaginations (see amongst others Benhabib 1992, 1995; Flax, 1990; Holland-Cunz 1999; Trickett et al. 1994; Walzer 1983, 1987, 1998; Taylor 1992b; Liebert 1997; Liebert-Hirschman 1999).

---

5 For further details see the paper of Bettina Westle in this volume.

4. Conclusions

Comparative politics developed into an independent research field within political science over the last 60 years, including its specific concerns and problems. The question of universal and/or indigenous categories and concepts for both cross-cultural and historical comparative research is one of its crucial concerns and problems. This concern and problem seem to have been aware to the founding generation of comparative politics in their first writings in the 1950s, appears to have become lost, however, in the 1960s and 1970s under the auspices of universalizing credos, and was only slowly retrieved since the late 1970s and early 1980s via the problematizations and findings in cultural studies, history, and sociology and just partly accepted in the discipline. As in all kinds of comparative thinking and research, so in comparative politics, too, the empirical establishment of a *tertium comparationis* between two or more objects to compare is of key importance. This, however, necessitates profound historical, sociological, political, linguistic etc., thus 'cultural' knowledge of the object in order to sound and find out their comparability; and the latter is not a matter of methodological ravines and technicalities, but first of all an *empirical* question: 'empirical' in the original sense of this word as *erfahrungswissenschaftlich,* i. e. a matter of lived experience in the real sense of Weber's idealtype, which is *not* a methodological construct rather than the result of exactly this kind of *erfahrungswissenschaftlicher* investigation and synthesis of empirical characteristics commonly embraced by the objects. Hypotheses-building without investigating the empirical comparability and subsequently applying own categories and concepts is less comparative research than testing the range and scope of own assumptions, subordinating 'others' under these own assumptions, and thus intellectual hegemony and 'epistemological imperialism' which are unfortunately though a undeniable trait of the mainstream of the (sub)discipline of comparative politics. Reflexivity and self-criticality are most important parts of (real) comparative methodology. They are also crucial as an axiom for not only establishing initially a *tertium comparationis/ideal-type,* but, too, for protecting its *continuous* traceability during the research process itself. At the same time, they make aware of the need of revising applied categories and concepts when experiencing (more) differences (than similarities of the objects) and enable such revisions. An undertaking, which started out with the intention to compare, may then end up in narrating stories: not to be understood as 'only', but as an accomplishment in the (slightly modified) meaning of Henry David Thoreau: "I have much to learn from the Indian, nothing from the 'scientist'. The only reason to tell the Indian about my culture is that he may tell me about his."

References

Almond, Gabriel A., 1973: Approaches to Developmental Causation, in: *Gabriel A. Almond/Scott C. Flanagan/Robert J. Mundt* (eds.), Crisis, Choice, and Change. Historical Studies of Political Development. Boston, 1–42.
Almond, Gabriel A. (ed.), 1974: Comparative Politics Today. A World View. Boston/Toronto.
Almond, Gabriel A., 1990: Clouds, Clocks, and the Study of Politics, in: *Almond, Gabriel A.:* A Discipline Divided: Schools and Sects in Political Science. Newbury Park, 32–65.
Almond, Gabriel A./Verba, Sidney (eds.), 1965: Political Culture and Political Development. Princeton.
Almond, Gabriel A./Verba, Sidney (eds.), 1980: The Civic Culture Revisited. An Analytical Study. Boston/Toronto.
Anderson, R. Bruce W., 1973: On the Comparability of Meaningful Stimuli in Cross-Cultural Research, in: *Donald P. Warwick/Samuel Osherson* (eds.): Comparative Research Methods. Englewood Cliffs, 149–162.
Appiah, Kwame Anthony, 1992: In my Father's House. Africa in the Philosophy of Culture. New York.
Aristotle, 2001: The Metaphysics. London.
Behr, Hartmut, 1995: Theorie des Fremden als Kultur- und Zivilisationskritik. Ein kritischer Forschungsbericht, in: Philosophisches Jahrbuch I, 178–187.
Behr, Hartmut, 1999: Moderne Demokratietheorien und Formen der politischen Partizipation, in: *Ulrike Liebert/Hans Joachim Lauth* (eds.): Im Schatten demokratischer Legitimität. Informelle Muster politischer Partizipation in interkulturell vergleichenden Analysen. Opladen, 39–60.
Behr, Hartmut, 2001: Die politische Theorie des Relationismus: Pierre Bourdieu, in: *André Brodocz/Gary S. Schaal* (eds.): Politische Theorien der Gegenwart II. Eine Einführung. Opladen, 377–402.
Behr, Hartmut, 2009: A History of International Political Theory: Ontologies of the International. Basingstoke.
Benhabib, Seyla, 1992: Situating the Self. Gender, Community and Postmodernism in Contemporary Ethics. Cambridge/Mass.
Benhabib, Seyla et al., 1995: Feminist Contentions. A Philosophical Exchange. New York/London.
Berg-Schlosser, Dirk, 1972: Politische Kultur. Eine neue Dimension politikwissenschaftlicher Analyse. München.
Berg-Schlosser, Dirk/Maier, Herbert/Stammen, Theo, 1985 [1974]: Einführung in die Politikwissenschaft. 4th edition, München.
Bourdieu, Pierre, 1969: Intellectual field and creative project, in: Social Science Information 8 (2), 89–119.
Bourdieu, Pierre, 1985: The genesis of the concepts of habitus and of fields', in: Sociocriticism 2 (2), 11–24.
Cantori, Louis J., 1988: Post-Behavioral Political Science and the Study of Comparative Politics, in: *Cantori, Louis J./Andrew H. Ziegler, Jr.* (eds.): Comparative Politics in the Post-Behavioral Era. Boulder, 417–426.
Deutscher, Irwin, 1973: Asking Questions Cross-Culturally: Some Problems of Linguistic Comparability, in: *Donald P. Warwick/Samuel Osherson* (eds.): Comparative Research Methods. Englewood Cliffs, 163–186.
Dingler, Hugo, 1910: Grenzen und Ziele der Wissenschaft. Leipzig.
Driessen, Henk (ed.), 1993: The Politics of Ethnographic Reading and Writing. Confrontations of Western and Indigenous Views. Saarbrücken.
Easton, David, 1967 [1953]: The Political System. An Inquiry into the State of Political Science. New York.
Eisenstadt, Samuel N., 1973: Tradition, change and modernity. New York.
Flax, Jane, 1990: Thinking Fragments. Psychoanalysis, Feminism and Postmodernism in the Contemporary West. Berkeley.
Foucault, Michel, 1991: Nietzsche, Genealogy, History, in: *Paul Rabinow* (ed.), The Foucault Reader. An Introduction to Foucault's thought. London, 76–100.
Foucault, Michel, 2001: The Order of Things. London.
Foucault, Michel, 2002: Archaeology of Knowledge. London.

Gabriel, Oscar W., 1986: Politische Kultur, Postmaterialismus und Materialismus in der Bundesrepublik Deutschland. Opladen.
Gabriel, Oscar W., 2008: Die EU-Staaten im Vergleich. Strukturen, Prozesse, Politikinhalte. Wiesbaden.
Gallus, Alexander, 2005: Biographik und Zeitgeschichte, in: Aus Politik und Zeitgeschichte, 1–2, 40–46.
Gay, Peter, 1959: Voltaire's Politics. The Poet as Realist. Princeton.
Gebhardt, Jürgen, 1981: Erfahrung und Wirklichkeit – Anmerkungen zur Politischen Wissenschaft des spirituellen Realismus, in: *Peter J. Opitz/Greogor Sebba* (eds.), The Philosophy of Order. Essays on History, Consciousness and Politics. Stuttgart, 332–344.
Gebhardt, Jürgen, 1986: Politische Kulturforschung – ein Beitrag zur vergleichenden Analyse soziokultureller Ordnungszusammenhänge, in: *Constantin v. Barloewen/Kai Wehrhan-Mees* (eds.): Japan und der Westen, Volume 3. Frankfurt a.M., 60–77.
Gebhardt, Jürgen, 1987: Politische Kultur und Zivilreligion, in: *Dirk Berg-Schlosser/Jakob Schissler* (eds.): Politische Kultur in Deutschland. Bilanz und Perspektiven der Forschung. Opladen, 49–60.
Geertz, Clifford, 1973: The Interpretation of Cultures, Selected Essays. New York.
Geertz, Clifford, 1983: Local Knowledge. Further Essays in Interpretative Anthropology. New York.
Geertz, Clifford, 1984a: Works and Lives. The Anthropologist as Author. Cambridge.
Geertz, Clifford, 1984b: Distinguished Lecture: Anti Anti-Relativism, in: American Anthropologist 86, 263–278.
Grondin, Jean, 1995: Sources of Hermeneutics. New York.
Gusfield, Joseph R., 1967: Tradition and Modernity. Misplaced Polarities in the Study of Social Change, in: The American Journal of Sociology 72, 351–362.
Habermas, Jürgen, 1987: Knowledge and Human Interests. Cambridge.
Hague, Rod/Harrop, Martin/Brestin, Shaun, 1992: Comparative Government and Politics. London et al.
Hartmann, Jürgen, 1995: Vergleichende Politikwissenschaft. Ein Lehrbuch. Frankfurt a. M./New York.
Hildebrandt, Mathias, 1996: Politische Kultur und Zivilreligion. Würzburg.
Hildebrandt, Mathias, 2001: Kultur- und Institutionenbegriff im interkulturellen Demokratievergleich: Grundzüge einer „hermeneutischen Archäologie", in: *Hartmut Behr/Siegmar Schmidt* (eds.): Multikulturelle Demokratien. Institutionen als Regulativ kultureller Vielfalt? Opladen, 29–54.
Hitzler, Ronald, 1993: Verstehen: Alltagspraxis und wissenschaftliches Programm, in: *Thomas Jung/Stefan Müller-Doohm* (eds.): „Wirklichkeit im Deutungsprozeß". Verstehen und Methoden in den Kultur- und Sozialwissenschaften. Frankfurt a. M., 223–240.
Hitzler, Ronald/Honer, Anne (eds.), 1997: Sozialwissenschaftliche Hermeneutik. Eine Einführung. Opladen.
Hobsbawn, Eric/Ranger, Terence, 1983: The Invention of Tradition. Cambridge.
Hoeber Rudolph, Susanne, 2005: The Imperialism of Categories: Situating Knowledge in a Globalizing World, in: Perspectives on Politics 3, 5–14.
Holden, Gerard, 2002: Who Contextualizes the Contextualizers? Disciplinary History and the Discourse about IR Discourse, in: Review of International Studies 28, 253–270.
Holland-Cunz, Barbara, 1999: Die Vergeschlechtlichung des Politischen. Etappen, Dimensionen und Perspektiven einer Theorieinnovation, in: *Michael Th. Greven/Rainer Schmalz-Bruns* (eds.): Politische Theorie – heute. Ansätze und Perspektiven. Baden-Baden, 121–145.
Koselleck, Reinhart, 2002: The Practice of Conceptual History: Timing History, Spacing Concepts. Stanford.
Kothari, Rajni, 1969: Tradition and Modernity Revisited, in: Government and Opposition 3, 273–293.
Kothari, Rajni (ed.), 1976: State and Nationbuilding. New Delhi.
Kothari, Rajni, 1989: State against Democracy. In Search of Human Governance. New Delhi.
Liebert, Ulrike, 1997: The Gendering of Euro-Skepticism: Public Discourses and Support to the EU in a Cross-National Comparison. Cornell University, Institute for European Studies, Working Paper no. 97.2.
Liebert, Ulrike/Hirschmann, Nancy (eds.), 1999: Revisioning the Welfare State: Comparative Gender Perspectives on the US and Europe. Rutgers University Press.
Lyotard, François, 1984: The Postmodern Condition. A Report on Knowledge. Manchester.
Malhotra, Joginder, 1990: Indien: Wirtschaft, Verfassung, Politik. Wiesbaden.

Matthes, Joachim, 1985: Die Soziologen und ihre Wirklichkeit. Anmerkungen zum Wirklichkeitsverständnis der Soziologie, in: *Wolfgang Bonss/Heinz Hartmann* (eds.), Entzauberte Wissenschaft. Zur Relativität und Geltung soziologischer Forschung (Soziale Welt, Special Volume 3). Göttingen, 49–64.

Matthes, Joachim, 1987: Erfahrung durch Konstrukte, in: *Manfred Rühl* (ed.), Kommunkation und Erfahrung. Erlangen, 115–131.

Matthes, Joachim, 1992: The Operation Called 'Ver-gleichen', in: *Joachim Matthes* (ed.): Zwischen den Kulturen. Die Sozialwissenschaften vor dem Problem des Kulturvergleichs. Göttingen.

Metha, V.R., 1983: Ideology, Modernization, and Politics in India. New Delhi.

Metha, V.R., 1988: Beyond Marxism. Towards an Alternative Perspective. New Delhi.

Merton, Robert K., 1968 [1956]: Social Theory and Social Structure. New York/London.

Menzel, Ulrich, 1992: Das Ende der Dritten Welt und das Scheitern der großen Theorie. Frankfurt a. M.

Mols, Manfred, 1975: Zum Problem des westlichen Vorbildes in der neueren Diskussion zur politischen Entwicklung, in: Verfassung und Recht in Übersee 1/8, 5–22.

Musil, Robert, 1978: Das hilflose Europa oder Reise vom Hundertsten ins Tausendste, in *Adolf Frisé* (ed.): Robert Musil. Gesammelte Werke 8. Essays und Reden. Hamburg, 1075–1095.

Nandy, Ashis, 1988: Culture, State and the Rediscovery of Indian Politics, in: Interculture 21, 2–17.

*Oakes, Guy,*1990: Die Grenzen kulturwissenschaftlicher Begriffsbildung. Heidelberger Max-Weber-Vorlesungen 1982. Frankfurt a. M.

Przeworksi, Adam/Teune, Henry, 1973: Equivalence in Cross-National Research, in: *Donald P. Warwick/Samuel Osherson* (eds.): Comparative Research Methods. Englewood Cliffs, 119–137.

Ragin, Charles C., 1987: The Comparative Method. Moving beyond Qualitative and Quantitive Strategies. Berkeley.

Rapoport, Anatol, 1953: Operational Philosophy, Integrating Knowledge, and Action. San Francisco.

Riegel, Georg, 1982: Tradition und Modernität. Zum Modernisierungspotential traditionaler Kulturen nichtwestlicher Entwicklungsgesellschaften, in: *Dieter Nohlen/Franz Nuscheler* (eds..): Handbuch der Dritten Welt. Volume 1. Hamburg, 73–91.

Ringer, Fritz, 1969: The Decline of the German Mandarins. The German Academic Community, 1890–1933. Cambridge/Mass.

Ringer, Fritz, 2000: Max Weber's Methodology. The Unification of the Cultural and Social Sciences. Cambridge/Mass.

Rösch, Felix, 2008: Hans J. Morgenthau and the Weimar Republic. On the epistemological origins of Hans J.Morgenthau's Weltanschauung. Saarbrücken.

Rorty, Richard, 1984: The Historiography of Philosophy. Four Genres, in: *Richard Rorty/ J. B. Schneewind/ Quentin Skinner* (eds.): Philosophy in History. Essays on the Historiography of Philosophy. Cambridge, 49–75.

Said, Edward, 2003: Orientalism. Western conceptions of the Orient. London.

Schachter, Stanley, 1954: Interpretative and Methodological Problems of Replicated Research, in: Journal of Social Issues 10 (4), 52–60.

Scheuch, Erwin, 1967: Society as a Context in Cross-National Comparison, in: Social Science Information 5 (5), 13–24.

Schneider, Volker, 1985: Vom Demokratieideal zur Rekonstruktion traditioneller Machtformen. Beobachtungen zu einem wenig beachteten Trend in der „political development"-Debatte, in: Journal für Sozialforschung 25, 269–283.

Skinner, Quentin, 1969: Meaning and Understanding in the History of Ideas, in: History and Theory 8, 3–53.

Stern, Fritz, 1989: The Politics of Cultural Despair. A Study in the Rise of German Ideology. Berkeley/Los Angeles.

Stone, Lawrence, 1971: Prosopography, in Daedalus, 100, 46-79.

Taylor, Charles, 1992a: Sources of the Self. The Making of Modern Identity. Cambridge.

Taylor, Charles, 1992b: Multiculturalism and the Politics of Recognition. Princeton.

Trickett, Edison J./Watts, Roderick J./Birman, Dina (eds.), 1994: Human Diversity. Perspectives on People in Context. Jossey-Bass Publishers.

Voegelin, Eric, 1983: The New Science of Politics. An Introduction. Chicago.

Walzer, Michael, 1983: Spheres of Justice. A Defense of Pluralism and Equality. New York.

Walzer, Michael, 1987: Interpretation and Social Criticism. Cambridge/Mass.

Walzer, Michael, 1998: Über Toleranz. Von der Zivilisierung der Differenz. Hamburg.
Weber, Max, 1973 [1922]: Gesammelte Aufsätze zur Wissenschaftslehre, hg. v. *J. Winckelmann.* Tübingen.
Weber-Schäfer, Peter, 1997: „Eurozentrismus" contra „Universalismus", in: *Manfred Brocker/Heinrich H. Nau* (eds.): Ethnozentrismus. Möglichkeiten und Grenzen des interkulturellen Dialogs. Darmstadt, 241–255.
Wehler, Hans-Ulrich, 1996: Deutsche Gesellschaftsgeschichte. Vom Feudalismus des Alten Reiches bis zur Defensiven Modernisierung der Reformära 1700–1815. Munich.
Wirz, Albert, 1983: Klio in Afrika. „Geschichtslosigkeit" als historisches Problem, in: Geschichte in Wissenschaft und Unterricht, 98–108.

II. *Polity* – Strukturen und Institutionen

Regimetypen: Totalitarismus – Autoritarismus – Demokratie

Hans-Joachim Lauth

1. Einleitung

Die Bestimmung von politischen Herrschaftsformen ist eine der ältesten Aufgaben der Politikwissenschaft, wie der gängige Hinweis auf die Herrschaftstypologie von Aristoteles zeigt. Zahllose Studien und Untersuchungen beschäftigen sich bis heute mit den Grundtypen von Diktatur und Demokratie und ihren Varianten. Warum erfährt dieser Gegenstand solch eine starke Aufmerksamkeit? Aus normativer Sicht oder aus der Perspektive der politischen Philosophie ist diese Beschäftigung nicht überraschend, liegt ihr doch mit dem Topos der „Herrschaft" eine zentrale Kategorie des Politischen zugrunde. Neben der Aufgabe ihrer generellen Rechtfertigung stellt sich die Frage nach der geeigneten und legitimen Form politischer Herrschaft. Aus der Perspektive der vergleichenden Politikwissenschaft bzw. Regierungslehre ergeben sich weitere Gesichtspunkte. Zunächst einmal ist die Unterscheidung von Herrschaftsformen wichtig, um die zahlreichen politischen Systeme klassifizieren zu können. Klassifikation ist hierbei kein Selbstzweck, sondern ein wichtiger Schritt, um die Vielfalt der empirischen Befunde zu strukturieren und die Komplexität der Welt zu reduzieren. Die Bestimmung einer Herrschaftsform ist zugleich die Voraussetzung, um deren Struktur und Funktionsweise verstehen zu können: Welches sind die zentralen Institutionen der politischen Herrschaft? Wie wird Herrschaft ausgeübt und kontrolliert? Wer kann in welchem Umfang und wie an der politischen Herrschaft partizipieren? Auf dieser Grundlage kann dann die Stabilität und der Wandel von politischen Herrschaftsformen untersucht werden. Gleichfalls ermöglicht die typologische Differenzierung die systematische Betrachtung ihrer Leistungsfähigkeit. Beispielsweise lässt sich dann die Frage untersuchen, ob Demokratien oder Diktaturen hinsichtlich der ökonomischen Entwicklung leistungsfähiger sind.

Bevor wir uns zentralen Formen politischer Herrschaft zuwenden, gilt es zwei Fragen zu klären. (1) Was ist eine Herrschaftsform? (2) Wie komme ich zur Definition beziehungsweise zur Bestimmung eines Herrschaftstypus.

(1) Der Begriff der *Herrschaftsform* bezeichnet die spezifischen Ausprägungen politischer Herrschaft. Unter Herrschaft wird verstanden, „die Chance, für einen Befehl bestimmten Inhalts bei angebbaren Personen Gehorsam zu finden" (Max Weber 1980: 38 f.). Politische Herrschaft bezieht sich somit auf die Durchsetzung politischer Entscheidung innerhalb eines abgegrenzten Herrschaftsgebietes. Die Form einer Herrschaft beinhaltet die zentralen Aspekte der Herrschaftsausübung (Umfang, Struktur und Herrschaftsweise) und des Herrschaftszugangs. Aus der spezifischen

Konstellation dieser Elemente einer Herrschaftsform ergeben sich unterschiedliche, für die jeweilige Herrschaftsform charakteristische Legitimationsmöglichkeiten. Als analoger Begriff zur Herrschaftsform wird in der vergleichenden Politikwissenschaft auch der Begriff des *Regimes* verwendet, das Wolfgang Merkel (1999: 71) wie folgt kennzeichnet: „Ein Regime definiert die Zugänge zur politischen Herrschaft ebenso wie die Machtbeziehungen zwischen den Herrschaftseliten und das Verhältnis der Herrschaftsträger zu den Herrschaftsunterworfenen." Im Folgenden werden beide Begriffe – politische Herrschaftsform und Regime – synonym verwendet.[1]

Von beiden abzugrenzen ist der Begriff des Regierungssystems *(vgl. den Beitrag von Croissant in diesem Band)*. Dieses betrifft spezifische institutionelle Muster innerhalb eines Regimetypus. So sind beispielsweise parlamentarische und präsidentielle Regierungssysteme zwei Varianten demokratischer Herrschaft, die beide die Regimemerkmale der Demokratie voll erfüllen. In der Begrifflichkeit von Collier/Levitsky 1997 befinden sich demokratische Regime auf der Ebene der *root concepts* – also grundlegenden Basiskonzepten. Dagegen bewegen sich die Regierungssysteme auf der Ebene von regulären *subtypes*, die gemäß der Abstraktionsleiter von Sartori (1970) eine Konkretisierung des Basiskonzepts durch das Hinzufügen weiterer Merkmale darstellen.

Eine elementare Voraussetzung für die Funktionsweise eines Regimes ist die Existenz eines Staates, der maßgeblich durch das Bestehen eines als legitim beanspruchten Gewaltmonopols gekennzeichnet ist *(vgl. zum Staatsbegriff Lauth/Wagner in diesem Band)*. Ohne das Machtpotenzial eines Staates ist es für jedes Regime – sei es eine Diktatur oder eine Demokratie – unmöglich, die Herrschaft auszuüben. Dieser Sachverhalt geriet etwas in Vergessenheit, da die Existenz der Staatlichkeit in allen Industrieländer nicht zu bezweifeln war. Im Rahmen von Transformationsstudien haben einige Autoren (Linz/Stepan; O'Donnell) jedoch (wieder) darauf aufmerksam gemacht, dass die Annahme eines effektiven Staates nicht für alle Länder zutrifft. Weder ist stets ein Staat im Sinne der notwendigen organisatorischen Ausstattung vorhanden, noch kann er sein Gewaltmonopol erfolgreich gegenüber Konkurrenten durchsetzen. Um es deutlich zu sagen, es geht nicht darum, die empirische Existenz eines Staat komplett in Frage zu stellen, sondern zu klären, in welchem Maße er vorhanden ist.[2] Die zu beobachtenden Einschränkung der Staatlichkeit, die sich am deutlichsten in der Existenz von *Guerilla*-Verbänden zeigt, die Teile des Territoriums besetzt halten, hat nun auch Auswirkung auf das Regime. Dieser Zusammenhang ist in den gängigen typologischen Vorschlägen zu kurz gekommen, die stets die Existenz eines Staates unterstellen. Wir werden daher diese Problematik in unserer Regimediskussion berücksichtigen.

---

1 Dieses Verständnis ist vom Regimebegriff in den Internationalen Beziehungen abzugrenzen, der abstrakter gefasst ist und nicht über den Herrschaftsbegriff definiert wird (vgl. die Definition bei Krasner 1983).

2 Die Grenzen der Staatlichkeit werden auch empirisch bestimmt. Eine gute Übersicht über vorliegende Messanlagen bieten: Fabra Mata, Javier/Ziaja, Sebastian (DIE/UNDP), 2009, Users' Guide on Measuring Fragility. Bonn/Oslo.

(2) Wie komme ich nun zur Definition beziehungsweise zur Bestimmung eines Herrschaftstypus? Prinzipiell bieten sich mit *Realtypus* und *Idealtypus* zwei Möglichkeiten der Konstruktion an. Im Falle des *Realtypus* wird ein historischer Fall als typischer Vertreter eines Herrschaftstypus ausgewählt. Beispielsweise wäre das nationalsozialistische Deutschland als Realtypus von faschistischer und totalitärer Herrschaft zu begreifen. Dementsprechend wären alle markanten empirisch feststellbaren Strukturelemente als Bestandteil dieses Realtypus zu verstehen. Auf der Ebene der Regierungssysteme werden beispielsweise Großbritannien als Realtypus eines parlamentarischen Regierungssystems und die USA als Realtypus für ein präsidentielles Regierungssystem betrachtet. Diese Vorgehensweise ist jedoch mit Skepsis zu betrachten, da sie mit zwei prinzipiellen Problemen behaftet ist. Zum einen kann sich der empirische Referenzrahmen ändern. So muss man sich dann beispielsweise entscheiden, welches Jahr in Deutschland zwischen 1933 und 1945 den Referenzbezug liefert, um eine totalitäre Herrschaftsform zu beschreiben. So geht auch dem Realtypus eine Idee des Typus voraus, der zur Ordnung der empirischen Befunde und Merkmale dient und auch der Fallauswahl vorgängig ist. Zum anderen kann der somit erzeugte Herrschaftstypus in sich nicht stimmig sein, sondern Spannungen aufweisen, die im Widerspruch zur zentralen Vorstellung des Typus sein können. So lassen sich auch im nationalsozialistischen Terrorsystem einige Nischen nennen, die sich dem Zugriff des Staates entziehen konnten. Solche Nischen müssten als konstitutiv für diesen totalitären Realtypus verstanden werden. Dies bereitet Unbehagen, da eher die Vorstellung plausibel erscheint, dass solche Nischen verschwunden wären, hätte sich das Regime erst vollständig etabliert.

Einen Ausweg aus diesen Problemen bietet die methodische Form des *Idealtypus* (Max Weber 1988). Bei der Konstruktion eines Idealtypus wird die zugrunde liegende Leitidee anhand der empirischen Beobachtung systematisch entfaltet. Hierbei werden die charakteristischen Merkmale besonders akzentuiert zum Ausdruck gebracht und durch logische Deduktion von der Leitidee ergänzt. Diese Vorgehensweise hat zur Folge, dass ein Idealtypus mit dem ihm verbundenen empirischen Phänomenen nicht vollständig deckungsgleich sein muss und es in der Regel auch nicht ist. Doch die Formulierung eines Idealtypus ist zugleich nie von dem historischen Kontext unabhängig, der als Referenzrahmen dient.[3] Für die Auswahl und die Präzisierung der Leitidee sind zwei weitere Komponenten zu beachten: zum einen die bestehenden historischen Argumentationsstränge der Forschungsgemeinschaft und zum anderen der ideologische Standpunkt des Forschenden.

---

[3] Diese Kontextgebundenheit ergibt ein Problem für die universelle Anwendbarkeit eines Typus *(vgl. den Beitrag von Behr in diesem Band).* Solch ein Anspruch ist umso eher zu erreichen, wenn auf abstrakte Begriffe rekurriert wird, die dann unterschiedlich kontextspezifisch präzisiert werden können. Ein Verzicht auf universelle Begriffe – auch auf solche, die über grundlegende Begriffe wie Funktion und Struktur hinausreichen – macht wissenschaftlich wenig Sinn, wenn eine Vergleichbarkeit erreicht werden soll. Allerdings ist der Entstehungszusammenhang zu reflektieren und der Anspruch zur Diskussion zu stellen.

Im Folgenden werden die drei Grundformen politischer Herrschaftsformen erläutert, zentrale Subtypen von autokratischen und demokratischen Regimen vorgestellt und Möglichkeiten der empirischen Bestimmung (Regimemessung) diskutiert, wobei der Schwerpunkt auf die Demokratiemessung gelegt wird.

2. Demokratische, autoritäre und totalitäre Regime

2.1 Demokratie

Wenn wir vor der Aufgabe stehen, politische Systeme zu klassifizieren, müssen wir zunächst klären, was unter den maßgeblichen Regimen zu verstehen ist. Bereits früh treffen wir auf die Begriffe von Demokratie und Tyrannis (Diktatur). Aristoteles wählte zwei Kriterien, anhand derer er verschiedene Regime unterschied: Die Anzahl der Herrschenden (einer – einige – alle) und die Ausrichtung der Politik (Eigennutz vs. Gemeinwohl). Hierbei verstand er die Herrschaft aller zum Gemeinwohl als „Politie", während er die Herrschaft aller im eigennützigen Sinne als Demokratie bezeichnete. Diese Abqualifizierung des Demokratiebegriffs (vgl. noch stärker bei Platon) führte in der Folgezeit eher zu einer abschätzigen Einstellung zum Demokratiebegriff, zumal sich das aristotelische Denken bis in die Neuzeit als wirkungsmächtig erwies. Andere Typologien beschränkten sich auf das Kriterium der Anzahl der Herrschenden. So unterschied Machiavelli zwischen Republik als Herrschaft vieler und Monarchie als Herrschaft einer Person.[4]

Die Renaissance der Demokratieidee fand im Kontext der Aufklärung statt. Vor allem Rousseau belebte den Demokratiegedanken in seinem *contrat social*, indem er das Verständnis der Demokratie auf der Basis der Volkssouveränität entwickelte. Er forcierte dabei eine Demokratievorstellung, die stark auf direkte Demokratie abzielt und keine institutionellen Begrenzungen demokratischer Herrschaft kannte. Die in dieser Tradition stehenden Demokratievorstellungen nahmen wenig Kenntnis von der sich parallel entwickelnden Idee und Praxis der Gewaltenteilung (vgl. Montesquieu und Locke). Diese stieß dagegen im angelsächsischen Raum auf eine zunehmende Akzeptanz. Hier stand zunächst die konstitutionelle Bindung der Monarchie (Gewaltenteilung) zur Diskussion. Erst auf dieser Folie wurde das Demokratieverständnis entfaltet, das sich im repräsentativen Sinne konstituiert. In den *federalist papers*, die der amerikanischen Verfassung zugrunde liegen, finden sich viele Elemente dieser Diskussion. Die Vereinigten Staaten von Amerika waren das erste Land, das sich eine demokratische Verfassung gab. Eine viel beachtete Studie, welche die Grundzüge der

---

4 Diese Unterscheidung hat allerdings in ihrer alleinigen Bezogenheit auf das Innehaben des formal höchsten Staatsamts stark an Bedeutung verloren. Damit ist auch der klassische Republikgedanke zur Unkenntlichkeit entstellt, da nun alle Staaten als Republiken bezeichnet werden, die keine Monarchien sind, und somit Demokratien ebenso wie Diktaturen.

amerikanischen Demokratie auch in ihren gesellschaftlichen Dimensionen beschrieb, lieferte Tocqueville. Seine Sichtweise der Demokratie – die von ihm konstatierte Spannung von Freiheit und Gleichheit – wirkte nachhaltig auf die europäische Diskussion. In Deutschland wurde die Demokratiefrage zunächst eher implizit in der Idee der Republik aufgegriffen, wobei die maßgeblichen Denker (Kant und Hegel) versuchten, diese Idee der (im Prinzip demokratischen) Republik mit der Figur eines aufgeklärten Monarchen zu versöhnen, der stellvertretend für das (noch nicht gänzlich aufgeklärte) Volk sprach und regierte.[5] Erst im Zuge des politisch erwachenden Bürgertums im 19. Jahrhundert gewann die Demokratie auch in Deutschland an Bedeutung. Das eigentliche Zeitalter der Demokratie begann jedoch erst im 20. Jahrhundert, wie die Entwicklung des Wahlrechts dokumentiert, wobei das Frauenwahlrecht zunächst in vielen Ländern deutlich nach dem Männerwahlrecht eingeführt wurde.[6]

Es ist nun nicht verwunderlich, dass sich die Frage nach dem Verständnis von Demokratie in diesem Kontext nun dringlich stellte, da verschiedene Vorstellungen von dem was Demokratie ist oder sein sollte miteinander konkurrierten (zu den maßgeblichen Strömungen vgl. Dahl 1989, Schmidt 2000 und Waschkuhn 1998). Zunächst lassen sich zwei zentrale Leitideen unterscheiden: eine *materielle* und eine *prozedurale* Vorstellung der Demokratie. Während es in der ersten Version die Politikinhalte (oder Politikergebnisse) sind, welche die Demokratie bestimmen (beispielsweise gerechte Verteilung), sind es in der zweiten Version die Verfahren, welche die Beteiligung an der Herrschaft regeln. Diese zweite Version prozeduralistischer Demokratietheorien hat sich als die weitaus wirkungsträchtigere gezeigt.[7] Doch sie ist selbst in unterschiedliche Lager „gespalten". Die Divergenz zwischen *direkter* und *repräsentativer* Demokratie wurde bereits genannt. Doch lassen sich noch andere Leitvorstellungen von Demokratie nennen:[8]

Den Pfaden der direkten Demokratie folgt das Modell einer *Räterepublik*, welche die Klassenherrschaft des Proletariats mit speziellen Verfahren (Besetzung aller öffentlichen Ämter durch Wahlen, imperatives Mandat, getreue Repräsentation der sozialen Schichten, fehlende Gewaltenkontrolle und Ämterrotation) und revolutionärer

---

5 Während bei der Demokratie der Fokus auf der Partizipation liegt, so bei der Republik auf dem Aspekt der guten (und begrenzten) Herrschaftsausübung zugunsten des Gemeinwohls. In der jüngeren Theorieentwicklung wird versucht, beide Stränge im Konzept der Demokratie zu verbinden (vgl. *deliberative* Demokratie).
6 Zu den drei Wellen der Demokratisierung vgl. den Beitrag von Merkel/Thiery in diesem Band.
7 Zur ersten Version lassen sich die Modelle einer sozialistischen oder kommunistischen Demokratie („Volksdemokratie") rechnen. Ihren Anspruch als „eigentliche" und „wahre" Demokratien rechtfertigten sie vor allem mit dem Hinweis, dass diese nun erstmals die „wahren" Bedürfnisse des Proletariats und mithin des Volkes zum Ausdruck bringen würden, die in den formalen demokratischen Fassaden bürgerlicher Herrschaft stets verschleiert würden (vgl. Kühnl 1971). Varianten solch einer Positionen finden sich in verschiedenen Demokratiekonzepten in der Dritten Welt (vgl. zu Lateinamerika Lauga 1999).
8 Es geht an dieser Stelle nicht um die verschiedenen institutionellen Varianten von Demokratie (wie präsidentielle und parlamentarische Demokratie), sondern um konkurrierende Leitideen.

Gesinnung verband. Dagegen folgt der *Konstitutionalismus* der repräsentativen Fährte und der Begrenzung der Macht. Loewenstein unterscheidet generell zwischen autokratischen und konstitutionellen Regimen und stellt somit Demokratien vor allem unter den Vorbehalt der Gewaltenteilung und Kontrolle politischer Herrschaft. Das Konzept der *sozialen Demokratie* kennt zwei Varianten (Meyer 2005). In der einen maßgeblichen Version gilt es, neben dem politischen System gleichfalls alle gesellschaftlichen Subsysteme (z.b. Schule und Universität, Kultur, Familie) und die Wirtschaft (Unternehmen und Betriebe) demokratisch zu regeln (vgl. Vilmar). In der anderen Variante zeichnet sich die soziale Demokratie dadurch aus, dass sie zur Erzeugung von sozialer Gerechtigkeit maßgeblich beiträgt. In dieser Ausrichtung kommt sie allerdings dem Typus der materiellen Demokratie nahe. In der *Elitendemokratie* wird die Demokratie auf die Funktion der Rekrutierung eines effektiven Führungspersonals reduziert und ansonsten eine große Skepsis gegenüber der politischen Mündigkeit der großen Masse zum Ausdruck gebracht (vgl. Schumpeter). Dagegen vertrauen *partizipatorische Demokratie* und *deliberative Demokratie* auf das Vorhandensein oder die Erzeugbarkeit von Staatsbürgertugenden und möchten entsprechend die Beteiligung der Bürger mittels verschiedener Verfahren erweitern (vgl. Barber).

Welche dieser Basisvorstellungen sich als adäquat erweist, hängt vom normativen Standpunkt der Beurteilung ab. Wenn wir die gängigen Demokratievorstellungen aus dem Bereich der Komparatistik zusammenfassen, bietet sich folgende prozedural gelagerte Definition an (vgl. Lauth 2004: 100): *Demokratie ist eine rechtsstaatliche Herrschaftsform, die eine Selbstbestimmung für alle Staatsbürgerinnen und Staatsbürger im Sinne der Volkssouveränität ermöglicht, indem sie die maßgebliche Beteiligung von jenen an der Besetzung der politischen Entscheidungspositionen (und/oder an der Entscheidung selbst) in freien, kompetitiven und fairen Verfahren (z.B. Wahlen) und die Chancen einer kontinuierlichen Einflussnahme auf den politischen Prozess sichert und generell eine Kontrolle der politischen Herrschaft garantiert. Demokratische Partizipation an der politischen Herrschaft findet damit ihren Ausdruck in den Dimensionen der politischen Freiheit, der politischen Gleichheit und der politischen und rechtlichen Kontrolle.*

Zu betonen ist somit, dass Demokratie auf der Grundlage der Volkssouveränität nicht mit unbegrenzter Herrschaft zu verwechseln ist. Der Wille der Mehrheit stößt dann auf Grenzen, wenn er die Grundlagen der Demokratie selbst missachtet. So stehen die Menschenrechte nicht zur Disposition der Mehrheit. Die Idee der Demokratie als Herrschaftsform ist auf das politische System bezogen. Inwieweit sich andere Subsysteme gleichfalls demokratische Regeln geben, ist nicht konstitutiv für die Demokratie. Schließlich ist zu beachten, dass die repräsentative Form der Demokratie nicht als pragmatische Notlösung gegenüber dem Ideal einer direkten Demokratie verstanden wird. Wenngleich plebiszitäre Elemente als sinnvolle Ergänzung einer parlamentarischen Demokratie möglich und sinnvoll sind,[9] steht der repräsentative Cha-

---

9 Zu solchen plebiszitären Ergänzungen gehören der Einsatz von Referenden (vor allem auf lokaler Ebene), aber auch solche Instrumente wie der *deliberative opinion poll* (Fishkin 1991) oder die Planungszelle (Dienel 1997); einen Überblick geben Heußner/Jung (2009).

rakter der Demokratie nicht in Frage, wie in der aktuellen Diskussion betont wird, die zugleich zu einer differenzierten Betrachtung direktdemokratischer Verfahren beigetragen hat (vgl. Jung 2001; Schiller 2002).

Nachdem wir das Grundverständnis von Demokratie geklärt haben, steht nun die Aufgabe an, dieses kategorial zu entfalten. Damit wird nicht nur das Verständnis weiter präzisiert, sondern auch die Grundlage für die Operationalisierung und die empirische Beobachtung gegeben. Ein viel beachteter Vorschlag stammt von Ernst Fraenkel (1973: 404–433), der vier Kategorien oder Ebenen demokratischer Ausprägung unterscheidet: die Legitimation des Herrschaftssystems, die Struktur des Gesellschaftssystems, die Organisation des Regierungssystems, die Geltung des Rechtssystems. Bis auf die zweite Kategorie sind alle anderen eng mit unserer Definition verbunden. Betrachten wir daher diese zweite näher. Fraenkel argumentiert, dass in einer Demokratie die Gesellschaftsstruktur heterogen und pluralistisch, jedoch nicht homogen – wie bei einer Diktatur – zu sein habe. Wie ist dieses Argument zu bewerten? Zunächst ist in modernen Gesellschaften stets von heterogenen Strukturen auszugehen, so dass es keine vollkommenen Diktaturen mehr geben könnte. Doch der Haupteinwand betrifft die Verbindung dieser Kategorie mit dem politischen Herrschaftssystem. So ist problemlos zu akzeptieren, dass die Demokratie auf der Grundlage einer pluralistischen Gesellschaft beruht. Doch dann ist dies eine Funktionsvoraussetzung und nicht Merkmal der Demokratie selbst (vgl. analog Überlegungen zur Marktordnung). Einen anderen Vorschlag unterbreitet Wolfgang Merkel (1999: 25) im Rahmen einer allgemeinen Regimetypologie, in dem er sechs Ebenen unterscheidet, die sich jeweils mit einer demokratischen Ausprägung verbinden lassen: Legitimation der Herrschaft, Herrschaftszugang, Herrschaftsmonopol, Struktur der Herrschaft, Herrschaftsanspruch und Herrschaftsweise. Hierbei lassen sich zwei Kategorien (Herrschaftszugang und Herrschaftsweise) besonders hervorheben, zu denen die anderen zugeordnet werden können.

Eine andere Möglichkeit bietet der Blick auf Institutionen im Anschluss an Dahl (1971), die dieser in seinem wirkungsträchtigen Konzept der Polyarchie hinsichtlich der beiden für sie konstitutiven Dimensionen „Wettbewerb" und „Partizipation" entwickelt. Demnach werden die Demokratien von bestimmten Institutionen gekennzeichnet.[10] Wenn wir die Diskussion unter Einbezug der politischen Institutionen der Demokratie fortführen,[11] können wir fünf Institutionen identifizieren, die für die

---

[10] Die acht Kriterien (Dahl 1971: 3) sind: „1. Freedom to form and join organizations, 2. Freedom of expression, 3. Right to vote, 4. Eligibility for public office, 5. Right of political leaders to compete for support and for votes, 6. Alternative sources of information, 7. Free and fair elections, 8. Institutions for making government policies depend on votes and other expressions of preference". Polyarchie ist bei Dahl ein Synonym für die real existierenden Demokratien; den Begriff der Demokratie reserviert er für eine Idealvorstellung von Demokratie.

[11] Bei Rüb (1994: 116) findet sich folgende Auflistung: „Politische Institutionen im *engeren* Sinne sind die Verfassung, die die Grundzüge des Regierungssystems bestimmt und das Regierungssystem selbst (Präsident, Parlament, Ministerien, Verwaltung, föderativer Aufbau etc.), aber auch politische und demokratische Grundrechte, Wahlgesetze und die (Verfassungs)Gerichtsbarkeit. Politische Institutio-

funktionale Entfaltung des Demokratiegedankens von zentraler Bedeutung sind (vgl. Lauth 2004: 186): (1) Entscheidungsverfahren (Wahlen), (2) öffentliche Kommunikation und (3) intermediäre Vermittlung, in denen die zentralen Bürgerfreiheiten – wie Kommunikations- und Organisationsfreiheiten – enthalten sind, (4) Regelsetzung und -anwendung, (5) Rechtsgarantie. Auch wenn die drei genannten Vorschläge aufgrund der divergierenden Perspektive unterschiedliche Kategorien anführen, so sind sie in weiten Teilen kompatibel. So korrespondieren die zuletzt genannten fünf Institutionen mit Legitimationsmustern, die bei den anderen beiden Kategorietableaus konstitutiv sind.

Welcher Vorschlag ausgewählt wird, hängt von der Einschätzung der theoretischen Angemessenheit und des praktischen Verwendungszusammenhangs ab. Anhand der ausgewählten Kategorien kann dann die Klassifikation eines politischen Systems erfolgen. Die Zuordnung zum Regimetyp Demokratie ergibt sich dann, wenn die verwendeten Kategorien bestimmte Ausprägungen aufweisen. An dieser Stelle könnten – quasi als Übung – hierzu eigene Vorschläge entwickelt werden. Wir werden in der vergleichenden Betrachtung von demokratischen und autokratischen Regimen gängige Ausprägungen vorstellen.

2.2 Autokratie

Nach der Diskussion der Demokratie stellt sich die Aufgabe der *Bestimmung autokratischer Herrschaft* (oder von Diktaturen).[12] Hierbei ist die Unterscheidung zwischen *autoritären* und *totalitären* Regimen sinnvoll und notwendig (Loewenstein, Linz), da beide unterschiedliche Leitideen besitzen, die es nicht erlauben, einen von beiden „lediglich" nur als Subtypus des anderen zu begreifen. Beide lassen sich jedoch unter dem Begriff „autokratische Regime" (Merkel) subsumieren und von der Demokratie (als nicht-demokratische Regime) abgrenzen. Als erste Annäherung können wir hierbei auf die Demokratiedefinition von Sartori (1992: 210) zurückgreifen. Dies ist möglich, weil dieser mit einer negativen Definition arbeitet, die wir durch die Transformation von „Demokratie ist" in „Autokratie ist nicht" nutzbar machen können.[13] Demnach wäre Autokratie *kein* System, „in dem *niemand sich selbst auswählen kann, niemand sich die Macht zum Regieren selbst verleihen kann und deshalb niemand sich unbedingte und unbeschränkte Macht anmaßen kann.*" Diese Bestimmung liegt im *mainstream* der Forschung, die unter autokratischer Herrschaft stets eine nicht durch

---

nen im *weiteren* Sinne (...) sind Parteien- und Verbändegesetze, die Struktur der Massenmedien und der politischen Öffentlichkeit, allgemeine Gesetze usw."; vgl. Rothstein (1996).

12 Während Diktatur oftmals als genereller Gegenpol zur Demokratie verwendet wird, arbeitet Linz (2000: 16ff.) mit einer spezifischen Fassung des Diktaturbegriffes, der diesen Begriff lediglich auf Krisen-Regierung und kürzere Phasen begrenzt, in denen eine Beschneidung von Bürgerrechten aufgrund eines Notstandes erfolgt.

13 Der Vorschlag von Sartori, mit einer negativen Definition zu arbeiten, ist insoweit problematisch, als diese letztlich alles beinhaltet „was nicht A" ist. Die Präzisierung von nicht A ist somit begrenzt.

Wahlen legitimierte Machtkonzentration in den Händen weniger (oder gar einzelner) verbindet, die zudem kaum kontrolliert wird. Was unterscheidet nun totalitäre von autoritärer Herrschaft?

Zum *Totalitarismus* gibt es eine Fülle unterschiedlicher Diskussionsbeiträge.[14] Die Anfänge des Begriffes reichen in die 20er Jahre des letzten Jahrhunderts zurück. Während es auf der politischen Bühne hierbei zur Eigenbezeichnung des erhobenen Anspruchs für eine umfassende Herrschaft gebraucht wurde (Mussolini), diente es in der wissenschaftlichen Debatte zur Kennzeichnung des neuen Charakters diktatorischer Herrschaft. Auch wenn es im Kern kaum Dissens gab, so wurden doch unterschiedliche Aspekte totalitärer Herrschaft akzentuiert. Während Hannah Arendt (1955) die besondere Rolle des Terrors herausgehoben hat, betonen andere Autoren (Friedrich/Brzezinski 1957/1968) den technischen Charakter totalitärer Herrschaft, die diese als Phänomen der Neuzeit erscheinen lassen.[15] Allen Überlegungen gemeinsam ist die zentrale Bedeutung der Ideologie. Diese markiert nicht nur die politischen Überzeugungen und Leitideen, sondern erhebt den Anspruch der Wahrheit, die zwangsläufig mit der Disqualifikation anderer Überzeugungen einhergeht und Politik auf der Ebene des Freund-Feind-Schemas konzeptualisiert. Der totalitäre Charakter der Ideologie wird besonders sichtbar in dem Anspruch, nicht nur die Politik, sondern die gesamte Gesellschaft umfassend prägen zu wollen. Alle Bereiche des öffentlichen und des privaten Lebens sollen gemäß den ideologischen Vorstellungen umgeformt oder neu geschaffen werden; die Trennung zwischen Staat – dem Politischen – und der Gesellschaft wird aufgehoben.

Dieser überragende Anspruch der Ideologie gibt somit bereits deutliche Hinweise, welcher Art der Organisation die totalitäre Herrschaft benötigt und wie diese ausgeübt wird. Unterstrichen wird der monistische Charakter der Herrschaftsstruktur, die keine Kontrollmöglichkeiten erlaubt. Der Herrschaftszugang ist verschlossen; die Besetzung von Ämtern und Führungspositionen geschieht durch Kooptation von oben. Die Geltung des Rechts wird durch politische Kalküle bestimmt, der Rechtsstaat ist eliminiert. Der Gestaltungswille verlangt eine umfassende Kontrolle aller politischen, gesellschaftlichen und wirtschaftlichen Akteure, die durch entsprechende Organisationen und „Schulungseinrichtungen" erreicht werden soll. Dies schließt die Kontrolle der Massenkommunikationsmittel selbstverständlich ein. Inwieweit diese repressive Herrschaftsweise stets des offenkundigen und brutalen Terrors bedarf, ist umstritten. Es erscheint durchaus plausibel, dass ein etabliertes totalitäres Regime nach der Eli-

---

14 Die Literatur zum Phänomen des Totalitarismus ist inzwischen schwer zu überschauen. Richtungsweisende Vorschläge markieren die Studien von Arendt (1955), Friedrich/Brzezinski (1956), Bracher (1982), Buchheim (1968), Jänicke (1971). Einen repräsentativen Überblick liefern die Sammelbände von Seidel/Jenker (1968), Backes/Jesse (1984) und Jesse (1999).
15 Die sechs Kriterien von Friedrich/Brzezinski (1968) lauten: umfassende Ideologie, Massenpartei verbunden mit Führerprinzip, Kontrolle der Gesellschaft (Geheimpolizei), Nachrichtenmonopol und Kontrolle der Massenkommunikation, Kampfwaffenmonopol, Kontrolle und Lenkung der Wirtschaft und wichtiger gesellschaftlicher Gruppen.

minierung seiner Gegner weniger Terror zur Herrschaftsstabilisierung anwenden muss, ohne damit seinen totalitären Charakter zu verlieren (vgl. Linz 2000: 63–78). Als klassische Beispiele totalitärer Regime gelten allgemein das nationalsozialistische Deutschland *(speziell ab 1938)* und die UdSSR unter Stalin, wobei durchaus die Unterschiede zwischen einem Rechts- und einem Links-Totalitarismus beachtet werden können.[16] Umstrittener ist dagegen die Einordnung von Franco-Spanien und Mussolini-Italien zu dieser Kategorie[17] ebenso wie die von kommunistischen Staaten, die jedoch in der Mehrzahl zumindest bis in die 1960er Jahre dieser Rubrik zugeordnet wurden; Nordkorea bis heute. In jüngerer Zeit wurden in die Diskussion gleichfalls Staaten wie der Iran unter Khomeini und Kambodscha unter den Roten Khmer einbezogen.

Obwohl die Geschichte reich an Beispielen *autoritärer* Herrschaft ist, hat sich eine systematische konzeptionelle Beschäftigung mit diesen erst im Gefolge der Totalitarismusdebatte entwickelt. Zum einen ging es um eine Abgrenzung von totalitären Systemen und zum anderen um die Aufgabe, die real bestehenden autoritären Regime in eine vernünftige Ordnung zu bringen (vgl. Kap. 3). Dies war umso dringlicher, als mit dem Anstieg der Staatenanzahl nach 1945 die Gruppe autoritärer Regime signifikant zugenommen hatte. Es war nun nicht sehr befriedigend, all diese Länder – bei deutlich erkennbaren Unterschieden in ihrer Herrschaftsform – dem gleichen Regimetypus zuzuordnen (vgl. Argentinien, Mexiko, Kuba, Südafrika, Ägypten, Malawi, Syrien, Saudi-Arabien, Iran, Pakistan, Taiwan, Indonesien etc.).

Eine der wirkungsträchtigsten Definitionen des *Autoritarismus*, genauer autoritärer Regime, stammt von Juan Linz. Für ihn sind autoritäre Regime eine eigenständige Herrschaftsform, die zwischen totalitären und demokratischen Regimen angesiedelt ist. Zur Unterscheidung wählt er drei Kategorien, die er mit regimespezifischen Ausprägungen verbindet: den Grad des politischen Pluralismus, den Grad der staatlich gelenkten politischen Mobilisierung und den Charakter der Legitimation. Autoritäre Regime sind demnach politische Systeme,

> „die einen begrenzten, nicht verantwortlichen politischen Pluralismus haben; die keine ausgearbeitete und leitende Ideologie, dafür aber ausgeprägte Mentalitäten besitzen und in denen keine extensive oder intensive politische Mobilisierung, von einigen Momenten in ihrer Entwicklung abgesehen, stattfindet und in denen ein Führer oder manchmal eine kleine Gruppe die Macht innerhalb formal kaum definierter, aber tatsächlich recht vorhersagbarer Grenzen ausübt" (Linz 2000: 129).

---

16 Vgl. Linz (2000: 81–94). In den 70er Jahren gab es eine größere Debatte des Totalitarismuskonzepts, in der von linker Seite der Vorwurf erhoben wurde, jenes Konzept diene lediglich zur Diffamierung der sozialistischen Staaten und werde im Rahmen des Kalten Krieges entsprechend instrumentalisiert. Zugleich wurde versucht, das Konzept gleichfalls auf kapitalistische Staaten anzuwenden, denen nun ihrerseits ein totalitärer Charakter zugesprochen wurde (Marcuse). Beide Anliegen sind letztlich in der weiteren Totalitarismusdebatte von einigen Ausnahmen abgesehen folgenlos geblieben.

17 Zur Abgrenzung vom Faschismusbegriff vgl. Wippermann (2000).

Linz verwendet nun wiederum andere Kriterien zur Regimeklassifikation als die oben genannten Vorschläge zur Demokratie, wobei uns zwei – der Grad des politischen Pluralismus und der Legitimationsbezug – bereits, wenngleich in etwas anderer Formulierung, vertraut sind. Neu ist der Aspekt der Mobilisierung. Es erscheint jedoch durchaus fraglich, ob diese Kategorie erstens so zentral für das Regimeverständnis ist und zweitens, ob es genügend Trennschärfe aufweist. So erschließt sich nach der obigen idealtypischen Darlegung des Totalitarismus nur bedingt die Notwendigkeit einer ständigen Mobilisierung der Massen (was nicht zu verwechseln ist mit einer andauernden Lenkung). Außerdem finden sich selbst bei Linz Subtypen autoritärer Herrschaft mit diesem Merkmal (s. u.).

Eine Möglichkeit, die vorliegenden Kriterien zu bündeln, bietet der Rückgriff auf abstrakte Dimensionen, die dann je nach Forschungsinteresse unterschiedlich auf die institutionelle Ebene übersetzt werden können. Es lassen sich hierbei drei Dimensionen identifizieren, die für alle drei Regimetypen grundlegend sind: die politische Freiheit, die politische Gleichheit und die politische und rechtliche Kontrolle (vgl. Tab. 1). Totalitäre Regime sind dadurch gekennzeichnet, dass sie politische Freiheiten umfassend verweigern, keine politische Gleichheit kennen, da sie die Macht bei wenigen bündeln und die überwiegende Anzahl der Bürger total machtlos ist, und somit auch keine Kontrolle der Herrschaft gegeben ist. Während in autoritären Regimen die drei Dimensionen in unterschiedlicher Form bereits partiell gegeben sind, weisen Demokratien alle in vollem Umfang auf. Typologisch lassen sich alle drei Regime klar trennen, allerdings kann es dennoch Schwierigkeiten bei der Klassifikation von politischen Systemen geben, da diese auf dem Kontinuum zwischen beiden Polen – Totalitarismus und Demokratie – liegen und sich somit auch im Grenzbereich zwischen zwei Regimen befinden können (vgl. dazu Kap. 4).[18]

Tabelle 1: Dimensionen der Regime

Kategorie	Totalitäres Regime	Autoritäres Regime	Demokratisches Regime
Politische Freiheit	Nicht gegeben	Partiell gegeben	Gegeben
Politische Gleichheit	Nicht gegeben	Partiell gegeben	Gegeben
Politische und rechtliche Kontrolle	Nicht gegeben	Partiell gegeben	Gegeben

Wir hatten oben bereits die Möglichkeit angesprochen, die unterschiedlichen Kategorien, die zur Präzisierung der Regime verwendet werden, in ihrer regimespezifischen Ausprägung zu füllen. Ein Beispiel für die Regimeausprägung nach verschiedenen Kategorien der Herrschaft bietet Wolfgang Merkel (2010: 24).

---

18 Hierbei können politische Systeme dauerhaft in solchen Schattenzonen angesiedelt sein oder diese nur temporär im Zuge eines Regimewechsel streifen.

3. Subtypen autokratischer und demokratischer Regime

Bis in die jüngste Zeit ließ sich der Großteil der bestehenden politischen Systeme autokratischen Regimen zuordnen, wobei hier wiederum die meisten von ihnen als autoritäre Regime zu klassifizieren waren. Es ist naheliegend, dass sich solch eine grobe Zuordnung als unzureichend erwies, da sich die darunter fallenden politischen Systeme doch sehr stark unterschieden. Eine weitere Differenzierung des autoritären Regimetypus in Subtypen war daher naheliegend. Ein prominenter Vorschlag stammt auch hier von Juan Linz (1975/2000), der neun maßgebliche Ausprägungen von autoritären Regimen unterschied.[19] Auch wenn der innovative Charakter dieses Vorschlages nicht ignoriert werden sollte, so ist die (induktiv gewonnene) vorgeschlagene Subtypologie allerdings mit Skepsis zu betrachten. Weder beruhen die einzelnen Subtypen jeweils auf den gleichen Kategorien, noch ist es besonders sinnvoll, für die Bestimmung der Regimecharakteristika das vorangegangene oder das folgende Regime einzubeziehen, wie zum Teil praktiziert.[20]

Weiterführende Vorschläge stammen von Dieter Nohlen (1987) und Wolfgang Merkel (2010). Nohlen unterscheidet anhand folgender Kriterien „soziale und politische Basis, Legitimationsmuster und Ideologie, interne Struktur des Herrschaftsapparates, Beziehungsmuster Machthaber-Machtunterworfene, historischer Kontext sowie Politikorientierung" verschiedene Typen autoritärer Herrschaft. Bei Merkel (2010: 43 f.) basiert die Subtypenbildung maßgeblich auf dem *Primär*kriterium der Form der Herrschaftslegitimation, das er mit dem supplementären Kriterium der Herrschaftsinhaber (Führer, Partei, Militär, Klerus, Monarch) koppelt. Auf diese Weise unterscheidet er neun Typen autoritärer Herrschaft: kommunistisch-autoritäre Regime, faschistisch-autoritäre Regime, Militärregime, korporatistisch-autoritäre Regime, rassistisch-autoritäre Regime, autoritäre Modernisierungsregime, theokratisch-autoritäre Regime, dynastisch-autoritäre Regime und sultanistisch-autoritäre Regime. Wie die Beispiele zeigen, können Regimetypologien induktiv und deduktiv gewonnen werden. Hierbei sind zwei Sackgassen zu vermeiden: Bei der ersten Variante ist darauf zu achten, dass sich die Perspektive nicht auf Einzelfälle mit je individuellem Kategorientableau verengt. Bei der zweiten Variante sollten die deduktiv gewonnenen Subtypen auch empirische Evidenz besitzen.

---

19 Zu den modernen Formen zählt er bürokratisch-autoritäre Regime, organische Staaten oder autoritären Korporatismus, mobilisierende autoritäre Regime in postdemokratischen Gesellschaften, postkoloniale autoritäre Mobilisierungsregime, Rassen- oder ethnische „Demokratien", unvollkommene totalitäre und prätotalitäre Diktaturen, posttotalitäre Regime. Des Weiteren unterscheidet Linz noch Formen traditioneller autoritärer Herrschaft, wobei er „sultanistische Regime" und „Caudillismo und Caciquismo" besonders hervorhebt. Ein Überblick über die Entstehung systematischer Regimetypologien findet sich bei Linz (2000: 8f.).

20 Es ist auch darauf hinzuweisen, dass Linz in der Behandlung der autoritären Subtypen nicht nur deren Merkmale, sondern auch ihren Ursprung, soziale Verankerung, Stabilität und Spannungen sowie Wandlungsperspektiven betrachtet und mithin die typologische Arbeit bereits in eine theoretische überführt.

Im Unterschied zu autoritären Regimen liegen zu *totalitären* Regimen keine umfassenden Subtypologien vor. In diesem Fall erscheint solch ein ambitionierter Versuch weder aus empirischer noch theoretischer Hinsicht besonders sinnvoll. So ist die Anzahl realer totalitäre Regime begrenzt, und es ist nicht plausibel, für jeden Fall einen eigenen Subtypus zu entwerfen. Eine nennenswerte Unterscheidung spiegelt sich in der Kontroverse zwischen „Links- und Rechts-Totalitarismus" wider, in der es um die Frage ging, inwieweit autokratische Regime sowohl mit linker als auch mit rechter Ideologie als gleichermaßen totalitär bezeichnet werden können. Hierbei zeichneten sich durchaus beachtenswerte Unterschiede zwischen beiden Varianten ab (z.B. in der Ausrichtung der Ideologie, im Staatsverständnis und in der Organisation und Funktion der Partei), die eine entsprechende Differenzierung totalitärer Regime nahelegen.

Sehr unübersichtlich gestaltet sich die Lage hinsichtlich der Subtypologien im Bereich der *Demokratie*. Zwar liegt hier wohl die größte Anzahl von unterschiedlichen Bezeichnungen vor, doch betreffen diese unterschiedliche Ebenen. Viele Begriffe markieren konkurrierende Demokratieauffassungen im Sinne von *root concepts*, wobei um das angemessene Verständnis des Grundtypus der Demokratie gestritten wird (s.o.). Andere beziehen sich auf Varianten des jeweiligen Regimetypus in zweierlei Sinne: Zum einen bezeichnen sie Regierungssysteme – als reguläre Subtypen anhand verschiedener Varianten im Institutionendesign (wie bei den bereits genannten parlamentarischen und präsidentiellen Regierungssystemen). Zum anderen finden sich *diminished subtypes* (Collier/Levitsky 1997), die sich an den Kriterien der qualitativen „Funktionsweise" orientieren. Hierbei wird das Basiskonzept insoweit modifiziert, dass ein Merkmal von ihm nur unzureichend vorhanden ist. Die Anzahl der untersuchten Merkmale bleibt somit gleich. Schließt beispielsweise das *root concept* Demokratie „freie und faire" Wahlen ein, kennt der eingeschränkte Subtyp nur beschränkt „freie und faire" Wahlen – beispielsweise durch Begrenzung der Wahlberechtigten (wie die Schweiz bis zur Einführung des Frauenwahlrechts 1971). Solche Subtypen werden unter der Rubrik „defekter" oder „defizitärer" Demokratie diskutiert (Lauth 1997; Merkel 1999b).[21] Auch hier liegen wie bei den autoritären Subtypen unterschiedliche Vorschläge vor. Etliche wurden induktiv gewonnen, wie das Modell einer delegativen Demokratie (O'Donnell 1994), andere entstammen einer systematischen Betrachtung des *root concepts* und variieren die Ausprägungen der zentralen Merkmale (z.B. illiberale Demokratie, Enklavendemokratie, Dömanendemokratie bei Merkel 1999b).

Auch autoritäre Subtypen lassen sich als *diminished subtypes* konzeptualisieren. Im Prinzip können neben den regulären Subtypen sogar zwei Formen der reduzierten Subtypen existieren. Die Modifikation der autoritären Ausprägung „begrenzt gegeben" kann sowohl in Richtung Demokratie („gegeben") als auch in Richtung Totalitarismus („nicht gegeben") vorgenommen werden. Es ist dabei stets darauf zu achten, dass es nur eine begrenzte Modifikation sein kann, da ansonsten hybride Regime vor-

---

21 Eine Auflistung spezifischer Formen defizitärer Demokratien findet sich bei Collier/Levitsky (1997).

liegen würden. *Hybride Systeme* sind solche, die Merkmale verschiedener Regimetypen aufweisen – beispielsweise autoritäre und demokratische Züge besitzen. Aufgrund des damit gegebenen inkonsistenten Charakters ist es wenig plausibel, von einem eigenständigen Regimetypus zu sprechen. Ein politisches System ist nicht als hybrid zu bezeichnen, wenn seine Grundmerkmale vorhanden, aber nicht deutlich ausgeprägt sind. Hier wäre es plausibel, von defizitären Regimen zu sprechen.

Wie bereits angesprochen, arbeiten fast alle Typologien mit der Unterstellung eines *funktionsfähigen Staates*. Doch kann diese Annahme nicht problemlos übernommen werden. Es gibt zahlreiche Länder, in denen die Staatlichkeit nicht voll entfaltet ist. Die Konturen eines fragmentierten Leviathan (Lauth 2002b) zeigen sich im gebrochenen Gewaltmonopol, dem zentralen Definitionsmerkmal des Staates. Diese beruhen auf der unzureichenden Kapazität des Staates, mittels seiner Zwangsgewalt (Polizei, Militär, Justiz) seine Herrschaft durchzusetzen und somit die Rechte seiner Bürger garantieren zu können. Ein weiterer Grund für die mangelnde Staatlichkeit beruht auf der geringen Effektivität der staatlichen Administration. Entweder ist diese nicht genügend ausgebaut, das Verwaltungspersonal nicht angemessen ausgebildet, oder es fehlen die materiellen Ressourcen für die Umsetzung der politischen Entscheidungen. All die genannten Aspekte, auf die bereits von modernisierungstheoretischer Seite aufmerksam gemacht wurde, reduzieren die Staatlichkeit in solchen Ländern. Im Extremfall tritt an die Stelle einer geregelten Ordnung die Anarchie. Möglich ist auch, dass informelle Institutionen in Konkurrenz zu staatlichen Institutionen treten und diese verdrängen, verändern oder okkupieren *(vgl. den Beitrag von Lauth/ Wagner in diesem Band).*[22] Die genannten Tendenzen haben gravierende Auswirkungen für die Funktionsweise der Regime. So konstatiert Linz (2000: XLIV): „Wir haben es hier nicht mit Staaten oder politischen Regimen zu tun, sondern mit etwas Neuem, das sicherlich wenig in die Typen von Herrschaft paßt, die in diesem Band diskutiert werden."

Doch was bedeutet dieser Befund für die klassifikatorische Arbeit? Zunächst einmal ist zu prüfen, inwieweit ein Staat vorliegt. Erst wenn die Staatlichkeit gegeben werden kann, können die genannten Typologien verwendet werden. In der Regel trifft dies für alle Staaten im OECD-Bereich zu. Fehlen dagegen die wesentlichen Attribute von Staatlichkeit in einem Land, so kann keine dieser Typologien verwendet werden. Das Land befindet sich dann in einem Zustand der Anarchie oder des Bürgerkrieges.[23] Möglich ist jedoch auch, dass es in kleinere Einheiten zerfallen ist, die jeweils wiederum die Merkmale von politischen Systemen und somit von Staatlichkeit aufweisen. Somit können diese neuen Einheiten wiederum klassifiziert werden. Der gän-

---

22 Beeinträchtigungen der Staatlichkeit können auch von außerhalb kommen, wozu aber längst nicht alle Globalisierungsfaktoren zu rechnen sind, die in der Regel eher die Handlungsmöglichkeiten betreffen.
23 Rustow (1967) spricht von „regierungslosen Systemen" (zit. nach Linz 2000: 8); Linz (2000: XLII) selbst spricht von „Chaoskratie" oder von einem „Land ohne jegliche zentrale Macht, aber mit der Allgegenwart von Gewalt".

gigste Fall betrifft allerdings Staaten, in denen die Staatlichkeit zwar nicht voll, aber doch partiell oder zumindest rudimentär vorhanden ist. Welche Konsequenzen sind hier nun zu ziehen? Im Prinzip ist eine Klassifikation möglich, allerdings stets im Bewusstsein, dass eine *defizitäre* Ausprägung des Regimetyps vorliegt. Wir müssen hier jeweils von defizitären (totalitären, autoritären und demokratischen) Regimen ausgehen, wobei hierbei höchst unterschiedliche Effekte damit verbunden sind. Während ein „defizitäres" totalitäres Regime nun nicht mehr so umfassend wie es „anstrebt", die Menschenrechte verletzten kann, kann ein defizitäres demokratisches Regime die Menschenrechte nicht mehr in dem anvisierten Maße gewährleisten. Da Regimedefekte aber auch andere Ursachen als unzureichende Staatlichkeit haben können, wäre zu prüfen, ob hier nicht eine spezifische Begrifflichkeit – wie *fragmentierte* Demokratie – zu verwenden wäre. Bislang haben sich allerdings keine entsprechenden Bezeichnungen durchgesetzt.

4. *Messung der Regime (Demokratiemessung)*

In der bisherigen Diskussion haben wir uns mit der Konstruktion von Regimetypen, ihrer Differenzierung und theoretischen Abgrenzung beschäftigt. Eine ganz andere Aufgabe ist es, eine empirische Zuordnung vorzunehmen. Zunächst erscheint dieser Vorgang sehr einfach. Entweder liegen die Definitionsmerkmale vor oder nicht. Entsprechend wäre dann die Klassifikation vorzunehmen. Doch nur in Ausnahmefälle entspricht der empirische Befund dem Idealtypus. Oftmals treffen wir auf mehr oder weniger starke Abweichungen. Es ist dann zu klären, wie groß die Abweichung sein darf, um trotzdem eine Zuordnung zu einem Regime zu rechtfertigen. Um es an einem Beispiel zu erläutern: So erscheint es unstrittig, von einer Demokratie zu sprechen, auch wenn einigen wenigen Bürgern die Teilnahme an Wahlen verwehrt bleibt. Doch wie ist die Situation einzuschätzen, wenn nun ein größerer Kreis von Bürgern oder charakteristische Gruppen (z.B. alle Frauen) betroffen sind? Ab wann kann nicht mehr von einer Demokratie gesprochen werden? Bereits dieses Beispiel macht zwei Sachverhalte deutlich. Zum einen ist es wichtig, sich über die *Grenzziehung* der Regimezuordnung zu verständigen und die entsprechenden Kriterien offen zu legen. Zum anderen kann es in der Empirie durchaus Fälle geben, die eine klare Zuordnung erschweren (vgl. hybride Regime).

Eine andere Schwierigkeit der Klassifikation besteht in der geeigneten Operationalisierung der jeweiligen Regimetypen. Nicht alle Merkmale sind direkt einer empirischen Beobachtung zugängig und bedürfen daher entsprechender Indikatoren. Damit stellt sich das grundlegende Problem der Validität der Messung. Im Folgenden werden wir einige Möglichkeiten der Messung betrachten, wobei der Schwerpunkt auf der Demokratiemessung liegt – dem Bereich, in dem die meisten Messvorschläge existieren (vgl. Lauth/Pickel/Welzel 2000). Doch einige der hierbei vorliegenden

Messanlagen lassen sich auch auf autokratische Systeme übertragen. Weitergehend liegt von Sartori ein Vorschlag zur Bestimmung von totalitären Regimen vor.

Die Demokratiemessung erfüllt zwei Aufgaben: Zum einen soll mit ihr bestimmt werden, ob in einem politischen System eine Demokratie vorliegt, und zum anderen, in welchem Maße eine Demokratie demokratisch ist oder anders gesagt, welche Qualität die Demokratie hat. Die Untersuchung der Qualität der Demokratie hat in den letzten Jahren an Bedeutung gewonnen, da diese sich nicht nur in den jungen, sondern auch in den etablierten Demokratien verändert hat (vgl. Lauth 2008). Zu unterscheiden sind in der Demokratiemessung quantitative und qualitative Messanlagen. Ein prominentes Beispiel für die erste Variante ist der Ansatz des finnischen Politikwissenschaftlers Tatu Vanhanen. Dieser greift in seiner Studie von 1984, wie auch in seinen folgenden Untersuchungen 1990 und 1997, die beiden Dimensionen (Wettbewerbsgrad und Inklusion) von Dahl (1971) auf und versteht Demokratie im Sinne des Polyarchiemodells. Die Eleganz und zugleich Schwäche seiner Untersuchung besteht darin, dass er für jede Dimension nur einen Indikator benötigt, der ihm zur Bestimmung des Demokratiewertes ausreicht. Die beiden Indikatoren werden wie folgt festgelegt (1997: 34 f.): (1) Das Ausmaß der Partizipation wird am Anteil der Wähler an der Gesamtbevölkerung gemessen (z.B. 20 Mio. Wähler bei 40 Mio. Gesamtbevölkerung = 50 Prozent); (2) der Wettbewerbsgrad wird durch einen Index erfasst, bei dem der Anteil der auf die stärkste Partei entfallenden Stimmen von 100 subtrahiert wird (z.B. die siegreiche Partei hat 43 Prozent der Stimmen erreicht, so lautet der Wettbewerbsindex 57). Beide Werte multipliziert und dividiert durch 100 ergeben den Demokratieindex (nun 28,5). Fällt dieser Wert unter eine gewisse Schwelle, wird der Bereich der Demokratie bzw. Polyarchie verlassen. Verschiedene Probleme kennzeichnen den Ansatz von Vanhanen: Zum einen benachteiligt er Zweiparteiensysteme gegenüber Mehrparteiensystemen, indem er Wahlsieger mit niedrigem Stimmenanteil prämiert. Zum anderen diskriminiert er Gesellschaften mit einem hohen Anteil junger, aber noch nicht wahlberechtigter Bevölkerung. Gleichfalls ist zu fragen, ob alle relevanten Demokratieaspekte in dieser schmalen Messanlage berücksichtigt werden. Die Qualität der Messung erlaubt jedenfalls – wie der Autor selbst betont – nur sehr vorsichtige Anmerkungen zu unterschiedlichen Graden der Demokratie.

Die meisten Ansätze verfolgen eher qualitative Messstrategien. Diese beruhen im Wesentlichen auf der Einschätzung der Ausprägung der als relevant erachteten Regimemerkmale durch die beteiligten Forschenden, wobei die Ergebnisse wiederum quantifiziert werden. Zwei Ansätze haben in der komparativen Forschung besondere Aufmerksamkeit erfahren: *Polity* und *Freedom House*.[24]

---

[24] Gleichfalls ist der Ansatz des *democratic audit* zu erwähnen, der bislang zu diversen Einzelfallstudien geführt hat – am umfangreichsten zu GB (vgl. Beetham/Weir 2000). Aufgrund der methodischen Anlage – Verzicht auf jegliche Quantifizierung (auch bei den Ergebnissen) und einer gewissen relativistischen Öffnung der Maßstäbe – ist er jedoch für den Einsatz in der vergleichenden Forschung weniger geeignet.

Die Messungen im Rahmen des *Polity*-Projekts (Gurr, Jaggers, Moore u.a.) haben inzwischen vier Aktualisierungen und Erweiterungen des Messzeitraums erfahren, wobei die grundlegende Methodik nur unwesentlich verändert wurde (vgl. http://www.bsos.umd.edu/cidcm/inscr/index.htm#polity). Zur Bestimmung eines Regimes und seiner Qualität werden folgende drei Variablen auf ihre Ausprägung hin untersucht, die in vier bis sieben Stufen differenziert wird:

Die drei Variablen sind der „Wettbewerbsgrad der politischen Partizipation", der „Wettbewerbsgrad und die Offenheit der politischen Rekrutierung" sowie die „Begrenzung der Exekutive". Die erste Variable wird durch die beiden Indikatoren „Competitiveness of Political Participation" und „Regulation of Political Participation" gemessen. Die zweite Variable wird gleichfalls in zwei Indikatoren aufgespalten („Competitiveness" und „Openness" der politischen Rekrutierung). Die dritte ist identisch mit der genannten Variablen und zielt darauf ab, die Gewaltbeschränkung der Exekutive zu erfassen. Die Grundidee ist hierbei weniger die Kontrolle der Regierung als die Erhöhung der *responsiveness*.[25] Auch die Messanlage von *Polity* kennzeichnen verschiedene methodische Probleme. So ist die Trennschärfe zwischen den einzelnen Indikatoren genauso wenig stets gegeben wie die Abstandsgleichheit der einzelnen Kategorien. Die Zuverlässigkeit und Validität der Messung besteht nur begrenzt. Auch bei diesem Ansatz werden wichtige Aspekte der Demokratie (z.B. bürgerliche Rechte) nicht berücksichtigt.

Freedom House misst explizit nicht die Qualität der Demokratie, sondern den Grad politischer Rechte und bürgerlicher Freiheiten. Trotz bestehender Unterschiede, sind die Überlappungen mit einem prozeduralen Demokratiemodell so groß, dass die Messungen oftmals als demokratieanaloge verstanden werden. Seit Anfang der 70er Jahre werden in jährlichen Untersuchungen alle Staaten anhand von Fragen zu beiden Themen untersucht, die im Laufe der Jahre leicht variieren (vgl. http://www.freedomhouse.org/). Die Fragen werden von den Beobachtern in fünf Einstufungsniveaus beantwortet. Anhand der damit ermittelbaren Punktzahl wird ein Land als *free, partly free* oder *not free* eingestuft.

Ein zentrales Problem des *Freedom House-Rating* ist die begrenzte Transparenz der Einstufungen. Das Problem verschärft sich, da die jeweilige Leitidee, die den Einstufungen zugrunde liegen muss, nur unzureichend präzisiert wird. Die Nachvollziehbarkeit der Bewertungen ist nur sehr begrenzt gegeben. Außerdem gibt es – ähnlich wie bei Polity – wenig Möglichkeiten, die Qualität von etablierten Demokratien differenziert zu erfassen, da ein Großteil der Skala in den Bereich autokratischer Regime reicht. Doch dies lässt sich auch positiv wenden. So kann mit beiden Messanlagen nicht nur der Bereich der Demokratie erfasst, sondern die gesamte Bandbreite politischer Regime ausgeleuchtet werden.[26]

---

25 In *Polity* II werden noch zwei weitere Variablen angeführt, die dann aber mit guten Gründen für die Bestimmung des Regimetyps nicht mehr verwendet werden. Diese betreffen die Form der Exekutive (individuelle vs. kollektive Führung) und die Staatsform (zentralistisch vs. föderalistisch).
26 Weiterführende Überlegungen zur Demokratiemessung finden sich in Lauth (2004), wo die Demo-

Tabelle 2: Prüfliste der Elemente totalitärer Herrschaft nach Sartori

Kategorien		1940	1950	1960
1a	Ideologie-Religion			
1b	Ideologie als „ismus", z.B. Marxismus			
1c	Ideologie-Mentalität			
2a	Durchdringung (tatsächlich)			
2b	Durchdringung (potenziell)			
3a	Zwang durch Terror			
3b	Zwang durch Angst			
4a	Abhängigkeit – Kontrolle der Bildung			
4b	Abhängigkeit der Medien			
4c	Abhängigkeit der Kirche			
4d	Abhängigkeit der Justiz			
5a	Zerschlagung von Randgruppen			
5b	Ausschluss von Randgruppen			
6	Willkür			
7	Parteizentralität			
8	Führerzentralität			
9	Kontrolle der Wirtschaft			

Jede Kategorie erhält eine Bewertung: 3 = sehr starke Präsenz (Intensität); 2 = starke Präsenz; 1 = schwache Intensität (Präsenz); 0 = Umkehr des Trends (Sartori 1995: 550).

Während sich einige Demokratiemessungen auf das Spektrum der Demokratie konzentrieren und andere im eigentlichen Sinne Regimemessungen sind und somit auch autokratische Regime erfassen, liegen kaum spezifische Vorschläge zur Messung totalitärer Systeme vor. Eine Ausnahme bildet der Vorschlag von Sartori (1989), der anhand von 17 Kriterien die Messung der Intensität totalitärer Herrschaft ermöglicht (vgl. Tabelle 2). Solch eine Messanlage erlaubt es, Veränderungen im totalitären Herrschaftsgefüge zu erkennen, wenn sie in unterschiedlichen Zeitpunkten – Sartori denkt hier an zehnjährige Perioden – angewendet werden. Allerdings geben sie uns keine Auskunft darüber, wann das Ende totalitärer Herrschaft vorliegt, solange keine Schwellenwertbestimmungen damit verbunden werden.

---

kratie anhand einer 15-Felder-Matrix gemessen wird. Diese kombinieren fünf Institutionen (s.o.) und die drei Dimensionen politische Freiheit, politische Gleichheit und politische und rechtliche Kontrolle. Andere aktuelle Ansätze der Demokratiemessung sind Demokratieindex des BTI (http://www.bertelsmann-transformation-index.de/) und der Democracy Barometer des NCCR (http://www.nccr-democracy.uzh.ch/research/module5/barometer/democracy-barometer-for-established-democracies).

Mit der Schwellenwertbestimmung ist eine Aufgabe angesprochen, die generell die Regimemessung betrifft und somit gleichfalls die Demokratiemessung. Bislang liegen bei den genannten Ansätzen verschiedene Vorschläge zur Abgrenzung vor. Doch die Festlegung dieser Schwellenwerte oder *thresholds* wird nur in Ausnahmen näher begründet, obwohl sich hier die Klassifikation letztlich entscheidet. In dieser Frage sind weitere Forschungsanstrengungen angesagt (Lauth 2002a).[27] Dies betrifft auch die Integration der verschiedenen Messanlagen hinsichtlich der Messung verschiedener Regime. Wenn unsere oben genannten Überlegungen plausibel sind, dass sich alle Regimetypen auf einem Kontinuum befinden, das sich durch die gleichen Dimensionen und Kategorien abbilden lässt, dann ließe sich auch eine kohärente Messanlage erstellen, die – wie bei *Polity* – das gesamte Regimespektrum erfasst. Auf diese Weise wäre zu überlegen, inwieweit sich der Vorschlag von Sartori mit den Messungen autoritärer und demokratischer Systeme verbinden ließe.

5. Fazit

Vergleichende Regierungslehre ist immer auch konzeptionelle Arbeit. Die Entwicklung und Diskussion von Typen und Typologien ist ein notwendiger Baustein für den empirischen Vergleich. Dies gilt auch für den Bereich der Operationalisierung von Regimen (vgl. Demokratiemessung), der in der vergleichenden Forschung oftmals nur zaghaft erschlossen wurde. Dies ist umso erstaunlicher, als die Verwendung von Regimeklassifikationen zahlreichen empirischen Studien zugrunde liegt (z. B. in den Untersuchungen über den Zusammenhang von Demokratie und Entwicklung[28]). Es ist hierbei zu bedenken, dass die typologische Arbeit noch keine Theorie im eigentlichen Sinne einschließt. Sie ist vielmehr in der Entwicklung von Idealtypen und Modellen eine notwendige Vorstufe für die Entwicklung und empirische Überprüfung von Hypothesen, die sich zu komplexeren Theorien verbinden lassen. Oftmals ist es gerade die Vermischung beider Aufgaben, die zu Missverständnissen führt. So lässt sich einem Typus nicht vorwerfen, er enthalte keine Angaben über Stabilität und Dynamik des entsprechenden Regimes, weil diese Fragen erst in der auf dem Typus basierenden Theorie bearbeitet werden.

Regime können in der Forschung je nach Fragestellung als abhängige und unabhängige Variable betrachtet werden. Ein zentrales Forschungsfeld in der erstgenannten Perspektive beschäftigt sich mit dem Wandel innerhalb von Regimen und mit Regimewechsel. Die Transformationsforschung bestätigt auch nochmals die Bedeutung der Unterscheidung von totalitären und autoritären Regimen. So gestalten sich

---

27 Zur *Threshold*-Problematik speziell zu totalitären und autoritären Regimen vgl. Linz (2000: 101).
28 Einen guten Überblick über den Forschungsstand auf diesem Gebiet, der sich mit der Lipset-These „The more well-to-do a nation, the greater the chances that it will sustain democracy" auseinandersetzt, bietet Muno (2001).

die Etablierung und Konsolidierung einer Demokratie in ehemals totalitären Staaten mit hoher Lebensdauer weitaus schwieriger als in autoritären Staaten, in denen zumindest bereits rudimentäre pluralistische Strukturen vorhanden waren.

In der zweiten Perspektive als abhängige Variable stellt sich vor allem die Frage nach der Leistungsfähigkeit unterschiedlicher Regime oder von Subtypen. Gerade die Differenzierung von verschiedenen demokratischen Subtypen hat hierbei die Forschung angeregt (Lijphart 1999; Schmidt 2000). Diese Untersuchungen unterschiedlicher Demokratiemodelle, die nicht auf der Behauptung graduell divergenter Demokratiequalität beruhen, wären zu ergänzen durch solche, die auch graduelle Qualitätsunterschiede in den bestehenden Demokratie berücksichtigen, die ihrerseits wiederum zu neuen Typen führen (s. defizitäre und funktionierende Demokratien). So ist nicht zu erwarten, dass dem Gebiet der Regimeforschung trotz einer langen Forschungstradition, die Aufgaben ausgehen. Es bleibt spannend.

Literatur

Arendt, Hannah, 1955: Elemente und Ursprünge totaler Herrschaft. Frankfurt a.M. (Original New York 1951).
Backes, U./Jesse, E., 1984: Totalitarismus, Extremismus, Terrorismus. Ein Literaturführer. Opladen.
Beetham, David, 1994: Key Principles and Indices for a Democratic Audit, in: *ders.* (Hrsg.): Defining and Measuring Democracy. London, 25–43.
Beetham, David/Weir, Stuart, 2000: Democratic Audit in Comparative Perspective, in: *Hans-Joachim Lauth/Gert Pickel/Christian Welzel* (Hrsg.): Demokratiemessung. Opladen, 73–88.
Becker, Michael/Lauth, Hans-Joachim/Pickel, Gert (Hrsg.), 2001: Rechtsstaat und Demokratie. Theoretische und empirische Studien zum Recht in der Demokratie. Wiesbaden.
Benz, Arthur, 2008: Der moderne Staat. Grundlagen der politologischen Analyse. 2. Aufl., München/Wien.
Berg-Schlosser, Dirk, 1985: Zu den Bedingungen von Demokratie in der Dritten Welt, in: *Franz Nuscheler* (Hrsg.): Dritte Welt-Forschung (PVS Sonderheft 16). Opladen, 233–266.
Bracher, Karl Dietrich, 1969: Die deutsche Diktatur. Entstehung – Struktur – Folgen des Nationalsozialismus. Köln.
Buchheim, Hans, 1962: Totalitäre Herrschaft. Wesen und Merkmale. München.
Collier, David/Levitsky, Steven, 1997: Democracy with Adjectives: Conceptual Innovation in Comparative Research, in: World Politics (April), 430–451.
Dahl, Robert A., 1971: Polyarchy. Participation and Opposition. New Haven/London.
Dahl, Robert A., 1989: Democracy and its Critics. New Haven/London.
Diamond, Larry/Morlino, Leonardo (eds.), 2005: Assessing the Quality of Democracy. John Hopkins University Press. Baltimore.
Dienel, Peter C., 1997: Die Planungszelle. Der Bürger plant seine Umwelt. Eine Alternative zur Establisment-Demokratie. 4. Aufl., Opladen.
Fishkin, James, 1991: Democracy and Deliberation. New Directions for Democracy Reform. New Haven/London.
Friedrich, Carl Joachim, 1957: Totalitäre Diktatur (unter Mitarbeit von *Zbigniew Brzezinski*). Stuttgart.
Friedrich, Carl Joachim/Brzezinski, Zbigniew, 1968: Die allgemeinen Merkmale totalitärer Herrschaft, in: *Bruno Seidel/Siegfried Jenkner* (Hrsg.): Wege der Totalitarismusforschung. Darmstadt, 600–617.
Gastil, Raymond Duncan, 1991: The Comparative Survey of Freedom: Experiences and Suggestions, in: *Alex Inkeles* (Hrsg.): On Measuring Democracy. New Brunswick/London, 21–36.

Gurr, Ted Robert/Jaggers, Keith/Moore, Will H., 1991: The Transformation of the Western State: The Growth of Democracy, Autocracy, and State Power since 1800, in: *Alex Inkeles* (Hrsg.): On Measuring Democracy. New Brunswick/London, 69–104.
Held, David (Hrsg.), 1987: Models of Democracy. Cambridge.
Heußner, Hermann K./Jung, Otmar (Hrsg.), 2009: Mehr direkte Demokratie wagen. Volksentscheid und Bürgerentscheid. 2., völlig überarb. Aufl., München.
Huntington, Samuel P., 1991: The Third Wave. Democratization in the Late Twentieth Century. University of Oklahoma Press.
Inkeles, Alex (Hrsg.), 1991: On Measuring Democracy. Its Consequences and Concomitants. New Brunswick.
Jaggers, Keith/Gurr, Ted Robert, 1995: Transitions to Democracy: Tracking the Third Wave with Polity III Indicators of Democracy and Autocracy, University of Maryland, in: Journal of Peace Research (November), 469–482.
Jesse, Eckhard, 1997: Typologie politischer Systeme der Gegenwart, in: *Bundeszentrale für politische Bildung* (Hrsg.): Grundwissen Politik. 3. Aufl., Bonn, 239–312.
Jesse, Eckhard (Hrsg.), 1999: Totalitarismus im 20. Jahrhundert. Eine Bilanz der internationalen Forschung. 2., erweiterte Aufl., Bonn.
Jung, Sabine, 2001: Die Logik direkter Demokratie. Wiesbaden.
Karatnycky, A., 1999: The 1998 Freedom House Survey. The Decline of Illiberal Democracy, in: Journal of Democracy 10 (1), 112–125.
Klug, Francesca/Starmer, Keir/Weir, Stuart, 1996: The Three Pillars of Liberty. Political Rights and Freedoms in the United Kingdom. London.
Krasner, Stephen D. (Hrsg.), 1983: International Regimes. Ithaca/New York/London.
Kühnl, Reinhard, 1971: Formen bürgerlicher Herrschaft. Liberalismus – Faschismus. Reinbek bei Hamburg.
Lauga, Martin, 1999: Demokratiebegriffe in der neueren politikwissenschaftlichen Lateinamerikaforschung, in: *Jörg Faust/Manfred Mols/Christoph Wagner* (Hrsg.): Ideengeber und Entwicklungsprozesse in Lateinamerika: Wertekonflikte und Handlungspotentiale. Mainz, 53–87.
Lauth, Hans-Joachim, 1995: Autoritäre versus totalitäre Regime, in: *Dieter Nohlen/Rainer-Olaf Schultze* (Hrsg.): Politische Theorien. Lexikon der Politik Band 1. München, 27–32.
Lauth, Hans-Joachim, 1997: Dimensionen der Demokratie und das Konzept einer defekten Demokratie, in: *Gert Pickel/Susanne Pickel/Jörg Jacobs* (Hrsg.): Demokratie – Entwicklungsformen und Erscheinungsbilder im interkulturellen Vergleich, Frankfurt/Oder, 33–54.
Lauth, Hans-Joachim, 2002a: Die empirische Messung demokratischer Grauzonen: Das Problem der Schwellenbestimmung, in: *Petra Bendel/Aurel Croissant/Friedbert Rüb* (Hrsg.): Zwischen Diktatur und Demokratie. Zur Konzeption und Empirie demokratischer Grauzonen. Opladen, 119–138.
Lauth, Hans-Joachim, 2002b: Zur Transformation von Staat und Demokratie in Asien und Lateinamerika: Fragmentierter Leviathan und defizitäre Demokratie?, in: *Peter Birle/Jörg Faust/Günther Maihold/Jürgen Rüland* (Hrsg.): Globalisierung und Regionalismus: Bewährungsproben für Staat und Demokratie in Asien und Lateinamerika. Opladen, 113–136.
Lauth, Hans-Joachim, 2004: Demokratie und Demokratiemessung. Eine konzeptionelle Grundlegung für den interkulturellen Vergleich. Wiesbaden.
Lauth, Hans-Joachim, 2008: Demokratieentwicklung und demokratische Qualität, in: *Oscar W. Gabriel/Sabine Kropp* (Hrsg.): Die EU-Staaten im Vergleich. Strukturen, Prozesse, Politikinhalte, 3., aktualisierte und erweiterte Ausgabe, Wiesbaden, S. 33–61.
Lauth, Hans-Joachim/Pickel, Gert/Welzel, Christian (Hrsg.), 2000: Demokratiemessung. Konzepte und Befunde im internationalen Vergleich. Opladen.
Lijphart, Arend, 1999: Patterns of Democracy. Government Forms and Performance in Thirty-Six Countries. New Haven/London.
Linz, Juan J., 1975: Totalitarian and Authoritarian Regimes, in: *F. J. Greenstein/N. W. Polsby* (Hrsg.): Handbook of Political Science. Reading, 175–411.
Linz, Juan J., 2000: Totalitäre und autoritäre Regime. Berlin.
Linz, Juan J./Stepan, Alfred, 1996: Problems of Democratic Transition and Consolidation: Southern Europe, South America and Post-Communist Europe. Baltimore.
Loewenstein, Karl, 1957: Verfassungslehre. Tübingen.

Mackow, Jerzy, 2005: Totalitarismus und danach. Baden-Baden.
Mayer, Lawrence C./Burnett, John H./Ogden, Suzanne, 1993: Comparative Politics. Nations and Theories in a Changing World. Englewood Cliffs (speziell Chapter 6: The Theory and Practice of Dictatorship and Totalitarianism).
Merkel, Wolfgang, 1999: Defekte Demokratien, in: *Wolfgang Merkel/Andreas Busch* (Hrsg.): Demokratie in Ost und West. Frankfurt a.M., 361–381.
Merkel, Wolfgang, 2010: Systemtransformation. 2. Aufl., Wiesbaden.
Meyer, Thomas, 2005: Theorie der sozialen Demokratie. Wiesbaden.
Muno, Wolfgang, 2001: Demokratie und Entwicklung. (Institut für Politikwissenschaft, Abt. politische Auslandsstudien und Entwicklungspolitik, Dokumente und Materialien Nr. 29) Mainz.
Neumann, Franz, 1986: Demokratischer und autoritärer Staat. Frankfurt a.Main.
Nohlen, Dieter, 1987: Autoritäre Systeme, in: *Dieter Nohlen/Peter Waldmann* (Hrsg.): Dritte Welt. München/Zürich, 64–84.
Nohlen, Dieter, 1994: Typus/Typologie, in: *Jürgen Kriz/Dieter Nohlen* (Hrsg.): Politikwissenschaftliche Methoden (Lexikon der Politik Bd. 2). München, 491–496.
O'Donnell, Guillermo, 1994: Delegative Democracy, in: Journal of Democracy (1), 55–69.
O'Donnell, Guillermo, 1999: Democratic Theory and Comparative Politics, WZB P99 – 004. Berlin.
Rothstein, Bo, 1996: Political Institutions. An Overview, in: *Robert E. Goodin/Hans-Dieter Klingemann* (Hrsg.): A New Handbook of Political Science. Oxford, 133–166.
Rüb, Friedbert, 1994: Die Herausbildung politischer Institutionen in Demokratisierungsprozessen, in: *Wolfgang Merkel* (Hrsg.): Systemwechsel 1: Theorien, Ansätze und Konzeptionen. Opladen, 111–137.
Sartori, Giovanni, 1970: Concept Misformation in Comparative Politics, in: APSR 64, 1033–1053.
Sartori, Giovanni, 1989: Totalitarianism, Model Mania and Learning from Error, in: Journal of Theoretical Politics 5 (1), 5–22 (nun in deutscher Übersetzung: Totalitarismus, Modellmanie und Lernen aus Irrtümern, in: *Eckhard Jesse* (Hrsg.): Totalitarismus im 20. Jahrhundert. Eine Bilanz der internationalen Forschung. 2., erweiterte Aufl., Bonn, 572–589).
Sartori, Giovanni, 1992: Demokratietheorie. Darmstadt.
Schedler, Andreas, 2006: Electoral Authoritarianism: The Dynamics of Unfree Competition. Lynne Rienner Publishers Inc, US.
Schiller, Theo, 2002: Direkte Demokratie. Eine Einführung. Frankfurt a.M.
Schmidt, Manfred G., 2008: Demokratietheorien. Eine Einführung. 4., überarbeitete und erweiterte Auflage. Wiesbaden (3. Aufl. 2000).
Vanhanen, Tatu, 1997: Prospects of Democracy. A Study of 172 Countries. London/New York.
Waschkuhn, Arno, 1998: Demokratietheorien. München.
Weber, Max, 1980: Wirtschaft und Gesellschaft. Grundriß der verstehenden Soziologie. 5. Aufl., Tübingen.
Weber, Max, 1988: Die „Objektivität" sozialwissenschaftlicher und sozialpolitischer Erkenntnis, in: *ders.:* Gesammelte Aufsätze zur Wissenschaftstheorie (hrsg. von *Johannes Winckelmann*). 7. Aufl., Tübingen, 146–214.
Wippermann, Wolfgang, 2000: Hat es Faschismus überhaupt gegeben? Der generische Faschismusbegriff zwischen Kritik und Antikritik, in: Ethik und Sozialwissenschaften 11 (2), 289–296.

Regierungssysteme und Demokratietypen

Aurel Croissant

1. Einleitung

Die Klassifikation politischer Systeme nach Kriterien ihrer internen Herrschaftsorganisation gehört zu den ältesten Aufgaben der Politikwissenschaft. Ihre Traditionslinie reicht zurück bis zu den Persergesprächen des Herodot im 5. vorchristlichen Jahrhundert und erstreckt sich von der aristotelischen Typenlehre über die von John Locke in den *Zwei Abhandlungen über die Regierung* (1989 [1689]) angedachte und von Montesquieu in seiner Abhandlung *Vom Geist der Gesetze* (1965 [1748]) zum primären Bezugspunkt der Typologien konstitutioneller Ordnungen weiterentwickelte Gewaltenteilungslehre bis hin zu den hier diskutierten Ansätzen, Klassifikationen und Typologien.

Die Vertrautheit mit den klassischen Staatsformenlehren ist eine notwendige, aber nicht hinreichende Voraussetzung für die ernsthafte Beschäftigung mit der Vergleichenden Regierungslehre. Denn den Realitäten des Machtprozesses, der Machtverteilung und der Kontrollmechanismen in modernen repräsentativen Demokratien können diese Ansätze nicht mehr gerecht werden (Steffani 1979, 1997). Eine brauchbare Klassifikation politischer Ordnungen kann nur durch eine vergleichende Untersuchung ihrer tatsächlichen Regierungsstrukturen erreicht werden.

Dies zu leisten ist der Anspruch der in diesem Beitrag vorgestellten politikwissenschaftlichen Ansätze. Drei Aspekte der Beschäftigung mit den institutionellen Ordnungen demokratisch regierter Staaten werden nachfolgend vorgestellt. Zunächst werden Regierungssystemtypologien diskutiert (Kapitel 2). Danach folgt die Erörterung der Demokratietypologie von Arend Lijphart (Kapitel 3) sowie der Forschung zu Vetopunkten und Vetospielern (Kapitel 4). Während ältere Ansätze der Regierungssystemlehre von ihrer Vorgehensweise dem „Klassischen Institutionalismus" zuzuordnen sind, lassen sich neuere Beiträge zur Typologie von Regierungssystemen, Demokratiemustern und der Vetospielerforschung eher dem „Neuen Institutionalismus" in der Politikwissenschaft zurechnen (Peters 2001). Alle im Folgenden diskutierten Vorgehensweisen eint die Grundannahme institutionalistischer Ansätze (Weaver/Rockman 1993), dass Handlungspräferenzen der politischen Akteure nur verstanden werden können im Kontext institutionell generierter Anreize und institutionell verfügbarer Optionen, die die Wahlhandlungen der relevanten Akteure strukturieren. Institutionensets wie das Regierungssystem, der Demokratietyp oder die institutionellen Bedingungen für das Entstehen von Vetopunkten und Vetospielerkonstellationen werden vorrangig als *unabhängige* Variable betrachtet. Politikergebnisse werden innerhalb dieses institutionellen Rahmens erzeugt, sind also aus dieser Perspektive die *abhängige* Variable.

2. Typen von Regierungssystemen[1]

Die Regierungssystemlehre beschäftigt sich mit der Frage, wie die Institutionenarrangements von Regierungssystemen systematisch unterschieden werden können und was das für die Funktionsweise politischer Systeme bedeutet. Dabei sind institutionell geregelte Machtverteilung, Machtkontrolle und Machtbegrenzung die Schlüsselbegriffe zur Analyse *demokratischer* Regierungsformen, um die es hier geht. Regierungssystem bezeichnet im engen Sinne die tragenden formal-rechtlichen, mit ihren Prärogativen in der Regel in der Verfassung verankerten Institutionen der politischen Ordnung, ihre innere Struktur, ihr Zusammenwirken und ihre Beziehungen zur Herrschaftsordnung. Es umfasst die obersten Staatsorgane, die beteiligt sind an der Ausübung der mit dem Begriff der „Staatsgewalten" beschriebenen exekutiven und legislativen Staatsfunktionen: Staatsoberhaupt, Regierung und Parlament. Das Regierungssystem im weiteren Sinne hingegen umfasst auch die Gerichtsbarkeit und die Verwaltung sowie die für die politische Willensbildung relevanten Institutionen und Organisationen, wie Wahlsystem, politische Parteien, Interessengruppen und Medien (Steffani 1997).

2.1 Präsidentielle und parlamentarische Regierungssysteme

Im Mittelpunkt der Regierungssystemtypologien stehen die drei Institutionen Staatsoberhaupt, Regierung und Parlament sowie deren Interaktion. Herausragende Bedeutung hat hierbei schon früh die Frage erlangt, ob es möglich ist, die große Zahl real existierender Regierungssysteme des demokratischen Parlamentarismus zu wenigen Typen zusammenzufassen.

Grundlegend ist die Unterscheidung zwischen *parlamentarischen* und *präsidentiellen* Regierungssystemen, der sich die Frage anschließt, ob weitere Typen existieren (Schmidt 2008: 292). Die Dichotomie der zwei Grundtypen geht zurück auf eine Unterscheidung der Verfassungsstruktur und der Verfassungspraxis des Vereinigten Königreichs und der USA durch Walter Bagehot (1963 [1867]). Die historisch-empirische Methode Bagehots wurde in der Nachkriegszeit von Douglas V. Verney

---

[1] Regierungssystemtypen sind von Regierungstypen zu unterscheiden. Letzteres betrifft die Differenzierung von Einparteienregierungen und Koalitionskabinetten (Anzahl der Regierungsparteien) sowie von Mehrheits- und Minderheitsregierung (Größe der Regierung). Der Typ des Regierungssystems sagt noch nichts über den Regierungstyp aus, wenngleich präsidentielle Systeme zu Einparteienregierungen tendieren und in parlamentarischen Systemen Koalitionsregierungen leicht überwiegen (Lijphart 1999).

(1959) und von Ernst Fraenkel (1964) aufgegriffen. Auf der Folie des britischen und des amerikanischen Regierungssystems haben diese Autoren Merkmale benannt, welche die Konstruktion zweier allgemeiner und voneinander abgegrenzter Strukturtypen anleiten. Verney hat zunächst darauf hingewiesen, dass von zwei Versionen des parlamentarischen Systems auszugehen sei: dem britischen und dem kontinental-europäischen, um dann insgesamt elf Grundprinzipien zu nennen, die in ihrer jeweils gegensätzlichen Ausprägung für beiden Typen prägend sind. Der Pluralismustheoretiker Ernst Fraenkel (1964) ging ebenfalls historisch-empirisch vor, gelangte dabei aber zu einem schlankeren Katalog von jeweils vier Unterscheidungsmerkmalen der beiden Regierungssystemtypen.[2]

Die historisch-empirische Methode hat offensichtliche Nachteile. Sie erfasst wesentliche Merkmale der real existierenden Ausgangsfälle, benennt aber keine systematisch formulierten Kriterien. Anders gehen idealtypische Konstruktionen vor. Diese benennen von real existierenden Systemen abstrahierend eines oder mehrere notwendige und hinreichende Merkmale und diskutieren deren funktionale Konsequenzen für das Regierungssystem. Prägend für die deutschsprachige Politikwissenschaft ist die Typologie von Winfried Steffani (1979, 1995). Nach Steffani ist die Abberufbarkeit der Regierung durch das Parlament aus politischen Motiven das *primäre und hinreichende* Klassifikationsmerkmal präsidentieller und parlamentarischer Regierungssysteme. Die Modalitäten der Regierungsbildung und Parlamentsauflösung hingegen sind für die Unterscheidung der Grundformen unerheblich: „Alle Regierungssysteme, deren Parlamente über ein solches Abberufungsrecht aus politischen Gründen verfügen, gehören zum Grundtyp ‚parlamentarisches Regierungssystem' beziehungsweise ‚Parlamentarismus' im speziellen Sinne. Alle anderen Systeme bilden den Grundtyp ‚präsidentielles Regierungssystem' beziehungsweise ‚Präsidentialismus'" (1995: 631). Mischtypen gibt es bei ihm nicht: Entweder ist ein System parlamentarisch, oder es ist präsidentiell.

Ein wichtiger, aber nicht definierender Unterschied ist, dass parlamentarische Systeme in aller Regel eine „doppelköpfige Exekutive" aus Präsident oder Monarch und Premierminister aufweisen, während präsidentielle Systeme über eine „geschlossene Exekutive" verfügen (Kaltefleiter 1970): Der Präsident ist Staatsoberhaupt und zugleich Regierungschef. Das Parlament hat keinen oder nur bestätigenden Einfluss auf die Zusammensetzung der Regierung, trägt aber im Gegenzug auch keine politische Verantwortung für ihr Überleben im Amt (Steffani 1997: 116).

Die Konsequenz für die Gewaltenteilung ist, dass im präsidentiellen System die beiden Staatsorgane parlamentarische Versammlung und Regierung weitgehend unverbunden nebeneinander stehen und kooperieren müssen, damit politischer Stillstand verhindert wird. Diese *organschaftliche Gewaltenteilung* wird in parlamentari-

---

2 Kompatibilität von Ministeramt und Parlamentsmandat, Abhängigkeit der Regierung vom Vertrauen des Parlaments, Recht der Regierung zur Parlamentsauflösung, Grad der Fraktionsdisziplin und Kontrolle der Regierung über „ihre" Partei(en).

schen Systemen üblicherweise von der *institutionellen Gewaltenteilung* zwischen Regierungsmehrheit und Opposition überlagert (ebd.). Als funktionale Konsequenz des Abberufungsrechts in parlamentarisches Regierungssystemen kommt der Versammlung die Aufgabe der politischen Regierungsbestellung zu, d.h., Parlamente haben vor allem Wahlfunktion. Diese Funktion ist in präsidentiellen Systemen gering ausgeprägt. Hier dominiert die Gesetzgebungsfunktion der Versammlung. Zugleich spielt die parlamentarische Kontrollfunktion gegenüber der Exekutive eine größere Rolle als in parlamentarischen Systemen.

Anhand des Primärmerkmals grenzt Steffani die beiden Grundtypen voneinander ab. Nachgeordnet existieren weitere supplementäre (sekundäre) Merkmale, die in ihrer jeweiligen Ausprägung parlamentarische beziehungsweise präsidentielle Regierungssysteme charakterisieren, jedoch nicht definieren:

Tabelle 1: Primäre und supplementäre Merkmale parlamentarischer und präsidentieller Regierungssysteme

	Parlamentarisches Regierungssystem	**Präsidentielles Regierungssystem**
Primäres Merkmal	1. Politische Abberufbarkeit der Regierung	1. Nur verfassungsrechtliche Abberufbarkeit der Regierung
Supplementäre Merkmale	2. Vereinbarkeit von Regierungsamt und Parlamentsmandat	2. Inkompatibilität
	3. Rücktrittsverpflichtung der gesamten Regierung	3. Keine Rücktrittsverpflichtung
	4. Auflösungsrecht der Regierung gegenüber dem Parlament	4. Kein Auflösungsrecht
	5. Strikte Kontrolle der Mehrheitsparteien durch die Regierung aufgrund starker Fraktionsdisziplin	5. Geringe Fraktionsdisziplin

Quelle: Steffani (1979: 39–104).

Natürlich ist Steffani nicht blind gegenüber der großen Variationsbreite der beiden Typen und der Entwicklung unterschiedlicher Spielarten des Parlamentarismus und Präsidentialismus. Daher benennt Steffani jeweils vier „Strukturtypen" des parlamentarischen und des präsidentiellen Systems.[3]

Steffanis Dichotomie ist systematisch und umfassend in ihrem Anspruch. Doch sie hat auch Schwächen. So ist das Kriterium der Abberufbarkeit nicht hinreichend spe-

---

3 Die Strukturtypen des Präsidentialismus sind die konstitutionelle Monarchie (Deutsches Kaiserreich bis 1918), der Präsident als Inhaber aller Exekutivmacht (USA), der Präsident im Ministerrat (Peru) und das Kollegialsystem (Schweiz). Die Typen des parlamentarischen Systems sind die Exekutivkooperation (Österreich), die Premier- oder Kanzlerhegemonie (Vereinigtes Königreich), das parlamentarische System mit Präsidialdominanz (Frankreich) sowie die Versammlungsdominanz.

zifiziert und da das Kriterium der Regierungsbestellung nicht berücksichtigt wird „bleibt unklar, wie denn der Regierungschef überhaupt in sein Amt gelangt" (Decker 2009: 195). Nicht alle Regierungssysteme lassen sich gleich gut mit ihr fassen. So schlägt die Eindeutigkeit der Typenbildung mitunter in Rigidität um, wie im Falle der Schweiz, deren Regierungssystem nach Steffani dem Grundtyp der präsidentiellen Systeme zugeordnet werden muss (Soldner 2009: 65).

In der angelsächsischen Forschung werden meist Klassifikationen verwendet, die stärker differenzieren als die Typologie Steffanis. Strittig sind vor allem Systeme, in denen ein (direkt gewählter) Staatspräsident exekutive und legislative Kompetenzen besitzt, diese aber mit einem vom Vertrauen des Parlaments abhängigen Regierungschef teilen muss. Wie im präsidentiellen System, aber anders als im parlamentarischen System, weisen diese Regierungssysteme zwei eigenständige Zentren politischer Handlungsfähigkeit auf: Parlament und Exekutive. Anders als im Präsidentialismus sind diese beiden Zentren institutionell verbunden: Ein Haupt der doppelköpfigen Exekutive (Staatspräsident) kann nicht vom Parlament abberufen werden, während das andere Haupt (Premierminister und Regierung) abberufbar ist (Rüb 2001: 90).

2.2 Semi-präsidentielle Regierungssysteme

Der Begriff „Semi-Präsidentialismus" ist von dem französischen Politologen Maurice Duverger (1980) eingeführt worden. Im Zusammenhang mit den postkommunistischen Demokratisierungsprozessen hat die Debatte um den Begriff besondere Bedeutung gewonnen, da die Verfassungsgeber in vielen Staaten Osteuropas und der ehemaligen Sowjetunion für Spielarten dieser Regierungsform optierten (Rüb 2001).

Duverger bezeichnete mit Semi-Präsidentialismus sowohl einen Typ von Regierungssystem, als auch ein von ihm entwickeltes Analysemodell. Mit dieser doppelten Funktion will Duverger einerseits Regierungssysteme klassifizieren und andererseits deren unterschiedliche Funktionsweisen erklären. Der Begriff suggeriert, dass es sich bei diesem Typ um eine Mischform eines parlamentarischen und präsidentiellen System handelt. Tatsächlich weist diese Regierungsform Elemente beider Grundtypen auf. Dennoch handelt es sich um einen Typ *sui generis,* der einer ihm eigenen Systemlogik folgt. Im Unterschied zum Präsidentialismus, der durch wechselseitige Unabhängigkeit der legislativen und exekutiven Gewalt geprägt ist, und im Gegensatz zum parlamentarischen System, in dem die Exekutive von der Legislative abhängig ist, stehen Regierung und Regierungschef im Semi-Präsidentialismus in einem doppelten Abhängigkeitsverhältnis – sie benötigen das Vertrauen des Parlamentes und des Präsidenten (Cheibub 2007).

Semi-präsidentielle Systeme sind nach Duverger durch drei Kennzeichen charakterisiert: (1) Der Staatspräsident ist direkt gewählt; (2) Der Staatspräsident hält bedeutende politische Kompetenzen („quite considerable powers"); (3) Dem Staatspräsidenten stehen der Premierminister und die Ministerregierung gegenüber, die Regierungsmacht besitzen und vom politischen Vertrauen des Parlamentes abhängig sind (Duverger 1980: 166). Allerdings unterscheiden sich Verfassungsnormen und Verfassungsrealität mitunter erheblich. Duverger unterscheidet deshalb drei Arten semipräsidentieller Systeme: (1) Länder mit einem besonders machtvollen Präsidenten (Frankreich seit 1958); (2) Länder mit einem ausbalancierten Kompetenzverhältnis zwischen Präsident und Premier (Finnland, Weimar sowie Portugal bis zur Verfassungsreform von 1982); sowie (3) Systeme, in denen der Präsident vorwiegend repräsentative Aufgaben ausübt, d. h. in der Verfassungsrealität eine ähnliche Stellung hat, wie die Staatspräsidenten parlamentarischer Republiken (Österreich, Irland, Island).[4]

Insbesondere das Kriterium der „quite considerable powers" hat aufgrund fehlender Präzision und mangelnder „Objektivierbarkeit" Kritik hervorgerufen. Verschiedene Autoren haben versucht, diesen Makel durch Konkretisierungen des Kriterienkatalogs zu heilen (Sartori 1994). Eine andere Vorgehensweise wählt Robert Elgie (1999). Er schlägt vor, auf dieses Kriterium vollständig zu verzichten. Demnach wären alle Regierungssysteme als semi-präsidentiell zu klassifizieren, die sowohl einen für eine feste Amtszeit direkt gewählten Staatspräsidenten aufweisen, als auch einen Premierminister und ein Kabinett haben, die dem Parlament verantwortlich sind (Elgie 1999: 13). Ob das erkenntnisfördernd ist, darf bezweifelt werden. Denn diese „Präzisierung" wird mit einem deutlichen Verlust an Differenzierungskraft erkauft, wie der Blick auf die Klassifikation der Regierungssysteme durch Elgie verdeutlicht: nach seiner Zählung umfasst die Kategorie der semi-präsidentiellen Systeme im Jahre 2008 insgesamt 57 höchst unterschiedlich funktionierende Regierungssysteme, darunter auch ganz offenkundig nicht-demokratische Regime wie Belarus, der Tschad und Yemen (Elgie/ Mcmenamin 2008: 329).[5]

2.3 Präsident-parlamentarische und Premier-präsidentielle Systeme

Eine vor allem in der angelsächsischen Forschung einflussreiche Typologie haben Matthew Søberg Shugart und John Carey vorgelegt. Sie greifen in ihrer Studie *Presidents and Assemblies* (1992) die von Duverger angestoßene Diskussion auf, brechen aber am gründlichsten mit der von Bagehot eingeführten Dichotomie. Die beiden Politikwissenschaftler entwickeln zwei Kriterien zur Differenzierung unterschiedlicher Regierungssystemtypen. Diese Kriterien sind (1) die Autorität des Präsidenten über das Kabinett sowie (2) die Trennung von Parlament und Kabinett. Hiervon aus-

---

4 Für die Verfassungspraxis sind neben institutionellen Faktoren noch andere Gründe ausschlaggebend, insbesondere die parteipolitische Zusammensetzung der für Regierung und Gesetzgebung zuständigen Institutionen („cohabitation" oder übereinstimmende Mehrheiten), variierende (verfassungs-)politische Traditionen und wie die konkrete Person ihr Amt ausfüllt (Duverger 1980: 177–186).
5 Allerdings greift Elgie (1999) das zweite Kriterium Duvergers in seiner Unterscheidung von fünf Führungsformen des Semi-Präsidentialismus wieder auf.

gehend entwerfen die Autoren eine fünf Formen umfassende Typologie (Shugart/Carey 1992: 19–27; Shugart 2005: 333–334):

1. Präsidentielle Systeme mit geschlossener Exekutive und wechselseitiger Unabhängigkeit vom Parlament und einem für eine feste Amtszeit direkt vom Volk gewählten Präsidenten (z. B. USA).
2. Präsident-parlamentarisch: Duale Exekutive mit (quasi-)direkt gewähltem Staatspräsidenten sowie einem vom Präsidenten nach eigenem Gutdünken ernannten Premierminister. Regierungschef und Kabinett sind vom Vertrauen des Präsidenten *und* der Legislative abhängig. Sie kann den Premier auch gegen den Willen des Staatspräsidenten) abberufen (z. B. Russland).
3. Premier-präsidentiell: Duale Exekutive aus (quasi-)direkt gewähltem Staatspräsidenten und Regierungschef. Der erstgenannte hat Einfluss auf die Regierungsbildung und hat gewöhnlich das Recht der Parlamentsauflösung. Der Regierungschef und sein Kabinett sind jedoch ausschließlich dem Parlament gegenüber verantwortlich (z. B. Frankreich).
4. Parlamentarische Systeme mit einer vom Vertrauen des Parlaments abhängigen Regierung und einem Staatsoberhaupt, dass weder gegenüber dem Parlament, noch gegenüber dem Premierminister und seinem Kabinett über Kompetenzen verfügt (z. B. Vereinigtes Königreich).
5. Versammlungsunabhängige Regierung: die Regierung wird durch das Parlament bestellt, kann aber von diesem nicht abberufen werden. Das Staatsoberhaupt besitzt keine Macht über Premierminister und Kabinett (Schweiz).

Die Unterscheidung zwischen Präsident-parlamentarischen und Premier-präsidentiellen Systemen ist im Kern als eine Ausdifferenzierung des Semi-Präsidentialismus von Duverger zu begreifen entsprechend der Nähe der beiden Typen zum präsidentiellen beziehungsweise parlamentarischen System (Sartori 1994: 132–133; Shugart 2005).

Zusätzlich zur Ausdifferenzierung des Semi-Präsidentialismus in zwei Spielarten und deren Unterscheidung von anderen Regierungssystemtypen anhand eines einheitlichen Kriterienkatalogs leisten die Autoren einen Beitrag zur Konzeptualisierung der Vollmachten direkt gewählter Staatspräsidenten. Hierzu differenzieren sie zwischen Gesetzgebungskompetenzen des Präsidenten und seinen Vollmachten über das Kabinett. Innerhalb der beiden Kategorien werden sechs bzw. vier Kompetenzarten unterschieden. Bei den Gesetzgebungsrechten sind dies (1) das Vetorecht gegen verabschiedete Gesetze als Ganzes oder (2) gegen einzelne Bestimmungen; (3) das Gesetzesinitiativrecht; (4) das Recht zur Einbringung des Haushaltsentwurfs; (5) die Referendumsinitative; (6) die Dekretautorität. Die Vollmachten des Präsidenten über das Kabinett umfassen (1) das Recht der Regierungsbildung und (2) zur Abberufung der Regierung; (3) das Recht zur Parlamentsauflösung sowie (4) das Fehlen oder die Einschränkung des parlamentarischen Misstrauensvotums. Jeder Indikator wird auf einer Skala von 0 bis 4 gemessen; hohe Werte zeigen eine potentiell machtvolle Stellung des Staatspräsidenten an (Shugart/Carey 1992: 148–154).

Dabei zeigen die Auswertungen von Shugart/Carey und anderen, dass es sich bei dem US-amerikanischen Präsidenten um ein aus vergleichender Perspektive moderat machtvolles Staatsoberhaupt handelt, dessen Vollmachten vor allem das Kabinett betreffen, der aber im Unterschied etwa zu den „starken" Präsidenten in Chile, Indonesien und Russland nur über relativ schwache Gesetzgebungskompetenzen verfügt. Zudem haben Staatspräsidenten in Präsident-parlamentarischen Systemen nicht nur große Macht über Regierungschef und Kabinett – zumindest im postsowjetischen Raum sind auch ihre Vollmachten in der Gesetzgebung häufig stärker als in rein präsidentiellen Systemen (Shugart/Carey 1992; Metcalf 2000; King 2004).

2.4 Auswirkungen auf Performanz und Stabilität der Demokratie

Die Konsequenzen institutioneller Unterschiede der Regierungssysteme werden in der Vergleichenden Politikwissenschaft vor allem im Hinblick auf die politische Leistungsfähigkeit von Demokratien und den Zusammenhang von Regierungssystem und Konsolidierungschancen junger Demokratien diskutiert.

Einige Untersuchungen scheinen zu belegen, dass präsidentielle Systeme den parlamentarischen Systemen im Hinblick auf ihre politische Leistungsfähigkeit unterlegen sind (Lijphart 1991 [2008]). Begründen ließe sich dies u.a. mit der schwächeren Fraktionsdisziplin der Parteien in (semi-)präsidentiellen Systemen (Kailitz 2008), einer höheren Neigung des Präsidentialismus zu abrupten Politikwechseln und ihrer geringeren gesetzgeberischen Effektivität aufgrund häufig unterschiedlicher parteipolitischer Zusammensetzung der für Regierung und Gesetzgebung zuständigen Institutionen („divided government").

Diese Befunde sind mit Vorsicht zu genießen. Aufgrund des Amerikabias der Präsidentialismusforschung ist die Fallzahl der untersuchten (semi-)präsidentiellen Systeme häufig klein. Neuere empirisch-vergleichende Untersuchungen insbesondere zu Lateinamerika und dem pazifischen Asien zeichnen zudem ein differenzierteres Bild. So sind Präsidenten durchaus in der Lage, Regierungs- und Policy-Koalitionen zu schmieden, um Gefahren wie „divided government" und Politikstau zu umschiffen. Die Strukturierung des Parteiensystems in präsidentiellen Systemen steht in engem Zusammenhang mit dem Wahlsystem (Verhältnis- oder Mehrheitswahl), den konstitutionellen Vollmachten des Staatspräsidenten, der Ausgestaltung des Wahlrechts für das Präsidentenamt und den konkreten Regelungen zu Amtszeitbeschränkungen (Mainwaring/Shugart 1997; Cheibub 2007). Ebenfalls von Bedeutung sind weiche Faktoren wie der Problemdruck und das Ausgangsniveau der staatlichen Politikleistungen, Politikstile und Konsens- oder Konfliktorientierung der politischen Auseinandersetzung etc. Insofern ist der These von Tsebelis (2002) zuzustimmen, dass die Unterscheidung in präsidentielle und parlamentarische Systeme kaum geeignet ist zur Analyse der Staatstätigkeit und Politikleistung in Demokratien, da zu viele andere Erklärungsvariablen ausgeblendet werden.

Die Debatte um die Vorzüge und Schwächen bestimmter Regierungssysteme spielt eine besondere Rolle in Bezug auf die Konsolidierung junger Demokratien in Lateinamerika, Asien, Osteuropa und den Nachfolgestaaten der Sowjetunion.[6] Insbesondere Juan Linz (1990a, 1990b, 1994) vertrat die These, dass präsidentielle Systeme einen destabilisierenden Einfluss auf die Entwicklung junger Demokratien hätten, da

(1) die wechselseitige Unabhängigkeit von Präsident und Versammlung im (häufigen) Falle des „divided government" in Rigidität umschlägt, da wirksame Lösungsmechanismen fehlen;
(2) die Existenz getrennter Legitimationsinstanzen den Immobilismus des Systems noch verstärkt, da Präsident wie Parlament auf ihre demokratische Legitimität durch Volkswahl verweisen können;
(3) die *winner-takes-all*-Logik einer Präsidentenwahl kooperationsfeindliche Handlungsstrategien von Präsident und parlamentarischer Opposition fördern

In der Forschung fanden Linz' Thesen von den „Gefahren" *(perils)* des Präsidentialismus und den „Tugenden" *(virtues)* des parlamentarischen Systems breite Resonanz, zumal Untersuchungen (Stepan/Skach 1993) die statistische Evidenz dafür zu liefern schienen.

Die Erkenntnisse der neueren Präsidentialismus- und Transformationsforschung relativieren jedoch die Linz'sche Position. Vielmehr ist die Funktionsweise präsidentieller Systeme besonders von der Strukturierung des Parteiensystems und den mehrheitsbildenden Effekten des Wahlsystems, den konstitutionellen Rechten des Präsidenten und den politischen Lernprozessen der Eliten geprägt (Nohlen/Thibaut 1994; Cheibub/Limongi 2002; Croissant 2003; Cheibub/Chernykh 2008). Statistische Analysen mit breiterer Zeit- und Fallauswahl kommen zu deutlich anderen Ergebnissen als beispielsweise Stepan und Skach (1993). So zeigt Cheibub (2007) in seiner Untersuchung aller Demokratien zwischen 1946 und 2002, dass sich der Zusammenbruch der Demokratie in präsidentiellen Systemen vor allem in Ländern ereignete, in denen aufgrund unvorteilhafter sozialer, politischer, ökonomischer und regionaler Rahmenbedingungen auch die parlamentarische Regierungsform kaum eine Chance demokratischen Überlebens gehabt hätte. Kapstein und Converse (2008: 63) gelangen mit einem Datensatzes für den Zeitraum 1960–2004 sogar zu dem Ergebnis, dass präsidentielle Systeme weniger anfällig für autokratische Rückschläge seien als parlamentarische Systeme.

Der Verweis auf den Typ des Regierungssystems alleine vermag also kaum das Scheitern junger Demokratien zu erklären. Vielmehr bedarf es differenzierter Erklärungsmuster. Demnach tendieren zumindest in nicht konsolidierten Demokratien präsidentielle Regierungssysteme eher als parlamentarische Systeme dazu, Konflikte zwischen Parlament und Exekutive zu provozieren, da sie eine höhere Wahrscheinlichkeit für „divided government" besitzen. Versagen Präsidenten bei der Bildung von

---
6 Vgl. den Beitrag von Merkel/Thiery in diesem Band.

Parteienkoalitionen und bietet die Verfassung dem Staatsoberhaupt in nur ungenügend definierten Notsituationen besondere politische Entscheidungsbefugnisse und -rechte, können Präsidenten zumindest zeitweise mit Verordnungsrecht konkurrierende Gewalten umgehen. Die Erfolgsbedingungen hierfür sind umso besser, je schwächer strukturiert das Parteiensystem und je unterentwickelter das System verbandlich organisierter Interessengruppen ist. Geht die funktionale „Schwäche" des Parteiensystems mit einem schwachen System korporativer Akteure einher, droht ein intermediäres Vakuum, das populistische Bestrebungen gewählter Präsidenten fördert. Wie solche Phänomene von der Bevölkerung wahrgenommen werden, hängt auch vom Charakter der jeweiligen (Zivil-)Gesellschaft sowie ihrer politischen Kultur ab (Merkel/Croissant 2000). Umgekehrt funktionieren präsidentielle Systeme dann mit weniger Reibungskosten für die Demokratie, wenn der Präsident über die verlässliche Unterstützung der Mehrheitsparteien im Parlament verfügt, nur geringe Gesetzgebungsvollmachten besitzt, das Parteiensystem gut institutionalisiert und nur mäßig polarisiert ist und die Parlamentsregeln die Koordination und Rationalisierung parlamentarischer Verfahren erleichtern (Merkel/Croissant 2000; Mainwaring/Shugart 1997; Morgenstern/Nacif 2000).

3. Mehrheits- und Konsensusdemokratie

Typologien von Regierungssystemen beschäftigen sich mit dem Verhältnis von Exekutive und Legislative sowie der verfassungsrechtlich geregelten Kompetenzabgrenzung und Machtstellung von Organen innerhalb der Exekutive. Demokratische Regierungssysteme bieten aber nur den Verfassungsrahmen für Machtteilung und -verteilung in einem demokratischen System. Gefüllt wird dieser institutionelle Gestaltungsrahmen durch politische Parteien (Fuchs 2000: 35). Wichtig für das Funktions- und Leistungsprofil von Demokratien sind auch institutionelle Variablen wie das Wahlsystem, die Kompetenzaufteilung und parteipolitische Zusammensetzung der beiden Häuser in einem Zweikammersystem, die Strukturen des Verbändewesens und die Kompetenzregeln für Verfassungsgerichte.

Einer von mehreren Ansätzen, der versucht die Vielzahl institutioneller Arrangements in ihrer Wirkung auf den Grad der Machtdispersion in einem demokratischen Regime zu erfassen, ist Arend Lijpharts Modell der Mehrheits- und Konsensdemokratie. In seiner bahnbrechenden Studie *Democracies: Patterns of Majoritarian and Consensus Government in Twenty-one Countries* von 1984 sowie der Nachfolgestudie *Patterns of Democracy* (1999) unterscheidet der niederländisch-amerikanische Politikwissenschaftler zwei Idealtypen der Demokratie: die Mehrheits- oder Westminster-Demokratie und die Konsensusdemokratie.[7] Die Mehrheitsdemokratie tendiert zur

---

[7] Die Konsensdemokratie ist nicht identisch mit der *consociational democracy* (Lijphart 1977). Zentrale Unterschiede zwischen beiden Demokratieformen ergeben sich aus den spezifischen Bedingungen ih-

Machtkonzentration und verschafft parlamentarischen Mehrheiten und Regierungsmehrheiten weitgehend freie Bahn zur Realisierung ihrer Politikpräferenzen. Im Unterschied dazu zielt die Konsensusdemokratie auf Inklusion und Machtteilung. Über die Errichtung hoher Entscheidungshürden und Mehrheitserfordernisse setzt sie dem Gestaltungsspielraum parlamentarischer Mehrheiten enge Grenzen (Schmidt 2008: 320).

Lijphart geht davon aus, dass jede Demokratie als Mischung von zwei Metaprinzipien – dem Konsens- und dem Mehrheitsprinzip – konzipiert werden kann. Real existierende Demokratien setzen diese Metaprinzipien mehr oder weniger konsistent in relativ dauerhafte Regeln und Verhaltensmuster um (Ganghof 2010). In der empirischen Operationalisierung benennt Lijphart zehn Merkmale und Indikatoren zur Messung der konsensualen oder majoritären Ausprägung demokratischer Strukturen in insgesamt 36 Ländern:

Tabelle 2: Strukturmerkmale der Mehrheits- und Konsensdemokratie und ihre Operationalisierung

Merkmal	Indikator	Konsensdemokratie	Mehrheitsdemokratie
Parteiensystem	Durchschnittliche effektive Zahl der Parteien in der ersten Parlamentskammer ($ENP = 1/\Sigma_i^2$); (s_i^2 = quadrierter Sitzanteil jeder Partei im Parlament)	Vielparteiensystem	Zweiparteiensystem
Inklusionsgrad von Kabinetten	Prozentualer Mittelwert des Anteils von Regierungen der jeweils kleinstmöglichen Koalition bzw. von Alleinregierungen im Untersuchungszeitraum	Machtteilung in Vielparteienkoalitionen	Machtkonzentration auf eine allein regierende Mehrheitspartei
Exekutivdominanz	Durchschnittliche Lebensdauer von Kabinetten in Monaten	Ausgeglichenes Kräfteverhältnis zwischen Regierung und Parlament	Regierungsdominanz
Wahlsystem	Durchschnittliche Disproportionalität des Wahlsystems im Untersuchungszeitraum (Gallagher-Index, $lsq = \sqrt{\frac{1}{2}\sum_{i=1}^{n}(v_i - s_i)^2}$ v_i = Stimmenanteil der Partei; s_i = Sitzanteil einer Partei	Verhältniswahl mit geringer Disproportionalität	Mehrheitswahl mit hoher Disproportionalität
Verbändesystem	Index des Interessengruppenpluralismus von Siaroff (1998)	Korporatistisches Interessengruppensystem	Pluralistisches Interessengruppensystem

rer Genese sowie der Intensität der konsensualen Elemente. Lijphart unterscheidet beide Demokratieformen durch die Feststellung: „consociationalism is the stronger medicine" (1989: 40 f.).

Merkmal	Indikator	Konsensdemokratie	Mehrheitsdemokratie
Staatsaufbau	Föderalismus- und Dezentralisierungsgrad auf einer Skala von 1 (unitarisch-zentralisiert) bis 5 (föderal-dezentralisiert)	Föderalistisch-dezentralisierter Staatsaufbau	Zentralistischer Einheitsstaat
Bikameralismus	Bikameralismusindex von 1 (Einkammersystem) bis 4 (starker Bikameralismus)	Starker Bikameralismus	Einkammersystem
Verfassungsrigidität	Skalenwerte von 1 (einfache Mehrheit für eine Verfassungsänderung) bis 4 (nur mit Supermehrheiten veränderbar)	Hohe Mehrheitserfordernisse für Verfassungsänderungen	Verfassungsänderung mit einfacher Mehrheit
Parlamentssouveränität	Stärke der verfassungsrichterlichen Überprüfbarkeit von Gesetzen auf einer von Skala von 1 (keine judicial review) bis 4 (starke judicial review)	Ausgebaute verfassungsrichterliche Kontrolle	Keine judicial review
Zentralbankautonomie	Grad der Autonomie, ausgedrückt im Mittelwert diverser Indizes der Zentralbankautonomie	Autonome Zentralbank	Abhängige Zentralbank

Quelle: eigene Zusammenstellung nach Lijphart (1999); Schmidt (2008: 320–322).

Diese zehn Merkmale werden in einer Faktorenanalyse hinsichtlich ihrer Dimensionalität getestet. Als Resultat der statistischen Analyse stellt Lijphart entgegen seiner Konsistenzannahme fest, dass die Merkmale von Konsens- und Mehrheitsdemokratien nicht eindimensional messbar sind, sondern über zwei unabhängige Dimensionen erfasst werden müssen (Müller-Rommel 2008: 83; Ganghof 2010). Die erste Dimension (Exekutive-Parteien) setzt sich zusammen aus den ersten fünf Demokratiemerkmalen. Die zweite Föderalismus-Unitarismus-Dimension besteht aus den übrigen fünf Variablen. Dieses zweidimensionale Muster erlaubte es Lijphart, die Position demokratischer Systeme im zweidimensionalen mehrheits- und konsensdemokratischen 'Raum' festzustellen. Nach der Stärke der jeweiligen Ausprägung in den beiden Dimensionen wurden die von ihm untersuchten Demokratien vier Haupttypen zugeordnet: unitarische Mehrheitsdemokratie, föderale Mehrheitsdemokratie, unitarische Konsensdemokratie sowie föderale Konsensdemokratie:

Tabelle 3: Zweidimensionales Demokratiemuster

		Föderal-Unitarisch-Dimension		
		Konsensual (föderal-dezentralisiert)		**Majoritär** (unitarisch)
Exekutive-Parteien-Dimension	**Majoritär**	Australien Kanada Spanien	USA Venezuela	Bahamas Barbados Botswana Costa Rica Frankreich Griechenland	Kolumbien Malta Neuseeland Trinidad Vereinigtes Königreich
	Konsensual	Belgien BRD Indien Japan	Niederlande Schweiz Papua-Neuguinea	Dänemark Finnland Irland Island Israel Italien	Luxemburg Mauritius Norwegen Portugal Schweden

Quelle: Lijphart (1999: 312).

Großbritannien und stärker noch Neuseeland (vor der Wahlrechtsreform) sowie die Schweiz sind jene Demokratien, die Lijpharts beiden Idealtypen am nächsten kommen. In Lijpharts Datensatz weisen sie die stärksten und eindeutigsten Ausprägungen auf (1999: 312). Auch Deutschland hat laut Lijphart eine konsensorientierte Demokratiestruktur. Demokratien mit einer ausgeprägt britischen Tradition (ehemalige Kolonien des britischen Empire) weisen eine mehrheitsdemokratische Ausrichtung in der ersten Demokratiedimension auf. Ausnahmen sind lediglich Indien und Papua-Neuguinea, eine ehemalige Kolonie Australiens. Offensichtlich entfaltet die britische Kolonialtradition erhebliche Prägekraft auf die Demokratiestrukturen ihrer ehemaligen Kolonien. Gegenläufig wirkt hier jedoch die Flächen- und Bevölkerungsgröße. Staaten mit großem Territorium und/oder großer Bevölkerungszahl weisen durchweg eine föderale Organisation auf, sind also konsensual in der zweiten Dimension. Dies gilt auch für ehemals britische Kolonien (USA, Australien, Kanada, Indien).

Schließlich ist zu erkennen, dass der Demokratietyp quer zum Typ des Regierungssystems liegt. Parlamentarische Regierungssysteme wie das britische und das deutsche finden sich in entgegengesetzten Positionen wieder ebenso wie die semi-präsidentiellen bzw. Premier-parlamentarischen Systeme in Frankreich und Österreich. Auch die präsidentiellen Systeme streuen: Costa Rica und Kolumbien sind zentralistische Mehrheitsdemokratien, die USA jedoch eine föderale Mehrheitsdemokratie.

Lijphart untersucht auch den Zusammenhang von Demokratiestrukturen, Staatstätigkeit und Demokratiequalität. Dabei glaubt er zeigen zu können, dass die Konsensusdemokratien in wirtschaftspolitischer Hinsicht den Mehrheitsdemokratien ebenbürtig sind. Darüber hinaus, so Lijphart, sind sie auch die freundlicheren und sanfteren („kinder and gentler") Demokratien: im Vergleich zur Mehrheitsdemokratie seien sie egalitärer und partizipativer und ermöglichten eine bessere Repräsentation von Frauen und Minderheiten. Auch in der Sozial- und Umweltpolitik, den entwicklungspolitischen Anstrengungsleistungen und bei der Gewährleistung öffentlicher Sicherheit und der Kriminalitätsbekämpfung attestiert er ihr eine bessere Performanz (1999: 258–300).

Ferner diskutiert Lijphart die Geeignetheit der beiden Modelle für unterschiedliche Gesellschaftssysteme. Nach Lijphart (1999: 32) ist die Mehrheitsdemokratie eher für Länder mit relativ homogenen Sozialstrukturen und ohne tiefe Klassengegensätze oder kulturelle Spaltungslinien geeignet. Für sozial schwach integrierte Gesellschaften hingegen sei die Konsensusdemokratie angemessen. Insbesondere in pluralen Gesellschaften laufe die Mehrheitsdemokratie Gefahr, von der Mehrheitsherrschaft in die Mehrheitstyrannei abzugleiten. Aufgrund der Neigung zur politischen Exklusion von Minderheiten sei dieser Demokratietyp nur tragfähig, wenn die Trennung in Regierung und Opposition nicht dauerhaft sei und die gesellschaftliche Polarisierung vertiefe (1999: 32–34). Junge Demokratien erfüllen diese Bedingungen aber oft nur unzureichend. Lijpharts Rat an die Staaten der dritten Demokratisierungswelle lautet daher: „Die Konsens-Option ist die attraktivere Option für Länder, die ihre ersten demokratischen Verfassungen entwerfen oder über demokratische Reformen nachdenken" (1999: 302).

Die Sekundärliteratur würdigt Lijpharts Untersuchung als einen der herausragenden Beiträge der empirisch vergleichenden Demokratieforschung (Lane/Errson 2000: 207; Schmidt 2008: 329). Sie ist jedoch nicht ohne Kritik geblieben. In der Forschung werden sowohl die theoretischen Grundannahmen, die Operationalisierung des theoretischen Konzepts und das methodische Vorgehen, als auch die empirischen Befunde zur politischen Performanz und Effektivität der Demokratietypen hinterfragt (Kaiser 1997; Taagepera 2003; Ganghof 2005; Roller 2005; Schmidt 2008; Müller-Rommel 2008).

▶ *Erstens* wird kritisiert, dass Lijphart an keiner Stelle seine Konsistenzannahme konzeptionell begründet, sondern lediglich durch die Ergebnisse seiner Faktoranalyse empirisch plausibilisiert. Darüber hinaus unterscheidet Lijphart nicht hinreichend deutlich zwischen institutionellen und Verhaltensvariablen: während die Variablen in der zweiten Dimension sowie das Wahlsystem institutionelle Variablen darstellen und das Parteiensystem die Konfliktstruktur einer Gesellschaft widerspiegelt, erfassen Indikatoren wie Kabinettstyp, Kabinettsstabilität und Verbändesystem die Interaktionsmuster von Regierungen, Parlamentsfraktionen und Interessengruppen (Ganghof 2005: 410). Zudem vermischt Lijphart bei seiner Diskussion unterschiedliche Ebenen der Anwendung der Entscheidungsregel: So ist in der Westminister-Demokratie die Parlamentsmehrheit häufig nur von einer Minderheit der Wähler gewählt – weshalb eher von einer „pluralitären Demokratie" (Nagel) zu sprechen sei (op. cit.: 408).

▶ *Zweitens* zeigt Taagepera (2003: 10), dass der logische Zusammenhang zwischen den Variablen in der zweiten Demokratiedimension nicht so eindeutig ist, wie von Lijphart behauptet. Ein ausgeprägter Föderalismus impliziert ein Zweikammerparlament, eine rigide Verfassung und starke *judicial review*. In unitarischen Staaten besteht dieser Zusammenhang nicht. Entsprechend groß ist die Varianz der möglichen und existierenden Kombinationen, wie die asiatischen Demokratien und ähnliche Ergebnisse für Osteuropa (Roberts 2006; Croissant/Schächter 2009) bestätigen.

▶ *Drittens* sind nicht alle von Lijphart gewählten Indikatoren gleichermaßen valide. Dies betrifft insbesondere die Operationalisierung der für Lijphart zentralen Variablen der Exekutivdominanz und des Inklusionsgrads von Kabinetten. Lijphart misst die Durchsetzungsfähigkeit der Exekutive gegenüber der Legislative über die durchschnittliche Lebensdauer von Kabinetten (vgl. Tabelle 2). Die Macht der Exekutive ist jedoch davon unabhängig (Tsebelis 2009). Ein besserer Indikator wäre die Agendasetzungsmacht der Regierung (ebd.). Lijphart gesteht selbst ein, dass sein Indikator der Exekutivdominanz für präsidentielle Systeme, in denen das Überleben der Regierung unabhängig vom Verhalten des Parlamentes ist, ungeeignet sei.[8] Problematisch ist auch die Messung des Inklusionsgrads von Kabinetten – nach Lijphart das „first and most important characteristic of consensus democracy" (1999: 34) – über die relative Häufigkeit des Auftretens von kleinstmöglichen Koalitionen bzw. Einparteienregierungen. Ein besser geeigneter Indikator wäre hingegen der kumulierte Stimmenanteil der an einer Regierung beteiligten Parteien („popular cabinet support", Ganghof 2010: 6 f.).

▶ *Viertens* sind die statistischen Signifikanzen der von Lijphart in seiner Faktorenanalyse ermittelten Zusammenhänge innerhalb der beiden Dimensionen nicht immer besonders robust und scheinen insbesondere in der zweiten Dimension stark durch die Fallauswahl beeinflusst (Roller 2005; Müller-Rommel 2008). Dafür spricht auch, dass Lijpharts zweidimensionales Demokratiemuster für veränderte Ländergruppen nicht repliziert werden konnte (Fortin 2008; Croissant/Schächter 2009).

▶ *Fünftens* schließlich ist Lijpharts Loblied auf die Konsensdemokratie zu hinterfragen. Lijpharts Fallgruppen sind in Bezug auf die sozioökonomischen Ausgangsbedingungen der Gesellschaften sehr heterogen. Sie enthalten Entwicklungsländer wie Papua Neu-Guinea und Mauritius sowie sehr hoch entwickelte Staaten. Insgesamt besteht die Gruppe der Konsensusdemokratien fast zur Gänze aus hoch entwickelten Ländern, während die Mehrheitsdemokratien überwiegend von ärmeren Staaten gestellt werden (Müller-Rommel 2008: 88). Die Vermutung liegt nahe, dass dies das staatliche Leistungsprofil beeinflusst. Während der Zusammenhang

---

8 Im Gegenteil: Wie Lijphart mit Blick auf präsidentielle Systeme feststellt, kann dieser Indikator sogar „einen komplett falschen Eindruck über den Grad der Exekutivdominanz" (Lijphart 1999: 134) vermitteln.

von Zentralbankautonomie und Inflationsrate offenkundig ist, fällt es schwer, einen Wirkmechanismus von Zentralbankautonomie auf das Kriminalitätsniveau auszumachen. Schmidt (2008) verweist zudem auf die vergleichende Wohlfahrtsstaatsforschung, die sozialökonomische Faktoren, kulturelle und andere institutionelle und machtressourcentheoretische Erklärungen für unterschiedlich starke sozialpolitische Anstrengungsleistungen identifiziert, die nur wenig mit der „Sanftheit" oder „Freundlichkeit" unterschiedlicher Demokratietypen zu tun haben.

Arend Lijphart hat mit seinen beiden Studien Neuland betreten und wie kaum ein anderer Politikwissenschaftler in den vergangenen Jahrzehnten mit der Zusammenführung von empirisch-vergleichender Demokratieforschung und international-vergleichender Staatstätigkeitsforschung die Vergleichende Politikwissenschaft inspiriert. Die hier angeführte Kritik zwingt zur Relativierung im Hinblick auf die Validität seiner Annahmen und Befunde, fußt aber auf einer Auseinandersetzung mit seinem Werk, wie sie in Umfang und Intensität nur wenigen Fachvertretern in den letzten zwanzig Jahren zuteil geworden ist. Das ist als Zeichen der herausragenden Bedeutung seiner Forschung für die Disziplin zu verstehen.

4. Der Vetospieleransatz

Der Verweis auf majoritäre oder konsensuale Demokratiestrukturen reicht nicht aus, um Unterschiede in den Leistungsprofilen politischer Systeme zu erklären, wie die kritische Auseinandersetzung mit Lijphart zeigt. Der quantifizierende Vergleich von Strukturunterschieden auf der Makroebene des Demokratietyps bedarf der konkretisierenden qualitativen Analyse auf der Mikroebene einzelner Strukturelemente. Auch können Politikergebnisse nicht direkt aus Demokratiestrukturen erklärt werden. Sie bedürfen der Umsetzung durch das Handeln von Individual- und Kollektivakteuren, also einer handlungstheoretischen Untermauerung. Sie findet sich im Vetospieleransatz (Tsebelis 1995, 2002).

4.1 Vetospieler nach George Tsebelis

George Tsebelis beansprucht mit seiner Theorie sowohl Politikwandel als auch Politikkontinuität erklären zu können (Tsebelis 2002). Nach Tsebelis sind Vetospieler jene individuellen oder kollektiven Akteure in einem politischen System, deren aktive Zustimmung notwendig ist für einen Politikwechsel, d. h. für die Veränderung des policy-Status quo (1995: 305). Vetospieler treten in unterschiedlicher Gestalt auf. Tsebelis unterscheidet zwei Hauptformen (ebd.: 301 ff.): „institutionelle" und „parteipolitische Vetospieler". Die Einspruchsrechte der institutionellen Vetospieler sind in der Verfassung festgeschrieben, die der parteipolitischen Vetospieler ergeben sich aus der Verfassungswirklichkeit, d. h., sie konstituieren sich im politischen Prozess.

Ein Paradebeispiel für parteipolitische Vetospieler sind die Parteien einer Koalitionsregierung. Vetospieler, die von der Verfassung konstituiert werden, sind unter Umständen zweite Parlamentskammern oder Präsidenten.

Vetospieler entscheiden über die Reformierbarkeit von Politik. Das Potential einer Demokratie für Politikwechsel hängt nach Tsebelis von der Zahl der Vetospieler, der programmatischen Nähe oder ideologischen Distanz zwischen den Spielern (Kongruenz) sowie von ihrer Geschlossenheit (Kohäsion) ab. Dabei gilt, dass die Chance auf Abkehr vom politischen Status quo (d. h.: Politikwechsel) umso größer ist (1) je geringer die Zahl der Spieler; (2) je größer die programmatische Nähe der Vetospieler und (3) je kohäsiver oder homogener sie sind.

Wichtig für die Kongruenzfrage[9] und die Identifikation der Zahl der Vetospieler ist die von Tsebelis aufgestellte Absorptionsregel. Zum einen besagt sie, dass zwei Vetospieler mit identischer Politikposition nur als ein Vetospieler gezählt werden. Zum anderen werden Einspruchsberechtigte, deren Präferenzen durch andere Vetospieler abgedeckt werden, deren Politikposition also zwischen den Positionen zweier anderer Vetospieler liegen, „absorbiert", also: nicht gezählt. Diese Absorptionsregel ist insofern von „immenser Bedeutung, als sie darauf hinweist, dass es nicht unbedingt die Zahl von Vetospielern ist, die eine Veränderung des Status quo behindert, sondern Policy-Stabilität vor allem von der inhaltlichen Distanz zwischen den beiden am weitesten voneinander entfernten Vetospielern abhängt" (Zohlnhöfer 2003: 255-6). Weitere Aspekte, welche nach dem Vetospielertheorem zum Verständnis der Wahrscheinlichkeit von Politikwechseln wichtig sind, betreffen u. a. die Frage der Agenda-Setzungsmacht, die Distanz zwischen wechselnden Regierungen (sofern diese Agendasetzer sein kann) und die Amtsdauer von Regierungen (vgl. Tsebelis 2009).

Welche Variablen beeinflussen die Zahl, Kongruenz und Kohärenz der Vetospieler? Im Anschluss an Tsebelis lassen sich erstens institutionelle Variablen feststellen, die über die Zahl der Vetospieler (mit)entscheiden: der Typ des Regierungssystems (präsidentiell oder parlamentarisch), der Parlamentstyp (Ein- oder Zweikammersystem), die verfassungsrechtliche Kompetenzausstattung von Präsidenten, das Gerichtswesen und die Formen der *judicial review* sowie der Staatsaufbau (föderal oder unitarisch). Zweitens sind es strukturelle Variablen, die über die Zahl der *parteipolitischen* Vetospieler sowie die Kongruenz und Kohäsion dieser Spieler entscheiden: Wahlsystem, Regierungssystem, Regeln zum Ablauf des Gesetzgebungsprozesses (Agendasetzungsprivileg!) oder *cleavage*-Struktur einer Gesellschaft, aber auch die Einbindung des politischen Regimes in regionale und internationale Entscheidungsstrukturen. In Bezug auf die weiter oben bereits angesprochene Frage nach dem Zusammenhang von Regierungssystem und Politikleistungen merkt Tsebelis an, das die politischen Parteien

---

9 Gemeint ist die Nähe der Politikpositionen der einzelnen Spieler. Liegen beispielsweise zwei Koalitionsparteien auf der Rechts-Links-Skala weit voneinander entfernt, etwa in der Nähe des rechten bzw. des linken Pols, dann ist die Einigung auf eine gemeinsame Position jenseits des Status quo besonders schwierig.

in parlamentarischen Systemen disziplinierter auftreten. Eine größere Fraktionsdisziplin und Parteienkohäsion erhöht wiederum die Wahrscheinlichkeit für Beibehaltung des policy-Status quo. Entsprechend ist zu erwarten, dass die policy-Stabilität in parlamentarischen Systemen höher als in Präsidialsystemen ausfällt. Wie aber ist das im Hinblick auf die Leistungsfähigkeit beider Systemtypen zu bewerten? Was im Kontext der Präsidentialismus-Parlamentarismus-Debatte als „Sprunghaftigkeit" und Hang zu harten Politikwechseln kritisiert wird, kann aus Perspektive des Vetospielertheorems als Fähigkeit zur Auflösung von Politikstaus und Reformblockaden gedeutet werden.

4.2 Weiterentwicklungen und Kritik

In Anlehnung an André Kaiser (1997) kann Lijpharts Konzept der Mehrheits- und Konsensdemokratie wie folgt an George Tsebelis Vetospielermodell „angepasst" werden: Mehrheits- und Konsensdemokratie bilden ein institutionelles Netz von Vetopunkten. Je dichter dieses Netz ist, d. h. je mehr Vetopunkte die institutionelle Struktur einer Demokratie enthält, desto schwieriger ist die Änderung ihrer institutionellen Struktur bzw. der Wandel von Politiken und vice versa (Kaiser 1997: 436).

Das Vetospielertheorem von Tsebelis ist in der Forschung weithin rezipiert, kritisiert und erweitert worden. Zum einen ist hier die Operationalisierung und Messung von Vetospieler- und Vetopunktekonstellationen zu nennen, wie sie von Tsebelis,[10] Huber u. a. (1993), Schmidt (1996 ff.), Ganghof (2005) und Wagschal (2005) vorgelegt wurden (zur Übersicht vgl. Wagschal 2009). Im Grunde folgen diese Messungen einer ähnlichen Logik: Sie liefern in der Regel zeitlich invariante, annäherungsweise Bestimmungen der Zahl von „Mitregenten" (Schmidt) bzw. Vetopunkten in einem politischen System. Sie konzentrieren sich meist auf institutionelle Strukturen, die über die Zahl der Vetospieler entscheiden, vernachlässigen jedoch den Kohäsionsund Kongruenzaspekt (über die Details informieren Schmidt 2008; Wagschal 2009).[11]

Eine Ausnahme ist der Vetospielerindex von Wagschal (2005). Er unterscheidet zwischen den kompetitiven und konsensualen Vetopunkten. Die erst genannte Gruppe umfasst die Zentralbankautonomie, den Föderalismus, die EU-Mitgliedschaft, die Direktdemokratie, einen starken Bikameralismus, Präsidentialismus sowie Verhältniswahlsystem. Zur zweiten Gruppe zählen ein starkes Verfassungsgericht und mehrere Koalitionspartner.[12] Im Unterschied zu anderen Vetospielerindikatoren berücksich-

---
10 http://sitemaker.umich.edu/tsebelis/veto_players_data
11 Dabei gilt die Grundregel: je mehr Vetopunkte bzw. Vetospieler die Institutionenstruktur einer Demokratie aufweist, desto schwieriger sind Politikwechsel und desto wahrscheinlicher ist die Beibehaltung des Status quo.
12 Ähnlich auch Crepaz (2002), der zwischen „untestützenden" (collective) und blockierenden (competitive) Vetopunkten unterscheidet.

tigt Wagschals Index zumindest die politische Distanz (nicht aber die Kohäsion) und ist daher in besonderem Maße für quantitativ-vergleichende Untersuchungen zum Einfluss von Vetospielern auf Politikwechsel geeignet.

Die aktuelle Forschung zieht ein wohlwollendes Fazit zum Vetospielertheorem (Ganghof/Hönnige/Stecker 2009). Für die Theorie sprechen neben ihrer sparsamen Argumentation, theoretischer Eleganz und der guten Deduzierbarkeit von Hypothesen auch so manche Befunde der empirischen Forschung. Das Theorem kann erklären, warum Politikreformen in Staaten mit wenigen Vetospielern wie dem Vereinigten Königreich, Australien, Neuseeland aber auch Schweden größer ausfallen als in Deutschland und der Schweiz (Kaiser 2002). In Ländern mit hoher Vetospielerdichte erfolgen Um- oder Rückbau des Wohlfahrtsstaats deutlich gebremster als in Ländern mit wenigen „Mitregenten" (Schmidt 2002).

Jedoch lassen sich nicht alle Politikfelder gleich gut mit dem Ansatz bearbeiten, etwa die Geldpolitik sowie Fragen der Gleichstellung von Mann und Frau. Wer Tsebelis' Erklärungen mit der international vergleichenden Wohlfahrtsstaatsforschung verknüpft, wird feststellen, dass oftmals andere Schlüsselgrößen zur Erklärung von Politikwechseln und Politikstabilität herangezogen gehören (Ausgangssituation, Machtressourcen der Akteure, Problemdruck; vgl. Schmidt u. a. 2007). Andere Vetospieler mit nicht formaler, aber faktischer Blockademacht (Unternehmer, Gewerkschaften, sonstige Interessenverbände) fallen ebenso durch Tsebelis' Raster wie Verfassungsgerichte, Notenbanken oder die direkte Demokratie.

Schließlich ist in Bezug auf die theoretischen Grundannahmen von Tsebelis zu hinterfragen, ob es sinnvoll ist, von fixen Präferenzen der Akteure auszugehen, wo die empirische Forschung doch zeigt, dass sich diese durchaus wandeln können. Ferner unterstellt Tsebelis den Akteuren ausschließlich policy-Präferenzen und blendet wahltaktische Überlegungen der jeweiligen Akteure aus. Allerdings streben Vetospieler nicht immer nach Sachlösungen und politische Parteien sind keineswegs immer *policy-seekers*. Vielmehr zielen sie mitunter auf Machterhalt oder Machterwerb und verfolgen Strategien des office- und vote-seeking (Merkel 2003; Wagschal 2009).

5. Schlussbemerkungen

In diesem Beitrag haben wir uns auf wenige zentrale Ansätze beschränkt. Die „So what?"-Frage nach den Auswirkungen von Regierungssystemen, Demokratiestrukturen und Vetospielern auf die Staatstätigkeit und die Überlebensfähigkeit und Konsolidierungschancen von Demokratien konnte nur im Ansatz diskutiert werden.

Über die Stärken und Schwächen der einzelnen Konzepte und Typologien ist bereits gesprochen worden. Letztlich bestimmt sich ihr Nutzen danach, wie gut es ihnen gelingt, ihre Funktion der Ordnung der komplexen Vielfalt unterschiedlicher Institutionensets, der Zuordnung realer Fälle zu bestimmten Typen und ihres systematischen Vergleich zu erfüllen (Rüb 2001: 98). Sie müssen ihren analytischen und heuristischen Wert auch dann beweisen, wenn neue empirische Phänomene auftauchen, müssen sich also beständig neu bestätigen. Unter diesem Gesichtspunkt hat die ausdifferenzierte Typologie von Shugart und Carey für die Klassifikation alter und neuer Regierungssysteme in der unübersichtlicher gewordenen Landschaft demokratischer Systeme und neuer Fragestellungen Vorteile.

Die Darstellung institutionalistischer Ansätze hat ein Forschungsdesiderat offensichtlich gemacht, das insbesondere in Ansätzen zur Konstruktion von Typologien demokratischer Regierungssysteme und demokratischer Regime gegeben ist: die verengte Perspektive auf formale, d. h. (verfassungsrechtlich) kodifizierte Institutionen. Diese formal-legalen Regelungen legen zwar politische Verfügungsrechte für bestimmte Organisationen und Akteure und damit die Regeln der politischen Entscheidungsbefugnisse fest. Die Sicherung dieser politischen Verfügungsrechte wird jedoch von formal-legalen Regeln nicht durchgesetzt. Sie ist vielmehr das Ergebnis von strategischen Interaktionen zwischen Akteuren, die politischen Interaktionsregeln folgen, die zumindest teilweise „in der informellen Tiefenstruktur" (Heilmann 2000) politischer Regime generiert werden. In etablierten Demokratien, besonders aber in jungen Demokratien, bilden formale Institutionen also lediglich eine erste, institutionelle Oberflächenstruktur. Für eine ausreichende Analyse des Funktionierens von Regierungssystemen und Demokratien und des Zusammenhangs von institutionellen Strukturen und Politikergebnissen ist aber der Einbezug der ungeschriebenen Regeln für das Verhalten politischer Akteure („informale Verfassung", Bohne 1981) und ihrer Wirkung auf die geschriebenen Regeln dringend geraten (Merkel/Croissant 2000; Lauth 2000, 2009).

Demokratiestrukturen, wie sie Arend Lijphart in seinen Demokratietypen bündelt, korrelieren zwar mit bestimmten Politikergebnissen, erklären aber noch nicht deren Zustandekommen. Vetospielerkonstellationen werden auch durch außerinstitutionelle Faktoren beeinflusst. Institutionen definieren den – bedingt formbaren – Korridor, der bestimmte Spielräume für die strategischen Wahlhandlungen interagierender Akteure bereitstellt. Sie begrenzen Handlungsmöglichkeiten und Entscheidungsszenarien, ihre Reichweite ist jedoch nur selten allumfassend (Mayntz/Scharpf 1995). Zur Erklärung der Genese, Gestalt, politischen Dynamik und Wirkung von institutionellen Arrangements (Regierungssystem, Demokratietyp, konstitutionelle Begrenzungen von Vetospielerkonstellationen) muss die institutionalistische Perspektive zwingend mit einer Handlungs- und Akteursperspektive gekoppelt werden. Bei der konkreten Analyse sollten Institutionen nicht als isolierte Faktoren angesehen werden, sondern müssen in Beziehung zu Akteurskonstellationen, Handlungspräferenzen und Handlungsoptionen der Akteure gesetzt werden. Die „klassische" Institutionenforschung innerhalb der Vergleichenden Regierungslehre hat diese Anschlussmöglichkeiten nicht systematisch genutzt. Die neuere, auf den „Neuen Institutionalismus" in seinen historisch-strukturalistischen und rationalistischen Varianten (Peters 2001) gestützte Forschung ist diesbezüglich wesentlich ergiebiger.

Literatur

Aristoteles, 1970: Politik. Zürich.
Bagehot, Walter, 1963 [1867/1872]: The English Constitution. Harmondsworth.
Bohne, Eberhard, 1981: Der informale Rechtsstaat. Berlin.
Cheibub, José Antonio, 2007: Presidentialism, Parliamentarism, and Democracy. New York.
Cheibub, José A./Chernykh, Svitlana, 2008: Constitutions and Democratic Performance in Semi-Presidential Democracies, in: Japanese Journal of Political Science 9, 269–303.
Cheibub, José A./Limongi, Fernando, 2002: Democratic Institutions and Regime Survival: Parliamentarism and Presidentialism Reconsidered, in: Annual Review of Political Science.
Crepaz, Markus M., 2002: Global, Constitutional, and Partisan Determinants of Redistribution in Fifteen OECD Countries, in: Comparative Politics 34, 169–188.
Croissant, Aurel, 2003: Legislative Powers, Veto Players and the Emergence of Delegative Democracy: A Comparison of Presidentialism in the Philippines and Korea, in: Democratization 10, 68–99.
Croissant, Aurel/Schächter, Teresa, 2009: Demokratiestrukturen in Asien: Befunde, Determinanten und Konsequenzen, in: ZPol 19, 387–420.
Decker, Frank, 2009: Ist die Parlamentarismus-Präsidentialismus-Dichotomie überholt? Zugleich eine Repblik auf Steffen Kailitz, in: ZPol 19, 169–203.
Duverger, Maurice, 1980: A New Political System Model: Semi-Presidential Government, in: EJPR 8, 165–187.
Elgie, Robert, 1999: The Politics of Semi-Presidentialsm, in: ders. (Hrsg.): Semi-Presidentialism in Europe. Oxford/New York, 1–21.
Elgie, Robert/McMenamin, Ian, 2008: Semi-presidentialism and Democratic Performance, in: Japanese Journal of Political Science 9, 323–340.
Fortin, Jessica, 2008: Patterns of Democracy?, in: ZfVP 2, 198–220.
Fraenkel, Ernst, 1964: Parlamentarische Regierungssysteme, in: *ders./Karl Bracher* (Hrsg.): Lexikon Staat und Politik. Frankfurt a.M./Hamburg, 238–243.
Fuchs, Dieter, 2000: Typen und Indizes demokratischer Regime. Eine Analyse des Präsidentialismus- und des Veto-Spieler-Ansatzes, in: *Hans-Joachim Lauth* u.a. (Hrsg.): Demokratiemessung. Konzepte und Befunde im internationalen Vergleich. Wiesbaden, 27–48.
Ganghof, Steffen, 2005: Normative Modelle, institutionelle Typen und beobachtbare Verhaltensmuster. Ein Vorschlag zum Vergleich parlamentarischer Demokratien, in: PVS 46, 406–431.
Ganghof, Steffen, 2010: Resiliente Demokratietypen. Unveröffentliches Ms.
Ganghof, Steffen/Hönnige, Christoph/Stecker, Christian (Hrsg.), 2009: Parlamente, Agendasetzung und Vetospieler. Festschrift für Herbert Döring. Wiesbaden.
Heilmann, Sebastian, 2000: Die Politik der Wirtschaftsreformen in China und Rußland. Hamburg.
Huber, Evelyn/Ragin, Charles/Stephens, John D., 1993: Social Democracy, Christian Democracy, Constitutional Structure, and the Welfare State. Towards a Rsolution of Quantitative Studies, in: AJS 99, 711–749.
Kailitz, Steffen, 2008: Ein Unterschied wie Tag und Nacht? Fraktionsgeschlossenheit in Parlamentarismus und Präsidentialismus, in: ZPol 18, 291–324.
Kaiser, André, 1997: Types of Democracy: From Classical to New Institutionalism, in: Journal of Theoretical Politics 9, 419–444.
Kaiser, André, 2002: Verfassungspolitischer Wandel in Australien, Großbritannien, Kanada und Neuseeland im Vergleich. Frankfurt a.M./New York.
Kaltefleiter, Werner, 1970: Die Funktionen des Staatsoberhauptes in der parlamentarischen Demokratie. Köln/Opladen.
Kapstein, Ethan B./Converse, Nathan, 2008: Why Democracies Fail, in: Journal of Democracy 19, 57–68.
King, Blair Andrew, 2004: Empowering the Presidency. Interests and Perceptions in Indonesia's Constitutional Reforms, 1999–2002. PhD-thesis, Ohio State University.
Lane, Jan-Erik/Ersson, Svante O., 2000: New Institutional Politics. Outcomes and Consequences. London/New York.
Lauth, Hans-Joachim, 2000: Informal Institutions and Democracy, in: Democratization 7, 21–50.

Lauth, Hans-Joachim, 2009: Demokratietypen auf dem Prüfstand: Zur Reichweite von Lijpharts Mehrheits- und Konsensusdemokratie in der Vergleichenden Politkwissenschaft, in: *Klemens H. Schrenk/ Markus Soldner* (Hrsg.): Analyse demokratischer Regierungssysteme. Festschrift für Wolfgang Ismayr zum 65. Geburtstag. Wiesbaden, 47–61.
Lijphart, Arend, 1977: Democracy in Plural Societies. New Haven/London.
Lijphart, Arend, 1984: Democracies: Patterns of Majoritarian and Consensus Government in Twenty-One Countries. New Haven/London.
Lijphart, Arend, 1989: Democratic Political Systems. Types, Cases, Causes, and Consequences, in: Journal of Theoretical Politics 1, 33–48.
Lijphart, Arend, 1991 [2008]: Constitutional Choices for New Democracies, in: *ders.:* Thinking About Democracy. Power Sharing and Majority Rule in Theory and Practice. London/New York, 161–173.
Lijphart, Arend, 1999: Patterns of Democracy. Government Forms and Performance in Thirty-Six Countries. New Haven/London.
Lijphart, Arend/Crepez, Markus M., 1991: Corporatism and Consensus Democracy in Eighteen Countries: Conceptual and Empirical Linkages, in: BJPS 21, 253–246.
Linz, Juan J., 1994: Presidential or Parliamentary Democracy: Does it make a difference?, in: *Juan J. Linz/ Arturo Valenzuela* (Hrsg.): The Failure of Presidential Democracy. Baltimore/London, 3–90.
Linz, Juan J., 1990a: The Perils of Presidentialism, in: Journal of Democracy 1, 51–69.
Linz, Juan J., 1990b: The Virtues of Presidentialism, in: Journal of Democracy 1, 84–91.
Locke, John, 1989 [1689]: Zwei Abhandlungen über die Regierung, hrsg. und eingeleitet von *Walter Euchner.* Frankfurt a.M.
Mainwaring, Scott/Shugart, Matthew Sóberg (Hrsg.), 1997: Presidentialism and Democracy in Latin America. Cambridge.
Mayntz, Renate/Scharpf, Fritz W., 1995: Der Ansatz des akteurszentrierten Institutionalismus, in: *dies.* (Hrsg.): Gesellschaftliche Selbstregelung und politische Steuerung. Frankfurt a.M., 39–65.
Merkel, Wolfgang, 2003: Institutionen und Reformpolitik – Drei Fallstudien zur Vetospieler-Theorie, in: *Christoph Egle/Tobias Ostheim/Reimut Zohlnhöfer* (Hrsg.): Das rot-grüne Projekt – eine Bilanz der Regierung Schröder 1998–2002. Wiesbaden, 163–193.
Merkel, Wolfgang/Croissant, Aurel, 2000: Formale und informale Institutionen in defekten Demokratien, in: PVS 41, 3–31.
Metcalf, Lee Kendall, 2000: Measuring Presidential Power, in: CPS 33, 660–685.
Montesquieu, Charles de, 1965 [1748]: Vom Geist der Gesetze. Eingeleitet, ausgewählt und übersetzt von *Kurt Weigland.* Stuttgart.
Morgenstern, Scott/Nacif, Benito (Hrsg.), 2000: Legislative Politics in Latin America. New York u.a.
Müller-Rommel, Ferdinand, 2008: Demokratiestruktur und Leistungsbilanz von Regierungen. Kritische Anmerkungen zu Arend Lijphart's „Patterns of Democracy", in: ZfVP 1, 78–95.
Nohlen, Dieter/Thibaut, Bernhard, 1994: Transitionsforschung zu Lateinamerika: Ansätze, Konzepte, Thesen, in: *Wolfgang Merkel* (Hrsg.): Systemwechsel 1. Theorien, Ansätze und Konzeptionen.
Peters, Guy, 2001: Institutional Theory in Political Science. The 'New Institutionalism'. London/New York.
Roberts, Andrew, 2006: What Kind of Democracy Is Emerging in Eastern Europe?, in: Post-Soviet Affairs 22, 37–64.
Roller, Edeltraud, 2005: The Performance of Democracies. Political Institutions and Public Policy. Oxford.
Rüb, Friedbert W., 2001: Schach dem Parlament! Regierungssysteme und Staatspräsidenten in den Demokratisierungsprozessen Osteuropas. Wiesbaden.
Sartori, Giovanni, 1994: Comparative Constitutional Engineering. An Inquiry into Structures, Incentives and Outcomes. Houndsmils u.a.
Schmidt, Manfred G., 2001: Political Performance and Types of Democracy. Findings from Comparative Research, in: EJPR 41, 147–163.
Schmidt, Manfred G., 2008: Demokratietheorien. 4. Auflage, Opladen.
Schmidt, Manfred G./Ostheim, Tobias/Siegel, Nico A./Zohlnhöfer, Reimut, 2007: Der Wohlfahrtsstaat. Eine Einführung in den historischen und internationalen Vergleich. Wiesbaden.
Shugart, Matthew S./Carey, John M., 1992: Presidents and Assemblies. Constitutional Design and Electoral Dynamics. Cambridge.

Shugart, Matthew Søberg, 2005: Semi-Presidental Systems: Dual Executive and Mixed Authority Patterns, in: French Politics 3, 323–351.
Siaroff, Alan, 1998: Corporatism in 24 Industrial Democracies. Meaning and Measurement, in: EJPR 36, 175–205.
Soldner, Markus, 2009: „Semi-präsidentielle" Regierungssysteme? Überlegungen zu einem umstrittenen Systemtyp und Bausteine einer typologischen Rekonzeptualisierung, in: *Klemens H. Schrenk/Markus Soldner* (Hrsg.): Analyse demokratischer Regierungssysteme. Festschrift für Wolfgang Ismayr zum 65. Geburtstag. Wiesbaden, 61–83.
Steffani, Winfried, 1979: Parlamentarische und präsidentielle Demokratie. Strukturelle Aspekte westlicher Demokratien. Opladen.
Steffani, Winfried, 1995: Semi-Präsidentialismus: Ein eigener Systemtyp?, in: ZParl 26, 621–641.
Steffani, Winfried, 1997: Gewaltenteilung und Parteien im Wandel. Opladen/Wiesbaden.
Stepan, Alfred/Skach, Cindy, 1993: Constitutional Frameworks and Democratic Consolidation: Parliamentarism and Presidentialism, in: World Politics 46, 1–22.
Taagepera, Rein, 2003: Arend Lijphart's Dimensions of Democracy. Logical Connections and Institutional Design, in: Political Studies 51, 1–19.
Tsebelis, George, 1995: Decision Making in Political Systems: Vetoplayers in Presidentialism, Parliamentarism, Multi-Cameralism and Multi-Partyism, in: BJPS 25, 289–325.
Tsebelis, George, 2002: Veto Players: How Political Institutions Work. Princeton.
Tsebelis, George, 2009: Agenda Setting and Executive Dominance in Politics, in: *Steffen Ganghof/Christoph Hönnige/Christian Stecker* (Hrsg.): Parlamente, Agendasetzung und Vetospieler. Festschrift für Herbert Döring. Wiesbaden, 13–25.
Verney, Douglas, 1959: The Analysis of Political Systems. Liverpool.
Wagschal, Uwe, 2005: Steuerpolitik und Steuerreformen im internationalen Vergleich. Eine Analyse der Ursachen und Blockaden. Münster.
Wagschal, Uwe, 2009: Kompetitive und konsensuale Vetospieler in der Steuerpolitik, in: *Steffen Ganghof/ Christoph Hönnige/Christian Stecker* (Hrsg.): Parlamente, Agendasetzung und Vetospieler. Festschrift für Herbert Döring. Wiesbaden, 117–137.
Weaver, Kent R./Rockman, Bert A. (Hrsg.), 1993: Do Institutions Matter? Government Capabilities in the United States and Abroad. Washington.
Zohlnhöfer, Reimut, 2003: Rezension von George Tsebelis: Veto Players (2002), in: PVS 44, 255–258.

Vergleichende Verwaltungswissenschaft: Verwaltungssysteme, Verwaltungskulturen und Verwaltungsreformen in internationaler Perspektive

Sabine Kuhlmann

1. Einführung: Konzeptprobleme der Vergleichenden Verwaltungswissenschaft

Noch zu Beginn der 1990er Jahre wurde kritisiert, die vergleichende Verwaltungsforschung *(Comparative Public Administration)* sei „rather comparable than comparative" (Derlien 1992). Das Fehlen „echter" Vergleiche und die Ausrichtung der Forschung an *vergleichbaren* anstatt *vergleichenden* Studien wurden bemängelt. Dem Aufschwung der Forschungsrichtung in den 1960er und 1970er Jahren, die im angelsächsischen Kontext bereits ihren Aufstieg zur „,master science' in public administration" (Riggs 1976) anzukündigen schienen, folgte eine Ernüchterung. Die mangelnde übergreifende Theorie- und Konzeptbildung wurde ebenso Angriffspunkt der Kritik wie die überwiegend deskriptiv-darstellende Ausrichtung an Einzelländerstudien, die den eigentlichen Verwaltungsvergleich schuldig blieben (Peters 1996; Schnapp 2006).

Die Konzept- und Methodenprobleme, der sich die vergleichende Verwaltungsforschung systematisch gegenübersieht, haben unter anderem mit ihren konzeptionellen Wurzeln zu tun. Diese liegen in zwei sehr unterschiedlichen Teildisziplinen der Politikwissenschaft: der Verwaltungswissenschaft *(Public Administration)* auf der einen Seite und der Vergleichenden Politikwissenschaft *(Comparative Politics)* auf der anderen Seite (Peters 1996). Während der Verwaltungswissenschaft, insbesondere in ihrer angelsächsischen Variante als *Public Administration*, eine dynamische und reformorientierte Perspektive eigen ist und sie sich in weiten Teilen als qualitativ orientierte Verwaltungsreformwissenschaft mit einem starken Akzent auf der präskriptiven *„analysis for policy"* darstellt, ist die *Comparative Politics* in diesem Forschungssegment stärker statisch-deskriptiv und verfolgt eher einen Vergleich formal-institutioneller Entscheidungsinstitutionen innerhalb von aggregierten Vielländervergleichen. Die in der Policy- und Verwaltungsforschung prominente *„analysis for policy"* ist der *Comparative Politics* weitgehend fremd.

Hinzu kommt die transdisziplinäre Ausrichtung der Verwaltungswissenschaft. Verwaltung verlangt als Gegenstandsbereich der Forschung einen Rückgriff auf mehrere sozialwissenschaftliche Teildisziplinen (Politik-, Rechts-, Wirtschafts-, Geschichtswissenschaften, Soziologie, Psychologie) und setzt somit die Einbeziehung unterschiedlicher disziplinärer Zugänge und Methoden voraus, was sich wiederum erschwerend auf die Konzept- und Theoriebildung auswirkt. Weitere konzeptionelle und methodische Fallstricke ergeben sich aus dem so genannten *travelling problem*, d. h. der begrenzten Übertragbarkeit von Konzepten und Begriffen zwischen unterschiedlichen sprachlichen und kulturellen Kontexten (siehe Peters 1996), ferner aus der oftmals nur mangelnden Verfügbarkeit von empirischen Daten und Informationen, die sich für Verwaltungsvergleiche eignen, und last but not least aus der Tatsache, dass es zu Vergleichszwecken meist nötig ist, von empirischen Eigen- und Besonderheiten der Untersuchungsfälle zu abstrahieren, wenngleich diese aus der Logik des Einzelfalles als unverzichtbar erscheinen.

Unbeschadet dieser Schwierigkeiten ist die Vergleichende Verwaltungswissenschaft in den vergangenen Jahren entscheidende Schritte vorangekommen. Neben *vergleichbaren* Studien, die sich mit Beschreibungen und Analysen von Verwaltungssystemen unterschiedlicher Länder befassen, wurden inzwischen analytisch anspruchsvollere *vergleichende* Arbeiten vorgelegt, in denen der Versuch einer stärker theoretisch-konzeptionell angeleiteten Kategoriebildung, Typologisierung und Generalisierung unternommen wurde. Ziel des vorliegenden Beitrags ist es vor diesem Hintergrund, wesentliche Analysekonzepte, Typologien und Forschungsansätze der Vergleichenden Verwaltungswissenschaft vorzustellen und den bisher erreichten Stand der Disziplin zu konturieren. Hierzu werden zunächst markante Staatstraditionen und Verwaltungskulturen in Westeuropa vorgestellt (Abschnitt 2) und unterschiedliche Modelle der Verwaltungsorganisation erläutert, die in der vergleichenden Forschung herangezogen werden (Abschnitt 3). Danach wird die personelle Dimension von Verwaltungsvergleichen betrachtet, wobei auf Civil Service Systems und die formale Politisierung der Verwaltung Bezug genommen wird (Abschnitt 4). Abschnitt 5 behandelt die Rolle von Macht und Einfluss in Verwaltungen im Zusammenhang mit dem Aspekt ihrer funktionalen Politisierung. Anschließend wird auf die verwaltungswissenschaftliche Europäisierungsforschung (Abschnitt 6), die vergleichende Kommunalforschung (Abschnitt 7) und Verwaltungsreformen (Abschnitt 8) eingegangen. Den Abschluss bildet ein Ausblick auf den „europäischen Verwaltungsraum" (Abschnitt 9).

2. Staatstraditionen und Verwaltungskulturen in Westeuropa

Dem Vergleich von Verwaltungssystemen wird herkömmlich die Unterscheidung von zwei großen Clustern westlicher Verwaltungskultur zugrunde gelegt: der klassisch-kontinentaleuropäischen Rechtsstaatskultur auf der einen und der angelsächsischen Public Interest-Kultur auf der anderen Seite (vgl. Raadschelders/Rutgers 1996; König 2002, 2006; Pollitt/Bouckaert 2004; Kuhlmann 2009a). Die konkrete Länderzuordnung ist ihrerseits durch die Zugehörigkeit zu spezifischen Rechtsfamilien geprägt (*Common Law*, Römisch-französisch, Römisch-deutsch, Römisch-skandinavisch; vgl. La Porta et al. 1999; Schnapp 2004: 44 ff.). Bezieht man neben den verwaltungs- und rechtskulturellen Merkmalen auch die politisch-institutionelle Ausgestaltung des Verwaltungssystems mit ein, so ergeben sich für den (west)europäischen Verwaltungsraum – idealtypisierend und vereinfachend – vier Verwaltungsprofile:

(1) Kennzeichnend für das *kontinentaleuropäisch-napoleonische* Verwaltungsprofil (Bsp. Frankreich, Italien, Spanien, Griechenland, Portugal) ist zum einen die gemeinsame römisch-französische Rechtstradition und die wichtige Bedeutung des gesatzten Rechts. Das Staats- und Verwaltungsverständnis ist durch das Legalitätsprinzip *(principe de légalité)* bestimmt und spiegelt sich in einer umfassenden Kodifizierung von Rechtsnormen und einer ausgebauten verwaltungsgerichtlichen Judikatur wider. Wie auf dem europäischen Kontinent insgesamt (auch in Deutschland), stellt die öffentliche Verwaltung ein institutionelles Erbe des Absolutismus dar und befand sich bis ins späte 19. Jahrhundert in der Hand eines konstitutionellen Monarchen. Für die napoleonische Tradition waren vor allem die unter *Napoléon Bonaparte* zu Beginn des 19. Jahrhunderts durchgeführten Reformen wegweisend, die zunächst die französische Verwaltung prägten und sodann auf die Benelux-Länder sowie Italien und Spanien „ausstrahlten". Die napoleonische Tradition (vgl. Peters 2008) zeichnet sich durch einen starken Zentralstaat, eine umfassende, politikkulturell verwurzelte Akzeptanz (zentral-)staatlicher Regelungsautorität und eine mächtige zentralstaatliche Bürokratie aus, deren sektorale Behördenstränge zumeist von der zentralen bis auf die lokale Ebene reichen und als deren Personifizierung der zentralstaatlich ernannte Präfekt angesehen werden kann. Die subnationalen und lokalen Ebenen sind innerhalb der napoleonischen Tradition funktional nachrangig, so dass das Prinzip territorialer Verwaltungsorganisation und institutioneller Subsidiarität wenig entwickelt ist.

(2) Die *kontinentaleuropäisch-föderal* geprägte Verwaltungstradition (Deutschland, Österreich, Schweiz) weist in der starken legalistischen Ausrichtung der Verwaltung und der Rechtsstaatskultur, die der römischen Rechtstradition folgt, eine wesentliche Gemeinsamkeit mit den napoleonischen Systemen auf. Dabei hat die deutsche Verwaltungstradition ihre Wurzeln in der Preußischen Staatsverfassung, die in der Folgezeit auch die österreichische Verwaltung prägt. Ein markanter Unterschied zur napoleonischen Gruppe ist jedoch in der historisch begründeten wichtigen Rolle der subnational-dezentralen Ebenen sowie des Subsidiaritätsprinzips zu sehen. Die zentralstaatliche Bürokratie ist traditionell deutlich schwächer und numerisch „schmaler", wohingegen den subnational-dezentralen Institutionen eine wichtige politisch-administrative Bedeutung zukommt. So ist die starke Stellung der kommunalen Selbstverwaltung als ein wesentliches Distinktionsmerkmal hervorzuheben. In der Ausgestaltung des Verwaltungssystems dominieren das Territorialprinzip und eine Orientierung an der gebietsbezogenen Organisationsform (*multi purpose model;* siehe weiter unten).

(3) Die *skandinavischen Länder* (Schweden, Dänemark, Norwegen, Finnland) weisen hinsichtlich ihres Verwaltungsprofils deutliche Schnittmengen mit den kontinental-europäisch-föderalen Ländern auf, da sie ebenfalls der römischen Rechtstradition folgen. Allerdings kann ein markantes Merkmal des skandinavischen Verwaltungsprofils (im Unterschied zu anderen Systemen mit römischer Rechtstradition) in der Offenheit der Rekrutierungs- und Karrieresysteme des Öffentlichen Dienstes und in der ausdrücklichen Öffnung des Verwaltungssystems zur Bürgerschaft (Informationsfreiheit, Transparenz nach außen, Bürgerbeteiligung, Nutzerdemokratie) gesehen werden. Gemeinsamkeiten mit den kontinentaleuropäisch-föderalen Ländern sind ferner die subsidiär bestimmte Aufgabenverteilung im Verhältnis von zentralstaatlicher und lokaler Verwaltungsebene. Aufgrund ihres hochgradig dezentralen Verwaltungsaufbaus mit traditionell starker kommunaler Selbstverwaltung und hoher Handlungsautonomie der lokalen Selbstverwaltungseinheiten (etwa ablesbar am kommunalen Steueraufkommen) funktionieren daher die Länder innerhalb des skandinavischen Verwaltungsprofils – trotz ihres unitarischen Staatsaufbaus – teilweise sogar „dezentraler" als föderale Länder (insbesondere jene mit Verbundföderalismus, also Deutschland, Österreich; vgl. Pollitt/Bouckaert 2004).

(4) Die Länder der *angelsächsischen* (und anglo-amerikanischen) Verwaltungstradition werden in der vergleichenden Verwaltungswissenschaft typologisch der *Public Interest-* oder *Civic-Culture*-Tradition zugeordnet (Heady 2001; Halligan 2003; König 2006). Fußend auf den liberalen und utilitaristischen Staatsphilosophien ist sie durch ein instrumentelles Staatsverständnis gekennzeichnet, in dessen Mittelpunkt eher *government* als handelnde Regierung und weniger *state* als „Wert an sich" steht, so dass oft auch von *stateless society* die Rede ist. Die für das kontinentaleuropäische Verwaltungsverständnis wesentliche Trennung von öffentlicher und privater Rechtssphäre (siehe oben) ist den Ländern der Public-Interest-Tradition weitgehend fremd. Vor diesem Hintergrund ist auch der Konzept- und Ideentransfer zwischen öffentlicher und gesellschaftlich-marktlicher Sphäre reibungsloser, so dass beispielsweise managerielle Handlungsprinzipien des New Public Management (NPM) tief in der Verwaltungskultur verankert sind (König 2006). So ist die NPM-reformierte Verwaltung (siehe weiter unten) inzwischen für die angelsächsische und anglo-amerikanische Verwaltungswelt zu einem weiteren gemeinsamen Distinktionsmerkmal geworden (siehe Halligan 2003). Kennzeichnend für das Rechts- und Verwaltungsverständnis ist die Dominanz des *Common Law,* also des Fall- und Richterrechts, das nicht durch positive Rechtsetzung, sondern in erster Linie durch Rechtsprechung *(judge made law)* entsteht (La Porta et al. 1999: 10). Während Verwaltungshandeln in Kontinentaleuropa zu allererst Gesetzesvollzug im Wege der Rechtskonkretisierung ist, haben die legislativen Akte der angelsächsisch/anglo-amerikanischen Parlamente eher die Funktion von politischen Programmen, für deren Implementation die Verwaltung geeignete Mittel und Wege zu finden hat.

Eine Erklärung für das Bestreben, die Macht der Bürokratie und den Handlungsradius des Staates zu begrenzen, ist historisch in der frühen „Parlamentsherrschaft" in Großbritannien zu sehen, so dass die bürokratische Leistungsordnung von vornherein durch das politische Regime bestimmt wurde (König 2006: 24). Dies spiegelt sich auch darin wider, dass die Kontrolle der Verwaltung eher über die Parlamente und nach dem Grundsatz der *political accountability* und weniger über die Institution von Verwaltungsgerichten erfolgt. Die Bürokratie stand und steht also im angelsächsischen Kontext historisch von jeher in der Funktion des Politischen.

3. Verwaltungsaufbau und Verwaltungsorganisation

Bei der vergleichenden Analyse von Verwaltungsorganisationsmodellen ist zu unterscheiden zwischen den *Makrostrukturen* des Verwaltungsaufbaus im Mehrebenensystem einerseits und der *Mikroorganisation* der Verwaltung, d. h. inneren Behördengliederung und binnenadministrative Aufgabenverteilung, andererseits.

Hinsichtlich der Makrostrukturen ist nach grundlegenden Merkmalen des nationalen Verwaltungsaufbaus und der Staatsorganisation (föderal/unitarisch; zentralisiert/ dezentralisiert) sowie nach dem Verhältnis von zentralstaatlicher und subnational-dezentraler/kommunaler (Selbst-)Verwaltung zu fragen, worauf weiter unten genauer einzugehen ist. Ferner sind die Verteilung von Verwaltungsfunktionen sowie die Koordination öffentlicher Aufgaben zwischen den Verwaltungsebenen angesprochen. Diesbezüglich hat sich die Unterscheidung von zwei wesentlichen Grundmodellen der Verwaltungsorganisation eingeprägt, indem differenziert wird zwischen dem Gebietsorganisationmodell einerseits, das am Prinzip der Territorialität und gebietsbezogenen Bündelung von öffentlichen Aufgaben orientiert ist, und dem Aufgabenorganisationsmodell andererseits, welches am Prinzip der Funktionalität und sektoralen Spezialisierung von Verwaltungsaufgaben ausgerichtet ist (siehe Wagener 1979; Wollmann 2008; Kuhlmann 2009a; Bogumil/Jann 2009). Das Gebietsorganisationsmodell ist durch eine horizontale, sektorenübergreifende Verwaltungsorganisation bestimmt, in welcher eine territoriale Einheit (z. B. Kommune) alle auf dieser Ebene anfallenden Aufgaben bündelt und für einen Interessenausgleich unterschiedlicher (potenziell konfliktiver) Fachsektoren sorgen muss.

Verwaltungssysteme mit starken dezentralen (föderalen/kommunalen) Einheiten lassen sich diesem Typus der Gebietsorganisation und des Territorialprinzips zuordnen, traditionell u. a. Deutschland, Schweden, aber auch Großbritannien. Das Aufgabenorganisationsmodell dagegen zielt auf eine vertikale, funktionsbezogene Verwaltungsorganisation, in welcher für abgrenzbare Fachaufgaben jeweils ein spartenhaft ausgerichteter Behördenapparat von der (zentral)staatlichen bis auf die lokale Ebene existiert und die politische Verantwortlichkeit in der Regel außerhalb der betreffenden Instanz liegt. Hier wären traditionell die Verwaltungssysteme der napoleonischen Ländergruppe (siehe oben) zuzuordnen. Zwar gibt es in der Praxis auch immer Mischungen beider Typen von Verwaltungsorganisation, so dass eine trennscharfe Zuordnung meist schwer möglich ist. Jedoch können konkrete Verwaltungssysteme in Anlehnung an diese Grundmodelle als entweder dem Gebiets- oder dem Aufgabenorganisationsmodell nahestehend klassifiziert werden.

Bei der vergleichenden Analyse der Mikrostrukturen öffentlicher Verwaltung geht es insbesondere darum, die Binnenstrukturen von Behörden, Aufbau- und Ablauforganisation und die interne Geschäftsverteilung zu untersuchen. In einer Reihe von vergleichenden Arbeiten wird einer solchen Analyse von Mikrostrukturen der Webersche Idealtypus bürokratischer Herrschaft zugrunde gelegt (vgl. La Porta et al. 1999; Schnapp 2004). Ausgehend vom idealtypischen Weberianischen Verwaltungsmodell lässt sich der Abstand einer realen Verwaltungsorganisation vom Idealtypus der Weberianischen Verwaltung bestimmen und auf diese Weise ermitteln, welche Verwaltungssysteme stärker, welche schwächer „weberianisiert" sind (siehe dazu auch die Beiträge in Bekke et al. 1996; Bekke/Meer 2000; Halligan 2003). Dabei sind vor allem die Organisationsprinzipien der Amtshierarchie (z. B. Hierarchisierungsgrad), der Arbeitsteilung und Spezialisierung, des „formalen Gehorsams", des Legalitätsprinzips und der Verfahrensgerechtigkeit im Verwaltungsvollzug sowie der Professionalität und politischen Neutralität des Verwaltungspersonals entscheidend.

Zwar lassen sich Organisationstrukturen als Gegenstandsbereich der vergleichenden Verwaltungsforschung relativ leicht empirisch ermitteln, etwa über die Analyse von Organigrammen, Geschäftsverteilungsplänen und Geschäftsordnungen etc. Jedoch sind sie stark differenziert und komplex, so dass vergleichende Messverfahren hier nur um den Preis großer Abstraktion und kaum noch hinnehmbarer empirischer Vereinfachung angewendet werden können. Da es hierfür bislang kaum komparativ taugliche Konzeptvorschläge gibt (abgesehen von sehr abstrakten und wenig aussagefähigen Messmodellen, wie sie etwa bei OECD-Vielländervergleichen genutzt werden), verwundert es auch nicht, dass sich die Anzahl international vergleichender Verwaltungsstrukturanalysen bislang in Grenzen hält.

4. Verwaltungspersonal: Civil Service Systems und formale Politisierung

Die personelle Dimension öffentlicher Verwaltung wurde in den vergangenen Jahrzehnten in den Arbeiten zum Vergleich von *Civil Service Systems* aufgegriffen, die ihren Fokus vor allem auf die Ministerialbürokratie richtete (siehe Bekke et al. 1996; Alam 1998; Bekke/Meer 2000; Halligan 2003; Raadschelders et al. 2007; Derlien/Peters 2009). Dieser Strang der vergleichenden Verwaltungswissenschaft befasst sich zum einen mit der historischen Entwicklung, rechtlich-institutionellen Ausgestaltung und kulturellen Verankerung von öffentlichen Personalsystemen. Zum anderen geht es um die Analyse der Rekrutierungs- und Karrieremuster öffentlich Beschäftigter, ihrer Qualifikationswege, Einstellungen und Rollenverständnisse. Hierzu ist auch die

Frage der parteipolitischen Neutralität oder Gebundenheit der Ministerialbeamten zu zählen.

Der Umfang des Öffentlichen Personalkörpers und Stellenwert des Öffentlichen Dienstes als Arbeitgeber wird in ländervergleichender Perspektive üblicherweise dadurch ermittelt, dass die öffentliche Beschäftigung numerisch ins Verhältnis zur Gesamterwerbstätigkeit eines Landes gesetzt wird. Hier kontrastiert im europäischen Vergleich vor allem der ausgebaute Öffentliche Dienst der skandinavischen Länder (Norwegen: 29 Prozent, Schweden: 28 Prozent) sowie Frankreichs (22 Prozent) mit den schmalen öffentlichen Personalstäben Deutschlands (10 Prozent), Österreichs (10 Prozent) und der Schweiz (7 Prozent). Dabei spiegelt sich in den öffentlichen Personalzahlen der skandinavischen Ländern deren expansiver Wohlfahrtsstaat und in Frankreich zudem die politische und soziale Schlüsselposition des Öffentlichen Dienstes insgesamt wider, der im Verlauf des 20. Jahrhunderts zu einem der mächtigsten der Welt avancierte (Alam 1998). Großbritannien (15 Prozent), Italien (14 Prozent), Griechenland (14 Prozent) und Spanien (13 Prozent) nehmen eine mittlere Position ein.

Neben dem quantitativen Kriterium der Personalstärke wird in der vergleichenden Verwaltungswissenschaft als qualitative Unterscheidungsdimension öffentlicher Personalsysteme deren „Offenheit" oder „Geschlossenheit" genutzt (vgl. Auer et al. 1996; Alam 1998), die in engem Zusammenhang mit der oben erwähnten Staats- und Verwaltungstradition eines Landes steht. So zeichnet sich der klassisch-kontinentaleuropäische Öffentliche Dienst-Typus (Deutschland, Frankreich, Italien, Belgien) durch ein geschlossenes Personalsystem aus, welches durch die Trennung von öffentlichem Dienstrecht und allgemeinem Arbeitsrecht, ein senioritätsbasiertes Karrieresystem, geringe Durchlässigkeit für Seiteneinsteiger und einen geschlossenen Rekrutierungsmodus charakterisiert ist. Dem kontinentaleuropäischen Typus ist der Beamtenstatus geläufig, in welchem das Beschäftigungsverhältnis durch öffentliches Dienstrecht und einseitige Ernennung/öffentlich-rechtlichen Hoheitsakt in der Regel auf Lebenszeit begründet wird und welcher durch ein Laufbahnsystem *(carrier-based)* gekennzeichnet ist. Dabei sind Länder mit dominierendem Beamtenstatus, der als Regelbeschäftigungsverhältnis im Öffentlichen Dienst gilt, und die überwiegend ein *carrier-based-system* haben (Frankreich, Griechenland, Portugal) von Ländern mit Mischsystemen zu unterscheiden, die den Beamtenstatus nur für einen Teil des Öffentlichen Personals vorsehen und für die eine „Zweispurigkeit" von öffentlichem Dienst- und vertraglichem Angestelltenverhältnis gilt (Deutschland, Österreich, Dänemark, Schweden, Spanien, Niederlande; Demmke 2006). Allerdings ist darauf hinzuweisen, dass sich die Beamtenanteile in den einzelnen Ländern teilweise erheblich nach Ebenen und Sektoren unterscheiden.

Im angelsächsischen Civil-Service-Typus gibt es keine explizite Unterscheidung der Arbeitsverhältnisse von privatem Sektor einerseits und öffentlichem Sektor andererseits. Daher werden die Beschäftigungsverhältnisse der öffentlichen Bediensteten nicht durch ein spezifisches (vom privaten Arbeitsrecht getrenntes) Dienstrecht oder

Statut geregelt, sondern vertraglich begründet *(contract-based)*. Sie unterliegen grundsätzlich der Tarifautonomie und beinhalten keine strikte Laufbahnkarriere. Zudem sind private und öffentliche Beschäftigungssphären durchlässiger, Aufstiegs- und Bazahlungssysteme stärker leistungsorientiert und die Rekrutierungswege offener für Quereinsteiger, was allerdings die Ausbildung einer prestigereichen Verwaltungselite im Civil Service nicht ausschließt (in Großbritannien die sog. „Oxbridge-Elite" bestehend aus Absolventen der Universitäten Oxford und Cambridge). Die angelsächsischen Länder, aber beispielsweise auch Schweden, sind daher den „offenen Personalsystemen" zuzuordnen (Auer et al. 1996).

Als letztes Unterscheidungskriterium, welches sich auf die personelle Komponente von Verwaltungssystemen bezieht, ist die „formale Politisierung" zu nennen, mit der die (partei-)politisch kontrollierte Besetzung von administrativen Schlüsselpositionen bis hin zum Phänomen der „Ämterpatronage", angesprochen ist. Hinsichtlich dieses Kriteriums wäre als der eine Extrempol Großbritannien mit seinem traditionell „unpolitischen" *Civil Service* anzuführen, der durch die Vorstellung parteipolitischer Neutralität geprägt und als eine unteilbare *(impartial)*, von politischen Wechseln unabhängige dauerhafte *(permanent)* Instanz betrachtet wird, die in den Dienst jeder politisch legitimierten Regierung gestellt werden kann. So ist der britischen Ministerialbürokratie weder ein öffentliches parteipolitisches Auftreten erlaubt, noch kann ein *civil servant* Mitglied im Unterhaus oder im Europaparlament werden (kommunalpolitische Mandate sind allerdings möglich). Die absolute Loyalität der Ministerialbürokratie gegenüber der gerade amtierenden Regierung, insbesondere dem jeweils zuständigen Minister, dem der bestmögliche Rat zuteil werden soll, ist wesentlicher Bestandteil des Rollenprofils im *Civil Service*. Als der andere Extrempol können die USA mit ihrem oft kritisierten *spoil system* genannt werden, das durch den Austausch zahlreicher Ministerialbeamter nach Regierungswechseln gekennzeichnet ist. Auch für Deutschland, Frankreich, Belgien und Italien gilt eine vergleichsweise hohe und teils zunehmende formale Politisierung der Ministerialbürokratie bis hin zur Ämterpatronage (vgl. Schnapp 2006; Schwanke/Ebinger 2006).

5. Macht, Einfluss und funktionale Politisierung der Verwaltung

Die Frage nach dem Einfluss von Bürokratien auf politische Entscheidungsprozesse gehört zu den klassischen Fragen der vergleichenden Verwaltungswissenschaft und kann bereits auf Webers Ansatz der Bürokratietheorie zurückgeführt werden, wobei der Fokus wiederum auf der Ministerialbürokratie, also einem Verwaltungstypus liegt, der sich nahe an politischen Entscheidungsprozessen befindet und eher wenig mit direkten Vollzugs- und Implementations- oder Dienstleistungsfunktionen betraut ist (beispielhaft hier die Studie von Page 1992). Im Mittelpunkt steht die Frage nach den politischen Einfluss- und Gestaltungsmöglichkeiten von leitenden Ministerialbeamten in verschiedenen Ländern und in ländervergleichender Perspektive (vgl.

Peters 2009). Diese Variante der Politisierung von Verwaltung, in der es um die politisch responsiven, vorausschauenden, Politikrationalitäten antizipierenden und auf Politikprozesse Einfluss nehmenden Handlungsweisen von Ministerialbürokraten geht, wird in der vergleichenden Verwaltungsforschung auch als „funktionale Politisierung" bezeichnet (vgl. Mayntz/Derlien 1989; im Unterschied zur „formalen Politisierung"; siehe oben). Ein bevorzugter empirischer Zugang zum „Konstrukt" der funktionalen Politisierung ist dabei die Befragung von Spitzenbürokraten zu ihrem Rollenverständnis, insbesondere zu ihrer Einstellung hinsichtlich der politischen Aspekte ihrer Arbeit (vgl. Aberbach et al. 1981; Mayntz/Derlien 1989; Derlien 1994; Schwanke/Ebinger 2006). Dabei hat sich die idealtypische Unterscheidung von „klassischem Bürokraten" einerseits, für den ein lediglich ausführendes, technisches, unpolitisches Rollenverständnis charakteristisch ist, und *„Policy Maker"* andererseits, der auf Politikgestaltungsprozesse Einfluss nimmt und die politischen Aspekte seiner Tätigkeit eher positiv bewertet, eingeprägt (mit weiteren Sub-Typen siehe Aberbach et al. 1981). In der vergleichenden Forschung wird den Spitzenbürokraten der Länder Deutschland, Österreich, Frankreich, Schweden und Großbritannien ein hoher *Policy-Making-*Einfluss zugeschrieben (vgl. Page/Wright 1999). Dagegen haben die Ministerialbeamten in Italien, Griechenland und Belgien eher einen geringen Einfluss auf *Policy-Making-*Prozesse.

Neben diesem Bereich der vergleichenden Verwaltungsforschung, der Schnittmengen mit der politischen Kulturforschung aufweist, gibt es inzwischen auch Ansätze, das Einflusspotenzial von Ministerialbürokratien auf Policy-Making-Prozesse anhand konkreter organisationsstruktureller Arrangements zu ermitteln, womit eher eine (neo-)institutionalistische Perspektive aufgegriffen wird. Als einschlägig ist hier die Arbeit von Schnapp (2004) zu erwähnen, in der ministeriale Organisationsstrukturen und Entscheidungsinstitutionen in 21 Industrieländern untersucht wurden. Dabei steht die Frage im Mittelpunkt, inwieweit organisationsstrukturelle Arrangements von Ministerialbürokratien die Chancen der Verwaltungsakteure bestimmen, auf Policy-Making-Prozesse Einfluss zu nehmen. „Bürokratische Macht" wird aus der formal-organisatorischen Struktur von Verwaltungssystemen erklärt, womit Handlungs*chancen* und Einfluss*potenziale*, d. h. eher *möglicher* als *tatsächlicher* Einfluss, gemessen werden. Die Studie kommt zu dem Ergebnis, dass die Aktionsspielräume von Bürokratien nicht nur von den formalen Verwaltungsstrukturen bestimmt sind, sondern jeweils in Abhängigkeit von der Anzahl und der konkreten Präferenzkonstellation politischer Vetoakteure variieren (Schnapp 2004: 311 ff.).

6. Europäisierung der Verwaltung

Die Veränderung nationaler Verwaltungssysteme im Zuge der EU-Integration ist in den vergangenen Jahren zu einem bevorzugten Gegenstand der komparativen Verwaltungswissenschaft avanciert. Wenngleich der analytische Mehrwert und die empirisch-methodische Handhabung des Konzepts der „Europäisierung" nach wie vor umstritten sind (Goetz 2006: 472), nehmen die administrativen Veränderungen, die sich in den nationalen Kontexten mit dem EU-Integrationsprozess verbinden, inzwischen einen wichtigen Platz in der vergleichenden Forschung ein. In einem Teil der vorliegenden Arbeiten wird Verwaltung dabei eher als abhängige Variable gefasst, während ein anderer Teil der Studien sie als unabhängige Variable konzipiert (Goetz 2006: 472).

Die erstgenannte Gruppe von Studien befasst sich mit der Frage, welche Veränderungen der EU-Integrationsprozess in den nationalen Verwaltungssystemen auslöst und wie diese auf den supranationalen Impuls reagieren. Zum einen geht es darum zu ermitteln, wie die Einbindung in europäische Institutionen die Handlungsmöglichkeiten, Interaktionsstrukturen und Organisationsarrangements nationaler Ministerialbürokratien beeinflusst und welche institutionellen Arrangements für die Koordinierung nationaler EU-Politiken auf der Ebene der mitgliedsstaatlichen Ministerialbürokratien eingerichtet werden (Kassim et al. 2000 m. w. N.). Zum anderen wird der Blick auf die Anpassungsleistungen nationaler Verwaltungen an die Notwendigkeiten des Vollzugs von EU-Politiken gerichtet (Knill 2001; Héritier et al. 2001).

Die zweite Gruppe von Studien beschäftigt sich mit dem Zusammenhang von Verwaltungsstruktur und Verwaltungsperformanz unter der Fragestellung, wie sich die EU-Integration und die dadurch veränderte Verwaltungslandschaft auf die Performanz der nationalen Verwaltungen auswirken. Dabei wird für ausgewählte Politikfelder der Einfluss von verwaltungsorganisatorischen Gegebenheiten auf nationale Umsetzungs- und Vollzugsdefizite europäischen Rechts vergleichend untersucht (Falkner et al. 2005).

Nimmt man den EU-bedingten Wandel von Verwaltung auf zentralstaatlicher Ebene in den Blick, so kommt es einer prominenten These zufolge im Zuge der EU-Integration zunehmend zur Stärkung der Exekutiven und zur Schwächung der Parlamente innerhalb der nationalen Systeme (Moravcsik 1994). Allerdings gibt es inzwischen auch eine Reihe von Gegenargumenten, die darauf hinweisen, dass die Entparlamentarisierung weder zwingend noch in allen europäischen Ländern gleichermaßen auftritt, sondern dass die nationalen Legislativen sehr unterschiedlich auf den Integrationsimpuls reagieren (vgl. Benz 2004). Des Weiteren wurde argumentiert, dass innerhalb der nationalen Exekutiven am stärksten die Ministerialverwaltung von der EU-Integration profitiert, so dass sich Europäisierung in erster Linie als Bürokratisierung darstellt (Goetz 2003). Die Ministerialbürokraten werden zunehmend zu Mehrebenenspielern (was auf die Regierung nicht in gleichem Maße zutrifft) und sie „gebrauchen" Europa *(usage of Europe)* zur Durchsetzung ihrer eigenen sektoral-administrativen Interessen, worin sie aufgrund des bürokratischen Charakters des EU-Entscheidungssystems noch bestärkt werden.

Ferner haben vergleichende Studien gezeigt, dass die EU-Integration die Herausbildung von privilegierten Kernexekutiven *(core executive)* innerhalb der nationalen Systeme befördert, die über Ressortgrenzen hinweg die EU-bezogene Koordination des ministeriellen Regierens und Verwaltens übernimmt (Jann u. a. 2005). Der EU-Integration ist somit eine institutionell konzentrierende Wirkung im binnenstaatlichen Gefüge zuzuschreiben, da im Zuge der europabezogenen Diffusionsprozesse (zunehmende Europa-Betroffenheit von ehemals vornehmlich national geprägten Ministerien) zugleich die Regierungszentralen – oft gemeinsam mit den Finanzministerien (vgl. Maurer 2003) – zu wichtigen Koordinations- und Bündelungsinstanzen europäischer Politik werden. Allerdings wurden erhebliche Unterschiede zwischen den Ländern festgestellt und muss einschränkend darauf verwiesen werden, dass es „unterhalb" der „Kernexekutiven" fest institutionalisierte sektorale Fachbruderschaften im nationalen und supranationalen Kontext gibt, die durch die Arbeitskontakte zwischen EU-Kommission und den jeweiligen Ministerien noch bekräftigt werden (siehe für Norwegen und Schweden Larsson/Trondal 2005).

Hinsichtlich der intergouvernementalen Beziehungen wurde vor allem die These eines von Brüssel ausgehenden Zentralisierungsschubs im Verhältnis von Zentralstaat und subnationalen Akteuren vertreten, was mit Blick auf die europäischen Föderalstaaten und die dezentralisierten Einheitsstaaten mit fest verwurzelter kommunaler Selbstverwaltung (Schweden, Dänemark, Norwegen, Finnland) besondere Probleme aufwirft. Es wurde zum einen argumentiert, dass die Umsetzung der Vorgaben zur EU-Regionalpolitik tendenziell zur Konzentration von Entscheidungskompetenzen auf den ministerialen Verwaltungsapparat geführt habe und eine Beteiligung der für die Implementation von EU-Politiken zuständigen dezentralen Akteure an EU-Prozessen nur marginal stattfinde (Hughes et al. 2004). Zum anderen wurde darauf verwiesen, dass im Zuge der EU-Binnenmarktliberalisierung traditionell geschützte lokale Märkte und kommunale Anbietermonopole, etwa im Bereich von Infrastrukturleistungen, public utilities etc., aufgebrochen wurden, so dass die zuvor breiten Aufgabenbestände der Kommunen teilweise erheblich beschnitten wurden (Grunow 2006). Die Mittelverteilung im Rahmen der Kohäsions- und Regionalpolitik wirkt diesem Ent-Kommunalisierungs- und Zentralisierungstrend nur bedingt entgegen. Und auch der dezentral-transnationale Austausch, der die konkrete Ausgestaltung der sich neu etablierenden Formen regionaler und quasi-föderaler (Selbst-)Verwaltung in Europa mit beeinflusst, erscheint eher als ein moderates Gegengewicht zu den EU-bedingten Konzentrations- und Zentralisierungstendenzen. Inwieweit mit dem Vertrag von Lissabon, in welchem die kommunale Selbstverwaltung in Europa erstmals rechtlich garantiert worden ist, die dezentral-lokale Verwaltungsebene zukünftig eine stärkere Stimme in Europa erhalten wird, bleibt abzuwarten.

7. Kommunale Selbstverwaltung und multi level governance

In den Arbeiten der vergleichenden Bürokratie-, Civil Service- und Europäisierungsforschung, spielt die dezentral-kommunale Verwaltungsebene bislang eine eher untergeordnete Rolle. Dies muss erstaunen, da sich die Vollzugs- und Leistungsverwaltung in den meisten europäischen Ländern zum großen Teil, wenn nicht gar überwiegend kommunal-dezentral abspielt. Dies betrifft unter anderem die Aufgaben der Bau- und Planungsverwaltung (Bauleitplanung, Baugenehmigung), der sozialen Dienste (Sozialhilfe, Kinder- und Jugendhilfe, Altenpflege), der Infrastruktur (Stadtwerke, Straßeninstandhaltung) sowie teilweise, z. B. in Schweden und Großbritannien, auch des Schulwesens und Maßnahmen zur Arbeitsmarktwiedereingliederung (z. B. in Frankreich). Vor diesem Hintergrund empfiehlt es sich für die komparative Verwaltungswissenschaft, auf das analytische Instrumentarium der vergleichenden Kommunalforschung *(comparative local government)* zurückzugreifen, um Verwaltungskoordination im Mehrebenensystem *(multi level governance)* adäquat zu erfassen (Bogumil/Holtkamp 2006; Benz 2009).

In vertikaler Hinsicht können die Systeme kommunaler Selbstverwaltung in Europa zunächst danach unterschieden werden, ob staatliche Behörden und kommunale Selbstverwaltung ihre Aufgaben jeweils getrennt und weitgehend unabhängig voneinander ausführen oder ob die Ebenen stark interagieren und es zur Durchmischung staatlicher und kommunaler Aufgaben kommt (Bennet 1989). Ersterer Verwaltungstypus wird als Trennmodell *(separational system)* bezeichnet und ist traditionell charakteristisch für die britische (wie auch schwedische) Verwaltungstradition (vgl. Bulpitt 1983). So hielt sich im britische System (vor Thatcher) die zentralstaatliche Ebene aus dem subnationalen Politikvollzug weitgehend heraus und installierte kaum eigene nachgeordnete Behördenstränge im lokalen Raum, während den *local governments* die Wahrnehmung aller subnationalen Aufgaben in vergleichsweise großer Handlungsautonomie vorbehalten blieb (sog. dual polity; vgl. Bulpitt 1983). Der Variante der getrennten Wahrnehmung und Institutionalisierung von staatlichen und kommunalen Selbstverwaltungsaufgaben liegt eine monistische oder uniforme Aufgabenkonzeption zugrunde, die auf kommunaler Ebene keine Differenzierung zwischen übertragenen staatlichen und eigenen Selbstverwaltungsaufgaben kennt (Wollmann 2008: 259 ff.).

Für die kontinentaleuropäischen Länder dagegen sind eher „Mischsysteme" *(fused systems)* oder auch *„administrative integrated models"* (Baldersheim et al. 1996) kennzeichnend. Diese sind dadurch bestimmt, dass Staats- und kommunale Selbstverwaltungsaufgaben nicht getrennt erledigt, sondern administrativ integriert („vermischt") werden, wobei ein dualistisches Aufgabenverständnis zugrunde liegt, in welchem (übertragene) Staatsaufgaben von (eigenen oder übertragenen) kommunalen Selbstverwaltungsaufgaben unterschieden werden (sog. „Janusköpfigkeit"). Innerhalb der Mischsysteme kann noch einmal differenziert werden zwischen dem sog. „staatsadministrativen Integrationsmodell", in welchem die Staatsverwaltung zusätzlich zu ihren eigenen staatlichen Aufgaben die Selbstverwaltungsaufgaben der Kommunen erledigt, und dem „kommunaladministrativen Integrationsmodell", in welchem die Kommunen eine Doppelfunktion als Durchführungsinstanz für eigene Selbstverwaltungsaufgaben und übertragene staatliche Aufgaben wahrnehmen. Für das „staatsadministrative Integrationsmodell" kann prototypisch Frankreich (bis zur Dezentralisierung der

1980er Jahre) genannt werden, da dort staatliche Behörden traditionell intensiv in den lokalen Politikvollzug involviert waren/sind, während sich das „kommunaladministratives Integrationsmodell" in der deutschen und österreichischen Kommunaltradition wiederfindet.

Weitere wesentliche Kriterien zur Typologisierung von Kommunalsystemen sind die funktionale Stärke und der Umfang des kommunalen Aufgabenprofils *(functional responsibilities)*, quantitativ z. B. ablesbar am Anteil kommunaler Ausgaben an den Staatsausgaben insgesamt oder an der Lokalbeschäftigtenquote. Funktional starke Kommunalsysteme (Deutschland, Schweden, traditionell auch Großbritannien) weisen eher eine Orientierung am Territorialprinzip administrativer Kompetenzverteilung auf (Gebietsorganisationsmodell; siehe oben), was in Anlehnung an Wollmann (2004) auch als *multi purpose model* bezeichnet werden kann. Dagegen ist für die funktional schwachen Kommunalsysteme, bei denen die monofunktional operierende dekonzentrierte Staatsverwaltung administrativ den Vorrang hat (klassischerweise die napoleonischen Systeme), eher eine Ausrichtung am Funktionalprinzip (Aufgabenorganisationsmodell) charakteristisch, wofür die Bezeichnung des *single purpose model* vorgeschlagen wurde (ebd.).

Darüber hinaus werden die folgenden Kriterien für den Vergleich von Kommunalsystemen herangezogen (vgl. Page/Goldsmith 1987; Heinelt/Hlepas 2006; Kuhlmann 2009a):

1 verfassungsmäßiger Status der kommunalen Selbstverwaltung (Verfassungsgarantie),
2 lokale Handlungsautonomie *(local discretion)*, z. B. angezeigt durch den Anteil des eigenen lokalen Steueraufkommens an den gesamten Lokaleinnahmen,
3 intergouvernementale Verflechtungen *(state-local-relations)* und Zugang kommunaler Akteure auf übergeordnete Politik- und Verwaltungsebenen *(access)*, z. B. durch Möglichkeiten der ebenenübergreifenden Ämter- und Mandatskumulierung,
4 Stellenwert lokaler Demokratie und politische Stärke der kommunalen Selbstverwaltung im nationalen System (z. B. ablesbar an der Wahlbeteiligung und am politischen Einfluss lokaler Mandatsträger).[1]

Greift man auf die genannten Unterscheidungsmerkmale zurück, so ergibt sich in Anlehnung an Hesse/Sharpe (1991) eine Dreier-Typologie, auf die in der vergleichenden Forschung – trotz mancher Vergröberung und Vereinfachung – oft zurückgegriffen wird (vgl. Heinelt/Hlepas 2006; Kuhlmann 2009a) und die folgende Länder-Cluster beinhaltet:

---

1 Mit dem „politischen Profil" sind auch die Kompetenz- und Machtverteilung zwischen wesentlichen Akteuren des kommunalen Entscheidungssystems (insbesondere Bürgermeister, Rat, Verwaltung), die Struktur und der Wahlmodus der Exekutive (ein- vs. mehrköpfige Exekutive; direkte vs. indirekte Wahl) sowie der Stellenwert direktdemokratischer Beteiligungsformen (Referenden; Plebiszite) angesprochen.

Tabelle 1: Typen von Lokalsystemen in vergleichender Perspektive

Vergleichsmerkmal	North Middle European Group	Franco-Group	Anglo-Group
Verfassungsstatus	hoch	hoch	gering
Central-local-Verflechtung/ access/staatliche Kontrolle	gering/mittel	hoch	gering
Funktionale Stärke (responsibilities)	hoch	gering	hoch
Handlungsspielraum (discretion)	hoch/mittel	mittel	hoch
Politische Stärke/ community identity	hoch	hoch	gering
Länderzuordnung	Core-Group: N, S, DK Sub-Group: A, CH, D, NL	F, I, B, E, P, GR	UK, IRE*

* Von den nicht-europäischen Lokalsystemen sind CA, AU, US, NZ zur *Anglo-Group* zu zählen.
Eigene Darstellung (in Anlehnung an Hesse/Sharpe 1991).

Wichtig für die Klassifizierung von Lokalsystemen ist neben dem politischen und funktionalen Profil der kommunalen Selbstverwaltung das „territoriale Profil" der lokalen Ebene. Es stellt eine wichtige institutionelle Rahmenbedingung für die Lebensfähigkeit *(viability)* und Leistungskraft der Kommunen dar. In Anlehnung an Norton (1994), Baldersheim et al. (1996) und Wollmann (2008) kann dabei unterschieden werden zwischen dem sog. „südeuropäischen Kommunaltypus" mit kleinteiliger Gemeindestruktur, vielen Gemeinden mit geringer Einwohnerzahl und Verzicht auf Gebietsreformen und dem sog. „nordeuropäischen Kommunaltypus" mit wenigen großflächigen Einheitsgemeinden, die als Folge weitreichender Gebietsreformen eine hohe Einwohnerzahl aufweisen. Beispiele für den „südeuropäischen Kommunaltypus" finden sich vor allem in der *Franco-Group*, während die *Anglo-Group* eher dem nordeuropäischen Gebietsmodell (mit UK als Spitzenreiter) zuzurechnen ist. Das große Cluster der *North Middle European Group* ist teils dem „nordeuropäischen Gebietstypus" (N, S, DK, NL, für D: NRW, Hessen) und teils dem „südeuropäischen Kommunaltypus" (CH, A, für D: Rheinland-Pfalz, Schleswig-Holstein, Teile Ostdeutschlands) zuzuordnen.

8. Verwaltungsreformen

Verwaltungsreformen resultieren in der Regel aus zielgerichteten institutionenpolitischen Interventionen. Sie sind als der Versuch politisch-administrativer Akteure anzusehen, die institutionelle Ordnung, innerhalb derer sie Entscheidungen treffen und vollziehen *(polity)*, zu verändern, was auch als *polity-policy* bezeichnet worden ist (Wollmann 2000: 199 f.). Verwaltungsreformen, die sich auf die Außenbeziehungen richten *(externe Verwaltungsreformen)*, haben Veränderungen in den funktionalen und/oder territorialen Kompetenzgrenzen, Regeln der Mitgliedschaft und Beziehungen zwischen Organisationen unterschiedlicher Ebenen oder Sektoren zum Gegenstand. Sie laufen darauf hinaus, die „Gestalt" der Institutionenordnung insgesamt zu verändern (Benz 2004: 20) und die institutionellen Grenzen neu zu bestimmen. *Interne Verwaltungsreformen* befassen sich dagegen mit Veränderungen der Verteilung von Aufgaben und Ressourcen innerhalb von Verwaltungsorganisationen und zwischen internen Verwaltungseinheiten sowie der Neugestaltung von Entscheidungs- und Kooperationsregeln (Kuhlmann 2009a: 30 ff.).

Ein wesentlicher Pfad der Verwaltungsreform in Europa betrifft die Umschichtung von Verwaltungskompetenzen im Mehrebenensystem, womit Prozesse der De-/Rezentralisierung von Aufgaben, Regionalisierung, Devolution bis hin zur „Quasi-Föderalisierung" angesprochen sind. In den letzten Jahrzehnten sind in einer wachsenden Zahl bislang unitarisch verfasster europäischer Länder Prozesse der Dezentralisierung in Gang gesetzt worden – sei es als Föderalisierung bzw. Quasi-Föderalisierung (Belgien, Spanien, Italien, Großbritannien) oder als „einfache" Regionalisierung (Frankreich, Schweden; vgl. Marcou/Wollmann 2008: 138 ff.). Darüber hinaus ist es in vielen Staaten zu einer (weiteren) Abschichtung von Verwaltungskompetenzen von der (zentral-)staatlichen Ebene auf die kommunalen Gebietskörperschaften gekommen, wobei teils eine „echte" Kommunalisierung (oder politische Dezentralisierung), teils eine „unechte" Kommunalisierung (administrative Dezentralisierung) verfolgt wurde. Für Erstere können prototypisch die Länder Schweden und Frankreich, aber teils auch Italien genannt werden, da dort mit der administrativen Aufgabenübertragung den gewählten kommunalen Vertretungsorganen auch politische Beschluss- und Kontrollrechte im Hinblick auf die übertragenen Aufgaben eingeräumt wurden. Dagegen findet sich die „unechte" Kommunalisierung in Deutschland, wo die Kommunen (meist die Landkreise) zwar neue Aufgaben, jedoch keine politischen Beschlussrechte dazu erhalten (Kuhlmann 2009b). Inwieweit sich die Art der Aufgabenübertragung auf die Performanz des Verwaltungshandelns auswirkt, ist in der vergleichenden Forschung bislang umstritten (vgl. Kuhlmann 2010a).

Ein weiterer Strang der Verwaltungsreform europäischer Staaten betrifft die territoriale Neugliederung von Verwaltungseinheiten oder auch „territoriale Konsolidierung" subnationaler Räume *(territorial consolidation)*. Hier bewegen sich die europäischen Reformansätze insbesondere zwischen den beiden Extrempolen der – eher weichen Variante von – Verwaltungskooperation (Bsp. Frankreich, Italien, Spanien, Süddeutschland) und der – radikaleren Form von – Gebietsfusion (Großbritannien, Skandinavien, Nord- und teils Ostdeutschland). Es gibt Hinweise darauf, dass im Zuge dieser Reformen die überkommene Typologie von Nord- und Südeuropäischem Gebietsmodell (siehe oben) zunehmend verschwimmt (exemplarisch hierfür die Bildung von Einheitsgemeinden in Griechenland; vgl. Hlepas/Getemis 2009).

Schließlich ist als ein wesentlicher Reformbereich der Verwaltung in Europa die Modernisierungsbewegung im Rahmen des New Public Management (NPM) zu erwähnen (vgl. Pollitt/Bouckaert 2004; Kuhlmann 2009a), die sowohl externe als auch interne Reformelemente beinhaltet. In Abkehr vom Konzept des expansiven Wohlfahrtsstaates und der „klassisch-bürokratischen" Verwaltung zielt das NPM einerseits darauf, den Aktionsradius des Staates neu zu bestimmen (einzuschränken), Marktmechanismen zu stärken, Wettbewerb zu fördern und die Position des Bürgers als Kunden zu kräftigen. Andererseits geht es im Binnenverhältnis darum, betriebswirtschaftliche Managementmethoden einzuführen, bürokratische Organisationsstrukturen aufzubrechen und die Handlungssphären von Politik und Verwaltung klarer zu entkoppeln.

Vergleichende Forschungsarbeiten zur NPM-Reform haben seit den 1980er Jahren einen regelrechten Boom erlebt. Eine Vielzahl von Studien beschäftigte sich mit Fragen der Konzeptdiffusion, Umsetzung und (vereinzelt) mit den Wirkungen der NPM-Reform (siehe unter anderem Pollitt/Bouckaert 2004; Naschold/Bogumil 2000; Wollmann 2002; Kuhlmann 2010b). Auf die Erkenntnis reagierend, dass die NPM-Bewegung zwar gleichläufige Diskurse und instrumentelle Konvergenzen auslöste, jedoch in den einzelnen Ländern sehr unterschiedliche Reformpfade *(trajectories)* verfolgt und mithin geradezu gegenläufige Effekte beobachtet wurden, sind verschiedene Regimetypen der NPM-inspirierten Verwaltungsreform unterschieden worden, die teils mit den in Kapitel 2 genannten Verwaltungsprofilen/-kulturen korrelieren (Bouckaert 2006).

Der *angelsächsische* Regimetypus (Großbritannien, Neuseeland, USA) lässt sich als strikt marktorientiert kennzeichnen, ist stark auf *down-sizing* des Öffentlichen Sektors *(minimizing)*, umfangreiche Privatisierungsmaßnahmen und auf das „Konsumentenbild" *(marketizing)* zugeschnitten. Mit Blick darauf, dass die britischen Reformschritte, vor allem im Gefolge der *„Thatcherist revolution"*, zu einer (durchaus intendierten) Schwächung der kommunalen Selbstverwaltung durch Agenturbildung und Quangoisierung[2] geführt haben, ist auch von einer pointiert zentralisierenden Wirkungsrichtung des NPM in Großbritannien die Rede (Wollmann 2008).

Der *skandinavische* Regimetypus ist insbesondere durch die Verknüpfung von (klassischen) Reformelementen der Nutzerpartizipation und lokalen (kooperativen) Demokratie auf der einen Seite und gemäßigten Wettbewerbselementen sowie Performanz- und Transparenzorientierung auf der anderen Seite gekennzeichnet *(modernizing)*. Wesentliches Merkmal ist die traditionell verwurzelte Evaluations- und Informationskultur, die für Leistungsmessung und -vergleich günstige Ausgangsbedingungen bietet. Die demokratieorientierten Reformvorstellungen im Zusammenspiel

---

2 Beide Prozesse spielen sich jenseits der politisch legitimierten kommunalen Selbstverwaltung ab. Mit „Quangoisierung" ist dabei die zunehmende Verbreitung von sog. „quasi-autonomous non-governmental organizations" (quangos) gemeint, die durch Übertragung von öffentlichen Aufgaben auf monofunktionale, institutionell verselbständigte, außerhalb der Behördenhierarchie operierende quasiautonome Institutionen angesprochen, die insbesondere seit dem Aufkommen der New Public Management-Bewegung zu beobachten ist. Agenturen (Agencies) dagegen unterstehen formell den Ministerien, haben aber auch – ähnlich den Quangos – weitgehende institutionelle Autonomie.

mit der (weiteren) Stärkung der kommunalen Selbstverwaltung haben bewirkt, dass NPM-inspirierte Public-Sector-Reformen in Skandinavien in erster Linie dezentralisierende Effekte mit sich gebracht haben.

Der *kontinentaleuropäische* Regimetypus wird in der vergleichenden Literatur häufig als ein eher an Bewahrung *(maintaining)* und allenfalls inkrementalem Wandel orientiertes Regime gekennzeichnet. Den vorliegenden Arbeiten zufolge werden Reformmaßnahmen demnach vor allem zur Verteidigung öffentlicher Bürokratien verfolgt, wohingegen außenorientierte Reformschritte der Marktöffnung und des Wettbewerbs nachrangig sind. Diese These wurde allerdings in der neueren Literatur etwas revidiert, indem der kontinentaleuropäische Reformtypus weniger mit Beharrung und Bestandswahrung als mit dem Aufkommen eines neuen Verwaltungsmodells, der „Neo-Weberianischen Verwaltung", in Zusammenhang gebracht wurde (Bouckaert 2006). Dieser These zufolge besteht gerade in den klassisch-kontinentaleuropäischen Verwaltungssystemen die typische Neigung, management-/performanzorientierte Reformelemente unter Beibehaltung von rechtsstaats- und regelorientierten Handlungsstrukturen zu implementieren, so dass es zu einem neuen Mix von klassischer und managerieller Verwaltung kommt (ebd.).

Hinsichtlich der Umsetzung einer funktionalen Rollentrennung von Politik und Verwaltung/Management, die vom NPM gefordert wurde, sind die bislang vorliegenden empirischen Befunde äußerst widersprüchlich (Schnapp 2006). Einerseits gibt es Anhaltspunkte dafür, dass die Verwaltungsspitzen in den NPM-Vorreiterländern (Australien, Neuseeland, Kanada, Großbritannien) inzwischen eine deutlich größere Distanz zu politischen Entscheidungen zeigen und ihr Handlungsprofil vermehrt auf administrative (managerialistische) Aufgaben eingegrenzt wird (Maor 1999). Andererseits liegen Studien vor, die der These einer NPM-bedingten Entpolitisierung des Verwaltungshandelns klar widersprechen (vgl. z. B. Bogumil et al. 2008; Rouban 1999).

Insgesamt wurde von der vergleichenden Forschung deutlich herausgearbeitet, dass einerseits die politisch-administrativen Ausgangsbedingungen (vor allem unitarischer vs. föderal-dezentraler Staatsaufbau) und andererseits die Verwaltungskultur/-tradition einen starken Einfluss auf die NPM-Reformumsetzung haben (Pollitt/Bouckaert 2004), was als Bestätigung historisch-institutionalistischer Theorieansätze in der Verwaltungsforschung angesehen werden kann (Kuhlmann/Fedele 2010; Kuhlmann 2010b). NPM-inspirierte Verwaltungsreformen wurden reibungsloser und radikaler in Ländern der angelsächsischen Public Interest-Tradition durchgesetzt als in Ländern mit klassisch-kontinentaleuropäischer Verwaltungstradition, die stärker durch klassisch-weberianische Organisationsprinzipien gekennzeichnet sind. Die skandinavischen Länder lassen sich hier als Mischform einordnen (siehe König 2006).

9. Ausblick: Auf dem Weg zum „Europäischen Verwaltungsraum"?

Hinsichtlich der weiteren Entwicklung der Verwaltung in Europa wurde einerseits die Vermutung aufgestellt, dass es zu einer zunehmenden Konvergenz der verschiedenen europäischen Verwaltungssysteme kommt. Da diese unter ähnlichem externen Druck stehen, insbesondere ausgelöst durch die Kräfte der Globalisierung (insbesondere Weltmarktkonkurrenz), Europäisierung (Angleichung der rechtlichen Regelungen etc.) und Ökonomisierung (NPM), verlieren die historischen Bestimmungsfaktoren von bislang voneinander abweichenden nationalen Verwatungsstrukturen zunehmend an Wirkungskraft. Die europäisierte Verwaltung könnte eine Art Zwischenstufe von der nationalstaatlich geprägten Verwaltung hin zum „europäischen Verwaltungsraum" *(European administrative space)* sein, der durch institutionelle, kognitive und normative Angleichung und „Harmonisierung" gekennzeichnet ist (vgl. Siedentopf 2004; kritisch Wollmann 2002; Goetz 2006).

Die hier präsentierten Forschungsarbeiten der vergleichenden Verwaltungswissenschaft haben indes gezeigt, dass die allgemeine Konvergenzbehauptung in mehrfacher Hinsicht differenziert werden muss, um ein realitätsgerechtes Bild der Verwaltungsentwicklung in Europa zu erhalten. So hat die empirische Forschung zwar auf der Ebene von Policies Konvergenzen infolge der europäischen Integration nachgewiesen und herausgearbeitet, dass es zur Intensivierung informaler Interaktionsstrukturen zwischen Ministerialbürokratien in europäischen Policy-Netzwerken kommt. Jedoch kann von einer europaweiten Konvergenz auf der Ebene der Polity, also der Verwaltungsstrukturen und Organisationsmodelle, kaum die Rede sein. Vielmehr reagieren die nationalen Verwaltungssysteme auf die EU-bedingte Policy-Angleichung in sehr unterschiedlicher Weise und innerhalb distinkter politisch-institutioneller Pfadabhängigkeiten (Knill 2001).

Des Weiteren wurde darauf hingewiesen, dass internationale Reformleitbilder, wie das NPM, oftmals nur auf der Diskurs- oder Verlautbarungsebene *(talk)* Konvergenzen nach sich ziehen *(discursive convergence)*, während in der Handlungspraxis *(decision/action)*, d. h. auf der Entscheidungs- Umsetzungs- und Wirkungsebene deutliche Unterschiede, wenn nicht Divergenzen zwischen den Ländern zu beobachten sind (Pollitt 2001; Jann 2006: 132). Vor diesem Hintergrund können die eher normativ inspirierten Konvergenzannahmen einer genaueren empirischen Prüfung kaum standhalten. Dies hängt vor allem mit den „hausgemachten" *(domestic)* historischen, politisch-kulturellen und akteurbezogenen Bestimmungsfaktoren der Verwaltungsentwicklung zusammen, die als ursächlich dafür anzusehen sind, dass die Verwaltungspluralität in Europa fortbesteht und sich teils sogar verstärkt, womit das Bild eines „Differential Europe" weiterhin Geltungskraft beanspruchen kann (Héritier 2001).

Literatur

Aberbach, Joel D./Putnam, Robert D./Rockman, Bert A., 1981: Bureaucrats and Politicians in Western Democracies. Cambridge/Mass.
Alam, M. Manzoor, 1998: Public Personnel Policy in Europe. A Comparative Analysis of Seven European Countries. Helsinki.
Baldersheim, Harald/Illner, Michael/Offerdal, Audun/Rose, Lawrence/Swianiewicz, Pawel (Hrsg.), 1996: Local Democracy and the Processes of Transformation in East-Central-Europe. Boulder.
Bekke, Hans A.G.M./Perry, James L./Toonen, Theo A.J. (Hrsg.), 1996: Civil Service Systems in Comparative Perspective. Bloomington/Ind.
Bekke, Hans A.G.M./Meer, Frits M., van der (Hrsg.), 2000: Civil Service Systems in Western Europe. Cheltenham u. a.
Bennet, Robert (Hrsg.), 1989: Territory and Administration in Europe. London/New York.
Benz, Arthur, 2004: Path-Dependent Institutions and Strategic Veto Players: National Parliaments in the European Union, in: West European Politics 27, 875–900.
Benz, Arthur, 2009: Politik in Mehrebenensystemen, Wiesbaden.
Bogumil, Jörg/Holtkamp, Lars, 2006: Kommunalpolitik und Kommunalverwaltung: Eine policyorientierte Einführung, Wiesbaden.
Bogumil, Jörg/Jann, Werner, 2009: Verwaltung und Verwaltungswissenschaft in Deutschland. Einführung in die Verwaltungswissenschaft. 2. überarb. Auflage, Wiesbaden.
Bogumil, Jörg/Grohs, Stephan/Kuhlmann, Sabine/Ohm, Anna, 2008: Zehn Jahre Neues Steuerungsmodell. Eine Bilanz kommunaler Verwaltungsmodernisierung. 2. Auflage, Berlin.
Bouckaert, Geert, 2006: Auf dem Weg zu einer Neo-Weberianischen Verwaltung. New Public Management im internationalen Vergleich, in: *Bogumil, Jörg/Jann, Werner/Nullmeier, Frank* (Hrsg.): Politik und Verwaltung. PVS Sonderheft 37, 354–372.
Bulpitt, Jim, 1983: Territory and Power in the United Kingdom: An Interpretation. Manchester.
Demmke, Christoph, 2006: Europäisierung der Personalpolitiken in Europa. Die öffentlichen Dienste zwischen Tradition, Modernisierung und Vielfalt, in: *Bogumil, Jörg/Jann, Werner/Nullmeier, Frank* (Hrsg.): Politik und Verwaltung. PVS Sonderheft 37. Wiesbaden, 373–396.
Derlien, Hans-Ulrich, 1992: Observations on the State of Comparative Administrative Research in Europe – Rather Comparable than Comparative, in: Governance 5, 279–311.
Derlien, Hans-Ulrich/Peters, Guy B. (eds.), 2009: The State at Work. Public Sector Employment in Ten Western Countries. Vol. 1. Edward Elgar.
Falkner, Gerda/Treib, Oliver/Hartlapp, Miriam/Leiber, Simone, 2005: Complying with Europe: EU Harmonisation and Soft Law in the Member States. Cambridge.
Goetz, Klaus H., 2003: The Federal Executive: Bureaucratic Fusion versus Governmental Bifurcation, in: *Dyson, Kenneth H. F./Goetz, Klaus H.* (Hrsg.): Germany, Europe and the Politics of Constraint. Oxford, 55–72.
Goetz, Klaus H., 2006: Europäisierung der öffentlichen Verwaltung – oder europäische Verwaltung? in: *Bogumil, Jörg/Jann, Werner/Nullmeier, Frank* (Hrsg.): Politik und Verwaltung. PVS Sonderheft 37. Wiesbaden, 472–490.
Grunow, Dieter, 2006: Auswirkungen der europäischen Integration auf die Rolle der Kommunen im politischen Mehrebenensystem, in: *DIfU* (Hrsg.), Brennpunkt Stadt. Lebens- und Wirtschaftsraum, gebaute Umwelt, politische Einheit. Festschrift für Heinrich Mäding zum 65. Geburtstag. Berlin: DIfU, 137–153.
Halligan, John (Hrsg.), 2003: Civil Service Systems in Anglo-American Countries. Cheltenham u. a.
Hesse, Joachim Jens/Sharpe, Laurence J., 1991: Local Government in International Perspective: Some Comparative Observations, in: *Hesse, Joachim Jens* (Hrsg.): Local Government and Urban Affairs in International Perspective. Baden-Baden, 603–621.
Heady, Ferrel, 2001: Public Administration: A Comparative Perspective. 6th editions. New York.
Heinelt, Hubert/Hlepas, Nicos K., 2006: Typologies of Local Government Systems, in: *Bäck, H./Heinelt, H./Magnier, A.* (eds.): The European Mayor. Wiesbaden, 21–42.
Héritier, Adrienne/Knill, Christoph/Lehmkuhl, Dirk/Teutsch, Michael/Douillet, Anne-C., 2001: Differential Europe: The European Union Impact on National Policymaking. Lanham, MD.

Hughes, James/Sasse, Gwen/Gordon, Claire, 2004, Conditionality and Compliance in the EU's Eastward Enlargement: Regional Policy and the Reform of Subnational Government, in: Journal of Common Market Studies 42, 523–551.

Hlepas, N.-K./Getimis, P., 2009: Impacts of local governments reforms in Greece: an interim assessment. Discussion paper presented at the 5th ECPR general Conference in Potsdam, September 2009.

Jann, Werner et al., 2005: Regierungsorganisation als Institutionenpolitik: ein westeuropäischer Vergleich. Potsdam, Forschungspapiere „Regierungsorganisation in Europa", Heft 01.

Jann, Werner, 2006: Die skandinavische Schule der Verwaltungswissenschaft: Neo-Institutionalismus und die Renaissance der Bürokratie, in: *Bogumil, Jörg/Jann, Werner/Nullmeier, Frank* (Hrsg.): Politik und Verwaltung. PVS Sonderheft 37, Wiesbaden, 121–148.

Kassim, Hussein/Peters, B. Guy/Wright, Vincent (Hrsg.), 2000: The National Co-ordination of EU Policy: The Domestic Level, Oxford.

Knill, Christoph, 2001: The Europeanisation of National Administrations: Patterns of Institutional Change and Persistence. Cambridge.

König, Klaus, 2002: Zwei Paradigmen des Verwaltungsstudiums – Vereinigte Staaten von Amerika und Kontinentaleuropa, in: *König, Klaus* (Hrsg.): Deutsche Verwaltung an der Wende zum 21. Jahrhundert, Baden-Baden, 393–423.

König, Klaus, 2006 : Öffentliches Management in einer legalistischen Verwaltungskultur, in: *Jann, Werner/ Röber, Manfred/Wollmann, Hellmut* (Hrsg.): Public Management. Grundlagen, Wirkungen, Kritik. Festschrift für Christoph Reichard zum 65. Geburtstag. Wiesbaden, 23–34.

Kuhlmann, Sabine, 2009a: Politik- und Verwaltungsreform in Kontinentaleuropa. Subnationaler Institutionenwandel im deutsch-französischen Vergleich. Baden-Baden.

Kuhlmann, Sabine, 2009b: Reforming Local Government in Germany: Institutional Changes and Performance Impacts. in: German Politics; vol. 18, no. 2, 226–245.

Kuhlmann, Sabine, 2010a: Siegeszug der Territorialität? Dezentralisierungsprofile und -wirkungen in Westeuropa, in: *Schimanke, Dieter* (Hrsg.): Verwaltung und Raum – Zur Diskussion um Leistungsfähigkeit und Integrationsfunktion von Verwaltungseinheiten. Wiesbaden, 101–126.

Kuhlmann, Sabine, 2010b: New Public Management for the „Classical Continental European Administration": Modernization at the Local Level in Germany, France, and Italy, in: Public Administration (i. E.).

Kuhlmann, Sabine/Fedele, Paolo, 2010: New Public Management in Continental Europe: Local Government Modernization in Germany, France and Italy from a Comparative Perspective, in: *Wollmann, Hellmut/Marcou, Gérard* (eds.): Production and Delivery of Social and Public Services in Cross-Country Comparison. Between Government, Governance, and Market. Cheltenham/Northampton (i. E.).

Larsson, Torbjörn/Trondal, Jarle, 2005: After Hierarchy? The Differentiated Impact of the European Commission and the Council of Ministers on Domestic Executive Governance. Oslo, ARENA Working Paper series 22.

La Porta, Rafael/Lopez-de-Silanes, Florencio/Shleifer, Andrei/Vishny, Robert, 1999: The quality of government, in: Journal of Law, Economics, and Organization 15, 222–279.

Maor, Moshe, 1999: The Paradox of Managerialism, in: Public Administration Review 59, 5–18.

Maurer, Andreas, 2003: Germany: Fragmented Structures in a Complex System, in: *Wessels, Wolfgang/ Maurer, Andreas/Mittag, Jürgen* (Hrsg.), Fifteen into One? The European Union and its Member States. Manchester, 115–149.

Mayntz, Renate/Derlien, Hans-Ulrich, 1989: Party Patronage and Politization of the West German Administrative Elite 1970–1987. Towards Hybridization? in: Governance, 2, 384 ff.

Moravcsik, Andrew, 1994: Why the European Union Strengthens the State: Domestic Politics and International Cooperation. Cambridge MA, Center for European Studies, Working Paper Series No 52.

Naschold, Frieder/Bogumil, Jörg, 2000: Modernisierung des Staates. New Public Management in deutscher und internationaler Perspektive. 2. Auflage. Opladen.

Norton, Allan, 1994: International Handbook of Local and Regional Government: A Comparative Analyses of Advanced Democracies. Aldershot.

OECD, 2009: Government at a Glance; download: www.oecd.org/document/33/0,3343,en_2649_33735_43714657_1_1_1_1,00.html

Page, Edward C., 1992: Political Autonomy and Bureaucratic Power: A Comparative Analysis. 2. Aufl., Brighton.
Page, Edward C./Goldsmith, Michael J. (Hrsg.), 1987: Central and Local Government Relations. A Comparative Analysis of West Euopean Unitary States. London.
Page, Edward C./Wright, Vincent (eds.), 1999, Bureaucratic Elites in Western European States. Oxford.
Pollitt, Christopher, 2001: Clarifying Convergence: Striking Similarities and Durable Differences in Public Management Reform, in: Public Management Review, vol. 4, no. 1, 471–492.
Pollitt, Christopher/Bouckaert, Geert, 2004: Public Management Reform. A Comparative Analysis. Second Edition. Oxford.
Peters, B. Guy, 1996: Theory and Methodology, in: *Bekke, Hans A.G.M/Perry, James L./Toonen, Theo A. J.* (Hrsg.): Civil Service systems in comparative perspective. Bloomington, 13–41.
Peters, B. Guy, 2008, The Napoleonic Tradition, in: International Journal of Public Sector Management, vol. 21, no. 2, 118–132.
Peters, B. Guy, 2009: The Politics of Bureaucracy: An Introduction to Comparative Public Administration. London: Routledge.
Raadschelders, Jos C. N./Rutgers, Mark R., 1996: The Evolution of Civil Service Systems, in: *Bekke, Hans A.G.M./Perry, James L./Toonen, Theo A.J.* (Hrsg.): Civil Service Systems in Comparative Perspective. Bloomington/Ind., 67–99.
Raadschelders, Jos C.N./Toonen, Theo A.J./Meer, Frits M., van der (Hrsg.), 2007: Comparative Civil Service Systems in the 21st Century. Houndmills u. a.
Riggs, Fred W., 1976, The Group and the Movement: Notes on Comparative Development Administration, in: Public Administration Review 36, no. 6, 648–654.
Rouban, Luc, 1999: The Senior Civil Service in France, in: *Page, Edward C./Wright, Vincent* (Hrsg.): Bureaucratic Elites in Western European States. A Comparative Analysis of Top Officials. Oxford, 65–89.
Schnapp, Kai-Uwe, 2004: Ministerialbürokratien in westlichen Demokratien. Eine vergleichende Analyse. Opladen.
Schnapp, Kai-Uwe, 2006: Comparative Public Administration, in: *Bogumil, Jörg/Jann, Werner/Nullmeier, Frank* (Hrsg.): Politik und Verwaltung. PVS Sonderheft 37. Wiesbaden, 327–353.
Schwanke, Katja/Ebinger, Falk, 2006: Politisierung und Rollenverständnis der deutschen Administrativen Elite 1970 bis 2005 – Wandel trotz Kontinuität, in: *Bogumil, Jörg/Jann, Werner/Nullmeier, Frank* (Hrsg.): Politik und Verwaltung. PVS Sonderheft 37. Wiesbaden, 228–249.
Siedentopf, Heinrich (Hrsg.), 2004: Der Europäische Verwaltungsraum. Baden-Baden.
Wagener, Frido, 1979: Der öffentliche Dienst im Staat der Gegenwart, in: Veröffentlichungen der Vereinigung der Deutschen Staatsrechtslehrer 37, 215–260.
Wollmann, Hellmut, 2000: Evaluierung und Evaluierungsforschung von Verwaltungspolitik und -modernisierung – zwischen Analysepotenzial und -defizit, in: *Stockmann, Reinhard* (Hrsg.): Evaluationsforschung. Opladen, 195–233.
Wollmann, Hellmut, 2002: Verwaltungspolitische Reformdiskurse und -verläufe im internationalen Vergleich, in: *König, Klaus* (Hrsg.): Deutsche Verwaltung an der Wende zum 21. Jahrhundert. Baden-Baden, 489–524.
Wollmann, Hellmut, 2008: Reformen in Kommunalpolitik und -verwaltung. England, Schweden, Frankreich und Deutschland im Vergleich. Wiesbaden.

Die Europäische Union in der Vergleichenden Politikwissenschaft*

Siegmar Schmidt

1. Einführung

Warum ist in einer Einführung in die politikwissenschaftliche Teildisziplin der Vergleichenden Regierungslehre ein Abschnitt zur Europäischen Union[1] enthalten? Diese Frage ist keineswegs rein rhetorischer Natur, denn ein Blick in die gängigen Einführungswerke in die Vergleichende Regierungs- oder Systemlehre zeigt, dass die EU in der Regel nicht explizit betrachtet wird. Dies ist erstaunlich, zumal der Grad der Verflechtung der nationalen politischen Systeme mit der EU stark gewachsen ist: Bis zu 60 Prozent – mit steigender Tendenz – der deutschen Gesetze gehen mittlerweile auf Rechtsakte der EU zurück. Über 80 Prozent der Bestimmungen über den grenzüberschreitenden Transfer von Dienstleistungen, Personen und Gütern werden direkt von der EU erlassen (Hix 2005: 3). Auch wenn diese hohen Werte jüngst bezweifelt worden sind,[2] so besteht kein Zweifel daran, dass die Entscheidungen der EU-Institutionen immer stärker direkt in die Lebenszusammenhänge der EU-Bürger eingreifen. Sie erstrecken sich mittlerweile auf alle Politikbereiche. Die Vorstellung von einer reinen Wirtschaftsgemeinschaft EU ist von der politischen Entwicklung völlig überholt, bleibt nichtsdestotrotz aber durchaus noch im Bewusstsein vieler Bürger der Mitgliedsstaaten präsent. Der wesentliche Grund für die Vernachlässigung der EU im *Mainstream* der vergleichenden Politikwissenschaft ist der Charakter der EU. Die in den Sozial- und Rechtswissenschaften gleichermaßen kontrovers diskutierte Gretchenfrage lautet: Welche Art von Staat, System oder Akteur stellt die EU überhaupt dar?

Die Diskussion bewegte sich seit Jahrzehnten zwischen den Polen Staatenbund und Bundesstaat. Im „Maastricht-Urteil" des Bundesverfassungsgerichtes vom 12. Oktober 1993 wird die EU als Staatenverbund bezeichnet. Dieser neue Begriff hat sich al-

---

* An dieser Stelle möchte ich mich bei Wolf Schünemann, M.A., für seine zahlreichen Hinweise und Ergänzungen zu diesem Beitrag herzlich bedanken.
1 Die Bezeichnung EU wird für den Zeitraum ab Inkrafttreten des Vertrages von Maastricht verwendet, demgegenüber bezieht sich die Bezeichnung EG (Europäische Gemeinschaften) auf den Zeitraum von der Unterzeichnung der Römischen Verträge im Jahr 1957 bis 1993.
2 Vgl. hier zusammenfassend die Argumente Töllers (2008), die gegen die hohen Werte sprechen und für viele Bereiche deutlich niedrigere Werte konstatieren. Dem hält Göler (2009) entgegen, dass in der von den Kritikern benutzten Datenbank nicht alle Europäisierungsimpulse berücksichtigt wurden, die sich auf die deutsche Rechtsordnung auswirken.

lerdings in der politikwissenschaftlichen Diskussion nicht durchsetzen können. Neuere Untersuchungen über die realen Politikprozesse in der EU und die wieder aufgeflammte Diskussion über den Endpunkt, die so genannte Finalität des europäischen Integrationsprozesses zeigen, dass sich die EU weder in Richtung eines Staatenbundes noch eines Bundesstaates entwickeln wird. Inwieweit sich der vom Bundesverfassungsgericht in seinem Urteil zum Lissabon-Vertrag (Juni 2009) verwendeter Begriff des „Integrationsverbund[s] durchsetzen wird, bleibt abzuwarten.

Der deutsche Staatsrechtslehrer Knut Ipsen machte aus der Not, die EU einzuordnen, gewissermaßen eine Tugend, als er die damalige EG als ein System „sui generis" (eigener Art) bezeichnete. Obwohl die Bezeichnung *sui generis* wenig aussagekräftig ist, herrscht in den Teildisziplinen weitestgehender Konsens, dass die EU ein einzigartiger Akteur bzw. ein politisches System neuen Typs ist. In der politikwissenschaftlichen Analyse der EU konkurrieren verschiedene Ansätze zur Erklärung der Natur der EU miteinander.[3] Während die EU aus der Perspektive der Teildisziplin Internationale Beziehungen als zwischenstaatliches Verhandlungssystem betrachtet wird, kann sie aus der Sicht der Regierungslehre eher als ein dynamisches Mehrebenensystem begriffen werden.

Das Ziel dieses Beitrages besteht darin, die Relevanz der EU für Analyse und Vergleich politischer Systeme zu verdeutlichen. Im folgenden Kapitel *zwei* wird zunächst ausführlich der besondere Charakter der EU diskutiert. Es wird argumentiert, dass die EU kein Staat ist, aber ein spezielles politisches System, das sich deutlich von nationalen politischen Systemen unterscheidet. Die Besonderheiten des politischen Systems der EU werden dann anhand der Institutionen und ihrer Funktionen verdeutlicht. Anschließend werden zwei konkurrierende Verständnisse des EU-Prozesses dargestellt und bewertet. Zunächst wird der Mehrebenen-Ansatz erläutert. Ausgehend von der Fragmentierung des politischen Prozesses in der EU und seiner hohen Dynamik beschreibt er die EU als ein dynamisches und mehrdimensionales Verhandlungssystem. Eng angelehnt an die Theorien der internationalen Beziehungen ist der zweite Ansatz, der die EU als zwischenstaatliches (intergouvernementales) Verhandlungssystem begreift.

Die Kapitel *drei* und *vier* rücken das Verhältnis zwischen Mitgliedsstaaten und EU in den Mittelpunkt der Analyse. Ausgangspunkt ist die Überlegung, dass sich die Strukturen und Politiken der EU und der Mitgliedsstaaten wechselseitig beeinflussen und Politik sowohl in inhaltlicher als auch in institutioneller Hinsicht modifizieren. Zum einen werden die Wirkungen der EU auf die politischen Systeme der Mitgliedsstaaten – vor allem der BRD – diskutiert. Zum anderen werden die Möglichkeiten und Strategien der Mitgliedsstaaten, das politische System der EU zu beeinflussen, vorgestellt. Abschließend stellt sich die Frage nach den speziellen Konsequenzen für die Arbeitsweise der Teildisziplin Vergleichende Regierungslehre.

---

3 Vgl. zur Diskussion um die unterschiedlichen Einordnungsversuche der EU Schmidt/Schünemann (2009: 56–58).

2. Die EU – ein Regierungssystem? Zum Charakter der EU

2.1 Die EU – kein Staat, sondern ein politisches System sui generis

In ihrem einführenden Beitrag in diesem Band beziehen sich Hans-Joachim Lauth und Christoph Wagner auf den Systembegriff von Gabriel Almond. Demnach verfügen alle politischen Systeme über regelmäßig wiederkehrende Strukturen, üben identische Funktionen aus, wobei die politischen Strukturen multifunktional sind, und besitzen einen Mischcharakter aus traditionellen und modernen Elementen. Es ist unschwer zu erkennen, dass die EG/EU diese vier abstrakten Kriterien erfüllt. Auch lässt sich das systemtheoretische Kreislaufmodell – *input*-Seite (Parteien, Interessengruppen, Bürger), *output*-Seite (bindende Entscheidungen der Exekutive) und *Feedback* (Responsivität der politischen Systeme) – ohne weiteres auf die EG/EU übertragen. Problematisch wird es allerdings, wenn der Besitz des Gewaltmonopols als zusätzliches Kennzeichen jeglicher politischer Systeme eingeführt wird *(vgl. den Beitrag von Lauth/Wagner zum Gegenstand der Teildisziplin* in diesem Band). Die EG/EU besitzt kein eigenes Gewaltmonopol im Sinne der Verfügungsgewalt über einen Zwangsapparat aus Polizei, Militär etc. Das Gewaltmonopol liegt bislang einzig und allein bei den Mitgliedsstaaten. Die schwierigen Verhandlungen über die Stärkung der Polizeibehörde EUROPOL und den Aufbau gemeinsamer Krisenreaktionskräfte im Rahmen der Europäischen Sicherheits- und Verteidigungspolitik (ESVP) demonstrieren die Vorbehalte der Nationalstaaten, diesen Kernbereich der staatlichen Souveränität auch nur teilweise zu vergemeinschaften. Das Fehlen des Gewaltmonopols bedeutet auch, dass die EU kein Staat ist, denn für Staaten ist das Gewaltmonopol ebenfalls konstitutiv.

Weiterhin unterscheidet sich die EU von Nationalstaaten dadurch, dass sie über kein Staatsvolk mit einer wie auch immer gearteten kollektiven Identität verfügt. Europa, so Kielmansegg (1996: 55) „ist keine Kommunikationsgemeinschaft, kaum eine Erinnerungsgemeinschaft und nur sehr begrenzt eine Erfahrungsgemeinschaft". Die EU der gegenwärtig 25 und nach dem Beitritt Rumäniens und Bulgariens 2007 27 Mitgliedsstaaten verfügt auch nicht über „ein Mindestmaß an gemeinsamer politischer Kultur" (Jachtenfuchs/Kohler-Koch 1996: 35–36) als Basis für ein Gemeinwesen. Weiterhin fehlt weitgehend eine europäische Zivilgesellschaft, intermediäre Gruppen und Parteien, die europaweit aktiv die Interessen ihrer Mitglieder und Anhänger unterstützen würden (Schmidt 2000: 36). Von einer europäischen Öffentlichkeit und einer gemeinsamen Identität als Grundlage von Staatlichkeit kann – trotz gemeinsamer Verfassungstraditionen und der Jahrzehnte langen Mitgliedschaft in der EG/EU – nicht ausgegangen werden. Jachtenfuchs/Kohler-Koch (1996: 34–35) argumentieren daher, dass sich die Debatte über die EU von der Fixiertheit auf das „Modell Staat" lösen müsse und alternative Modelle besser geeignet wären, die empirische Realität der EU zu erfassen und Orientierungspunkte für die weitere Entwicklung zu liefern.

Die meisten Darstellungen über die EU vermeiden eine ausführliche Diskussion über den Charakter der EU und reflektieren nur ansatzweise die konzeptionellen Schwierigkeiten und theoretischen Inkonsistenzen bei der Verwendung der Instrumente und Ansätze der Vergleichenden Regierungslehre. Es dominiert ein in theoretischer Hinsicht oftmals unreflektierter Pragmatismus vieler Analysen. Damit soll nicht der Erkenntniswert und die Nützlichkeit ungezählter Darstellungen über die Institutionen und Politikfelder der EU generell in Frage gestellt werden, sondern auf ein grundsätzliches theoretisches Defizit bezüglich der Analyse der EU verwiesen werden.[4] Ob die Ursache für dieses Defizit in der Komplexität und Dynamik der EU selbst begründet liegt oder der Unfähigkeit, „Demokratie und Herrschaft über den Staat hinaus zu denken" (Jachtenfuchs/Kohler-Koch 1996: 34) geschuldet ist, sei hier dahingestellt.

2.2 Besonderheiten des EU-Regierungssystems: Die EU-Institutionen

Ausgangspunkt der Analysen des politischen Systems der EU ist die Feststellung, dass auf europäischer Ebene politische Herrschaft ausgeübt oder – einfacher ausgedrückt – regiert wird. Die EU besitzt zwar kein Gewaltmonopol, doch verfügt sie durchaus über reale Macht, indem sie zweifelsohne eine „autoritative Allokation von Werten" (Easton) vornimmt. Beispielsweise entscheidet die EU-Strukturpolitik zur Förderung von benachteiligten Regionen durch vor allem finanzielle Transfers – also redistributiv – über die Entwicklungschancen der Betroffenen. Von den verschiedenen Fördermaßnahmen profitierten bis zur Aufnahme von zehn Staaten im Jahr 2004 ca. 25 Prozent der EU-Bevölkerung. Im aktuellen mittelfristigen Finanzrahmen für die Jahre 2007-2013) betrug der Anteil der Mittel für Regionalförderung/Kohäsionspolitik 45 Prozent am EU-Haushalt und war damit noch vor den Agrarausgaben mit knapp 42 Prozent der größte Haushaltsposten.

Betrachtet man verschiedene politikwissenschaftliche Einführungen in die EU, so fällt auf, dass die meisten Autoren einerseits die europäischen Institutionen sowie einzelne Politikfelder beschreiben und analysieren, andererseits aber darauf verzichten, die klassische Gewaltenteilung aus Exekutive, Legislative und Judikative für die Analyse des EU-Regierungssystem zu verwenden.[5] Wenn überhaupt, dann werden gerade die Begriffe Legislative und Exekutive eher implizit oder mit Anführungszeichen versehen. Eine Ausnahme stellt das Lehrbuch von Hix (2005) mit dem Titel „The Political System of the European Union" dar. Wie problematisch diese Analogie zu politischen Systemen demokratischer Nationalstaaten in der EU oder im Vergleich zu den USA sind, lässt sich an Kompetenzen und Funktionen einiger Institutionen

---

4 Vgl. hier die Beiträge im Sammelband von Kohler-Koch (1998) sowie das Kap. 2.5.
5 So die bekannten Einführungen von Wallace/Wallace (2000), Dinan (1999), Bomberg/Peterson (1999), Pfetsch (2001); Wessels (2008) und Tömmel (2008).

demonstrieren. Betrachten wir zunächst den Rat der Europäischen Union, auch *Ministerrat* genannt. Der Ministerrat – im EU-Jargon meist nur Rat genannt – besitzt sowohl exekutive als auch legislative Funktionen. Der Ministerrat, der in wechselnder Zusammensetzung der Fachminister tagt, ist die Vertretung der Nationalstaaten und handelt die „Gesetze"[6] (Verordnungen und Richtlinien) der EU für viele Politikbereiche unter Beteiligung des Europäischen Parlamentes (EP) aus. Er wird dabei unterstützt vom Rat der Ständigen Vertreter (COREPER)[7]. Im Rat wird je nach Politikfeld nach unterschiedlichen Verfahren – mit absoluter Mehrheit (mindestens 50 Prozent der Stimmen), qualifizierter Mehrheit (mindestens 74 Prozent der Stimmen) oder einstimmig – abgestimmt. Der Lissabon-Vertrag sieht anstelle der Stimmenmehrheit von 74 Prozent frühestens 2014 (verbindlich 2017) sog. doppelte Mehrheiten zur Regel für qualifizierte Mehrheitsentscheidungen vor: Demnach müssen 55 Prozent der Mitgliedstaaten, die 65 Prozent der der Gesamtbevölkerung aller EU-Mitgliedsstaaten repräsentieren, zugestimmt haben, bevor eine qualifizierte Mehrheitsentscheidung wirksam werden kann. In einigen Bereichen wie der Außen- und Sicherheitspolitik ist der Vergemeinschaftungsgrad gering, der Rat ist hier bestimmendes Organ.

Das *Europäische Parlament* (EP) kann nach der sukzessiven Ausweitung seiner Kompetenzen in vielen Politikbereichen erheblichen Einfluss ausüben. Die Zustimmung des EP ist bei Entscheidungen in den meisten Politikfeldern erforderlich.[8] Mit dem Lissabon-Vertrag sind die Haushaltsbefugnisse des Parlaments erweitert worden, da Rat und Parlament die Ausgaben gemeinsam festlegen. Dies gilt auch für die Agrarausgaben, die jahrzehntelang von der Parlamentsverfügung ausgenommen worden waren. Das EP besitzt weiterhin kein Initiativrecht bei der Gesetzgebung. Die Initiative für Gesetzesvorhaben geht nach wie vor von der Kommission aus. Allerdings können Rat und Parlament die Kommission zur Initiative auffordern, besitzen also ein indirektes Initiativrecht. Das EP bestimmt auch nicht die „Regierung" der EU, die Kommission, allerdings bedürfen die EU-Kommissare einschließlich des Kommissionspräsidenten der Ernennung und damit der Akzeptanz durch das EP. Hierbei kann das EP auch die Zustimmung verweigern, es wählt zwar der Präsidenten der Kommission, doch der Wahlvorschlag kommt von Europäischen Rat. Im Zuge der Diskussion um das Demokratiedefizit der Europäischen Union spielt die Forderung

---

6 Die Rechtsakte der Union sollen auch in Zukunft nicht „Gesetze" genannt werden. Dies war zwar im gescheiterten Verfassungsvertrag so vorgesehen – in diesem war von europäischen „Gesetzen" und „Rahmengesetzen" die Rede –, doch im Reformvertrag heißen sie wie gewohnt „Verordnungen" und „Richtlinien". Dennoch werden die entsprechenden Rechtsetzungsverfahren laut Reformvertrag paradoxerweise „Gesetzgebungsverfahren" genannt (s. Art. 288 u. 289 AEUV).
7 Abkürzung für *Comité des Représentants Permanents,* welches aus zur EU entsandten Fachbeamten der nationalen Bürokratien besteht und das „bürokratische Herz" der Union darstellt.
8 Äußerst schwach sind die Befugnisse des EP in der Gemeinsamen Außen- und Sicherheitspolitik (GASP) und der Europäischen Sicherheits- und Verteidigungspolitik (ESVP).

nach einer vollen Parlamentarisierung, also der Aufwertung des EP, eine wichtige Rolle.

Die Exekutive ist im EU-System zwischen *Europäischem Rat, Ministerrat* und *Kommission* dreigeteilt. Die Entscheidungsfindung ist im Europäischen Rat und im Ministerrat *intergouvernemental* (Verhandlungen zwischen Regierungen bzw. deren Vertretern) und durch die der gesamten EU verpflichteten Kommission *supranational* organisiert. Der 1974 ins Leben gerufene Europäische Rat – gebildet von den Staats- und Regierungschefs der Mitgliedsländer – bestimmt die Leitlinien der Politik und versucht auf den halbjährlichen Gipfeltreffen, Kompromisse in Streitfragen zu finden.

Vielen Beschlüssen des Europäischen Rates, wie z. B. die Osterweiterung und die Einführung der Wirtschafts- und Währungsunion, kommt überragende, z. T. geradezu historische Bedeutung zu, denn sie geben die Richtung der Integration vor. Die EU-Kommission, deren 27 Kommissare dem Gesamtwohl der EU verantwortlich sind, fällt in vielen Bereichen wie z. B. bezüglich des Binnenmarktes autonome Entscheidungen, d. h. sie handelt eigenverantwortlich ohne formelle Mitwirkung der Nationalstaaten. Sie vertritt die Union nach außen und handelt internationale Abkommen aus. Organisiert ist sie in 24 Generaldirektionen (DG = *Direction Generale*), die im weitesten Sinne Ministerien entsprechen.

Die Judikative manifestiert sich in dem in Luxemburg ansässigen *Europäischen Gerichtshof* (EUGH). Seine Kompetenz erstreckt sich allerdings nicht auf die gesamte EU, sondern konzentriert sich ausschließlich auf die erste Säule, die früheren Europäischen Gemeinschaften. Durch den Lissabon-Vertrag ist auch die bisherige dritte Säule – die Innen- und Rechtspolitik – in den früheren EG-Vertrag (jetzt Titel IV AEUV) überführt worden. Die GASP ist ausdrücklich von der Jurisdiktion des EUGH ausgenommen.

Der EUGH überwacht die Arbeit der Institutionen und überprüft die Einhaltung der Verträge durch die Mitgliedsstaaten. Die bindenden Entscheidungen des EUGH fielen in der Tendenz bislang zugunsten der supranationalen Institutionen aus und stärkten den Integrationsprozess. Der EUGH greift durch das Prinzip der Vorabentscheidung tief in nationale Rechtssysteme ein. Vorabentscheidungen werden auf Antrag nationaler Gerichte über die Anwendung des Gemeinschaftsrechtes erforderlich. Die EUGH-Entscheidung bindet dabei nationale Gerichte.

Wie die kurze Darstellung einiger Institutionen der EU demonstriert, ist die Zurückhaltung bei der Verwendung der Bezeichnungen für die drei Gewalten angebracht, da Übertragungen dem besonderen Charakter der EU nicht gerecht werden. Auffällig sind vor allem die zahlreichen Kompetenzbeschränkungen und (willkürlichen) Ausnahmefälle und die Exklusion von ganzen Politikbereichen sowie die Überschneidung von Kompetenzen der Institutionen. Analogien mit nationalstaatlicher Verfasstheit mögen zwar die Beschäftigung mit dem Thema erleichtern, können aber auch in die Irre führen. Diese hier nur grob skizzierten Institutionen und ihre Funktionen demonstrieren auch, dass das politische System der EU nicht mit der gängigen

Klassifizierung demokratischer Regierungssysteme – präsidentiell, semipräsidentiell und parlamentarisch – erfasst werden kann *(vgl. hier den Beitrag von Croissant in diesem Band)*.[9] Die Analyse der institutionellen Ordnung von Knelangen (2005: 25–33) kommt zu dem Ergebnis, dass die EU tendenziell eher einem semipräsidentiellen als einem parlamentarischen System entspricht. Aufgrund der zahlreichen Besonderheiten des EU-Systems geht er allerdings von einem „intergouvernementalen Semi-Präsidentialismus" aus. Dieser interessante Typologisierungsversuch verdeutlicht aber erneut, wie sehr sich das EU-System gegen alle gängigen Kategorisierungen sperrt.

Die Ursache für das komplexe, oftmals ineffektive Institutionengefüge liegt in der historischen Entwicklung begründet. Einige Nationalstaaten versuchten dabei zum Teil erfolgreich, die Kompetenzen der Institutionen einzuschränken. Die mangelnde Konsistenz der EU ist Ergebnis komplizierter Kompromisse zwischen unterschiedlichen Vorstellungen der Mitgliedsländer: Während in Deutschland die Bereitschaft zur supranationalen Integration bis in die 80er Jahre hinein beispielsweise groß war, favorisierte Frankreich lange ein „Europa der Vaterländer" (de Gaulle), in dem die Nationalstaaten entscheidend bleiben sollten. Im Ergebnis führten die unterschiedlichen Vorstellungen zu institutionellen Kompromissen, die sowohl intergouvernementale als auch supranationale Institutionen schufen. Gleichzeitig entwickelten die geschaffenen Strukturen eine Eigendynamik (Kohler-Koch 2000: 30), die die Vielgestaltigkeit von Institutionen und Verfahren noch vergrößerte.

2.3 Die EU als dynamisches Mehrebenensystem

Wie *policy*-Analysen der EU-Politik belegen (vgl. Jachtenfuchs/Kohler-Koch 1996; Grande/Jachtenfuchs 2000), weist die institutionelle Struktur der EU darüber hinaus folgende Besonderheiten auf:

Das politische System ist sehr fragmentiert. Es fehlt an einem politischen Entscheidungszentrum, von dem verbindliche Entscheidungen ausgehen. Die Kompetenzen der einzelnen Organe sind verschachtelt und überlappen sich in vielen Bereichen. Die EU stellt eine Mischung aus supranationalen und intergouvernementalen Institutionen und Logiken dar.

▶ Das politische System der EU weist eine hohe Dynamik auf: Die auf den Regierungskonferenzen von Maastricht, Amsterdam, Nizza und Lissabon beschlossenen Veränderungen bezüglich der Kompetenzen der Organe verleihen dem System eine hohe Fluidität, die eine Analyse des politischen Systems und insbesondere der

---

9 Da das Parlament die Kommission, sofern sie als Regierung betrachtet wird, nicht stürzen kann, liegt nach der Unterscheidung der Typen von Regierungssystemen nach Steffani (1979) kein parlamentarisches System vor. Einen Präsidenten mit substanziellen Vollmachten, der direkt von der Bevölkerung gewählt wird wie im präsidentiellen Regierungssystem der USA, sucht man in der EU ebenfalls vergeblich.

Entscheidungsfindung zusätzlich erschwert.[10] Die EU ist „ein offenes Projekt ohne Vorbild und Vorgabe" (Grande 2000: 17).
► Die Politikfelder der EU sind unterschiedlich strukturiert. Noch komplizierter wird das politische System der EU dadurch, dass einzelne Politikfelder sehr unterschiedlich organisiert sind (Benz 2000: 141; Wallace/Wallace 2000: 76). So unterscheiden sich beispielsweise Entscheidungsmodi wie auch die Anzahl und die Qualität der beteiligten Akteure[11] im Bereich der Verkehrspolitik von der Sozialpolitik. Eine Ursache für die heterogenen Strukturen auf der Ebene der Politikfelder ist bedingt durch die unterschiedlichen Logiken supranationaler und intergouvernementaler Entscheidungsfindung: Während die erste Säule[12] der EU die supranationale „alte" EG umfasst[13], in die mit dem Lissabon-Vertrag auch die Innen- und Rechtspolitik (mit gesonderten Bestimmungen) integriert wurde, bleibt die dritte Säule der GASP/ESVP intergouvernemental strukturiert.

Diese Charakteristika und die komplexe Institutionenstruktur demonstrieren, dass die EU ein politisches System *sui generis* ist, wobei der Begriff nicht analytisch ist. Festzuhalten bleibt: Die EU verfügt über kein konsistentes Institutionensystem. Vor dem Hintergrund dieses besonderen, äußerst komplexen und inkonsistenten Charakters des politischen Systems der EU entwickelte sich eine spezifische Sicht auf das EU-System, die einen besonderen Charakter des Regierens der EU unterstellt. Von Teilen der Forschung (Eising/Kohler-Koch 1999; Scharpf 1998)[14] wird das EU-System als Mehrebenensystem bzw. als dynamisches oder verflochtenes Mehrebenensystem begriffen.[15] Es existieren in der Forschung verschiedene Vorstellungen und Typologien der einzelnen Handlungsebenen. Das einfachste Modell geht von den drei territorial abgrenzbaren Ebenen Europa, Nationalstaat und Region aus. Grande (2000: 15) unterscheidet hingegen vier Ebenen.[16]

---

10 Vgl. die Aufwertung der Stellung des EP gegenüber der Kommission nach dem Rücktritt der Kommission Santer 1999.
11 Mit Qualität sind hier sowohl klassische Machtressourcen von Interessengruppen (Finanzkraft etc.) als auch weiche (kommunikative) Ressourcen wie Expertenwissen gemeint.
12 Der Lissabon-Vertrag relativiert das Säulenmodell, aus Veranschaulichungsgründen soll es hier beibehalten werden. Anstelle der klar getrennten Säulen sollte eher von Supranationalitätsgefälle zwischen den einzelnen Säulen ausgegangen werden (Schmidt/Schünemann 2009: 190).
13 U. a. betrifft dies die Politikfelder Wirtschaft und Soziales, wobei es allerdings Ausnahmen gibt: In der Frage der Höhe der Mehrwertsteuer ist nicht die Kommission maßgeblich, sondern es bedarf der Einstimmigkeit im Ministerrat.
14 Eine Übersicht zu weiteren Theorien und Ansätzen zur Erklärung der Akteursqualität und der Regierungspraxis findet sich bei Sturm/Pehle (2001: 14–26). Der vorliegende Beitrag konzentriert sich auf die Mehrebenen/Netzwerk-Theorie, die im Vergleich zu den anderen Ansätzen eine größere inhaltliche Reichweite als die meisten anderen Ansätze besitzt und in der Forschung starke Aufmerksamkeit erfährt.
15 Im englischen Sprachraum ist die Rede von *multi-level process* oder *multi-level governance*.
16 Erstens die intra-gemeinschaftliche Verhandlungsebene, zweitens die inter-nationale Verhandlungsebene, drittens die intra-nationale Verhandlungsebene und viertens die nationale Ebene.

Die Modelle von Mehrebenensystemen gehen davon aus, dass die auf jeder Ebene unterschiedlichen Akteure, Institutionen, Regeln und Politiktraditionen einen Beitrag zur Problembearbeitung im politischen Prozess leisten. Die Ebenen sind miteinander verflochten oder werden sogar als interdependent bezeichnet. Der Politikprozess (*politics*) wird damit extrem komplex und politikfeldspezifisch, da auf jedem Politikfeld andere Akteurskonfigurationen und Rahmenbedingungen gegeben sind. „Politische Entscheidungen", so Benz (2000: 147) in einem Beitrag zur Regionalpolitik der EU und Deutschlands, „resultieren in erster Linie aus Verhandlungen", da ein zentrales und durchsetzungsfähiges Organ auf dem Politikfeld Regionalpolitik fehlt. Die nicht-hierarchische Struktur, die Diffusion von Macht in der EU, ist damit verantwortlich für den Charakter des politischen Prozesses als Verhandlungssystem. Ein weiteres Kennzeichen des Mehrebenensystems ist die Herausbildung neuer Akteure. Wie Untersuchungen von konkreten *policies* beziehungsweise Politikfeldern zeigten, bilden sich korporative Akteure in Form von Netzwerken heraus (Jachtenfuchs/ Kohler-Koch 1996: 23). Zugespitzt lässt sich formulieren, dass Regieren im *Netzwerk* stattfindet (Kohler-Koch 2000: 32), wobei die Netzwerke in Abhängigkeit vom jeweiligen Politikfeld zusammengesetzt sind.[17]

Die Netzwerke können als Problemlösungs-Koalitionen von „Beamten, Parlamentariern, Politikern, Interessengruppen, Wissenschaftlern und Medien" (Sturm/Pehle 2001: 21) verstanden werden, die jeweils von ihren individuellen Kosten-Nutzen-Kalkülen geleitet werden, aber kompromissbereit sind. Netzwerke binden damit zwar soziale Akteure wie Interessengruppen etc. ein, trotzdem sind sie elitär, und in der Regel sind die darin ablaufenden Politikprozesse intransparent. Damit ergibt sich für die Union das Dilemma, dass sie die Funktionsfähigkeit der Union gewährleisten, im Gegenzug aber das Transparenzproblem und das Legitimationsdefizit der EU erhöhen.[18] Auch wenn aus der Perspektive des Mehrebenensystems die Institutionen der EU und diejenigen der Mitgliedsstaaten Teil der Netzwerke sind, wäre es trotzdem verfehlt, die EU-Institutionen und die Institutionen der Mitgliedsstaaten (besonders die Regierungen) als bloße Bestandteile von Netzwerken aufzufassen. Aus der Perspektive der Theorien der internationalen Politik kommt den Regierungen nach wie vor eine Schlüsselstellung zu, wie im folgenden Abschnitt deutlich wird.

Die Auffassung der EU als ein Mehrebenensystem und die Übertragung von Annahmen aus der *policy*-Forschung, insbesondere der Rückgriff auf Netzwerktheorien,

---

17 Bomberg/Peterson (1999: 8) definieren Netzwerke folgendermaßen: „The term policy network is a metaphor for a cluster of actors, each of which has an interest or ‚stake', in a given EU policy sector and the capacity to determine policy success or failure. (...) Actors in policy networks are dependent on each other for scarce resources, such as information, expertise or legitimacy. (...) The EU policy networks tend to be technocratic, consensual and policy-specific."
18 Die Ursachen der Legitimationskrise sind vielfältig. Gründe sind u.a., dass die politische Verantwortlichkeit für Entscheidungen diffus ist und die Institutionen mit Ausnahme des EP, das nicht über alle Parlamentskompetenzen verfügt, nur indirekt legitimiert sind. Die „Legitimationskette über die nationalen Regierungsvertreter ist lang und brüchig", so Kohler-Koch (2000: 33). Vgl. zum Legitimations- und Demokratiedefizit Kielmansegg (1996), Merkel (1999) und Kohler-Koch (2000).

stellen zweifellos eine wichtige Ergänzung für die stark auf Institutionen zentrierte EU-Analyse dar. Allerdings ist die Vorstellung des Mehrebenensystems noch immer eine „deskriptive Metapher" (Grande 2000: 13), die, sofern möglich, noch zu einer Theorie des Regierens weiterentwickelt werden muss. Im Übrigen wird die Bedeutung der Vorstellung eines Mehrebenensystems mit Netzwerken dann zu überprüfen sein, wenn die EU substanzielle institutionelle Reformen vornimmt.

2.4 Die EU aus der Sicht der Theorien der internationalen Beziehungen

Die europäischen Gemeinschaften, die sich mit der Unterzeichnung der Römischen Verträge 1957 sukzessive herausbildeten, waren zunächst Untersuchungsgegenstand der Teildisziplin Internationale Beziehungen. Der Zusammenschluss einer Gruppe von anfangs sechs bis zum Jahr 1995 auf 15, dann 2004 auf 25 und schließlich auf 27 im Jahr 2007 durch den Beitritt Rumäniens und Bulgariens erweiterten Gruppe sehr heterogener europäischer Nationalstaaten wurde zunächst aus dem Blickwinkel der *Kooperationstheorien* betrachtet. Aus der Forschungsperspektive des Neo-Institutionalismus (Keohane/Nye 1977) stellte die EWG und spätere EG eine regionale internationale Organisation[19] dar, die Wohlstand und Frieden in Europa durch freiwilligen Zusammenschluss der Nationalstaaten zu garantieren in der Lage war. Eine weitere Variante der Kooperationstheorien, die zur Erklärung der EU-Integration herangezogen wird, ist die Forschung über *internationale Regime* (Giering 1997: 112–117).[20] Die mit dem Binnenmarktprojekt ab Mitte der 80er Jahre einsetzende Dynamik der Integration ist sowohl aus Sicht des Neo-Institutionalismus als auch der Regimeforschung nicht wirklich zu erfassen. Parallel zur fortschreitenden Integration entwickelte sich mit den Integrationstheorien ein eigenständiger Forschungszweig zur europäischen Integration heraus.[21] Bis heute nachhaltige Wirkung ging von der *neofunktionalistischen Integrationstheorie* aus (Haas 1958). Die grundsätzlichen Annahmen des Neofunktionalismus bestätigten sich zwar in zahlreichen empirischen Studien, doch war die Theorie beispielsweise nicht in der Lage, Verzögerungen oder gar Rückschritte des Integrationsprozesses zu erklären. Die Krise des Neofunktionalismus verstärkte sich in den 80er Jahren, da die parallel ablaufenden Integrationsfortschritte demonstrierten, dass den Regierungen der Mitgliedsländer eine weiterhin hohe Bedeutung für erfolgreiche Integrationsschritte zukam. Daraus entwickelte sich eine Renaissance der *Theorie des Intergouvernementalismus*. Im Kern geht dieser Ansatz davon aus, dass den Regierungen der Mitgliedsländer, insbesondere die Regierungen der

---

19 Vgl. zu internationalen Organisationen Rittberger/Zangl (2002).
20 Diese können dabei sowohl lose als auch stark kodifizierte Strukturen aufweisen. Häufig sind internationale Organisationen Teile von Internationalen Regimen. Beispiele sind u.a. das Menschenrechtsregime oder das Nichtverbreitungsregime, welches die Weiterverbreitung von nuklearen Waffen verhindern soll; vgl. zum Begriff mit Beispielen Müller (1993).
21 Vgl. für einen Überblick Welz/Engel (1993), Giering (1997) und Wolf (1999).

großen Länder Deutschland, Frankreich und Großbritannien, eine Schlüsselstellung im Integrationsprozess zukommt.

Die Theorie des Intergouvernementalismus knüpft an wissenschaftliche Arbeiten aus den 60er Jahren an (z. B. Hoffmann 1966). In seiner wichtigen Untersuchung über die Entstehung der Einheitlichen Europäischen Akte (EEA 1987), mit der die Errichtung eines Binnenmarktes geplant wurde, argumentiert Moravcsik (1991), dass die Verhandlungen auf den Regierungskonferenzen zwischen den Regierungen der oben genannten drei großen Länder entscheidend für die Einigung über das Binnenmarktprojekt gewesen ist.[22] Demgegenüber spielten die supranationalen Institutionen wie die Kommission oder einzelne Persönlichkeiten wie der spätere Kommissionspräsident Jacques Delors nur eine sekundäre Rolle. Die supranationalen Institutionen erscheinen aus der intergouvernementalen Perspektive als „bloße Ausführungsorgane der großen Mitgliedsstaaten" (Wolf 1999: 18), deren völkerrechtliche Souveränität damit unangetastet bleibt und die ihren Handlungsspielraum über die EU erweitern können.

Werden die EU und der Integrationsprozess aus diesem Blickwinkel betrachtet, verschiebt sich die Untersuchungsperspektive aus Sicht der Vergleichenden Regierungslehre. Die EU wird nicht als ein eigenes politisches System mit echten Akteursqualitäten – wie der Fähigkeit, autonom zu handeln – betrachtet, sondern erscheint als ein besonders dichtes internationales Regime, das durch die Mitgliedsstaaten aufgrund ihrer jeweils individuellen Kosten-Nutzen-Erwartungen aufrecht erhalten wird. Dennoch werden die Mitgliedsstaaten zentral für die Weiterentwicklung der Union sein. Der intergouvernementale Ansatz leugnet allerdings nicht, dass die Politik der EU-Institutionen Einfluss auf die Mitgliedsstaaten besitzt, doch ist dieses Phänomen zweitrangig angesichts der Dominanz der intergouvernementalen Institutionen, wie dem Ministerrat und dem Europäischen Rat der Staats- und Regierungschefs. Aus der Perspektive dieses Ansatzes besteht auch kein „Demokratiedefizit" der EU, da sie kein staatsähnliches Gebilde darstellt.

2.5 Bewertung der Ansätze

Die aus der Teildisziplin internationale Beziehungen importierten Theorien unterschätzen den erreichten Integrationsstand und verkennen die zunehmende Akteursqualität der EU. Zum einen bedeutet die 1963 durch den EUGH festgelegte „unmittelbare Wirkung" des EG-Rechts sowie die vertraglich gesicherte Vorrangstellung des EG-Rechts vor dem nationalen Recht in den internationalen Beziehungen[23] eine be-

---

22 Für das Zustandekommen der EEA betont Moravcsik darüber hinaus, dass die Interessen der Regierungen der drei Länder komplementär gewesen seien und die Regierungen relativ unabhängig von innenpolitischen Zwängen etwa durch Interessengruppen hätten verhandeln können (Moravcsik 1991: 69–70).
23 Das Bundesverfassungsgericht bekräftigte in seinem jüngsten Urteil vom 30.6.2009 zum Lissabon-

achtliche Einschränkung der Souveränität (Joerges 1996; Schild 2002: 15). Die Ausdifferenzierung der EU, die Reichweite der Integration, die sich nahezu auf alle Politikbereiche erstreckt, und der Grad der Supranationalität der Institutionen, die Politik in bestimmten Bereichen autonom formulieren, gehen zum anderen weit über die Annahmen der Kooperationstheorien der Internationalen Beziehungen hinaus. Die Analysen aus den internationalen Beziehungen ignorieren die Bedeutung von Netzwerken und können nicht Fortschritte in den einzelnen Politikfeldern erklären. Mit dieser Kritik an der Theorie des Intergouvernementalismus soll jedoch nicht bestritten werden, dass die Nationalstaaten weiterhin eine wichtige Rolle für die EU-Integration spielen, allerdings unterliegt der Nationalstaat einem Anpassungsdruck, der in vielen Politikfeldern auf partiellen Souveränitätsverlust hinausläuft (Schild 2002: 13). Die wesentlichen Aussagen des Intergouvernementalismus und der Vorstellung eines Mehrebenensystems widersprechen sich zwar, doch die Gegensätze zwischen den Ansätzen relativieren sich, wenn man die Entscheidungsfindung der EU detaillierter betrachtet. Eine genauere Analyse der politischen Entscheidungsfindung in der EU zeigt nach Bomberg/Peterson (1999: 9–28) eine *Hierarchie der Entscheidungsarten und Akteure:* Auf der Ebene der Gesamt-EU sind demnach die Nationalstaaten entscheidend, die im intergouvernementalen Verhandlungsprozess Entscheidungen fällen. Auf der Ebene der EU-Institutionen verläuft der Politik- und Entscheidungsprozess zwischen den EU-Organen. In den einzelnen Politikfeldern sind dann Netzwerke entscheidend.[24] Damit leisten sowohl der Intergouvernementalismus als auch der Netzwerkansatz einen Beitrag zur Beschreibung und Analyse bestimmter Teile bzw. Ebenen des politischen Systems der EU. Eine Analyse des gesamten EU-Systems ausschließlich aus dem Blickwinkel eines Ansatzes wird dem Gegenstand EU nicht gerecht.

3. Die Europäisierung nationaler Regierungssysteme

Wie bereits erwähnt wurde, greift die EU durch eine Vielzahl von Rechtsakten in Form bindender Verordnungen und Richtlinien in den politisch-rechtlichen Raum der Mitgliedsstaaten ein. Diese verlieren dadurch an Souveränität. Mit dem Beschluss über die Errichtung eines Binnenmarktes durch die Einheitliche Europäische Akte (EEA) weitete sich die Zuständigkeit der EU aus, so dass sich die Regelsetzung durch die EU mittlerweile auf nahezu alle Politikbereiche erstreckt. Trotz der offenkundigen Europäisierung immer zahlreicherer Politikbereiche ist diese Entwicklung bislang kaum Gegenstand der Teildisziplin Vergleichende Regierungslehre. Der Vergleich und die Analyse politischer Systeme enden in der Regel an den Grenzen der Natio-

---

Vertrag seine Kritik am Vorrang des EU-Rechts und hat sich mit diesem Urteil quasi eine Vetoposition gegen die Souveränitätsabgabe geschaffen, vgl. das folgende Kap. 3.
24 Aus analytischen Gründen ist es sinnvoll, die einzelnen Ebenen zu trennen, in der Realität bestehen zwischen ihnen aber Querverbindungen.

nalstaaten. Einführungen in das politische System Deutschlands weisen zwar auf die europäische Dimension hin, doch berücksichtigen sie den Prozess der Europäisierung systematischer erst in den letzten Jahren (Sturm/Pehle 2001; Beichelt 2009). Der Grad der Durchdringung nationalen Rechts und nationaler Politik variiert dabei von Politikfeld zu Politikfeld. Am geringsten ist sie bislang noch in der Außen- und Sicherheitspolitik. Die Penetration der nationalen politischen Systeme der Mitgliedsstaaten durch Gemeinschaftsrecht lässt sich in allen drei Handlungsdimensionen nationaler Politik nachweisen. Im Bereich der *polity* verändern sich die Rolle und Funktion nationaler Institutionen. Die *politics* der Mitgliedsstaaten werden zum einen durch institutionelle Anpassungen, zum anderen durch Themen, die von der EU gesetzt werden, betroffen. Im *policy*-Bereich wirkt sich der Einfluss durch die europäische Union vor allem aufgrund der Verhandlungsnetzwerke und der vollzogenen Kompetenzübertragungen (z. B. in der Handelspolitik) aus.

Wenngleich relativ unbestritten ist, dass sich die *policies* der Nationalstaaten infolge der EU fortlaufend weiterentwickeln, so konzentriert sich die Diskussion in der *policy*-Forschung auf Fragen nach der Richtung der Veränderungen. Etwa im Bereich der Umwelt- und Sozialpolitik ist danach zu fragen, ob es im Zuge der EU-Regulierungen auf der Ebene der Nationalstaaten eher zu einer Übernahme von hohen Standards durch einige Länder gekommen ist oder ob sich nicht vielmehr Kompromisse an den niedrigeren Regelungen orientieren und damit den kleinsten gemeinsamen Nenner bilden. In einer vergleichenden Untersuchung über Arbeits- und Umweltschutz kommt Eichener (1996: 227) zu dem Resultat, dass es als Ergebnis der Verhandlungen in den Netzwerken keineswegs zu einem *downgrading* kommt, sondern vielmehr von einer „Re-Regulierung auf hohem Niveau" ausgegangen werden muss. Die EU führt sogar dazu, dass „nationale Innovationsblockaden aufgrund auskristallisierter Machtbalancen (im Nationalstaat, S.S.) (...) durch die europäische Regulierung aufgebrochen" werden. Für den Bereich der Sozialpolitik spielen Entscheidungen des Europäischen Gerichtshofes und Richtlinien der EU im Prozess einer zunehmenden Standardisierung von sozialen Regelungen eine wichtige Rolle. Auch hier zeigt die Richtung der juristischen Entscheidungen und der politischen Kompromisse auf eine Angleichung von Standards auf eher höherem Niveau (Leibfried/Pierson 2000). Inwieweit diese Befunde für andere Politikbereiche bestätigt werden können oder sogar repräsentativ sind, muss offen bleiben. Hier bedarf es weiterer Forschung. Klärungsbedürftig ist dann auch, welche Akteure ihre Vorstellungen durchsetzen können. Inwieweit Eicheners (1996: 277 f.) Befürchtungen, dass Akteure aus der Zivilgesellschaft sich nicht durchsetzen können und damit die Partizipationschance nur theoretisch gegeben ist, zutreffen, ist ebenfalls ein Thema in der Forschung.

Die Europäisierung der Politikfeldgestaltung hat eine nicht zu unterschätzende Bedeutung für die politikwissenschaftliche Komparatistik. In der traditionellen vergleichenden Politikwissenschaft wurden die Ursachen für die *Policy*-Gestaltung in den nationalen Systemen gesucht. Diese Perspektive verliert in dem Maße an Tragfähigkeit, in dem die Entscheidungen – wie auch immer strukturiert – auf europäischer

Ebene fallen. Doch die Auswirkungen der europäischen Integrationen betreffen auch politische Institutionen und Prozesse. Bedeutet beispielsweise die Europäisierung des politischen Systems Deutschlands eher eine Verringerung oder einen Zuwachs an Kompetenzen und Einfluss für die Institutionen und die Akteure? Welche Auswirkungen hat die Europäisierung auf die politischen Willensbildungsprozesse? Eine Beantwortung dieser Fragen ist zum gegenwärtigen Zeitpunkt noch nicht erschöpfend möglich, da erst wenige systematische und empirische Studien vorliegen (Ausnahme: Beichelt 2009: 297 ff.). Dessen ungeachtet sollen im Folgenden einige Veränderungen für einzelne Institutionen diagnostiziert werden. Eine häufige Vermutung bezüglich der Auswirkung der EU-Integration auf nationale politische Systeme lautet, dass insbesondere die Parlamente (Schild 2002: 24), und hier vor allem die Landtage der Bundesländer, Kompetenzen verlieren, während die Exekutive tendenziell ihre Stellung behaupten kann.[25]

Nach der Untersuchung von Sturm/Pehle (2001: 47 ff.) lässt sich im Falle der Exekutive – Bundeskanzler, Kabinettsressorts und Bürokratie – ein wirklicher Machtzuwachs kaum nachweisen. Lediglich die Aufwertung des Europäischen Rates, eine Folge mangelnder Einigkeit im Ministerrat, erhöht die Bedeutung des Kanzlers für Entscheidungen, die er qua Richtlinienkompetenz durchsetzen kann. Allerdings ist dies nur mit Rücksicht auf den Koalitionspartner oder den Bundesrat möglich. Zu beobachten ist vielmehr, dass sich die Organisationsstrukturen von Bundeskanzleramt und Bundesministerien an der EU ausrichten: Die meisten Ministerien gründen eigene Europaabteilungen, und interministerielle Koordinationsgruppen werden für die Europapolitik eingerichtet. Die Abteilungsleiter der einzelnen Ministerien bereiten beispielsweise die Tagesordnung und die Arbeit der deutschen Beamten in COREPER vor. Eine zentrale Instanz, etwa in der Einrichtung eines Europaministers oder eines Staatsministers im Kanzleramt, existiert bislang nicht, obwohl diese Vorstellungen seit einigen Jahren diskutiert werden. Die europapolitische Koordinierung der Exekutive macht daher auf einige Beobachter den Eindruck einer „byzantinischen Arbeits- und Verantwortlichkeitsteilung" (zitiert nach Schild 2002: 33). Beichelt (2009: 234) schätzt die Probleme der europapolitischen Koordinierung geringer ein und erklärt sie mit dem komplexen deutschen Föderalismus und den Koalitionsregierungen, die dazu führen, dass auch in der Europapolitik eine Konkurrenzsituation zwischen Institutionen herrscht, die von jeweils unterschiedlichen Parteien dominiert werden.

Der Deutsche Bundestag erfährt ebenfalls eine Europäisierung seiner Arbeit. Im Laufe der Zeit ist die Anzahl der EG/EU-Vorlagen von 13 zwischen 1957 und 1961 auf durchschnittlich 2 000 pro Legislaturperiode ab Ende der 80er Jahre angewachsen (Sturm/Pehle 2001: 58). Allein im Jahr 2007 leitete die Bundesregierung 20 000 EU-Dokumente dem Bundestag weiter, von denen allerdings nur 800 als wichtig ein-

---

25 Diese Sichtweise entspricht auch der Perspektive des Intergouvernementalismus, der mit fortschreitender Integration gerade eine Stärkung der Exekutiven und damit der Nationalstaaten annimmt, da sie auf den Regierungskonferenzen die zentralen Akteure darstellen.

gestuft wurden (Beichelt 2009: 257). Bereits im Jahr 1994 richtete der Deutsche Bundestag einen Ausschuss für Europa-Angelegenheiten ein, dem neben 36 Bundestagsabgeordneten auch 14 deutsche Abgeordnete des EP angehören. Trotz formal durchaus beachtlicher Mitwirkungsrechte ist der Ausschuss und damit der Deutsche Bundestag insgesamt nicht in der Lage, im „Alltagsgeschäft" der EU mitzubestimmen. Der wesentliche Grund ist struktureller Natur: Da die Entscheidungen der EU bzw. des EP bereits Kompromisse darstellen, denen die Bundesregierung zugestimmt hat, kann die Mehrheit des Bundestages kein Interesse daran haben, die Regierung im europäischen Kontext zu schwächen. Weiterhin ist die Zeitdimension zu beachten, denn viele Entscheidungen fallen auf EU-Ebene und werden erst im Nachhinein von Bundestag diskutiert oder dem Bundestag für eine kritische Diskussion zu spät vorgelegt. Trotz der Verabschiedung von Regelungen im Jahr 2005, die eine Verbesserung der Beteiligung de Bundestages und einen engeren Kontakt zwischen Bundestag und Bundesregierung vorsahen, dominiert die Bundesregierung weiterhin die deutsche Europapolitik, gerade in wichtigen Fragen (Beichelt 2009: 253). Lediglich im Verfassungskonvent, dessen Mitglieder zu 70 Prozent von den Parlamenten der Mitgliedsstaaten kamen, besaßen Parlamentarier großen Einfluss.

Der Funktionsverlust nationaler und subnationaler Parlamente führte zusammen mit der Diskussion über das Demokratie- und Legitimationsdefizit[26] der Union bereits während des Verfassungskonvents zu Überlegungen, wie die nationalen Parlamente der Mitgliedsstaaten stärker in den Politikprozess eingebunden werden können. Diskutiert wurde u. a., ob die nationalen Parlamente in einem eigenen neuen Organ – etwa einer Parlaments-oder Subsidiaritätskammer – vertreten sein sollten, oder ob bestehende Institutionen wie die Konferenz der EU-Ausschüsse nationaler Parlamente ausgebaut werden sollten.[27] Im Lissabon-Vertrag regeln zwei dem Vertragstext angehängte Protokolle die Mitwirkung der nationalen Parlamente. Im Protokoll Nr. 1 „Über die Rolle der nationalen Parlamente in der Europäischen Union" wird die EU-Kommission verpflichtet den nationalen Parlamenten die Gesetzesvorhaben frühzeitig zuzuleiten. Die nationalen Parlamente können innerhalb von 8 Wochen einen Einspruch erheben, wenn sie der Auffassung sind, ein Gesetzesvorhaben verstoße gegen das Subsidiaritätsprinzip. Weiterhin sind Konferenzen der Europaausschüsse der nationalen Parlamente möglich, die direkt Stellungnahmen an das EP, die Kommission und den Rat richten können. Im Protokoll Nr. 2 „Über die Anwendung der Grundsätze der Subsidiarität und die Verhältnismäßigkeit" können nationale Parlamente Einspruch gegen Gesetzesvorhaben einlegen. Dazu sind je nach Art des Gesetzgebungsvorhabens die Stimmen von einem Viertel bis zu der Hälfte der nationa-

---

26 Die Legitimationskrise führt zu nachlassender Akzeptanz des Integrationsprozesses durch die Bevölkerung. Bereits 1992 stimmten nur knapp über 50 Prozent der Franzosen dem Maastricht-Vertrag zu, und die dänische Bevölkerung lehnte den Vertrag mehrheitlich ab.
27 Die EU-Ausschüsse der nationalen Parlamente arbeiten im COSAC *(Conférence des Organes spécialisées en Affaire communautaires)* zusammen. Vgl. für einen Überblick zur aktuellen Situation und zur Diskussion der Perspektiven Maurer (2002).

len Parlamente der 27 Mitgliedsstaaten erforderlich. Es bleibt abzuwarten, inwieweit diese „Subsidiaritätskontrolle" durch nationale Parlamente genutzt wird und damit die ihre Einbindung in den EU-Politikprozess erfolgt.

Eine andere Möglichkeit besteht in der direkten Mitwirkung nationaler Parlamente durch nationale Beteiligungsverfahren. Es existieren momentan unterschiedliche Beteiligungsverfahren in den einzelnen Mitgliedsländern. Am weitestgehenden sind die Mitwirkungsrechte des dänischen Parlamentes durch seinen Europaausschuss, der parallel zu den Sitzungen des EP tagt. Während die niederländischen, österreichischen und finnischen Parlamente über relativ weitgehende Mitwirkungsmöglichkeiten verfügen, sind diejenigen der Parlamente der anderen Mitgliedsstaaten relativ beschränkt. Für die meisten Staaten gilt, dass institutionell schwache Parlamente auch nur über schwache Mitwirkungsmöglichkeiten im Rahmen der EU verfügen.

Zwar gehen die Kompetenzen der Bundesländer in der Europapolitik[28] deutlich über diejenigen des Bundestages hinaus, doch zeigt sich ein ähnlicher Widerspruch zwischen formal erweiterten Kompetenzen und realem Verlust an Mitwirkungsmöglichkeiten zumindest bis zum Urteil des Bundesverfassungsgerichts (vgl. unten). Die auf den ersten Blick mittels des Artikels 23 GG ausgeweiteten Kompetenzen des Bundesrates relativieren sich bei genauerem Hinsehen. Zwar schreibt der Europaartikel des GG nicht nur ein Informationsrecht und das Recht zur Stellungnahme und Mitwirkung des Bundesrates an nationalen Bestimmungen, die die Länder im Kontext der EU betreffen, fest, sondern sieht die Möglichkeit vor, dass Ländervertreter (zumeist die Ministerpräsidenten) Deutschland im Ministerrat bei Angelegenheiten, die schwerpunktmäßig die Länder betreffen, vertreten sollen. Doch bislang ist dies erst selten der Fall gewesen. In der Praxis zeigt sich eine begrenzte Möglichkeit des Bundesrates, gestaltenden Einfluss auf die EU-Politik über die Bundesregierung zu nehmen. Folgt man der Untersuchung von Beichelt (2009: 286) so sind Konflikte zwischen Bund und Ländern über europäische Fragen deutlich geringer als bislang angenommen.

Der Bundesrat erscheint zumindest bis 2006 als Verlierer der Europäisierung der deutschen Politik.[29] Erst im Zuge der Föderalismusreform 2006 werden schulische Bildung, Kultur und Rundfunk als die Bereiche mit ausschließlicher Gesetzgebungsbefugnis der Länder festgelegt. Die Länder greifen zur Wahrnehmung ihrer Interessen daneben auf die Arbeit im *Ausschuss der Regionen* der EU oder durch eine Art von Nebenaußenpolitik zurück, indem sie direkt in Brüssel Lobbyarbeit z. B. durch dort ansässige Ländervertretungen betreiben. Das von den Bundesländern über den Ausschuss der Regionen seit Jahren angestrebte Klagerecht vor dem Europäischen Gerichtshof ist mit dem Lissabon-Vertrag verwirklicht worden.

---

28 Vgl. hier den guten Überblick über die historische Entwicklung der Beteiligungsverfahren der Bundesländer bei Beichelt (2009: 278-280).
29 Darüber herrscht in der Forschung aber kein Konsens. Schild (2002: 37) sieht den Bundesrat aufgrund von Art. 23 GG sogar in einer europapolitischen „Vetoposition". Diese würde aber aufgrund zunehmend divergenter Interessen zwischen den Ländern nicht ausgespielt.

Das Bundesverfassungsgericht (BVerfG) besitzt eine starke Stellung im politischen System Deutschlands, und Meinungsumfragen belegen, dass es seit Jahrzehnten eines der von den Bürgern am meisten geschätzten Verfassungsorgane ist. Das Verhältnis des Bundesverfassungsgerichts zum europäischen Integrationsprozess lässt sich am ehesten noch als ambivalent bezeichnen. Dies liegt vor allem daran, dass vom Bundesverfassungsgericht ein Kontrollrecht im Sinne einer Letztinstanz für EU-Bestimmungen phasenweise, nicht generell, reklamiert wurde. In seinem Maastricht-Urteil von 1993 erklärte das Gericht den Vertrag zwar für grundgesetzkonform, meldete aber insofern Vorbehalte bei der Umsetzung des Gemeinschaftsrechts an, als es sich zukünftig vorbehielt, das Gemeinschaftsrecht für unanwendbar zu erklären. Theoretisch, da bisher noch nicht eingetreten, würde dies bedeuten, dass der EU-Integrationsprozess vom BVerfG gestoppt werden könnte. Das Verhältnis zwischen EuGH und Bundesverfassungsgericht ist letztlich nicht völlig geklärt (Everling 1994). Bislang sind die Entscheidungen des EuGH ebenfalls zu einem Bestandteil der deutschen Gesetzgebung geworden. Dies zeigte sich z. B. am Urteil des EuGH über den Zugang von Frauen zu allen Truppenteilen der Bundeswehr, das die nationale Rechtsprechung aushebelte. Die Ablehnung des vom Bundestag verabschiedeten Gesetzes über den europäischen Haftbefehl im Juli 2005 demonstrierte erneut, dass das Verfassungsgericht immensen Einfluss auf die deutsche Europapolitik und damit indirekt den europäischen Integrationsprozess nehmen kann. Mit seinem Urteil zum Lissabon-Vertrag vom Juni 2009 positionierte sich das BVerfG als ein potentieller Veto-Spieler. In seinem auf knapp 150 Seiten begründeten Urteil[30] erklärte das Gericht den Lissabon-Vertrag zwar für grundgesetzkonform, forderte aber eine gesetzlich geregelte stärkere Beteiligung von Bundestag und Bundesrat in der deutschen Europapolitik. Trotz erheblichen Zeitdrucks verabschiedeten Bundestag und Bundesrat im September 2009 sog. Begleitgesetze, die die vom BVerfG geforderte Integrationsverantwortung gewährleisten könnten. Die Bestimmungen, auf die hier im Detail nicht genauer eingegangen werden können, sehen die Zustimmung von Bundestag und Bundesrat bei einer Vielzahl von EU-Integrationsschritten vor, die auch die wenig spektakulären Entscheidungsroutinen der EU betreffen (Becker/Maurer 2009: 4–7). Aus demokratietheoretischer Perspektive kann die stärkere Einbindung insbesondere des Bundestages zwar begrüßt werden, doch kann dies zu einer Verlangsamung der Integrationsschritte führen. Kompetenzstreitigkeiten zwischen dem Europaausschuss und dem Auswärtigen Ausschuss könnten eine weitere Folge sein.[31] Weitaus gewichtiger ist jedoch, der Vorbehalt des BVerfG, Rechtsakte der EU daraufhin zu prüfen, ob sie mit dem „unantastbaren Kerngehalt der Verfassungsidentität" Deutschlands verträglich sind. Damit schafft sich das BVerfG eine Veto-Position, denn sollte ein EU-Rechtsakt vom BVerfG für inkompatibel mit dem Grundgesetz erklärt werden,

---

30 Das Urteil des Bundesverfassungsgerichtes zum Lissabon-Vertrag ist unter http://www.bverfg.de/entscheidungen/es20090630_2bve000208.html (27.12.2009) abrufbar.
31 Vgl. Brössler, Daniel: Ausschuss gegen Ausschuss, in: SZ vom 30.12.2009.

wären die deutschen Verfassungsorgane verpflichtet, diesen nicht umzusetzen. Damit wäre die EU-Integration insgesamt in Frage gestellt. Die Folgen des Urteils sind aber zurzeit noch nicht absehbar. Denkbar ist, dass deutsche Regierungen sich weitaus weniger integrationsfreundlich als zuvor verhalten werden, da sie ein Nein aus Karlsruhe fürchten müssen. Kritiker befürchten, dass Deutschland auch durch die zeitraubende Beteiligung von Bundesrat und Bundestag zu einem Integrationsbremser werden könnte (Becker/Maurer 2009). Andere kritisieren, das Aufsehen erregende Urteil stehe im Gegensatz zur Europafreundlichkeit des Grundgesetzes und orientiere sich am durch die europäische Integration überholten Bild des „souveränen Nationalstaates", so der frühere Generalanwalt am Europäischen Gerichtshof, Carl-Otto Lenz (Lenz 2009).

Wie bereits angedeutet wurde, ist die Europäisierung der deutschen Parteien- und Interessengruppenlandschaft noch relativ gering. Zwar machen alle Parteien dezidierte Aussagen zum Integrationsprozess, doch bleibt die grenzüberschreitende Arbeit marginal. Nicht zuletzt der Charakter der Europawahlen als innenpolitisch determinierte Protestwahlen und die geringe Beteiligung der deutschen Bevölkerung an den letzten Wahlen 1999 (45,2 Prozent) lassen eine stärkere Berücksichtigung europäischer Themen durch die Parteien wenig attraktiv erscheinen.[32] Der Grad der Europäisierung der Interessengruppen ist sehr unterschiedlich. Am ehesten ist es noch den seit 1958 in einem europäischen Dachverband zusammengeschlossenen nationalen Agrarverbänden sowie Industrieverbänden gelungen, sich grenzüberschreitend mit Partnerverbänden zu organisieren oder Einfluss auf die EU-Institutionen und Politikfelder zu nehmen. Ziel der Lobbyarbeit ist dabei vor allem die Kommission. Insgesamt schätzen Sturm/Pehle (2001: 124) die organisierten Interessen als relativ ineffektiv ein. Ein Grund dafür mag die dezentrale Mehrebenstruktur der EU sein, die es erschwert, Ansatzpunkte für erfolgreiches Lobbying zu finden.

Die Europäisierung der Institutionen des deutschen Regierungssystems ist noch längst nicht abgeschlossen. Bislang erfolgte die Europäisierung der deutschen Politik gleichsam „schleichend" über die Politikfelder des verflochtenen Mehrebenensystems und weniger über spektakuläre institutionelle Veränderungen. Mit dem Urteil des BVerfG hat sich dies geändert, denn ein weit reichender Europäisierungsschub ist praktisch verordnet worden, aber seine Auswirkungen können auf den Integrationsprozess restriktiv sein. Generell stellt sich die Frage nach der Anpassungsfähigkeit der nationalen Systeme und seiner Art und Weise. Die bisherige Entwicklung zeigt jedoch bereits jetzt, dass sich die Vorstellung eines abgeschlossenen nationalen politischen Systems nicht mehr aufrechterhalten lässt. Zu stark sind politische Entscheidungsprozesse bereits in das europäische politische System integriert. Doch was bedeutet dies für den Vergleich in der Politikwissenschaft? Eine offenkundige Problematik betrifft den Vergleich mit Nationalstaaten außerhalb der EU. Inwieweit liegen

---

32 Dies gilt jedoch nicht für europakritische, häufig populistische Parteien, die mit Argumenten und Vorurteilen gegen die EU durchaus erfolgreich um Anhänger und Stimmen werben.

hier vergleichbare Fälle vor, wenn unterschiedliche politische Ebenen relevant sind (vgl. den Beitrag von Lauth/Winkler in diesem Band)?

4. Die Rolle der Mitgliedstaaten bei der Entwicklung und Funktionsweise der EU

Während auf der einen Seite die Europäisierung der EU-Mitgliedsstaaten stattfindet, ist auf der anderen Seite nach den Mechanismen der Beeinflussung der EU-Integration durch die Nationalstaaten zu fragen. Der Einfluss der Nationalstaaten der EU auf die Union ist evident, da allein 80 Prozent der Anregungen für EU-Regelungen von den Nationalstaaten oder vom Parlament kommen. Die Messung des konkreten Einflusses von Nationalstaaten auf die EU – in systemtheoretischer Diktion die *input*-Seite – ist sehr schwierig, da der fragmentierte Entscheidungsprozess im Mehrebenensystem in hohem Maße intransparent ist und damit der Erfolg oder Misserfolg der Interessenwahrnehmung durch nationale Akteure kaum bestimmt werden kann.

Die Erfassung der Faktoren für Entscheidungen im *policy*-Bereich ist generell schwierig. Einfacher nachweisbar ist die Übertragung (oder Beeinflussung der EU) hinsichtlich der Funktion und Ausgestaltung von Institutionen durch Mitgliedsländer. Von der Forschung wird die Übertragung nationaler Vorbilder auf die EU-Ebene als *Isomorphismus* bezeichnet. Im Kern geht es darum, dass Nationalstaaten erfolgreich ihre Politikmuster auf die EU oder auf andere Nationalstaaten dauerhaft übertragen. Eine Beeinflussung durch die Nationalstaaten erstreckt sich sowohl auf die institutionelle Ausgestaltung der EU als auch auf die Verfahren. Damit verringert sich gleichzeitig der Anpassungsdruck auf nationale Politikarrangements.

Als Beispiele für eine erfolgreiche Übertragung nationaler institutioneller Lösungen gilt die Konstruktion der europäischen Binnenmarktkonzeption, der Wettbewerbspolitik und der Beihilfenkontrolle, die sich stark an deutschen Politikmustern orientiert (Schild 2002: 54–56). Die Währungsunion und insbesondere die Konstruktion der Europäischen Zentralbank (EZB) sind noch weitere Beispiele für die erfolgreiche Strategie der Bundesregierung und der Bundesbank, die eigenen Modelle quasi in die EU zu exportieren. Die politische Unabhängigkeit der EZB und die Höherrangigkeit der Preisstabilität gegenüber konkurrierenden volkswirtschaftlichen Zielgrößen weist große Ähnlichkeit mit dem deutschen Modell auf und erfordert von den meisten europäischen Ländern eine Anpassungsleistung. In der Agrarpolitik sind hingegen bis in die Gegenwart hinein französische Regulierungsvorstellungen maßgeblich. Der französischen Regierung ist es über Jahrzehnte gelungen, aus „wirtschaftlichen, integrationsgeschichtlichen, innenpolischen wie auch symbolischen Gründen" (Schild 2002: 59) das am Haushaltsanteil gemessen umfangreichste Politikfeld nach ihren Vorstellungen zu formen. Dies gelang der französischen Regierung trotz des internationalen Reformdrucks von Seiten der Welthandelsorganisation und der USA in Abstimmung mit der deutschen Seite.

Mit diesen Beispielen sind erfolgreiche Strategien der Interessendurchsetzung und der Übernahme von institutionellen Lösungen innerhalb der EU angesprochen: Möglich ist die Durchsetzung eigener Interessen aufgrund bestehender Dominanz- oder Hegemoniestellung. Es ist auch nicht auszuschließen, dass das überzeugendste Argument sich letztendlich durchsetzt. Doch in der Regel beruht der Erfolg solcher Strategien auf Tausch- und Kompensationsgeschäften. Die Formierung von Allianzen oder Interessengemeinschaften ist daher eine wichtige Methode der Interessendurchsetzung der Nationalstaaten. Das Tandem Frankreich-Deutschland war im Verlaufe der historischen Entwicklung der EU Triebfeder erfolgreicher Integrationsfortschritte.[33] Die in bilateralen Verhandlungen hergestellte Interessenkompatibilität zwischen den beiden großen Nationalstaaten ermöglichte seit den 70er Jahren, dass sich die deutsch-französische Kooperation zum Motor der europäischen Integration entwickeln konnte. Der Maastricht-Vertrag kann dahingehend als ein Kompromiss zwischen Frankreich und Deutschland interpretiert werden: Während Deutschland die erfolgreiche Hartwährung D-Mark zugunsten der EU aufgab und sich das Land damit stärker in die EU einband, sicherte Frankreich zu, dass die Anzahl der deutschen EU-Parlamentarier analog der um die neuen Länder vergrößerten Bundesrepublik erhöht wurde und dass die Integration vertieft würde. Gegenwärtig ist angesichts zahlreicher Interessendivergenzen u. a. bezüglich der ESVP und des Agrarmarktes sowie aus Mangel an gemeinsamen Integrationsprojekten unklar, ob der Integrationsmotor Frankreich-Deutschland weiterhin eine Antriebsfeder der EU-Integration bilden kann. Die Beeinflussung der EU durch Nationalstaaten hängt daneben auch von den Möglichkeiten der Koalitionsbildungen innerhalb der intergouvermentalen EU-Organe ab. Für die qualifizierte Mehrheit im Ministerrat sind zur Zeit 255 von 345 Stimmen (74 Prozent der Gesamtstimmen) erforderlich. Dieses hohe Quorum erfordert die Bildung informeller Abstimmungskoalitionen und erzwingt Verhandlungen zwischen den Nationalstaaten. Der eingebaute Zwang zum Kompromiss bzw. zur Abstimmungskoalition wird insofern deutlich, als weder die großen Staaten (D, F, GB) allein oder aber eine Koalition der kleineren Mitgliedsstaaten für sich die Mehrheit hinter sich vereinen können. Mit der vollzogenen EU-Osterweiterung haben sich die Möglichkeiten von Abstimmungskoalitionen erweitert (Giering/Janning 1999: 52; Beichelt 2004). In der EU mit 27 Mitgliedern ist der Einfluss der großen Nationalstaaten dadurch tendenziell geringer geworden, auch da die Koalitionsbildungsprozesse zeitaufwändiger und angesichts heterogener Interessenlagen schwieriger geworden sind. Die Erweiterungsrunden haben die EU zu einer Organisation von kleinen und mittleren Staaten in der Mehrheit werden lassen.

Diese Konstellationen lassen sich anhand spieltheoretischer Überlegungen systematisieren. Neben der Bedeutung von strategischem Verhalten und Bündnisoptionen sind gleichfalls die Ressourcen der Akteure und der Stellenwert der Politikfelder in

---

33 Wichtige Fortschritte in der ESVP wurden allerdings durch die Vorabverständigung Frankreichs und Großbritanniens in St. Malo 1998 erreicht.

der Untersuchung zu beachten. Komparativ angelegte Studien könnten dazu beitragen, diejenigen Konstellationen zu erfassen, die sich am relevantesten für die Politikformulierung in der EU erweisen. Das Mehrebenenmodell ließe sich mit solchen Untersuchungen systematisch verbinden.

5. Abschließende Überlegungen für die Teildisziplin Vergleichende Regierungslehre

Die Strukturen der EU unterscheiden sich in wesentlichen Aspekten von nationalstaatlich verfassten politischen Systemen. Die EU ist gemessen an den Parametern der Vergleichenden Regierungslehre ein Sonder- und Grenzfall, denn sie ist ein politisches System ohne Staat. Sie „verweigert" sich den gängigen Kategorien sowohl der Teildisziplin Vergleichenden Regierungslehre als auch der Teildisziplin Internationale Beziehungen (Schünemann/Schmidt 2009: 56-58). Da sie zweifelsohne aber ein politisches System darstellt, ist sie Gegenstand der Vergleichenden Regierungslehre. Die für die Analyse des westlichen Nationalstaats entwickelten Ansätze, Instrumente und Begriffe können einerseits durchaus zum Verstehen der vielfältigen Interaktionen zwischen Institutionen, politischen Akteuren und Prozesse der EU einen wichtigen Beitrag leisten, andererseits stoßen sie zumindest in Teilbereichen des Systems EU an Grenzen.

Für die Analyse der EU aus der Perspektive der Teildisziplin Vergleichende Regierungslehre lassen sich daraus folgende Konsequenzen ableiten:

▶ Analysen des politischen Systems der EU müssen sowohl die institutionelle Dimension, die politischen Prozesse als auch die *policy*-Dimension berücksichtigen.
▶ Die gegenwärtige Mischstruktur der EU aus intergouvernementalen und supranationalen Institutionen und Verfahren erfordert die Berücksichtigung unterschiedlicher theoretischer Perspektiven. Zum einen ist die Vorstellung eines Mehrebenensystems EU, die Überschneidungen mit dem Neofunktionalismus aufweist, ein sinnvoller Ansatz, der allerdings noch theoretischer Ausdifferenzierung bedarf. Zum anderen leisten die intergouvernementalistischen Ansätze durchaus einen Beitrag zur Erklärung des Phänomens EU. Es ist daher für die professionelle Beschäftigung mit der EU, auch für Studierende, erforderlich, die verschiedenen Ansätze zu kennen. Eine angemessene Analyse der EU erfordert die Berücksichtigung von Ansätzen der vergleichenden Regierungslehre *und* der internationalen Beziehungen.
▶ Weiterer Aufmerksamkeit bedarf das Verhältnis zwischen nationalen politischen Systemen und dem EU-System. Hierbei gilt es auf der einen Seite die These der Europäisierung nationaler Systeme für die Mitgliedsstaaten zu überprüfen und möglicherweise Verbindungen zu den nationalen Diskussionen über Legitimations- und Demokratiedefizit zu verknüpfen. Die Europäisierung der politischen

Systeme der Mitgliedsstaaten muss gleichfalls methodisch im Vergleich mit Nicht-EU-Systemen berücksichtigt werden. Mit dem Lissabon-Urteil des BVerfG stellt sich auch die Frage nach Veto-Akteuren aus den Nationalstaaten.

▶ Vergleiche wären – trotz des besonderen Charakters der EU – auch auf der Ebene von Integrationssystemen fruchtbar zu entwickeln. Zu denken ist hier an vergleichende Studien der EU mit NAFTA, Mercosur, der Afrikanischen Union (AU)[34] und ASEAN.

Mit dem Inkrafttreten des Lissabon-Vertrages am 1. Dezember 2009 bleiben die Grundstrukturen und Prinzipien der EU weitgehend erhalten. Die Veränderungen in der Entscheidungsfindung und institutionellen Ordnung stellen keinen Systembruch dar, sondern zielen auf die Optimierung und Modernisierung bereits bestehender Regelungen. Zu den wichtigsten Modifizierungen und (begrenzten) Neuerungen gehören:

▶ *Ausweitung der Rechte des EP:* Das Mitentscheidungsverfahren, bei dem das Europäische Parlament (EP) gleichberechtigt neben dem Rat an der Gesetzgebung mitwirkt, wird von momentan ca. 40 auf über 70 Fälle ausgeweitet. Weiterhin findet eine Stärkung der Haushaltsbefugnisse des EP statt und es erfolgt eine Wahl des Präsidenten der Kommission durch das EP auf Vorschlag des Europäischen Rates.
▶ *Ausweitung der Entscheidungen im Rat mit qualifizierter Mehrheit* (gegenwärtig 74 Prozent der Stimmen im Rat) *und Einführung des Prinzips der doppelten Mehrheit im Rat ab 2014 bzw. 2017.* Eine qualifizierte Mehrheit ist dann erreicht, wenn mindestens 55 Prozent der Mitgliedstaaten zustimmen und diese Mitgliedstaaten mindestens 65 Prozent der Bevölkerung der EU ausmachen.
▶ *Einbindung und damit Stärkung der nationalen Parlamente* mittels eines Subsidiaritäts-Frühwarnsystems und durch das Klagerecht der nationalen Parlamente zum Europäischen Gerichtshof bei Verstößen gegen das Subsidiaritätsprinzip.
▶ Abschaffung der halbjährlich wechselnden Präsidentschaft zugunsten eines Präsidenten des Europäischen Rates, der von diesem für zweieinhalb Jahre gewählt werden und der Ratstagungen koordinieren sowie die Vertretung der EU nach außen übernehmen wird.
▶ Das neue Amt des Hohen Vertreters für die Außen- und Sicherheitspolitik, der gleichzeitig Vizepräsident der Kommission ist, soll die Sichtbarkeit der EU in der internationalen Politik erhöhen. Ihm zur Seite steht ein eigener Europäischer Auswärtiger Dienst, bei dem die institutionelle Anbindung an Kommission und Rat noch unklar ist.

Eine qualitative Weiterentwicklung des Systems der EU insgesamt wird mit dem Lissabon-Vertrag trotz der im Einzelnen durchaus wichtigen Veränderungen nicht erreicht. Die im Verfassungsvertrag vorgesehene Festschreibung staatlicher Symbole

---

34 Für einen Vergleich der EU mit den am EU-Modell orientierten AU-Institutionen vgl. Schmidt (2010).

wie Flagge, Hymne und Leitspruch wurden nicht verwirklicht und auf die Verwendung des Verfassungsbegriffes wurde explizit verzichtet. Der Verzicht auf alles was auch nur an Staatlichkeit erinnert, war dem vor allem von der deutschen EU-Präsidentschaft im ersten Halbjahr 2007 mühsam erreichten Kompromiss über die Grundlinien des unter portugiesischer Präsidentschaft verabschiedeten Lissabon-Vertrags geschuldet: Die Zustimmung integrationskritischer Regierungen wie z. B. der polnischen oder der britischen zu institutionellen Reformen, die größtenteils den Inhalten des Verfassungsvertrages entsprachen, war nur mit dem Verzicht auf die nationalstaatlichen Symbole zu „erkaufen".

Der langwierige und äußerst mühsame Entstehungsprozess des Lissabon-Vertrages ist Ausdruck des zurzeit wichtigsten Problems des EU-Integrationsprozesses: der Akzeptanz- und Legitimationskrise. Parallel zur Vertiefung und Erweiterung der Union ist in den letzten 15 bis 20 Jahren die Akzeptanz der EU aus Seiten der Bevölkerungen in zahlreichen Mitgliedsstaaten geringer geworden. Die fehlgeschlagenen Referenden und Meinungsumfragen belegen Skepsis, Ablehnung und Ängste vor weiteren Integrationsschritten. Es fehlt der EU in den Augen vieler an Legitimität (Schünemann/Schmidt 2009: 235–254). Die durchaus nachweisbaren Wachstumseffekte des Binnenmarktes oder die relative Krisenresistenz des Euroraumes angesichts der 2008 ausgebrochenen Finanzkrise reichen dafür nicht aus. Auch die „Konventsmethode", das größtenteils öffentliche Aushandeln des Verfassungsvertrages vor allem durch Parlamentarier, wurde, wie die Referenden demonstrierten, nicht als legitimierend verstanden. Der Lissabon-Vertrag kann durchaus als eine Reaktion auf die Legitimitätskrise der EU interpretiert werden: Die deutliche Stärkung des EP, die Einführung einer Europäischen Bürgerinitiative[36] und die öffentlichen Tagungen des Rates bei Beratung oder Abstimmung über Gesetzgebungsakte sind Versuche, die EU den Bürgern näher zu bringen und die Bürger direkt einzubinden.

Inwieweit die Modernisierungen im Rahmen des Lissabon-Vertrages ausreichen, um erstens die EU mit ihren 27 Mitgliedern funktionsfähig zu halten, zweitens ihr ausreichende Legitimität zu verschaffen und drittens eine Grundlage zu bieten, die Interessen der EU-Staaten angesichts neuer Kräftekonstellationen wie dem Aufstieg Chinas und Indiens sowie den globalen Herausforderungen wie dem Klimawandel zu begegnen, wird sich zeigen.

---

36 Demnach sind 1 Million Stimmen aus verschiedenen Mitgliedsländer erforderlich, um die Kommission aufzufordern, sich mit einem bestimmten Thema zu befassen. Details werden zurzeit intensiv diskutiert.

Annotierte Bibliographie

Beichelt, Tim, 2009: Deutschland und Europa. Die Europäisierung des politischen Systems. Wiesbaden.
  Der theoretisch anspruchsvolle Band analysiert die Europäisierung der politischen Institutionen des politischen Systems Deutschlands und bewertet diese Prozesse im Hinblick auf ihre Bedeutung für demokratische Grundprinzipien.
Holzinger, Katharina et al., 2005: Die Europäische Union. Theorien und Analysekonzepte, Paderborn u.a. (UTB)
  Dieses Lehrbuch bietet eine umfassende und fundierte Zusammenstellung von politikwissenschaftlichen Theorien und Konzepten zur Analyse der Europäischen Union. Dabei werden sowohl die internen als auch externen Perspektiven der EU berücksichtigt.
Tömmel, Ingeborg, 2008: Das politische System der EU. 3. Aufl., München.
  Eine empfehlenswerte Einführung in das politische System der Europäischen Union, die sowohl die Geschichte der Integration als auch die Institutionen unter den Aspekten der Effizienz, Effektivität und ihrer Legitimität darstellt.
Wallace, Helen/Wallace, William/Pollack, Mark A., 2005: Policy-making in the European Union. 5. Aufl., Oxford.
  Mit diesem Standardwerk liegt eine anspruchsvolle Einführung vor, in der die Institutionen, Politikprozesse und die einzelnen Politikfelder (u. a. Umwelt-, Strukturpolitik) der EU kompetent und informativ dargestellt werden.

Weiterführende Literatur

Becker, Peter/Maurer, Andreas, 2009: Deutsche Integrationsbremsen, SWP-aktuell 41 (Juli 2009).
Beichelt, Tim, 2004: Die Europäische Union nach der Osterweiterung. Opladen.
Benz, Arthur, 2000: Entflechtung als Folge von Verflechtung, in: *Edgar Grande/Markus Jachtenfuchs* (Hrsg.): Wie problemlösungsfähig ist die EU? Baden-Baden, 141–164.
Bomberg, Elizabeth/Peterson, John, 1999: Decision-making in the European Union. Basingstoke.
Dinan, Desmond, 1999: Ever Closer Union. An Introduction to European Integration. 2. Aufl., Basingstoke.
Eichener, Volker, 1996: Die Rückwirkungen der europäischen Integration auf nationale Politikmuster, in: *Markus Jachtenfuchs/Beate Kohler-Koch* (Hrsg.): Europäische Integration. Opladen, 249–278.
Eising, Rainer/Kohler-Koch, Beate (Hrsg.), 1999: The Transformation of Governance in the European Union. London/New York.
Everling, Ulrich, 1994: Das Maastricht-Urteil des Bundesverfassungsgerichts und seine Bedeutung für die Entwicklung der Europäischen Union, in: Integration 17 (3), 165–175.
Giering, Claus, 1997: Europa zwischen Zweckverband und Superstaat. Bonn.
Giering, Claus/Janning, Josef, 1999: Strategien gegen die institutionelle Erosion, in: *dies./Merkel, W./Stabenow, M.*: Demokratie und Interessenausgleich in der Europäischen Union. Gütersloh, 39–65.
Göler, Daniel, 2009: Europäisierung mit vielen Gesichtern. Anmerkungen zur Widerlegung des Mythos einer 80-Prozent-Europäisierung, in: PVS 50, 75–79.
Grande, Edgar, 2000: Multi-level Governance: Institutionelle Besonderheiten und Funktionsbedingungen des europäischen Mehrebenensystems, in: *ders./Markus Jachtenfuchs* (Hrsg.): Wie problemlösungsfähig ist die EU? Baden-Baden, 11–25.
Haas, Ernst B., 1958: The Uniting of Europe. Stanford.
Hix, Simon, 2005: The Political System of the European Union. 2. Aufl., Basingstoke.
Hoffmann, Stanley 1966: Obstinate or Obsolete? The Fate of the NAtion-state and the Case of Western Europe, in: Daedalus 93 (4), 862–915.
Jachtenfuchs, Markus/Kohler-Koch, Beate, 1996: Regieren im dynamische Mehrebenensystem, in: *dies.* (Hrsg.): Europäische Integration. Opladen, 15–46.
Joerges, Christian, 1996: Das Recht im Prozeß der europäischen Integration, in: *Markus Jachtenfuchs/Beate Kohler-Koch* (Hrsg.): Europäische Integration. Opladen, 73–108.

Keohane, Robert, A./Nye, J., 1977: Power and Interdependence. Boston.

Kielmansegg, Peter Graf, 1996: Integration und Demokratie, in: *Markus Jachtenfuchs/Beate Kohler-Koch* (Hrsg.): Europäische Integration. Opladen, 47–72.

Knelangen, Wilhelm, 2005: Regierungssysteme sui generis? Die institutionelle Ordnung der EU in vergleichender Sicht, in: Zeitschrift für Staats- und Europawissenschaften (ZSE) 1, 7–33.

Kohler-Koch, Beate (Hrsg.), 1998: Regieren in entgrenzten Räumen. PVS-Sonderheft 29. Opladen.

Kohler-Koch, Beate, 2000: Regieren in der Europäischen Union, in: Aus Politik und Zeitgeschichte B6, 30–38.

Leibfried, Stephan/Pierson, Paul, 2000: Social Policy, in: *Helen Wallace/William Wallace:* Policy-making in the European Union. 4. Aufl., Oxford, 267–292.

Lenk, Carl-Otto, 2009: Ausbrechender Rechtsakt, in: FAZ vom 9. August 2009.

Maurer, Andreas, 2002: Nationale Parlamente in der Europäischen Union – Herausforderungen für den Konvent, in: Integration 25 (1), 20–34.

Merkel, Wolfgang, 1999: Die Europäische Integration und das Elend der Theorie, in: Geschichte und Gesellschaft 25 (2), 302–338.

Moravcsik, Andrew, 1991: Negotiating the Single European Act, in: *Robert Keohane/Stanley Hoffmann* (Hrsg.): The New European Community. Boulder, 41–84.

Müller, Harald, 1993: Die Chance der Kooperation. Darmstadt.

Pfetsch, Frank R., 2001: Die Europäische Union. 2. Aufl., München.

Rittberger, Volker/Zangl, Bernhard, 2002: Internationale Organisationen. 3. Aufl., Opladen.

Scharpf, Fritz, W., 1998: Die Problemlösungsfähigkeit der Mehrebenenpolitik in Europa, in: *Beate Kohler-Koch* (Hrsg.): Regieren in entgrenzten Räumen (PVS-Sonderheft 29). Opladen/Wiesbaden, 121–144.

Schild, Joachim, 2002: Europäische Nationalstaaten. Deutschland und Frankreich im europäischen Mehrebenensystem, in: *Michael Meimeth/ders.* (Hrsg.): Die Zukunft der Nationalstaaten in der europäischen Integration. Opladen, 11–80.

Schmidt, Manfred G., 2000: Der konsoziative Staat. Hypothesen zur politischen Struktur und zum politischen Leistungsprofil der Europäischen Union, in: *Edgar Grande/Markus Jachtenfuchs* (Hrsg.): Wie problemlösungsfähig ist die EU? Baden-Baden, 33–58.

Schmidt, Siegmar, 2010a: African Peace and Security Architecture: A Framework in Transition, in: *Hany Besada* (ed.): Crafting an African Security Architecture: Addressing Regional Peace and Conflict in the 21st Century. London (im Erscheinen).

Schmidt, Siegmar, 2010b: Fortschritte und neue Herausforderungen in der Europäischen Außen- und Sicherheitspolitik, in: *Leiße, Olaf* (Hrsg.): Die Europäische Union nach dem Vertrag von Lissabon. Wiesbaden, 195-219.

Schmidt, Siegmar/Schünemann, Wolf, 2009: Die Europäische Union. Eine Einführung. Baden-Baden.

Steffani, Winfried, 1979: Parlamentarische und präsidentielle Demokratie. Opladen.

Sturm, Roland/Pehle, Heinrich, 2001: Das neue deutsche Regierungssystem. Opladen.

Töller, Annette Elisabeth, 2008: Mythen und Methoden. Zur Messung der Europäisierung der Gesetzgebung des Deutschen Bundestages jenseits des 80%-Mythos, in: Zeitschrift für Parlamentsfragen 39 (1), 3–17.

Wallace, Helen/Wallace, William, 2000: Policy-making in the European Union. 4. Aufl., Oxford.

Weidenfeld, Werner (Hrsg.), 2008: Die Europäische Union. Politisches System und Politikbereiche, Bonn (Bundeszentrale für Politische Bildung).

Wessels, Wolfgang, 2008: Das politische System der Europäischen Union, Wiesbaden.

Systemwechsel

Wolfgang Merkel / Peter Thiery

1. Einleitung

Das 20. Jahrhundert war nicht nur das Jahrhundert der Weltkriege und Massenvernichtungswaffen, sondern erlebte auch den Siegeszug der Demokratie, der sich in drei großen Wellen Bahn brach. Eine erste lange Welle, die ihre Wurzeln in der französischen und der amerikanischen Revolution hatte und sich langsam verstärkend über das gesamte 19. Jahrhundert hinzog, erreichte ihren Höhepunkt unmittelbar nach dem Ersten Weltkrieg. Knapp 30 Demokratien hatten sich zu diesem Zeitpunkt etabliert (Huntington 1991: 17). Das Ende des Zweiten Weltkrieges löste mit einer zweiten Welle einen kurzen Demokratisierungsschub aus, der Westdeutschland, Österreich, Italien, Japan, das postkoloniale Indien und einige Länder Lateinamerikas erfasste. Die dritte Demokratisierungswelle begann Mitte der 1970er Jahre in Südeuropa und setzte sich ab Ende des Jahrzehnts in Lateinamerika fort. Gleichsam der Mechanik eines „regionalen Dominoeffekts" folgend, griff sie auch auf die ostasiatischen Länder Taiwan, Philippinen, Südkorea und Thailand über. Ihren Kulminationspunkt fand diese Entwicklung zweifellos in dem Zusammenbruch der kommunistischen Regime in Osteuropa zwischen 1989 und 1991. Fast gleichzeitig brachen auch im subsaharischen Afrika zahlreiche autoritäre Regime zusammen, wenngleich sich hier der Demokratisierungsprozess als erratischer und die jungen Demokratien als fragiler erweisen sollten. Resistent gegenüber der Demokratisierung blieben damit lediglich die Länder des arabisch-asiatischen Gürtels von Nordafrika über Vorder- und Mittelasien bis nach China und Nordkorea.

Spätestens mit dem Epochenbruch der Jahre 1989–1991 ist die Transformation autoritärer und totalitärer politischer Systeme nicht nur zum beherrschenden Problem auf der politischen Agenda vieler Transformationsländer geworden, sondern avancierte auch zu einem der beherrschenden Themen der politikwissenschaftlichen Forschung. Nachdem sich die Diskussion in den Siebzigerjahren des vergangenen Jahrhunderts im Rahmen der Autoritarismusforschung verstärkt auf die Gründe für das Scheitern von Demokratien konzentrierte (Linz/Stepan 1978), führte die dritte Welle zu einem Paradigmenwechsel in der sozialwissenschaftlichen Forschung, in dessen Gefolge eine bis heute anhaltende, intensive Auseinandersetzung über Ursachen, Verlaufsformen und Ergebnisse von Transformationsprozessen entstand.[1]

---

1 O'Donnell/Schmitter/Whitehead (1986), DiPalma (1990), Przeworski (1991), Rueschemeyer et al.

Während dabei zunächst der Auflösung und Ablösung autoritärer Regime das Hauptaugenmerk galt, wechselte mit dem vorläufigen Ende der dritten Welle (Diamond 1996) in den letzten Jahren zunehmend das Erkenntnisziel. Verstärkt rückten nun die Fragen nach Bedingungen, Voraussetzungen und Möglichkeiten langfristiger Stabilisierung und Entwicklung, kurz: die Frage nach der Konsolidierung schon bestehender Demokratien, in den Vordergrund.[2]

Mit den konkreten Untersuchungen der Transformationsprozesse in Südeuropa, Lateinamerika, Ostasien und Osteuropa differenzierte sich auch das begriffliche Instrumentarium dieses prosperierenden Forschungszweiges aus.[3] Von *System-* bzw. *Regimewandel* kann gesprochen werden, wenn sich grundlegende Funktionsweisen und Strukturen eines Systems zu verändern beginnen. Ein solcher Veränderungsprozess verläuft evolutionär, d. h. allmählich und nicht abrupt. Offen bleibt zunächst, ob dieser Prozess des Wandels zu einem anderen Systemtypus führt. Ist dies der Fall, können wir ex post dann von einem vollzogenen Systemwechsel sprechen. Denkbar ist aber auch, dass der Wandlungsprozess nach Ausschaltung externer und interner Störfaktoren wieder zu einem relativ stabilen Gleichgewicht desselben Systemtypus zurückführt. Die Begriffe *System-* bzw. *Regimewechsel* stehen für Transformationsprozesse, die definitiv zu einem anderen System oder Regimetypus führen (Merkel 2010: 65 f.). Dabei können evolutionäre oder reforminduzierte Wandlungstendenzen Vorboten eines Systemwechsels sein. Im überwiegenden Teil der Transformationsliteratur werden unter Systemwechsel aber vor allem „zeitlich dramatisierte" Übergänge von einem zum anderen System verstanden. Der Begriff *Transition* etablierte sich Mitte der 1980er Jahre (O'Donnell/Schmitter/Whitehead 1986) und wird fast ausschließlich benutzt, um den Übergang von autokratischen zu demokratischen Systemen zu bezeichnen. Der Begriff der *Transformation* schließlich besitzt keine spezifische Bedeutung, sondern wird als Oberbegriff für alle Formen, Zeitstrukturen und Aspekte des Systemwandels und Systemwechsels benutzt (Sandschneider 1995: 38). Er schließt also System- und Regimewandel, System- und Regimewechsel oder Transition mit ein.

Erstaunlicherweise hat in der neueren Transformationsforschung die Debatte über den Begriff der Demokratie selbst erst sehr spät stattgefunden. Theoretische Reflexionen über einen geeigneten Demokratiebegriff fanden sich zu Beginn nur selten (Schmitter/Karl 1991; Collier/Levitsky 1997). Mit Beginn des 21. Jahrhunderts ist jedoch ein Wandel insofern eingetreten, als der *mainstream* sich nicht mehr nur am Polyarchie-Begriff von Robert Dahl (1971, 1989) orientiert, sondern zunehmend die Dimension des Rechts- und Verfassungsstaates einbezieht (stellvertretend: O'Donnell

---

(1992), Collier/Levitsky (1997), Levitsky/Way (2002), Merkel/Puhle et al. (2003), Merkel/Puhle et al. (2006), Schedler (2006), Grimm/Merkel (2008), Weiffen (2008), Merkel (2010).

2 Pridham (1995), Linz/Stepan (1996), Gunther/Diamandouros/Puhle (1995), Merkel (1998), Morlino (1998).

3 Zur Frage, was sich transformiert, ob Regierung, Regime, Staat oder politisches System, s. Lauth in diesem Band; zu weiteren Begrifflichkeiten wie Liberalisierung, Konsolidierung s. die folgenden Ausführungen.

1998; Thiery 2001; Merkel/Puhle et al. 2003; Merkel/Puhle et al. 2006). Ein Beispiel hierfür ist das von uns vertretene Konzept der „embedded democracy" (s. Anhang 1). Auf der Grundlage eines anspruchsvolleren Demokratiebegriffs hat sich in den letzten Jahren eine intensive Debatte über die Qualität der sogenannten „electoral democracies" entwickelt (Morlino 2004; Diamond/Morlino 2004; O'Donnell/Vargas Cullell/Iazzetta 2004; Merkel/Puhle et al. 2003; Merkel/Puhle et al. 2006). Bisweilen wurde auch zu Recht bestritten, dass es sich bei diesen Wahldemokratien häufig überhaupt noch um Demokratien handelt, und ob nicht Begriffe wie „hybride Regime" (Croissant 2002a), „competitive authoritarianism" (Levitsky/Way 2002) oder „electoral authoritarianism" (Schedler 2006) den Charakter der neuen Regime besser fassen könnten.

Knapp zwei Dekaden nach Fukuyamas triumphierender Spekulation (Fukuyama 1992) des endgültigen Sieges von Kapitalismus und Demokratie verdichten sich die pessimistischen Diagnosen. Insbesondere nordamerikanische Demokratieforscher warnen vor einer „Rückkehr der autoritären Großmächte" (Gat 2007), dem „Rückzug der Freiheit" (Puddington 2008) oder einem globalen „democratic rollback" (Diamond 2008). Auch wenn die These heute noch nicht ausreichend empirisch gestützt werden kann (Svolik 2008; Merkel 2010: 487 ff.; Croissant/Thiery 2009), ist am Ende des ersten Jahrzehnts des 21. Jahrhunderts klar, dass die dritte Demokratisierungswelle definitiv ausgelaufen ist (s. Anhang 2). Der Kern der liberalen Demokratien (v. a. der OECD-Welt) erscheint sehr stabil. Stärker unter Druck geraten sind jedoch defekte Demokratien. Sie könnten weiter ins autoritäre Lager abrutschen, wenn sie nicht gravierende Gefährdungen junger Demokratien wie eklatante sozioökonomische Ungleichheit (u. a. Lateinamerika), Zerfall der Staatlichkeit (u. a. Afrika) oder massive Korruption (u. a. Asien) entschärfen. Auch die politische, wirtschaftliche und sozialintegrative Leistungsperformanz vieler junger Demokratien fällt häufig schwach aus. Zusätzliche Legitimation lässt sich für Demokratien nicht schöpfen, wenn diese nicht liefern. Der Wettlauf der Systeme ist keineswegs an seinem historischen Ende. Vor allem viele der jungen Demokratien sind gefährdet. Sowohl auf der Input- als auch auf der Output-Seite stehen ihnen noch viele Bewährungsproben bevor.

Im Folgenden skizzieren wir zunächst die unterschiedlichen Sichtweisen der grundlegenden Transformationstheorien darüber, welche Faktoren zur Demokratisierung beitragen. Anschließend präsentieren wir mit den typischen Phasen eines Systemwechsels ausgewählte zentrale Erträge der empirischen Forschung.

2. Transformationstheorien

Die theorieorientierte Transformationsforschung lässt sich bis in die Fünfziger- und Sechzigerjahre des vergangenen Jahrhunderts zurückführen, als insbesondere makrosoziologisch-funktionalistische oder makrosoziologisch-strukturalistische Konzepte die Theoriebildung prägten. In den Achtzigerjahren und zu Beginn der Neunzigerjahre schoben sich zunehmend mikropolitologisch-akteurstheoretische Überlegungen in den Vordergrund und wurden zur dominierenden konzeptionellen Referenz der empirischen Transformationsforschung. Erst im weiteren Verlauf der Neunzigerjahre kam es dann wieder zu einer gleichgewichtigeren Koexistenz der System-, Struktur- und Akteursparadigmen.

2.1 System- und Modernisierungstheorien

Systemtheoretische Ansätze erhellen insbesondere den Zusammenhang von funktionalen Erfordernissen sozioökonomischer Systeme und der Herausbildung von sozialen und politischen Strukturen, die diese Anforderungen erfüllen. Sie entwickeln ihre besondere Erklärungskraft dann, wenn die für die Transformation ursächlichen Dysfunktionen des alten (autokratischen) Systems und die sozioökonomischen Möglichkeitsbedingungen des neuen (demokratischen) Systems herauszuarbeiten sind. Das zentrale Argument von Systemtheoretikern wie Parsons oder später Luhmann lautet: Wird die funktionale Differenzierung der gesellschaftlichen Teilsysteme blockiert und verhindert, führt dies längerfristig zu Effizienz- und Legitimationskrisen, die die Stabilität solcher Systeme untergraben. Wird die funktionale Differenzierung hingegen von den autokratischen Herrschaftseliten zugelassen oder gar gefördert, ergeben sich daraus aber ebenso systemdestabilisierende Entwicklungen.

Als entscheidende Aspekte der Stabilität politischer Systeme sah Parsons die funktionale Differenzierung der Gesellschaft und die ausreichende Legitimationszufuhr aus der Gesellschaft für die politische Herrschaft. Mit dem Theorem der funktionalen Differenzierung skizzierte er die Entwicklung von traditionalen zu modernen Gesellschaften als – unentrinnbaren – evolutionären Prozess, in dem sich die Differenzierung von Ökonomie und politischer Herrschaft, politischem System und ziviler Gesellschaft sowie die Ablösung sozialer Normen von religiösen Begründungen in den westlichen Gesellschaften durchsetzte (Schimank 1996: 8 ff., 80 ff.). Um langfristig ihre Anpassungsfähigkeit und damit ihre eigene Existenz wahren zu können, müssen moderne funktional differenzierte Gesellschaften bestimmte „evolutionäre Universalien" ausbilden, zu denen Parsons in erster Linie Bürokratie, Marktorganisation, universalistische Normen im Rechtssystem, demokratisches Assoziationsrecht und allgemeine freie Wahlen zählte (Parsons 1969b: 57). Fehlen diese Universalien, vermag das politische System nicht mehr die notwendige Selektionsleistung der Reduktion der ansteigenden Umweltkomplexität zu erbringen, es untergräbt seine Legitimität und wird instabil. Denn im Zuge ihrer Modernisierung lassen sich komplexe Gesellschaften nicht durch die rein autoritäre Oktroyierung sozialer Normen integrieren, sondern bedürfen vielmehr der Vermittlung von Konsens: „Keine Institution, die sich von den demokratischen Institutionen grundlegend unterscheidet, ist zu dieser Leistung in der Lage" (Parsons 1969a: 70).

Die kommunistischen Herrschaftseliten der osteuropäischen Gesellschaften verweigerten, behinderten oder revidierten aber die funktionale Ausdifferenzierung der gesellschaftlichen Teilsysteme und ersetzten die moderne „reflektierte Anerkennung der Werte" durch den vormodernen Modus des Zwanges und eine konkurrenzlos verordnete Ideologie. Wirtschaft, Kultur und soziale Gemeinschaft wurden dem Diktat der Politik unterstellt, da deren autonome Entwicklung zu einer Dezentralisierung der Informations- und Machtressourcen und längerfristig zu einem politischen Kontroll- und damit Herrschaftsverlust geführt hätte. Je stärker aber autokratische Herrschaftsformen eine „totalitäre" politische Durchdringung der Gesellschaft realisieren, umso stärker behindern sie die funktionale Ausdifferenzierung der gesellschaftlichen Teilsysteme. Die totalitäre Durchdringung der Gesellschaft erleichtert und perfektioniert zwar für eine bestimmte Zeit die Herrschaftskontrolle, führt dann aber bei deren partiellem Verlust nur zu einem umso fundamentaleren Zusammenbruch des autokratischen Systems.[4]

Als einflussreichster Strang der systemorientierten Ansätze hat sich in der Transformationsforschung die Modernisierungstheorie erwiesen. Ihr Kernsatz lautet: Je entwickelter Wirtschaft und Gesellschaft eines Landes, umso größer sind die Chancen, dass sich eine dauerhafte Demokratie herausbildet (Lipset 1959). Dieser enge Zusammenhang zwischen der sozioökonomischen Entwicklungsstufe und der Demokratiefähigkeit einer Gesellschaft lässt sich anhand eindrucksvoller statistischer Bestätigungen nicht mehr von der Hand weisen.[5] Die zahlreichen Studien zeigen deutlich, dass das wirtschaftliche Entwicklungsniveau (gemessen am BIP/capita) als eine zentrale Variable zur Erklärung des Demokratisierungsgrades eines Landes oder der Demokratie-Diktatur-Differenz auf globaler Ebene angesehen werden muss. Das heißt, je entwickelter ein Land wirtschaftlich ist, desto geringer ist die Wahrscheinlichkeit, dass dort eine Diktatur existiert oder längerfristig Bestand haben kann.[6] Umgekehrt bedeutet es: Je reicher ein Land ist, umso wahrscheinlicher ist es, dass das politische System demokratisch ist und als Demokratie Bestand haben wird (vgl. auch: Schmidt 2000: 441).

Hinter den Korrelationen scheint jedoch auch ein kausaler Zusammenhang durch, der sich verkürzt folgendermaßen darstellen lässt: Wirtschaftliche Entwicklung führt zu einem ansteigenden Bildungsniveau und zu einer demokratischeren politischen

---

4 Zu ähnlichen Schlüssen gelangt man mittels Luhmanns autopoietischer Systemtheorie (vgl. Merkel 2010: 69 ff.; Pollack 1990).

5 Diese Korrelation wurde in der Folge der klassischen Formulierung immer wieder an dem aggregierten ökonomischen Indikator des BIP/capita und der Anzahl minimalistisch definierter Demokratien statistisch überprüft und hat sich nun über mehr als drei Jahrzehnte als außerordentlich robust erwiesen (vgl. u.a.: Cutright 1963; Dahl 1971; Vanhanen 1984, 1990; Lipset et al. 1993; Welzel 1996; Przeworski/Limongi 1997).

6 Es gibt nur wenige Ausnahmen, die diese allgemeine Regel nicht bestätigen: so z. B. Deutschland 1933, Singapur, Argentinien 1930–1983 oder die erdölexportierenden Länder des Nahen Ostens. Letztere sind allerdings aufgrund ihrer „rentenkapitalistischen Form" nicht als moderne Gesellschaften zu bezeichnen.

Kultur, d. h. die Bürger entwickeln tolerantere, gemäßigtere und rationalere Einstellungen, Verhaltensweisen und Werte, die zu einem rationaleren und zurückhaltenderen Politikstil der Regierenden gegenüber oppositionellen Tendenzen führen. Die durch den Bildungsanstieg gewachsene Tendenz zur politischen Mäßigung wird durch einen Wandel der Klassen- und Sozialstruktur verstärkt. Denn ein höheres Einkommen breiter Teile der Bevölkerung und die Ausdehnung wirtschaftlicher Existenzsicherung mäßigen den ökonomischen Verteilungskonflikt. Doch auch die Einstellungen der oberen Schichten „demokratisieren" sich, indem sie die breite Bevölkerung immer weniger als unfähig zu einer „vernünftigen" politischen Beteiligung ansehen (Lipset 1981: 39–51). Gestiegener gesellschaftlicher Wohlstand vermindert extreme ökonomische Ungleichheit, schwächt Standes-, Klassen- und Statusunterschiede, mäßigt den politischen Extremismus der unteren wie der oberen Schichten und stärkt die Mittelschichten, die nach demokratischer Mitsprache verlangen. Als ein Nebenprodukt erfolgreicher wirtschaftlicher Entwicklung sieht Lipset ganz im Sinne von Tocqueville die Neigung der Bürger wachsen, sich in unabhängigen zivilen Vereinigungen zu engagieren, die die politische Beteiligung erhöhen, demokratische Werte und politische Fähigkeiten stärken und den Staat oder andere dominierende Kräfte daran hindern, die politischen Ressourcen zu monopolisieren und die bürgerlichen wie politischen Freiheiten einzuschränken.

Modernisierungstheoretische Ansätze können gute Argumente und überzeugende empirisch-statistische Testergebnisse dafür aufbieten, dass *längerfristig* die marktwirtschaftliche Modernisierung der Wirtschaft und mit ihr der Gesellschaft die fundamentale Voraussetzung für die Entwicklung der Demokratie ist. Sie führt Länder in eine ökonomische „Transitionszone", in der autokratische Regime destabilisiert und Demokratisierungsprozesse provoziert werden. Wenn ein Land die Transitionsphase passiert hat, übt die jeweilige Höhe des wirtschaftlichen Modernisierungsniveaus einen starken Einfluss auf die Konsolidierungschancen der Demokratie aus. Ein neuerer Strang der Mondernisierungsforschung (Przeworski et al. 2000) modifiziert die klassische These von Lipset. Es wird argumentiert, dass Modernisierung zwar nicht die Demokratie hervorbringt, aber dass einmal demokratisierte Regime über einem bestimmten sozioökonomischen Entwicklungsniveau sich konsolidieren und nicht mehr in autokratische Regimeformen zurückfallen.

Diesen wichtigen Einsichten stehen allerdings auch unübersehbare Mängel der klassischen Modernisierungstheorie[7] gegenüber: Erstens vermag sie den Modernisierungsstand, bei dem der Übergang zur Demokratie mit hoher Wahrscheinlichkeit beginnt, nur sehr unzureichend anzugeben. Die Bandbreite von 1 000 bis 6 000 US$ Einkommen per capita ist zu groß und zeigt die Grenzen monokausaler Erklärungen klar auf. Zweitens vermag sie nicht die Einleitung und die Ursachen von Demokrati-

---

7 Wir lassen hier unberücksichtigt, dass es unterschiedliche Varianten der Modernisierungstheorie gibt und beziehen uns auf Lipsets „klassische" Explikation.

sierungsprozessen in unterentwickelten Gesellschaften zu erklären.[8] Drittens liefert sie keine Erklärung für den Zusammenbruch demokratischer Systeme in sozioökonomisch relativ hoch entwickelten Gesellschaften (z. B. Deutschland und Österreich in der Zwischenkriegszeit; Argentinien, Chile und Uruguay in den 1970er Jahren). Schließlich kann die Modernisierungstheorie auch keine fundierten Angaben über demokratiefördernde oder demokratiehinderliche kulturelle und religiöse Kontexte machen.[9]

2.2 Strukturtheorien

Die strukturalistische Transformationsforschung betont die sozialen und machtstrukturellen Zwänge, denen politische Transformationsprozesse unterliegen. Der Erfolg oder Misserfolg von Demokratisierungs- und Konsolidierungsprozessen wird als Resultat langfristiger Verschiebungen in den Machtstrukturen einer Gesellschaft angesehen. Entgegen den Annahmen der klassischen soziologischen Modernisierungstheorie wird betont, dass mehrere Pfade zur Modernisierung einer Gesellschaft führen können.

Insbesondere für den neomarxistischen Strukturalismus (klassisch: Moore 1969) erscheint Demokratie nicht als zwangsläufiges, sondern nur als mögliches Ergebnis von Veränderungen des Verhältnisses zwischen den sozialen Klassen einer Gesellschaft und der Durchsetzung ihrer Interessen. In der Perspektive von Rueschemeyer/Stephens/Stephens (1992) beeinflussen vor allem zwei Variablen die Chancen zur Etablierung und Konsolidierung einer Demokratie: (1) *Klassenstrukturen und -koalitionen:* Kapitalistische Entwicklung fördere die Demokratie, da sie zum Entstehen und Anwachsen von Arbeiterschaft und Mittelschichten führt. Doch nur wenn die Klasse der Großgrundbesitzer eine politisch und ökonomisch nicht mehr dominierende Kraft darstellt, weder den Staatsapparat kontrolliert noch wirtschaftlich auf den kontinuierlichen Zustrom billiger Arbeitskräfte angewiesen ist, wird Demokratie möglich. Ist die Klassenstruktur durch eine schwache Arbeiterschicht gekennzeichnet, die nicht fähig ist, als relevante demokratiefordernde Kraft aufzutreten, können Mittelschichten und Kleinbürgertum diese Funktion ausüben – jedoch nur dann, wenn die Forderungen der Arbeiterschaft nach politischer und ökonomischer Teilhabe nicht als Bedrohung des eigenen Status empfunden werden (ebd.: 282). (2) *Machtverhältnis zwischen Staat und Zivilgesellschaft:* Je mehr Ressourcen die Staatseliten unabhängig von den wirtschaftlichen Eliten kontrollieren und je mächtiger sie einen ideologisch

---

8 So lag das BIP/capita der neuen Demokratien der dritten Welle bei Demokratisierungsbeginn in einer Bandbreite von 340 US$ (Albanien 1993) und 6500 US$ (Slowenien); vgl. Schmidt (2000: 467 f.).

9 Dies bedeutet jedoch nicht, dass einzelne der Modernisierungstheorie verpflichtete Politikwissenschaftler nicht auch auf religiöse und kulturelle Faktoren *("civilizations")* verweisen (vgl. Huntington 1991: 294 ff.).

geeinten und hierarchisch integrierten Staatsapparat repräsentieren, umso stärker sind Autonomie und Eigeninteressen des Staates und desto wahrscheinlicher ist die Herausbildung eines autoritären Regimes. Besondere Bedeutung hat die interne Organisation des staatlichen Gewaltmonopols. Hier stellt sich insbesondere die Frage, ob Sicherheitsorgane (Militär, Polizei, Geheimdienste) ziviler Kontrolle unterliegen oder als „Staat im Staate" agieren. Im letzteren Falle sind sie mächtige Vetoakteure gegen die Demokratie. Sind in der Zivilgesellschaft dagegen autonome Organisationen wie Parteien und Verbände entstanden, bilden diese ein Gegengewicht zum Staat (ebd.: 275 ff.) und erhöhen dadurch die Chancen einer erfolgreichen Demokratisierung des politischen Systems. Es kommt also auf eine gewisse Machtbalance zwischen Staat und Zivilgesellschaft an.

Die auf Staat und soziale Klassentheorie fixierte Strukturtheorie lässt sich durch den quantitativ orientierten „*Machtressourcen-*" bzw. „*Machtdispersionsansatz*" ergänzen, wie ihn der Finne Tatu Vanhanen (1989, 1992) entwickelt hat. Vanhanen greift die grundsätzliche modernisierungstheoretische Überlegung der Pluralisierung und Differenzierung der sozioökonomischen Strukturen auf und ergänzt sie durch weitergehende Überlegungen im Hinblick auf die Machtverteilung. Doch anders als Moore, Rueschemeyer et al. versucht er die Machtverteilung in der Gesellschaft präziser zu erfassen als dies mit einer Klassen- und Staatstheorie geleistet werden kann. Sein Augenmerk hinsichtlich der Entwicklungschancen der Demokratie liegt auf der Streuung der Machtressourcen in Wirtschaft und Gesellschaft. In Fortführung eines Kerngedankens von Robert Dahls Polyarchie-Konzept entwickelt Vanhanen folgende These: Je breiter die Streuung der Machtressourcen in einer Gesellschaft, umso höher ist deren Demokratisierungsgrad. Anders formuliert: Je höher die Machtkonzentration in einer Gesellschaft, umso höher sind die Hindernisse auf dem Weg zur Demokratie. Die prinzipielle Idee hinter dieser These ist, dass Demokratisierungsprozesse in einer Gesellschaft dann erfolgversprechend sind, wenn die sozialen Machtressourcen so breit gestreut sind, dass keine Gruppe mehr in der Lage ist, ihre sozialen Konkurrenten oder andere Gruppen zu unterdrücken und ihre eigene soziale wie politische Hegemonie aufrechtzuerhalten. Demokratie entsteht, so Vanhanen, vor allem als ein rationaler Kompromiss zwischen den Eliten und Gruppen einer Gesellschaft. Je weniger asymmetrisch die gesellschaftlichen Machtressourcen verteilt sind, umso eher ist ein solcher demokratischer Basiskompromiss wahrscheinlich.[10]

---

10 Vgl. Vanhanen (1992: 21). Um die Streuung der Machtressourcen in einer Gesellschaft empirisch erfassen und für hohe Fallzahlen von Untersuchungsländern auch vergleichbar machen zu können, hat Vanhanen einen „Machtressourcenindex" *(Index of Power Resources, IPR)* entwickelt (vgl. ebd.: 23 ff.). Vanhanens Korrelations- und Regressionsergebnisse sind hochsignifikant (Schmidt 2000: 442 ff.): Je breiter die Streuung der Machtressourcen, umso höher ist der Demokratisierungsgrad eines Landes und vice versa. Gegenüber dem in modernisierungstheoretischen Analysen meist verwendeten Entwicklungsindikator BIP/capita, der über die Verteilungsfrage zunächst keine Aussagen zulässt, besitzt Vanhanens Machtressourcenindex eine differenziertere Aussagekraft.

In jüngerer Zeit haben sich strukturalistische Macht- und Klassentheorien weiterentwickelt und haben innerhalb des Historischen Institutionalismus (Thelen 1999; Mahoney 2000, 2001; Capoccia/Kelemen 2007) eine institutionalistische Einbettung erfahren. Sie betonen die Bedeutung von institutionellen Erblasten der Vergangenheit und deren erhebliche Wirkung auf pfadabhängige Entwicklungen. In gewissem Sinne ist der weiterentwickelte Strukturalismus als eine theoretische Reaktion auf die akteurstheoretische Überhöhung der klassischen Transitionsforschung zu verstehen.

Der Nutzen strukturalistischer Konzepte liegt in der Betonung der (macht-)strukturellen Möglichkeitsbedingungen einer Demokratie. Dadurch brechen sie den ökonomisch determinierten Demokratisierungsoptimismus der Modernisierungstheorien. Indem strukturalistische Konzepte nicht nur *eine* Schicht als besonderen Träger der Demokratisierung ausmachen (Modernisierungstheorie: Mittelschichten), sondern insbesondere auf die Machtbeziehungen zwischen den sozialen Klassen und dieser zum Staat hinweisen oder die generelle Verteilung von Machtressourcen in einer Gesellschaft erfassen, vermögen sie soziale und politische Machtkonstellationen im Hinblick auf die Demokratisierungschancen genauer zu deuten. Trotz dieser Einsichten in die Machtstrukturen von Staat und Gesellschaft wird die Komplexität der Interessenlagen innerhalb sozialer Großklassen von den strukturalistischen Ansätzen unterschätzt. Denn soziale Klassen sind nicht automatisch einheitlich handelnde kollektive Akteure, wie von manchen strukturalistischen Autoren dargestellt. Sie sind weder immer in der Lage, sich kollektiv zu organisieren noch stets einheitlich zu handeln. Für die Entfaltungschancen von Demokratisierungsprozessen werden weder das strategische Handeln von Eliten im Verlauf von Transformationsprozessen noch die kulturelle Einbettung von Klassenbeziehungen, Staatshandeln und Machtverteilung angemessen berücksichtigt.

2.3 Kulturtheorien

Religiös-kulturelle Faktoren und ihre Wirkung auf die Entwicklung des Kapitalismus und bestimmter Staatsformen sind schon von Max Weber betont worden. Doch erst in jüngerer Zeit hat die Frage nach den kulturell-religiösen und zivilkulturellen Voraussetzungen auch verstärkt Eingang in die Transformationsforschung gefunden. Für die Analyse der Voraussetzungen und Hindernisse erfolgreicher Demokratisierung sind tief verwurzelte religiös-kulturelle Traditionsbestände deshalb von Bedeutung, weil sie sich, anders als politische Institutionen und selbst Klassenbeziehungen, einer kurzfristigen intendierten Veränderung entziehen (Lipset 1993: 137). Ein weiterer „kultureller" Aspekt, der jenseits der religiösen Prägung die Demokratiefähigkeit einer Gesellschaft beeinflusst, ist das in ihr akkumulierte „soziale Kapital" (Putnam 1993).

Im Hinblick auf kulturell-religiöse Funktionsbedingungen lautet die übergreifende These: Eine dezidiert nicht säkularisierte religiöse Kultur behindert die Verbreitung demokratiestützender Normen und Verhaltensweisen in der Gesellschaft. Sie versagt den demokratischen Institutionen die eigenständige Legitimität und belastet deshalb die Demokratisierung von Staat und Gesellschaft. Dies bedeutet aber nicht, dass nur die „westliche Kultur" eine förderliche Basis für die Demokratie abgibt und die (liberale) Demokratie für nicht westliche Gesellschaften untauglich ist,[11] wie etwa die asiatischen Demokratien Japan, Südkorea und Taiwan belegen. Gewiss existieren einige religiöse Traditionen, die der Demokratie positiv, und andere, die ihr ausgesprochen skeptisch gegenüberstehen. Allerdings ist ein differenzierter Blick darauf notwendig, wie eine praktizierte Religion mit ungleichmäßigen oder blockierten Modernisierungsprozessen und Machtstrukturen verwoben ist.[12]

Religiös-kulturelle Faktoren wirken dann als Hindernisse für die Demokratisierung einer Gesellschaft, wenn sie den Vorrang vermeintlichen göttlichen Rechts über demokratisch konstituierte rechtstaatliche Ordnungen reklamieren. Dies ist insbesondere in den fundamentalistischen Varianten des Islams der Fall. Fundamentalistische Interpretationen des Islams weisen Frauen zudem eine Rolle in Staat und Gesellschaft zu, die mit dem politischen Gleichheitsprinzip der Demokratie nicht zu vereinbaren ist. Die Ungleichheit der Frauen kann sich dabei von der Behinderung in der politischen Partizipation über die partielle Vorenthaltung bürgerlicher Rechte bis hin zur Verletzung allgemeiner Menschenrechte erstrecken. Andererseits ist die absolute Trennung von Staat und Religion keine unabdingbare Voraussetzung für eine funktionierende Demokratie. Je mehr die Religionsträger jedoch glauben, gegen rechtsstaatlich und demokratisch zustande gekommene Entscheidungen ein religiös fundiertes Oppositions- oder Widerstandsrecht reklamieren zu können, umso mehr müssen sie als Störfaktoren der Demokratie bezeichnet werden. Verallgemeinert heißt das: Je weniger Religionen sich mit ihrer partikularen Rolle in säkularisierten Gesellschaften abfinden und auf eine höhere Richterrolle gegenüber demokratischen Entscheidungen pochen, umso größere Hindernisse stellen sie für die Demokratisierung von Staat und Gesellschaft dar (Merkel 2010: 82 f.).

Neben den religiösen Kulturen, von diesen aber auch beeinflusst, spielen gesellschaftliche Werte, soziale Traditionen und die historischen Erfahrungen in der Gemeinschaft und Kooperation eine wichtige Rolle. Dahinter steht die Überlegung, dass die formalen politischen Institutionen allein instabil und nicht ausreichend „institutionalisiert" sind, wenn ihnen die angemessene gesellschaftliche Unterfütterung durch eine demokratiefreundliche Zivilkultur fehlt. Während Verfassungen, politische Institutionen, Parteien und Verbände auch in kurzen Fristen konstruiert, gegründet und organisiert werden können, lassen sich demokratiestützende Werte und Verhaltensweisen der Gesellschaft nicht am Reißbrett von Sozialingenieuren entwer-

---

11 Noch zu Beginn der dritten Demokratisierungswelle wurde diese These etwa von George F. Kennan vertreten (vgl. Huntington 1991: 298). Auch Huntington (ebd.: 6) beurteilte konfuzianische Demokratie als „contradiction in terms".
12 Siehe etwa Fukuyamas (1995) Kritik an Huntingtons simplifizierender These der Demokratieunverträglichkeit des Konfuzianismus.

fen. Sie müssen vielmehr in langfristigem zivilgesellschaftlichem Engagement gelernt, habitualisiert und historisch als „soziales Kapital" akkumuliert werden (Putnam 1993). Wenn aber informelle Normen gemeinschaftlicher Reziprozität und wechselseitigen Vertrauens, wenn bürgerliches Engagement und zivile Selbstorganisation die soziale Kommunikation einer Gesellschaft geprägt haben, zivilisiert eine solche Gesellschaft ihrerseits nicht nur die Formen staatlicher Herrschaft, sondern stabilisiert in komplementärer Weise auch die politischen Institutionen der Demokratie und macht sie wirksam.

Soziales Kapital hilft, das in vielen jungen Demokratien existierende „Hobbessche Equilibrium" (Putnam 1993: 181) von Misstrauen und vertikaler sozialer Abhängigkeit ohne den drohenden Rückgriff auf einen autoritären „Leviathan" aufzulösen. Denn „moralische Ressourcen" (Hirschman 1982) wie Vertrauen und gemeinschaftliche Kooperation erschöpfen sich nicht durch ihren Gebrauch, sondern wachsen gerade durch diesen beständig. Je größer das gesellschaftliche Vertrauen ist, umso wahrscheinlicher kommt es zu sozialer Kooperation; Kooperation produziert aber ihrerseits wachsendes Vertrauen unter denen, die daran teilnehmen. Es existieren also zwei mögliche, sich wechselseitig verstärkende Quellen von sozialem Vertrauen: Normen der Reziprozität und Netzwerke kooperativen, zivilen Engagements. So wie diese gesellschaftlichen Institutionen die politischen Institutionen der Demokratie stärken, können jene helfen, diese zu erzeugen. Während ersteres jedoch ein kurzfristiger Prozess ist, muss bei letzterem mit längeren Zeiträumen gerechnet werden.

2.4 Akteurstheorien

Im Unterschied zu sozioökonomischen, machtstrukturellen und kulturalistischen Ansätzen setzen Akteurstheorien auf der Mikroebene der handelnden Akteure an und betonen die Kontingenz politischen Handelns und damit die prinzipielle Unbestimmtheit von Transformationsprozessen. Die Entscheidung für oder gegen die Demokratie wird letztlich als Ergebnis einer situationsgebundenen, kontinuierlichen Neudefinition wahrgenommener Präferenzen, Strategien und Handlungsmöglichkeiten durch die relevanten Akteure angesehen (Przeworski 1986, 1991). Der Ausgang von Transformationsprozessen ist deshalb weniger von objektiven Umständen (Strukturen) oder Machtkonstellationen abhängig als vielmehr von den subjektiven Einschätzungen, Strategien und Handlungen der relevanten Akteure. Sie prägen die Entscheidungen, die wechselnden Allianzen, Prozesse und Verlaufsmuster der Transformation. Akteurshandeln wird dabei primär als Elitenhandeln verstanden: Massenbeteiligung ist nur ein kurzfristiges, vorübergehendes Phänomen zu Beginn der Transition. Sozioökonomische Strukturen, politische Institutionen, internationale Einflüsse und historische Erfahrungen bilden lediglich den Handlungskorridor, innerhalb dessen demokratisch und autokratisch gesinnte Eliten ihre politischen Ziele verfolgen.

Akteurstheorien unterscheiden sich aufgrund ihrer Ausgangsprämissen und der Bedeutung, die sie den individuellen Kosten-Nutzen-Kalkülen handelnder Akteure beimessen. Zwei Hauptströmungen lassen sich erkennen, die jede für sich neue Einblicke in die Wirkung von Elitenhandeln im Hinblick auf die Demokratisierung erlauben: erstens die deskriptiv-empirische Strömung (O'Donnell/Schmitter 1986; Di Palma 1990), zweitens der deduktiv vorgehende *rational choice*-Ansatz (u. a. Przeworski 1986, 1991; Colomer 1995). Deskriptiv-empirische Akteurstheorien haben zunächst das Verdienst, dass sie unser Augenmerk auf die sich verändernden Akteurskonstellationen innerhalb und zwischen den einzelnen Transformationsphasen richten. Denn in der Regel ist bereits die Liberalisierung das Produkt vielschichtiger Veränderungen innerhalb des Herrschaftsblocks. In ihrem Verlauf verringern sich die Bedrohungsperzeptionen der regimestützenden gesellschaftlichen Schichten gegenüber den oppositionellen Gruppierungen. Das Nachgeben des Regimes und dessen Einwilligung zur Einleitung der Demokratisierung ist dann vor allem das Resultat rationaler Kostenkalküle aufseiten des Regimes: Die Regimeeliten entschließen sich, wenn sie nicht direkt gezwungen werden, dann zur Demokratisierung, wenn die von ihnen erwarteten sozialen und politischen Repressionskosten, die bei der erneuten autoritären Schließung des Regimes anfallen würden, für höher gehalten werden als die angenommenen Kosten der Demokratisierung (Dahl 1971: 15 f.). Im weiteren Verlauf der Demokratisierung kommt es zum Wechsel der Akteure aufseiten der Opposition. An die Stelle der Massenmobilisierung tritt meistens die durch Parteien dominierte Aushandlung und Institutionalisierung der demokratischen Verfahren.

Transitionsphasen sind Momente großer politischer Ungewissheit: Die genauen Machtverhältnisse sind den Akteuren unbekannt, politische Spielregeln und Strategien verändern sich ständig. Demokratisierung bedeutet daher die Umwandlung dieser politisch-institutionellen „Ungewissheiten" in „Gewissheiten", indem häufig – explizit oder implizit – konstitutive Pakte zwischen den relevanten Akteuren geschlossen werden, in denen die Demokratisierungsinhalte und -grenzen definiert werden, insbesondere die Festschreibung allgemeiner bürgerlicher Rechte und Freiheiten sowie die Ausweitung von Partizipationsrechten in relevanten politischen Bereichen und Institutionen.[13] Pakte sind am wahrscheinlichsten, wenn weder die autoritären noch die oppositionellen Eliten über die Ressourcen verfügen, einseitig ihre Interessen durchsetzen zu können. Trotz ihres häufig undemokratischen Charakters werden sie in der akteurstheoretisch orientierten Transformationsforschung als wünschenswert angesehen, da sie durch die Beschränkung politischer Konflikte die Chancen der Konsolidierung erhöhen (O'Donnell/Schmitter 1986: 38 ff.). In jedem Fall beeinflussen in dieser Phase das situationsgebundene Handeln oder Nichthandeln der rele-

---

13 Natürlich können Transitionen auch ohne Pakte erfolgreich verlaufen, vor allem dann, wenn die alten Machthaber abrupt die Machtbasis ihrer Herrschaft verlieren (Argentinien 1982, Tschechoslowakei 1989/90). Den Akteuren der Opposition kommt dann praktisch der Kontrahent abhanden, mit dem es sich lohnen würde, eine temporäre Herrschaftsteilung durch einen Pakt zu besiegeln.

vanten Akteure den weiteren Demokratisierungsverlauf stärker als langfristig wirkende sozioökonomische Modernisierungsprozesse.

Der *rational choice*-Ansatz lehnt die Beschreibung der Akteure allein nach ihren Interessen und Strategien als nicht ausreichend ab (Przeworski 1986: 52 ff.). Die Liberalisierung des autokratischen Systems wird vielmehr als Abfolge wechselnder strategischer Situationen gesehen. Jede von ihnen ist gekennzeichnet durch die Konfiguration bestimmter politischer Kräfte mit unterschiedlichen Interessen, die unter Bedingungen handeln, die wiederum Resultate vorhergehender Aktionen und exogenen Drucks sind (ebd.). Veränderungen von einer Situation zur nächsten sind das Ergebnis von Akteurshandlungen, an deren Ende Demokratie als kontingentes Ergebnis politischer Konflikte stehen kann (Przeworski 1988: 60 f.; 1992: 106).

Eine erfolgreiche Transformation ist aus dieser Perspektive das Resultat rational handelnder Akteure, die allerdings mitunter – demokratiefördernden – Fehlwahrnehmungen ihrer eigenen Machterhaltungs- und Machtzugangschancen unterliegen. Zumeist wird die Demokratisierung durch eine Liberalisierungsphase eingeleitet. Zur Liberalisierung des autokratischen Systems und damit zum Auftakt demokratischer Systemwechsel kommt es vor allem dann, wenn die moderat eingestellten Kräfte innerhalb des niedergehenden autokratischen Regimes der Fehlkalkulation erliegen, Transformation sei ein von oben kontrollierbares Projekt, das vor seinem finalen Ergebnis (Demokratie) ohne erhebliche politische Kosten dann angehalten werden kann, wenn die Interessen (oder gar die Existenz) der alten Regimeeliten substanziell bedroht sind.

Verfügen sowohl die Herrschaftseliten des alten Regimes als auch die Akteure der demokratischen Opposition jeweils über relevante Machtressourcen, setzt eine erfolgreiche Demokratisierung häufig voraus, dass sich die gemäßigten Akteursgruppen des alten Regimes und die moderaten Kräfte der demokratischen Opposition auf konstitutionelle und politische Pakte einigen, die die Ungewissheit der Transformationsentwicklung begrenzen und damit die riskante Transitionsphase entschärfen: Die entstehende Demokratie wird also paradoxerweise mit demokratisch zweifelhaften Mitteln, nämlich über Pakte und Absprachen außerhalb demokratischer Institutionen durch demokratisch meist nicht ausreichend legitimierte Eliten ermöglicht.

Der Vorteil akteurstheoretischer Betrachtungen liegt zweifellos in ihrem Potenzial, auch bei häufig wechselnden Akteurskonstellationen die Erfolgsmöglichkeiten und Gefährdungen von Demokratisierungsverläufen modellieren zu können. Mit spieltheoretischen Modellen können so die rationalen Kalküle, Kooperationen, Koalitionen, aber auch Konflikte der beteiligten Akteure bisweilen einsichtiger herausgearbeitet und erklärt werden, als dies allein über eine „dichte Beschreibung" (Geertz) der historischen Ereignisse möglich wäre. Insofern besitzen die dem *„rational choice*-Paradigma" verpflichteten Akteurstheorien nicht nur ein Erklärungs-, sondern auch ein Prognosepotenzial (vgl. Przeworski 1986; Colomer 1991).

3. Transformationsphasen

Zwischen dem autokratischen System und der konsolidierten Demokratie liegen die drei Phasen des eigentlichen Systemwechsels: Ende des autokratischen Regimes,[14] Institutionalisierung der Demokratie und demokratische Konsolidierung (Merkel 2010: 93 ff.). Natürlich ist die klare Abtrennung der drei Phasen aus analytischen Gründen vorgenommen. In der Realität überlappen sich die drei Abschnitte häufig. So können noch Teilbereiche des politischen Systems autoritär regiert werden, während andere Bereiche schon durch demokratische Institutionen und Normen reglementiert werden. Noch schwieriger ist die genaue Trennung zwischen der Institutionalisierung und der Konsolidierung der Demokratie. Auch hier kann die Konsolidierung der Beziehungen innerhalb des Regierungssystems schon begonnen haben, während andere Bereiche wie das Parteien- und Verbändesystem sich noch in der Institutionalisierungsphase befinden.

3.1 Ende des autokratischen Systems

In der Geschichte haben sich die Übergänge von der Autokratie zur Demokratie auf unterschiedliche Weise vollzogen, was auch für die Endphase der autokratischen Systeme gilt. Dabei ist zu unterscheiden zwischen den Ursachen, die das Ende der autokratischen Systeme bewirken, und dessen Verlaufsformen. Beide prägen die nachfolgenden Phasen nachhaltig (Pfadabhängigkeit des Systemwechsels). Die Ursachen können in systemexterne und systeminterne Faktoren unterschieden werden. Zu den systemexternen Ursachen zählt erstens der Fall einer Niederlage in einem militärischen Konflikt mit demokratischen Staaten. Häufig sind es dann auch die demokratischen Siegermächte, die die Anfänge der (Re-)Demokratisierung einleiten und überwachen (Deutschland, Japan 1945). Zweitens kann der Wegfall externer Unterstützung den Zusammenbruch des autokratischen Regimes herbeiführen oder beschleunigen, wie etwa am Zusammenbruch der kommunistischen Regime Osteuropas ersichtlich (Aufgabe der Prinzipien des „sozialistischen Internationalismus" und der „Breschnew-Doktrin"; von Beyme 1994: 54). Drittens schließlich ist auch ein Dominoeffekt zu berücksichtigen, wie er in Lateinamerika, Afrika und ganz besonders in Osteuropa erkennbar war.

Die systeminternen Ursachen sind mit dem Versiegen der Legitimitätszufuhr für das autokratische System verbunden, das ohnehin mit einem ständigen, systembe-

---

14 In der Terminologie von O'Donnell und Schmitter (1986: 7 ff.) ist dies die Liberalisierungsphase (auch: Przeworski 1991: 51 ff.). Allerdings ging der Demokratisierung nicht immer zwingend eine Liberalisierung des autokratischen Systems voraus, wie Beispiele der zweiten (Deutschland, Italien, Österreich, Japan) und dritten Demokratisierungswelle (Griechenland, Portugal, Argentinien, Tschechoslowakei) zeigen.

dingten Legitimitätsdefizit behaftet ist. Die Strategien zum Ausgleich dieses Defizits sind jedoch sämtlich mit Risiken behaftet. Zum einen kann der naheliegendste Versuch, die Bevölkerung über wirtschaftliche Modernisierung materiell für die politische Entmündigung zu entschädigen, scheitern und eine akute Legitimitätskrise erzeugen. Die in einer solchen Situation häufige Spaltung der herrschenden Eliten führt zu den Handlungsalternativen verstärkte Repression oder vorsichtige politische Liberalisierung, die beide mit neuerlichen Risiken für die autokratische Herrschaftssicherung verbunden sind.[15] Zum andern kann aber auch der ökonomische Erfolg des alten Regimes in eine Legitimitätskrise münden (u. a. Lipset 1981: 469 ff.). Denn gelingt die Modernisierungsstrategie, führt dies zu erheblichen Veränderungen der Sozialstruktur. Die gesellschaftlichen Stützen autoritärer Regime werden sukzessive „wegmodernisiert"; aufstrebende, gut ausgebildete Schichten stellen politische und wirtschaftliche Partizipationsforderungen. Diese nicht-intendierten Effekte der Modernisierung können das Ende des Regimes beschleunigen (Spanien, Taiwan, Südkorea). Schließlich können solche Krisen schlagartig verschärft werden durch Schlüsselereignisse wie dem Tod eines Diktators (Spanien 1975), regimeinterne Elitenkonflikte (Südkorea), die Häufung von Skandalen (Endphase des Marcos-Regimes auf den Philippinen) oder das Bekanntwerden flagranter Menschenrechtsverletzungen (Argentinien, Namibia und Südafrika).

Die Verlaufsformen für die Ablösung autokratischer Systeme lassen sich – neben dem Modus der lang andauernden Evolution innerhalb der ersten Welle und Fällen von Staatszerfall und -neugründung (Habsburgische Monarchie, Sowjetunion, Jugoslawien) – in vier idealtypische Muster unterscheiden:

Der *gelenkte Systemwechsel* wird von den alten autokratischen Regimeeliten initiiert und in seinem weiteren Verlauf auch weitgehend kontrolliert. Sie bestimmen also nicht nur, auf welche Weise das autokratische Regime abgelöst wird, sondern in einem erheblichen Maße auch über die Strukturen des neuen demokratischen Systems. In der Regel können deshalb die einstigen autokratischen Regimeeliten zumindest für einen kurzen Zeitraum ihre politische Macht teilweise von dem alten autokratischen in das neue demokratische System „mitnehmen" (Chile, Brasilien, Paraguay, Taiwan, Thailand, Bulgarien, Rumänien).

Von unten erzwungene Systemwechsel, die nicht in Verhandlungen zwischen Regime- und Oppositionseliten münden, sind in der Regel durch einen raschen Ablösungsprozess der autokratischen Machthaber gekennzeichnet. „Von unten" können Systemwechsel eingeleitet werden, wenn eine mobilisierte Öffentlichkeit den Antisystemprotest so machtvoll manifestiert, dass für die autokratischen Eliten die Unter-

---

15 Vgl. Przeworski (1991: 62), Merkel (1996: 314ff.). Dies gilt für die Liberalisierungsstrategie, wie die Beispiele Ungarn seit Ende der 1960er Jahre, Polen und Russland in den 1980er Jahren sowie Brasilien und Uruguay seit Ende der 1970er Jahre verdeutlichen. Es trifft aber ebenso für die Repressionsstrategie zu, wie die Beispiele der DDR, der CSSR und Rumäniens zeigen, wo die kommunistischen Regime mit verstärkter Überwachung, Kontrolle und Unterdrückung reagierten.

drückung der Opposition mit repressiver Gewalt wenig erfolgversprechend ist. In aller Regel folgt aus dieser Form des Systemwechsels keine Machtteilung, sondern die alten Herrschaftsträger werden politisch völlig entmachtet (Portugal, Argentinien, mit Abstrichen Philippinen).

Ausgehandelte Systemwechsel finden statt, wenn sich zwischen Regimeeliten und Regimeopposition eine Pattsituation herauskristallisiert und keine Seite die Macht besitzt, einseitig die Modalitäten der zukünftigen politischen Herrschaft zu definieren. Es kommt – vorausgesetzt, beide Seiten agieren „rational" – zu Verhandlungen über eine neue politische Herrschaftsform. Dabei ist keineswegs von Anfang an klar, ob die Regimeopposition schrittweise ihr „demokratisches Projekt" verwirklichen kann. Steht aber am Ende des ausgehandelten Systemwechsels tatsächlich die Demokratie, spiegelt sich das Ergebnis der verhandelten Machtteilung nicht selten auch in der besonderen Konfiguration der neuen demokratischen Institutionen wider (Rüb 2001; Thiery 2000; Croissant 2002b; Weiffen 2008), wie in Spanien, Uruguay, Südkorea, Polen oder Ungarn.

Beim *Regime-Kollaps* sind es in der Regel nicht „interne Akteure", sondern häufig äußere Ursachen wie verlorene Kriege, die zu einem völligen Legitimitäts- und Machtverlust der herrschenden autokratischen Eliten führen. Nicht selten werden die alten Machthaber hingerichtet (Deutschland und Japan nach 1945), zu hohen Haftstrafen verurteilt (Griechenland nach dem Zypernkrieg 1974, partiell Argentinien nach dem Falklandkrieg 1982/83) oder verschwinden völlig von der politischen Bühne (Italien 1943/45, Deutschland 1945, Österreich 1945, Japan 1945; Griechenland 1974, mit etwas Verzögerung Argentinien).

3.2 Demokratisierung

Als entscheidender Schritt des Systemwechsels bezeichnet Demokratisierung den Übergang der politischen Herrschaft von einer Person oder einer Gruppe von Personen auf ein „Set" institutionalisierter Regeln, die von allen anerkannt werden müssen und für alle, d. h. für Regierende und Regierte gleichermaßen gelten (Przeworski 1991: 14; Rüb 2001). Die Demokratisierungsphase beginnt, wenn die Kontrolle der politischen Entscheidungen den alten autoritären Herrschaftseliten entgleitet und demokratischen Verfahren überantwortet wird, deren substanzielle Ergebnisse sich a priori nicht mehr bestimmen lassen (O'Donnell/Schmitter 1986; Rüb 1996: 114). Die Demokratisierungsphase endet, wenn die neue, demokratische Verfassung verabschiedet ist und diese den politischen Wettbewerb wie die politischen Entscheidungsverfahren verbindlich normiert.

So verstanden ist die Demokratisierungsphase der Abschnitt innerhalb eines Systemwechsels, in dem die neuen demokratischen Institutionen etabliert werden. Dies bedeutet, dass wir es bei der Demokratisierungsperiode mit einer Etappe zu tun haben, in der alte Normen und Institutionen nicht mehr oder nur noch zum Teil Geltung besitzen, während neue Regeln und Institutionen noch nicht oder erst teilweise etabliert worden sind. Die politischen Akteure besitzen deshalb einen Handlungsspielraum, der weit größer ist als in konsolidierten Demokratien, in denen bindende Normen, etablierte Institutionen und sozial verankerte Interessen den Manövrierraum der politischen Eliten erheblich einschränken. Da aber Normen, Institutionen und Interessen noch nicht in eine akzeptierte Balance gebracht worden sind und dadurch die politischen Entscheidungen gleichermaßen begrenzen wie legitimieren, ist die Demokratisierungsphase noch mit einem beachtlichen Risiko des Scheiterns konfrontiert.

Eine besondere Problematik besteht darin, dass die politischen Akteure im Demokratisierungsprozess Regeln entwerfen, nach denen sie direkt anschließend selber spielen. Diese Regeln sollen sich aber insbesondere als Normen etablieren, die als allgemein akzeptierte Verfahren für zukünftige politische Kräfte, Generationen und Konflikte Bestand haben können. Die Spannung zwischen eigenen partikularen und allgemeinen Interessen muss für eine erfolgreiche Demokratisierung so aufgelöst werden, dass eine Balance zwischen mächtigen Teilinteressen und dem „Allgemeinwohl" gefunden wird. Denn werden die spezifischen Interessen mächtiger politischer Akteure missachtet, können diese als Vetomächte die Demokratisierung in Frage stellen und gefährden. Tragen sie aber nicht in einem ausreichenden Maße dem Allgemeininteresse und den zu bewältigenden Problemen Rechnung, wird ihnen keine Legitimität aus der breiten Bevölkerung zuwachsen. Sie werden dann instabil bleiben oder „defekte Demokratien" (Merkel/Puhle et al. 2003) ausbilden.

Mit der Verabschiedung der Verfassung endet die Demokratisierungsphase. Damit ist die Demokratie zwar keineswegs gesichert und ihre Regression in autokratische Herrschaftsformen ausgeschlossen. Aber die Zeit der größten Unsicherheit ist nun vorbei. Der nun folgende Konsolidierungsprozess kann sich jetzt auf die relative Sicherheit eines mehrheitlich akzeptierten und sanktionsbewährten Institutionengefüges stützen. Die strategischen Optionen der politischen Akteure sind dadurch wieder erheblich eingeschränkt und ihre Handlungen werden wechselseitig berechenbarer. Der im Verlauf des Demokratisierungsprozesses sich weitende Handlungskorridor hat sich nun wieder verengt.[16] In der Phase der demokratischen Konsolidierung müssen nun die demokratischen Institutionen innere Stabilität gewinnen, um damit an das gesamte politische System wichtige Konsolidierungsimpulse abzugeben.

---

16 Aus diesen Gründen ist es auch sinnvoller, die Verabschiedung der Verfassung als Abschluss der Demokratisierung und Beginn der demokratischen Konsolidierung zu benennen und nicht die Gründungswahlen *(founding elections),* wie etwa bei O'Donnell/Schmitter (1986).

3.3 Konsolidierung

Die Konsolidierung der Demokratie kann in einzelnen Teilbereichen des politischen Systems schon beginnen, bevor alle wichtigen demokratischen Institutionen durch die Verfassung oder einfache Gesetze etabliert sind. Der Begriff der demokratischen Konsolidierung ist in der Transformationsforschung allerdings umstritten, minimalistische (Di Palma 1990: 138 ff.; Przeworski 1991: 26) konkurrieren mit anspruchsvolleren Konzepten (Pridham 1995; Gunther/Diamandouros/Puhle 1995; Morlino 1998). Im Sinne einer anspruchsvolleren, „positiven" Konsolidierung[17] können vier analytische Ebenen unterschieden werden, auf denen sich die Konsolidierungschancen des gesamten politischen Systems entscheiden. Sie geben zugleich auch eine zeitliche Stufenabfolge der demokratischen Konsolidierung insofern wieder, als Ebene 1 in aller Regel am frühesten konsolidiert ist, während die demokratische Konsolidierung der 4. Ebene am längsten dauert (Merkel 1998, 2010: 110 ff.).

Die *konstitutionelle Konsolidierung* (Ebene 1) betrifft die zentralen politischen Verfassungsinstitutionen, wie Staatsoberhaupt, Regierung, Parlament, Judikative und das Wahlsystem[18]. Wenn es unter den Eliten zu einem Minimalkonsens hinsichtlich dieser fundamentalen demokratischen Spielregeln kommt, besitzt die Demokratie gute Konsolidierungschancen auf allen vier Ebenen. Voraussetzung ist aber, dass die politischen und gesellschaftlichen Eliten ihre Interessen und Konflikte innerhalb der Verfassungsinstitutionen verfolgen. Damit Verfassungsordnungen diese verhaltenssteuernde Kraft gewinnen, müssen sie jedoch für die relevanten gesellschaftlichen Gruppen einen fairen und inklusiven Charakter besitzen und gleichzeitig angemessene Lösungspotenziale für die anstehenden gesellschaftlichen Konflikte und politischen Probleme bereitstellen. Postautokratische Verfassungen sollen also den jungen demokratischen Ordnungen Legitimität und Stabilität verleihen, die sie allerdings erst selbst gewinnen müssen.

Förderlich hierfür ist ein ausreichendes Maß an formaler und empirischer Legitimation. Die formale Legitimation betrifft die Verfahren der Ausarbeitung und Verabschiedung der Verfassung, die in unterschiedlicher Qualität an den Willen des Volkes gekoppelt werden können.[19] Die Demokratien der dritten Welle haben sich in

---

17 Nach Pridham (1995: 168) sind Demokratien negativ konsolidiert, wenn kein relevanter politischer oder sozialer Akteur außerhalb der demokratischen Institutionen seine Interessen und Ziele verfolgt, weil keine attraktive Systemalternative zur Demokratie existiert. Positive Konsolidierung liegt vor, wenn das gesamte System nicht nur in den Augen der Eliten legitim und ohne Alternative ist, sondern wenn auch die Einstellungs-, Werte- und Verhaltensmuster der Bürger einen stabilen Legitimitätsglauben gegenüber der Demokratie reflektieren.
18 Wenngleich Wahlsysteme selten Verfassungsrang besitzen, sind sie infolge ihrer faktischen Bedeutung für die Zuteilung von politischen Repräsentationschancen von vergleichbarer Wichtigkeit für die Konsolidierung der Demokratie wie die Verfassungsorgane.
19 Idealiter liegt eine dreistufige Legitimierung vor: Ein eigener Verfassungskonvent wird vom Volk gewählt, der einen Verfassungsentwurf ausarbeitet und verabschiedet, über den das Volk per Referendum entscheidet (zu den Verfahren und ihrer empirischen Verteilung vgl. Merkel et al. 1996).

der Regel mit den weniger (zeit-)aufwendigen Verfahren beschieden. Im Hinblick auf die empirische Legitimation – also ein ausreichendes Maß an „Legitimitätsglauben" (Max Weber) bzw. „spezifischer und diffuser Unterstützung" (David Easton) – stehen die Chancen besonders gut, wenn in der Verfassung drei Prinzipien prägend eingelassen sind: (a) soziale und politische Inklusion, d.h. größere politische und soziale Gruppen werden nicht beim institutionellen Zugang zur politischen Macht grob benachteiligt; (b) institutionelle Effizienz, d. h. die politischen Institutionen müssen zügige Entscheidungen und Implementationen zulassen; und (c) politische Effektivität, d. h. die politischen Entscheidungen müssen sichtbar zur Lösung gesellschaftlicher Probleme beitragen.

Die empirische Forschung lieferte wiederholt Indizien, dass präsidentielle, vor allem aber semipräsidentielle Regierungssysteme Effizienz und Effektivität gerade angesichts multipler Transformationsaufgaben nicht hinreichend meistern können. Denn erstens bergen präsidentielle Regierungssysteme häufig die Gefahr lähmender Konflikte und Entscheidungsblockaden immer dann, wenn Exekutive und Legislative mehrheitlich unterschiedliche parteipolitische Präferenzen haben. Fehlen – zweitens – dem Präsidenten in präsidentiellen Systemen die gesetzgebenden Mehrheiten, regiert er häufig am Parlament vorbei mit Dekreten, was die Gefahr der schleichenden Re-Autokratisierung der Demokratie von innen heraus birgt, wie die Beispiele Peru, Argentinien, Südkorea, Russland oder Belarus in den 1990er Jahren zeigen. Werden – drittens – präsidentielle Regierungssysteme zeitgleich mit politischen Parteien etabliert, setzen sie anders als parlamentarische Regierungssysteme keine starken Anreize zur Konsolidierung starker programmorientierter Parteien. Parlamentarische Systeme dagegen, die nur von einer geringen präsidialen Macht konterkariert werden, ein kombiniertes Wahlsystem wie etwa in Ungarn haben, das die Disproportionalitätseffekte begrenzt und gleichzeitig klare Regierungsmehrheiten ermöglicht, eine Parteiengesetzgebung und Parlamentsordnung, die die programmatische Ausrichtung der Parteien fördert, kommen der für die demokratische Konsolidierung idealen Kombination zentraler politischer Institutionen sehr nahe.[20]

Die *repräsentative Konsolidierung* (Ebene 2) beinhaltet die Herausbildung gefestigter intermediärer Strukturen der Interessenrepräsentation durch Parteien und Interessenverbände, die zwischen Gesellschaft und Staat vermitteln. In der Regel erweist es sich als günstig, wenn sich ein moderates Vielparteiensystem herausbildet, das nur gering fragmentiert, nicht polarisiert und von mäßiger Volatilität geprägt ist. Mit dem Verblassen des autoritären Regimes beeinflussen in erster Linie die gesellschaftlichen *cleavages* die Struktur und Wettbewerbsdynamik des Parteiensystems, doch kann ein angemessenes institutionelles Design zu deren Rationalisierung beitragen. So ist in der Regel ein kombiniertes Wahlsystem aus Mehrheits- und Verhältniswahl von Vorteil, das sowohl soziale Inklusion ermöglicht als auch stabile Regierungsmehrheiten

---

20 Zur Debatte vgl. Merkel et al. (1996), Stepan/Skach (1993), Linz (1990); allgemein vgl. Croissant in diesem Band.

erlaubt.[21] Das Verbändesystem, das (auch) in jungen Demokratien Funktion der Freiheits- und Autonomiesicherung sowie der Steuerungsentlastung des Staates erfüllt, ist in postautoritären Phasen oft notorisch unterentwickelt (Wiesenthal 1998). Ein schwaches Verbändesystem kann zur Überfrachtung der politischen Repräsentationsstrukturen führen und stellt so ein latentes Dekonsolidierungspotenzial dar. Es trägt dann am meisten zur demokratischen Konsolidierung bei, wenn es inklusiv und effizient ist. Inklusiv ist es, wenn es repräsentativ ist, was die Spannung zwischen partikularistischen Kalkülen und dem Allgemeininteresse mildert. Effizient ist es, wenn kooperativ gehandelt wird, was die Reibungsverluste in wirtschafts- und sozialpolitischen Entscheidungs- und Implementierungsabläufen verringert.

Die *Verhaltenskonsolidierung der informellen politischen Akteure* (Ebene 3) zielt auf die potenziellen Veto-Mächte wie Militär, Großgrundbesitzer, Finanzkapital, Unternehmer, radikale Bewegungen und Gruppen. Allgemein lässt sich formulieren: Je weniger die informellen Akteure Vertrauen in die offiziellen politischen Institutionen, kollektiven Akteure und politischen Eliten besitzen, je mehr sie ihre vitalen Interessen durch deren Entscheidungen oder Unterlassungen als bedroht ansehen, umso größer ist die Gefahr demokratiegefährdender Aktionen. Je stärker hingegen die Ebenen 1 und 2 konsolidiert sind, umso mehr verlieren die genannten gesellschaftlichen oder militärischen Elitegruppen ihr Vetomotiv und Interventionspotenzial gegenüber neuen Demokratien. Und selbst wenn sie hinsichtlich ihrer Einstellungen und Wertemuster keine überzeugten Demokraten sein sollten, zwingt sie der konsolidierte politische Kontext insofern zu demokratiekonformem Verhalten, als die stabilen politischen und institutionellen Rahmenbedingungen keine erfolgversprechende Systemalternative zur Demokratie verheißen. Mit anhaltender Stabilisierung des politisch-institutionellen Kontextes besteht im Übrigen eine beachtliche Wahrscheinlichkeit, dass sich dieses rationale Verhalten in eine einstellungs- und wertebasierte Zustimmung zur Demokratie verwandelt.

Die *Konsolidierung der Bürgergesellschaft* (Ebene 4) als soziokulturellem Unterbau der Demokratie kann, wie aus der politischen Kulturforschung der zweiten Demokratisierungswelle (Italien, BRD, Österreich und Japan) bekannt, Jahrzehnte dauern (u.a. Almond/Verba 1963, 1980). Letztlich ist die endogene Stabilität demokratischer Systeme davon abhängig, dass sie mit ausreichenden aktiven und passiven Unterstützungsleistungen aus der Bevölkerung versorgt wird. Eine solche kontinuierliche und stabile Unterstützung kann, wie schon Tocqueville erkannte, nur in einer soliden Staatsbürgerkultur gründen, die das demokratische System zu einem erheblichen Teil auch unabhängig von der wirtschaftlichen und politischen Leistungsbilanz unterstützt und stabilisiert.

Eine so verstandene, die Demokratie fundierende Staatsbürgerkultur lässt sich in zwei miteinander verflochtene Dimensionen unterteilen: *civic culture* und Zivilgesellschaft. Der von Almond und Verba (1963) als ideal angesehene Mischtyp politischer

---

21 Zu den unterschiedlichen Wahlsystemen vgl. Kasapovic/Nohlen (1996).

Kultur[22] kann für junge Demokratien insofern als förderlich angesehen werden, als demokratisch-partizipative durch parochiale und integriert-passive Orientierungen gebändigt werden und so die Gefahr gesellschaftlicher Polarisierungen oder einer Erosion der noch fragilen demokratischen Institutionen mildern. Dasselbe gilt für die Zivilgesellschaft, deren Charakter sich in der Regel vom Protagonismus des Transitionsbeginns zu *desencanto* und Rückzug ins Private in der Konsolidierungsphase wandelt (Lauth/Merkel 1997). Auf Dauer ist allerdings eine Revitalisierung der Zivilgesellschaft für die partizipatorische Vertiefung der Demokratie erforderlich, um soziales Kapital anzuhäufen und als „Schule der Demokratie" (Tocqueville) zu fungieren, was letztlich die Legitimitätsgrundlagen der Demokratie stärkt.

Von einer konsolidierten demokratischen Zivilkultur gehen immunisierende Wirkungen auf die Ebenen 1 bis 3 aus, wenn deren Stabilität oder Integration bedroht ist. Erst wenn alle vier Ebenen konsolidiert sind, kann von einer weitgehend krisenresistenten Demokratie gesprochen werden. Gewiss ist selbst ein solchermaßen „maximal" konsolidiertes demokratisches System nicht gänzlich gegen potenzielle Dekonsolidierungstendenzen immun. Allerdings birgt eine auf allen vier Ebenen konsolidierte Demokratie hohe Widerstandsreserven gegen exogene Destabilisierungsschocks, wie sie durch dramatische ökonomische oder außenpolitische Krisen entstehen können. Ein Dekonsolidierungsprozess müsste sich dann über längere Zeitperioden hinziehen und alle vier Ebenen erfassen, bevor Autokratisierungstendenzen den demokratischen Systemcharakter erodieren oder gar zerstören können.

4. Fazit

Welche Schlüsse kann die Systemwechselforschung daraus für erfolgreiche Wege der Demokratisierung und Konsolidierung ziehen? Gewiss gibt es keinen „Königsweg" der Demokratisierung oder gar ein praktikables „Rezeptbuch für Demokratisierer" à la Huntington (Schmidt 2000: 482 ff.). Aus den Faktorenbündeln lässt sich kein holistisches Design für erfolgreiche Demokratisierungsprozesse ableiten. Allerdings bewegen wir uns auch nicht in einem Raum völliger Kontingenz. Es sind vielmehr die Konstellationen von wirtschaftlichen, sozialen, kulturellen und politischen Bedingungen, die als Ermöglichungs- und Restriktionssyndrome über den Erfolg und Misserfolg maßgeblich mitentscheiden. Diese Faktorenkomplexe sind die strukturellen Kontexte politischen Handelns. Sie sind als Handlungskorridore zu begreifen, innerhalb derer politische Akteure – seien es politische Eliten, seien es die sogenannten Massen, Organisationen, Assoziationen oder soziale Bewegungen – den tatsächlichen Ablauf der Transformationsprozesse bestimmen. Diese Entscheidungen sind also nicht determiniert, den politischen und gesellschaftlichen Akteuren verbleibt immer

---

22 Siehe – auch zur notwendigen Kritik – den Beitrag von Westle in diesem Band.

ein gewisser Spielraum. Sie können aber auch nicht über bestimmte strukturelle Barrieren hinwegspringen, wobei kulturelle Bedingungen sich schwieriger gestalten lassen als etwa ökonomische.

Die strukturellen Faktoren stecken auch den Möglichkeitshorizont in der Institutionenbildung ab, indem sie Ressourcen bereitstellen, Interessen formen, Perzeptionen prägen und die Strategiewahlen der unterschiedlichen Akteure beeinflussen. Wie gesehen sind bestimmte institutionelle *designs* von erheblicher Bedeutung für den Erfolg oder das Scheitern von Demokratisierungsprozessen, da sie einen zweiten Filter vor das Handeln der Akteure schalten und damit auch Anreizsysteme für demokratieförderliches oder abträgliches Verhalten darstellen. Darüber hinaus hat der Neoinstitutionalismus zunehmend Einsichten auch in die erfolgreiche Bildung von Institutionen im Bereich der Politik und des Rechts erlaubt. Institutionen lassen sich in unterschiedlichen Kontexten unterschiedlich leicht oder schwer etablieren, was mit von den jeweiligen Akteurskonstellationen abhängt (Elster et al. 1998).

Die Transformationsforschung weiß bislang allerdings mehr über Strukturen als über das Handeln in Transformationsprozessen. Würden wir allein auf Strukturen rekurrieren, wären Kausalitätsaussagen leichter zu treffen, als wenn wir holistisch Strukturen mit Akteurshandeln vernetzen. Der innerhalb der Strukturen bestehende Möglichkeitsraum unterschiedlicher Handlungsvarianten ist zu groß, um allgemeine Theorien formulieren zu können. Wir werden deshalb bei unseren empirischen Transformationsanalysen das neo-institutionelle Instrumentarium, das formelle und informelle Institutionen, Akteurspräferenzen und politisches Handeln in ihren wechselseitigen Interdependenzen ernst nimmt, systematischer auf empirisch vergleichende Studien anwenden müssen, als dies bisher geschehen ist. Das Phänomen der stagnierenden Demokratisierungen bzw. der „defekten Demokratien" (Merkel/Puhle et al. 2003, 2005; Merkel/Puhle et al. 2006; Merkel 2010) stellt sicher, dass uns vorerst das empirische Anschauungsmaterial für unsere theoretischen Anstrengungen nicht ausgeht.

Annotierte Auswahlbibliographie

Linz, Juan J./Stepan, Alfred, 1996: Problems of Democratic Transition and Consolidation: Southern Europe, South America and Post-Communist Europe. Baltimore.
Die Studie von Linz und Stepan gilt als einer der Meilensteine der Konsolidierungsforschung. Auf der Grundlage eines aus fünf Arenen bestehenden Konsolidierungskonzeptes (Zivilgesellschaft, Parteiensystem, Staatsapparat, Wirtschaftssystem und Rechtsstaatlichkeit) werden insgesamt 15 Länder Südeuropas (Spanien, Portugal, Griechenland), Lateinamerikas (Argentinien, Brasilien, Chile, Uruguay) und des postkommunistischen Osteuropa (Polen, Ungarn, Tschechien, Russland, Bulgarien, Rumänien, Estland, Lettland) analysiert.

Merkel, Wolfgang, 2010: Systemtransformation. Eine Einführung in die Theorie und Empirie der Transformationsforschung, 2., überarbeitete und erweiterte Auflage. Wiesbaden. Das als Einführung konzipierte Werk behandelt zunächst ausführlich Begrifflichkeiten, Theorien und idealtypische Phasen der Transformation. Auf dieser Grundlage werden anschließend die drei zentralen Fälle der zweiten Demokratisierungswelle untersucht. Der Schwerpunkt der empirischen Analyse ist den Demokratien der Dritten Welle gewidmet, die systematisch die Fälle Südeuropas (Spanien, Portugal, Griechenland), Lateinamerikas (Argentinien, Chile, Peru, Venezuela, Nicaragua, Mexiko), Ost-/Südostasiens (Philippinen, Südkorea, Taiwan, Thailand) sowie Osteuropas (insbesondere Ungarn, Polen, Russland, Belarus) behandelt.

Literatur

Almond, Gabriel A./Verba, Sidney, 1963: The Civic Culture. Princeton.
Beichelt, Timm, 2001: Demokratische Konsolidierung im postsozialistischen Europa. Die Rolle der politischen Institutionen. Opladen.
Bendel, Petra/Croissant, Aurel/Rüb, Friedbert W. (Hrsg.), 2000: Zwischen Demokratie und Diktatur. Zur Konzeption und Empirie demokratischer Grauzonen. Opladen
Beyme, Klaus von, 1994: Systemwechsel in Osteuropa. Frankfurt a.M.
Capoccia, Giovanni/Kelemen, R. Daniel, 2007: The Study of Critical Junctures: Theory, Narrative, and Counterfactuals in Historical Institutionalism, in: World Politics 59 (3), 341–369.
Collier, David/Levitsky, Steven, 1997: Democracy with Adjectives: Conceptual Innovation in Comparative Research, in: World Politics 49 (3), 430–451.
Colomer Josep M., 1991: Transitions by Agreement: Modeling the Spanish Way, in: American Political Science Review 85, 1283–1302.
Colomer, Josep M., 1995: Game Theory and the Transition to Democracy: The Spanish Model. Aldershot/Brooksfield.
Croissant, Aurel, 2002a: Einleitung: Demokratische Grauzonen – Konturen und Konzepte eines Forschungszweigs, in: *Bendel, Petra/Croissant, Aurel/Rüb, Friedbert W.* (Hrsg.): Zwischen Demokratie und Diktatur: Zur Konzeption und Empirie demokratischer Grauzonen. Opladen, 9–55.
Croissant, Aurel, 2002b: Demokratische Entwicklung in den Philippinen, Südkorea und Thailand. Wiesbaden.
Croissant, Aurel/Thiery, Peter, 2009: Erosion der Demokratie oder Beharrlichkeit defekter Demokratien? Eine Analyse des Verlaufs demokratischer Transformation, in: *BertelsmannStiftung* (Hrsg.): Transformation Index 2010. Politische Gestaltung im internationalen Vergleich. Gütersloh, 69–97.
Cutright, Phillips, 1963: National Political Development. Its Measurement and Social Correlates, in: *Nelson W. Polsby/Robert A. Dentler/Paul A. Smith* (Hrsg.): Politics and Social Life. Boston, 569–581.
Dahl, Robert, 1971: Polyarchy. Participation and Opposition. New Haven/London.
Dahl, Robert, 1989: Democracy and its Critics. New Haven.
Di Palma, Giuseppe, 1990: To Craft Democracies. An Essay on Democratic Transitions. Berkeley u.a.
Diamond, Larry, 1996: Is the Third Wave Over?, in: Journal of Democracy 7 (3), 20–37.
Diamond, Larry, 1997: The End of the Third Wave and the Global Future of Democracy, Reihe Politikwissenschaft Nr. 45, Institut für Höhere Studien. Wien.
Diamond, Larry, 2008: The Democratic Rollback. The Resurgence of the Predatory State, in: Foreign Affairs 87 (2), 36–48.
Diamond, Larry/Morlino, Leonardo, 2004: The Quality of Democracy. An Overview, in: Journal of Democracy 15 (4), 14–25.
Elster, Jon/Offe, Claus/Preuss, Ulrich K., 1998: Institutional Design in Post-communist Societies. Cambridge.
Fukuyama, Francis, 1992: Das Ende der Geschichte. Wo stehen wir?, München.
Fukuyama, Francis, 1995: Confucianism and Democracy, in: Journal of Democracy 6 (2), 20–33.
Gat, Azar, 2007: The Return of Authoritarian Great Powers, in: Foreign Affairs July/August, http://www.foreignaffairs.com (20.10.2009).

Grimm, Sonja/Merkel, Wolfgang, 2008: Special Issue of Democratization: War and Democratization: Legality, Legitimacy and Effectiveness, (15) 3.
Gunther, Richard/Diamandouros, Nikiforos P./Puhle, Hans-Jürgen (Hrsg.), 1995: The Politics of Democratic Consolidation. Southern Europe in Comparative Perspective. Baltimore.
Higley, John/Gunther, Richard (Hrsg.), 1992: Elites and Democratic Consolidation in Latin America and Southern Europe. Cambridge.
Hirschman, Albert O., 1982: Shifting Involvements. Private Interest and Public Action. Princeton.
Huntington, Samuel P., 1991: The Third Wave. Democratization in the Late Twentieth Century. Oklahoma.
Kasapovic, Mirjana/Nohlen, Dieter, 1996: Wahlsysteme und Systemwechsel in Osteuropa, in: *Wolfgang Merkel/Eberhard Sandschneider/Dieter Segert* (Hrsg.): Systemwechsel 2. Die Institutionalisierung der Demokratie. Opladen, 213–259.
Lauth, Hans-Joachim, 2000: Informal Institutions and Democracy, in: Democratization Vol. 7 (4), 21–50.
Lauth, Hans-Joachim/Merkel, Wolfgang (Hrsg.), 1997: Zivilgesellschaft im Transformationsprozess. Mainz.
Levitsky, Steven/Way, Lucan A., 2002: The Rise of Competitive Authoritarianism, in: Journal of Democracy 13 (2): 51–65.
Linz, Juan J., 1990: The virtues of Parlamentarism, in: Journal of Democracy 1 (1), 84–91.
Linz, Juan J./Stepan, Alfred, 1996: Problems of Democratic Transition and Consolidation: Southern Europe, South America and Post-Communist Europe. Baltimore.
Linz, Juan/Stepan, Alfred (Hrsg.), 1978: The Breakdown of Democratic Regimes. Baltimore.
Lipset, Seymour Martin, 1959: Some Social Requisites of Democracy: Economic Development and Political Legitimacy, in: American Political Science Review 53, 69–105; wiederabgedruckt in: *ders.:* Political Man. Baltimore 1980, 459–476.
Lipset, Seymour Martin, 1981: Political Man. The Social Basis of Politics. Baltimore.
Lipset, Seymour Martin et al., 1993: A Comparative Analysis of the Social Requisites of Democracy, in: International Journal of Science 45 (2), 155–176.
Mahoney, James, 2000: Path Dependence in Historical Sociology, in: Theory and Society 29 (4), 507–548.
Mahoney, James, 2001: Path-dependent Explanations of Regime Change: Central America in Comparative Perspective, in: Studies in Comparative International Development 36 (1): 111–141.
Merkel, Wolfgang, 1998: The Consolidation of Post-Autocratic Democracies: A Multi-Level Model, in: Democratization 5 (3), 33–67.
Merkel, Wolfgang (Hrsg.), 2000: Systemwechsel 5: Zivilgesellschaft und Transformation. Opladen.
Merkel, Wolfgang, 2010: Systemtransformation. Eine Einführung in die Theorie und Empirie der Transformationsforschung. 2. Aufl., Wiesbaden.
Merkel, Wolfgang/Busch, Andreas (Hrsg.), 1999: Demokratie in Ost und West. Festschrift für Klaus von Beyme. Frankfurt a.M.
Merkel, Wolfgang/Croissant, Aurel, 2000: Formale und informale Institutionen in defekten Demokratien, in: Politische Vierteljahresschrift 1, 3–30.
Merkel, Wolfgang/Puhle, Hans-Jürgen, 1999: Von der Diktatur zur Demokratie. Transformationen, Erfolgsbedingungen, Entwicklungspfade. Opladen.
Merkel, Wolfgang/Puhle, Hans-Jürgen/Croissant, Aurel/Eicher, Claudia/Thiery, Peter, 2003: Defekte Demokratien, Bd. 1. Opladen.
Merkel, Wolfgang/Puhle, Hans-Jürgen/Croissant, Aurel/Thiery, Peter, 2006: Defekte Demokratie, Bd. 2. Wiesbaden.
Merkel, Wolfgang/Sandschneider, Eberhard/Segert, Dieter (Hrsg.) 1996: Systemwechsel 2. Die Institutionalisierung der Demokratie. Opladen.
Moore, Barrington, 1969: Soziale Ursprünge von Diktatur und Demokratie. Frankfurt a.M.
Morlino, Leonardo, 1998: Democracy between Consolidation and Crisis. Oxford.
Morlino, Leonardo, 2004: What is a "Good" Democracy?, in: *Croissant, Aurel/Merkel, Wolfgang* (Hrsg.): Special Issue of Democratization: Consolidated or Defective Democracy? Problems of Regime Change 11 (5), 10–32.
O'Donnell, Guillermo, 1998: Horizontal Accountability in New Democracies, in: Journal of Democracy 9 (3), 112–126.
O'Donnell, Guillermo/Vargas Cullell, Jorge/Iazzetta, Osvaldo M. (Hrsg.), 2004: The Quality of Democracy: Theory and Applications. Notre Dame.

O'Donnell, Guillermo/Schmitter, Philippe C., 1986: Transition from Authoritarian Rule. Tentative Conclusions about Uncertain Democracies. Baltimore.

O'Donnell, Guillermo/Schmitter, Philippe C./Whitehead, Laurence (Hrsg.), 1986: Transition from Authoritarian Rule: Comparative Perspectives. Baltimore.

Offe, Claus, 1994: Der Tunnel am Ende des Lichts. Frankfurt a.M.

Parsons, Talcott, 1969a: Das Problem des Strukturwandels: eine theoretische Skizze, in: *Wolfgang Zapf* (Hrsg.): Theorien des sozialen Wandels. Köln/Berlin, 35–54.

Parsons, Talcott, 1969b: Evolutionäre Universalien der Gesellschaft, in: *Wolfgang Zapf* (Hrsg.): Theorien des sozialen Wandels. Köln/Berlin, 55–74.

Pollack, Detlef, 1990: Das Ende einer Organisationsgesellschaft. Systemtheoretische Überlegungen zum gesellschaftlichen Umbruch in der DDR, in: Zeitschrift für Soziologie 19, 292–307.

Pridham, Geoffrey, 1995: The International Context of Democratic Consolidation, in: *Richard Gunther/ Nikiforos P. Diamandouros/Hans-Jürgen Puhle* (Hrsg.): The Politics of Democratic Consolidation. Southern Europe in Comparative Perspective. Baltimore, 166–203.

Przeworski, Adam, 1986: Some Problems in the Study of the Transition to Democracy, in: *Guillermo O'Donnell/Philippe C. Schmitter/Laurence Whitehead* (Hrsg.): Transition from Authoritarian Rule: Comparative Perspectives. Baltimore, 47–63.

Przeworski, Adam, 1988: Democracy as a Contingent Outcome of Conflicts, in: *Jon Elster/Rune Slagstad* (Hrsg.): Constitutionalism and Democracy. Cambridge, 59–80.

Przeworski, Adam, 1991: Democracy and the Market. Political and Economic Reforms in Eastern Europe and Latin America. Cambridge.

Przeworski, Adam/Alvarez, Michael E./Cheibub, José Antonio/Limongi, Fernando, 2000: Democracy and Development. Political Institutions and Well-Being in the World, 1950–1990. Cambridge.

Przeworski, Adam/Limongi, Fernando, 1997: Modernization. Theories and Facts, in: World Politics (49), 155–183.

Puddington, Arch, 2008: Freedom in Retreat: Is the Tide Turning? Findings of Freedom in the World 2008, www.freedomhouse.org/uploads/fiw08launch/FIW08Overview.pdf (10.11.2009).

Putnam, Robert, 1993: Making Democracy Work. Princeton.

Rüb, Friedbert W., 1996: Zur Funktion und Bedeutung politischer Institutionen in Systemwechselprozessen, in: *Wolfgang Merkel/Eberhard Sandschneider/Dieter Segert* (Hrsg.): Systemwechsel 2. Opladen, 37–72.

Rüb, Friedbert W., 2001: Schach dem Parlament. Regierungssysteme und Staatspräsidenten in den Demokratisierungsprozessen Osteuropas. Wiesbaden.

Rueschemeyer, Dietrich/Huber-Stephens, Evelyn/Stephens, John, 1992: Capitalist Development & Democracy. Cambridge.

Sandschneider, Eberhard, 1995: Stabilität und Transformation politischer Systeme. Opladen.

Schedler, Andreas (Hrsg.), 2006: Electoral Authoritarianism. The Dynamics of Unfree Competition. Colorado.

Schimank, Uwe, 1996: Theorien gesellschaftlicher Differenzierung. Opladen.

Schmidt, Manfred G., 2000: Demokratietheorien. 3. Aufl., Opladen.

Schmitter, Philippe C./Karl, Terry, 1991: What Democracy is ... and what is not: Journal of Democracy 2 (3), 75–88.

Stepan, Alfred/Skach, Cindy, 1993: Constitutional Frameworks and Democratic Consolidation: Parlamentarism verus Presidentialism, in: World Politics 46 (1), 1–22.

Svolik, Milan, 2008: Autocratic Rversals and Democratic Consolidation, in: American Political Science Review 102 (2), 153–168.

Thelen, Kathleen, 1999: Historical Institutionalism in Comparative Politics (2), 369–404.

Thiery, Peter, 2000: Transformation in Chile. Frankfurt a.M.

Thiery, Peter, 2001: Demokratie und Defekte Demokratien, in: *Petra Bendel/Aurel Croissant/Friedbert Rüb* (Hrsg.): Zwischen Demokratie und Diktatur. Zur Konzeption und Empirie demokratischer Grauzonen. Opladen, 71–91.

Tocqueville, Alexis de, 1985 (1835): Über die Demokratie in Amerika. Stuttgart.

Vanhanen, Tatu, 1984: The Emergence of Democracy. A Comparative Study of 119 States, 1850–1979. Helsinki.

Vanhanen, Tatu, 1989: The Level of Democratization Related to Socioeconomic Variables in 147 States, 1980–1985, in: Scandinavian Political Studies 12 (2), 95–127.
Vanhanen, Tatu (Hrsg.), 1992: Strategies of Democratization. Washington.
Weiffen, Britta, 2009: Entstehungsbedingungen von Demokratien. Interne und externe Einflüsse im Vergleich. Baden-Baden.
Welzel, Christian, 1996: Systemwechsel in der globalen Systemkonkurrenz, in: *Wolfgang Merkel* (Hrsg.): Systemwechsel 1. 2. Aufl., Opladen, 47–79.
Wiesenthal, Helmut, 1998: Interessenverbände in Ostmitteleuropa – Startbedingungen und Entwicklungsprobleme, in: *Wolfgang Merkel/Eberhard Sandschneider* (Hrsg.): Systemwechsel 4. Opladen, 83–114.
Wiesenthal, Helmut (Hrsg.), 2001: Gelegenheit und Entscheidung. Wiesbaden.

Anhang 1: Das Konzept der embedded democracy

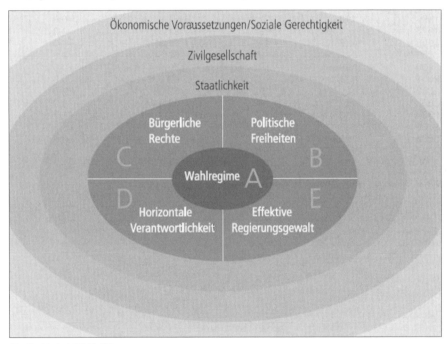

Quelle: Merkel (2010: 31)

Anhang 2: Anzahl der elektoralen Demokratien (1974, 1990–2008)

Jahr	Anzahl der elektoralen Demokratien	Anzahl der Staaten	Anteil der Demokratien an allen Staaten (in %)	Jährliche Zuwachsrate der Demokratien (in %)
1974	39	142	27,5	o.A.
1990	76	165	46,1	o.A.
1991	91	183	49,7	+19,7
1992	99	186	53,2	+8,8
1993	108	190	56,8	+9,1
1994	114	191	59,7	+5,6
1995	117	191	61,3	+2,6
1996	118	191	61,8	+0,9
1997	117	191	61,3	−0,8
1998	117	191	61,3	±0,0
1999	120	192	62,5	+2,6
2000	120	192	62,5	±0,0
2001	121	192	63,0	+0,8
2002	121	192	63,0	±0,0
2003	117	192	60,9	−3,3
2004	119	192	62,0	+1,7
2005	123	192	64,1	+3,4
2006	123	193	63,7	±0,0
2007	121	193	62,7	−1,6
2008	119	193	61,7	−1,7

Quelle: Diamond (1997: 22); eigene Berechnungen.

III. *Politics* – Akteure und Prozesse

Parteien und Parteiensysteme

Jürgen R. Winkler

1. Einleitung

Im Prozess der Modernisierung von Gesellschaft und Staat haben sich die politischen Parteien einen besonderen Platz erkämpft. Sie zählen zu den bedeutendsten politischen Institutionen des 20. Jahrhunderts. Liberaldemokratische politische Systeme sind ohne sie nicht denkbar. Parteien selektieren Interessen und transportieren sie in die politische Arena; sie bündeln und übermitteln die gesellschaftlichen Forderungen im politischen Prozess. Einerseits tragen sie zur Artikulation der in der sozialen und kulturellen Struktur angelegten gegensätzlichen Interessen und gesellschaftlichen Probleme bei. Andererseits zwingen sie die Vertreter unterschiedlicher Interessen und Ziele zur Bündelung ihrer Forderungen und zur Kooperation; sie regen die Bürger über die sozialen Gegensätze hinweg zur Vereinigung an.

Mit der Politisierung der Massen, den Koalitionsbildungen zwischen gesellschaftlichen Gruppierungen und Eliten, dem Aufkommen zentral gesteuerter politischer Apparate und der wachsenden Bedeutung der Parteieliten für die Herstellung allgemeinverbindlicher Entscheidungen sind die politischen Parteien zunehmend zum Objekt der sozialwissenschaftlichen Forschung geworden. Heute gehört die Analyse von Parteien und Parteiensystemen zu den zentralen Forschungsfeldern der Politikwissenschaft.

In Anlehnung an Sorauf (1967: 37 f.) fasst die empirische Parteienforschung Parteien als aus drei Teilen bestehende Gebilde auf: Partei als Organisation, Partei an der Regierung und Partei im Elektorat. Sie beschäftigt sich mit der Entstehung und Geschichte von Parteien, beschreibt ihre Aktivitäten als Oppositions- und Regierungsparteien, fragt nach sinnvollen Einteilungen von Parteien und thematisiert ihre Funktionen. Ferner untersucht sie ihre innerparteilichen Strukturen, z. B. ihre Finanzierung, Programmatik und Ziele sowie die Prozesse der Kandidatenauswahl und Willensbildung. Darüber hinaus analysiert sie ihre politische Führung, ihre Mitglieder, Anhänger und Wähler sowie die Beziehungen zwischen diesen. Sie hat diverse Vorschläge zur Ordnung der zahlreichen Parteien unterbreitet, Parteistrukturen und deren Veränderungen beschrieben und Erklärungen hierfür vorgetragen.

Anders als die Parteienforschung richtet die Parteiensystemforschung ihre Aufmerksamkeit nicht auf einzelne Parteien, sondern auf die Gesamtheit der Parteien eines oder mehrerer Länder, auf ihre Eigenschaften und die zwischen ihnen bestehenden Relationen sowie auf die relevanten Zusammenhänge zwischen den Parteien und ihrer Umwelt. Im Zentrum der Parteiensystemanalyse steht die Struktur und Entwicklung der zwischen den Parteien bestehenden Beziehungen. Das Ziel besteht darin, Konzepte zur vergleichenden Beschreibung und Klassifizierung von Parteiensystemen zu entwickeln, die Bedingungen für die Herausbildung, Verfestigung und Transformation von Parteiensystemen zu untersuchen sowie ihre Wirkungen auf Politik und Gesellschaft zu erforschen, insbesondere auf die Unterstützung politischer Systeme.

Der folgende Beitrag gibt einen ergebnisorientierten Überblick über einige der wichtigsten Themenfelder der Parteien- und Parteiensystemforschung. Zunächst wird in Kürze umrissen, was unter einer politischen Partei verstanden wird und welche Einteilungen von Parteien gebräuchlich sind. Sodann werden die Herausbildung und Entwicklung, die Funktionen und einige organisatorische Aspekte von Parteien thematisiert. Der folgende Teil widmet sich sodann einigen zentralen Aspekten von Parteiensystemen. Nach Einführung des Begriffs des Parteiensystems werden die wichtigsten Dimensionen von Parteiensystemen und einige gängige Einteilungen von Parteiensystemen skizziert. Es folgt eine kurze Darstellung der Herausbildung der Parteiensysteme. Der daran anschließende Abschnitt thematisiert schließlich den Wandel der Parteiensysteme. Abschließend werden einige Perspektiven der Forschung über Parteien und Parteiensysteme aufgezeigt.

2. Parteien

2.1 Begriff und Einteilung von Parteien

Der Begriff der politischen Partei bezeichnet im Allgemeinen eine Gruppe gleichgesinnter Personen, die sich in unterschiedlicher organisatorischer Form an der politischen Willensbildung beteiligt und danach strebt, politische Positionen zu besetzen und ihre Ziele in einem Gemeinwesen durchzusetzen. Die Ziele der Mitglieder dieser Gruppen sind häufig durch ein gemeinsames Überzeugungssystem festgelegt und auf die Durchsetzung bestimmter inhaltlicher Sachfragen gerichtet. Sie können sich aber auch primär auf die Besetzung von Positionen in staatlichen Institutionen richten. Denn Parteien sind diejenigen Organisationen, die den Zugang zu den politischen Führungspositionen kontrollieren. Über die Einflussnahme auf die politischen Entscheidungen hinaus streben Parteien die Übernahme der Regierungsmacht an. In liberaldemokratischen politischen Systemen werden nur solche Gruppen als Parteien bezeichnet, die sich zum Zwecke der politischen Einflussnahme dem Wettbewerb stellen und an Wahlen teilnehmen. Die Beteiligung an Wahlen grenzt Parteien von anderen gesellschaftlichen Organisationen in Demokratien präzise ab, insbesondere von Verbänden. Weber (1964: 211) versteht unter Parteien freiwillige Organisationen, die das Ziel verfolgen, Macht zu erwerben, wodurch ihre Aktivisten die Chance haben, inhaltliche Ziele durchzusetzen oder persönliche Vorteile erlangen. Dagegen sieht Duverger (1959) in Parteien vor allem Organisationen zur Vertretung und

Durchsetzung von Kollektivinteressen. Nach Sartori (1976: 64) heißt Partei eine politische Gruppe, die sich mit dem Ziel an Wahlen beteiligt, Kandidaten in öffentliche Ämter zu bringen (vgl. hierzu insbesondere Pomper 1992; Sartori 1976; Wiesendahl 1980).

Die Parteienforschung hat schon früh damit begonnen, die politischen Parteien hinsichtlich diverser Merkmale zu *klassifizieren*. So werden Parteien heute u.a. unterschieden nach der Struktur ihrer Mitglieder und Wähler in Interessen-, Klassen- und Volksparteien, nach der sozialen Herkunft ihrer Wähler in Arbeiter-, Bauern- und Mittelstandsparteien, nach ihrer Organisationsstruktur in Honoratioren-, Kader-, Massen- und Kartellparteien, nach ihren gesellschaftlichen Zielen in Wählermaximierungs-, Ämtermaximierungsparteien und *policy*-orientierte Parteien, nach ihrer politisch-ideologischen Grundausrichtung in rechtsextreme, konservative, christliche, liberale, grüne, sozialdemokratische, sozialistische und kommunistische Parteien, nach ihrem Einzugsbereich in Volks- und Interessenparteien, nach ihrer Stellung zum politischen System in systemkonforme und systemfeindliche, nach dem Grad der Institutionalisierung in etablierte und nichtetablierte, nach ihrem Herrschaftsanspruch in demokratische, autoritäre und totalitäre bzw. in Staats- und Einheitsparteien. Die afrikanischen Parteien sind häufig hinsichtlich ihrer ideologischen Ausrichtung, ihrer Organisation und ihrem Verhältnis zum Staat als revolutionär-zentralistisch oder pragmatisch-pluralistisch bezeichnet worden (vgl. Nuscheler/Ziemer 1980).

2.2 Entstehung von Parteien

Alle Gesellschaften sind in Bezug auf die Meinungen und Interessen der Individuen, aus denen sie sich zusammensetzen, mehr oder weniger heterogen. Je heterogener die Interessenstruktur, desto vielfältiger ist im Allgemeinen das Geflecht der Parteien. Sie vereinen Individuen, die sich im Hinblick auf ihren sozioökonomischen Status, ihre religiösen Bindungen, ihre Einstellungen und Werthaltungen mehr oder weniger ähneln. Parteien repräsentieren in der Gesellschaft angelegte Gegensätze, auf die sie, sobald sie etabliert sind, selbst einwirken (vgl. Lipset/Rokkan 1967).

Das moderne Parteiwesen hat sich parallel zur Parlamentarisierung und Demokratisierung, insbesondere der Herausbildung von Parlamenten und der Ausdehnung des Wahlrechts entwickelt (Neumann 1956). Es ist Folge zunehmender Ansprüche der Staatsbürger auf Teilhabe an politischen Entscheidungsprozessen. Innerhalb von Parlamenten bildeten sich im 19. Jahrhundert auf der Grundlage gemeinsamer gesellschaftlicher und politischer Interessen parlamentarische Clubs, Komitees und Faktionen, aus denen gering organisierte Honoratiorenparteien ohne erhebliche Unterstützung durch große gesellschaftliche Interessenorganisationen hervorgingen (vgl. von Beyme 1984; Duverger 1959; Katz/Mair 1995).[1] Die individuellen Repräsentations-

---

[1] Vgl. den Beitrag von v. Beyme in diesem Band.

parteien stützten sich auf lose verkoppelte Netzwerke gesellschaftlicher Eliten, deren Beziehungen zur Wählerschaft auf Kontakten und persönlicher Kommunikation basierten. Die nachhaltigen Demokratisierungs- und Industrialisierungsprozesse begrenzten jedoch schon bald ihre Rekrutierungsleistungen.

Mit der Erweiterung des Wahlrechts und der Partizipation großer Teile der Bevölkerung am politischen Prozess wurden sie durch neue Organisationen verdrängt, deren Zweck u.a. darin bestand, ihren Führern die notwendige Unterstützung durch das Volk zu sichern. Die Ausdehnung des Wahlrechts führte zur Herausbildung erster Massenparteien mit außerordentlicher Unterstützung mächtiger intermediärer Organisationen. Als Prototypen derartiger Parteien gelten die SPD und das Zentrum im späten Kaiserreich und in der Weimarer Republik. Viele ihrer Wähler und Mitglieder waren auf vielfältige Weise organisatorisch fest an die Parteien gebunden und in einer weltanschaulich durchdrungenen Subkultur verankert. Ihre organisatorische Überlegenheit und Vernetzung mit gesellschaftlichen Vorfeldorganisationen ermöglichte die Durchführung überregionaler Wahlkämpfe, stärkte sie im Prozess der politischen Willensbildung und erhöhte ihre Chancen, hinreichend viele Wähler zu rekrutieren. Mit dem Aufstieg der Massenparteien bildete sich zugleich der Typ des Berufspolitikers heraus, der sich einerseits ganz auf die Politik zu konzentrieren vermag, andererseits mehr und mehr in Abhängigkeit von der Partei gerät. Je mehr auch die liberalen und konservativen Parteien auf eine flächendeckende Unterstützung angewiesen waren, desto eher versuchten sie, das Erfolgsmodell der sozialdemokratischen Parteien zu kopieren. Ebenso wie die britische konservative Partei begannen einige von ihnen, nach dem Zweiten Weltkrieg Mitgliederorganisationen aufzubauen, um eine engere Verzahnung mit der Wählerschaft sicherzustellen. Parteien, denen wie den britischen Liberalen die Anpassung nicht gelang, blieben auf eine eng begrenzte Anhängerschaft begrenzt und bei Wahlen relativ erfolglos.

Die Modernisierung der westlichen Gesellschaften entzog aber auch den Massenintegrationsparteien die Grundlagen. Die soziale Differenzierung, kulturelle Pluralisierung und Verschiebung der Interessenlagen bedrohen nun die Massenparteien mit starken exklusiven Bindungen an Interessenorganisationen und soziale Gruppen. Sie liefen Gefahr, in eine strukturelle Minderheitenposition zu geraten. So führte die Säkularisierung in den westlichen Gesellschaften zu einem Rückgang religiöser Bindungen, und mit der Herausbildung der Dienstleistungsgesellschaft schrumpfte der Arbeiteranteil zunehmend. Angesichts der ersten Entwicklung haben sich die christdemokratischen Parteien gezwungen gesehen, verstärkt konservative Bevölkerungsgruppen anzusprechen. Die zweite Entwicklung zwang die traditionellen Arbeiterparteien zu einer programmatischen Anpassung an die Interessen der anwachsenden neuen Mittelschichten. Darüber hinaus haben fortschreitende Differenzierungs- und Individualisierungsprozesse, der Veränderungen des Systems der intermediären Institutionen und der Medienstrukturen sowie der Wandel von Wertorientierungen und die kognitive Mobilisierung insbesondere in westlichen Industriegesellschaften von den Parteien neue Anpassungsleistungen gefordert (vgl. Poguntke 2000).

Die organisatorischen und ideologisch-programmatischen Wurzeln vieler Parteien reichen in westlichen Demokratien bis in die Phase der Durchsetzung des allgemeinen Wahlrechts und der im Zuge der Industrialisierung und Demokratisierung ausgetragenen Konflikte zurück, in deren Verlauf sich Koalitionen zwischen gesellschaftlichen Großgruppen und politischen Parteien herausbildeten und verfestigten. Nach Lipset und Rokkan (1967) hatte sich in den zwanziger Jahren des vorigen Jahrhunderts der Wählermarkt entlang der Spannungslinien auf Dauer aufgeteilt. Die durch zahlreiche Vorfeldorganisationen abgestützten individuellen Parteibindungen schränkten die Etablierung neuer Parteien stark ein.

Den nach dem Zweiten Weltkrieg neu gegründeten Parteien mangelte es zumeist an hinreichend loyalen Wählern und sie unterstützenden intermediären Institutionen. Die sich wandelnden Umweltbedingungen, der Wandel von Wertorientierungen, die Lockerung von Parteibindungen, die Entkoppelung von Parteien und Interessenorganisationen, neue Medienstrukturen und Problemhaushalte begünstigten allerdings im letzten Drittel des 20. Jahrhunderts wieder das Aufkommen neuer Parteien. Abgestützt durch neue soziale Bewegungen haben sich zum einen grün-alternative Parteien etabliert. Zum anderen haben rechtsextreme und rechtspopulistische Parteien den Wählermarkt zahlreicher Länder betreten.

Auch in Afrika, Asien und Lateinamerika bildeten sich die politischen Parteien häufig im Zusammenhang mit der Etablierung nationaler Repräsentativkörperschaften und der Einführung allgemeiner Wahlen heraus (vgl. u. a. Giliomee/Simkins 1999; Mainwaring/Scally 1995; Nuscheler/Ziemer 1980). Einige Parteien haben ihre Wurzeln in nationalistischen Bewegungen, die schon in der ersten Hälfte des 20. Jahrhunderts auf größere Unabhängigkeit von den Kolonialmächten drängten. Die Förderung bestimmter politischer Gruppierungen durch die Kolonialherren in einigen Ländern Afrikas führte zur Herausbildung nationaler Parteien, die auf eine Gleichbehandlung der Afrikaner im politischen Prozess drängten. Die von den Kolonialherren begünstigten so genannten Verwaltungsparteien rekrutierten ihr Personal vor allem aus der Verwaltung, besaßen aber kaum Rückhalt in der Bevölkerung. In Asien sind die ersten und größten Parteien aus Unabhängigkeitsbewegungen hervorgegangen. Während der Unabhängigkeitskämpfe bündelten Parteien wie zum Beispiel die indische Kongresspartei in Indien und die Nationalisten auf den Philippinen die unterschiedlichsten Interessen, was ihnen eine breite soziale Basis garantierte. Nach Erreichung der gemeinsamen Ziele traten in vielen Ländern die divergierenden Interessen jedoch offen zutage, was zu Spaltungen führte. Sowohl in Afrika als auch in Asien führte die ethnische und religiöse Segmentierung vieler Staaten zur Bildung von ethnischen oder religiösen Parteien.

In den postkommunistischen politischen Systemen bildeten sich nach der Revolution 1989 zunächst zahlreiche politische Parteien, die mit Ausnahme der postkommunistischen Parteien als Sammelbewegungen ohne starke organisatorische Ressourcen charakterisiert werden. Ebenso wie in den westlichen Demokratien entwickelte sich das Parteiwesen in den postkommunistischen Systemen parallel zur Parlamentarisierung und Demokratisierung zentral- und osteuropäischer Gesellschaften heraus. Viele Parteien sind aus den Parlamenten hervorgegangen, und die Parlamentsfraktionen dominieren die politische Willensbildung in den Parteien. Als gering organisierte Honoratiorenparteien weisen sie nur eine geringe Unterstützung durch große gesellschaftliche Interessengruppen auf. Sie stützen sich vielmehr auf lose verkoppelte Netzwerke gesellschaftlicher Eliten, deren Beziehungen zur Wählerschaft über die Medien und Wahlkämpfe vermittelt werden (vgl. Lewis 1996). Dagegen haben die postkommunistischen Parteien die finanziellen, organisatorischen und personellen Ressourcen der ehemaligen Staatsparteien vereinnahmt, was ihnen Vorteile im Parteienwettbewerb verschafft.

2.3 Funktionen von Parteien

Mit der Verbreitung der systemtheoretischen Perspektive in der Politikwissenschaft kam verstärkt die Frage nach den Funktionen der Parteien in politischen Systemen auf. So hat die Parteienforschung den Parteien denn auch verschiedene Funktionen zugeschrieben, wobei jedoch die präzise Bedeutung des Funktionsbegriffs meistens unklar ist. Häufig werden Parteifunktionen rein enumerativ aufgeführt, ohne dass klar ist, warum gerade diese und nicht andere genannt werden.

Der Funktionsbegriff kann sich zum einen auf Leistungen beziehen, die Parteien im Hinblick auf Eigenschaften politischer Systeme erbringen. In liberalen Demokratien geht es dann vor allem um die Frage, welche Auswirkungen die Aktivitäten der Parteien auf andere Strukturen und Prozesse haben. Zum anderen wird der Ausdruck häufig synonym mit dem der Aufgabe verwendet. Darüber hinaus wird er im Sinne von Leistungserwartungen an Parteien benutzt. Angesichts der Vieldeutigkeit und mangelnden Konsistenz des Begriffs besteht kein Konsens über die Funktionen von Parteien in der Demokratie (vgl. Wiesendahl 1980). Die meisten Funktionskataloge lassen es denn auch offen, ob es sich bei der Auflistung um empirische oder normativ erwünschte Parteifunktionen handelt. Dessen ungeachtet variieren die Funktionen von Parteien je nach Herrschaftssystem. In liberalen Demokratien haben Parteien andere Leistungen zu erbringen als in autoritären oder totalitären Gesellschaftsordnungen. Zu häufig genannten *Funktionen der Parteien* in liberalen politischen Systemen zählen die Elitenauslese und -rekrutierung, die Formulierung von politischen Zielen und Programmen, die Artikulation und Aggregation von Interessen, die Kommunikation zwischen politischen Eliten und Bürgern, die personelle und inhaltliche Koordinierung des Regierungshandelns ebenso wie ihre Kontrolle sowie die Systemintegration (vgl. von Beyme 1984; Wiesendahl 1980).

Wählt man die Stabilität politischer Systeme als Bezugspunkt der Bestimmung von Parteifunktionen, ist die Frage zu beantworten, welchen spezifischen Beitrag Parteien hierzu leisten. Aus systemtheoretischer Perspektive sichern Parteien mehr oder weniger die Unterstützung der die politische Ordnung tragenden Prinzipien und Institutionen, indem sie für den notwendigen emotional verankerten Massenrückhalt sorgen. Der Parteienwettbewerb trägt zur Stabilisierung der politischen Orientierungen bei, regelt und mäßigt die Austragung politischer Konflikte und begrenzt politische Macht durch Regierungswechsel. Gefördert werden derartige Leistungen einerseits durch eine responsive Politik und die Kommunikation mit den Bürgern, andererseits durch die Rekrutierung geeigneten Personals für die zu besetzenden politischen Positionen. Neben anderen Interessenorganisationen artikulieren Parteien die in der Gesellschaft vorhandene Vielfalt von Zielen, Bedürfnissen und Interessen, transportieren sie in praktikable Alternativen (Interessenaggregation) und bringen sie in den Entscheidungsfindungsprozess ein. Auf der elektoralen Ebene greifen sie gesellschaftliche Forderungen auf und bündeln sie in politische Konzepte; auf der parlamentarischen Ebene setzen sie die Forderungen in für alle verbindliche Entscheidungen um; auf der Regierungsebene sorgen sie für die Implementation der politischen Programme. In parlamentarischen Regierungssystemen tragen sie die Regierung und gewährleisten deren Handlungsfähigkeit. Problematisch ist es, wenn sich Parteien von den Wählern abheben und wenn es ihnen an der erforderlichen Flexibilität gegenüber neuen Themen und Problemen mangelt. Betrachtet man Parteien dagegen in erster Linie als Instrumente des Machterwerbs und sieht man die wichtigste Funktion der Parteien darin, rivalisierende Gruppen von Politikern zu unterstützen, so besteht der primäre Beitrag der Partei in der Stimmenwerbung und der Besetzung politischer Ämter (vgl. Wiesendahl 1980).

Die Funktionen von Parteien stehen im engen Zusammenhang mit der institutionellen Ausgestaltung politischer Systeme, insbesondere der Regierungsform. Im Konstitutionalismus des Kaiserreiches hatten die Parteien zum Beispiel einen bedeutenden Einfluss in Haushaltsfragen, die Regierungsübernahme aber war ihnen versagt. Unter den veränderten institutionellen Rahmenbedingungen der Weimarer Republik vermochten sie daher weder ihre Strukturen den Erfordernissen liberaldemokratischer Systeme anzupassen noch die notwendigen Leistungen zur Aufrechterhaltung derselben zu erbringen. Die großen Defizite der Parteien begünstigten das Scheitern der Weimarer Demokratie und die Machtergreifung Hitlers. In totalitären politischen Systemen dienen Parteien in erster Linie der Staatsführung als Instrumente gesellschaftlicher Kontrolle.

2.4 Parteien als Organisationen

In liberalen Demokratien stellen sich Parteien der Konkurrenz anderer Parteien. Die gesellschaftliche Verankerung entscheidet über den Einfluss der Parteien auf die für alle Mitglieder eines politischen Gemeinwesens verbindlichen Entscheidungen. Als Mittel zur Zielerreichung haben sich moderne Parteien eine mehr oder weniger festgefügte und dauerhafte Organisationsform gegeben. Mit dem Wachstum einer Partei und dem Ausbau ihres organisatorischen Apparates vollzieht sie jedoch eine Umwandlung. Die Erhaltung des Apparates selbst wird Ziel, während der Zweck, weswegen sie ins Leben gerufen wurde, mehr und mehr in den Hintergrund rückt. Schon Anfang des 20. Jahrhunderts hat Michels (1911) auf derartige Oligarchisierungstendenzen in komplexen Parteien hingewiesen. Sobald eine Partei eine gewisse Größe erreiche, erfolge eine Trennung zwischen Parteiführung und Parteimitgliedern. Wegen ihrer Größe seien Parteien gezwungen, einigen Mitgliedern Führungsaufgaben zu übertragen. Die Delegation von Macht nach oben bewirke auf der einen Seite ein sinkendes Interesse der Mitglieder an innerparteilicher Partizipation und auf der anderen Seite eine Verselbständigung der Gewählten. Die Führer bemächtigten sich der Organisation, um ihre eigenen Ziele – vor allem die Erhaltung ihrer Position – durchzusetzen. Die politische Willensbildung werde durch oligarchische Führung ersetzt. Die Parteiführung werde nicht mehr kontrolliert. Vielmehr bediene sie sich des Apparates, um die Mitglieder zu dirigieren.

Unter Einfluss der Michels'schen These hat die Parteienforschung nach dem Zweiten Weltkrieg verstärkt Untersuchungen über den Aufbau von Parteiorganisationen und Interessengruppierungen innerhalb von Parteien, über die soziale Zusammensetzung von Mitgliedern, Anhängern und Wählern, über die Führungsauslese, die Prozesse der innerparteilichen Willensbildung und über die Einstellungen der Parteimitglieder durchgeführt. Dabei zeigte sich, dass die Oligarchiebildung u.a. der Arbeitsteilung in komplexen Parteien, der Stellung der Parteiführer in der gesellschaftlichen Sozialschichtung und dem Partizipationsinteresse der Parteimitglieder geschuldet ist. Die innerparteiliche Demokratie wird durch eine dezentrale Struktur, eine schwach ausgeprägte Bürokratie, durch Chancen für das einzelne Parteimitglied zum Erwerb politischer Fähigkeiten und durch die Institutionalisierung und den Schutz der Rechte einer innerparteilichen Opposition gefördert. Die Bildung von Führungscliquen wird u.a. durch eine insgesamt geringe Partizipation der Mitglieder an der Willensbildung innerhalb der Parteien begünstigt (vgl. u. a. von Beyme 1984; Ware 1996; Wiesendahl 1998).

Die modernere Parteienforschung hat mit Weber (1964) darauf hingewiesen, dass Parteien freiwillige gesellschaftliche Vereinigungen darstellen, die zwischen Bürgern und Staat vermitteln. Parteien wirkten darauf hin, dass sich die politischen Eliten in den staatlichen Institutionen nach den Wünschen der Bürger richten (vgl. Poguntke 2000; Sartori 1976; Wiesendahl 1998). Neumann (1956) hat hervorgehoben, dass die in Westeuropa früher anzutreffenden Massenintegrationsparteien komplexe Organisationen darstellten, die die Interessen ihrer Anhänger erfolgreich in den politischen Willensbildungsprozess einbrachten. Andererseits fesselten sie – unterstützt durch ein weit gefächertes Netz von Vorfeldorganisationen – die Bürger weltanschaulich. Duverger (1959) ging davon aus, derartigen Parteien gehöre die Zukunft, weil sie über eine starke Mitgliederorganisation verfügten, in großen gesellschaftlichen Segmenten wurzelten und enge Beziehungen zu einflussreichen Interessenorganisationen aufweisen. Derartige Eigenschaften garantierten eine festgefügte Verbindung zwischen Parteien und Massen, dass die Entscheidungen der politischen Eliten an die

Präferenzen der Bürger gebunden seien und dass sich die Bürger bestimmten Parteien zugehörig fühlten. Außerdem stellen Mitgliederorganisationen eine verlässliche Finanzierungsquelle und das wichtigste Reservoir für die Rekrutierung des politischen Personals einer Partei dar. Allerdings bestätigte die weitere Entwicklung nur bedingt die Annahme von Duverger. Weiterhin wurde übersehen, dass die Parteien zwar über starke Mitgliederorganisationen verfügten, die sozialen Gruppen aber in sehr unterschiedlichem Maße am Parteileben partizipierten. Vor allem die starke Unterrepräsentanz von Frauen innerhalb der Parteimitgliedschaften, der mittleren Parteieliten und der Führungsgruppen stand einer gleichgewichtigen Einflussnahme von Frauen auf die politische Willensbildung innerhalb der Parteien entgegen.

Anders als Duverger prognostizierte Epstein (1967), die westeuropäischen Massenparteien näherten sich dem Organisationsmodell der US-amerikanischen Parteien an. Diese glichen leeren Gefäßen, die sich weitgehend darauf beschränkten, politische Ziele zu formulieren und das Personal für die Exekutive zu rekrutieren (vgl. Katz/Kolodny 1994). Epstein argumentierte, die feste Organisation und Verankerung in gesellschaftlichen Großgruppen hindere die Parteien daran, flexibel auf die gesellschaftlichen Veränderungen und neuen Herausforderungen zu reagieren. Er empfahl den Parteieliten, sich die Kosten eigener Mitgliederorganisationen zu sparen und die Bürger direkt über die Massenmedien zu mobilisieren. Um die Anzahl ihrer Stimmen zu erhöhen, seien die Parteien in entideologisierten Gesellschaften zunehmend darauf angewiesen, Bürger außerhalb des Einflussbereiches großer Interessenverbände zu erreichen. Tatsächlich gewannen moderne Wahlkampftechniken zunehmend an Bedeutung, wohingegen der Einfluss der Interessenorganisationen im Hinblick auf die Information und Mobilisierung von Bürgern nachließ.

Dessen ungeachtet übersah Epstein jedoch, dass die Rekrutierung von politischem Personal für die diversen Ämter und Mandate nicht nur eine hinreichend große Anzahl von Mitgliedern voraussetzt, aus deren Mitte letzten Endes geeignete Kandidaten ausgewählt werden. Eine genügend große Anzahl von Parteimitgliedern muss auch an Ämtern und Mandaten Interesse zeigen und sich der Auswahl stellen. Politische Parteien können ihre Rekrutierungsfunktion daher umso eher erfüllen, je größer die Auswahl und je aktiver ihre Mitglieder sind. Einen vielleicht noch größeren Beitrag erbringen Parteimitglieder zur Erfüllung der Artikulations- und Aggregationsfunktion. Parteien mit einer großen Mitgliederzahl verfügen über eine bessere Ausstattung an Humankapital als Honoratiorenparteien. Parteimitglieder sorgen für die soziale Verankerung der Parteien; sie verhindern ein Abkoppeln der Parteien von gesellschaftlichen Entwicklungen.

Wenngleich der Anteil von Frauen an der Gesamtzahl der Parteimitglieder im letzten Drittel des vorigen Jahrhunderts anstieg und die geschlechtsspezifische Repräsentationslücke etwas verringert werden konnte, wurden am Ende des 20. Jahrhunderts doch zunehmend sinkende Mitgliederzahlen konstatiert (vgl. Katz/Mair 1992). Darüber hinaus änderten sich die Struktur und Motivation der Parteimitglieder. Das Durchschnittsalter der Parteimitglieder stieg an. Während der Anteil der Arbeiter unter ihnen stetig sank, nahmen der Prozentsatz der Mitglieder mit einem höheren Bildungsabschluss sowie der Anteil der neuen Mittelschicht wesentlich zu. Hinzu kam, dass sich die neuen Mitglieder stärker an den unmittelbaren Nutzen einer Parteimitgliedschaft orientierten. Geringe selektive Anreize motivieren kaum zum Eintritt in die politischen Parteien. Denn die Anzahl der zu vergebenden Positionen ist beschränkt; und selbst eine politische Karriere ist angesichts relativ schlechter Bezahlung und des geringen sozialen Prestiges wenig attraktiv. Einige Parteien haben deswegen ihren Mitgliedern mehr Privilegien zugesprochen und stärkere Beteiligungsmöglichkeiten eingeräumt (vgl. Scarrow 1996).

Nicht nur wegen rückläufiger Mitgliederzahlen wird seit den achtziger Jahren die Frage thematisiert, ob und inwieweit Parteien noch zwischen Bürgern und Staat vermitteln. Die Parteien entfernen sich von der Gesellschaft, die Bindungen zwischen Bürgern und Parteien schwächen sich ab; als Mitgliederorganisationen verlieren sie zunehmend an Bedeutung. Hinzu kommt, dass sich die traditionellen Milieus auflösen und die Parteieliten über die Massenmedien direkt mit den Bürgern kommunizieren und durch Bevölkerungsumfragen über deren Meinungen informieren (vgl. Dalton 1988; Dalton/Flanigan/Beck 1984; Katz 1990; Lawson/Merkl 1988).

Gleichzeitig haben Parteien in zunehmendem Maße staatliche Ressourcen erschlossen. In vielen Ländern sicherten sie sich den Zugang zu öffentlich-rechtlich kontrollierten elektronischen Medien und weiteten die staatliche Parteienfinanzierung stark aus. Staatliche Ressourcen dienen mehr und mehr der Aufrechterhaltung der Parteiorganisation, der Elitenrekrutierung und Wählermobilisierung. Je stärker sich die Parteien auf staatliche Ressourcen stützen und je weniger sie zwischen Gesellschaft und Staat vermitteln, desto mehr entwickeln sie sich jedoch zu quasi-staatlichen Institutionen (vgl. von Beyme 2000; Katz/Mair 1995). Nach Mair (1990) wird dadurch die Grundlage ihrer Integrationswirkung, das Linkage zwischen Parteien und Wählern zerstört. Der organisatorische Wandel der Parteien schwächt die Identifikation der Wähler mit den politischen Parteien.

2.5 Eine Entwicklungstypologie der Parteien

Neumann (1956) hat als erster eine an den europäischen Verhältnissen orientierte Entwicklungstypologie der Parteien herausgearbeitet. Die erste Entwicklungsstufe stellen danach die liberalen Repräsentations- bzw. Honoratiorenparteien dar, in denen sich das Besitz- und Bildungsbürgertum in lockeren Zusammenschlüssen politisch organisierte. Ihr Zweck bestand neben der Koordinierung der parlamentarischen Arbeit vor allem in der Kandidatenauslese und Wahlkampfführung. Derartige Parteien prägen die Zeit bis zur Universalisierung des Wahlrechts (vgl. von Beyme 2000; Katz/Mair 1995).

Die zweite Entwicklungsstufe ist durch die Herausbildung der demokratischen Integrations- bzw. Massenpartei infolge der Erweiterung politischer Rechte und scharfer Interessengegensätze zwischen gesellschaftlichen Gruppen gekennzeichnet. Diese zuerst in der Arbeiterbewegung auftretende Organisationsform führte ihre Aktivitäten auch zwischen Wahlen fort und diente über die Durchführung von Wahlkämpfen und die Mobilisierung von Wählern hinaus dem Aufbau eines festen Mitgliederstammes. Zu diesem Zweck bauten sie einen Stab hauptamtlich tätiger Funktionäre und eine hierarchisch gegliederte Organisation auf.

Eine dritte Entwicklungsstufe sieht Neumann in der Herausbildung der absolutistischen Integrationspartei, die in totalitären politischen Systemen ein Monopol der politischen Meinungs- und Willensbildung für sich in Anspruch nimmt. Totalitäre Parteien zeichnen sich durch eine geschlossene Weltanschauung aus und sind, wenn sie die Macht erobert haben, im Besitz der staatlichen Herrschaftsorgane, die sie zur Kontrolle aller gesellschaftlichen Bereiche nutzen. In der faschistischen und nationalsozialistischen Spielart identifizierten sie sich mit dem Staat, im Falle der Sowjetunion und der DDR mit der Arbeiterklasse. Totalitäre Parteien lehnen jede Art von Pluralismus und Wettbewerb ab.

Nach Kirchheimer (1965) hat sich die Integrationspartei zu einer Volkspartei bzw. Allerweltspartei als der nach dem Zweiten Weltkrieg einflussreichsten Parteiform gewandelt. Sie gibt den Versuch der geistigen Eingliederung der Massen auf, verzichtet auf ideologisch fundierte Programme und rekrutiert ihre Wähler aus allen sozialen Gruppen der Gesellschaft. Während die Massenintegrationspartei tief in der Sozialstruktur der Gesellschaft verankert ist, soziale Gruppen repräsentiert und dem Staat gegenübersteht, nimmt die Allerweltspartei die Rolle eines Mittlers zwischen Staat und Gesellschaft ein. Manövrierfähiger als Integrationsparteien sind Volksparteien eher in der Lage, sich der wandelnden Umwelt anzupassen. Kirchheimer prognostizierte mithin, die Wählerpotenziale der Parteien seien immer weniger durch soziale Grenzen markiert und die Parteien entfernten sich von ihren ideologischen Traditionen, ohne jedoch ihre weltanschauliche Identität gänzlich aufzugeben. Ohne die Beziehungen zu den Interessenorganisationen zu kappen, mit denen die Massenintegrationsparteien im 19. Jahrhundert enge Verbindungen eingegangen waren, bauten die nach dem Zweiten Weltkrieg aufstrebenden Volksparteien neue Verbindungen zu Interessenorganisationen außerhalb ihrer Kerngruppen auf. Dadurch verloren die Interessenorganisationen der sozialen Gruppen, die früher die soziale Basis der Parteien stellten, zunehmend an Gewicht auf die Entscheidungsfindungsprozesse innerhalb der Parteien.

Nach Katz und Mair (1995) hat in den siebziger Jahren des vorigen Jahrhunderts eine neue Entwicklungsstufe begonnen. Danach wandeln sich die Parteien zu Kartellparteien als neuem bestimmenden Typ, der in etwa den professionalisierten Wählerparteien (Panebianco 1988) entspricht. Kartellparteien sind weder Repräsentanten gesellschaftlicher Konflikte noch Mittler zwischen Staat und Gesellschaft. Es handelt sich um Parteien der Berufspolitiker, die eine neue parteiübergreifende politische Klasse bilden. Jenseits des Wettbewerbs in den jeweiligen Politikfeldern einigt Kartellparteien das gemeinsame Interesse an der Sicherstellung von Privilegien für Abgeordnete und Parteien, weswegen sie den Staat kolonialisieren, der sie finanziert (vgl. auch von Beyme 2000). Die Führer politischer Parteien sind nicht mehr primär daran interessiert, die Interessen der Bürgerinnen und Bürger zu artikulieren, zu bündeln und in den Entscheidungsprozess einzubringen. Da sie in erster Linie öffentliche Mandate um ihrer selbst willen anstreben, dienen ihre Aktivitäten in erster Linie der Absicherung ihrer Karriere. Während die Parteiaktivisten an Macht einbüßen, konzentriert sich diese immer stärker in der sich aus Berufspolitikern bestehenden Parteiführung. Diese bestimmt mehr und mehr die Ausrichtung der Partei und steuert die Kommunikation mit den Bürgern, wodurch die Partizipation der Parteimitglieder einen immer geringeren Stellenwert einnimmt (vgl. Katz/Mair 1995; Detterbeck 2002). Im Zuge dieses Prozesses konzentrieren sich die Parteien auf den Staat, nähern sich inhaltlich an und lösen sich von der gesellschaftlichen Basis ab.

3. Parteiensysteme

3.1 Begriff und Einteilung von Parteiensystemen

In Anlehnung an den allgemeinen Systembegriff bezeichnet der Begriff des Parteiensystems eine Menge von Parteien und die zwischen ihnen und ihren Eigenschaften bestehenden relevanten Beziehungen. Ein Parteiensystem ist demnach mehr als die Summe seiner Parteien. Duverger (1959) bezeichnet es als die Form und Art der Koexistenz der Parteien. Ein weiter gefasster Begriff schließt auch die Beziehungen der Systemeinheiten zur sozialen Umwelt, insbesondere zur Wählerschaft ein (vgl. Lipset/Rokkan 1967).

Ausgangspunkt der meisten Beschreibungen von Parteiensystemen ist die Anzahl ihrer Einheiten. Die ältere Forschung unterscheidet vor allem zwischen Ein-, Zwei- und Vielparteiensystemen. Vage und häufig willkürlich gewählte Abgrenzungskriterien haben zwar zu einer heftigen Kritik hieran geführt, dennoch dominiert diese Perspektive noch heute. Daneben werden Parteiensysteme nach der Stärke der Parteien u. a. in multipolare, bipolare und dominante sowie in symmetrische und asymmetrische und nach den Wählerschwankungen bzw. der Bildung von Regierungen in stabile und instabile Parteiensysteme unterschieden. Schließlich werden sie im Hinblick auf die programmatisch-ideologischen Distanzen zwischen den Parteien in polarisierte und nicht-polarisierte, nach der vorherrschenden Richtung des Parteienwettbewerbs in zentripetale und zentrifugale, nach der Praxis der Machtausübung in hegemoniale und alternierende eingeteilt (vgl. u. a. Ware 1996). Darüber hinaus werden die Fragmentierung und Volatilität, die Anzahl der Konfliktlinien und die Existenz und Stärke von Parteifamilien sowie die Segmentierung, d. h. die Koalitionsfähigkeit der Parteien zur Beschreibung von Parteiensystemen, angewandt (vgl. zur Bestimmung der Dimensionen u. a. Lane/Ersson 1999; Niedermayer 1996). Die neuere international vergleichende Forschung zieht vor allem die von Laakso und Taagepera

Parteien und Parteiensysteme

Tabelle 1: Die effektive Anzahl der Parteien in Parteiensystemen von 36 Demokratien 1945–1996

Land	Mittelwert	Niedrigster Wert	Höchster Wert	Anzahl der Wahlen
Neu Guinea	5,6	2,7	10,8	4
Schweiz	5,2	4,7	6,7	13
Finnland	5,0	4,5	5,6	15
Italien	4,9	3,8	7,0	14
Niederlande	4,7	3,5	6,4	15
Israel	4,6	3,1	6,0	14
Dänemark	4,5	3,5	6,9	21
Belgien	4,3	2,5	6,5	17
Indien	4,1	2,5	6,5	6
Island	3,7	3,2	5,3	16
Japan	3,7	2,6	5,8	19
Frankreich	3,4	2,5	4,5	10
Venezuela	3,4	2,4	4,9	8
Luxemburg	3,4	2,7	4,1	11
Norwegen	3,4	2,7	4,2	13
Portugal	3,3	2,2	4,3	8
Schweden	3,3	2,9	4,2	16
Kolumbien	3,3	3,0	4,8	14
Deutschland	2,9	2,5	4,3	13
Irland	2,8	2,4	3,6	15
Spanien	2,8	2,3	3,0	7
Mauritius	2,7	2,1	3,5	6
Österreich	2,5	2,1	3,7	16
Costa Rica	2,4	2,0	3,2	11
USA	2,4	2,2	2,4	25
Kanada	2,4	1,5	2,9	16
Australien	2,2	2,1	2,3	21
Griechenland	2,2	1,7	2,4	8
Großbritannien	2,1	2,0	2,3	14
Malta	2,0	2,0	2,0	6
Neuseeland	2,0	1,7	2,2	17
Trinidad	1,8	1,2	2,2	7
Barbados	1,8	1,3	2,2	7
Bahamas	1,7	1,5	2,0	5
Jamaica	1,6	1,3	2,0	7
Botswana	1,4	1,2	1,7	7

Quelle: Arend Lijphart, Patterns of Democracy. Government Forms and Performance in Thirty-Six Countries. New Haven/London 1999, 76f.

(1979) vorgeschlagene *effektive Anzahl der Parteien* zur Beschreibung von Parteiensystemen heran. Laakso und Taagepera argumentieren, man müsse bei der Bestimmung des Formats zwischen wichtigen und unwichtigen Parteien unterscheiden und deshalb nicht von der nominalen oder relevanten Anzahl der Parteien, sondern von der effektiven Anzahl der Parteien auszugehen. Die *effektive Anzahl der Parteien* ergibt sich, wenn man zunächst die in Dezimalzahlen ausgedrückten Stimmen- oder Mandatsanteile aller Parteien quadriert, anschließend die Summe davon bildet und zum Schluss „1" durch die Summe dividiert (Laakso-Taagepera-Index = $1/\left(p_1^2 + p_i^2 + p_n^2\right)$. Tabelle 1 zeigt die effektive Anzahl der Parteien von 36 Demokratien.

Die einflussreiche Typologie der Parteiensysteme von Sartori (1976) kombiniert die Anzahl der Parteien mit den zwischen ihnen bestehenden ideologischen Distanzen. Nach der Anzahl der Parteien unterscheidet er zunächst zwischen Ein-, Zwei- und Vielparteiensystemen, wobei letztere in begrenzt pluralistische (drei bis fünf Parteien) und extrem pluralistische (mehr als fünf Parteien) unterteilt werden. Vielparteiensysteme mit geringen ideologischen Distanzen kennzeichnen den Typ des moderaten, solche mit großen Distanzen den Typ des polarisierten Pluralismus.

Das Zweiparteiensystem gilt als klassisches Modell der angelsächsischen Demokratien. Die Distanz zwischen den Parteien ist gering, die Wettbewerbsrichtung zentripetal. Beide Parteien stellen alternierend die Regierung. Im Fall des moderaten Pluralismus konkurrieren Parteien mit nur geringen Distanzen zueinander um die Regierungsmacht. Der Parteienwettbewerb ist zentripetal ausgerichtet; alle Parteien können im Prinzip eine Koalition miteinander eingehen. Moderate Systeme finden sich u.a. in Schweden und Norwegen, in den Niederlanden und Belgien, in der Bundesrepublik Deutschland und der Schweiz sowie in der Tschechoslowakei und Ungarn. Charakteristisch für polarisierte Systeme sind die Existenz relevanter Antisystemparteien, große ideologische Distanzen zwischen den Parteien, begrenzte Möglichkeiten der Koalitionsbildung und ein zentrifugaler Parteienwettbewerb. Beispiele hierfür sind die Weimarer Republik, die IV. Französische Republik und zeitweise Italien. Einen Sonderfall der Mehrparteiensysteme stellen Prädominanzsysteme dar. Dabei handelt es sich um Systeme mit mehreren Parteien, wobei eine davon jedoch eine Vorherrschaft ausübt. Sie gewinnt fortwährend die Wahl und bildet eine Alleinregierung, wie dies zum Beispiel lange Zeit in Indien und Japan der Fall war.

3.2 Herausbildung von Parteiensystemen

Parteiensysteme sind Ausdruck soziokultureller und institutioneller Strukturen. Veränderungen in der sozialen Umwelt und im institutionellen Gefüge wirken sich in Abhängigkeit vom Handeln der politischen Akteure auf ihre Struktur und Entwicklung aus. Die ältere Parteienforschung ging davon aus, dass vor allem Wahlsysteme die Anzahl und die Stärke von Parteien sowie die Stabilität politischer Systeme bestimmten (vgl. Duverger 1959; Lijphart 1994).[2] Verhältniswahlsysteme führten zu zersplitterten und desintegrierten Parteiensystemen, aus denen keine stabilen Regierungen hervorgingen. Im Gegensatz dazu führten Mehrheitswahlsysteme zu integrierten und stabilen Parteiensystemen, die ihrerseits effektive Regierungen trügen. Die Erfahrung hat allerdings gezeigt, dass der Wechsel von der Mehrheits- zur Verhältnis-

---

2 Vgl. den Beitrag von Nohlen in diesem Band.

wahl in den meisten westeuropäischen Ländern Anfang des vorigen Jahrhunderts keine Fragmentierung der Parteiensysteme nach sich zog, sondern bestehende Vielparteiensysteme lediglich stabilisierte. Auch haben Mehrheitswahlsysteme nicht überall stark konzentrierte Systeme hervorgebracht, wie das Parteiensystem in Deutschland 1871–1912 belegt (vgl. Winkler 1995).

Die neuere Forschung hat daher zur Erklärung der Struktur von Parteiensystemen stärker die sozioökonomischen Verhältnisse betont. Nach Lipset und Rokkan (1967) repräsentieren Parteiensysteme grundlegende *Konfliktlinien der Gesellschaften*. Diese bilden sich in Abhängigkeit von der Sozialstruktur, den Werthaltungen der Wähler und dem Handeln der politischen Eliten heraus. Die Struktur der westeuropäischen Parteiensysteme ist danach auf der Basis territorialer, religiöser, sozialer und politischer Konfliktkonstellationen während der Industrialisierung und Demokratisierung entstanden. Zunächst führten die politischen Ansprüche des Bürgertums auf Teilhabe an den Entscheidungen und Fragen der verfassungsmäßigen Ordnung der Nationalstaaten in nahezu allen Ländern Europas zur Entstehung liberaler und konservativer Parteien. Die Bildung von Nationalstaaten erzeugte ferner eine Spannungslinie zwischen der dominanten und der unterworfenen Kultur.

Gegensätzliche Interessen von Angehörigen ethnischer bzw. regionaler Minderheiten (Peripherie) und Angehörigen der Mehrheitskultur (Zentrum) förderten die Entstehung von Regionalparteien und ethnischen Parteien wie den Polen im Osten des Deutschen Reichs, der Südtiroler Volkspartei im Norden Italiens, den schottischen Nationalisten im Norden Großbritanniens, der Schwedischen Volkspartei im Norden Finnlands oder den Parteien der Basken in Spanien. Konflikte zwischen Staat und Kirche sowie zwischen Anhängern unterschiedlicher Konfessionen führten in konfessionell gespaltenen Ländern wie dem Deutschen Reich zur Herausbildung und Stabilisierung des Zentrums oder wie im Falle der Niederlande zur Bildung verschiedener religiöser Parteien (Katholiken, Calvinisten und Reformierte). In laizistischen Ländern wie beispielsweise Frankreich und Italien förderten religiöse Massenbewegungen die Entstehung von Parteien, die die Interessen der Religionsgemeinschaften gegenüber dem säkularen Staat vertraten. Im Zuge der Industrialisierung verschärften schließlich unterschiedliche Interessen von Stadt- und Landbewohnern zum einen den Konflikt zwischen dem aufstrebenden städtischen Bürgertum und dem auf dem Land herrschenden Adel. Zum anderen schufen sie eine Kluft zwischen den städtischen Angestellten und Arbeitern auf der einen Seite und den Landwirten auf der anderen Seite. Vor allem in Skandinavien und in Osteuropa führte der Konflikt zur Herausbildung von Agrarparteien.

Die stärkste Wirkung auf die Konfiguration der Parteiensysteme ist allerdings vom Klassenkonflikt ausgegangen, der in nahezu allen westlichen Demokratien zum Aufstieg starker sozialistischer bzw. sozialdemokratischer Parteien führte. Die im Zuge der Industrialisierung wachsende Zahl der Arbeiter erkämpfte sich die politischen Gleichheitsrechte und organisierte sich in Arbeiterparteien, was zunächst zu einer Fragmentierung und Polarisierung der Parteiensysteme führte. Die russische Revolution leitete schließlich in vielen Ländern eine Abspaltung kommunistischer Parteien von den sozialistischen Parteien ein.

Die von Lipset und Rokkan (1967) ausgemachten Konfliktlinien *(cleavages)* gründen, wie erwähnt, auf fest in der Sozialstruktur verankerten unterschiedlichen inhaltlichen Positionen *(issues)*. Aber nicht alle inhaltlichen Streitfragen, die zur Strukturierung der Parteiensysteme beigetragen haben, sind in der Sozialstruktur verankert. Ta-

Tabelle 2: Issue-Dimensionen in 36 Parteiensystemen 1945–1996

Land	Klasse	Religion	Ethnie	Stadt-Land	Regime	Außen-politik	Post-mat	N
Finnland	H	M	H	M	M	–	–	3,5
Belgien	H	H	H	–	–	–	–	3,0
Deutschland	H	H	M	–	–	–	M	3,0
Indien	H	H	M	–	M	–	–	3,0
Israel	H	H	–	–	–	H	–	3,0
Italien	H	H	–	–	M	M	–	3,0
Niederlande	H	H	–	–	–	–	H	3,0
Norwegen	H	H	–	M	–	–	M	3,0
Neu Guinea	H	M	H	–	–	M	–	3,0
Schweiz	H	H	M	M	–	–	–	3,0
Frankreich	H	M	–	–	M	M	–	2,5
Japan	H	M	–	–	M	M	–	2,5
Portugal	H	M	–	–	M	M	–	2,5
Kolumbien	H	M	–	M	M	–	–	2,5
Dänemark	H	M	–	M	–	M	–	2,5
Spanien	H	M	H	–	–	–	–	2,5
Schweden	H	M	–	M	–	–	M	2,5
Costa Rica	H	H	–	–	–	–	–	2,0
Luxemburg	H	H	–	–	–	–	–	2,0
Venezuela	H	H	–	–	–	–	–	2,0
Island	H	–	–	M	–	M	–	2,0
Malta	H	M	–	–	–	M	–	2,0
Mauritius	H	–	H	–	–	–	–	2,0
Irland	H	–	–	–	–	M	–	1,5
Jamaica	H	–	–	–	–	M	–	1,5
Großbritannien	H	–	–	–	–	M	–	1,5
Kanada	M	–	H	–	–	–	–	1,5
Trinidad	M	–	H	–	–	–	–	1,5
Australien	H	–	–	M	–	–	–	1,5
Österreich	H	M	–	–	–	–	–	1,5
Botswana	H	–	M	–	–	–	–	1,5
Griechenland	H	–	–	–	M	–	–	1,5
Barbados	H	–	–	–	–	–	–	1,0
Neuseeland	H	–	–	–	–	–	–	1,0
USA	M	–	M	–	–	–	–	1,0
Bahamas	M	–	–	–	–	–	–	0,5

Klasse: sozioökonomische Konfliktlinie, Regime: Unterstützung des Regimes, Postmat: Postmaterialismus, N: Anzahl der Dimensionen. H: hoch; M: mittel.

Quelle: Arend Lijphart, Patterns of Democracy. Government Forms and Performance in Thirty-Six Countries. New Haven/London 1999, 80f.

belle 2 dokumentiert den Einfluss der sieben bedeutsamsten Issues auf die Strukturierung der Parteisysteme in der zweiten Hälfte des vorigen Jahrhunderts.

In den meisten postkommunistischen politischen Systemen bildeten sich die Parteiensysteme entlang des Gegensatzes zwischen Modernisierern und Strukturkonservativen hinsichtlich Fragen des Wirtschaftssystems sowie des Regierungssystems und der politischen Spielregeln heraus (vgl. Segert/Stöss/Niedermayer 1997). Während Strukturkonservative alte klientelistische Strukturen im wirtschaftlichen und politischen System verteidigen, plädieren Modernisierer für marktwirtschaftliche Prinzipien und für ein demokratisches parlamentarisches System. Dagegen spielen sozioökonomische, religiöse und ethnische Konflikte insgesamt eine untergeordnete Rolle. Kitschelt u. a. (1999) haben die Struktur der Parteiensysteme in den postkommunistischen politischen Systemen schließlich mit der Ausprägung kommunistischer Herrschaft in Zusammenhang gebracht. Letztere habe einen wesentlichen Einfluss auf die Entstehung der Parteien und die Struktur des Parteienwettbewerbs ausgeübt.

3.3 Wandel von Parteiensystemen

Die Parteiensystemforschung ist sich lange mit Lipset und Rokkan (1967) darin einig gewesen, dass die meisten westeuropäischen Parteiensysteme am Ende ihrer Formatierungsphase in den zwanziger Jahren des vorigen Jahrhunderts eingefroren seien. Die Verankerung der Parteien in bestimmten Großgruppen der Gesellschaft, ihre engen Beziehungen zu mächtigen Interessenorganisationen sowie ihre Fähigkeiten zur Interessenartikulation und -aggregation habe eine außerordentliche Stabilität garantiert. Zu größeren Umschichtungen sei es nur dort gekommen, wo tiefgreifende politische Krisen zu einer Unterbrechung in der Kontinuität der Parteiorganisationen führten (Italien, Deutschland, Österreich, Spanien). Radikale Kritik an den sich etablierenden liberalen Demokratien und übersteigerter Nationalismus begünstigten nach dem Ersten Weltkrieg in Ländern, die sich in schweren ökonomischen, kulturellen und sozialen Krisen befanden, den Aufstieg faschistischer Parteien. Infolgedessen kam es in den zwanziger und dreißiger Jahren zu einer erneuten Zersplitterung und Polarisierung der Parteiensysteme sowie instabilen Regierungen.

Während Lipset und Rokkan die These propagieren, die Parteiensysteme seien eingefroren, postuliert Kirchheimer (1965) eine grundlegende Transformation der westeuropäischen Parteiensysteme. Sie zeige sich vor allem darin, dass sich die größeren Parteien zahlreicher Länder einander annäherten, sich die Massenintegrationsparteien zu Allerweltsparteien umformten und die parlamentarische Opposition zum bloß formalen Wettbewerb degeneriere. Als Erklärung für diese Entwicklung führt er an, die Schärfe der alten Interessengegensätze habe sich infolge mehrerer gesellschaftlicher Veränderungen gemindert. Hierzu zählt er die ökonomisch günstige Entwicklung, die Säkularisierung, die Verbreitung von Massenkonsum und Massenmedien, von der eine Harmonisierungs- und eine Nivellierungstendenz ausgehe, die Herausbildung einer neuen Mittelschicht aus Angestellten und Beamten, die sich einer leidlich gesicherten sozialen Existenz erfreuten, sowie den Ausbau des Wohlfahrtsstaates, der ein wachsendes Maß an sozialer Sicherheit verbürge. Darüber hinaus veränderten die sozialen Entwicklungen auch die Gesinnung der Bürger. Statt an Ideologien orientierten sie sich mehr und mehr an materiellen Werten.

Thomas (1975) hat gezeigt, dass sich die großen Parteien in westlichen Demokratien einander tatsächlich annäherten. So wanderten konservative und liberale Parteien in wirtschafts- und sozialpolitischen Fragen in den fünfziger und sechziger Jahren nach links. Auf der anderen Seite bewegten sich sozialdemokratische Parteien in konfessionellen, außen- und militärpolitischen Fragen nach rechts. Wenngleich sich die christdemokratischen, konservativen, liberalen und sozialdemokratischen Parteien angeglichen haben, unterscheiden sie sich doch u. a. im Hinblick auf ihre sozial-, wirtschafts- und militärpolitischen Positionen.

Seit den siebziger Jahren betonen immer mehr Sozialwissenschaftler einen grundlegenden Wandel der westlichen Demokratien, der sich auch in der Konfiguration der Parteiensysteme ausdrücke (vgl. u. a. Dalton/Flanigan/Beck 1984; Inglehart 1984; Mair 1997). Im Zuge der Modernisierung lösten sich die Milieus und politischen Bindungen zwischen Parteien und Bürgern zunehmend auf; Klassen- und Konfessionswahl verlören an Bedeutung (vgl. u. a. Franklin/Mackie/Valen 1992). Als Folge davon steige auf der Mikroebene die Bereitschaft, je nach Situation zu wählen, auf der Makroebene zeichne sich eine zunehmende Volatilität und Fragmentierung der Parteiensysteme ab (vgl. u. a. Mair/Müller/Plasser 1999).

Im Anschluss an die Diskussion um den Wertewandel in den westlichen Demokratien hat Dalton (1988) die These vertreten, die sozioökonomischen Entwicklungen in den westlichen Demokratien veränderten die Beziehungen der Bürger zu den Parteien und Parteiensystemen. Postindustrielle Gesellschaften bildeten einen neuen Stil der Bürger-Politik mit erheblichen Konsequenzen für die Zukunft der Parteiensysteme heraus. Früher seien die Bürger durch politische Eliten aktiviert und mobilisiert worden. Das Wahlverhalten habe die frühe politische Sozialisation und Gruppenloyalitäten widergespiegelt. Die politischen Einstellungen seien Ausdruck ihrer Position in der Sozialstruktur und auf wenige ökonomische und religiöse Sachfragen bezogen gewesen. Dagegen zeigten die Bürger im letzten Drittel des 20. Jahrhunderts eine zunehmende Bereitschaft zur politischen Partizipation, wobei sich das politische Verhalten mehr und mehr an Sachfragen orientiere. Schließlich hätten sich der Problemhaushalt und die normativen Orientierungen gewandelt. Zu den Themen der „alten Politik" seien Themen der „neuen Politik" hinzugekommen. Erstere betreffen vor allem Fragen der sozialen und politischen Sicherheit, letztere dagegen ökologische Fragen sowie Fragen der politischen Beteiligung. Der Wandel normativer Orientierungen und politischer Ansprüche forderten die etablierten Parteien heraus, bewirkten eine stetige Lockerung der sozialstrukturell und psychologisch begründeten Bindungen an die Parteien *(Dealignment),* so dass sich die Struktur der Parteiensysteme veränderte. Die politische Konfliktstruktur der westlichen Demokratien werde zunehmend komplexer, denn zur traditionellen sozioökonomischen Konfliktlinie trete eine quer dazu stehende postindustrielle Spannungslinie. Darüber hinaus führe die Bereitschaft der Bürger zur unmittelbaren politischen Interessenvertretung zu einem Bedeutungsverlust der Parteien. Nach Kitschelt (1994) sind vor allem die sozialdemokratischen Parteien vor großen Herausforderungen gestellt. Um erfolgreich zu sein, müssen sie ihre traditionelle, materialistisch orientierten Wähler (insbesondere Arbeiter) halten und gleichzeitig die neuen postmaterialistisch orientierten Wähler der neuen Mittelschicht integrieren.

4. Perspektiven der Forschung

Wie einleitend angemerkt, sind Parteien und Parteiensysteme im vorigen Jahrhundert zentrale Studienobjekte der Politikwissenschaft geworden. Nachdem bereits in der ersten Hälfte des vorigen Jahrhunderts einige wegweisende Studien wie die von Michels (1911) erschienen waren, wurde das Studium von Parteien und Parteiensystemen vor allem durch die Arbeiten von Duverger (1959), Neumann (1956), Kirchheimer (1965), Epstein (1967), Rokkan und Lipset (1967), Sartori (1976), Dalton, Flanigan und Beck (1984) sowie Katz und Mair (1995) angestoßen.

Zahlreiche Politikwissenschaftler näherten sich mit verschiedenen Fragestellungen und methodischen Ansätzen der im Zuge der Demokratisierung immer größer werden Anzahl von Parteien und Parteiensystemen und trugen so zur Diversifikation des Forschungsgebietes bei. Ebenso wie andere Wissenschaftsgebiete weist auch das Studium von Parteien und Parteiensystemen unübersehbare konjunkturelle Schwankungen auf. Diese sind zum einen grundlegenden politischen Weichenstellungen wie den verschiedenen Demokratisierungswellen geschuldet, die dazu führten, dass Parteien zu den bedeutendsten politischen Institutionen aufstiegen. Zum anderen haben fundamentale wissenschaftliche Arbeiten und Thesen wie beispielsweise von Michels, Duverger, Lipset und Rokkan, Kirchheimer oder Katz und Mair Politikwissenschaftler zu empirischen Arbeiten herausgefordert.

Wenngleich Parteien und Parteiensysteme mittlerweile viel beachtete Gegenstände der Politikwissenschaft sind, zeigt sich doch, dass noch große Anstrengungen notwendig sind, um die zahlreichen Lücken aufzufüllen und die offenen Fragen zu klären. So ist es bislang versäumt worden, eine Theorie der Entwicklung neuer und alter Parteien zu konstruieren, so dass keine in sich geschlossene Theorie existiert, die getestet werden könnte. Stattdessen haben Autoren eine Vielzahl von Faktoren vorgeschlagen, die einerseits einen Einfluss auf die Stärke und die Entwicklung von Parteien und andererseits auf Konstanz und Wandel von Parteiensystemen haben sollen. So ist nicht hinreichend geklärt, unter welchen Bedingungen neue Parteien entstehen, welche Rolle Gelegenheitsstrukturen bei der Gründung und Verfestigung von Parteien spielen, welchen Einfluss gesellschaftliche Veränderungen, institutionelle Rahmenbedingungen und politische Eliten auf die Genese von Parteien genau haben. Es mangelt vor allem an streng vergleichenden Untersuchungen auf der Grundlage breiter Datenkränze über die Entstehungsbedingungen politischer Parteien, an systematischen Vergleichen der innerparteilichen Strukturen verschiedener Parteitypen, an vergleichenden Untersuchungen über die Struktur und Entwicklung der Mitglieder der politischen Parteien, über ihre innerparteilichen Aktivitäten, Eintrittsmotive und Einflüsse auf die politischen Prozesse. Auch fehlen systematisch vergleichende Analysen der personellen und funktionellen Beziehungen der Parteien zu Parlamentsfraktionen, zur Staatsverwaltung, zur Regierung und zu Interessenverbänden. Und wenngleich sich die Parteienforschung darin einig ist, dass Parteien Interessen selektieren, in die politische Arena transportieren, gesellschaftliche Forderungen im politischen Prozess bündeln und übermitteln sowie politisches Personal rekrutieren, so mangelt es doch an ausgearbeiteten theoretischen Modellen, die die dabei stattfindenden Prozesse abbilden, sowie an vergleichenden empirischen Untersuchungen über die tatsächlich von den Parteien erbrachten Leistungen.

Wie ausgeführt, haben mehrere Autoren einen grundlegenden Wandel der Parteiensysteme durch die Herausbildung einer neuen Konfliktlinie diagnostiziert, die die alten Konfliktlinien durchbricht. Die Herausbildung einer neuen Cleavagestruktur verändert danach die Wettbewerbsbedingungen in den Parteiensystemen grundlegend. Nach Kitschelt (1994) gruppieren sich die Wähler entlang einer linkslibertären-rechtsautoritären Dimension neu. Er argumentiert, dass die Volksparteien mittelfristig erhebliche Verluste erleiden, wenn sie sich nicht der Verteilung der neuen Werte anpassen. Der Wandel des kulturellen Subsystems führt nach dieser Argumentation zu einer Schwächung der traditionellen Parteien, wenn diese ihre historische Identität beibehalten. Nur eine Abkehr von den Traditionen könne die Volksparteien wieder zum Sieg verhelfen. Wenn diese Diagnose richtig ist, werden sich die Strukturen der Parteiensysteme in absehbarer Zeit tiefgreifend ändern. Traditionelle Wählerkoalitionen werden zerbrechen und durch neue ersetzt werden. Auch nach zwei Jahrzehnten intensiver Diskussion ist jedoch nicht hinreichend beantwortet, ob und inwiefern sich tatsächlich eine neue Konfliktstruktur herausgebildet hat, worin die Gemeinsamkeiten und Unterschiede in den Ländern bestehen und als wie grundlegend die neue Konfliktdimension angesehen werden kann. Eine empirische und theoretisch abgesicherte international vergleichende Analyse dieser Frage ist für die Aufstellung in die Zukunft gerichteter Trendaussagen von zentraler Bedeutung.

Literatur

Alemann, Ulrich von/Marschall, Stefan (Hrsg.), 2002: Parteien in der Mediendemokratie. Wiesbaden.
Beyme, Klaus von, 1984: Parteien in westlichen Demokratien. 2. Aufl., München.
Beyme, Klaus von, 2000: Parteien im Wandel. Von den Volksparteien zu den professionalisierten Wählerparteien. Opladen.
Caramani, Daniele, 2004: The Nationalization of Politics. The Formation of National Electorates and Party Systems in Western Europe. Cambridge.
Dalton, Russel J., 1988: Citizen Politics in Western Democracies. Public Opinion and Political Parties in the United States, Great Britain, West Germany, and France. Chatham/New York.

Dalton, Russel J./Flanigan, Scott C./Beck, Paul Ellen (Hrsg.), 1984: Electoral Change in Advanced Industrial Democracies. Realignment or Dealignment? Princeton.
Duverger, Maurice, 1959: Die politischen Parteien. Tübingen.
Epstein, Leon, 1967: Political Parties in Western Democracies. New Brunswick.
Franklin, Mark N./Mackie, Tom/Valen, Henry u.a., 1992: Electoral Change. Responses to Evolving Social and Attidudinal Structures in Western Countries. Cambridge.
Giliomee, Hermann/Simkins, Charles (Hrsg.), 1999: The Awkward Embrace. One-Party Domination and Democracy. Amsterdam.
Inglehart, Ronald, 1984: The Changing Structure of Political Cleavages in Western Society, in: *Russel J. Dalton/Scott C. Flanigan/Paul Ellen Beck* (Hrsg.): Electoral Change in Advanced Industrial Democracies. Realignment or Dealignment? Princeton, 25–69.
Laakso, Markku/Taagepera, Rein, 1979: Effective Number of Parties. A Measure with Application to West Europe, in: Comparative Political Studies 12, 3–27.
Lane, Jan-Erik/Ersson, Svante, 1999: Politics and Society in Western Europe. 4., überarb. Aufl., London u.a.
Lewis, Paul G. (Hrsg.), 1996: Party Structure and Organization in East-Central Europe. Cheltenham/Brookfield.
Mainwaring, Scott/Scully, Timothy R. (Hrsg.), 1995: Building Democratic Institutions. Party Systems in Latin America. Stanford.
Katz, Richard S./Kolodny, Robin, 1994: Party Organization as an Empty Vessel: Parties in American Politics, in: *Richard S. Katz/Peter Mair* (Hrsg.): How Parties Organize: Change and Adaption in Party Organizations in Western Democracies 1960–1990. London, 23–50.
Katz, Richard S./Mair, Peter (Hrsg.), 1992: Party Organizations: A Data Handbook on Party Organizations in Western Democracies, 1960–1990. London.
Katz, Richard S./Mair, Peter, 1995: Changing Models of Party Organization and Party Democracy. The Emergence of the Cartel Party, in: Party Politics 1, 5–28.
Kirchheimer, Otto, 1965: Der Wandel der westeuropäischen Parteiensysteme, in: Politische Vierteljahresschrift 6, 22–41.
Kitschelt, Herbert, 1994: The Transformation of the European Social Democracy. Cambridge.
Kitschelt, Herbert, 2000: Citizens, Politicians, and Party Cartelization. Political Representation and State Failure in Post-Industrial Societies, in: European Journal of Political Research 37, 149–179.
Kitschelt, Herbert, u.a., 1999: Post-Communist Party Systems. Competition, Representation, and Inter-Party Cooperation. Cambridge.
Lawson, Kay/Merkl, Peter (Hrsg.), 1988: When Parties Fail. Emerging Alternative Organizations. Princeton.
Lijphart, Arend, 1994: Electoral Systems and Party Systems. Oxford.
Lipset, Seymour Martin/Rokkan, Stein, 1967: Cleavage Structures, Party Systems and Voter Alignments: An Introduction, in: *dies.* (Hrsg.): Party Systems and Voter Alignments. New York, 1–64.
Mair, Peter, 1997: Party System Change. Approaches and Interpretations. Oxford.
Mair, Peter/Müller, Wolfgang C./Plasser, Fritz (Hrsg.), 1999: Parteien auf komplexen Wählermärkten. Reaktionsstrategien politischer Parteien in Westeuropa. Wien.
Michels, Robert, 1911: Zur Soziologie des Parteiwesens in der Demokratie. Stuttgart.
Mintzel, Alf, 1984: Die Volkspartei. Typus und Wirklichkeit. Opladen.
Neumann, Sigmund, 1956: Towards a Comparative Study of Political Parties, in: *ders.* (Hrsg.): Modern Political Parties. Approaches to Comparative Politics. Chicago/London, 395–421.
Niedermayer, Oskar, 1996: Zur systematischen Analyse der Entwicklung von Parteiensystemen, in: *Oscar W. Gabriel/Jürgen W. Falter/Hans Rattinger* (Hrsg.): Wahlen und politische Einstellungen in westlichen Demokratien. Frankfurt a.M./New York, 19–49.
Niedermayer, Oskar/Stöss, Richard/Haas, Melanie (Hrsg.), 2006: Die Parteiensysteme Westeuropas. Wiesbaden.
Nuscheler, Franz/Ziemer, Klaus, u.a., 1980: Politische Herrschaft in Schwarzafrika. München.
Panebianco, Angelo, 1988: Political Parties: Organization and Power. Cambridge.
Poguntke, Thomas, 2000: Parteiorganisation im Wandel. Gesellschaftliche Verankerung und organisatorische Anpassung im europäischen Vergleich. Opladen.
Pomper, Gerals M., 1992: Passions and Interests. Political Party Concepts of American Democracy. Lawrence.

Sartori, Giovanni, 1976: Parties and Party Systems: a Framework for Analysis. Cambridge.

Segert, Dieter/Stöss, Richard/Niedermayer, Oskar (Hrsg.), 1997: Parteiensysteme in postkommunistischen Gesellschaften Osteuropas. Opladen.

Sorauf, Frank J., 1967: Political Parties and Political Analysis, in: *William Chambers* u.a. (Hrsg.): The American Party System. New York u.a., 33–55.

Thomas, John Clayton, 1975: The Decline of Ideology in Western Political Parties. A Study of Changing Policy Orientations. London.

Ware, Alan, 1996: Political Parties and Party Systems. Oxford.

Weber, Max, 1964: Wirtschaft und Gesellschaft. Studienausgabe. Köln/Berlin.

Wiesendahl, Elmar, 1998: Parteien in Perspektive. Opladen.

Wiesendahl, Elmar, 1980: Parteien und Demokratie. Opladen.

Winkler, Jürgen R., 1995: Sozialstruktur, politische Traditionen und Liberalismus. Eine empirische Längsschnittstudie zur Wahlentwicklung in Deutschland 1871–1933. Opladen.

Wolinetz, Steven B., 1979: The Transformation of Western European Party Systems Revisited, in: West European Politics 2, 4–28.

Wahlen und Wahlsysteme

Dieter Nohlen

Die wissenschaftliche Beschäftigung mit Wahlsystemen hat eine lange Tradition. Sie beginnt mit der französischen Aufklärung, als seinerzeit mathematische Verfahren erdacht wurden, um in Verbesserung von Wahlergebnissen nach einfacher Mehrheit den wirklichen Willen der Wählerschaft zu ergründen. Diese Bemühung mündete im letzten Drittel des 19. Jahrhunderts in praktikablen Verfahren zur Anwendung der Verhältniswahl. Um die Jahrhundertwende wurden erste Verhältniswahlsysteme eingeführt. Damit erhielt die theoretische Debatte um die Vorzüge und Nachteile von Mehrheitswahl und Verhältniswahl, die einige Jahrzehnte vorher in der Kontroverse zwischen John Stuart Mill und Walter Bagehot einen ersten Höhepunkt verzeichnet hatte, eine empirische Basis. Nach dem Ersten Weltkrieg, als in Kontinentaleuropa in fast in allen Ländern Verhältniswahlsysteme eingeführt wurden, mehrten sich die empirischen Erfahrungen und gaben insbesondere durch die Zusammenbrüche von Demokratien in der Zwischenkriegszeit der Kontroverse zwischen Vertretern von Mehrheitswahl und Verhältniswahl neue Nahrung. Seither nehmen in der Vergleichenden Regierungslehre die Wahlsysteme einen bedeutenden Platz ein. Ganz allgemein geht es um die Bedeutung von Institutionen im politischen Entscheidungsprozess. Spezifisch steht die Frage nach den Auswirkungen von Wahlsystemen auf die Parteiensysteme und davon abhängige Phänomene wie die Stabilität und Funktionsmuster von Demokratien im Mittelpunkt. In methodologischer Hinsicht wird die Kausalbeziehung zwischen einer angenommenen Ursache, deren Ausprägung durch politische Reformen verändert werden kann, und bekannten bzw. gewünschten Wirkungen untersucht. Insofern bilden Wahlsysteme ein hervorragendes Forschungsfeld für Übungen in vergleichender Methode.

1. Konzept und grundlegende Fragestellungen

1.1 Konzept

Wahlsysteme können in einem engen und einem weiten Sinne begriffen werden. In vielen politischen Debatten über Wahlsysteme – vor allem in denjenigen Ländern, die über keine ausgeprägte Wahltradition verfügen – wird das Konzept sehr weit ausgedehnt, umfasst mitunter alles, was den Wahlprozess betrifft, einschließlich des Wahlrechts und der Wahlorganisation. Aus analytischen Gründen wird im Folgenden hingegen ein enges Konzept bevorzugt. Demgemäß beinhalten Wahlsysteme den

Modus, nach welchem die Wähler ihre Partei- und/oder Kandidatenpräferenz in Stimmen ausdrücken und diese in Mandate übertragen werden.[1] Dieses enge Konzept hat größeren Nutzen sowohl für das Studium der politischen Auswirkungen von Wahlsystemen als auch für die politische Debatte um die Einführung oder Reform von Wahlsystemen.

1.2 Grundlegende Fragestellungen

Mit den Wahlsystemen verbinden sich in Wissenschaft und Politik viele Fragen. Grundlegend sind die folgenden: (1) Welche politische Bedeutung haben Wahlsysteme? (2) Was lässt sich wissenschaftlich zu den politischen Auswirkungen von Wahlsystemen aussagen? (3) Wie sind die belegten Auswirkungen von Wahlsystemen normativ zu bewerten?

(1) In Wissenschaft und Politik herrscht keine Einigkeit darüber, wie bedeutsam Wahlsysteme für die politische Entwicklung im Allgemeinen und des Parteiensystems im Besonderen sind. Extreme Gegenpositionen stehen sich gegenüber: Während auf der einen Seite das Schicksal der Demokratie gelegentlich an die Frage des Wahlsystems geknüpft wird, wird auf der anderen Seite dem Wahlsystem nur eine geringe, nahezu vernachlässigbare politische Bedeutung beigemessen.

Von international renommierten Experten in Wahlsystemfragen wird den Wahlsystemen große Bedeutung zugeschrieben. Maurice Duverger (1958) erkannte quasi gesetzmäßige Auswirkungen der Wahlsysteme auf die Parteiensysteme. Jedwede Erörterung der Wahlsystemfrage nimmt seither ihren obligatorischen Ausgangspunkt in seinen „soziologischen Gesetzen", denen zufolge die relative Mehrheitswahl in Einerwahlkreisen zu Zweiparteiensystemen führe, die Verhältniswahl zu Vielparteiensystemen. Giovanni Sartori (1994: IX) zufolge ist das Wahlsystem „a most essential part of the workings of political systems. Not only are electoral systems the most manipulative instrument of politics; they also shape the party system and affect the spectrum of representation." Sartori hebt in dieser Bewertung zusätzlich darauf ab, dass Wahlsysteme besonders geeignete Instrumente des *political engineering* sind, mit deren Hilfe bedeutsame politische Effekte erzielt werden können. Arend Lijphart (1994: 1) wies den Wahlsystemen sogar die allergrößte Bedeutung unter den Institutionen der repräsentativen Demokratie zu, indem er vergleichend feststellte, „the electoral system is the most fundamental element of representative democracy".[2]

---
1 Zur Definitionsfrage s. Rae (1967: 14), Nohlen (1969 in: Sternberger/Vogel: 28 ff.), Nohlen (1978: 35 f.), Lijphart (1994: 12 f.).
2 Für diese Annahme spricht eine Vielzahl empirischer Belege: Ob beispielsweise einem Kandidaten 40 Prozent der Stimmen reichen, um die Präsidentschaftswahl zu gewinnen, oder ob der gleiche Stimmenanteil einer Partei genügt, um eine absolute Mehrheit der Parlamentsmandate zu erhalten – dies kann ausschließlich vom Wahlsystem abhängen. Bei Parlamentswahlen entscheiden Wahlsysteme u. a. mit darüber, wie viele der sich bewerbenden Parteien ins Parlament einziehen; wie die Stärkever-

Diese hohe Bewertung des Faktors Wahlsystem wird von jenen Wissenschaftlern nicht geteilt, die allgemein den gesellschaftlichen Strukturen sowie den Einstellungen und Verhaltensmustern politischer Akteure größere Bedeutung beimesen. Begründet wird diese Position u. a. damit, dass die politischen Institutionen selbst Ausdruck tiefer liegender gesellschaftlicher Konfliktstrukturen seien (Rokkan 2000, zuerst 1967). Außerdem müsse nach Ländergruppen unterschieden werden. Robert A. Dahl (1996) zufolge ist die Bedeutung der politischen Institutionen in den reichen und in den sehr armen Ländern am geringsten. Die Stabilität der Demokratie und die Qualität der Politikergebnisse hängen seiner Meinung nach in den gestandenen Demokratien weder von der Regierungsform (Präsidentialismus oder Parlamentarismus) noch vom Wahlsystem (Mehrheitswahl oder Verhältniswahl) ab.

(2) Viel ungewisser und letztlich viel umstrittener als die Frage der Relevanz der Wahlsysteme ist, welche politische Auswirkungen unterschiedliche Wahlsysteme haben. Wie wirken sich einzelne Wahlsysteme auf die politische Repräsentation und die Struktur der Parteiensysteme aus? Was sind die politischen Folgen der Mehrheitswahl, welches die der Verhältniswahl? Fördern oder hemmen spezifische Wahlsysteme, die einen mehr, die anderen weniger, die Integration der Wählerschaft, die Konzentration des Parteiensystems, die Regierbarkeit, den Wechsel in der Regierungsausübung, die politische Stabilität etc.?

Hinsichtlich der Wirkungen von Wahlsystemen ist zwischen mechanischen und psychologischen Effekten zu unterscheiden. Mechanisch sind jene Effekte, die nach Vorliegen der Stimmenergebnisse bei der Übertragung der Stimmen in Mandate auftreten, also etwa der Disproportionseffekt von Stimmen und Mandaten: In der Regel haben die großen Parteien einen größeren Anteil an den Mandaten als proportional an den Stimmen; bei den kleinen Parteien ist es eher umgekehrt. Psychologich heißen solche Effekte, die bereits das Wählerverhalten betreffen, da Wähler die mutmaßlichen Auswirkungen eines Wahlsystems bei ihrer Stimmabgabe mitberücksichtigen. Erfahrungsgemäß stimmen Wähler tendenziell eher für Parteien, die eine Chance haben, Parlamentsmandate zu erringen. Sie wollen eine „nützliche Stimme" abgeben. Das Wahlsystem beeinflusst folglich die Wahlpräferenzen der Wählerschaft.

Weiterhin kann zwischen direkten und indirekten Effekten unterschieden werden. Direkt sind die Effekte der Wahlsysteme auf die politische Zusammensetzung des Parlaments, auf die Struktur der Parteiensysteme, wiewohl andere Faktoren ebenfalls darauf einwirken und die spezifischen Auswwirkungen eines Wahlsystems variieren können. Indirekt sind jene Effekte zu nennen, die nicht direkt beobachtbar, messbar oder nachweisbar sind, weil komplexere Ursachenketten und -geflechte vorliegen. Die angesprochenen Fragen bilden einen Schwerpunkt der politischen und wissen-

---

hältnisse der Parlamentsfraktionen sind; ob eine Partei die absolute Mehrheit der Mandate innehaben und damit alleine regieren kann oder ob mangels parteilicher Mehrheit im Parlament eine Koalitionsregierung gebildet werden muss. Die Machtverhältnisse eines Landes hängen mit vom Wahlsystem ab.

schaftlichen Wahlsystemdebatte. Auch wir fragen danach weiter unten im fünften Kapitel.

(3) Sollte die Forschung die Grundfragen über die Auswirkungen verschiedener Wahlsysteme theoretisch und empirisch geklärt haben, so bleiben grundlegende Fragen offen, wie diese Effekte im Kontext unterschiedlicher gesellschaftlicher Bedingungen sowie politischer Problem- und Interessenlagen zu bewerten sind. Dies sind nicht nur Fragen an die Wissenschaft, sondern an die Politik bzw. die politischen Akteure, die letztlich über die Einführung oder Reform von Wahlsystemen entscheiden. Da Wahlsysteme Machtfragen tangieren – wie wir bereits erwähnt haben, entscheiden Wahlsysteme über die Machtverteilung mit –, optieren Parteien in Wahlsystemfragen nach Machtgesichtspunkten. Neben parteipolitischen Interessen zählen auch staatspolitische Erwägungen. Auf der Grundlage dieses hohen Maßstabes sind jedoch im Prinzip ebenfalls unterschiedliche Bewertungen möglich, da Wahlsysteme verschiedene politische Funktionen erfüllen können und es abzuwägen gilt, welche Funktionen in welchem Maße Vorrang haben. Auf die Bewertung von Wahlsystemen werden wir weiter unten im vierten Kapitel zurückkommen.

2. Forschungsansätze und Analyseebenen

Aus den bisherigen Darlegungen wird deutlich, dass es hinsichtlich der grundlegenden Fragen zu Wahlsystemen viele Kontroversen gibt. Relativ einig sind sich die Wahlsystemforscher nur in der Frage der Bedeutung der Wahlsysteme, die von ihnen allgemein als groß eingeschätzt wird. In gewisser Weise ergeben sich die Differenzen in den anderen Hinsichten aus den verschiedenen Forschungsansätzen, die ihrerseits unterschiedliche analytische Schwerpunkte setzen.

2.1 Forschungsansätze

Grosso modo können drei Forschungsansätze unterschieden werden: der *normative,* der *empirisch-statistische* und der *historisch-empirische*.

(a) Im Rahmen des normativen Ansatzes werden Wahlsysteme gemäß theoretischer, meist axiomatischer Überzeugungen analysiert und bewertet, welche mit Theorien der Demokratie oder guter Regierung in enger Verbindung stehen. So wird etwa die Option für die relative Mehrheitswahl, die in diesem Forschungsansatz relativ häufig anzutreffen ist, damit begründet, dass nur dieses Wahlsystem der Essenz parlamentarischer Regierung bzw. der Demokratie mit voll zur Geltung gebrachter politischer Verantwortung der Gewählten entspreche. Bei empirischer Vorgehensweise im Rahmen dieses Ansatzes werden primär Fälle studiert, welche die Annahmen bestätigen können; gelegentlich wird in logisch-abstrakter Argumentation von einem einzigen

Fall auf viele weitere oder alle anderen geschlossen. Auf diese Weise neigt der normative Ansatz zu kategorialen Unterscheidungen auf hoher Abstraktionsebene und zu Generalisierungen großer Reichweite, die sich auch aufgrund ihrer bestechenden Einfachheit leicht im allgemeinen Wissensstand *(conventional wisdom)* zu Wahlsystemen festsetzen. Typisch dafür sind Sätze wie „Mehrheitswahl führt zu Zweiparteiensystemen" und „Verhältniswahl führt zur Parteienzersplitterung" (s. Hermens 1968; Sternberger 1964).

(b) Der empirisch-statistische Ansatz versucht, eine größtmögliche Zahl von gestern und heute gültigen Wahlsystemen in die empirische Analyse einzubeziehen. Diese Tendenz ist Folge der Funktionslogik der statistischen Methodologie, die eine große Zahl von Fällen erforderlich macht, um aussagekräftige Ergebnisse zu erzielen. Dieser Forschungsansatz differenziert stark zwischen den einzelnen Komponenten von Wahlsystemen, d. h. er behandelt die technischen Elemente wie beispielsweise die Größe der Wahlkreise (Zahl der Mandate im Wahlkreis) oder die Verrechnungsverfahren als Variablen in einem statistisch geprägten Forschungsdesign zur Analyse multikausaler Beziehungen (s. Rae 1967; Lijphart 1994). Dabei werden die Wahlsysteme durch die variablenorientierte Untersuchung ihrer Auswirkungen aus ihrem jeweiligen soziopolitischen Kontext herausgelöst, deren Einzeleffekte und jene des Gesamtensembles präzise bestimmt, ohne dass die erzielten Ergebnisse ermöglichen, Einzelfälle zu erklären.[3]

(c) Der historisch empirische Forschungsansatz besitzt seinen methodologischen Ausgangspunkt im einzelfallorientierten Studium konkreter Wahlsysteme sowie in der Analyse des soziopolitischen Kontextes, der das einzelne Wahlsystem umgibt. Induktiv vorgehend ist der Ansatz komparativ im Sinne eines qualitativen Vergleichs ausgesuchter, theoretisch fruchtbarer Fälle. Zu diesem Zweck legt er größten Wert auf begriffliche Präzision und systematische Klassifikation. In den Typen von Wahlsystemen wird eine Abstraktion mittlerer Reichweite angestrebt. Die Berücksichtigung des Kontextes wird als unabdingbare Voraussetzung für das Verständnis der Funktionsweise und der Auswirkungen eines Wahlsystems begriffen sowie für Optionen in der Wahlsystemfrage als unabdingbar betrachtet (s. Nohlen 1978, 2009).

2.2 Analyseebenen

Die grobe Charakterisierung der Forschungsansätze hat bereits den unterschiedlichen analytischen Fokus der Wahlsystemforscher angedeutet. In der modernen Lehre von den Wahlsystemen werden verschiedene analytischen Ebenen unterschieden, die man

---

3 Dem empirisch-statistischen Ansatz zugeordnet werden kann eine neuere Forschungsrichtung, die im Rahmen des rational choice-Ansatzes strategisches Wahlverhalten der Wähler speziell unter dem Gesichtspunkt untersucht, welche Möglichkeiten ihnen dazu die verschiedenen technischen Elemente der Wahlsysteme bieten (s. Cox 1998).

sich pyramidal übereinander geschichtet vorstellen kann. Von der Spitze der Pyramide nach unten betrachtet sind dies die vier folgenden Ebenen:

- Repräsentationsprinzipien,
- Typen von Wahlsystemen,
- empirische Wahlsysteme,
- technische Elemente von Wahlsystemen.

Unterscheidet man die Ebenen nach der Zahl der Fälle, die jeweils auftreten, mit denen wir es jeweils zu tun haben, so gibt es auf der Ebene der Repräsentationsprinzipen derer nur zwei: Mehrheitswahl und Verhältniswahl. Auf der Ebene darunter, den Typen von Wahlsystemen, ist die Zahl nicht festgelegt, sie ergibt sich nach forschungspraktischen Gesichtspunkten. Zehn bis zwölf scheint eine sinnvolle Zahl zu sein. Sie ist damit erheblich reduziert gegenüber der inzwischen an die Hundert gehenden Zahl empirischer Wahlsysteme auf der nächsten analytischen Ebene. Noch zahlreicher sind die technischen Elemente zur Gestaltung von Wahlsystemen auf der untersten Ebene der Pyramide.

Wer sich in Wahlsystemen auskennen will, muss sich mit den theoretischen und empirischen Sachverhalten auf allen Analyseebenen befassen. Sie stehen auch in einem Gesamtzusammenhang: Die technischen Elemente sind die Bausteine von Wahlsystemen, ohne deren Kenntnis die Funktionsweise eines Wahlsystems als System nicht begriffen werden kann. Empirische Wahlsysteme in ihrem konkreten gesellschaftlichen und politischen Wirkungszusammenhang zu studieren, ist für das Studium der Vergleichenden Regierungslehre höchst empfehlenswert, freilich darf sich die Analyse (heute nicht mehr) auf einen Fall und einen weiteren Vergleichsfall beschränken. Das britische mit dem deutschen Wahlsystem zu vergleichen, reicht heute gerade noch für eine Proseminararbeit. Die große, noch in stetem Wachstum begriffene Zahl von empirischen Wahlsystemen verlangt nach einer für komparative Zwecke handhabbaren Reduzierung der Fälle und typologischer Zuordnung der einzelnen Wahlsysteme, nicht zuletzt um die vergleichende Bewertung der Wahlsysteme zu erleichtern. Die Repräsentationsprinzipien bilden nach wie vor die theoretischen und normativen Grundorientierungen der wissenschaftlichen und politischen Debatte, zumal wenn zum Zwecke einer breiten öffentlichen Debatte über das Wahlsystem eine Vereinfachung der Alternativen gefragt ist.

Greifen wir die Forschungsansätze wieder auf, so zeigt sich deren unterschiedlich starkes Interesse an den verschiedenen Ebenen der Wahlsystematik: Der normative Ansatz hält es nach wie vor für wesentlich, die großen Optionen Mehrheitswahl oder Verhältniswahl in demokratietheoretischen Zusammenhängen zu diskutieren. Der empirisch-statistische Ansatz interessiert sich vor allem für die technischen Regelungen, welche die Wirkungen von Wahlsystemen bestimmen. Aufgrund dieser Untersuchungen überprüft er die allgemeinen Annahmen über die Auswirkungen von Wahlsystemen und gelangt zu relativierenden Aussagen. In ähnlicher Weise ist auch der historisch-empirische Ansatz auf die Bauelemente von Wahlsystemen hin orien-

Tabelle 1: Forschungsansätze und Forschungsfokus

Ansätze \ Merkmale	Forschungsfokus auf Gegenstandsbereich	Forschungsfokus auf Unterschiede
Normativ	Repräsentationsprinzipien	kategoriale und demokratie-theoretische Unterschiede
Empirisch-statistisch	einzelne technische Elemente als Variablen	graduelle und technisch steuerbare Unterschiede
Historisch-empirisch	konkrete Wahlsysteme und Wahlsystemtypen	graduelle, durch den Kontext mitbedingte, teils steuerbare Unterschiede

tiert, sieht die Effekte von Wahlsystemen allerdings im relativierenden Wirkungszusammenhang mit kontingenten Faktoren.

3. Wahlsystematik oder Ordnung und Struktur der Wahlsysteme

Von den vier analytischen Ebenen werden wir im Folgenden hauptsächlich die der technischen Elemente von Wahlsystemen behandeln. Zudem werden wir uns kurz zur klassifikatorischen Ordnung der Wahlsysteme äußern, zunächst zu den Repräsentationsprinzipien, späterhin den Wahlsystemtypen. Die Kenntnis der klassifikatorischen Konzepte dieser beiden Ebenen ist unabdingbar für theoretische Aussagen über die empirischen Auswirkungen von Wahlsystemen und deren Bewertung.

3.1 Mehrheitswahl, Verhältniswahl und die klassifikatorische Ordnung der Wahlsysteme

Zunächst gilt es, zwischen verschiedenen Konzepten von Mehrheitswahl und Verhältniswahl zu unterscheiden. Majorz und Proporz können nicht nur als Repräsentationsprinzipien *(principles)*, sondern auch als Entscheidungsregeln *(methods)* begriffen werden. Diese grundlegende Unterscheidung haben wir immer wieder hervorgehoben (Nohlen in Sternberger/Vogel 1969: 30 ff.; Nohlen 1978: 49 ff., 2009: 130 ff.). Als Entscheidungsregeln geben sie an, nach welchem Kriterium, dem der Mehrheit oder dem des Proporzes, die Mandate vergeben werden sollen (s. weiter unten zu Stimmenverrechnung).

Als Repräsentationsprinzipien bringen sie ein bestimmtes soziales und/oder funktionales Verständnis politischer Repräsentation sowie je eigene Zielvorstellungen politischer Repräsentation zum Ausdruck (s. dazu Nohlen in: Lijphart/Grofman 1984). Bei der Mehrheitswahl ist es das Ziel, eine parlamentarische Regierungsmehrheit einer Partei oder eines Parteienbündnisses hervorzubringen; bei der Verhältniswahl ist es dagegen die weitgehend getreue (man sagt auch: spiegelbildliche) Wiedergabe der in der Bevölkerung bestehenden sozialen Kräfte und politischen Gruppen im Parlament. Beide Repräsentationsprinzipien stehen sich antithetisch gegenüber – und zwar in ideengeschichtlicher, politischer und systematischer Hinsicht:

- *ideengeschichtlich:* weil die große repräsentationstheoretische Debatte seit Mitte des 19. Jahrhunderts, beginnend mit der bereits erwähnten Kontroverse zwischen Mill und Bagehot, sich an der Alternative Mehrheitswahl oder Verhältniswahl festmachte;
- *politisch:* weil der Kampf um politische Repräsentation der Arbeiterschaft, von Minderheiten und kleinen Parteien vielfach mit der Forderung nach Verhältniswahl verbunden und gegen die bestehende Mehrheitswahl gerichtet war und in einer Vielzahl von Ländern erst mit der Einführung eines Verhältniswahlsystem zu Ende kam;
- *systematisch:* weil Wahlsysteme sich in der Tat am besten nach den Repräsentationsprinzipien Mehrheitswahl und Verhältniswahl untergliedern lassen. Diese bilden die grundlegenden Klassen in der Klassifikation von Wahlsystemen.

Während in früheren Zeiten die Welt der Wahlsysteme fast nur die klassischen Typen der relativen und absoluten Mehrheitswahl sowie die (reine) Verhältniswahl kannte, besteht heute eine Vielfalt von Wahlsystemen, die ganz unterschiedliche technische Elemente kombinieren, ja selbst die Entscheidungsregel des Majorz mit dem Repräsentationsprinzip der Verhältniswahl verknüpfen. Folglich hat man zu gewärtigen, dass Wahlsysteme das Repräsentationsprinzip nicht strikt einzuhalten versuchen, sondern relativ, in Form des Mehr oder Weniger. Um dies auszudrücken, wird in der Wahlsystemlehre häufig von einem Kontinuum gesprochen, das von zwei Polen begrenzt wird: Mehrheitswahlsysteme sind dann solche Wahlsysteme, die in ihrer Gesamtauswirkung näher dem Pol der Mehrheitswahl liegen, während Verhältniswahlsysteme näher dem Pol der Verhältniswahl zu lokalisieren sind.

3.2 Technische Elemente von Wahlsystemen

Wahlsysteme sind komplexe Gebilde. Sie bestehen aus unterschiedlichen technischen Elementen, die in vier Bereiche unterteilt werden können: die Wahlkreiseinteilung, die Kandidaturform, die Stimmgebung und die Stimmenverrechnung. Jede Regelung im Bereich dieser technischen Elemente hat politische Effekte. Die politischen Auswirkungen des Wahlsystems als Ganzes werden jedoch erst durch das Zusammenspiel der einzelnen Elemente bestimmt, die sich auf vielfältige, fast beliebige Weise miteinander kombinieren lassen. Im Zusammenspiel können sich die Effekte der einzelnen Wahlsystemelemente verstärken, abschwächen oder gegenseitig aufheben. Im Folgenden erörtern wir die Auswirkungen einzelner Elemente stets unter dem *ceteris paribus*-Vorbehalt.

(1) Wahlkreiseinteilung

Die Wahlkreiseinteilung bezieht sich auf den Prozess der Festlegung von Anzahl und Größe der Wahlkreise. Wahlkreisgröße meint hierbei nicht die territoriale Ausdehnung des Wahlkreises, sondern die Anzahl der im Wahlkreis zu vergebenden Mandate. Die grundlegende Unterscheidung ist hierbei die zwischen Einerwahlkreisen und Mehrpersonenwahlkreisen. Letztere lassen sich ihrerseits in kleine (zwei bis fünf Mandate), mittlere (sechs bis neun) und große (zehn und mehr) Mehrpersonenwahlkreise unterscheiden.

Die Wahlkreisgröße ist von höchster Bedeutung für die Auswirkungen des Wahlsystems, zunächst für das Stimmen-Mandate-Verhältnis und sodann für die Wahlchancen der politischen Parteien. Betrachtet man nur die Wahlkreisgröße für sich, so gilt (bei Anwendung der Entscheidungsregel des Proporz) die Regel: Je kleiner der Wahlkreis, desto geringer ist der Proportionalitätseffekt des Wahlsystems – und desto geringer sind gewöhnlich auch die Chancen kleiner Parteien, ins Parlament zu gelangen. Hinter dieser Regel steckt ausschließlich Mathematik: Der prozentuale Stimmenanteil, den eine Partei benötigt, um eine Mandat zu erhalten, ist rein mathematisch umso größer, je weniger Mandate in einem Wahlkreis zu vergeben sind. Die Regel hat jedoch enorme politische Bedeutung. Mittels der Größe der Wahlkreise können die politische Repräsentation, die Struktur des Parteiensystems, die Machtverhältnisse gesteuert werden. Deshalb ist die Wahlkreiseinteilung häufig auch politisch umstritten. Dass die Wahlkreiseinteilung auch manipulativ erfolgen kann, davon zeugt das so genannte *gerrymandering*, der Versuch, mit Hilfe der Zurechtschneidung von Wahlkreisen nach politischen Kriterien die Wahlchancen von Kandidaten zu steuern.

Darüber hinaus beeinflusst die Wahlkreisgröße auch das Verhältnis zwischen Wählern und Abgeordneten. Im Einerwahlkreis, so kann angenommen werden, vermag sich eher als im Mehrpersonenwahlkreis eine Beziehung zwischen Wähler und Wahlbewerber bzw. Gewähltem herauszubilden, die auf Kenntnis der Kandidaten, Vertrauen und Verantwortlichkeit beruht. Während in Mehrpersonenwahlkreisen der Wähler seine Stimme in der Regel einer Parteiliste gibt[4], wählt er in Einerwahlkreisen zwischen einzelnen Kandidaten aus (die freilich zumeist eine bestimmte Partei repräsentieren). Allerdings wird gemeinhin übersehen, dass es auch bei Listenwahl Kandidatur- und Stimmgebungsformen gibt, in denen der Wähler gezielt unter Personen auswählen kann.

---

4 Ausnahmen bilden u.a. die Einzelstimmgebung in Form des *single transferable vote* oder des *single non transferable vote*.

(2) Kandidatur- und Stimmgebungsform

Diese beiden Bereiche fassen wir hier zusammen, um deren gemeinsame politische Effekte besser darstellen zu können.

Bei der Kandidaturform ist die grundlegende Unterscheidung die zwischen Einzelkandidatur und Liste. Hinsichtlich der Liste lassen sich drei verschiedene Listenformen unterscheiden: a) die starre Liste ermöglicht dem Wähler nur die Stimmabgabe *en bloc* für eine Parteiliste. Der Wähler ist an die – von den Parteigremien festgelegte – Reihenfolge der Kandidaten auf der Liste gebunden, kann diese also nicht verändern; b) die lose gebundene Liste ermöglicht dem Wähler durch Personalstimme oder Präferenzstimme(n), die Reihenfolge der Kandidaten auf der Parteiliste zu verändern, und überlässt ihm damit die Entscheidung darüber, wer die Partei vertreten soll. Diese Entscheidung wird durch die Parteigremien lediglich vorstrukturiert; c) die freie Liste gibt dem Wähler die Möglichkeit, die Parteigrenzen zu überschreiten, Kandidaten unterschiedlicher Parteilisten zu wählen und „seine" eigene Liste zusammenzustellen. Den Parteilisten kommt hier also nur die Bedeutung eines Wahlvorschlages zu.

Die Stimmgebungsform ist eng mit der Kandidaturform verbunden. Entsprechend ist die grundlegende Unterscheidung die zwischen der Stimme für einen Einzelkandidaten (Einzelstimmgebung) und der Stimme für eine Parteiliste (Listenstimmgebung). Bei der starren Liste verfügt der Wähler nur über eine Stimme, mittels derer er eine Liste als Ganze wählt. Bei anderen Listenformen hat der Wähler häufig mehrere Stimmen, mittels derer er Präferenzen für einen Kandidaten zum Ausdruck bringen kann: Im Falle der lose gebundenen Liste kann die auf einen Kandidaten abgegebene Personalstimme auch für die Liste zählen. In der Regel hat der Wähler zumindest zwei Stimmen (eine Listen- und eine Kandidatenstimme) oder so viele Stimmen, wie Abgeordnete zu wählen sind. Gegebenenfalls kann er sogar mehrere Stimmen für ein und denselben Kandidaten abgeben *(kumulieren)*. Im Falle der freien Liste kann er mit mehreren Stimmen „seine" Liste aus den Vorschlägen der Parteien zusammenstellen *(panachieren)*.[5]

Die Kandidatur- und die Stimmgebungsformen sind insbesondere in dreierlei Hinsicht von großer Bedeutung:

(a) für das Verhältnis zwischen Wähler und Kandidaten/Abgeordneten. Es liegt auf der Hand, dass im Falle von Einzelkandidaturen die Person des Kandidaten eine bedeutsame Rolle spielt, auch wenn für die Wahlentscheidung in gut strukturierten Parteiensystemen vielfach weniger der Kandidat ausschlaggebend sein mag als die Partei, für die er steht. Seit dieses Verhältnis in den Repräsentationsvorstellungen wieder an Bedeutung gewonnen hat (als Folge der Kritik an den starren, anonymen

---

[5] Besondere Stimmgebungsformen stellen die beschränkte Mehrstimmgebung dar, bei der der Wähler weniger Stimmen hat als Abgeordnete im Wahlkreis zu wählen sind, sowie die Alternativstimmgebung, bei der Wähler Zweit-, Dritt- oder Viertpräferenzen angeben kann.

Listen in Verhältniswahlsystemen), erfreuen sich Wahlsysteme großer Beliebtheit, in denen die Einzelkandidatur mit der Verhältniswahl als Repräsentationsprinzip kombiniert wird.

(b) für das Verhältnis zwischen den Kandidaten/Abgeordneten und ihrer jeweiligen Partei. Die verschiedenen Kandidatur- und Stimmgebungsformen ermöglichen dem Wähler, einen mehr oder weniger großen Einfluss auf die parteiinterne Kandidatenauswahl zu nehmen. Einzelkandidaturen fördern in gewisser Weise die Unabhängigkeit des Kandidaten von seiner Partei. Im Falle von Parteilisten kann je nach Listenform die Abhängigkeit des Kandidaten von der Partei eher gestärkt (starre Liste) oder geschwächt (lose gebundene Liste, freie Liste) werden. Im Falle von starren Listen ist der Kandidat vom Vorschlag der Partei abhängig, sein Platz auf der Liste wird ihm durch Parteigremien zugewiesen; im Falle von lose gebundenen und freien Listen ist das Abhängigkeitsverhältnis nicht so stark ausgeprägt;

(c) hinsichtlich der Möglichkeit der Parteien, die Fraktionszusammensetzung im Parlament zu planen. Vor allem bei der Anwendung von starren Parteilisten können die Parteiplaner gezielt z. B. Fachleute, Frauen oder Vertreter bestimmter gesellschaftlicher Gruppen auf „sicheren" Listenplätzen nominieren. Dies ist im Falle von Einzelkandidaturen und anderer Listenformen schwieriger.[6]

(3) Stimmenverrechnung

Bei der Stimmenverrechnung ist zunächst die Entscheidungsregel von Bedeutung, d.h. die Methode, nach der bei einer Wahl über Sieger und Besiegte entschieden wird. Die grundlegenden Alternative sind Majorz *(majority formula)* und Proporz *(proportional formula)*.

Im Falle des *Majorz* muss der siegreiche Kandidat die – entweder relative oder absolute – Mehrheit der Stimmen auf sich vereinen. Als Vorteil des Majorz als Entscheidungsregel kann gelten, dass der Wähler vor einer klaren Entscheidungssituation steht und dass er unmittelbar nachhalten kann, was mit seiner Stimme geschieht. Die auf den siegreichen Kandidaten abgegebenen Stimmen führen zum Erfolg, die Stimmen für die Verlierer hingegen fallen unter den Tisch. Dies kann allerdings die politische Konsequenz haben, dass in Wahlkreisen, in denen eine Partei völlig dominie-

---

6 Listen- und Stimmgebungsform werden in aller Welt gerne als Bereiche möglicher politischer Reformen diskutiert, worauf hier kurz eingegangen werden soll. Wird die politische Repräsentation kritisiert und kausal in Zusammenhang mit dem bestehenden Wahlsystem gebracht, so können die verschiedenen Kandidatur- und Stimmgebungsformen zu ihrer Verbesserung eingesetzt werden. Wird beispielsweise der relativen Mehrheitswahl in Einerwahlkreisen die Schwäche der Parteien und die allzu große Unabhängigkeit der Abgeordneten zugeschrieben, so empfiehlt sich, an die Einführung von Listenwahl zu denken und dabei die starre Liste vorzusehen. Wird hingegen die *partitocrazia*, die allzu große Machtkonzentration auf die Parteien und die geringe Demokratie in ihnen als Folge der starren Liste in Verhältniswahlsystemen betrachtet, so empfiehlt es sich, eine Reform in Richtung auf die Einführung von Einerwahlkreisen oder von nicht-starren Listen herbeizuführen.

rend ist, bei Anwendung der Majorzregel die politische Opposition entmutigt wird, überhaupt oder zumindest ernsthaft zu kandidieren. Im Falle ausgeprägter Parteihochburgen ist daher die Gefahr der Verödung der Parteienlandschaft und der Abnahme der Wahlbeteiligung gegeben. Andererseits sind auch diejenigen Stimmen für einen siegreichen Kandidaten vergeudet, die über die geforderte Mehrheit im Wahlkreis hinausgehen. Dies kann sich zum Nachteil für diejenigen Parteien auswirken, die ihre Wählerschaft allzu sehr in Hochburgen konzentriert haben.

Einen besonderen politischen Effekt kann das Erfordernis der absoluten Mehrheit nach sich ziehen, da sie zu einem zweiten Wahlgang führt, wenn kein Kandidat die absolute Mehrheit erreicht. Die politischen Folgen des zweiten Wahlgangs – ob Stichwahl zwischen den beiden stimmstärksten Kandidaten oder romanische Mehrheitswahl, bei der im Prinzip alle Kandidaten des ersten Wahlgangs wieder antreten können – liegen in der Bedeutung, die kleine Parteien erlangen. Sie können in Wahlbündnissen mit großen Parteien, die um die Mehrheit im Wahlkreis ringen, versuchen, einige Wahlkreismandate im Austausch gegen die Unterstützung der Kandidaten einer der großen Parteien in den anderen Wahlkreisen zu erhalten.

Im Falle des *Proporz* erfolgt die Mandatsvergabe nach dem Anteil der Stimmen, welche die verschiedenen Kandidaten oder Parteien erzielen. Im Unterschied zur Majorzregel wird die – zumindest annähernde – Erfolgswertgleichheit der Stimmen angestrebt. Ein bedeutend größerer Anteil der Wählerschaft sieht seine Wahlbeteiligung von Erfolg gekrönt, insofern ihre Stimmen zum Mandatsgewinn einer Partei beigetragen haben. Für die Kandidaten und Anhänger der politischen Parteien lohnt es sich daher, um jede Stimme zu kämpfen, was einer Belebung des Parteienwettbewerbs und der Wahlbeteiligung zuträglich sein kann.

Zum Zwecke der Verrechnung der Stimmen in Mandate gibt es bei Anwendung der Proporzregel eine Vielzahl von Verfahren, die teilweise recht kompliziert sind und es dem Wähler mitunter ausgesprochen schwer machen, nachzuhalten, was eigentlich mit seiner Stimme geschieht. Die zwei wichtigsten Typen von Verrechnungsverfahren stellen die *Höchstzahlverfahren* und die *Wahlzahlverfahren* dar. Die Höchstzahlverfahren, die auch Divisorenverfahren genannt werden, sind dadurch charakterisiert, dass die Stimmenzahlen der Parteien mittels Divisorenreihen (z. B. im Falle der Methode d'Hondt: 1–2–3–4–5 etc.; im Falle der modifizierten Methode Sainte-Laguë: 1,4–3–5–7 etc.), dividiert werden, so dass für jede Partei der Größe nach abnehmende Zahlenreihen entstehen. Die Zuteilung der Mandate erfolgt nach diesen Höchstzahlen oder höchsten Quotienten. Bei Wahlzahlverfahren wird hingegen eine Wahlzahl gebildet (die sich z. B. im Falle des einfachen Wahlzahlverfahrens, auch Wahlzahl nach Hare, durch die Division der abgegebenen gültigen Stimmen durch die Zahl der Mandate im Wahlkreis ergibt; im Falle des Hagenbach-Bischoff-Verfahrens und der Droop-Quota wird der Divisor um eins erhöht). Den Parteien stehen dann so viele Mandate zu, wie die Wahlzahl in ihrer jeweiligen Stimmenzahl enthalten ist. In der Regel können hierbei nicht alle Mandate vergeben werden, so dass die restlichen Mandate mittels spezieller Verfahren verteilt werden. Restmandate bieten die

Möglichkeit, die Proportionalität von Stimmen und Mandaten durch Einsatz bestimmter Verfahren zu verbessern (oder aber zu begrenzen). Wahlzahlverfahren finden wir in der Regel in Verhältniswahlsystemen angewandt, die eine ziemlich hohe Stimmen-Mandate-Proportionalität anstreben. Beim Divisorenverfahren mit Standardabrundung Sainte-Laguë/Schepers, das sich gegenüber der Parteigröße neutral verhält (also nicht etwa wie die Methode d'Hondt die stimmenstärkste Partei begünstigt) und 2009 erstmals zur Bundestagswahl angewandt wurde, werden zur Vergabe der Restmandate die Dezimalzahlen entweder nach oben oder nach unten gerundet.[7]

Eine besondere Bedeutung bei der Umsetzung von Stimmen in Mandate kommt den so genannten *Sperrklauseln* zu. Von Sperrklauseln spricht man dann, wenn Parteien einen bestimmten Stimmenanteil erreichen müssen, um bei der Mandatsverteilung berücksichtigt zu werden. Diese Hürde kann unterlaufen werden durch so genannte Grundmandatsklauseln, d. h. durch die Festlegung, dass eine Partei, die eine bestimmte Anzahl von Wahlkreismandaten erhält, berechtigt ist, an der proportionalen Verteilung der Mandate teilzuhaben, auch wenn sie im proportionalen Anteil an den Gesamtstimmen die Sperrklausel nicht übersprungen hat. Im Unterschied zu den faktischen natürlichen Hürden, die – wie oben dargelegt – durch kleine und mittlere Wahlkreisgrößen entstehen, sind Sperrklauseln gesetzte künstliche Hürden. Sie lassen sich nach Anwendungsbereich und Höhe unterscheiden. Sperrklauseln können sich auf das gesamte nationale Wahlgebiet, auf Wahlkreisverbände oder auf die einzelnen Wahlkreise beziehen. Sie können zudem auf der ersten oder auf einer späteren Stufe der Stimmenverrechnung zur Anwendung kommen. Sie können erheblich in ihrer Höhe variieren. In der Praxis bestehen Sperrklausel von einem bis zu fünf Prozent auf nationaler Ebene und bis zu 12,5 Prozent auf Wahlkreisebene. Schließlich können Sperrklauseln auch nach Parteien und Wahlbündnissen (und darin nach der Zahl der Parteien, die ein solches Bündnis eingegangenen sind) gestaffelt werden.

Die einzige Funktion von Sperrklauseln ist, kleine politische Parteien von der Mandatsverteilung und damit der parlamentarischen Repräsentation auszuschließen, um so einen Konzentrationseffekt auf das Parteiensystem auszuüben. Inwieweit diese Funktion erfüllt wird, hängt freilich entscheidend von dem Anwendungsbereich und der Höhe der Sperrklausel ab sowie vom gesellschaftspolitischen Kontext des jeweiligen Landes.

---

7 Zu berücksichtigen ist, dass Mandate auf mehreren Ebenen vergeben werden können: auf der Ebene der Wahlkreise, auf der Ebene von Wahlkreisverbänden und/oder auf nationaler Ebene. Auf höheren Ebenen können Mandate zusammengefasst werden, die auf niedrigeren Ebenen aufgrund der Anwendung von Wahlzahlverfahren übriggeblieben sind, oder es können für diese höheren Ebenen bestimmte Mandatskontingente reserviert werden. So ist es möglich, dass ein Wahlsystem unterschiedliche Verfahren der Stimmenverrechnung kombinieren kann.

3.3 Typen von Wahlsystemen

Die verschiedenen technischen Elemente – Wahlkreiseinteilung, Kandidaturform, Stimmgebung und Stimmenverrechnung – lassen sich nun in vielfältiger Weise miteinander zu Wahlsystemen und Typen von Wahlsystemen kombinieren. Maurice Duverger (1959) unterschied entsprechend den normativen Ansätzen seiner Zeit zwischen drei Typen von Wahlsystemen: absolute Mehrheitswahl, relative Mehrheitswahl und Verhältniswahl. Giovanni Sartori (1994) blieb im Grunde bei dieser Trias. Arend Lijphart (1994) differenzierte zwar ebenfalls zwischen drei Haupttypen, fasste aber darunter viele Wahlsysteme zusammen: Mehrheitswahl (relative, absolute, absolute mit Alternativstimmgebung), Verhältniswahl und *intermediate systems* (darunter subsumiert er *semi proportional systems, reinforced proportional systems* und *mixed proportional-majority systems*). Lijpharts Einteilung zeigt, dass es in den empirischen Ansätzen mit wenigen Wahlsystemtypen nicht mehr getan ist.

Die genannten Autoren differenzieren in ihrer jeweiligen Trias kaum zwischen Repräsentationsprinzip, Wahlsystemtyp und Wahlsystem. Wichtig zu erkennen ist nun, dass wir eine Unterscheidung der Wahlsystemtypen auf einer Ebene unterhalb der Dyade der Repräsentationsprinzipien vornehmen. Die wichtigsten zehn Wahlsystemtypen sind, nach Mehrheitswahl (I) und Verhältniswahl (II) und jeweiligem „Reinheitsgrad" geordnet, die folgenden:

(I) Typen von Mehrheitswahlsystemen

(1) Die relative Mehrheitswahl in Einerwahlkreisen. Hierbei handelt es sich um das „klassische System" der Mehrheitswahl. Es wird in Großbritannien und in Teilen der Welt mit angelsächsischem Einfluss angewandt, z. B. in vielen afrikanischen Staaten, in Indien und in Pakistan. Der Disproportionseffekt dieses Wahlsystems bevorteilt die Partei mit den meisten Stimmen.

(2) Die absolute Mehrheitswahl in Einerwahlkreisen. Einst historisch bedeutsam, wird dieses Wahlsystem heute in den westlichen Industrieländern nur noch in Frankreich (und mit der *alternative vote* in Australien) angewandt. Sein Disproportionseffekt bevorteilt die Partei oder das Parteienbündnis mit den meisten Stimmen.

(3) Die Mehrheitswahl mit Minderheitenrepräsentation in Mehrpersonenwahlkreisen. Klassisches Beispiel ist hier das System der beschränkten Mehrstimmgebung, bei der der Wähler in Mehrpersonenwahlkreisen weniger Stimmen hat, als Abgeordnete zu wählen sind.

(4) Die Wahl in kleinen Wahlkreisen: Wahlsysteme, welche die Entscheidungsregel des Proporz in kleinen Mehrpersonenwahlkreisen (bis zu fünf Mandaten) anwenden. Dieser Typ wurde aufgrund der Disproportionseffekte der kleinen Wahlkreise als mehrheitsbildendes Wahlsystem bezeichnet.

(5) Die Mehrheitswahl mit proportionaler Zusatzliste. Bei diesem Wahlsystem wird ein Großteil der Mandate in Einerwahlkreisen vergeben und getrennt hiervon noch eine bestimmte Anzahl an Zusatzmandaten über Parteilisten nach der Entscheidungsregel des Proporzes. Das System kann verschiedene Funktionen haben, etwa den Oppositionsparteien oder Minderheiten eine gewisse Repräsentation (vor allem in dominanten Parteiensystemen) einzuräumen oder den Effekten der Einerwahlkreise in bezug auf die Unabhängigkeit des Abgeordneten von seiner Partei insofern entgegenzusteuern, als Parteien durch die Etablierung zusätzlicher Parteilisten gestärkt werden. Gleichen sich die Zahl der Mandate, die nach Mehrheitswahl und nach Verhältniswahl vergeben werden, in etwa an (60 : 40; 50 : 50; 40 : 60), spricht man von Grabensystemen. „Graben" bedeutet, dass keine Verrechnung zwischen den Mandaten nach Mehrheitswahl und nach Verhältniswahl erfolgt.[8]

(II) Typen von Verhältniswahlsystemen

(6) Die Verhältniswahl in Mehrpersonenwahlkreisen: Hier wird die Entscheidungsregel des Proporzes in unterschiedlich großen Mehrpersonenwahlkreisen angewandt. Dieses System kann abhängig von den jeweiligen Wahlkreisgrößen eine beachtliche Disproportion zwischen Stimmen und Mandaten hervorbringen.

(7) Die kompensatorische Verhältniswahl, ggf. mit Sperrklausel[9]: Bei diesem Wahlsystem wird in einer ersten Stufe der Stimmenverrechnung eine bestimmte Zahl an Mandaten in Einerwahlkreisen nach Majorz vergeben. In einer zweiten (oder dritten) Stufe der Stimmenverrechnung wird der aus den Einerwahlkreisen resultierende Disproportionseffekt durch die Vergabe von Listenmandaten nach Proporz zumindest annähernd kompensiert. Zu diesem Zweck werden in der Regel die (großen) Parteien, die in den Einerwahlkreisen erfolgreich waren, auf den weiteren Stufen der Stimmenverrechnung (gegenüber den kleineren Parteien) in der einen oder anderen Weise benachteiligt oder gar von weiteren Mandatsgewinnen ausgeschlossen. Mitunter be-

---

8 „Grabensystem" ist der in Deutschland in den 1950er Jahren entstandene Begriff, als seinerzeit eine Reform der personalisierten Verhältniswahl geplant war. In Japan wird dieses 1994 eingeführte System „Parallelsystem" genannt.
9 In der Literatur herrscht viel Verwirrung um den Begriff „kompensatorisch". Er sollte für Wahlsysteme reserviert werden, in denen Disproportionen, die etwa bei der Vergabe von Mandaten nach Mehrheitswahl, durch zusätzliche Mandate, die nach Verhältniswahl vergeben werden, auszugleichen versucht werden. Dabei sollten die bereits erfolgreichen Stimmen nicht mehr in die Berechnung hineingenommen werden, sondern nur noch jene Stimmen, die bislang nicht verwertet wurden, so dass tatsächlich eine Kompensation erfolgt. Die Verwirrung beginnt damit, dass bereits das deutsche Wahlsystem als kompensatorisches Wahlsystem bezeichnet wird (Taagepera/Shugart 1989: passim, insb. 35), obwohl das Stärkeverhältnis im Deutschen Bundestag auf der Basis der Zweitstimmen in einem einzigen landesweiten Wahlkreis nach einer Proporzformel (seit 2009 Sainte-Laguë/Schepers) berechnet wird, also von Anfang an Proporz herrscht und erst in einer späteren Stufe der Mandatsverteilung die in den Einerwahlkreisen vergebenen Mandate zur Kenntnis genommen werden.

stehen allerdings Sperrklauseln, welche allzu kleinen Parteien den Mandatserwerb erschweren bzw. verwehren.

(8) Die personalisierte Verhältniswahl mit Sperrklausel: Dieses Wahlsystem kombiniert die Vergabe einer bestimmten Zahl von (Direkt-)Mandaten in Einerwahlkreisen mit dem Repräsentationsprinzip der Verhältniswahl. Der Mandatsanteil jeder Partei richtet sich (abgesehen von etwaigen „Überhangmandaten") ausschließlich nach dem proportionalen Stimmenanteil auf nationaler Ebene (oder auf Wahlkreisverbandsebene). Die Zahl der im Einerwahlkreis erzielten Mandate wird der jeweiligen Partei von dem ihr nach Proporz zustehenden Mandatanteil abgezogen. Erlangt sie mehr Direktmandate, als ihr proportional zustehen, entstehen so genannte Überhangmandate, die ausgeglichen werden können.[10] Die Proportionalität zwischen Stimmen und Mandaten ist – nach Ausscheiden derjenigen Kleinparteien, die aufgrund einer Sperrklausel bei der Mandatsverteilung nicht berücksichtigt werden – sehr hoch.

(9) Das *single-transferable vote system* (das System übertragbarer Einzelstimmgebung): Hierbei handelt es sich um das klassische Verhältniswahlsystem angelsächsischen Typs. Da dieses System – nicht zuletzt aufgrund seiner Kompliziertheit – vorwiegend in kleinen Wahlkreisen angewandt wird, kann der Disproportionseffekt für Verhältniswahlsysteme vergleichsweise groß ausfallen. In der Regel wirkt aber die übertragbare Einzelstimme in die entgegengesetzte Richtung.

(10) Die reine Verhältniswahl: Hierbei handelt es sich um Wahlsysteme, die ohne natürliche oder künstliche Hürden (Wahlkreisgröße, Sperrklausel) oder bei extrem niedrigen Hürden eine möglichst hohe Stimmen-Mandate-Proportionalität anstreben.

Besondere Aufmerksamkeit verdienen heute die kombinierten Wahlsysteme (z. B. in Form der personalisierten Verhältniswahl in Deutschland). Es handelt sich um die Kombination von Einerwahlkreis und Proporz; die in unterschiedlicher Weise vorgenommen werden kann, worüber sich selbst die Fachliteratur oft nicht im klaren ist.[11]

---

10 Im Falle des Wahlsystems zum Deutschen Bundestag wurden die Überhangmandate bisher nicht ausgeglichen. An der möglichen Durchbrechung des Proporzprinzips ist immer wieder Anstoß genommen worden, zumal seit Überhangmandate im Zuge des Wandels des Zweieinhalbparteiensystems zu einem Fünfparteiensystem in größerer Zahl auftreten und gegebenenfalls die parlamentarischen Mehrheitsverhältnisse bestimmen können. Das Bundesverfassungsgericht hat sich mehrmals mit der Frage der verfassungsrechtlichen Zulässigkeit der Überhangmandate befasst. Zunächst hat es ihre Auswirkungen auf die Zusammensetzung des Parlaments für mit dem Gleichheitsgrundsatz der Wahl vereinbar erklärt. Im Jahre 2008 hatte es jedoch zu entscheiden, ob dieser Grundsatz nicht durch das „negative Stimmgewicht" verletzt werde, das den Wähler betreffe. Es kann als Folge der Verrechnungsweise der Überhangmandate in der Form entstehen, dass der Wähler bei der Stimmabgabe nicht wissen kann, ob seine Stimme der von ihm gewählten Parten tatsächlich nützt oder gar schadet. Diesen Effekt des Wahlsystems hat das Bundesverfassungsgericht für verfassungswidrig erklärt und eine Wahlreform bis Mitte 2011 vorgeschrieben (zum Urteil s. Dieter Nohlen: Erfolgswertgleichheit als fixe Idee, in ZParl 40 (1), 2009, 179–195).

11 Auf die missliche Verwendung des Begriffs kompensatorisch haben wir in Anm. 9 bereits hingewie-

Tabelle 2: Typologie von Wahlsystemen

Mehrheitswahlsysteme	Verhältniswahlsysteme
Relative Mehrheitswahl in Einerwahlkreisen	Verhältniswahl in Mehrpersonenwahlkreisen
Absolute Mehrheitswahl in Einerwahlkreisen	Kompensatorische Verhältniswahl mit Sperrklausel
Mehrheitswahl mit Minderheitenvertretung	Personalisierte Verhältniswahl mit Sperrklausel
Wahl in kleinen Wahlkreisen	Übertragbare Einzelstimmgebung
Mehrheitswahl mit proportionaler Zusatzliste	Reine Verhältniswahl

Wie die obige Typologie zeigt, gibt es, systematisch gesprochen, im wesentlichen drei Möglichkeiten, Einerwahlkreise, die traditionell mit der Mehrheitswahl einhergehen, mit Elementen der Verhältniswahl zu verbinden: in Form der Mehrheitswahl mit proportionaler Zusatzliste (bzw. „Grabensystem"), in Form der kompensatorischen Verhältniswahl, in Form der personalisierten Verhältniswahl (jeweils mit Sperrklausel).

4. Bewertungsmaßstäbe von Wahlsystemen

In der politikwissenschaftlichen Bewertung von Wahlsystemen haben lange Zeit zwei Merkmale vorgeherrscht: zum einen der normative Ansatz und zum anderen die von ihm vorgegebene Antithese von Mehrheitswahl und Verhältniswahl. Dagegen hat sich langsam zugleich mit dem historisch-empirischen Ansatz die komparative Analyse konkreter Wahlsysteme durchgesetzt, deren Bewertung mit Hilfe eines Funktionskatalogs von Anforderungen erfolgt, die an Wahlsysteme gestellt werden. In der empirischen Analyse wird gefragt, in welcher Weise Wahlsysteme in jeweiligen Kontexten verschiedene Funktionserwartungen erfüllen, denen eine im Prinzip gleichrangige Wertigkeit zugeschrieben wird.

Die komparative empirische Forschung ist dabei von folgenden Prämissen und Erwägungen ausgegangen: (a) Ein ideales Wahlsystem gibt es nicht. Das beste System ist dasjenige, das jeweils am besten passt. (b) Wahlsystemen ist nicht nur eine einzige Zielfunktion aufgegeben. Es bestehen mehrere verschiedene funktionale Anforderungen an ein Wahlsystem. (c) Eine Wahlsystemdebatte geht in der Regel fehl, deren Teilnehmer jeweils eine Funktion verabsolutieren. (d) Wahlsysteme können nicht alle verschiedenen Anforderungen zugleich optimal erfüllen. Es besteht ein gewisser

---

sen. Auch im Rahmen der Debatte, was denn eigentlich ein *mixed system* sei, werden die Subtypen vermengt. So versteht etwa Giovanni Sartori (1994: 74 f.) unter „truly mixed systems" sowohl Grabensysteme (Japan) als auch kompensatorische Systeme (Italien).

trade-off zwischen den Funktionen. (e) Die Entscheidung für ein bestimmtes Wahlsystem bringt in jedem Falle zum Ausdruck, welche funktionalen Anforderungen jeweils als bedeutsam und welche als weniger wichtig angesehen werden. In ihnen drücken sich auch länderspezifische historische Erfahrungen aus, die möglicherweise den allgemeinen Erwägungen über Wahlsysteme nicht entsprechen. (f) Wahlsysteme, die versuchen, unterschiedlichen funktionalen Anforderungen gerecht zu werden, sind im allgemeinen aus einer großen Zahl verschiedener (oft widersprüchlicher) wahlsystematischer Elemente in komplizierter Weise zusammengesetzt. Oft sind deshalb die Funktionsweise und die Rolle einzelner Elemente solcher Wahlsysteme nicht leicht zu verstehen.

Gerade das zuletzt aufgeführte Ergebnis zeigt deutlich, wie komplex der Zusammenhang ist, den vor allem die Normativisten ungebührlich vereinfachen. Oft wird beispielsweise von einem Wahlsystem erwartet, dass es einen hohen Grad an Proporz und Partizipation (Auswahl unter Kandidaten) ermöglicht und zugleich durch konzentrierende Wirkung auf das Wählerverhalten und auf das Parteiensystem zur parlamentarischen Mehrheitsbildung und damit zur Stabilität des politischen Systems beiträgt. Versucht das Design eines Wahlsystems diesen schwierigen Spagat, kann es durchaus möglich sein, dass der weitere Anspruch, das Wahlsystem selbst möge leicht verständlich und die Auswirkungen der individuell abgegebenen Stimmen sollten von den Wählern unschwer nachvollziehbar sein, nicht voll erfüllt werden kann. Auch lassen sich gewisse systemimmanente „Ungereimtheiten" nicht ausschließen, auf die sich dann eine allzu simple Kritik einschießt. Wer einfachen Lösungen den Vorzug gibt, bezieht zumeist Stellung in der Weise, dass er seiner Argumentation eine einzige Funktionsanforderung als allgemeingültiges Bewertungskriterium des Wahlsystems zugrunde legt. Solche Wahlsysteme werden aber weltweit kaum noch bevorzugt (s. Nohlen 2005). Konkrete Wahlsysteme stehen fast stets in der Kritik. Es kommt also darauf an, (auch im Bereich der Politikwissenschaft selbst) wohlfeile von wissenschaftlich seriöser Kritik zu unterscheiden. Welches sind nun wichtige Anforderungen an ein Wahlsystem? Verfolgt man die internationale Wahlsystemdebatte, so sind es im Grunde drei Kernfunktionen und zwei weitere Anforderungen, die artikuliert werden.

Erstens: *Repräsentation* – und zwar in zweierlei Hinsicht: zum einen in Sinne einer Vertretung aller relevanten gesellschaftlichen Gruppen, einschließlich von Minderheiten und Frauen, in den gewählten Vertretungsorganen; zum anderen im Sinne einer fairen Repräsentation, d.h. einer annähernd spiegelbildlichen Repräsentation der gesellschaftlichen Interessen und politischen Meinungen im Parlament. Parameter einer angemessenen Repräsentation ist der Grad der Proportionalität von Stimmen und Mandaten. Allzu große Abweichungen von der Proportionalität werden häufig als problematisch begriffen.

Zweitens: *Konzentration* – im Sinne einer Aggregation gesellschaftlicher Interessen und politischer Meinungen zum Zwecke politischer Entscheidungsfindung und Handlungsfähigkeit des Gemeinwesens. Wahlen werden als Akt der politischen Willensbildung verstanden, nicht als Abbildung der in der Wählerschaft vorherrschenden Meinungen. Parameter der angemessenen Konzentrationsleistung eines Wahlsystems sind zum einen die Zahl bzw. die Reduzierung der Zahl der Parteien, die Parlamentsmandate erhalten, zum anderen die Bildung stabiler parteilicher oder Koalitionsmehrheiten im Parlament. Instabile Regierungsverhältnisse infolge von Vielparteiensystemen werden häufig als problematisch begriffen.

Drittens: *Partizipation*. Hier geht es nicht um Partizipation im allgemeinen Sinne – denn Wahlen stellen ja für sich bereits einen Akt politischer Partizipation dar –, sondern um mehr oder minder große Möglichkeiten des Wählers, seinen politischen Willen zum Ausdruck zu bringen. Konkret geht es um die Alternative Personenwahl versus Parteienwahl/Listenwahl. Parameter der angemessenen Partizipation in diesem engeren Sinne ist die Frage, ob und (wenn ja) inwieweit ein Wahlsystem die Personalstimmgebung ermöglicht. Ist sie gänzlich ausgeschlossen, etwa in Form der starren Liste, wird dies häufig als problematisch begriffen.

Viertens: *Einfachheit*. Diese funktionale Anforderung hat den Charakter einer Richtlinie, da Wahlsysteme, die versuchen, den Kriterien Repräsentation, Konzentration und Partizipation gleichzeitig gerecht zu werden, sich, wie bereits ausgeführt, unweigerlich komplizierter darstellen als Wahlsysteme, die nur eines der Kriterien zu erfüllen versuchen.

Fünftens: *Legitimität*. Dieses Kriterium schließt insofern alle anderen ein, als es sich auf die allgemeine Akzeptanz der Wahlergebnisse und des Wahlsystems bezieht – und damit auf die Zustimmung zu den Spielregeln des demokratischen Regierungssystems. Die Frage, ob das Wahlsystem eine Gesellschaft eint (oder aber teilt), dient hier als spezifischer Parameter.

Bei der Bewertung von Wahlsystemen kommt es darauf an, in welcher Weise ein Gleichgewicht in der Erfüllung der verschiedenen Funktionen erzielt wird. Nicht das optimale Erreichen der einen oder der anderen Funktion ist primär erstrebenswert, sondern die Balance zwischen den Funktionen, so dass gegenläufige Wirkungen (infolge nicht beachteter psychologischer Effekte statt mehr am Ende weniger Proporz), *trade-offs* zwischen den Funktionen (mehr Partizipation, aber weniger Effizienz) und unerwünschte Nebeneffekte hinsichtlich weiterer Phänomene, die nicht unter den fünf Kriterien rangieren (etwa auf die politische Kultur), vermieden werden können.

5. *Wahlsystemtheorien und wichtigste empirische Befunde*

Wahlsystemtheorien haben einen unterschiedlichen Ausgangspunkt darin, ob erstens allgemeine theoretische Aussagen zu relativ abstrakten Größen gemacht werden, oder ob empirische Aussagen über gut überprüfbare Zusammenhänge erfolgen, sowie zweitens darin, ob auf der Ebene der Repräsentationsprinzipen diskutiert wird oder auf der Ebene konkreter Wahlsysteme bzw. von Wahlsystemtypen.

5.1 Normative Ansätze

Normative Ansätze bevorzugen die jeweils erstgenannten Alternativen. Ausgehend von den allgemein unterstellten Auswirkungen der verschiedenen Wahlsysteme auf die Stimmen-Mandate-Relation werden verschiedene Annahmen über die politischen Auswirkungen von Mehrheitswahl und Verhältniswahl formuliert, welche die politische Willensbildung allgemein, die Struktur des Parteienwettbewerbs, das Format des Parteiensystems und/oder den Typ der Demokratie betreffen. Ob man will oder nicht, diese Annahmen, Thesen, Theorien oder (angeblichen) Gesetze, wiewohl empirisch keineswegs abgesichert, bilden politisch nach wie vor den Kern der Wahlsystemfrage. Die den Wahlsystemen zugeschriebenen Wirkungen werden zudem von den jeweiligen Verfechtern der Mehrheitswahl und der Verhältniswahl unterschiedlich bewertet.

Der *Mehrheitswahl* werden von ihren Verfechtern folgende Wirkungen und Vorzüge zugeschrieben:

▶ Verhütung der Parteienzersplitterung. Kleine Parteien haben geringe Chancen, Parlamentsmandate zu erlangen;
▶ Förderung der Parteienkonzentration in Richtung auf die Herausbildung eines Zweiparteiensystems;
▶ Förderung stabiler Regierungen in Form parteilicher Mehrheitsregierungen;
▶ Förderung politischer Mäßigung, da die größeren politischen Parteien um die gemäßigte Wählerschaft der Mitte kämpfen und bei einem Wahlsieg auch die politische Verantwortung übernehmen müssen. Die Parteien müssen also ihr Programm an der gemäßigten Wählerschaft und an dem Machbaren ausrichten;
▶ Förderung des Wechsels in der Regierungsausübung, da geringe Veränderungen in den Stärkeverhältnissen der Parteien nach Wählerstimmen große Veränderungen nach Mandaten auslösen können.
▶ Herbeiführung der Entscheidung über die Regierungsführung direkt durch den Wähler und nicht durch die Parteien in Koalitionsverhandlungen nach der Wahl.

Der *Verhältniswahl* hingegen werden von ihren Verfechtern folgende Wirkungen und Vorzüge zugeschrieben:

▶ Repräsentation möglichst aller Meinungen und Interessen im Parlament im Verhältnis ihrer Stärke unter der Wählerschaft;
▶ Verhinderung allzu künstlicher politischer Mehrheiten, denen keine tatsächliche Mehrheit in der Wählerschaft entspricht und die nur aus institutionellen Eingriffen in den politischen Willensbildungsprozess resultieren;
▶ Förderung vereinbarter Mehrheiten durch Aushandeln und Kompromisse, an denen verschiedene gesellschaftliche Kräften und ethnische/reli-giöse Gruppen beteiligt sind;

▶ Verhinderung extremer politischer Umschwünge, die weniger das Ergebnis grundlegender Veränderungen der politischen Einstellungen der Wählerschaft sind als vielmehr Folge des „Verzerrungseffekt" des Wahlsystems;
▶ Berücksichtigung gesellschaftlicher Wandlungen und neuer politischer Strömungen bei der Umsetzung von Stimmen in Mandate;
▶ Verhinderung eines Kartells etablierter Parteien oder sogenannter dominanter Parteiensysteme, in denen eine Partei ihre dominierende Stellung im wesentlichen dem Wahlsystem verdankt und ein demokratischer Wechsel erschwert oder sogar verhindert wird.

Derartige theoretische Annahmen über die Auswirkungen von Mehrheitswahl und Verhältniswahl spielen in Wahlsystemdebatten gewöhnlich eine große Rolle. Doch treffen sie empirisch nur bedingt zu, nämlich nur unter bestimmten gesellschaftlichen und politischen Voraussetzungen. So gibt es denn jeweils zahlreiche gegenläufige historische Beispiele: unter Mehrheitswahl Vielparteiensysteme, Polarisierung und politische Instabilität, unter Verhältniswahl Parteienkonzentration, politische Mäßigung und Stabilität. Dies wertet nicht vollständig die o. g. theoretischen Annahmen ab, verdeutlicht aber, dass die politischen Effekte von Mehrheitswahl und Verhältniswahl in hohem Maße vom jeweiligen Kontext abhängen. Was die Formulierung von Gesetzen anbelangt, so spricht der Tatbestand gegen sie, dass ein und dasselbe Wahlsystem mit unterschiedlichen Wirkungen und ein und dasselbe Phänomen mit unterschiedlichen Wahlsystemen koinzidieren kann. Hinzu kommt der Vorbehalt, dass Mehrheitswahl und Verhältniswahl allzu grobe Klassen bilden, zu viele verschiedenartige Einheiten (nach Sartori: „unequal sames") enthalten, die unterschiedliche politische Effekte haben.

5.2 Empirische Ansätze

Einige Forscher sind der Meinung, dass die Auswirkungen von Wahlsystemen auf Parteiensysteme in Gesetze gegossen werden können. Maurice Duverger hat sich mit seinen „soziologischen Gesetzen" in das allgemeine Verständnis von Wahlsystemen und ihren Auswirkungen eingegraben. Das Hauptargument gegen sie lautet, dass die Auswirkungen von Wahlsystemen derart stark von den konkreten gesellschaftlichen und politischen Bedingungen in den verschiedenen Ländern abhängen, dass sich deterministische Theorien, also Theorien, die einen unverbrüchlichen kausalen Zusammenhang zwischen Mehrheitswahl und Verhältniswahl einerseits und bestimmten Typen von Parteiensystemen andererseits vorsehen, unweigerlich an der Empirie stoßen, die andere Ergebnisse aufzeigt, als es diese Theorien vorhersehen.

Welche Art, wie viel und was ist an Verallgemeinerungen im Lichte der vielfältigen empirischen Befunde möglich? Für sämtliche Wahlsysteme trifft zu, dass sie die Zahl der Parteien, für die Kandidaten auftraten und für die Stimmen abgegeben wurden, auf Parlamentsebene verringern. Ebenfalls lässt sich beobachten, dass die stärksten

Parteien in aller Regel bevorzugt werden. Doch unterscheiden sich Wahlsysteme darin, in welchem Umfang sie die Zahl der Parteien reduzieren und die stärksten unter ihnen fördern, und auch darin, nach welchen Stärkeverhältnissen sie die Parlamentsfraktionen einander zuordnen. Wahlsysteme sind jedoch nur ein Faktor unter etlichen, die auf die Struktur eines Parteiensystems einwirken. Es kann folglich kein eindeutiges Kausalverhältnis zwischen Wahlsystem und Parteiensystem angenommen werden.

Der allgemeinen Tendenz nach wirken die Wahlsysteme in Richtung ihrer Repräsentationsziele. Ganz allgemein kann, wenn die Kontexte sich neutral verhalten, der Mehrheitswahl eine mehr konzentrierende, die Zahl der Parteien stärker verringernde Wirkung zugeschrieben werden als der Verhältniswahl. Entsprechend der Definition der Mehrheitswahl selbst fördert sie stärker als die Verhältniswahl die Mehrheitsbildung durch eine Partei. Kleine Parteien haben in den meisten Mehrheitswahlsystemen nur Erfolgschancen, wenn ihre Wählerschaften regional konzentriert sind oder wenn sie Wahlbündnisse mit großen Parteien schließen können, aufgrund derer ihnen einige Wahlkreise abgetreten werden. Aber auch in der Mehrzahl von Verhältniswahlsystemen haben es die kleinen Parteien schwer, ins Parlament zu kommen. Das liegt entweder an Sperrklauseln oder an der Wahlkreiseinteilung, die ein systemimmanentes Hindernis für eine proportionale Repräsentation bilden kann. Auch in Verhältniswahlsystemen kann die wahlgeographische Streuung der Wählerschaft der Parteien von großer Bedeutung sein. Wahlkreiseinteilung (d. h. die Größe der Wahlkreise) und Streuung der Wählerschaft nach parteipolitischen Kriterien sind in der Tat die wichtigsten Variablen, deren nach Ländern unterschiedliche Ausformung nur relativ vage allgemeine Tendenzaussagen über die Auswirkungen von Wahlsystemen ermöglicht.

Mit der Erwähnung der wahlgeographischen Variablen ist freilich den nicht wahlsystemimmanenten Faktoren im Wirkungszusammenhang von Wahlsystemen keineswegs bereits genüge getan. Es gibt keine wissenschaftlich haltbare Aussage eines hohen Informationsgehalts zu den Auswirkungen von Wahlsystemen, die von den jeweiligen gesellschaftlichen und politischen Kontexten vollkommen absehen kann. Die soziale, ethnische, religiöse Homogenität oder Heterogenität einer Gesellschaft ist viel zu bedeutend für die Struktur eines Parteiensystems, als dass wissenschaftlich ahistorisch verfahren werden könnte. Diese Strukturfrage ist zudem höchst relevant für die Wahl des Wahlsystems. Indem fragmentierte Gesellschaften sich eher für Verhältniswahl als für Mehrheitswahl entscheiden, werden Ursache und Wirkung zirkulär verknüpft. Nicht minder bedeutend für die Auswirkungen eines Wahlsystems ist also der Grad der Fragmentierung und der Grad der Institutionalisierung eines Parteiensystems. Als weitere Variablen hinzuzufügen sind schließlich noch die Verhaltensweisen politischer Akteure und die durch Lernprozesse angewöhnten bzw. ausgelösten strategischen und/oder faktischen Verhaltensveränderungen von Parteien und Wählern.

Diese Überlegungen kulminieren in der folgenden relativierenden Aussage: Je mehr verfestigte gesellschaftliche Fragmentierung, desto wahrscheinlicher ist die Einführung eines Verhältniswahlsystems und desto wahrscheinlicher ist auch die Herausbildung eines Vielparteiensystems. Wenn allerdings gesellschaftliche Fragmentierung vorherrscht, dann führt auch die relative Mehrheitswahl in Einerwahlkreisen wahrscheinlich nicht zu einem Zweiparteiensystem. Je mehr gesellschaftliche Homogenität gegeben ist, desto eher wird (noch) für die relative Mehrheitswahl optiert, was dann zu dem bekannten Sachverhalt führt, dass zugleich mit einem Zweiparteiensystem relative Mehrheitswahl existiert. Bei gesellschaftlicher Homogenität ist aber auch unter Verhältniswahl wahrscheinlich, dass ein Zweiparteiensystem oder ein zahlenmäßig begrenzter Parteienpluralismus zustandekommt.

Die hier vertretene Position sollte nicht als Eingeständnis mangelnder Leistungsfähigkeit der Politischen Wissenschaft bzw. der Wahlforschung missverstanden werden. Es wird vielmehr plädiert für die Kontextualisierung sozialwissenschaftlicher Untersuchungsgegenstände zwecks Erkenntnis komplexer gesellschaftlicher und politischer Zusammenhänge. Die Vorstellung gesetzmäßiger Ursache-Wirkung-Beziehungen zwischen Wahlsystemen und Parteiensystemen greift entschieden zu kurz. Es sei an Max Weber (Soziologie, weltgeschichtliche Analysen, Politik, Stuttgart 1956: 220) erinnert: „Die Kausalfrage ist ... nicht eine Frage nach Gesetzen, sondern nach konkreten kausalen Zusammenhängen, nicht eine Frage, welcher Formel die Erscheinung als Exemplar unterzuordnen, sondern die Frage, welcher individuellen Konstellation sie als Ergebnis zuzurechnen ist." Diese Einsicht ist identisch mit der Aufgabe des privilegierten Standpunkts des Sozialwissenschaftlers, von dem aus laufend Eindeutigkeiten produziert werden, die freilich den komplexen Erklärungszusammenhängen nicht gerecht werden. Die Beziehung zwischen Wahlsystem und Parteiensystem ist ein geradezu mustergültiger Erkenntnisgegenstand zur Klärung allgemeiner theoretischer und methodologischer Fragen der Sozialwissenschaften.

6. Bleibende Fragestellungen und Perspektiven der Forschung

Die Wahlsystemforschung war überwiegend daraufhin angelegt, die Auswirkungen des Faktors Wahlsystem zu ergründen, nicht aber andere Faktoren zu untersuchen, die das Wahlsystem in seiner Wirkungsrichtung beeinflussen können. Sie fragte also nach den Auswirkungen eines Faktors in einem komplexen Wirkungsgeflecht.

Wenn wir die grundlegende Unterscheidung treffen zwischen den Auswirkungen von Wahlsystemen, die aus ihrer jeweiligen Struktur abgeleitet werden können, und solchen, die sich erst aus ihrem Zusammentreffen mit den Kontextbedingungen jeweiliger Länder erschließen lassen, dann lässt sich feststellen, dass der erste Bereich recht gut erforscht ist, im zweiten Bereich hingegen viele Fragen offen sind, die die Wahlsystemforscher zu stellen erst jüngst mit der Ausweitung der Demokratie auf Gesellschaften, die von den westlichen Industrieländern verschieden sind, gelernt haben. Wir wissen, dass die Auswirkungen von Wahlsystemen in hohem Maße kontextabhängig sind. Konträre Auswirkungen ein- und desselben Wahlsystemtypus in verschiedenen Ländern sind inzwischen mannigfach belegt.

Die Aufgaben der Wahlsystemforschung liegen deshalb heute vor allem darin, die *Kontexte* näher zu bestimmen, unter denen Wahlsysteme spezifische Auswirkungen haben. Hinsichtlich des Theorietyps hat dies zur Folge, von den universalen und eindimensionalen Theorien Abschied zu nehmen und kontextbezogene, mehrdimensionale Theorien zu erarbeiten. Gerade bezogen auf junge Demokratien reicht unser kontextloses monokausales Wirkungswissen über Wahlsysteme nicht aus. Was wir brauchen, ist mehr Einsicht in den Wirkungszusammenhang von Wahlsystemen und Kontextfaktoren bzw. mehr Wissen über die möglichen Kontexteffekte auf die Auswirkungen von Wahlsystemen. Kontextvariablen sind im Gegensatz zu den hauptsächlich untersuchten Variablen, die als unabhängige und abhängige gekennzeichnet werden, nicht durch den Forscher gesetzt, sondern entsprechen Faktoren, die im Umfeld der untersuchten Variablen lagern und deren Verhalten mehr oder weniger beeinflussen, obwohl diese Einflussnahme im klassischen Design der kausalen vergleichenden Methode nicht vorgesehen ist. Dort werden Kontextvariablen als neutral statuiert (s. Nohlen/Schultze 2010: 1151 ff.).

Welche Phänomene können wir zu den gesellschaftlichen und institutionellen Kontextfaktoren zählen?

(1) Die gesellschaftliche Struktur in Hinsicht auf sprachliche, religiöse, ethnische Homogenität oder Heterogenität einer Gesellschaft. Sie ist nicht nur häufig ausschlaggebend für die Wahl des Wahlsystems in der Alternative zwischen Mehrheitswahl und Verhältniswahl, sondern auch für die Wirkungsrichtung der Wahlsysteme.

(2) Zahl und Tiefe der Konfliktlinien. Darunter mögen auch die gerade genannten Spaltungen der Gesellschaft fallen sowie weiterhin Differenzierungen nach Klasse oder Schicht, Region, Milieu, Generation, Geschlecht sowie nach historischen und politischen Streitfragen, die eine Konfliktstruktur hervorrufen, welche die Auswirkungen von Wahlsystemen mitbestimmt.

(3) Der Grad der Fragmentierung eines Parteiensystems. Ohne Frage: Wahlsysteme sind mitverantwortlich für das Ausmaß der Fragmentierung eines Parteiensystems, das folglich als abhängige Variable betrachtet wird. Umgekehrt kann der Fragmentierungsgrad als unabhängige Variable die Wahl des Wahlsystems beeinflussen. Und schließlich kann er als institutionelle Kontextvariable Wirkungen haben auf das, was gemeinhin allein dem Wahlsystem zugeschrieben wird, etwa auf den Grad der Proportionalität der Wahlergebnisse.

(4) Der Institutionalisierungsgrad eines Parteiensystems. Der allgemein behauptete Konzentrationseffekt der relativen Mehrheitswahl hängt davon ab, ob dieses Wahlsystem in einem gut strukturierten Parteiensystem zur Anwendung kommt. Der zusätzliche Punkt ist, dass unter Mehrheitswahl die Anregung zur Bildung gut strukturier-

ter Parteien im Vergleich zur Verhältniswahl eher gering ist, die Mehrheitswahl also die Bedingungen mit aufrechterhält, unter denen sie keine konzentrierende Wirkung entfalten kann. Erneut besteht ein Wirkungszusammenhang, von dem das alte eindimensionale Denken nichts wusste.

(5) Das Interaktionsmuster der Parteien. Gewiss, das Interagieren der Parteien hängt auch vom Wahlsystem ab, ob beispielsweise Listenverbindungen zugelassen sind und ob diese begünstigt werden oder ob für sie höhere Sperrklauseln für die Beteiligung an den Parlamentsmandaten gelten. Doch die unterschiedlichen ideologischen Entfernungen zwischen den einzelnen Parteien und die speziellen (durchaus wechselnden) Wettbewerbsstrukturen, die sich aus unterschiedlichen (dem Wandel unterworfenen) Größenverhältnissen in Parteiensystemen ergeben, nehmen Einfluss auf die Auswirkungen des Wahlsystems.

(6) Die regionale Streuung der Wählerschaften der Parteien in Mehrparteiensystemen. Bei unterschiedlichem Muster regionaler Streuung der Wählerpräferenzen sind die zu erwartenden Effekte ein und desselben Wahlsystems grundverschieden.

(7) Das Wählerverhalten. Ähnlich dem Interaktionsmuster der Parteien sind es verhaltensspezifische Phänomene, freilich nun auf der Mikroebene angesiedelt. Wähler können auf Wahlsysteme so oder so reagieren, sie können die mutmaßlichen Effekte des Wahlsystems und einzelner ihrer Elemente antizipieren, oder eben auch nicht. Neuere Studien über strategisches Wahlverhalten erhärten die Bedeutung dieses Kontextfaktors (s. Taagepera/Shugart 1989; Cox 1997).

Wie gelegentlich angedeutet wurde, spielen die Kontextfaktoren auch bei der Wahl des Wahlsystems eine bedeutende Rolle. Deshalb besteht eine weitere Aufgabe darin, Prozesse der Einführung oder Reform von Wahlsystemen zu untersuchen, um zu erhellen, welche Faktoren in diesen politisch umstrittenen Fragen schließlich den Ausschlag geben. Letztlich geht es bei der Frage der Wahlsysteme heute und in Zukunft um Forschungsperspektiven, die uns mehr Einsicht nicht unbedingt in einfache (unilineare) Kausalitäten, sondern in komplexe Zusammenhänge vermitteln.

Literatur

Wichtige Handbücher und Datensammlungen

(1) Lexika:

Instituto Interamericano de Derechos Humanos, 2000: Diccionario Electoral, 2 Bde. San José.
Nohlen, Dieter/Schultze, Rainer-Olaf (Hrsg.), 2010: Lexikon der Politikwissenschaft. 4. Aufl., München.
Rose, Richard (Hrsg.), 2000: International Encyclopedia of Elections. Washington D.C.
 Grundlegendes Informationskompendium zu allen Bereichen der Wahlen und des Wahlrechts.

(2) Geschichte der Wahlen, des Wahlrechts und der Wahlsysteme

Nuscheler, Franz/Ziemer, Klaus u.a.: Politische Organisation und Repräsentation in Afrika, 2 Halbbde. Berlin 1978.
Sternberger, Dolf/Vogel, Bernhard (Hrsg.), 1969: Die Wahl der Parlamente und anderer Staatsorgane, Bd. 1: Europa, 2 Halbbde., Berlin.
Historische Entwicklung des Wahlrechts und der Wahlsysteme in Land-für-Land-Studien.

(3) Handbücher über Wahlrecht und Wahlergebnisse

Mackie, Thomas T./Rose, Richard, 1991: The International Almanac of Electoral History. 3. Aufl., London.
Das internationale Standardwerk für die Wahlergebnisse in den westlichen Industriegesellschaften.
Nohlen, Dieter (Hrsg.), 1993: Handbuch der Wahldaten Lateinamerikas und der Karibik. Opladen.
Das regionale Standardwerk über Wahlen, Wahlrecht und Wahlsysteme.
Nohlen, Dieter (Hrsg.), 2005: Elections in the Americas, 2 Bde. Oxford.
Dieser Band und die folgenden drei bilden eine Serie von Regionalbänden über Wahlen, Wahlsysteme und Wahlergebnisse weltweit.
Nohlen, Dieter/Catón, Matthias/Stöver, Philip (Hrsg.), 2006-7: Elections in Europe, 2 Bde. Oxford.
Nohlen, Dieter/Grotz, Florian/Hartmann, Christof (Hrsg.), 2001: Elections in Asia and the Pacific, 2 Bde. Oxford.
Nohlen, Dieter/Krennerich, Michael/Thibaut, Bernhard (Hrsg.), 1999: Elections in Africa. Oxford.
Nohlen, Dieter/Stöver, Philip (Hrsg.), 2010: Elections in Europe. Baden-Baden.

Überblick über die relevante Grundlagenliteratur

(1) Grundlegende Schriften zu den Parteiensystemen und der Bedeutung von Wahlsystemen für deren Struktur:

Duverger, Maurice, 1959 (zuerst franz. 1951): Die politischen Parteien. Tübingen.
Der Klassiker für den Zusammenhang von Wahlsystem und Parteiensystem.
Sartori, Giovanni, 1976: Parties and Party Systems. Cambridge.
Die unverzichtbare Referenz für die vergleichende Analyse von Parteiensystemen.
Sartori, Giovanni, 1994: Comparative Constitutional Engineering. An Inquiry into Structures, Incentives and Outcomes. Houndmills.
Die gewiss strittige Erneuerung der Duverger'schen Gesetze; zugleich ein Plädoyer für eine angewandte Politikwissenschaft.

(2) Die soziologische und politikwissenschaftliche Relativierung der Bedeutung von Institutionen sind am besten zu studieren in

Dahl, Robert A., 1996: Thinking about Democratic Constitutions: Conclusions from Democratic Experience, in: *J. Shapiro/R. Hardin* (Hrsg.): Political Order. New York, 175-206.
Dahl bewertet hier die Tragweite institutioneller Arrangements für die Demokratieentwicklung.
Lipset, Seymour Martin/Rokkan, Stein (Hrsg.), 1967: Party Systems and Voter Alignments. New York.
Hier entfaltet Stein Rokkan den social-cleavages-Ansatz für die Wahl- und Parteienforschung.
Rokkan, Stein, 2000: Staat, Nation und Demokratie in Europa. Frankfurt a.M.
Die Theorie Stein Rokkans aus seinen gesammelten Werken rekonstruiert und eingeleitet von *Peter Flora.*

(3) Schriften, in denen die normative Kontroverse zwischen Mehrheitswahl und Verhältniswahl stattfindet:

Hermens, Ferdinand A., 1968: Demokratie oder Anarchie. Opladen (zuerst engl. 1941).
Viel zitierte Schrift des vehementesten Streiters für die Mehrheitswahl. Untersuchung zu den Folgen der Verhältniswahl mit der These ihrer Mitschuld am Untergang der Weimarer Republik.

Lijphart, Arend/Grofman, Bernard (Hrsg.), 1984: Choosing an Electoral System. Issues and Alternatives. New York.
  Sammelwerk, in dem die international führenden Wahlsystemforscher konzeptionelle Fragen klären und ihre jeweiligen Optionen in Wahlsystemfragen begründen.
Sternberger, Dolf, 1964: Die große Wahlreform. Opladen.
  Eine Reden- und Aufsatzsammlung eines entschiedenen Verfechters der relativen Mehrheitswahl und Vorkämpfers für eine Wahlreform in den ersten beiden Jahrzehnten der Bundesrepublik Deutschland.
Vring, Thomas Von der, 1968: Reform oder Manipulation? Zur Diskussion eines neuen Wahlrechts. Frankfurt a.M.
  Verfechter der Verhältniswahl in der Wahlrefomdebatte der 1960er Jahre.

(4) Empirisch-analytische Untersuchungen der Wirkungen von Wahlsystemen, insbesondere ihrer technischen Elemente:

Cox, Gary W., 1997: Making Votes Count. Cambridge.
  Untersuchung wahlstrategischen Verhaltens der Wähler nach dem rational choice-Ansatz.
Lijphart, Arend, 1994: Electoral Systems and Party Systems. Oxford.
  Eine Untersuchung, welche die Methodologie und die Ergebnisse des empirisch-statistischen Ansatzes gegenwärtig am besten darstellt.
Rae, Douglas W., 1967: The Political Consequences of Electoral Laws. New Haven/London.
  Die erste empirisch-statistische Untersuchung, die wegweisend für den Ansatz wurde.
Taagepera, Rein/Shugart, Matthew S., 1989: Seats and Votes. New Haven.
  Konzentration auf die Auswirkungen der technischen Elemente von Wahlsystemen.

(5) Historisch-empirische Untersuchungen der Auswirkungen von Wahlsystemen im jeweiligen historisch-politischen Kontext einzelner Länder und Ländergruppen:

Grotz, Florian, 2000: Politische Institutionen und postsozialistische Parteiensysteme in Ostmitteleuropa. Polen, Ungarn, Tschechien und Slowakei im Vergleich. Opladen.
  Vergleichende Untersuchung des historisch-empirischen Ansatzes der Auswirkungen politischer Institutionen, insbesondere des Wahlsystems, auf die politische Entwicklung vier osteuropäischer Länder.
Nohlen, Dieter, 1978: Wahlsysteme der Welt. München.
  Die erste breit angelegte historisch-empirische Untersuchung der Wahlsysteme und ihrer Auswirkungen.
Nohlen, Dieter, 2009: Wahlrecht und Parteiensystem. 6. Aufl., Opladen.
  Dem historisch-empirischen Ansatz folgend, in Empirie und Theorie der Wahlsysteme breit angelegtes Studienbuch zum Gegenstand.
Nohlen, Dieter/Kasapović, Mirjana, 1996: Wahlsysteme und Systemwechsel in Osteuropa. Opladen.
  Eine Untersuchung des Entstehungsprozesses von Wahlsystemen in Osteuropa und deren Auswirkungen.
Shugart, Matthew S./Wattenberg, M. (Hrsg.), 2001: Mixed-Member Electoral Systems: The Best of Both Worlds? Oxford.
  Sammelwerk zu den kombinierten Wahlsystemen, das einen guten Überblick über die jüngsten Wahlreformen und die neuen Typen von Wahlsystemen verschafft.

(6) Jüngere Wahlsystemreformen und Wahlreformdebatte

Gallagher, Michael/Mitchell, Paul (Hrsg.), 2008: The Politics of Electoral Systems, 2. Aufl, Oxford.
  Weltweite Reformprozesse mit Beiträgen führender Wahlsystemforscher zur Theorie der Wahlsysteme (rezensiert in ZParl 40 (1) 225–228).
Nohlen, Dieter, 2005: Internationale Trends der Wahlsystementwicklung, in: Österreichische Zeitschrift für Politikwissenschaft 34 (1), 11–26.
Poier, Klaus (Hrsg.), 2009: Demokratie im Umbruch. Perspektiven einer Wahlreform, München-Wien.
  Enthält Beiträge zur gegenwärtigen Wahlsystemdebatte in Europa und verschiedene Reformvorschläge.
Strohmeyer, Gerd (Hrsg.), 2009: Wahlsystemreform, Sonderheft der Zeitschrift für Parlamentsfragen, Baden-Baden.
  Beiträge zur Reformdebatte in der Bundesrepublik Deutschland.

Parlamente

Klaus von Beyme

1. Einleitung und zentrale Begriffe

Der Begriff „Parlament" ist vom mittellateinischen „parlamentum" = Besprechung über das Französische und Englische in alle Sprachen eingegangen. Ältere Ständeversammlungen wurden in den verschiedenen Ländern mit historischen Namen belegt. Über den dominanten Einfluss des parlamentarischen Systems britischen Typs hat sich der Begriff „Parlament" durchgesetzt, selbst wenn die Einrichtung weiterhin „assemblée nationale", „Bundestag" oder „Cortes" genannt wird. Vor allem in Komposita wie Parlamentssouveränität, Parlamentsbeschluss, Parlamentsrecht, Parlamentsauflösung ist die englische Wurzel präsent. Lange wurde auch in kontinentalen Sprachen noch die englische Schreibweise „parliament" beibehalten.

In der Epoche der Vorherrschaft des Parlaments entstand der Begriff „parlamentarische Regierungsweise". Im älteren Konstitutionalismus war die Gewaltenteilungsmythologie so stark, dass der neutrale Ausdruck „Repräsentativverfassung" überwog, ob er nun nach dem „monarchischen Prinzip" mit Dominanz der Krone oder nach dem „parlamentarischen Prinzip" mit Dominanz der Volksvertretung gedeutet wurde. In der Dogmatik gab es auch nicht wenige Gleichgewichtstheorien.

In der zweiten Hälfte des 19. Jahrhunderts, mit Ausdehnung des Wahlrechts und dem Einzug neuer Gruppen und Minderheiten in die Parlamente, kam es vielfach zu Krisen. Der Begriff „Parlamentarismus" wurde nun in der Debatte häufig negativ gebraucht. Selbst Reaktionäre wie Donoso Cortés in Spanien legten Wert auf die Feststellung, dass ihre Kritik des Parlamentarismus, mit Liberalismus, Rationalismus und Gottlosigkeit identifiziert, keine Infragestellung der Notwendigkeit von Parlamenten bedeute.[1]

Erst nach dem Zweiten Weltkrieg wurde mit der Konsolidierung der Demokratie in den meisten Ländern Westeuropas auch Parlamentarismus wieder zu einem neutralen Oberbegriff für einen Forschungszweig. Dieser umfasst im engeren Sinn den „institutionellen Sitz der Volkssouveränität" in der Institution Parlament und im weiteren Sinne das Funktionieren von Systemen, in denen Parlamente eine dominante Rolle einnehmen. Dabei können unter Parlamentarismusstudien auch Länder eingeschlossen werden, die dualistisch konstruiert sind und keine parlamentarisch verantwortliche Exekutive kennen, wie das präsidentielle System der USA oder das Schwei-

---

[1] Einen umfassenden Überblick über die verschiedenen historischen Debatten bietet der Band von Hofmann/Riescher (1999); zur geschichtlichen Entwicklung vgl. Kluxen (1983) und von Beyme (1999).

zer Ratssystem. Im präsidentiellen System der USA hat sich für das Parlament der Ausdruck *„legislature"* eingebürgert. Gesetzgebung neben Repräsentation und Kontrolle spielt in einem solchen System eine zentrale Rolle, während die wichtige Rekrutierungsfunktion für Ämter der Exekutive überwiegend fehlt.

Die juristisch herausgehobene Stellung des Parlaments in den meisten modernen Demokratien konnte nicht verhindern, dass das Parlament gegenüber anderen Institutionen wie Exekutive und Verwaltung oder organisierten Interessen und Parteien in der faktischen Bedeutung zurückfiel, ohne nur noch *„dignified parts"* (Bagehot) im System zu werden. Parlamentsforschung musste dem sozialen Wandel Rechnung tragen und sich erweitern.

Eine Analyse der sozialen Grundfragen des parlamentarischen Systems, die nicht an der Oberfläche parlamentarischer Mechanismen haften bleibt, muss auch die Parlamentarisierung bzw. Demokratisierung der politischen Institutionen unterhalb der Regierungsebene in ihre Betrachtungen einbeziehen. Die Demokratieforschung hat sich – befruchtet durch die Soziologie – vor allem der Demokratisierung der politischen Kultur zugewandt: den Verbänden, den Parteien, den wirtschaftlichen Unternehmen, den Familien. Es wurde als Vorteil für das britische Kabinettssystem gerühmt, dass es in der politischen Willensbildung der englischen Parteien seine Entsprechung habe. Das konnte nicht von allen Systemen gesagt werden. In den meisten parlamentarischen Ländern ist die Verantwortlichkeit der Parteispitze keineswegs nach parlamentarischem Muster konstruiert. In Parteien, Verbänden und Kommunen herrscht weitgehend ein oligarchisches Kollegialsystem ohne „parlamentarische Verantwortlichkeit", was der Festigung der parlamentarischen Spielregeln im Bewusstsein der Bürger nicht gerade dienlich ist. Die Inkongruenz von Struktur des Regierungssystems und Struktur der sonstigen Organisationen und Verwaltungseinheiten einer Gesellschaft ist zum Teil noch krasser hervorgetreten als die Inkongruenz zwischen demokratischer Struktur der geschriebenen Verfassung und den autoritären Verhaltensweisen unterhalb der Regierungsebene. Die parlamentarischen Spielregeln sind häufig als eine Art *„political culture"* nur für Eliten angesehen worden. Da jedoch nicht mehr alle wesentlichen Entscheidungen in einem Parlament fallen – wie das intentional im klassischen Parlamentarismus der Fall war –, ist nur ein Teil der politischen Eliten von parlamentarischen Verhaltensregeln geprägt worden. Neben den Brüchen zwischen der politischen Kultur der höchsten parlamentarischen Ebene und den unteren Organisationen und Institutionen einerseits gibt es andererseits parlamentsfremde Verhaltensweisen weiter Teile der Personengruppen, die im Entscheidungsprozess eine führende Rolle spielen und zur politischen Elite gerechnet werden müssen, auch wenn sie keine institutionell verankerte Funktion im System der Gewalten einnehmen. Dennoch haben die parlamentarischen Spielregeln die politische Kultur fast aller parlamentarisch regierten Staaten nachhaltig geprägt und zur Stabilisierung der Verhaltensweisen und Rollenerwartungen im System beigetragen.

2. Vom Parlament zum parlamentarischen System

Eine allgemeine Ursache für die Erstarkung der Parlamente liegt in der hohen Wertschätzung des Gesetzesbegriffs durch den Konstitutionalismus. Nicht jeder gewaltenteilige Rechtsstaat hat deswegen jedoch den Weg der Parlamentarisierung beschritten. Einige Länder haben in ihrer Publizistik sogar die Unvereinbarkeit ihrer hoch entwickelten Rechtsstaatlichkeit mit den Prinzipien parlamentarischer Parteiregierung betont (Deutsches Kaiserreich). Mit zunehmender Gewichtsverlagerung vom Parlament auf die Regierung drohte der rigorose konstitutionelle Gesetzesbegriff durch eine immer breitere Verordnungstätigkeit der Regierung wieder ausgehöhlt zu werden. Je enger die Bindung zwischen Parlamentsmehrheit und Regierung wurde, umso weniger konnte das Parlament als Ganzes dieser Entwicklung entgegentreten. Die Unterscheidung von Exekutive und Legislative, auf die der Frühkonstitutionalismus großen Wert legte, wurde im parlamentarischen Staat durch die Handlungseinheit von Regierung und Parlamentsmehrheit fragwürdig (vgl. Steffani 1996).

Die allgemeinste Begründung, die man für die Entstehung parlamentarischer Regierung gegeben hat, ist die soziale, in der kollektiven Akteuren die maßgebliche Triebkraft zugeschrieben wurde. Zwar ist die Verallgemeinerung nicht ganz falsch, dass die Kraftentfaltung des Bürgertums zur Entstehung der parlamentarischen Regierungsform beitrug. Zum einen schuf jedoch das Bürgertum auch andere Formen repräsentativer Regierung, und zum anderen zeigte sich, dass in einzelnen früh parlamentarisierten Ländern auch der Adel zum Förderer der parlamentarischen Mehrheitsregierung wurde (England, Frankreich in der Restaurationszeit). In „verspäteten Nationen" dagegen hat erst die Teilnahme der Arbeiterschaft am politischen Leben dem Bürgertum zur Durchsetzung der seit langem geforderten parlamentarischen Grundsätze verholfen (Schweden, Deutschland).

Aus dieser Einschränkung folgt, dass auch keine der großen weltanschaulichen Parteigruppierungen allein die Parlamentarisierung durchgekämpft hat. Die liberalen Parteien waren – in enger Verbindung mit der „diskutierenden Klasse" des Bürgertums – in den meisten Ländern Vorkämpfer der Parlamentarisierung. Aber nur in wenigen Ländern setzten sie die parlamentarische Regierung aus eigener Kraft durch (die Venstre-Partei in Norwegen, die Freiheitspartei in den Niederlanden). Die großen Weltanschauungsgruppen, die der parlamentarischen Regierungsform zunächst mit Reserve gegenüberstanden, haben sie als Forderung später übernommen oder nach der Durchsetzung der parlamentarischen Regierung das System loyal ausgenutzt. In einigen Ländern haben die gemäßigten Konservativen oder die Klerikalen mit den Liberalen zusammen die Parlamentarisierung gefördert (Belgien, Italien). In anderen Systemen haben die Konservativen, wenn sie die Mehrheit besaßen, ohne an der Regierung beteiligt zu sein, von sich aus die Parlamentarisierung als Oppositionsdoktrin verkündet (die Ultra-Royalisten nach 1814 in Frankreich; die Orleanisten 1873 im Kampf gegen Thiers). In anderen Ländern hatten die Sozialisten einen maßgeblichen Anteil an der Durchsetzung der parlamentarischen Regierung (Schweden, Deutschland).

Die parlamentarische Regierungsform wurde vom „liberalen" Verfassungsideal mehr und mehr zum bevorzugten Regierungssystem aller politischen Gruppen. Allerdings setzten einzelne Parteien – je nach Einfluss – starke Nuancen in einzelnen institutionellen Fragen durch, vor allem in Regelungen der Stellung des Staatsoberhaupts, des Zweikammersystems, des Misstrauensvotums, der Vertrauensfrage und der Parlamentsauflösung. Nur die extremen Gruppen wie die Kommunisten und Rechtsradikalen blieben von dem zunehmenden Verfassungskonsens aller Parteien auf dem Boden der parlamentarischen Regierungsform ausgeschlossen. Aber selbst die Kommunisten waren in einigen Ländern bereit, in einem stark monistisch konzipierten parlamentarischen System mitzuarbeiten (kurz nach dem Zweiten Weltkrieg in den meisten Ländern Europas, heute selbst im postkommunistischen Osteuropa).

Die Mittel, deren sich die Parlamente und Parteien, die zu Trägern des Parlamentarisierungswillens wurden, bedienten, lassen gleichfalls keine allzu weiten Verallgemeinerungen zu. Die Ministeranklage (Norwegen), die Verweigerung des Gesamtbudgets oder einzelner Etatposten (Niederlande), das Interpellationsrecht und die Kritik der Regierung in den Adressdebatten (Julimonarchie, Belgien, Italien) waren wichtige Waffen der Parlamente zur Förderung der Abhängigkeit der Regierung von parlamentarischen Voten. Nur selten kann man jedoch – wie im Falle Norwegens und der Niederlande – ein spektakuläres Ereignis und ein auffallendes Kampfmittel herausstellen, das die parlamentarische Regierung durchzusetzen half. In vielen Ländern war der Prozess langwierig und vielschichtig. In einigen Ländern, in denen das Interpellationsrecht[2] nur rudimentär entwickelt war, wurde die parlamentarische Regierung unter dem Zwang drohender Umwälzungen eingeführt. Die „Parlamentarisierung von oben" sollte in diesen Fällen der „Umwälzung von unten" zuvorkommen (2. Empire, Deutsches Kaiserreich).

Im ersten Abschnitt dieser Arbeit wurden die Herausbildung des Begriffes der parlamentarischen Regierung und seine Stellung in der Staats- und Regierungsformenlehre untersucht. Der begriffliche Gegenpol zum parlamentarischen Regime war in der vorherrschenden konstitutionellen Doktrin des 19. Jahrhunderts der Begriff des „monarchischen Prinzips". Die fiktive Balance zweier unabhängiger Staatsgewalten – Krone und Parlament – wurde in einem gigantischen Ringen der beiden Prinzipien zerstört. Für kurze Zeit konnte das monarchische Prinzip in der „Königsdiktatur" in Ländern noch einmal siegen, die auf dem Wege zur parlamentarischen Regierung waren. Auf die Dauer aber siegte überall die Nationalrepräsentation. Bei der theoretischen Herausarbeitung der parlamentarischen Regierung spielten die Begriffe der „gemischten Verfassung" der „konstitutionellen Monarchie", der „Repräsentativverfas-

---

2 Interpellationsrecht: parlamentarische Anfrage, Auskunftsrecht des Parlaments gegenüber der Regierung (Mittel der Kontrolle).

sung" oder des „Rechtsstaats" eine gewichtige Rolle und verzögerten in den meisten Fällen die Anerkennung der parlamentarischen Regierung als selbständiger Form. Dabei werden nicht nur Systeme, die die gleiche Institution kennen und anwenden, vergleichbar, sondern auch solche, denen das Institut fehlt. Die Funktion, die in einem parlamentarischen Regierungssystem durch die Parlamentsauflösung von Seiten des Staatsoberhaupts auf Rat und Bitten des Premierministers ausgeübt wird (z.b. England), kann in einem anderen Land erfolgreich durch die Selbstauflösung des Parlaments kompensiert werden (z.b. Israel). Zwei sehr verschiedene Institutionen erfüllen äquivalente Funktionen zur Erhaltung der Stabilität im Gesamtsystem. Die Untersuchung der Bedingungen der Regierungsstabilität, der Regierungsbildung und der Kabinettsauflösung, der der zweite Teil dieser Arbeit gewidmet ist, weist eine Fülle solcher *funktionaler Äquivalenzen* nach.

Die Doktrin parlamentarischer Ministerverantwortlichkeit führte dazu, dass der Sturz der Regierung durch das Parlament als die klassische Ursache für die Auflösung der Regierung angesehen wurde, seitdem das Revokationsrecht (Abberufungsrecht) mit dem Ausbau der Parlamentssouveränität de facto unausübbar geworden war. Die parlamentarische Verantwortlichkeit wurde je nach Parlamentsrecht und parlamentarischen Gewohnheiten durch Misstrauensvoten, Vertrauensfragen oder durch schlichte Abstimmungsniederlagen realisiert. Parlamentarismus-Theoretiker, die sich an der Zeit des klassischen Honoratiorenparlamentarismus orientierten, bedauern, dass der Vertrauensmechanismus zwischen Parlament und Regierung durch neue Variablen „gestört" wird. Mit zunehmender Demokratisierung des Parlamentarismus wurden die Wahlen zu einem wichtigeren Anlass für den Rücktritt von Regierungen, und mit zunehmender Fragmentierung der Parteienstruktur in den meisten kontinentalen Ländern trat der Kabinettszerfall (bei Einparteienregierungen) oder der Koalitionszerfall (bei Mehrparteienregierungen) als Ursache der Regierungsauflösung hinzu.

Eine „evolutionäre Komparatistik" (Werner Patzelt), welche die historische Tiefendimension nicht verloren hat, kann auch neues Licht auf die in den 90er Jahren modische Konsolidierungsdebatte werfen. Die Konsolidierungsforschung hat vier Ebenen herausgestellt *(vgl. den Beitrag von Merkel/Thiery in diesem Band)*:

(1) Die *konstitutionelle Konsolidierung* auf der Ebene der *Polity* (Verfassungsordnung). Sie erfolgte in der dritten und vierten Welle der Demokratisierung relativ zügig, wenn auch gelegentlich „Nachbesserungen" der Verfassung nötig wurden (Protugal, Polen, noch nicht abgeschlossen in Ungarn).

(2) Die *repräsentative Konsolidierung* auf der Ebene der Parteien und Interessengruppen. Die Parteiensysteme waren von langwierigen Umstrukturierungen betroffen, vor allem dort, wo Forums- und Umbrella-Parteien sich auflösten (Spanien, UCD; Polen, Solidarität; Tschechien, Ungarn, Demokratisches Forum).

(3) Die *Verhaltenskonsolidierung* bei den „informellen" politischen Akteuren wie Militär, Unternehmer oder radikale Gruppen. Diese Konsolidierung war bis Anfang der 80er Jahre in Spanien nicht gesichert und ist in Osteuropa bis Ende der 90er Jahre

kaum verlässlich, mit Ausnahme von Tschechien, Ungarn, Slowenien und Polen, den ersten Kandidaten für eine Osterweiterung der Europäischen Union.

(4) Die Ebene der *Konsolidierung der Bürgergesellschaft* dauert in der Regel eine Generation, wie die zweite Demokratisierungswelle des 20. Jahrhunderts auch in Italien, Deutschland, Österreich und Japan gezeigt hat. Meinungsfragen und das Auftauchen extremistischer Parteien zeigen, dass dieser Prozess in Südeuropa, nicht aber in Osteuropa, abgeschlossen ist.

Das parlamentarische System ist vor allem auf der ersten Ebene der repräsentativen Konsolidierung involviert. Häufig wurden in der Literatur recht oberflächliche Indikatoren genannt:

- *Zwei Wahlen* ohne Gewalt von oben oder von unten,
- eine Akzeptierung von *Machtwechsel* der politischen Lager (nach diesem Kriterium hätte Deutschland nicht vor 1969, die fünfte französische Republik nicht vor 1981 und Italien nicht vor 1994 als konsolidiert zu gelten),
- *keine zu hohe Fluktuation* der Wählerstimmen,
- *keine großen systemfeindlichen Parteien,*
- und schließlich die *Internalisierung der Spielregeln* des parlamentarischen Systems bei der Mehrheit der Bevölkerung als „the only game in town" (Juan Linz).

Auch nach einem halben Jahrhundert Praxis im parlamentarischen System haben Politiker und Bürger die Spielregeln nur unvollkommen internalisiert. Neuere Umfragen in Deutschland zeigen, dass die Bürger und sogar eine Minderheit der Abgeordneten kein klares Bild vom parlamentarischen System im Lande haben (Patzelt). Sechs Prozent der deutschen Abgeordneten (und 18 Prozent der Wähler) glauben in einem präsidentiell-dualistischen System zu agieren. 53 Prozent der Abgeordneten und 33 Prozent der Bevölkerung würden ein präsidentielles System vorziehen. Diese Vorliebe resultiert weniger aus Amerika-Begeisterung als aus der Parallelität von Konstitutionalismus und Präsidentialismus im 19. Jahrhundert. Die Deutschen beurteilen das parlamentarische System noch immer konstitutionell-dualistisch und fordern daher mehr Gewaltenteilung, Unvereinbarkeit von Abgeordnetenmandat und Ministeramt. Vor allem die Klammer der Parteisteuerung im Handlungsverbund zwischen Regierung und Parlamentsmehrheit bleibt den Bürgern fremd. Dennoch optieren die meisten Parlamentarismusforscher dafür, eher die politische Bildung zu ändern als das System den wenig informierten Wünschen des Volkes anzupassen (Patzelt 1999). Die Kluft in der Wahrnehmung von Sein und Sollen eines Systems wäre auch nicht durch Einführung eines präsidentiellen Systems zu ändern, das angeblich viele Bürger wünschen. Im präsidentiellen System Amerikas lebt der gleiche Widerspruch zwischen Sein und Sollen, dort „IvI-gap" genannt, der die Kluft zwischen Idealen und Institutionen markiert (Huntington 1982). Diese Spannung zwischen Ideal und Wirklichkeit bleibt fruchtbar. Sie dient der ständigen Regeneration der Systeme. Es muss nur sichergestellt werden, dass die Ideale sich nicht an einem allzu schiefen Bild vom System festmachen, um den Enttäuschungspegel nicht allzu hoch steigen zu lassen. Zur Konsolidierung der Systeme gehört eine gewisse Spannung zwischen Ideal und Wirklichkeit, solange das Ideal nicht allzu unrealistisch und utopisch angesetzt wird.

3. Parlamente als Organisationstyp

Parlamente stellen einen besonderen Organisationstyp im Rahmen politischer Systeme dar. Mit der Ausdifferenzierung der Parlamente erfolgte die Orientierung an ganz andersartigen Organisationsprinzipien als bisher im politisch-administrativen System üblich. Parlamente waren *nicht hierarchisch* und *nicht als Behörde* konzipiert. Es galt die Fiktion der Gleichheit aller Abgeordneten – so sehr auch eine Hierarchie im Rede- und Gesetzgebungsrecht sich entwickelte. Parlamente *kooptierten* ihre Mitglieder nicht selbst wie Institutionen der Exekutive. Die Mitglieder waren *gewählt*. Um ihre Autonomie gegenüber der Exekutive wie den Wählern sicherzustellen, mussten weitere Stützungsideologien bemüht werden, wie das *freie Mandat* und die ausschließliche Verpflichtung gegenüber dem Gewissen und dem, was als *Gemeinwohl* wahrgenommen wurde.

Zur Sicherung der Autonomie gegenüber der Exekutive wurden vier Prinzipien rechtlich gesichert:

1. Die *Immunität der Abgeordneten*, die willkürliche Verhaftungen ausschloss und den Zugriff der Justiz für Taten von Abgeordneten außerhalb des Parlaments an die Zustimmung der Parlamentsmehrheit band.
2. Die *Indemnität* für Äußerungen in Ausübung der parlamentarischen Funktionen des Abgeordneten.
3. Die Autonomie, sich die *eigenen Verfahrensregeln* zu geben.
4. Das *Selbstversammlungsrecht* des Parlaments, um sich gegen willkürliche Parlamentsauflösung zu schützen.

Die Aufzählung der Verbriefung solcher Autonomierechte zeigte freilich, dass die bloße rechtliche Regelung noch keine Garantie gegen die Verletzung darstellte. Zwei Drittel bis drei Viertel aller Staaten mit Parlamenten haben diese Rechte festgeschrieben. Vor allem in der Dritten Welt, und neuerdings in den neuen Demokratien im Osten, werden sie jedoch noch längst nicht überall respektiert.[3]

Wenn Hierarchie und Markt als die Extrempole zweier Organisationsprinzipien gelten, so sind Parlamente irgendwo in der Mitte anzusiedeln. *Rational Choice-Studien* des legislativen Verhaltens haben Parlamente oft wie freie Märkte behandelt, auf denen Abstimmungshandel und *logrolling* (politischer Stimmentausch) blühen. Bei

---
3 Vgl. Olson/Norton (1997), Krumwiede/Nolte (2000); siehe auch die Dokumentation der Inter-Parliamentary Union (IPU) – http://www.ipu.org.

der individualistischeren und wahlkreisbezogenen Konzeption des Mandats im amerikanischen System hatte dies noch eine gewisse Berechtigung. Die hierarchischen Elemente in parlamentarischen Systemen sind allein durch den Handlungsverbund Regierung/Parlamentsmehrheit wesentlich stärker ausgeprägt. Man hat daher Legislaturen mit der Organisationsform von Firmen und nicht von Märkten verglichen. Im parlamentarischen System mit starken Parteien wird Zustimmung zu Gesetzen nicht, wie in einer Angebotsökonomie, starken organisierten Interessen verkauft. Hierarchische Elemente gut organisierter Gruppen, die für einen politischen Markt *policies* vorbereiten, sind in vielfältige Netzwerkaustauschbeziehungen eingebettet, wo ideologische nicht weniger als materielle Nutzenkalküle eine Rolle spielen können.

Die Geschäftsordnungen der Parlamente sind außerhalb des Westminstermodells meist konsensuell angelegt. Der Verfassungsstaat war generell im Menschenrechtsteil auf den *Schutz von Minderheiten* angelegt. Dies blieb nicht ohne Wirkungen auf die „parlamentarische Verfassung" der Beratungsprozedur. Zugleich musste die soziale Unabhängigkeit der Abgeordneten in zweierlei Hinsicht gesichert werden:

1. Diäten zur Angleichung der wirtschaftlichen Situation der Abgeordneten aus schlechter gestellten sozialen Verhältnissen.
2. Verhaltensvorschriften, um die Abgeordneten gegen die finanziellen Verlockungen mächtiger Interessenten zu schützen.

Wie bereits ein Blick auf die westeuropäischen Staaten zeigt, können Parlamente in verschiedenen Kammern organisiert sein. Ein Grud für die Unterschiede der heute anzutreffenden Formen findet sich in der geschichtlichen Entwicklung. Parlamente und Parlamentarismus entstanden in Repräsentativverfassungen, die nicht demokratisch genannt werden konnten. Je stärker die ständischen Relikte der Parlamente sich erhielten, umso mehr neigten Systeme zu einem Zweikammersystem. Nirgendwo in Europa hat sich ein Parlament erhalten, das mehr als zwei Kammern umfasst (in Schweden vier Kammern bis 1866), obwohl es immer wieder Bestrebungen gab, eine dritte Kammer der organisierten Interessen einzurichten. Autoritäre ständestaatliche Bestrebungen aber wurden rasch durch korporative Parlamente in faschistischen (Italien) oder faschistoiden Systemen (Franco-Spanien) diskreditiert. Das Zweikammersystem spiegelte ursprünglich den Gegensatz zwischen Adel und Bürgertum wider. Bei Präponderanz des Adels hat dieser die Bezeichnung „Erste Kammer" für das „Oberhaus" durchsetzen können (Niederlande, Schweden bis zur Abschaffung 1970). Normalerweise wird das Volkshaus, durch allgemeines Wahlrecht bestellt, als „Erste Kammer" bezeichnet. Der ständische Dualismus ist überwunden. Selbst Großbritannien, ein Land mit starken ständischen Relikten in seinem Oberhaus, hat dieses 1911 entmachtet und ihm eher deliberative und investigative Funktionen zugewiesen.[4]

---

4 Die *Royal Commissions,* die wichtige Funktionen bei der Vorbereitung von Gesetzen ausüben, sind in der Regel von einem Lord geleitet.

Mit der Demokratisierung der Systeme erschien eine zweite Kammer eigentlich überflüssig. Kleinere Länder wie Neuseeland (1950), Dänemark (1953) und Schweden (1970) haben daher konsequenterweise die erste Kammer abgeschafft. Große Änderungen des Systems wurden dadurch nicht bewirkt. In Schweden hat sich der Kampf um das Einkammersystem lange und erbittert vollzogen. Als die Verfassungsreform die Frage schließlich entschieden hatte, kam es zu Änderungen im Parteiensystem, welche die Arbeitsweise des Parlaments beeinflussten. Aber eigentlich konnte man diesen Wandel nicht dem Einkammersystem zuschreiben, sondern dem sozialen Wandel und der Abnahme der traditionellen Parteienindifikation. Selbst ein Land wie die USA, das schon bei der Gründung einem demokratischen System am nächsten kam, hat nicht auf eine zweite Kammer verzichtet und dem Senat sogar wichtige Sonderkompetenzen (wie Einfluss auf Ernennungen des Präsidenten) anvertraut.

Bei der *Klassifikation* sind zwei wichtige Anomalien zu beachten:

- Deutschland muss aufgrund der Kompetenzen des Bundesrats unter die Zweikammersysteme gerechnet werden. Aber rechtlich ist der Bundesrat keine zweite Kammer, auch wenn er in der Presse vielfach so bezeichnet wird.
- Norwegen und Island sind unechte Mischsysteme. Das norwegische Storting wählt ein Viertel der Abgeordneten in das „Oberhaus" (Odelsting); das isländische Parlament ein Drittel. Meinungsverschiedenheiten werden durch eine gemeinsame Plenarsitzung beider Halbkammern gelöst. In Norwegen gibt es sogar gemeinsame Ausschüsse in der Gesetzgebung.

3.1 Arbeitsteilung zwischen Plenum und Ausschüssen

Parlamente haben sich in der Zeit, da das Bürgertum im Elfenbeinturm einer zensitär gewählten Volksvertretung Präponderanz, also die Vormacht, im politischen System gewann und Doktrinen der Parlamentssouveränität sowohl gegen die Monarchen als auch gegen das Volk als Ganzes propagandistisch einsetzten, weitgehend nicht hierarchisch verstanden. Klassenunterschiede waren vielfach noch in den beiden Häusern des Zweikammersystems vertreten. Das Bürgertum dominierte in der Volkskammer. Das Bürgertum als „diskutierende Klasse" von konservativen Theoretikern wie Carl Schmitt verachtet, von linken Theoretikern wie Habermas als Vorbild für die modernen mediatisierten Parlamente – ein wenig unhistorisch – verklärt, verstand sich nicht als Spezialistengruppe. Das *Redeparlament* erschien als die normale Form der Beratung. Ausschüsse wurden ad hoc bestellt. Es ist kein Zufall, dass das älteste Parlament in Europa, das britische, noch am stärksten von dieser Form aufgeklärter Amateurberatung gekennzeichnet ist und lange keine spezialisierten Ausschüsse kannte.

Der klassische Parlamentarismus des 19. Jahrhunderts entsprach einer bürgerlichen Honoratiorengesellschaft mit geringer Ausdifferenzierung der internen Organisation und schwach entwickelter Hierarchie. Im Entwicklungsprozess können Parlamente als unabhängige oder abhängige Variable analysiert werden. Als unabhängige Variable profilierten sie sich gelegentlich in Regimewechseln, wie 1789, 1830, 1848, 1871ff. in Frankreich oder 1848, 1918 und 1949 in Deutschland. Es wurde jedoch nachgewiesen, dass sie selten an der Spitze eines revolutionären Regimewechsels standen. Bei paktierten Revolutionen, wie 1989 in Polen oder Ungarn, spielten die Parlamente jedoch wieder eine führende Rolle. Gleichwohl war die Kontinuität nach Diktaturen gering, weil neue Elitengruppen in den „founding elections" ins Parlament einzogen. Selbst bei den Postkommunisten wurden möglichst unbelastete Repräsentanten aufgestellt, um die Wahlchancen zu verbessern. Wo der Bruch radikal war, wie im Kollapsmodell Tschechien, waren nur fünf bis zehn Prozent der Abgeordneten in einem früheren Parlament sozialisiert worden, wobei dies als kommunistische Abstimmungsmaschine kaum ein wirkliches Parlament zu nennen war. Parlamente sind mit dem Sauerteig beim Bäcker verglichen worden: Es kommt ständig Neues hinzu, aber die „alten Hasen" bleiben und sozialisieren die Jugend (Sokol 1992). Dies war in Osteuropa nach 1989 nicht möglich. Daher mussten die neuen parlamentarischen Systeme die Entwicklung des Westens in wenigen Jahren noch einmal durchlaufen.

In klassischen Textbüchern wird gelegentlich noch eine Symmetrie von Plenar- und Ausschussarbeit unterstellt. Die Spanische Verfassung von 1978 erklärt lapidar: „Die Kammern nehmen ihre Aufgaben im Plenum und in den Ausschüssen wahr" (Art. 75.1). Das klassische Redeparlament gibt es kaum noch. Überall wird ein Niedergang der Plenardebatten verzeichnet. Auch diese unterliegen einem Prozess der Rationalisierung und Formalisierung. Die Geschäftsordnungen sind strikter geworden, während im Honoratiorenparlamentarismus ungern rigide Debattenschlussformen gewählt wurden, solange nicht obstruierende Minderheiten auftauchten (ethnische Minderheiten wie die Iren im britischen Parlament, Arbeitervertretungen auf dem Kontinent). Für Norwegen ist die These vertreten worden, dass die Plenardebatten im Niedergang begriffen seien, weil es unwahrscheinlich sei, dass sich etwas Überraschendes im Plenum ereigne.

Die Niedergangshypothese schließt die Reglementierung und Hierarchisierung der Plenardebatten ein. Es gilt die Daumenregel, dass ein Parlament umso einflussloser ist, je mehr Zeit es auf die Plenardebatte verwendet. Das ist z.B. der Fall in Großbritannien. Aber quantitativ lässt sich dies nicht auf die Trägheit einer modernen politischen Klasse zurückführen, wie rasche journalistische Denunziationen angesichts leerer Kammern gelegentlich unterstellen. Im internationalen Vergleich zeigte sich, dass Abgeordnete seit Mitte der 60er Jahre aktiver geworden sind, sie reden mehr, sie stellen mehr Fragen, sie bringen mehr Gesetzentwürfe ein und arbeiten härter in den Ausschüssen. Aber die Abgeordneten als Individuen können immer weniger allein entscheiden, wann und wie sie diese Aktivitäten entfalten.

Parlamentarische Beratung im Plenum und in den Ausschüssen ist die klassische Arena für neo-institutionalistische Rational Choice-Studien (Segal 1997). Diese betonen die individuellen Akteure. In den USA erscheint das richtiger als in Europa, weil die Parteikontrolle über die einzelnen Abgeordneten dort geringer ist, wie sich vor allem in der schwach entwickelten Parteidisziplin bei Abstimmungen zeigt. Aber in Amerika wurde der *legislative Leviathan* wiederentdeckt, der die Entscheidungen der Individuen präformiert. Er beruht auf der Steuerungsleistung der Parteien und einer gewissen Fraktionssolidarität. Die Spezialisierung und Hierarchisierung in den Ausschüssen sind ein wichtiges Einfallstor der *Steuerung durch die Fraktionen*. Aber die Stärke des Ausschusswesens lässt sich nicht direkt von der Existenz *organisierter Parteien* deduzieren.

Die Genesis des starken Ausschusswesens hat also nicht überall die gleiche Ursache: In Amerika war das Ausschusswesen durch Senioritätsregeln und sektorale Interessen gestärkt worden, in Europa hingegen vielfach durch die Entstehung parteilicher Kontrolle über Gruppen von Abgeordneten. Je archaischer die rechtlichen Grundlagen der Parlamente, umso weniger wurden die Ausschüsse geregelt. In den Verfassungen tauchten sie meist erst nach dem Zweiten Weltkrieg auf (BRD: GG Art. 44ff., Frankreich Art. 44, Griechenland Art. 65.2, Italien Art. 72, Portugal Art. 181, Spanien Art. 75). Daher haben sich in parlamentarischen Systemen große Unterschiede der Ausschussstruktur herausgebildet. Sie reichen von der Blankettgesetzgebung durch Ausschüsse (Italien) bis zum Typ des Parlaments, der die Ausschüsse ständig unter der Kontrolle des Plenums hält (Großbritannien). *Verkürzte Verfahren der Gesetzgebung*, in denen Ausschüsse zu Legislatoren werden können, sind aber in der Regel an ein Rückrufrecht der Steuerungszentrale gebunden. In Italien (Art. 72 Abs. 3) liegt das bei der Regierung, bei einem Zehntel der Mitglieder der Kammer oder einem Fünftel der Mitglieder des Ausschusses. In Spanien (Art. 75.2) kann das Plenum jederzeit die Debatte wieder an sich ziehen und eine Abstimmung über jeden übertragenen Gesetzesentwurf fordern. Außerdem sind vom verkürzten Gesetzgebungsverfahren wichtige Materien wie Verfassungsänderungen, internationale Fragen, „Basisgesetze" – ein dehnbarer Begriff – und der Staatshaushalt ausgenommen (Art. 75.3).

3.2 Netzwerke im parlamentarischen Entscheidungssystem

Neben dem informellen *Networking* einzelner Parlamentarier steht die förmliche Netzwerkbildung der kollektiven Akteure in den Ausschüssen. Die „gemütlichen Dreiecke" erweiterten sich dabei in einigen Ländern wie in den föderalen Staaten zu „ungemütlichen Vierecken", weil die *Vertreter der Gliedstaaten* in parlamentarischen Systemen mehr und mehr durch vertikale Politikverflechtung kompensieren, was ihnen auf der horizontalen Länderebene an Kompetenzen verloren gegangen ist. In europäischen Parteienstaaten spielen zudem die *Steuerungsgremien der Parteien* eine wichtige Rolle (Fraktionssitzungen, Arbeitsgemeinschaften, Klausurtagungen mit der Partei außerhalb des Parlaments).

Je breiter die Netzwerke angelegt sind, mit denen *Policy*-Koalitionen ihre Vorhaben über die parlamentarischen Hürden bringen, umso weniger dienen selbst die Ausschüsse noch als Plattform, die verschiedene Initiativen formell zusammenbringen.

Für die skandinavischen Parlamente wurde sogar behauptet, sie seien nicht einmal mehr wichtige Verhandlungsarenen (vgl. Pappi 1994). Als der Hauptfokus des Entscheidungsprozesses vorübergehend von den Parteien auf die Interessengruppen verlagert wurden und überall *korporative Aushandlungsmuster* außerhalb des Parlaments entdeckt wurden, ist auch die institutionelle Analyse parlamentarischer Gremien kleingeschrieben worden. Aber die korporatistischen Bäume sind nicht in den Himmel gewachsen. Rein korporatistische Entscheidungssituationen sind selten, und kaum ein Land ist nur einem Typ zuzuordnen *(vgl. den Beitrag von Czada in diesem Band).* Nicht in allen Arenen sind das Parlament und seine Ausschüsse gleich stark oder schwach.

Zwischen Staats- und Gesellschaftsdominanz lassen sich mehrere Zwischentypen ausmachen: die *Pantouflage* (1) wurde vielfach mit Frankreich identifiziert, obwohl auch dort nur wenige Arenen nach dem Modell der Dominanz staatlicher Akteure funktionierten. Nach dem Ende der Planungs- und Verstaatlichungseuphorie ist dieser Typ eines Politiknetzwerks auch in Frankreich auf dem Rückzug. Die *Dominanz von Parteikartellen* (Parentela-Beziehungen) oder *klientelistischen Beziehungen* (II und III) wurde seit LaPalombara (1987) als typisch für Italien angesehen. Der *liberale Korporatismus* (IV) schien in Schweden und Österreich am stärksten, aber auch Deutschland und Norwegen zeigten Züge dieses Modells. Die Typen *sponsored pluralism* und *iron triangles* (V) und *unbegrenzter Gruppenpluralismus* (VI) sind häufig mit den USA identifiziert worden.

Die Typologie der *Policies* (regulativ, distributiv, redistributiv) von Theodore Lowi ist auf parlamentarische Effizienzberechnungen angewandt worden. Etwas zu schematisch hat man „regulative" und „distributive" Systeme unterschieden. In regulativen Systemen scheinen Parlamente effizienter. Distributive Politiken tendieren dazu, sich in Gremien außerhalb des Parlaments zu verlagern. Parlamente und ihre Ausschüsse sind stark in herkömmlichen Kompetenzen, wie Regulierung durch Gesetze, Kontrolle des Staatshaushalts und – wie behauptet wurde – in der Kontrolle der Administration. Letzteres ist zweifelhaft geworden, seit die Implementation durch die Verwaltung aus dem passiven Zustand bloßen Gesetzesvollzugs herausgetreten ist und selbständige Aktionsspielräume erschloss, die auf die Gesetzgebung zurückwirken.

Moderne Parlamente, wie der Deutsche Bundestag oder der schwedische Reichstag, stellen in der Regel ein parteienstaatlich gesteuertes *Gremienparlament* dar. Archaischere Sozialverhältnisse, wie in Italien hingegen, ließen mehr Spielräume für individuelle Unternehmer in einem Fraktionen- und *Entrepreneursparlament*. Für solche Typen können Indikatoren gefunden werden, aber sie sind schwer quantifizierbar. Nur selten wurden wenigstens zwei Entscheidungsarenen – in einem Sektor – transnational hinsichtlich der Netzwerke verglichen (Liebert 1995).

4. Funktionen der Parlamente

Seit Bagehot (1963) sind viele Kataloge der Funktionen von Parlamenten angeboten worden. Bagehot hielt die *Wahlfunktion* für die wichtigste. Die *Artikulationsfunktion* (expressive function), die *Lehrfunktion* und die *Informationsfunktion* bezogen sich alle auf das Verhältnis der Abgeordneten zu ihren Wählern. Sie werden daher zweckmäßigerweise als Repräsentations- und Artikulationsfunktion zusammengefasst. Die Lehrfunktion ist nach einem breiten Konsens längst auf Parteien und Medien übergegangen. Schließlich stellte er die *Gesetzgebungsfunktion* als letzte heraus, obwohl Umfragen zeigen, dass der Bürger zuerst an Gesetzgebung denkt, wenn er das Wort „Parlament" hört. Vier Funktionen sollen hier herausgestellt werden. Ihr relatives Gewicht ist in der parlamentarischen Demokratie ein anderes als in gewaltenteilig angelegten Systemen wie dem präsidentiellen System der USA oder dem Schweizer Ratssystem:

1. im Verhältnis der Abgeordneten zu den Wählern: die Repräsentations- und Artikulationsfunktion,
2. im Verhältnis zur Regierung und zur Verwaltung: die Kontrollfunktion,
3. im Verhältnis zu den Bedürfnissen der Gesamtheit: die Gesetzgebungsfunktion,
4. im Verhältnis des Parlaments zu sich selbst: die Rekrutierungsfunktion.

4.1 Der Funktionenwandel in der parlamentarischen Demokratie

Die Gewichte der vier Grundfunktionen der Parlamente haben sich laufend verschoben. Die *Kontrollfunktion* erlebte einen Niedergang, die *Rekrutierungsfunktion* einen gewaltigen Aufstieg. Die *Repräsentations- und Artikulationsfunktion* hat sich – weit mehr noch als die *Gesetzgebungsfunktion* – gewandelt.

Die Parlamentarier sind ihren Wählern in der Sozialstruktur unähnlicher geworden. Was im Frühparlamentarismus „*virtuelle Repräsentation*" für die nicht Wahlberechtigten genannt wurde, ist im „Postparlamentarismus", von dem einige Autoren schon modisch sprechen, eher für die sozialen Bande zwischen Abgeordneten und Wählern zutreffend. Aber das Volk hat sich der Entwicklung angepasst und verlangt immer weniger, von Angehörigen der gleichen Region, des gleichen Geschlechts, des gleichen Berufs oder der gleichen sozialen Schicht vertreten zu werden.[5] Der Einfluss der Wähler auf die Auswahl der Repräsentanten ist nach wie vor von den Parteien und ihren aktiven Mitgliedern mediatisiert. Vorwahlen könnten die Kanalisierungsfunktion der Parteien zwar aushöhlen, wären aber von anderen Nachteilen (sinkende Wahlbeteiligung bei der eigentlichen Wahl) begleitet. Moderne Demokratien sind

---

5 Die Vorstellung, dass Parlamente allein vom männlichen Geschlecht konstituiert werden, ist jedoch kaum noch verbreitet, wie der wachsende Anteil weiblicher Parlamentarier zeigt (vgl. die Tabellen 1 und 2 im Anhang).

nicht nach der Gettysburg-Formel von Präsident Lincoln von Repräsentanten dirigiert, die Regierung *vom* Volk und *durch* das Volk ausüben. Die Abgehobenheit der Repräsentanten wird aber durch gesteigerte *responsiveness* und Sensibilität für die Wünsche der Wähler kompensiert. „Government *for* the people" hat in der modernen Stimmungsdemokratie eher zu- als abgenommen.

Dennoch wird die Entparlamentarisierung der Demokratie vielfach beklagt (Andersen/Burns 1996; von Beyme 1997). Sie hat eine *innenpolitische* Seite. Im Stadium der Politikformulierung sind Medien und wissenschaftliche Beratungsgremien, die mit den Ministerien zusammenarbeiten, erstarkt. Im Stadium der Entscheidung ist die Regierung überall der wichtigste Initiator der Gesetzgebung. Initiativen hinter den formellen Initiativen von Beiräten, Verfassungsgerichten oder internationalen Organisationen höhlen die Eigeninitiative der Parlamentarier in der Gesetzgebung weiterhin aus. Die Durchdringung der Arbeit von Ministerien und Parlamenten durch Interessengruppen verlagert bei schwierigen Entscheidungen die Vorbereitung in Runde Tische, Konzertierungsgespräche außerparlamentarischer Beratungsgremien und Arbeitsgruppen der Parteien. Aber das Parlament ist nicht nur das Stempelkissen, das die Entscheidungen von Netzwerken außerhalb des Parlaments ratifiziert. Parlamente – formell der institutionelle Sitz der Volkssouveränität – stellen den Rahmen für die Koordinierung der Netzwerke von Akteuren aus Parlamentariern, Parteistrategen, Interessengruppen, Ministerialbeamten und – in Bundesstaaten – die föderativen Einheiten. Die *„cosy triangles"* der frühen amerikanischen Parlamentsstudien aus Parlamentariern, Bürokraten und Interessenvertretern sind auch in den USA zu einem „ungemütlichen Viereck" erweitert worden, seit die Parteiensteuerung im „legislativen Leviathan" wiederentdeckt wurde. In Bundesstaaten wie Deutschland wirkt sich die Entparlamentarisierung auf Landesebene dahingehend aus, dass die Gliedstaaten umso eifriger im nationalen Entscheidungsprozess via Politikverflechtung mitwirken. Ein weiterer Akteur im *„ungemütlichen Fünfeck"* hat sich in die Netzwerke eingeschaltet.

Zur Entparlamentarisierung trägt auch die Ausweitung des *judicial review* von Akten der Parlamente bei. In keiner parlamentarischen Demokratie Europas erzeugt die bloße Drohung mit der Kontrollmacht des Verfassungsgerichts so viel vorauseilenden Gehorsam wie in Deutschland. Aber vergleichende Studien zeigen, dass dieser Aspekt der Verrechtlichung politisch-parlamentarischer Entscheidungen auch in anderen Ländern nicht zu unterschätzen ist. Vor allem in den neuen Demokratien Osteuropas, in denen der politische Prozess noch wenig konsolidiert war, haben die Verfassungsgerichte ihren Einfluss ausgedehnt. Das gilt selbst für Russlands schon dreiviertel-präsidentielles System. Der britischen Tradition der Parlamentssouveränität ist die Vorstellung der richterlichen Überprüfung der Akte des Parlaments besonders fremd, und doch hat sie ein Einfallstor über den Europäischen Gerichtshof auch in Großbritannien gefunden. Die Entparlamentarisierung ist zweifellos am härtesten für Großbritannien zu ertragen, weil die beschriebenen Prozesse alle gegen das majoritäre System eines souveränen Parlaments laufen.⁶ Wenn einst ein europäisches Wahlrecht geschaffen wird, ist zu erwarten, dass das britische System nicht weniger fragmentiert endet als die kontinentalen Konkordanzdemokratien.

Trotz dieser Entparlamentarisierungstendenzen im Bereich der Innenpolitik bleiben den Parlamenten wichtige Funktionen. Wo die Legislative nicht als Ganzes entscheidet, hat die parlamentarische Debatte symbolische Funktionen. Symbolische Politik ist seit Bagehots *„dignified parts"* als wichtig anerkannt worden, und es lässt sich in vielen Fällen nicht von den „effizienten Teilen" des Entscheidungszentrums abtrennen. Gesetzgebung wurde im Zeitalter der klassischen Moderne als rationale Maschinerie begriffen, sie gleicht aber eher einem Garten mit viel Wildwuchs. Immer wieder erschallt der Ruf, den Wildwuchs auf die von der Verfassung vorgegebene Rationalität zurückzustutzen. Der Versuch ist zum Scheitern verurteilt, und der institutionelle Wildwuchs der Nebenparlamente und -gremien ist vermutlich die einzige Möglichkeit, die verfassungsmäßig autorisiere Anlage des Entscheidungsprozesses nicht in eine Dauerkrise geraten zu lassen.

Die Entparlamentarisierung der Demokratien hat jedoch auch eine *außenpolitische* Ursache. In der Außenpolitik wird den Repräsentanten eine geringere *responsiveness* abverlangt als in der Innenpolitik, in der Abgeordnete zunehmend nach der Übereinstimmung in wichtigen Politikbereichen mit den Vorlieben der Wähler gemessen werden. Außenpolitik – wenn es nicht um „out of area-Einsätze" von Nato-Staaten oder den Beitritt zur Europäischen Union geht – ist den Wählern relativ fern. Hier sind neue Horizonte abgehobener Entscheidungen entstanden, vor allem durch die Europäisierung und die Globalisierung.

Nach einem in Europa konsensfähigen Demokratiemodell ist das Parlament der *institutionelle Sitz der Souveränität*. Europäische Staaten haben Souveränitätsverzichte auf sich genommen, aber meist nur zugunsten einer Ebene, der regionalen Ebene der Europäischen Union *(vgl. den Beitrag von Schmidt in diesem Band)*. Von der Europäischen Union gehen daher Impulse für die Gesetzgebung der nationalen Parlamente aus, die als legitim angesehen werden.

5. Abschließende Bemerkung

Dieser Beitrag betrachtet die Entstehung des Parlamentarismus in seinen unterschiedlichen institutionellen Formen und seinen begrifflichen Facetten. Hierbei wurden die sozialen Ursprünge und die dominierenden Akteure ebenso behandelt wie die grundlegenden Funktionen von Parlamenten. In einer komparativen Perspektive zeigten

---

6 Im 19. Jahrhundert kursierte das Bonmot, das englische Parlament könne mit einer Stimme Mehrheit alles machen, außer aus einem Mann eine Frau. Selbst das ist falsch geworden: Ein britisches Parlament kann in einem Gesetz, das Geschlechtsumwandlung zulässt, auch dieses ihm einst unzugängliche Problem lösen.

sich unterschiedliche Parlamentsprofile, die auf die Ausstattung mit unterschiedlichen Kompetenzen und Arbeitsweisen verweisen (z.B. Rede- und Arbeitsparlament) und in denen gleichfalls die Bedeutung der idealtypischen Funktionen variiert. Abschließend wurde aber auch auf gemeinsame Tendenzen hingewiesen, die auf einen allmählichen Machtverlust des Parlaments hindeuten. In weiteren Studien bleibt zu prüfen, inweiweit Parlamentsreformen, die in verschiedenen Ländern durchgeführt wurden, auch dazu dienen können, diesen Trend zu stoppen. Neben dem Ziel, das Parlament und den einzelnen Parlamentarier zu stärken, wird bei den vielen Reformbestrebungen darauf geachtet, seine Effizienz und Transparenz zu erhöhen. Die Entwicklung parlamentarischer Strukturen und Funktionen bleibt auch aus dieser Perspektive ein zentrales Thema der politikwissenschaftlichen Komparatistik.

Anhang

Tabelle 1a: Repräsentation von Frauen im Parlament – Anteil nach Regionen
(Stand Juli 2009)

	Unterhaus oder einzige Kammer	Oberhaus oder Senat	Beide Häuser zusammen
Nordische Länder/ Skandinavien	42,0	–	–
Nord- und Südamerika	21,3	19,4	20,9
Europa OSCE (mit nordischen Ländern)	20,5	18,6	20,2
Asien	19,3	19,4	19,3
Europa OSCE (ohne nordische Länder)	18,3	16,7	18,2
Afrika (Subsahara)	18,3	21,0	18,6
Pazifik	13,0	32,6	15,2
Arabische Staaten	9,7	7,0	9,1

Quelle: Inter-Parliamentary Union: Women in Parliaments: World and Regional Averages 31. July 2009, URL: http://www.ipu.org/wmn-e/world.htm (abgerufen am 10.09.09).

Tabelle 1b: *Repräsentation von Frauen im Parlament – Anteil nach Regionen (Stand August 1998)*

	Unterhaus oder einzige Kammer	Oberhaus oder Senat	Beide Häuser zusammen
Nordische Länder/ Skandinavien	36,7	–	36,7
Nord- und Südamerika	15,4	14,1	15,2
Europa OSCE (mit nordischen Ländern)	15,0	10,5	14,2
Asien	14,1	10,0	13,7
Europa OSCE (ohne nordische Länder)	12,7	10,5	12,3
Afrika (Subsahara)	11,4	12,5	11,5
Pazifik	9,9	21,8	11,8
Arabische Staaten	3,5	2,5	3,3

Quelle: Inter-Parliamentary Union: Woman in Politics 1945–2000. Genf 2000, 24.

Tabelle 2: *Repräsentation von Frauen im Parlament (Unterhaus oder einzige Kammer) – Anteil in ausgewählten Ländern (Stand Juni 2000 und Juli 2009)*

Land	Anteil 15.6.2000	Anteil 31.07.2009	Veränderung
Türkei	4,2	9,1	4,9
Japan	5,0	9,4	4,4
Brasilien	5,7	9,0	3,3
Russland	7,7	14,0	6,3
Indien	8,8	10,7	1,9
Frankreich	6,4	18,2	11,8
Italien	15,1	21,3	6,2
Irland	12,7	13,3	0,6
USA	10,9	16,8	5,9
Polen	13,0	20,2	7,2
Portugal	17,4	28,3	10,9
Großbritannien	18,4	19,5	1,1
Australien	22,4	26,7	4,3
Schweiz	23,0	28,5	5,5
Belgien	23,3	35,3	12,0
Spanien	28,3	36,3	8,0
Venezuela	28,6	18,6	–10,0
Neuseeland	30,8	33,6	2,8
Deutschland	30,9	32,2	1,3
Niederlande	36,0	41,3	5,3
Dänemark	36,0	38,0	2,0
Norwegen	36,4	36,1	–0,3
Ruanda	17,1	56,3	39,2
Israel	12,5	17,5	5,0
Schweden	42,7	47,0	4,3

Quelle: Inter-Parliamentary Union: Women in Parliaments: World Classification 31. July 2009, URL: http://www.ipu.org/wmn-e/arc/classif310709.htm (abgerufen am 10.09.09).

Literatur

Andersen, Svein S./Burns, Tom R., 1996: The European Union and the Erosion of Parliamentary Democracy: A Study of Post-Parliamentary Governance, in: *Svein S. Andersen/Kjell A. Eliassen* (Hrsg.): The European Union: How Democratic Is It? London u.a., 227–251.
Bagehot, W., 1963 (original 1867): The English Constitution. London.
Beyme, Klaus von, 1973: Die parlamentarischen Regierungssysteme in Europa. 2. Aufl., München.
Beyme, Klaus von, 1997: Der Gesetzgeber. Der Bundestag als Entscheidungszentrum. Opladen.
Beyme, Klaus von, 1999: Die parlamentarische Demokratie. Opladen.
Blondel, Jean/Thiébault, Jean Louis (Hrsg.), 1991: The Profession of Government Minister in Western Europe. Basingstoke.
Brunell, Thomas L./Grofman, Bernhard, 1998: Explaining Divided U.S. Senate Delegations, 1788–1996: A Realignment Approach, in: APSR 92 (2), 391–399.
Döring, Herbert (Hrsg.), 1995: Parliaments and Majority Rule in Western Europe. Frankfurt a.M./New York.
Döring, Herbert, 1996: Parlamentarische Kontrolle in Westeuropa, in: Aus Politik und Zeitgeschichte B 27, 3–19.
Esaiasson, Peter/Holmberg, Sören, 1996: Representation from Above. Members of Parliament and Representative Democracy in Sweden. Dartmouth.
Franklin, Mark/Norton, Philip, 1993: Does Parliament Matter? New York.
Gellner, Winand/Glatzmeier, 2004: Macht und Gegenmacht. Eine Einführung in die Regierungslehre. Baden-Baden.
Helms, Ludger, 1997: Wettbewerb und Kooperation. Zum Verhältnis von Regierungsmehrheit und Opposition im parlamentarischen Gesetzgebungsverfahren in der Bundesrepublik Deutschland, Großbritannien und Österreich. Opladen.
Hofmann, W./Riescher, G., 1999: Parlamentarismustheorien. Darmstadt.
Huntington, Samuel P., 1981: American Politics. The Promise of Disharmony. Cambridge/Mass.
Ismayr, Wolfgang (Hrsg.), 2008: Gesetzgebung in Westeuropa: EU-Staaten und Europäische Union. Wiesbaden.
Kluxen, Kurt, 1983: Geschichte und Problematik des Parlamentarismus. Frankfurt a.M.
Krumwiede, Heinrich W./Nolte, Detlef, 2000: Die Rolle der Parlamente in den Präsidialdemokratien Lateinamerikas. Hamburg.
LaPalombara, Joseph, 1987: Democracy. Italian Style. New Haven.
Laver, Michael/Shepsle, Kenneth A. (Hrsg.), 1994: Cabinet Ministers and Parliamentary Government. Cambridge.
Liebert, Ulrike, 1995: Modelle demokratischer Konsolidierung. Parlamente und organisierte Interessen in der Bundesrepublik Deutschland, Italien und Spanien 1948–1990. Opladen.
Loewenberg, Gerhard/Patterson, Samuel C., 1979: Comparing Legislatures. Boston.
Lohmann, Susanne, 1998: An Information Rationale for the Power of Special Interests, in: APSR 92 (4), 809–829.
Marschall, Stefan, 2000: Deutscher Bundestag und Parlamentsreform, in: APuZ B28, 13–21.
Marschall, Stefan, 2005: Parlamentarismus. Baden-Baden.
Meezey, Michael L., 1979: Comparative Legislatures. Durham.
Mielke, Siegfried/Reutter, Werner (Hrsg.), 2004: Länderparlamentarismus in Deutschland. Wiesbaden.
Norton, Philip, 1990: Parliaments in Western Europe. London u.a.
Norton, Philip (Hrsg.), 1998: Legislature and Legislators. Aldershot u.a.
Olson, David M., 1994: Democratic Legislative Institutions: A Comparative View. Armonk u.a.
Olson, David M./Norton, Philip (Hrsg.), 1997: The New Parliaments of Central and Eastern Europe. London u.a.
Pappi, Franz Urban (Hrsg.), 1994: Parteien, Parlamente und Wahlen in Skandinavien. Frankfurt a.M.
Patzelt, Werner J., 1995: Vergleichende Parlamentarismusforschung als Schlüssel zum Systemvergleich, in: *Winfried Steffani/Uwe Thaysen* (Hrsg.): Die Rolle der Parlamente. Sonderband der Zeitschrift für Parlamentsfragen. Opladen, 355–385.

Patzelt, Werner J., 1999: Ein latenter Verfassungskonflikt? Die Deutschen und ihr parlamentarisches Regierungssystem, in: Politische Vierteljahresschrift 39 (4), 725–757.
Patzelt, Werner J. (Hrsg.), 2001: Parlamente und ihre Symbolik. Wiesbaden.
Patzelt, Werner J. (Hrsg.), 2003: Parlamente und ihre Funktionen. Institutionelle Mechanismen und institutionelles Lernen. Wiesbaden.
Reck, Brigitte, 2003: Between Democracy and Technocracy. The Role of Expertise for the European Parliament.
Recker, Marie-Luise (Hrsg.), 2004: Parlamentarismus in Europa. Deutschland, England und Frankreich im Vergleich. München.
Schneider, Hans-Peter/Zeh, Wolfgang (Hrsg.), 1989: Parlamentsrecht und Parlamentspraxis. Berlin.
Schütt-Wetschky, Eberhard, 1984: Grundtypen parlamentarischer Demokratie. Klassisch-altliberaler und Gruppentyp. Freiburg.
Segal, Jeffrey A., 1997: Separation-of-Powers Games in the Positive Theory of Congress and Courts, in: APSR 91 (1), 28–44.
Sokol, Jan, 1992: Ostmitteleuropa: ein Prüffeld demokratischer Institutionen, in: *Uwe Thaysen/Hans Michael Kloth* (Hrsg.): Wandel durch Repräsentation – Repräsentation im Wandel. Entstehung und Ausformung der parlamentarischen Demokratie in Ungarn, Polen, der Tschechoslowakei und der ehemaligen DDR. Baden-Baden, 131–138.
Steffani, Winfried (Hrsg.), 1995: Demokratie in Europa: zur Rolle der Parlamente. Opladen.
Steffani, Winfried, 1996: Semi-Präsidentialismus?, in: *Otto Luchterhandt* (Hrsg.): Neue Regierungssysteme in Osteuropa und der GUS. Berlin, 12–64.
Sydow, Gernot, 2005: Parlamentssuprematie und Rule of Law. Tübingen.
Zier, Matthias, 2005: Nationale Parlamente in der EU. Göttingen.

Demokratietypen, institutionelle Dynamik und Interessenvermittlung: Das Konzept der Verhandlungsdemokratie*

Roland Czada

1. Einleitung

Was unter dem Begriff Demokratie zu verstehen ist, darüber gehen nicht nur im Alltagsverständnis die Meinungen auseinander. Auch in der Wissenschaft gibt es ganz unterschiedliche Vorstellungen. Die Begriffe numerische Demokratie, deliberative Demokratie und Verhandlungsdemokratie bezeichnen prinzipiell unterschiedliche Verfahren zur Herstellung und Legitimation verbindlicher kollektiver Entscheidungen. In der numerischen Demokratie führt die Mehrheit der Stimmen zur Entscheidung, in der deliberativen Demokratie ist es die Überzeugungskraft von Argumenten und in der Verhandlungsdemokratie ist es der Interessenausgleich zwischen unterschiedlich legitimierten Staatsorganen, Regierungskoalitionen und gesellschaftlichen Verbänden. In der Wirklichkeit kann keine dieser Demokratieformen isoliert vorkommen:

Ein Austausch von Argumenten findet in der Politik zumeist zwischen Repräsentanten statt, setzt also eine auf Abstimmungen basierende Delegation voraus. Und selbst eine direktdemokratische Mehrheitsentscheidung beruht auf Stimmenwerbung und Diskussionen zwischen den Stimmbürgern. Umgekehrt beenden Abstimmungen häufig den Austausch von Argumenten, sei es, weil sie sich allgemeine Übereinstimmung realistischerweise eher selten einstellt oder einfach nur deshalb, weil sich ein diffuser Richtungskonsens nicht wie ein numerisches Abstimmungsergebnis einspruchsfest protokollieren lässt. Schließlich werden auch Verbandsakteure, die Vereinbarungen untereinander und mit einer Regierung tauschförmig aushandeln, in der Regel in vorangehenden Abstimmungen zu dieser Art des Stellvertreterhandelns ermächtigt, und ihre Vereinbarungen müssen im Fall tripartistischer, zwischen Regierungen, Gewerkschaften und Wirtschaftsverbänden ausgehandelter Tauschpolitiken durch parlamentarische Mehrheitsabstimmung legitimiert werden. „Abstimmung", „Deliberation" und „Verhandeln" *(Bargaining)* bedingen sich also in demokratischen Prozessen der Entscheidungsfindung stets wechselseitig und sind daran in unter-

---

* Den Teilnehmern eines Seminars am Max-Planck-Institut für Gesellschaftsforschung, Köln, und am *Political Science Department* der Universität Kapstadt danke ich für hilfreiche Hinweise. Weiterer Dank gilt Joachim Lauth und Sven Jochem, die kritische und ermutigende Kommentare beisteuerten.

schiedlicher Intensität beteiligt. Daraus resultieren Probleme der Theoriebildung, weil sich diese drei Demokratiedimensionen nicht ohne weiteres in einen stringenten Modellzusammenhang stellen lassen.

Die aus der Mehrdimensionalität demokratischer Prozesse resultierenden begrifflichen Probleme treten in der empirischen Demokratieforschung besonders deutlich hervor. Beim Vergleich von Demokratien stellt sich zum einen das Problem, eine einheitliche Messlatte zu finden, die ein theoretisch begründetes und kohärentes Demokratiekonzept abbildet (Lauth/Pickel/Welzel 2000). Die oben skizzierten Demokratiedimensionen lassen sich kaum in ein einziges Messkonzept fassen. Die demokratietheoretische Debatte lässt sogar vermuten, dass es sich – normativ gesehen – um inkommensurable, d. h. in ihren Grundprinzipien unvereinbare Konzepte handelt. Zwar ließe sich ein mehrdimensionales empirisches Demokratiemodell aufstellen. Ob dies dann allen maßgeblichen Demokratievorstellungen gerecht wird, erscheint allerdings zweifelhaft. Der Vergleich offenbart zum anderen, unabhängig von dem jeweils verwendeten Demokratiemodell, dass die in der Wirklichkeit vorfindbaren Strukturen und Betriebsweisen demokratischer Institutionen in einem Ausmaß variieren, das bei typologisch verengter, rein theoretischer Betrachtungsweise verborgen bleibt. Insbesondere das Zusammenspiel von einzelnen Institutionen demokratischer Beteiligung und Entscheidung zeigt sich von Land zu Land höchst unterschiedlich, und es gibt bis heute keine Theorie, die etwa die dynamischen Wechselbeziehungen von repräsentativen, direktdemokratischen, deliberativen und verhandlungsförmigen Elementen eines politischen Gemeinwesens erfassen und erklären könnte. Diese Unterschiede sind nicht zuletzt auf besondere kulturelle Kontexte einzelner Länder zurückzuführen, die über die Ausbildung informeller Handlungsregeln die Funktionsweise von Verhandlungsdemokratien beeinflussen (Lauth 2010).

Im Folgenden werde ich auf die institutionelle Dynamik verhandlungsdemokratischer Systeme näher eingehen und für deren typologische Differenzierung plädieren. Der verhandlungsdemokratische Modus politischer Konfliktregelung hat gerade in den letzten Jahrzehnten ständig größere Aufmerksamkeit gefunden. Das Konzept der *Verhandlungs-* beziehungsweise *Konsensdemokratie* (vgl. Lijphart 1984, 1999) eignet sich in besonderer Weise für vergleichende Untersuchungen: zum ersten, weil es einen der am weitesten entwickelten Erklärungsansätze der empirischen Demokratieforschung darstellt, zum zweiten, weil es zahlreiche verfassungstheoretische Aspekte beinhaltet und zum dritten, weil hier sowohl Messkonzepte als auch international vergleichende Daten vorliegen. Was die verfassungstheoretischen Aspekte angeht, so erstreckt sich das Konzept der Verhandlungsdemokratie sowohl auf klassische Theorien der Machtkontrolle und Gewaltenteilung als auch auf neuere Ansätze institutionenökonomischer Rationalwahltheorien *(rational choice Institutionalismus)* wie dem Vetospieler-Ansatz und wohlfahrtstheoretischer *public choice*-Analysen.

2. Der Begriff der Verhandlungsdemokratie

Der Begriff "Verhandlungsdemokratie" beziehungsweise "Konsensdemokratie" (Lijphart 1999) bedeutet, auf eine kurze Formel gebracht, dass wesentliche politische Entscheidungen nicht mit Stimmenmehrheit, sondern auf dem Wege von Aushandlungsprozessen getroffen werden. Dahinter steht die realistische, in der normativen Demokratietheorie ebenso wie in der klassischen Regierungslehre oft vernachlässigte Vorstellung, dass Wähler- und Abstimmungsmehrheiten nur eine unter vielen verschiedenen Handlungsressourcen im politischen Prozess darstellen.

Tatsächlich umfasst das Konzept, so wie es nun von Lijphart (1999) und Schmidt (2000) verwendet wird, auch Entscheidungen, die nicht direkt am runden Tisch verhandelt, sondern von einzelnen Akteuren im Wissen um die Existenz mächtiger "Gegenspieler" im politischen System getroffen werden. Wenn zum Beispiel eine Gesetzgebungsmehrheit das Einspruchspotenzial eines Verfassungsgerichtes antizipiert oder eine Gewerkschaft ihre Lohnforderungen an der Stabilitätspolitik einer autonomen Zentralbank ausrichtet, kann streng genommen nur von einer virtuellen Verhandlungssituation gesprochen werden. Das Konzept umfasst insofern die positive, in direkten Verhandlungen erzielte, als auch die negative, auf dem Wege wechselseitiger Kenntnisnahme und vorausschauende Berücksichtigung erreichte Koordination autonomer politischer Akteure (Mayntz/Scharpf 1975: 145–150; Scharpf 1993). Das entscheidende Merkmal von Verhandlungsdemokratien liegt also in der Bedeutung politischer Handlungsressourcen, die nicht aus Wahlen und Abstimmungen hervorgehen. Je mehr politische Akteure mit solchen *gegenmajoritären* Handlungsressourcen an der Politikentwicklung beteiligt sind, umso mehr kann ein politisches System als Verhandlungsdemokratie qualifiziert werden.

Der Begriff "Verhandlungsdemokratie" findet sich erstmals in der 1970 erschienenen Dissertation von Leonhard Neidhart "Plebiszit und pluralitäre Demokratie". Dieser beschreibt, wie die Einführung direktdemokratischer Initiativrechte in der Schweiz zur frühzeitigen Einbindung aller jener politischen Kräfte in den politischen Entscheidungsprozess geführt hat, die auf dem Referendumsweg diesen Entscheidungsprozess konterkarieren konnten (Neidhart 1970: 287 ff., 294). Die historische Studie zeigt beispielhaft, wie verfassungspolitisch bedingte Vetopositionen entstehen, in Blockaden und Immobilitätskrisen münden können und schließlich, in Reaktion darauf, ein auf Verhandlungen beruhendes System legislativer Vorentscheidung hervorbringen: Nach der Einführung des Gesetzesreferendums im Zuge der Verfassungsrevision der Jahre 1871 bis 1974 hatte sich in der Schweiz sehr schnell gezeigt, "daß im plebiszitär geöffneten System eine kontinuierliche Gesetzgebung gegen eine referendumsfähige Opposition auf die Dauer nicht möglich war, und dies führte zu einer allmählichen Integration aller referendumsfähigen Gruppen in das Bundesstaatssystem" (Neidhart 1970: 287). Am Ende dieser Entwicklung stand ein festgefügtes konsensdemokratisches Arrangement der Machtteilung in der Exekutive, wie es das politische System der Schweiz seit mehr als einem halben Jahrhundert kennzeichnet. Dieser Prozess ging einher mit einem Abbau politisch-ideologischer Distanzen im Parteiensystem, mit einer zunehmenden Organisation gesellschaftlicher Interessen, deren Vernetzung mit der politischen Administration und gleichzeitigen Ermächtigung zur sektoralen verbandlichen Selbstregulierung (Lehmbruch 1991). Die Betriebsweise eines solchen von Machtteilung, Kompromiss und Einvernehmen gekennzeichneten politischen Systems beruht auf Verhandlungen zwischen gewählten Organisationseliten.

Der Vorgang, in dem neu geschaffene Volksrechte eine Vetostruktur hervorbrachten, die zunächst den politischen Prozess unberechenbar machten, und schließlich ein informelles, auf Verhandlungen beruhende Vorentscheidersystem entstehen ließ, ist deshalb erwähnenswert, weil hier die *institutionelle Dynamik* politischer Systeme besonders deutlich wird. Das Vorentscheidersystem, in dem alle konflikt- und organisationsfähigen Akteure vertreten sind, entstand im Schatten des Mehrheitsprinzips. Dessen anhaltende Wirkung wird auch in jüngsten Entwicklungen deutlich: Veränderte parlamentarische Mehrheitsverhältnisse lassen die exekutive Machtteilung auch in scheinbar fest etablierten Verhandlungsdemokratien wie der Schweiz nicht unbeeinflusst (vgl. Frölich-Steffen 2007).

Eine institutionelle Eigendynamik lässt sich an jedem politischen System beobachten. Generell wird man sagen können, dass konstitutionelle Dynamiken mit höherer Wahrscheinlichkeit in „Verhandlungsdemokratien" auftreten (Brennan 2001). Die USA mit einer seit über 200 Jahren kaum veränderten, auf eine *bargain democracy* (Cooter 2000), hinauslaufenden Verfassung sind dafür ein prominentes Beispiel. Theodore Lowi (1979: 271–313) spricht in der zweiten Auflage seines Buches „The End of Liberalism" von der zweiten, dritten oder gar vierten amerikanischen Republik, die in stetiger Abfolge und im Rahmen der unveränderten Verfassungsprinzipien von 1787 entstanden seien. Er beschreibt Entwicklungen die, obwohl sie sich nahezu unbemerkt einstellten, den Befund einer konstitutiv veränderten Republik rechtfertigen. Hierbei nennt er die Anwendung neuer, die Gesellschaft und den Staatsapparat verändernder Politikstrategien des *New Deal* der dreißiger Jahre. Eine bedeutende Neuerung bestand im Aufkommen des *regulatory state* nach der Jahrhundertwende, in dem Gesetze (*rules*) zunehmend durch regulative Standards ergänzt oder sogar ersetzt wurden. Dadurch änderten sich die Beziehungsstrukturen in der Staatsverwaltung und zwischen den Verfassungsorganen. Eine weitere wichtige Quelle der amerikanischen Verfassungsdynamik rührt daher, dass der Oberste Gerichtshof (*Supreme Court*) die Gesetze der Staaten und des Bundes auf ihre Verfassungsmäßigkeit überprüfen kann. Freilich findet sich ein derartiges Prüfungsrecht nicht in der Verfassung. Es wurde von US *Chief Justice* Marshall 1803 eingeführt und entwickelte sich zu einem festen Bestandteil des amerikanischen politischen Systems. Die Vetospielerqualität des Obersten Gerichtshofes variierte im Zeitverlauf erheblich, obwohl die konstitutionellen Grundfesten der Verfassungsgerichtsbarkeit konstant blieben.[1]

---

1 Während der *Supreme Court* zwischen 1905 und 1935 Hunderte von Gesetzen auf der Basis seiner

Encarnación (1999) berichtet von einem komplexen Verhältnis zwischen Föderalismus und Korporatismus in Spanien. Dabei erzeugt die korporatistische Einbindung von Verbänden in den politischen Prozess ein zentralisierendes Gegengewicht zu den zentrifugalen Kräften des Föderalismus. Diese Komplementärbeziehung zwischen Föderalismus und Korporatismus schien umso wirkungsvoller zu sein, je mehr der spanische Föderalismus Züge eines Multinationalismus annahm. Unter dem Eindruck zunehmenden regionalen Autonomiestrebens schufen und nutzen die politischen Akteure korporatistische Konzertierungsgremien als Institutionen nationaler Integration und interregionaler Verständigung auf dem Feld der Wirtschafts- und Sozialpolitik.

Lehmbruch (1976) hat auf Unvereinbarkeiten von Wettbewerbsstrategien im Parteiensystem und bundesstaatlichen Kooperationszwängen zwischen den Ländern sowie im Bund-Länder-Verhältnis hingewiesen. Zugleich machte er deutlich, dass – solange sich an der verfassungsrechtlichen Stellung des Bundesrates beziehungsweise der Länder im Gesetzgebungsprozess nichts ändert – der Schlüssel zur Überwindung potenzieller Blockadesituation im Gesetzgebungsprozess bei unterschiedlichen Mehrheitsverhältnissen in Bundestag und Bundesrat im Parteiensystem liegt. Nun hat sich die herkömmliche, von zweieinhalb Parteien (zwei Großparteien CDU/CSU, SPD, ein potenzieller Juniorpartner FDP) bestimmte Koalitionsarithmetik durch das Aufkommen der GRÜNEN und das Erstarken der Linkspartei fundamental verändert. Dies dürfte, wenn Lehmbruchs These stimmt, nicht ohne Auswirkungen auf den politischen Prozess im föderalen Zweikammersystem bleiben.

Die Beispiele illustrieren die Dynamik in politischen Systemen, die nicht mehrheitsdemokratisch regiert werden, sondern auf Machtteilung und Verhandlungszwängen beruhen. Im Folgenden soll ein Vorschlag zur typologischen Systematisierung verhandlungsdemokratischer Systeme gemacht werden, der vor allem deren institutionelle Dynamikpotenziale berücksichtigt. Zu diesem Zweck werden zunächst die drei wesentlichen Ausprägungen der Verhandlungsdemokratie – Konkordanz, Korporatismus, konstitutionelle Vetostrukturen und Politikverflechtung – (Czada 2000) skizziert.

3. Ausprägungen der Verhandlungsdemokratie

3.1 Proporz- und Konkordanzsysteme

Als Proporz- oder später Konkordanzdemokratien bezeichnet Lehmbruch (1976: 7) politische Systeme, „die – demokratisch und parlamentarisch verfasst – dadurch charakterisiert sind, daß hier ein eigentümliches ‚Muster' *(pattern)* der Regelung von Konflikten zwischen den wichtigsten politischen Gruppen vorherrscht: Das Prinzip

---

Interpretation und Fortbildung des Verfassung für verfassungswidrig erklärte, zog er sich ab Mitte der 1930er Jahre auf die Überprüfung der Einhaltung des Willkürverbotes zurück.

der Mehrheitsentscheidung wird weitgehend zugunsten jenes Grundsatzes ausgeschaltet, der im Westfälischen Frieden ‚amicabilis compositio' heißt. Solches ‚gütliche Einvernehmen' als Konfliktregelungsmuster erfährt seine institutionelle Sicherung in der Regel so, daß die wichtigsten Gruppen in der Exekutive vertreten sind und durch umfangreiche Ämterpatronage ihren Einfluß auf die politischen Entscheidungen sicherstellen."

Diese Definition verweist auf eine Große Koalition der wichtigsten gesellschaftlichen Kräfte, die auf der Basis von Aushandlungsprozessen die Regierung stellen. Die Schweiz, Österreich und die Niederlande repräsentieren diesen Typus insofern, als dort zwischen 1945 und 1994 die nationalen Regierungen im Durchschnitt jeweils mehr als 60 Prozent der Stimmen im Parlament auf sich vereinigen. In den USA konnte dagegen die präsidentielle Administration in diesem Zeitraum nur auf 49,6 Prozent der Stimmen zählen, weil von Zeit zu Zeit die Mehrheit des Repräsentantenhauses nicht von der Partei des Präsidenten gestellt wurde. Ein weiteres Beispiel ist Schweden, wo die Regierungsparteien im Durchschnitt dieser Periode nur 47,3 Prozent der Parlamentsstimmen auf sich vereinen konnten. Dies ist Ausdruck mehrerer linker *Minderheitsregierungen*, die von der Kommunistischen Partei toleriert wurden. Generell ist in beiden Ländern die parteipolitische Polarisierung vergleichsweise hoch ausgeprägt.

Nach dem Kriterium „oversized government" wären die USA und Schweden keinesfalls als Konkordanzdemokratien zu klassifizieren. Was die von Lehmbruch betonte Proporz- beziehungsweise Kompromisskultur in der Exekutive betrifft, so sind solche Elemente in der amerikanischen Verwaltung gelegentlich anzutreffen, etwa bei der Berufung von Behördenleitern, insbesondere wenn es sich um kollegiale Leitungsorgane, wie bei den *Independent Regulatory Commissions* handelt. Meist sind solche Personalentscheidungen aber weder von einem parteipolitischen, noch von einem, andere Organisationen systematisch berücksichtigenden Proporzprinzip geleitet. Vielmehr versucht der Präsident durch turnusmäßige Neubesetzungen seine politische Linie zu stärken. Weiterhin spricht die *adversative*, mehr auf autoritative, gerichtsähnliche Streitschlichtung als auf paritätische Verhandlungen angelegte Verwaltungskultur der USA dagegen, das Land als Konkordanzdemokratie zu klassifizieren. Auch der Verweis auf das viel praktizierte parlamentarische *logrolling* – eine dem *do ut des*-Prinzip folgende Abstimmungspraxis, die verschiedenste Entscheidungsgegenstände verknüpft – sollte nicht als Indikator für parteipolitische Konkordanz gewertet werden. Das Abstimmungsverhalten folgt hier einer einfachen Reziprozitätsregel und dient lediglich der gegenseitigen Interessenbefriedigung von Abgeordneten und deren Klientelen. *Logrolling* steht dem kurzfristig arrangierten Tausch auf Spot-Märkten näher als dauerhaften, konkordanzdemokratischen Beziehungsnetzwerken. Sicher ruht auch die Konkordanzdemokratie auf Tauschkalkülen. Dabei stehen aber gemeinsame Stabilitätsinteressen und der generalisierte und langfristig angelegte, intertemporale Interessenausgleich im Vordergrund.

Wie in den USA sind auch in Schweden parteipolitische Proporzpraktiken in der Exekutive kaum anzutreffen. Vielmehr versuchte die sozialdemokratische Partei während ihrer langjährigen Regierungszeit beharrlich, die wichtigsten Verwaltungspositionen mit eigenen Parteigängern zu besetzen. Allenfalls könnten die parlamentarischen Expertenkommissionen zur Vorberatung von Gesetzesvorhaben *(utredningar)* als konkordanzdemokratische Elemente des politischen Systems betrachtet werden. Aber auch hier gilt, dass diese Kommissionen nicht nach einheitlichen Proporzregeln besetzt werden und weniger der Organisation des Parteienwettbewerbs als der frühzeitigen Einbindung von Interessengruppen und Experten dienen.

Im Fall der Konkordanzdemokratie ist der Parteienwettbewerb nicht nur gezügelt, sondern regelrecht überwölbt von speziellen Konsensbildungsgremien, die mehr oder weniger institutionalisiert sind. An die Seite, nicht unbedingt auch an die Stelle, des Parteienwettbewerbs tritt die Konsensbildung in einem Kartell von Parteieliten. Dies kommt etwa in der schweizerischen „Zauberformel" zum Ausdruck, nach der die Regierung unabhängig vom Ausgang der Wahlen aus allen wichtigen Parteien gebildet wird. Der Sinn einer solchen Konstruktion liegt in der Verhinderung struktureller Mehrheiten für den Fall einer inhomogenen Wahlbevölkerung. Scharpf (1997: 188) bescheinigt diesem System „die Verhandlungslogik des Coase Theorems zur Legitimation kollektiv bindender Entscheidungen". Das heißt: Konkordanzdemokratische Systeme dienen der Minimierung externer Effekte durch Interessenausgleich. Konsensstrategien sollen verhindern, dass die Kosten politischer Entscheidungen auf strukturelle Minderheiten abgewälzt und so die Legitimationsgrundlagen der Politik in einer fragmentierten Gesellschaft erodiert werden.[2]

Aus einer wohlfahrtsökonomischen Perspektive werden Parallelen zwischen *konkordanzdemokratischen* und *neokorporatistischen* Handlungslogiken und konstitutionellen Verflechtungsphänomenen sichtbar. Beide tendieren im Unterschied zu wettbewerbsdemokratischen Systemen, die auf der *Mehrheitsregel* basieren, zur *Einstimmigkeitsregel*. Bei näherer Betrachtung lässt sich aber leicht feststellen, dass ein faktisch wie immer ausgestalteter Einigungszwang im engeren staatlichen, formal-konstitutionellen Bereich anders funktioniert als in neokorporatistischen Verhandlungsnetzwerken oder zwischen Koalitionsparteien. So haben wir es im Falle innerstaatlicher Gewaltenteilung mit *konstitutionellen* Vetos zu tun, die gerade nicht ein aktuelles politisches Kräfteverhältnis im Parteien- und Verbändesystem abbilden, sondern auf Dauer gestellte, institutionalisierte Ziele zur Geltung bringen sollen. Dies wären zum Beispiel die Beteiligung verschiedener Ebenen des politischen Systems an Regierungsentscheidungen im Fall des Föderalismus, die Rechtsstaatskontrolle im Fall der Verfassungs-

---

2 Ein Nebeneffekt besteht darin, dass Verhandlungsdemokratien die Konflikttransformation in Positivsummenspiele fördern und allein wegen der sie tragenden *Maximum-Winning-Coalitions* paretooptimale Entscheidungen bevorzugen – allerdings auf Kosten der Reibungslosigkeit und Schnelligkeit von Entscheidungen und unter Ausschaltung oder zumindest erhebliche Erschwerung von Umverteilungsentscheidungen.

gerichtsbarkeit oder Geldwertstabilität im Fall der Zentralbankautonomie. Solche *gegenmajoritären Institutionen* unterliegen anderen Handlungslogiken als Abstimmungszwänge in Parteienkoalitionen oder „tripartistischen" Bündnissen. Der wesentliche Unterschied liegt darin, dass das Veto eines konstitutionellen Organs nicht mit der Drohung oder Ausübung einer Abwanderungsoption verbunden ist. Das Verfassungsgericht betreibt nicht die Auflösung eines politischen Bündnisses, wenn es eine parlamentarische Mehrheitsentscheidung aufhebt. Der Bundesrat verändert nicht seine Position in einem Verhandlungsnetzwerk, wenn die Stimmenmehrheit seiner Mitglieder die Politik der Bundesregierung blockiert. In konkordanzdemokratischen und korporatistischen Verhandlungsinstitutionen würde eine solche Obstruktionspolitik die Fortexistenz dieser Institutionen bedeuten. Hier gewinnt eine Partei oder ein Verband seine spezifische Verhandlungsposition aus der Möglichkeit, die Zusammenarbeit aufzukündigen, ein *Policy*-Netzwerk zu verlassen und damit dem politischen Prozess neue Spielregeln aufzuzwingen.

3.2 Neokorporatistische Verbändeeinbindung

Als „Korporatismus" bezeichnen wir die auf Kontinuität abzielende Beteiligung von Interessengruppen an der Formulierung und Implementation von politischen Programmen und zwar auf der Basis von Interorganisationsnetzwerken zwischen Regierung und politischer Verwaltung einerseits und zentralisierten gesellschaftlichen Verbänden andererseits. Die Interessenvermittlung und Politikausführung im Verbund von Staat, Gewerkschaften und Unternehmerverbänden zur Lösung makroökonomischer Probleme wie Inflation und Arbeitslosigkeit war in den 70er Jahren Ausgangspunkt einer weitläufigen politikwissenschaftlichen Korporatismusforschung. In diesem Zusammenhang sind Überlegungen zum sektoralen oder „Meso"-Korporatismus besonders hervorzuheben. Dieser umfasst die sektorale Beteiligung von Verbänden an der Politikentwicklung zum Beispiel im Gesundheitssektor, in den Alterssicherungssystemen, in der technischen Sicherheitsregulierung bis hin zu „Privaten Interessenregierungen" (Streeck/Schmitter 1985) und ihre ökonomischen Lenkungsfunktionen in einzelnen Politikbereichen. Solche Formen des sektoralen Korporatismus reichen meist historisch sehr weit zurück und unterscheiden sich wesentlich von sektor- und politikfeldübergreifenden tripartistischen Konzertierungsnetzwerken.

Der sektoral segmentierte Meso-Korporatismus, wie er vor allem in Deutschland traditionell stark ausgeprägt ist, kann die transsektorale (makro-korporatistische[3])

---

3 Die Unterscheidung der Ebenen korporatistischer Konfliktregelung stammt ursprünglich von Wassenberg (1982). Er betont, dass die auf der lokalen, Kammer- und Unternehmensebene angesiedelte, mikro-korporatistische Konfliktregelung zwischen Kapital und Arbeit anderen Handlungslogiken gehorcht als die meso-korporatistische Kooperation in der Struktur- und Regionalpolitik, und diese wieder anderen als die makro-korporatistische Abstimmung (Konzertierung) gesamtwirtschaftlicher Politiken.

Konzertierung von Staat, Gewerkschaften und Arbeitgebern zur Erreichung gesamtwirtschaftlicher, insbesondere arbeitsmarkt- und sozialpolitischer Ziele sogar empfindlich stören. Dies ist besonders dann der Fall, wenn der sektorale Korporatismus die wechselseitige Abschottung von Politikfeldern verstärkt. Dies geschieht dadurch, dass autonome korporatistische Politiknetzwerke etwa in der Struktur- und Regionalpolitik, Rentenpolitik oder der Gesundheitspolitik entstehen, die gegenüber den Belangen einer gesamtwirtschaftlich abgestimmten Politik eigene Interessenpositionen behaupten können.[4]

Während Konkordanzdemokratie als Gegentypus zum Mehrheitsprinzip der Wettbewerbsdemokratie definiert wird, gilt die Inkorporation von Verbänden in Strukturen und Prozesse der Politikentwicklung als eine Alternative zur pluralistischen Einflusspolitik. Verhandlungen zwischen der Regierung und hochzentralisierten, mit Repräsentationsmonopolen ausgestatteten Verbänden ersetzen hier das pluralistische Kräftemessen zwischen einer Vielzahl von Interessengruppen um Einfluss auf die staatliche Politik. Während Konkordanzdemokratien den Parteienwettbewerb zügeln und übergroße Koalitionen bevorzugen, ist Korporatismus durch die oft staatlich initiierte und angeleitete Moderation von Verteilungskonflikten zwischen Produzentengruppen gekennzeichnet.

Die korporatistische Einbindung der Produzentenverbände in den politischen Entscheidungsprozess variiert nach Politikfeldern und gesellschaftlichen Subsystemen. Er ist in den als hoch korporatistisch klassifizierten Ländern (Schweden, Österreich, Norwegen, Niederlande, Dänemark) vor allem in der Wirtschafts- und Sozialpolitik stark ausgeprägt. Daneben können in anderen Politikfeldern Formen pluralistischer Einflusspolitik fortbestehen, bei der eine Vielzahl konkurrierender mehr oder weniger gut organisierter Interessengruppen von außen Druck auf die politischen Entscheidsträger ausübt.

Zur Messung des Ausmaßes korporatistischer Verbändeeinbindung werden gemäß der Definition von Schmitter (1974) vor allem Strukturmerkmale der Verbände und des Verbändesystems herangezogen. Demnach bilden eine begrenzte Anzahl nicht konkurrierender, auf Mitgliedschaftszwang beruhender, funktional differenzierter und hierarchische geordneter Verbände den idealtypischen Unterbau für ein *korporatistisches Verbändesystem*. Staat-Verbändebeziehungen sind im idealtypischen Fall von der staatlichen Anerkennung verbandlicher Repräsentationsmonopole gekennzeichnet, die im Austausch gegen staatliche Kontrolleinflüsse bei der Führungsauslese und Interessenartikulation der Verbände gewährt werden. Ein *pluralistisches System der Interessenvermittlung* beruht demgegenüber auf Interessenvielfalt, Freiwilligkeit der Mitgliedschaft und Wettbewerb zwischen Verbänden, wobei die Grenzen zwischen Interessengruppen undeutlich und fließend bleiben sowie Mehrfachmitgliedschaften als

---

4 Die Konstruktion von Korporatismusskalen, in denen die sektorale und transsektorale Dimension korporatistischer Interessenvermittlung nicht unterschieden werden, erscheint vor diesem Hintergrund mehr als fragwürdig.

Regel gelten. Idealtypische pluralistische Staat-Verbändebeziehungen enthalten keinerlei staatliche Begünstigung oder andere Formen staatlicher Einmischung in Verbändeangelegenheiten. In stilisierter Form könnte das Konzept korporatistischer Politikentwicklung als eine Monopoltheorie der politischen Interessenvermittlung bezeichnet werden, die diesen Typus von einer pluralistischen Wettbewerbstheorie der Politik abhebt (Czada 1994).

Es ist offenkundig, dass ein im Rahmen der Konkordanzdemokratie reduzierter Parteienwettbewerb korporatistische Arrangements zwischen Staat und Verbänden begünstigt. Wenngleich auch hier der Fall denkbar ist, dass aufgrund sozio-politischer Segmentierung parteipolitische Proporzpraktiken existieren, während aus genau den gleichen Gründen korporatistische Arrangements scheitern. Ein Beispiel wäre Belgien, das zwar im Querschnitt der Nachkriegszeit (zwischen 1945 und 1994) übergroße Regierungskoalitionen (mehr als 60 Prozent der Stimmen im Parlament) aufweist. Zu neokorporatistischen Arrangements kam es hier gleichwohl nicht, weil die Gewerkschaftsbewegung ethnisch und konfessionell gespalten ist und daher organisatorisch nicht für die Herausbildung makro-korporatistischer Strukturen gerüstet war. Hinzu kommt ein regionales Gefälle, weil die mit je eigenen Verbänden operierenden französischsprachige wallonische und flämische Regionen ganz unterschiedliche Wirtschaftsstrukturen aufweisen.

Überwiegend erscheinen aber Konkordanzdemokratie und Korporatismus vor allem in Österreich, den Niederlanden und der Schweiz als einander ergänzende Mechanismen politischer Konfliktregelung. Die Verhandlungszwänge zwischen mit Vetomacht ausgestatteten Verfassungsorganen als dritte Ausprägung verhandlungsdemokratischer Strukturen weisen indessen keine derartigen Kompatibilitäten auf. Diese mit parteipolitischer Konkordanz und Neokorporatismus in einen Topf zu werfen, verursacht erhebliche Probleme, wie der folgende Abschnitt zeigen soll.

3.3 Konstitutionelle Vetopunkte und Mehrebenenverflechtung

Politikverflechtung bezeichnet in erster Linie konstitutionelle Arrangements, in denen die Regierungsmacht zwischen verschiedenen staatlichen Organen formal geteilt ist, deren Repräsentanten der gleichen oder teilweise gleichen Wählerschaft verantwortlich sind (Scharpf 1997: 190). Darunter fallen Systeme des Verbundföderalismus, in denen bundesstaatliche und gliedstaatliche Gesetzgebungskompetenzen miteinander konkurrieren, sich wechselseitig überlappen oder gemeinsam ausgeübt werden. Die daraus resultierenden Verhandlungszwänge betreffen nicht nur Nationalstaaten, sondern zunehmend supranationale Zusammenschlüsse wie die Europäische Union sowie Internationale Regime, in denen politische Entscheidungen vertikal, über mehrere Ebenen hinweg, verflochten sind (vgl. Scharpf 1985; Pelinka 2010). Nur in diesen Systemen besteht der von Lehmbruch (1976) beschriebene Strukturbruch zwischen dem politischen Wettbewerb um Einfluss einerseits und der aus Einigungszwängen resultierenden Verhandlungslogik zwischen Legislativorganen andererseits. Ein klassisches Beispiel bildet die föderale Entscheidungsverflechtung im deutschen Bundesstaat, genauer: die Situation unterschiedlicher Parteienmehrheiten im deutschen Bundestag und Bundesrat.[5] Die Möglichkeit der politischen Blockade besteht indessen nicht nur zwischen föderativen Verfassungsorganen. Daneben sind eine Reihe weiterer, ähnlicher Konstellationen etwa zwischen Regierung und Zentralbank oder zwischen Legislativorganen und einem Verfassungsgericht oder im Trialog von Ministerrat, Kommission und EU-Parlament im europäischen Gesetzgebungsprozess vorstellbar, je nachdem welche Kompetenzverteilung eine Verfassung für ein jeweiliges Regierungssystem vorsieht.

Für den Fall, dass die Regierungsmacht auf Verfassungsorgane mit entgegengesetzter parteipolitischer Ausrichtung verteilt ist, hat sich in den USA der Begriff *divided government* eingebürgert. Dort meint er nicht die föderale Gewaltenteilung, sondern das Verhältnis von Präsident und Kongress. In den USA ist auch von *separation of powers* und vermehrt von „veto points" (Tsebelis 1995; Immergut 1990) im Verfassungsgefüge die Rede *(vgl. den Beitrag von Croissant in diesem Band).* In der Literatur sind etliche Vetokonstellationen behandelt worden. Als prinzipielle Vetomächte sind der Präsident bzw. das Staatsoberhaupt, Parlament, Legislativorgane, föderative Organe, Gerichte, Koalitionsparteien und die Streitkräfte genannt worden. Haggard/McCubbins (2000) unterscheiden die folgenden Verfassungs- beziehungsweise Systemmerkmale, welche die Möglichkeit politischer Blockade beinhalten: *Präsidentialismus* mit der Frontstellung von Präsident und Parlament; *Bikameralismus* mit der Frontstellung zwischen legislativen Verfassungsorganen; *Föderalismus* mit der Frontstellung zwischen politischen Entscheidungsebenen; *Richterliche Normenkontrolle* mit der Frontstellung zwischen Regierungsorganen und Verfassungsgericht; *Militarismus* mit der Frontstellung von Regierungsorganen und Streitkräften.

Das Kennzeichnende der hier aufgezählten Vetokräfte besteht darin, dass sie den Staat fragmentieren und damit als Wirkungseinheit schwächen. Ein Großteil der Forschungsbeiträge befasst sich mit den Folgen solcher Vetostrukturen für die Politikentwicklung. Das Vorhandensein von Vetokräften gilt dabei als eine mehr oder weniger große Hürde für Reformpolitik (Lehmbruch 1976; Scharpf 1985; Haggard/McCubbins 2000; Tsebelis 2002).

Im Fall der USA kann von einem *multikammeralen Regierungssystem* gesprochen werden, in dem der Gesetzgebungsprozess von Senat, Repräsentantenhaus und Präsident beherrscht wird. Jede dieser Instanzen verfügt über Vetokräfte im Prozess der Politikentwicklung. Ein solches Mehrkammersystem erzeugt aber nicht nur konstitutionelle Vetopunkte; es fördert auch Vetostrategien von Minderheiten innerhalb der Legislativorgane.[6]

---

5 Vom Bundestag verabschiedete Gesetze, die der Zustimmung des Bundesrates bedürfen, können im Konfliktfall nicht oder nur verzögert wirksam werden, es sei denn, beide Kammern einigen sich in Verhandlungen auf einen gemeinsamen Gesetzestext.
6 So nutzten Minderheiten im amerikanischen Senat häufig ihre unbegrenzte Redezeit, die nur mit

Zwar handelt es sich auch im Fall der USA um ein verflochtenes Entscheidungssystem *(joint decision system)*, das entsprechende Verhandlungszwänge erzeugt. Aus einer politischen Systemperspektive, die auf institutionelle Konfigurationen abhebt, zeigen sich jedoch im internationalen Vergleich deutliche Unterschiede in der Betriebsweise, je nachdem welche politischen Akteure – staatliche, legislative, exekutive, parastaatliche, gesellschaftliche etc. – in welcher Weise miteinander verflochten sind. Entscheidende Unterschiede bestehen in den Parteien- und Wahlsystemen sowie in den Parteiorganisationen. Zum Beispiel sind die amerikanischen „Allerweltsparteien" intern hoch differenziert und bieten einzelnen Abgeordneten und kleinen Abgeordnetengruppen weit mehr Möglichkeiten, die Gesetzgebung empfindlich hinauszuzögern oder gar zu blockieren, als dies in den europäischen Konkordanzdemokratien mit ihrer Parteidisziplin und Kompromisskultur der Fall ist. Die geringere organisatorische Geschlossenheit der amerikanischen Parteien ist im Übrigen auch mit einzelstaatlichen Verfahrensvorschriften zur Kandidatenauswahl mittels obligatorischer Vorwahlen zu erklären. Solche auf innerparteiliche Demokratie hinzielenden staatlichen Eingriffe sind gerade nicht geeignet, autonome – intern verpflichtungsfähige und im Außenverhältnis handlungsfähige – korporative Akteure zu schaffen, ohne die konkordanzdemokratischen Arrangements auf Dauer scheitern müssen.

Ein wichtiges Vetopotenzial, das in der vergleichenden Politikforschung bislang nicht die verdiente Beachtung gefunden hat, liegt in *direktdemokratischen* Beteiligungsrechten (vgl. Schmidt 2000: 350; Czada/Lehmbruch 1990: 75 f.). Sie können – theoretisch gesehen – parlamentarische Entscheidungsverfahren konterkarieren und zur Bildung von Vetokoalitionen gegen die Regierung beitragen. Diese Veto-Logik scheint besonders dann zutreffend, wenn, wie in der Schweiz, Möglichkeiten der *Volksinitiative* und des Gesetzesreferendums leicht realisierbare und auf alle politischen Fragen anwendbare Beteiligungschancen eröffnen.

Mit dem Beispiel der Schweiz wird die Funktionsweise gemischter politischer Ordnungsformen angesprochen. Auch wenn in Sachstimmrechten das Mehrheitsprinzip in seiner reinsten Form verkörpert ist, kann doch die Koexistenz von parlamentarischer Mehrheitsregierung und direktdemokratischem Gesetzesreferendum zu einem politischen System führen, das letztlich gerade nicht von Mehrheitsentscheidungen, sondern von Verhandlungen geprägt ist. Ähnliche Auswirkungen können vom Zusammenspiel eines Mehrkammersystems mit Verfassungsgerichtsbarkeit, Zentralbankautonomie und föderativer Gewaltenteilung ausgehen. Hieran wird deutlich, wie die Betriebsweise eines politischen Systems aus der institutionellen Konfiguration und dem historisch erprobten Zusammenspiel seiner Teile erwächst.

Zweidrittelmehrheit zu brechen ist, um Gesetzesvorhaben zu Fall zu bringen *(senate filibuster)*. Im Einzelfall entstehen so Konsensschwellen, die letztlich nur Supermehrheiten überschreiten können. Eine kulturalisierte und in weiten Teilen auch institutionalisierte Verhandlungspraxis wie in den europäischen Konkordanzdemokratien, die frühzeitig alle potenziellen Vetokräfte in politische Entscheidungsverfahren einbindet, ist daraus aber nicht entstanden.

Konkordanzdemokratische Verfahren, wie sie in überdimensionierten Parteienkoalitionen praktiziert werden, schalten ebenso wie die neokorporatistische Verbändeeinbindung das Mehrheitsprinzip in der Regel nicht aus, sondern begrenzen es mehr oder weniger stark. Andererseits können vor allem verfassungspolitische Vetorechte das Mehrheitsprinzip auch gänzlich aushebeln. Als der republikanisch dominierte US-Kongress vor wenigen Jahren eine Einigung mit der demokratischen Präsidentschaft über den Bundeshaushalt monatelang blockierte, konnten hunderttausende Staatsangestellte nicht weiterarbeiten, weil ihre Arbeitsverträge nicht verlängert wurden. Die „Politikverflechtungsfalle" schlägt in den USA seit Jahrzehnten vor allem auch in den Einzelstaaten immer wieder mit rabiaten Konsequenzen zu.[7]

Trotz aller Unterschiede der historischen Genese und heutigen Gestalt verhandlungsdemokratischer Arrangements, bestehen funktionale Ähnlichkeiten insbesondere zwischen Konkordanzdemokratie und Korporatismus. Ob durch eine *Maximum Winning Coalition* in der Form einer Allparteienregierung wie in der Schweiz, durch konfessionelle „Versäulung", wie einst in den Niederlanden oder durch neo-korporatistische Konzertierungs- und Konsensbildungsgremien; das Prinzip ist stets dasselbe: Es geht um die Organisation von Konsens im Schatten des Mehrheitsprinzips. Das Parlament behält in all diesen Systemen die Letztentscheidung, die es auf der Basis vorparlamentarischen Interessenausgleichs, also einer zwischen den Organisationseliten maßgeblicher gesellschaftlicher Gruppen ausgehandelten Konsensposition trifft. Scharpf (1997: 188) weist darauf hin, dass damit weder das Einstimmigkeitsprinzip noch gar formale Vetopositionen zwingend verbunden wären. Proporzdemokratie, Konkordanzdemokratie, Konsensdemokratie, *consociational democracy* oder wie immer man die von Lehmbruch und Lijphart analysierten Systeme benennen möchte, haben mit Phänomenen wie föderale Politikverflechtung nichts zu tun. Im Gegenteil: Die Schweiz, Österreich, die Niederlande oder die korporatistischen Phänotypen der Verhandlungsdemokratie in Schweden und Norwegen sind gerade nicht wie die USA, Deutschland und Frankreich durch gegenmajoritäre Institutionen oder Politikverflechtung zwischen Verfassungsorganen gekennzeichnet.

4. Zur Systematisierung der Debatte

4.1 Eine typologische Differenzierung der Verhandlungsdemokratie

Verhandlungsdemokratische Arrangements finden sich in unterschiedlichen politischen Arenen. Wie wir gesehen haben, reichen sie von der Parteienkonkordanz bezie-

---

7 Trotzdem scheint das *divided government* bei den Wählern nicht den Schrecken zu verbreiten, den man aus Sicht einer politischen Systemanalyse erwarten würde. Wahlforscher interpretieren den steigenden Anteil der Wähler, die bei Präsidenten und Gouverneurswahlen anders abstimmen als bei Parlamentswahlen, als eine rationale Strategie zur Eindämmung der Anmaßung von Politikern, über alles entscheiden und bestimmen zu wollen.

hungsweise Machtteilung in der Exekutive (Koalitionsregierungen) über Konzertierungsgremien an der Schnittstelle zwischen Staat und Gesellschaft (Korporatismus) bis zu Formen des *divided government* beziehungsweise der Interorgankontrolle zwischen Staatsorganen.[8] In jeder dieser Arenen verhandeln unterschiedliche Akteure: Parteien und Parteienregierungen, Gewerkschaften, Unternehmerverbände oder Legislativ- und Regierungsorgane miteinander. Auch die Ursachen und Funktionen verhandlungsdemokratischer Arrangements unterscheiden sich, je nachdem, welche Akteure in welchen Arenen beteiligt sind.

Im Folgenden werden die behandelten Varianten der Verhandlungsdemokratie anhand von Kategorien systematisch als Typologie entfalten, wobei die Unterschiede zwischen den drei Typen präzisiert werden (vgl. Tabelle 1). Parteienkonkordanz und Korporatismus konstituieren Verhandlungssysteme, die im Fall der Nichteinigung prinzipiell durch alternative Entscheidungsverfahren ersetzt werden können. Die Prinzipien der Wettbewerbsdemokratie und des Verfassungsstaates bilden daher eine Rückfallposition *(default option)* falls die genannten, eher informellen Arrangements der Machtteilung scheitern sollten. Zudem verstärken die Schatten des Mehrheitsprinzips und der Hierarchie den Konsensdruck in Parteikoalitionen und korporatistischen Bündnissen. Mehr noch: Die Einbindung von Verbänden in die Politikentwicklung geht häufig auf Initiativen von Regierung und Verwaltung zurück, die auf dem Wege der Konsultation, Kooptation und Delegation gesellschaftlichen Konsens

Tabelle 1: Dimensionen der Verhandlungsdemokratie

	Arena/Verhandlungsort	Akteure	Entstehungsbedingung	Funktion	Rückfallposition
Konkordanz	Parteiensystem Parteienregierung (Exekutive)	Parteien	gesellschaftliche Segmentierung	verhindert strukturelle Mehrheiten	Mehrheitsentscheidung *Schatten des Mehrheitsprinzips*
Korporatismus	Konzertierungsgremien	Regierung und Verbände	verbandliche Störpotenziale	löst Kollektivgutprobleme	Rein staatliche Politikentwicklung *Schatten der Hierarchie*
Politikverflechtung *(constitutional veto)*	Legislative	Legislativorgane Staatsorgane, Regierungen	konstitutionelle Vetostrukturen, funktionale Jurisdiktionen, Mehrebenenverflechtung	Interorgankontrolle konstitut. Gewaltenteilung, Besitzstandswahrung	Nichteinigung bzw. Status quo-Erhalt *Politikverflechtungsfalle*

---

8 Hier sind es teils komplizierte Einspruchsrechte und Abstimmungserfordernisse im Bereich der Gesetzgebung (föderative Gewaltenteilung, Bikameralismus), der juristischen Normenkontrolle (Verfassungsgerichtsbarkeit) und der Delegation von Aufgaben an autonome Behörden (Zentralbankautonomie).

mobilisieren oder sogar Brückenköpfe in der Gesellschaft schaffen, die den Prozess der Politikentwicklung und -implementation erleichtern sollen. Es erscheint daher zweifelhaft, ob hier überhaupt Vetostrukturen im Sinne eines *divided government* (Tsebelis 1999) vorliegen. Parteienkonkordanz und Korporatismus sind im Allgemeinen zeitlich eher instabile, wenn nicht sogar ephemere, stets von Auflösung bedrohte Arrangements, die, wenn sie nicht institutionell fest verankert sind, ständiger aktiver Konsensmobilisierung bedürfen (Czada 1994). Etwas anders sieht es im Fall konstitutioneller Vetostrukturen aus. Die Akteure sind hier nicht Parteien oder Verbände, sondern auf Dauer konstituierte Staatsorgane. Die konstitutionelle Gewaltenteilung, etwa zwischen Bundestag und Bundesrat, führt im Fall der Nichteinigung zur Nichtentscheidung beziehungsweise zum *Status quo*-Erhalt – ein Sachverhalt, den Scharpf (1985, 1988b) als „Politikverflechtungsfalle" ausführlich behandelt hat.

Die Besonderheit der Politikverflechtung im Schatten konstitutioneller Vetostrukturen liegt in ihrer staatsrechtlichen Qualität. Ihr Kennzeichen sind Kompetenzüberlappung und ein Potenzial für Verfassungskonflikte. Fallbeispiele sind die EU-Einbindung eines Landes, Strukturen des Verbundföderalismus, autonome Verfassungsgerichtsbarkeit und Zentralbankautonomie sowie generell jede Art funktionaler Jurisdiktionen, die zum Territorialitätsprinzip des staatlichen Gewaltmonopols in Konflikt treten. In dem Maß, in dem solche Konstruktionen zunehmen, steigt auch die Bedeutung der „Jurisprudenz konstitutioneller Konflikte" (Kumm 2001). Somit wird die Annahme, die Ausübung konstitutioneller Vetos führe stets zum *Status quo*-Erhalt, fragwürdig, wenn Gerichte in Organstreitigkeiten das letzte Wort haben und ihre Urteile mit eigenen juristischen Kriterien legitimieren können. Die Existenz oder Entwicklung einer *common law*-Tradition, eine „moralische Lesart konstitutioneller Konflikte" und die Durchsetzung eines *principled pragmatism* (Kumm 2001: 29), wie sie sich in der Europäischen Union herausbilden, könnten eines Tages die *default option* im Falle von konstitutionell verursachten Politikblockaden so ändern, dass der Letztentscheid durch Gerichte einen höheren Stellenwert erhält. Dies verweist auf eine weitere wichtige Differenz. Konflikte in Parteienkoalitionen und korporatistische Bündnisse sind im Unterschied zu Verfassungskonflikten nicht justiziabel.

Das Veto eines konstitutionellen Organs kann im Unterschied zu einer Parteienkoalition oder einem korporatistischen Bündnis nicht mit der Drohung oder Ausübung einer Abwanderungsoption verbunden werden. Ein Verfassungsgericht betreibt nicht die Auflösung eines Staates, wenn es eine parlamentarische Mehrheitsentscheidung aufhebt. Der Bundesrat verändert nicht seine Position in einem Verhandlungsnetzwerk, wenn er Blockadepolitik betreibt. In konkordanzdemokratischen und korporatistischen Arrangements gewinnt dagegen eine Partei oder ein Verband seine spezifische Verhandlungsposition aus der Möglichkeit, ein *Policy*-Netzwerk zu verlassen und damit dem politischen Prozess neue Spielregeln aufzuzwingen.

Während umfassende Parteienkoalitionen und ein breiter Konsens der Produzentenverbände zur Aufhebung innerstaatlicher Blockaden beitragen, können nachlassende Koalitionstreue oder eine schwindende neokorporatistische Konsensbasis nicht in ähnlicher Weise durch innerstaatliche Verhandlungen substituiert werden. Vielmehr können Verhandlungszwänge in einem konstitutionell fragmentierten Staat die neokorporatistische Konsensmobilisierung behindern oder sogar politische Verbändeeinbindung ganz vereiteln.

Die erheblichen Unterschiede der Funktionsweisen von parteipolitischer Konkordanz, Verbändekorporatismus und Politikverflechtung *(constitutional veto)* sprechen *gegen* ihre *additive Verknüpfung* zu übergreifenden Konstrukten der Verhandlungsdemokratie oder einer politischen Vetostruktur. Ein solcher Versuch führt bestenfalls zu faktenbasierten empirisch-analytischen Konstrukten und Messkonzepten, keinesfalls aber zu Idealtypen. Wissenschaftliche *Idealtypen* sind bekanntlich theoretisch konsistente Gedankengebilde, die um begriffliche Reinheit, weniger aber um empirische Repräsentation bemüht sind. Diesem Anspruch können die empirisch-analytischen Konstrukte der Konsens- oder Verhandlungsdemokratie von Lijphart (1999) oder Schmidt (2000) kaum gerecht werden. Bei ihnen handelt es sich vielmehr um induktive Generalisierungen oder um operationale Konstrukte, die vornehmlich der Deskription und (quantitativen) Erfassung der Wirklichkeit dienen sollen. Als solche erscheinen sie zur Beschreibung politischer Systeme und zur Erklärung von *Policy*-Wirkungen durchaus geeignet. Insbesondere der Vetospieler-Index bietet ein nachvollziehbares Maß, das zumindest annäherungsweise die in einem politischen System enthaltenen institutionellen Restriktionen des Regierens aufzeigt.

Geht es jedoch um die idealtypische, theoretisch konsistente Erfassung des Konzepts der Verhandlungsdemokratie, so müssen *Konkordanz, Korporatismus* und *Politikverflechtung* als je eigenständige Idealtypen beschrieben werden. Entsprechende Ansätze finden sich in der Literatur zu jeder dieser politischen Interaktionsstrukturen. So entwirft Lehmbruch (1967) die auf Machtteilung in der Exekutive basierende „Proporzdemokratie" als eigenständigen politischen Systemtyp in Unterscheidung zur Mehrheitsherrschaft des britischen Westminster-Typs. Schmitter (1974) entwickelt sein Korporatismuskonzept als reinen, in der Wirklichkeit so nicht vorkommenden Idealtyp und theoretisches Gegenmodell zum Gruppenpluralismus. Scharpf (1985) und Tsebelis (1999, 2002) schildern das politische Blockadepotenzial und die Betriebsweise konstitutioneller Vetostrukturen ebenfalls in modellhaft zugespitzter Weise.

4.2 Interaktionsdynamik zwischen Konkordanz, Korporatismus und konstitutionellen Vetos

Noch gibt es nur wenige Untersuchungen zur Interaktionsdynamik zwischen den drei genannten Typen der Verhandlungsdemokratie. Wie steht es zum Beispiel um korporatistische Verhandlungssysteme, wenn eine nationale Regierung aufgrund konstitutioneller Vetos nicht imstande ist, in relativer Autonomie ein gewisses Drohpotenzial gegenüber gesellschaftlichen Gruppeninteressen einzusetzen? In diesem Fall ist die Regierung zwei Konsenshürden ausgesetzt: einmal in Gestalt eines oder mehrerer Verfassungsorgane mit Vetokompetenz, zum anderen in Gestalt mächtiger gesellschaftlicher Produzentengruppen. Handelt es sich außerdem noch um eine Koalitionsregierung, so ergäbe sich mit der Notwendigkeit von Koalitionsvereinbarungen eine weitere mögliche Konsenshürde. Bei näherer Hinsicht zeigen sich charakteristische *Interaktionseffekte* zwischen den drei Typen der Verhandlungsdemokratie. In der politikwissenschaftlichen Literatur hat bislang nur eine dieser Konstellationen breite Beachtung gefunden. Es ist die Konstellation, in der konstitutionelle Vetos mit der Logik des Parteienwettbewerbs in Konflikt geraten. Lehmbruch (1976) beschreibt eine Situation, die im deutschen politischen System dann auftritt, wenn Regierungsentscheidungen vom Einvernehmen zwischen Verfassungsorganen mit unterschiedlicher parteipolitischer Mehrheit abhängen. In einem konkordanzdemokratischen System wäre das ein nachrangiges Problem, da ja idealerweise alle wichtigen Parteien in der Exekutive vertreten sind.

Schaubild 1 zeigt, dass mit der Zahl der Vetospieler in einem politischen System auch die Wahrscheinlichkeit übergroßer Regierungsmehrheiten zunimmt (r = .635).

Schaubild 1: Parteienkoalitionen und Vetopunkte

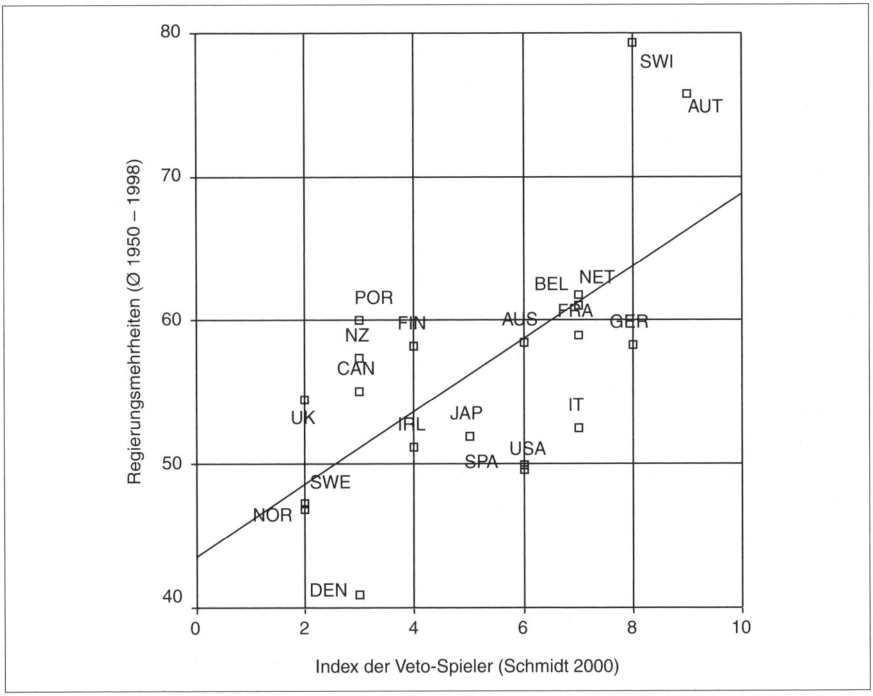

Anmerkung: Die Daten zu Regierungsmehrheiten entstammen Pennings/Keman/Kleinnijenhuis (1999: 259 ff.) Lane/McKay/Newton (1991: 117 ff.); LSQ linear beta = 0.635; R^2 = 0.403.

Freilich kann aus dem Querschnittsvergleich nicht umstandslos auf ein Kausalverhältnis geschlossen werden. Historische Analysen zeigen indessen deutlich, dass übergroße Regierungsmehrheiten in der Form von Koalitionsregierungen unter Bedingungen eines Verhältniswahlsystems meist auf konstitutionelle Vetopotenziale und/ oder schwer überbrückbare gesellschaftliche Gesellschaftsspaltungen (*cleavages*) zurückgehen. Dies gilt für die Schweiz und Österreich, aber auch für andere europäische Länder, die in den 1920er und 1930er Jahren unter tiefgehenden gesellschaftlichen Konflikten zu leiden hatten (Katzenstein 1985). Dieser Umstand führte nicht nur zur Herausbildung korporatistischer Arrangements. In einigen Ländern, insbesondere der Schweiz, den Niederlanden und Österreich, entstanden oder verstärkten sich zusätzlich parteipolitische Konsensstrategien, die sich in dauerhaften großen Regierungskoalitionen oder immer wieder auflebenden konkordanz- beziehungsweise proporzdemokratischen Problemlösungen niederschlagen.

Während die Wechselbeziehung zwischen Parteienwettbewerb und konstitutionellen Vetokonstellationen zumindest in Fallstudien – voran Lehmbruchs bahnbrechenden Arbeiten zum „Parteienwettbewerb im Bundesstaat" – gut dokumentiert und politiktheoretisch erforscht wurde, fand die Beziehung zwischen Korporatismus und konstitutionellen Vetostrukturen in der Politikwissenschaft kaum Beachtung. Generell lässt sich sagen, dass sich Korporatismus und föderale Politikverflechtung in der Tendenz wechselseitig ausschließen, weil Korporatismus eine handlungsfähige Regierung erfordert, wie sie gerade ein politikverflochtenes Regierungssystem in der Regel nicht hervorbringt; vor allem dann, wenn konstitutionelle Vetospieler konkurrierende, nicht in Regierungskoalitionen eingebundene Parteien repräsentieren. Die bekanntesten Fälle sind die Konstellation Bundestag und Bundesrat in Deutschland, die Frontstellung von Kongress und Präsident in den USA und die *cohabitation* von parlamentarischer Regierungsmehrheit und Präsident in Frankreich. Deutschland ist von den drei genannten Ländern das einzige, das neben ausgeprägter konstitutioneller Machtteilung auch eine Tradition neo-korporatistischer Interessenvermittlung zwischen Staat und Verbänden aufweist. Im skandinavischen und niederländischen Korporatismus haben wir es demgegenüber mit einem unitarischen Staat zu tun, der viel leichter als Konfliktmanager und Garant interessenpolitischer Tauschgeschäfte auftreten kann als die deutsche Bundesregierung.

Schaubild 2 verdeutlicht, dass es zwei Typen des Korporatismus gibt, einen skandinavischen und einen westmitteleuropäischen.[9]

Die Differenz zwischen diesen beiden Subtypen ist wiederholt diskutiert worden, und zwar stets hauptsächlich mit Blick auf unterschiedliche Machtrelationen zwi-

---

[9] Schmidts (2000: 353) Index der Vetospieler erfasst ausdrücklich nicht korporatistische Arrangements. Es ist daher methodisch unbedenklich, eine Beziehung zwischen dem Vetospielerindex und Korporatismus herzustellen. Die Korporatismusskala von Siaroff (1998) gilt als eine der zuverlässigsten neueren Datengrundlagen zur vergleichenden Korporatismusforschung. Durch die ordinale Skalierung auf der Basis von sechs Intensitätsstufen ist sie zur gemeinsamen Verwendung mit dem zehnstufigen Vetospielerindex besonders geeignet.

Schaubild 2: Korporatismus und Vetospieler-Index

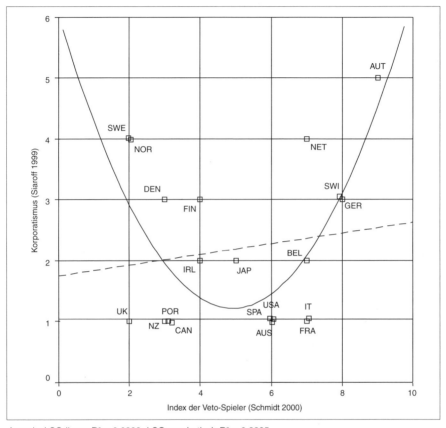

Agenda: LSQ linear $R^2 = 0.0228$; LSQ quadratisch $R^2 = 0.3885$.

schen Kapital und Arbeit und darauf bezogene Wohlfahrtsstaatstypen (Esping-Andersen/Korpi 1984; Esping-Andersen 1986). Schaubild 2 deutet auch darauf hin, dass ein wesentlicher Unterschied zwischen den skandinavischen und westmitteleuropäischen Wohlfahrtsstaaten nicht nur in spezifischen politischen Kräfteverhältnissen zu suchen ist, sondern auch in der Struktur des Staates.

Ob und wie sich Wohlfahrtsstaaten reformieren lassen, ist nicht zuletzt eine Frage konstitutioneller Entscheidungsstrukturen, die über den engeren Bereich der Sozialpolitik weit hinausreichen. Es ist wiederholt gezeigt worden, dass unitarische Staaten wie Großbritannien, Dänemark oder Schweden eher in der Lage sind, ihr sozialpolitisches Institutionensystem an veränderte ökonomische und gesellschaftliche Verhältnisse anzupassen – und zwar weitgehend unabhängig davon, ob sie von sozialdemokratischen, marktliberalen oder konservativ-zentristischen Mehrheiten regiert werden

(Green-Pedersen 1999). Es gibt aber auch die Schweiz und die Niederlande, die an der Spitze der Schmidt'schen Veto-Spieler-Skala rangieren und trotzdem eine Wohlfahrtsstaatsreform zustande brachten. Hier machen sich die überdurchschnittlichen Konsensreserven im Parteiensystem dieser Länder bemerkbar. Beide Länder gehören zu einer Gruppe mit stabilen Regierungskoalitionen, die im gesamten Nachkriegsdurchschnitt mehr als 60 Prozent der Wählerstimmen auf sich vereinigen konnten. Eine detaillierte Analyse müsste zeigen, ob zu den Zeitpunkten größerer Reformen jeweils noch größere Regierungsmehrheiten bestanden haben. Die größten Hindernisse für sozialpolitische Reformen wären demnach dort zu erwarten, wo es eine große Zahl politischer Vetospieler gibt und zugleich die Konsensreserven im Parteiensystem nicht ausreichen, deren Blockadepotenzial zu überspielen: also vor allem in Deutschland, Frankreich, Italien, USA und Spanien, Australien.

5. Fazit

Die Dynamik von Verhandlungsdemokratien beruht auf Wechselbeziehungen zwischen Parteiensystemen und Koalitionsbildungsprozessen, korporatistischer Konzertierung und konstitutionellen, insbesondere föderalen Verhandlungszwängen. Zu den konstitutionellen Vetoakteuren zählen darüber hinaus Institutionen wie autonome Notenbanken und Verfassungsgerichte, die im politischen Verhandlungsspiel bereichsspezifische und mehr oder weniger diskontinuierliche Rollen einnehmen. Werden die Merkmale dieser unterschiedlichen Arenen in einem Index für Verhandlungsdemokratie (Lijphart 1999) oder einem Vetospielerindex (Tsebelis 2002; Schmidt 2000) zusammengefasst, so gewinnt man dadurch ein für die vergleichende Politikforschung aufschlussreiches Maß der Verhandlungsdemokratie, das zur Kausalerklärung von *Policy-Outcomes* herangezogen werden kann. Entsprechende Analysen (vgl. Armingeon 2002; Müller-Rommel 2008) konnten allerdings die erwarteten Auswirkungen der Konsensdemokratie nicht so deutlich bestätigen, wie man es aufgrund Lijpharts (1999: 306) Hinweis, es handle sich um eine „freundlichere und mildere" Demokratieform vermuten konnte. Dies mag daran liegen, dass die verwendeten eindimensionalen Messkonzepte die widersprüchliche Vielfalt verhandlungsdemokratischer Politikformen nicht adäquat erfassen können (vgl. Kaiser 1998: 529). Die vorgeschlagene Revision des Konzeptes zielt indessen weder auf eine vollständige Dekomposition in seine Einzelelemente (Föderalismus, Zentralbankautonomie, Bikameralismus, Verfassungsgerichtsbarkeit, Koalitionszwänge, politische Gewerkschaftseinbindung, internationale Mehrebenenverflechtung etc.), noch auf eine akteurtheoretische Reformulierung, wie wir sie neuerdings in der Anwendung des Veto-Spielertheorems auf die politische Systemanalyse vorfinden (Tsebelis 1999, 2002; Schmidt 2000: 351–355). Die stattdessen präferierte Unterscheidung von Konkordanz, Korporatismus und konstitutionellen Verhandlungszwängen lässt sich vor allem auf der Basis einer institutionellen Akteurtheorie begründen:

Konkordanz ist institutionell im Parteiensystem begründet, insbesondere in den für die Regierungsbildung relevanten Beziehungsstrukturen zwischen politischen Parteien, *Korporatismus* findet sich im Verhältnis von Staat und gesellschaftlichen Verbänden und *konstitutionelle Vetos* im Verhältnis zwischen Staatsorganen. Diese Verhandlungsarenen korrespondieren mit spezifischen Handlungslogiken und erzeugen dadurch unterschiedliche situationsstrukturelle Handlungsbedingungen (Zürn 1992), die sich wechselseitig stören können.

Statt der üblichen Gegenüberstellung von Verhandlungsdemokratie versus Mehrheitsdemokratie, Präsidentialismus versus Parlamentarismus, Korporatismus versus Pluralismus etc. stehen hier beobachtbare *institutionelle Konfigurationen* im Zentrum. Es sind ja nicht abstrakte, konstruierte politische Systemmerkmale, sondern direkt messbare Systemmerkmale wie zum Beispiel Grad der Zentralbankautonomie oder Zentralisierungsgrad der Lohnverhandlungen, die – aus theoretisch nachvollziehbaren Gründen – Auswirkungen auf bestimmte Politikergebnisse erwarten lassen. Hervorragende Beispiele dieses Vorgehens liefert Fritz W. Scharpf in einer Vielzahl von Beiträgen zum Zusammenhang von institutionellen Interaktionskonstellationen, charakteristischen politischen Prozessverläufen und Politikergebnissen.[10] Die hier vorgestellten drei Typen der Verhandlungsdemokratie können dazu beitragen, ein allgemeines Verständnis der Struktur und Betriebsweise politischer und ökonomischer Systeme zu vermitteln.

Es sind letztlich nicht nur methodenkritische Einwände, die gegenüber hoch abstrakten Typisierungen und Indexbildungen zur Vorsicht raten, sondern ebenso Probleme der praktischen Anwendbarkeit und Umsetzung dieser Erkenntnisse in der Politikberatung. Die Aufgabe, politische Systeme so zu beschreiben und zu analysieren, dass daraus Erkenntnisse über deren Betriebsweise erwachsen, ist von erheblichem praktischen Interesse. Es macht offenkundig wenig Sinne, einem Land des Ostens oder des Südens zu raten, seine politischen Strukturen an einem bestimmten Maß des Lijphart-Index auszurichten oder eine bestimmte Anzahl von konstitutionellen Vetospielern anzustreben. Die Dekomposition abstrakter typologischer Konstrukte erweist sich damit auch als eine Voraussetzung für die praktische Anwendung politikwissenschaftlicher Erkenntnisse. Sollte eine quantitative ländervergleichende Analyse tatsächlich zu dem überzeugenden Schluss gelangen, dass mit der Zunahme von Vetospielern und Verhandlungszwängen höherwertige Politikergebnissen zu erwarten sind, dann nützt dies wenig, solange nicht erklärt werden kann, in welcher Weise dieser Effekt erreicht wird, und wie die kontextuellen Bedingungen aussehen, unter denen er sich verlässlich einstellt. Dies gelingt nur, wenn wir die Dynamik politischer Prozesse verstehen und in ihrem institutionellen Kontext erklären können.

---

10 Ein vergleichsweise einfaches Modell, in dem die auf das Ziel der Geldwertstabilität ausgerichtete Zentralbank als Gegenspielerin von auf Einkommenssteigerungen zielende Gewerkschaften die zentrale Interessenkonstellationen darstellen, vermag die Inflations- und Arbeitsmarktentwicklung überzeugender zu erklären als der statistische Vergleich von Demokratieformen und Policy-Outcomes (vgl. Scharpf 1997).

Literatur

Armingeon, Klaus, 2002: The Effects of Negotiation Democracy: A Comparative Analysis, in: European Journal of Political Research 1 (41), 81–105.
Brennan, Geoffrey, 2001: The Dynamics of Constitutional Incentives, in: Policy 17, 45–49.
Cooter, Robert, 2000: The Strategic Constitution. Princeton.
Czada, Roland, 1994: Konjunkturen des Korporatismus, in: *Wolfgang Streeck* (Hrsg.): Staat und Verbände (PVS-Sonderheft 25). Opladen, 37–64.
Czada, Roland, 2000: Konkordanz, Korporatismus, Politikverflechtung. Dimensionen der Verhandlungsdemokratie, in: *Everhard Holtmann/Helmut Voelzkow* (Hrsg.): Zwischen Wettbewerbs- und Verhandlungsdemokratie. Wiesbaden, 23–49.
Czada, Roland/Lehmbruch, Gerhard, 1990: Parteienwettbewerb, Sozialstaatspostulat und gesellschaftlicher Wertewandel, in: *Ulrich Bermbach* u.a. (Hrsg.): Spaltungen der Gesellschaft und die Zukunft des Sozialstaats. Opladen, 55–84.
Encarnación, Omar G., 1999: Federalism and the Paradox of Corporatism, in: West European Politics 22 (2), 90–115.
Esping-Andersen, Gøsta, 1986: The Three Worlds of Welfare Capitalism. Cambridge.
Esping-Andersen, Gøsta/Korpi, Walter, 1984: Social Policy as Class Politics in Postwar Capitalism: Scandinavia, Austria and Germany, in: J. Goldthorpe, ed., Order and Conflict in Contemporary Capitalism. Oxford.
Frölich-Steffen, Susanne, 2006: Rechtspopulistische Herausforderer in Konkordanzdemokratien. Erfahrungen aus Österreich, der Schweiz und den Niederlanden, in: *Frank Decker* (Hrsg.): Populismus – Gefahr für die Demokratie oder nützliches Korrektiv? Wiesbaden, 144–164.
Green-Pedersen, Christoffer, 1999: Welfare-state Retrenchment in Denmark and the Netherlands 1982–1998. The Role of Party Competition and Party Consensus. Ms. Department of Political Science. University of Aarhus (Denmark (Paper for 11th SASE conference, Madison, Wisconsin, 8–11, July 1999).
Haggard, Stephan/McCubbins, Mathew D. (Hrsg.), 2000: Presidents, Parliaments, and Policy. Political Economy of Institutions and Decisions. Cambridge.
Immergut, Ellen, 1990: Institutions, Veto Points, and Policy Results: A Comparative Analysis of Health Care, in: Journal of Public Policy 10, 391–416.
Kaiser, André, 1998: Vetopunkte der Demokratie. Eine Kritik neuerer Ansätze der Demokratietypologie und ein Alternativvorschlag, in: Zeitschrift für Parlamentsfragen 29, 525–541.
Katzenstein, Peter, 1984: Corporatism and Change: Austria, Switzerland, and the Politics of Industry. Ithaca.
Katzenstein, Peter, 1985: Small States in World Markets: Industrial Policy in Europe. Ithaca.
Kumm, Matthias, 2001: The Jurisprudence of Constitutional Conflict: The Case of European Union and its Member States. Ms. New York School of Law.
Lane, Jan-Erik/McKay, David/Newton, Kenneth, 1991: Political Data Handbook. OECD Countries. Oxford.
Lauth, Hans-Joachim, 2010: Demokratietypen auf dem Prüfstand: Zur Reichweite von Lijpharts Mehrheits- und Konsensusdemokratie in der Vergleichenden Politikwissenschaft, in: *Klemens H. Schrenk/ Markus Soldner* (Hrsg.): Analyse demokratischer Regierungssysteme. Wiesbaden, 47–60.
Lauth, Hans-Joachim/Pickel, Gert/Welzel, Christian (Hrsg.), 2000: Demokratiemessung. Konzepte und Befunde im internationalen Vergleich. Wiesbaden.
Lehmbruch, Gerhard, 1967: Proporzdemokratie. Politisches System und politische Kultur in der Schweiz und in Österreich. Tübingen.
Lehmbruch, Gerhard, 1976: Parteienwettbewerb im Bundesstaat. Stuttgart (3. Aufl. 2000, Wiesbaden).
Lehmbruch, Gerhard, 1996: Die korporative Verhandlungsdemokratie in Westmitteleuropa, in: Schweizerische Zeitschrift für Politische Wissenschaft 2 (4), 19–41.
Lijphart, Arend, 1984: Democracies. Patterns of Majoritarian and Consensus Government in Twenty-One Countries. New Haven.
Lijphart, Arend, 1999: Patterns of Democracy. Government Forms and Performance in Thirty-six countries. New Haven/London.

Lowi, Theodore, 1979: The End of Liberalism. The Second Republic of the United States. 2. Aufl., New York.
Mayntz, Renate/Scharpf, Fritz W., 1975: Policy Making in the German Federal Bureaucracy. Amsterdam.
Müller-Rommel, Ferdinand, 2008: Demokratiemuster und Leistungsbilanz von Regierungen: Kritische Anmerkungen zu Arend Lijpharts „Patterns of Democracy, in: ZFvP 2 (1), 78–94.
Neidhart, Leonhard, 1970: Plebiszit und pluralitäre Demokratie. Eine Analyse der Funktion des schweizerischen Gesetzesreferendums. Bern.
Pelinka, Anton, 2010: Die Europäische Union – eine Konkordanzdemokratie? Zur typologischen Verortung der EU, in: *Klemens H. Schrenk/Markus Soldner* (Hrsg.): Analyse demokratischer Regierungssysteme. Wiesbaden, 83–92.
Pennings, Paul/Keman, Hans/Kleinnijenhuis, Jan, 1999: Doing Political Research in Political Science. London.
Scharpf, Fritz W., 1985: Die Politikverflechtungsfalle: Europäische Integration und deutscher Föderalismus im Vergleich, in: PVS 26, 323–356.
Scharpf, Fritz W., 1993: Positive und negative Koordination in Verhandlungssystemen, in: *Adrienne Héritier* (Hrsg.), Policy Analyse (PVS Sonderheft 24). Opladen, 57–83.
Scharpf, Fritz W., 1997: Games Real Actors Play. Actor Centered Institutionalism in Policy Research. Boulder, Co.; in deutscher Übersetzung, 2000: Interaktionsformen. Akteurszentrierter Institutionalismus in der Politikforschung, Opladen.
Schmid, Josef, 2002: Sozialpolitik und Wohlfahrtsstaat in Bundesstaaten, in: *Arthur Benz/Gerhard Lehmbruch* (Hrsg.): Föderalismus (PVS-Sonderheft). Opladen, 279–305.
Schmidt, Manfred G., 2000: Demokratietheorien. 3., überarbeitete und erweiterte Aufl., Opladen.
Schmitter, Philippe C., 1974: Still the Century of Corporatism?, in: Review of Politics 36, 85–131.
Siaroff, Alan, 1999: Corporatism in 24 Industrial Democracies. Meaning and Measurement, in: European Journal of Political Research 36, 175–205.
Streeck, Wolfgang/Schmitter, Philippe C., 1985: Gemeinschaft, Markt und Staat – und die Verbände?, in: Journal für Sozialforschung 25, 133–158.
Tsebelis, George, 1995: Decision Making in Political Systems: Veto Players in Presidentialism, Parliamentarism, Multicameralism and Multipartyism, in: British Journal of Political Science 25, 289–325.
Tsebelis, George, 1999: Veto Players and Law Production in Parliamentary Democracies: An Empirical Analysis, in: American Political Science Review 93 (3), 591–608.
Tsebelis, George, 2002: Veto Players: How Political Institutions Work. Princeton.
Wassenberg, Arthur F.P., 1982: Neo-Corporatism and the Quest for Control: The Cukoo Game, in: *Gerhard Lehmbruch/Philippe Schmitter* (Hrsg.): Patterns of Corporatist Policy-Making. London, 83–108.
Zürn, Michael, 1992: Interessen und Institutionen in der internationalen Politik. Grundlegung und Anwendung des situationsstrukturellen Ansatzes. Opladen.

Politische Kultur

Bettina Westle

Mit der Demokratisierungswelle der 1990er Jahre stellten sich, wie schon bei früheren Systemwechseln, nicht ausschließlich Fragen nach dem institutionellen Aufbau, sondern auch nach den Chancen einer Verwurzelung der Demokratie in den Köpfen und Herzen ihrer Bürgerinnen und Bürger. Aber nicht nur junge, sondern auch etablierte Demokratien sehen sich immer wieder mit neuen Anforderungen aus der Umwelt sowie mit inneren Wandlungsprozessen konfrontiert, welche Herausforderungen für ihre politischen Strukturen und ihre politischen Kulturen – die politischen Orientierungen der Bevölkerung – erzeugen.

Im Folgenden wird das Konzept der Politischen Kultur im Rahmen der empirischen Sozialforschung erläutert, Kritiken an dem Konzept, Forschungstendenzen, Datenquellen sowie ausgewählte Befunde thematisiert und Perspektiven der Forschung aufgezeigt.

1. Zum Konzept der Politischen Kultur

Der *Begriff* der Politischen Kultur, so wie er heute in der empirischen Sozialforschung gängig ist, geht auf die in den 1950er Jahren durchgeführte Studie *The Civic Culture* von Almond/Verba (1963) zurück. Bis zu dieser Studie war die Politikwissenschaft auf politische Institutionen und ferner auf Eliten zentriert, beschäftigte sich jedoch (mit Ausnahme von Wahlverhalten) nicht systematisch mit der Bevölkerung.[1] Hintergründe der Veränderung waren wissenschaftsintern – Aufkommen systemtheoretischer Konzepte, Verbreitung des Behaviourismus und Entwicklung der Umfrageforschung – sowie politische Entwicklungen – nämlich der Zusammenbruch junger Demokratien vor dem Zweiten Weltkrieg sowie das Entstehen neuer Länder in der Dritten Welt in den 50er Jahren. Mit institutionellen und modernisierungstheoretischen Ansätzen konnte nämlich nicht erklärt werden, warum einige Demokratien überlebt hatten, andere jedoch nicht. Da ihr institutionelles Design und ihr sozio-ökonomischer Entwicklungsstand ähnlich waren, musste es Faktoren außerhalb des Institutio-

---

1 Angesichts dessen, dass Demokratien ihre Existenz und Funktionsweise vom normativen Anspruch her in Abhängigkeit von dem Willen der Bevölkerung, dem Souverän, geben, ist diese späte wissenschaftliche „(Wieder-)Entdeckung" der Bürger/innen als politisch relevantem Faktor erstaunlich, zumal historische Vorläufer schon bei den antiken Philosophen und ihrer Suche nach Tugenden des Polis-Bürgers bestanden (vgl. Platon, Aristoteles).

nengefüges und der Ökonomie geben, die für den Bestand des demokratischen Systemtypus von Bedeutung waren. Diese suchten Almond/Verba in den Orientierungen der Bevölkerung gegenüber der Politik, besonders darin, ob die Bevölkerung die Institutionen befürwortete oder ablehnte, wie sie deren Performanz beurteilte und ob sie so genannte Bürgertugenden aufwies. Eine zweite Fragestellung war, ob der demokratische Systemtypus mit Chance auf Bestand in Länder exportierbar sei, in denen die Demokratie zusammengebrochen war oder noch nie ein demokratisches System bestanden hatte.

Zur Untersuchung dieser Fragen führten die Forscher ein internationales Umfrageprojekt durch.[2] Ihre *zentrale Hypothese* besagte, dass zwischen politischer Struktur (Institutionengefüge) und politischer Kultur eine Kongruenz erforderlich ist, um den Bestand eines Systems zu gewährleisten. Politische Kultur definierten Almond/Verba als *„the particular distribution of patterns of orientation towards political objects among the members of the nation"* (1963: 13). Es ging somit (a) ausschließlich um Orientierungen von Individuen – und nicht etwa auch um Verhalten oder Handlungsresultate. Diese Orientierungen mussten (b) einen politischen Bezug aufweisen, also sich von ökonomischen, sozialen und allgemeineren kulturellen Haltungen unterscheiden, da dies ja erst die Analyse von Wirkungen beispielsweise zwischen der allgemeineren und der politischen Kultur erlaubt. Zudem sollten (c) Muster identifizierbar sein, d.h. individuell eine gewisse Kohärenz der Orientierungen bestehen. Zum Kriterium für die Klassifikation von Typen politischer Kultur konnte dann (d) die Verteilung solcher Orientierungsmuster in der Gesamtgesellschaft herangezogen werden. Politische Kultur galt damit (e) als ein kollektives Merkmal der Gesellschaft, sollte aber bei den individuellen Trägern gemessen werden.

Welche Orientierungen für die Analyse politischer Kultur von besonderem Interesse seien, lässt sich aus der *Operationalisierung* ersehen. Entsprechend dem Stand der Sozialpsychologie unterschieden Almond/Verba drei Arten der Orientierung: „kognitive" (Wahrnehmungen, Wissen), „affektive" (Gefühle) und „evaluative" (Werte und Bewertungen). Das politische System differenzierten sie in vier Objekte aus: Das „System als Ganzes" umfasste die nationale Gemeinschaft und den Typus der politischen Ordnung (z. B. Demokratie oder Diktatur). Unter „Input" waren die Institutionen gefasst, mittels derer die Bevölkerung Forderungen an die Politik herantragen kann, wie beispielsweise Parteien, Interessengruppen und Behörden. „Output" zielte auf konkrete Leistungen der Politik sowie auf Strukturen und Akteure der Umsetzung autoritativer Politik wie Bürokratien und Gerichte. Bei dem Objekt „Selbst als politischer Akteur" interessierten Auffassungen der Systemmitglieder über die eigene politische Kompetenz sowie über Normen, Strukturen und Inhalte politischen Engagements (1963: 13–16). Aus der Existenz von Orientierungen gegenüber den Objek-

---

2 Die Studie umfasste zwei stabile Demokratien (Großbritannien, USA), zwei Länder, in denen die Demokratie nach dem Zweiten Weltkrieg erneut aufgebaut worden war (Italien, Deutschland) und ein so genanntes Entwicklungsland (Mexiko).

ten ergab sich eine Matrix, die zur Identifikation des Typus der politischen Kultur diente.

Schaubild 1: Verteilung politischer Orientierungsmuster nach Almond/Verba (1963)

Typen politischer Kultur	Objekte politischer Orientierung			
	System als Ganzes	Input	Output	Selbst als pol. Akteur
Parochial	0	0	0	0
Untertanen	X	0	X	0
Partizipativ	X	X	X	X

0 = Orientierung nicht vorhanden, X = Orientierung vorhanden.

Auf dieser Grundlage formulierten sie dann drei reine *Typen Politischer Kultur:* (1) Die *Parochialkultur* wird durch das weitgehende Fehlen von Orientierungen jeglicher Art gegenüber allen Objekten des politischen Systems gekennzeichnet, d. h. die Bevölkerung ist sich kaum dessen bewusst, dass sie selbst eine Rolle in der Politik spielen könnte, stellt keine Ansprüche an die Politik, interessiert sich wenig für Herrschaftsstrukturen und bewertet sie auch nicht. (2) Als typisches Muster der *Untertanenkultur* definierten sie ein zwar umfangreiches Wissen über Politik und die Existenz von (überwiegend positiven) Gefühlen gegenüber dem Regime sowie Bewertungen des Outputs, jedoch eine fehlende Wahrnehmung der Inputstrukturen und keine (bzw. negative) Orientierungen gegenüber der eigenen Rolle als politischer Akteur. (3) Als charakteristisch für eine *Partizipationskultur* galt, dass Bürger Kenntnisse, (positive) Gefühle und Bewertungen gegenüber allen diesen Objekten zeigen, sich ihrer Möglichkeiten als politische Akteure bewusst sowie jederzeit zur politischen Aktivität bereit sind.

Entsprechend der zentralen Hypothese wurde davon ausgegangen, dass jeder dieser Typen politischer Kultur besonders gut mit einer bestimmten Regime-Form zusammenpasst. So konvergiere eine parochiale Kultur mit einer traditionellen Stammesgesellschaft, in der noch kaum eine Differenzierung politischer Rollen und Strukturen besteht. Eine Untertanenkultur sei dagegen kennzeichnend für nicht-demokratische Monarchien und Diktaturen. Den für die liberale Demokratie am besten geeigneten Typus sahen Almond/Verba nun aber nicht in der reinen Partizipationskultur, sondern in einem Mischtypus, den sie *Civic Culture* (Zivilkultur, Staatsbürgerkultur) nannten. Dieser Typus sei dadurch charakterisiert, dass er zwar alle Elemente der Partizipationskultur enthalte, aber gleichzeitig durch Elemente der Untertanen- und der Parochialkultur moderiert werde, d.h. besonders keine permanente Beteiligung aller Bevölkerungsteile impliziere und eine gewisse Folgebereitschaft gegenüber den politischen Autoritäten aufweise. Als Grund für diese Einschätzung führten sie an, dass in den USA und in Großbritannien genau dieses Mischmuster der Zivilkultur zu identifizieren sei, während in Deutschland und Italien eine Untertanenkultur und in

Mexiko ein Mix aus Parochial- und Partizipationskultur dominierten. Da es sich bei den USA und Großbritannien um stabile Demokratien handelte, folgerten sie, müsse die *Civic Culture* den der Demokratie angemessensten Typus politischer Kultur darstellen.

Die Chancen der Übertragbarkeit demokratischer Institutionen auf Gesellschaften, die keine oder nur kurze Erfahrungen mit Demokratie und (daher) eine mit ihr inkongruente politische Kultur haben, wurden von Almond/Verba skeptisch eingeschätzt. Im Hintergrund stand nämlich die Vorstellung, dass grundlegende politische Orientierungen vor allem in der Primärsozialisation erworben, also von der Eltern- an die Kindergeneration weitergegeben werden, von den Kindern dann durch eigene Erfahrungen im Erwachsenenleben modifiziert und wieder weitergegeben werden. Daraus folgte, dass sich Kernmerkmale der politischen Kultur nicht kurzfristig ändern könnten, sondern dies längerfristiger Lernprozesse und des Generationenaustauschs bedürfe. Für Fälle systemextern induzierter Einführung der Demokratie plädierten Almond/Verba daher für begleitende sozialisatorische Maßnahmen.

2. Kritiken und Alternativkonzepte

Nach seiner raschen Etablierung im Zuge der behaviouristischen Welle in den USA wurde der Ansatz immer wieder von institutionalistischen, neo-institutionalistischen und rational-choice-Ansätzen zurückgedrängt, erfuhr jedoch auch diverse Comebacks (s. Almond/Verba 1980; Inglehart 1988; Kaase/Newton 1995; Norris 2000a; Inglehart/Welzel 2005). Defizite des Konzepts, aber auch Fehlrezeptionen sowie einerseits Skepsis gegenüber der quantitativen Sozialforschung und andererseits Versuche, die expandierende Demoskopie theoretisch zu untermauern, trugen dazu bei, dass Politische Kultur sich zu einem populären, aber auch umstrittenen wissenschaftlichen Gegenstand entwickelte. Damit war eine so erhebliche Verwischung der Konturen des Konzepts verbunden, dass schon bald von einem „catch-all-term" die Rede war (Kaase 1983). Anregungen, mehr noch aber Alternativansätze, die kaum noch an das ursprüngliche Konzept erinnern, kamen u.a. aus dem symbolischen Interaktionismus (Dittmer 1977), dem Poststrukturalismus (Hunt 1984), der sozialkonstruktivistischen Perspektive (Berger/ Luckmann 1980), kulturanthropologischen und ethnographischen Ansätzen (Geertz 1987; Medick 1992), der *grid-group*-Analyse und der *new cultural theory* (Douglas/Wildavsky 1982; Thompson/Ellis/Wildavsky 1990)[3] sowie handlungstheoretischen Ansätzen (Pesch 2000).[4]

---

[3] Grid = äußere Vorschriften, group = innere Schranken; differenziert wurden vier Lebensstile danach, wie sich Individuen zu den (nicht genannten) Werten der Kultur verhalten, wobei Matjan (1998: 281) bei einer Anwendung des Konzepts den Lebensstil „Hierarchie" den Bürokratien, Parteien und Interessengruppen zuordnet, den „Egalitarismus" den sozialen Bewegungen und NGOs, den „Fatalismus" den unorganisierten Massen und den „Individualismus" den politischen Eliten.
[4] An dieser Stelle kann nicht differenziert auf die internationale Rezeption eingegangen werden (dazu s.

Unter den wichtigsten *Kritiken* an dem Konzept von Almond/Verba lässt sich eine erste Gruppe mit den Kürzeln „*Ethnozentrismus*" und „*Ideologieverdacht*" bezeichnen. Anlass hierzu gab vor allem die Qualifizierung der *Civic Culture* als Idealbild, worin viele eine Verherrlichung der anglo-amerikanischen politischen Kultur der Forscher und in deren Partizipationsskepsis einen konservativen *bias* des Ansatzes sahen (z. B. Reichel 1981). Damit verbunden wurde moniert, der Ansatz sei auf den weißen, männlichen Mittelstand konzentriert und vernachlässige sowohl die farbige Bevölkerung als auch die Frauen; er lasse zudem weder die Berücksichtigung klassenspezifischer, ethnischer oder regionaler Heterogenität noch die subkultureller Minderheiten zu und reproduziere notwendig ältere Nationalcharakterstereotype (z. B. Lijphart 1980; Pateman 1980; Lipp 1996). Während der Vorwurf einer Idealisierung der *Civic Culture* durchaus zutrifft, ist dieses Idealbild jedoch nur dem normativen, nicht aber dem *analytischen* Konzept immanent. Der Homogenitätsvorwurf lässt sich anhand des Begriffs der *typischen, dominanten* Orientierungsmuster zurückweisen, und wie Almond (1968) anführt, sind unterschiedliche Einstellungsmuster innerhalb einer Nation selbstverständlich als Subkulturen zu identifizieren.[5]

Die zweite Gruppe umfasst „*konzeptexterne Kritiken*", die auf drei – zumeist miteinander verknüpften – axiomatischen Behauptungen fußen. Die erste und häufigste Behauptung moniert, der Ansatz von Almond/Verba habe einen verengten Kulturbegriff, bei politischer Kultur solle es nicht um (vorgebliche) Oberflächenphänomene wie Haltungen gegenüber Politik gehen, sondern um Tiefenphänomene *(vgl. den Beitrag von Behr in diesem Band)*. Dabei solle es sich beispielsweise um „Grundannahmen über die politische Welt und damit verknüpfte operative Ideen" (Rohe 1994: 1)

Welch 1993). In der BRD wurde das Konzept nach zunächst nur vereinzelter Wahrnehmung (z. B. Berg-Schlosser 1972) erst in den 70er Jahren vor dem Hintergrund der These einer Legitimationskrise der westlichen Demokratien verstärkt aufgenommen. Ausführliche Debatten entwickelten sich im Forum der PVS (1980/81), in dem Reichel eine partizipationstheoretische Ausrichtung des Konzeptes anzielte, was jedoch massive Kritik hervorrief. Dem schloß sich 1982 ein Symposium an, das in der Gründung des DVPW-Arbeitskreises Politische Kultur resultierte, der in den Folgejahren bis 1997 regelmäßig tagte und diverse Tagungsbände mit einem breiten Spektrum differierender Ansätze veröffentlichte (z. B. Berg-Schlosser/Schissler 1987; Berg-Schlosser/Rytlewsky 1993). Gleichzeitig diffundierte der Begriff „Politische Kultur" in die Verwaltungs- und Rechtswissenschaft (z. B. Häberle 1982; Heinen 1987) und fand im Kontext der Debatte um Huntigtons These eines Kampfes der Kulturen (1996) auch Eingang in Diskurse über die multikulturelle Gesellschaft, die Universalität der Menschenrechte und nationenübergreifende politische Kulturen (z. B. WeltTrends 1996; Kremp 1996).

5 Der Ethnozentrismus-Vorwurf verband sich in Bezug auf die Entwicklungsländerpolitik häufig mit dem Vorwurf des Missionarismus (z. B. Hildebrandt 1996; Lipp 1996). Dabei wird übersehen, dass die Übertragbarkeit der anglo-amerikanischen Demokratie von Almond/Verba sehr skeptisch beurteilt wurde. Umgekehrt trug diese Skepsis dem Ansatz jedoch auch den konträren Vorwurf ein, nämlich an einer deterministischen Handlungstheorie festzuhalten, derzufolge politische Kultur als starr verstanden würde, was Länder ohne demokratische Tradition zum Verharren in autoritären Strukturen verdamme (z. B. Lipp 1996; Pesch 2000). Weitere ideologiekritische Vorwürfe thematisierten ethische Standpunktlosigkeit (was wiederum dem Ethnozentrismus-Vorwurf widerspricht) sowie einen machtzentrierten Politikbegriff, der an dem Dualismus von Regierten und Regierenden sowie an der Trennung einer politischen und einer privaten Sphäre festhalte (z. B. Pateman 1980; Pesch 2000).

handeln, was sowohl den Rahmen des überhaupt als Politik Denkbaren beträfe als auch die konkreten politischen Weltbilder, Ordnungskonzepte und Werte. Aus der Perspektive der Forschung in der Tradition von Almond/Verba ist dem entgegenzuhalten, dass die Erfassung von Weltbildern u. ä. zwar in der Forschung infolge einer Verengung auf Legitimitätsbeurteilungen (statt der Erfassung auch von Legitimitätsidealen) vernachlässigt wurde, aber durchaus in dem Konzept angelegt ist.[6] In der Variante der *new cultural theory* sollen zudem neben Werten auch Verhalten, sozialstrukturelle Merkmale, Institutionen und Situationen einbezogen werden (Matjan 1998), was – aus der Perspektive des klassischen Konzepts – das „catch-all-Problem" bis zum Extrem treibt und zudem eine Fragestellung (außer der deskriptiven) vermissen lässt. Ähnliche Umdefinitionen liegen dekonstruktivistischen Ansätzen zugrunde, die politische Kultur etwa als „sprachlich konstruierte politische Realität ..., in der Menschen leben, und nicht (als) eine Summe von Einstellungen gegenüber irgendeiner Gruppe von Entitäten, die unabhängig von ihnen identifizierbar wären" (Pesch 2000: 100) bestimmen.

Die zweite konzeptexterne Kritik besagt, es müsse nicht nur ein anderes Verständnis von politischer Kultur, sondern auch eine andere Fragestellung als die nach dem Zusammenspiel zwischen politischer Kultur und politischer Struktur als Bedingungsgefüge für Systempersistenz interessieren. So werden u.a. das so genannte universelle Verhältnis von Kultur, Gesellschaft und Staat (Hildebrandt 1996) oder subjektive politische Sinnkonstruktionen in Abhängigkeit von materiellen, kulturellen und sozialisatorischen Faktoren (Matjan 1998) als „eigentlich relevante" Erkenntnisinteressen benannt.

Gemeinsam ist den meisten dieser Alternativkonzepte drittens eine strikte Ablehnung der Surveyforschung als Zugang zur politischen Kultur. Dem liegt nicht selten eine Verkennung der Potenziale von Befragungen zugrunde, da diese fälschlich mit (kommerzieller) Meinungsforschung, Ermittlung flüchtiger Meinungen statt stabiler Überzeugungen und tieferliegender Bewusstseinsstrukturen sowie simpler Wiedergabe von Aggregatverteilungen ohne Gewichtung und Interpretation gleichgesetzt wird.[7] Scharfe Ablehnung von Umfragen als Datenquelle für die Politische-Kultur-

---

6 Rohes Gesamtkonzept ist allerdings nicht vollständig in den klassischen Ansatz integrierbar (1990, 1994). So geht er davon aus, dass eine Typologie politischer Kulturen nicht bei ihren Inhalten, sondern bei ihren Funktionen ansetzen müsse, wobei er die Hauptfunktion in der Konditionierung des politischen Lebens sieht. Kulturen könnten sich jedoch auch danach unterscheiden, welche Bedeutung sie solchen Programmierungen überhaupt zumessen. Folglich sei zwischen dem Aspekt der Sozio- und der Deutungskultur zu unterscheiden. Ebenfalls auf so genannte Tiefenaspekte zielt die ethnomethodologische Variante dieses Ansatzes (Patzelt 1987).

7 So argumentierte beispielsweise Rohe, die *Survey*-Forschung müsse – da den Befragten kulturelle Selbstverständlichkeiten nicht bewusst seien und Mehrheitliches nicht gleich Maßgebliches sei – den gesellschaftlichen Charakter von politischer Kultur zwangsläufig verfehlen (1994). Diese Auffassung verkennt, dass Umfragedaten ebensowenig wie jegliche andere Quellen für sich selbst sprechen, sondern der Erschließung, Analyse, Gewichtung und Interpretation bedürfen. Das Erfordernis der Erschließung gilt gleichermaßen für Studien mit historischen Fragen zur politischen Kultur sowie für Analysen von Ländern außerhalb des OECD-Bereichs, insoweit diese sich notwendig auf andere Quellen als Befragungen stützen.

Forschung kommt auch von Ansätzen, die den methodologischen Kollektivismus gegenüber dem Individualismus bevorzugen. Politische Kultur habe nämlich wie alle sozialen Phänomene Merkmale des Intersubjektiven, die nicht auf Individuen zurückführbar und daher nicht mittels Umfragen erfassbar seien (z.b. Hildebrandt 1996; Matjan 1998).

Schließlich lassen sich Kritiken an *konzeptimmanenten Mängeln* anführen (z. B. Scheuch 1969; Elkins/Simeon 1979; Lijphart 1980; Niedermayer/Westle 1995). Ein erster Kritikbereich betrifft hierbei Abweichungen zwischen Konzept und Operationalisierung. So fanden sich bei der Operationalisierung Überschneidungen zwischen den Objekten „Selbst" und „Input" sowie zwischen Akteuren und Strukturen des „Inputs" und des „Outputs". Auch die undifferenzierte, gemeinsame Behandlung der Nation und des Regime-Typus unter dem Objekt „Politisches System als Ganzes" ist gerade angesichts der Thematik nationaler Regime-Transitionen (also eines Wechsels des Regimes bei Beibehaltung der nationalen Grenzen) nicht angemessen. Bei den Orientierungsarten wurde die Trennung in Affekte und Evaluationen nicht immer durchgehalten und nicht klargestellt, inwieweit der Begriff „Evaluationen" nur Bewertungen politischer Objekte oder aber auch Werthaltungen umfassen sollte. Ferner wurden konative Orientierungen (Verhaltensabsichten) erfragt, ohne dass diese im theoretischen Konzept Erwähnung gefunden hatten. Auch eine spätere Reformulierung des Konzepts durch Almond (1980) trug hier kaum zur Klärung bei. Ein zweiter konzeptimmanenter Vorwurf richtet sich auf das Problem des Ebenenwechsels zwischen dem Gegenstand politische Kultur als Kollektivmerkmal und seiner Ermittlung bei den individuellen Trägern und führt die Gefahr des individualistischen Fehlschlusses an.

Gravierendere Vorwürfe betreffen drittens theoretische Inkonsistenz und impressionistisches Zusammenwürfeln der Befunde zu einem Gesamtbild. So wurde zur Klassifikation der Typen politischer Kultur nur die Existenz/Nicht-Existenz von Orientierungen heranzogen, jedoch weder die unterschiedenen Orientierungsarten und deren Ausprägungen (als positiv, indifferent, negativ) berücksichtigt noch deren notwendige Verteilungen a priori festgelegt. Vielmehr erfolgte die Klassifikation des empirisch vorgefundenen Materials ad hoc und wenig systematisch. Dieser wohl wichtigste Problemkomplex ist in der Politischen-Kultur-Forschung bekannt, jedoch nach wie vor nicht zufriedenstellend gelöst. D. h. es gibt keine sicheren Antworten auf die Fragen, welche politischen Kenntnisse, Gefühle, Werte, Bewertungen und Handlungsbereitschaften in welchem Ausmaß und bei welchen sozialstrukturellen Bevölkerungsgruppen für die Klassifikation als beispielsweise autoritäre oder aber demokratische Kultur vorliegen müssen bzw. für die Konsolidierung und/oder Persistenz eines politischen Systems erforderlich sind. Infolge der geringen Zahl von Systemwechseln wird dies auch auf absehbare Zeit zu den kaum lösbaren Fragen der Forschung gehören. Das Fehlen einer Theorie der Persistenz politischer Systeme trug schließlich auch zu dem härtesten Einwand gegen die Politische-Kultur-Forschung bei, der behauptete, die Orientierungen der Bevölkerung seien irrelevant für Aufbau,

Funktionieren und/oder Bestand politischer Systeme bzw. – in abgeschwächter Form – die Politische-Kultur-Forschung sei nicht in der Lage, Effekte der Bürgerorientierungen auf die politische Struktur nachzuweisen.[8] Dem ist zu entgegnen, dass politische Kultur nicht als einzige oder deterministische Erklärung für die Funktion politischer Strukturen missverstanden werden sollte, aber gegenseitige Einflüsse zwischen Institutionen und Orientierungen höchst plausibel und inzwischen auch nachgewiesen sind (vgl. unten).

3. Aktuelle Tendenzen der Forschung und Datenquellen

Innerhalb der empirischen Sozialforschung wird politische Kultur im Vergleich zum ursprünglichen Konzept heute als heterogeneres und wandlungsfähigeres Phänomen angesehen, explizit als Verbindung zwischen außerpolitischen (z. B. ökonomischen) und institutionellen Faktoren konzipiert und Kausalitäten in beiden Richtungen vermutet.[9] Zur Wandlungsfähigkeit wird heute angenommen, dass politische Kultur – sofern sie sich in historischen Prozessen kontinuierlich entwickelt – eine das politische System stützende, aber auch permanent moderat modifizierende Funktion einnimmt, da sie in einem Kreislauf von Input- und Outputprozessen die politische Struktur beeinflusst und diese ihrerseits wiederum auf die politische Kultur einwirkt. Dabei ist dieser Kreislauf zusätzlich externen Einflüssen wie etwa aus der Ökonomie und in steigendem Maß auch aus der internationalen Staatenwelt ausgesetzt. Veränderungen der politischen Kultur sind daher beispielsweise als Folge starker, durch ökonomischen, sozialstrukturellen und sozialen Wandel bedingter Erfahrungsunterschiede zwischen den Generationen vorstellbar, aber auch im Fall politisch-kultureller Unterschiede zwischen Bevölkerung und Eliten sowie infolge von alten diskrepanten politischen Teilkulturen, deren gesellschaftliche Einflusspotenziale sich verschieben, oder aufgrund der Herausbildung neuer Schichten mit eigenen Teilkulturen. Solche Veränderungen führen zu schleichenden Prozessen der Entfremdung zwischen politischer Kultur und politischer Struktur, sofern die Struktur keiner Anpassung unterzogen wird. Abrupt auftretende massive Inkongruenzen zwischen Struktur und Kultur sind dagegen primär durch plötzlichen Austausch des Systemtyps infolge exogener Einflüsse (z. B. Kriege) oder endogener Ereignisse (Putsch, Revolution) denkbar. In

---

8 Entsprechend der Skepsis zur Erklärungskraft des Konzeptes politischer Kultur hat sich die Forschung zu Regime-Transitionen lange nur auf Fragen des institutionellen Designs sowie Handlungen der Eliten konzentriert. Inzwischen wird politische Kultur jedoch zunehmend bei der Analyse der Konsolidierungsphase junger Demokratien berücksichtigt (z. B. Plasser/Ulram 1993; Farnen 2000; Merkel 2000; Haerpfer/Bernhagen/Inglehart/Welzel 2009).

9 Im Gegensatz zu späteren Varianten der Modernisierungstheorie betonte Lipset (1951) schon früh, dass politische Orientierungen als intervenierende Variable zwischen ökonomischer Entwicklung und Demokratisierung zu berücksichtigen seien; jüngst ist die politisch-kulturelle Modifikation der Modernisierungstheorie „wiederentdeckt" worden, so bes. bei Putnam (1993) und Inglehart (1997) (vgl. unten).

jedem Fall zeigen längerdauernde Inkongruenzen zwischen politischer Kultur und politischer Struktur Fehlfunktionen in dem Kreislauf und damit persistenzgefährdende Probleme des politischen Systems an. Zentrale Hypothese bildet somit nach wie vor die Annahme einer für die Persistenz politischer Systeme zumindest mittelfristig notwendigen Entsprechung von politischer Kultur und politischer Struktur. Dies bedeutet, die Institutionen müssen den Legitimitätsansprüchen der Bevölkerung genügen, und die Haltungen der Bevölkerung müssen bestimmte Merkmale aufweisen, damit die Institutionen adäquat arbeiten und die Persistenz des Systems gesichert ist (z. B. Easton 1965; Eckstein 1966; Diamond 1994; Plasser/Pribersky 1996; Diamond/Plattner/Yun-Han 1997; Mishler/Rose 1997; Westle 2007).

Zur *Operationalisierung* des Konzepts für die Umfrageforschung gibt es nach wie vor keinen unstrittigen Ansatz. Jedoch lassen sich auf der Grundlage der Arbeiten von Almond/Verba und Easton zur politischen Unterstützung (1965, 1975) sowie späterer Weiterentwicklungen (Westle 1989, 1999a; Fuchs 1999; Gabriel 1994, 1999) einige grundlegende Modifikationen herausarbeiten, die aber primär nur den Anspruch haben, eine für Fragen politischer Legitimität in der Demokratie relevante *Systematisierung politischer Orientierungen* zu erreichen, nicht jedoch deduktiv Verteilungen von Orientierungsmustern zur Identifikation differenter politischer Kulturen zu bestimmen (Schaubild 2). Generell wird dabei den Orientierungen die Funktion zugeschrieben, den Individuen die Interaktion mit ihrer Umwelt zu ermöglichen. In Anlehnung an das ursprüngliche Konzept werden als Orientierungsarten zumeist unterschieden[10]: (a) kognitive, d. h. Wahrnehmungen der Realität, Wissen („Ist-Vorstellungen"), (b1) normative, d. h. Ideale, Werte, Wünsche und Präferenzen („Soll-Vorstellungen"), (b2) evaluative, d. h. Bewertungen der Realität (die aus dem Vergleich zwischen Soll- und Ist-Vorstellung resultieren) und (b3) affektive (Gefühle) sowie (c) konative Orientierungen (Verhaltensbereitschaften/-absichten).[11] Die Orientierungsobjekte werden überwiegend differenziert in (a) politische Herrschaftsträger, also Inhaber der Entscheidungsrollen (z. B. Schröder als Bundeskanzler), (b) politische Ordnung, d. h. die Regime-Form (z. B. Demokratie), ihr zugehörige Werte (z. B. Freiheit) und Normen (z.B. Meinungsfreiheit) sowie ihr Institutionengefüge des Outputs und des Inputs (z. B. Regierung, Parlament, Parteien) und darin vorgesehene Herr-

---

10 In der Sozialpsychologie ist strittig, ob ein mehr- oder ein eindimensionales Konzept von Orientierungen angemessen ist. In manchen Arbeiten zur Politischen Kultur wird der Begriff „Orientierungen" durch „Einstellungen" ersetzt. Hier wird der breitere Terminus „Orientierung" vorgezogen, da unter ihn direkt beobachtbare tagesaktuelle Meinungen ebenso wie nur indirekt erschließbare, stabilere Einstellungen und tieferliegende Wertorientierungen subsummierbar sind (Rokeach 1973).

11 Dabei decken sich die normativen und die affektiven Orientierungen weitgehend mit der Easton'schen Kategorie der diffusen, d.h. grundsätzlichen, auf Werten basierenden und/oder in Gefühlen verankerten Unterstützung. Die evaluativen Orientierungen können in Anlehnung an Easton nochmals unterschieden werden in spezifische (aus dem Vergleich von Wünschen mit Leistungen resultierenden Urteilen) und diffus-spezifische (auf dem Vergleich zwischen normativen Überzeugungen und Wahrnehmungen ihrer prozeduralen Umsetzung fußenden Urteilen); zur konativen Orientierung vgl. Gabriel (1986), zur diffus-spezifischen bzw. äquivalent zur prozessbezogenen Orientierung vgl. Westle (1989, 1999), Fuchs (1999).

schaftsrollen (z. B. Amt des Bundeskanzlers) und (c) die politische Gemeinschaft, d. h. die (meist national-)staatliche Gemeinschaft, die das politische Territorium (z. B. das vereinte Deutschland) sowie die Mitbürger (Staatsangehörige) umfasst. Zudem ist (d) das Objekt „Selbst" als politischer Akteur von Bedeutung, worunter das Selbstwertgefühl z. B. als politisch interessiert und kompetent gefasst wird sowie (obwohl in der Forschung vernachlässigt) politisch relevante Eigenschaften wie (für Demokratie) der Respekt vor Mitmenschen, Toleranz, Kompromiss- und Vertrauensbereitschaft.[12]

Im Hinblick auf die Relevanz dieser Orientierungen für die Systempersistenz wird in Anlehnung an Easton davon ausgegangen, dass für Demokratien eine geringe Unterstützung der amtierenden Herrschaftsträger infolge des institutionell vorgesehenen Regierungswechsels durch Abwahl unproblematisch ist. Offen ist jedoch, ab welchem Schwellenwert Unzufriedenheit mit allen potenziellen Herrschaftsträgern in Kritik am demokratischen Prozess und diese wiederum in Ablehnung der Demokratie umschlagen könnte. Kontrovers ist auch – vor dem Hintergrund nationalistischer Exzesse – welche Art und Intensität der Unterstützung der politischen Gemeinschaft (wie etwa Nationalstolz oder aber kritische Loyalität) mit einer demokratischen Kultur kompatibel sind. Unklar ist ferner, was als elementare Werte und Normen der politischen Ordnung zu definieren sei und notwendig des Konsenses in der Bürgerschaft bedarf. Vergleichbares trifft für demokratische Tugenden zu.

Unterhalb der Fragen zur Auswahl relevanter Objekte und zur Bestimmbarkeit erforderlicher Orientierungsniveaus gibt es auch zu einzelnen Indikatoren lang andauernde wissenschaftliche Kontroversen; zu nennen sind hier besonders: (a) allgemeiner Nationalstolz, den einige als grundlegend für ein stabiles politisches Selbstwertgefühl ansehen (z. B. Noelle-Neumann/Köcher 1987), während andere bei diesem Indikator fehlende crossnationale Äquivalenz und teilweise antidemokratische Konnotationen vermuten (z. B. Blank/Schmidt 1993; Westle 1999); (b) Un-/Zufriedenheit mit der Demokratie/der Realität der Demokratie/dem Funktionieren der Demokratie – ein Indikatorenkomplex, der früher der normativen, diffusen Unterstützung der politischen Ordnung zugeordnet wurde (z. B. Barnes/Kaase et al. 1979; Muller/Jukam/Seligson 1982; Fuchs 1989), was jedoch infolge des Bezugs des Stimulus auf die Realisierung der Demokratie in konkreten Staatswesen als unangemessen kritisiert wurde (Westle 1989, 2007). Inzwischen wird der Indikator überwiegend der diffus-spezifischen bzw. prozessbezogenen Unterstützung zugeordnet (mit entsprechend veränderter Interpretation der Befunde, s. Abschnitt 4); (c) Vertrauen in Institutionen stellt ebenfalls einen Indikatorkomplex mit strittiger Zuordnung zwischen diffuser und spezifischer Unterstützung dar, wobei eine Vielzahl von Befunden dafür spricht, dass

---

12 Die so genannten Bürger-Tugenden fallen insofern aus dem Schema politischer Orientierungen heraus, als es sich bei ihnen im strengen Sinn nicht um Orientierungen des Individuums gegenüber einem politischen Objekt (und sei es das Selbst) handelt, sondern um Eigenschaften der Träger der politischen Kultur.

Schaubild 2: Schema zur Analyse politischer Orientierungen

Objekt	Aspekt	Orientierungsart				
		Kognitiv	Affektiv	Normativ	Evaluativ	Konativ
		Realitätswahr-nehmungen	Gefühle	Ideale + Werte + Normen	Bewertungen	Verhaltens-dispositionen
				Diffus	Diffusspez./ prozessbez.	Spezifisch/ leistungsbez.	
Politische Herrschafts-träger	Inhaber von Rollen + Institutionen	Kenntnis pol. Parteien	Sympathie/ Antipathie für einen Politiker	Idealprofil eines Politikers	demokr. Qualität einer Partei	Leistung der Regierung	Wahlabsicht
Politische Ordnung	Regime-Typ, Werte, Normen, Institutionen-gefüge	Kenntnis des Wahlrechts	Stolz auf die Verfassung	Urteil zur Demokratie als Idee	Urteil zur Reali-tät demokrati-scher Prinzipien	Urteil zur Sozialpolitik	Putschabsicht
Politische Gemeinschaft	Staatsverband, Territorium + Mit-bürger	Kenntnis der nat. Geschichte, des Staatsangehörig-keitsrechts	Bindung an das Land, Solidarität, Vertrauen zu Mitbürgern	Ideales nat. Selbstbild, kri-tisch-konstruk-tiver Patriotismus	Bewertung der Mitbürger als Demokraten	Beurteilung der Zugehörigkeit zum Staat, der nat. Leistungen	Bereitschaft zu Wehr-, Ersatz-dienst, Auswan-derungsabsicht
Selbst als pol. Akteur		Subjektive politische Kompetenz		Selbstbild		"Tugenden" Politische Toleranz	

In Kursivdruck sind mögliche Beispiele abgebildet.

in diese Indikatoren grundsätzliche Wert-, aber auch Performanzurteile einfließen (Westle 1989, 2007; Brunner/Walz 2000).
Zur *Datenlage* ist festzustellen, dass heute für demokratische Länder eine breite Vielfalt nationaler Umfragen vorliegt. Von besonderem Interesse für die Vergleichende Politische-Kultur-Forschung sind aber die internationalen Surveys, da nur diese ein cross-national vergleichbares Frageprogramm aufzubauen versuchen.[13] Zu nennen sind hier vor allem: (a) die *World Values Surveys* (bislang fünf Wellen zwischen 1981 und 2008) unter Leitung des *Inter-University Consortium for Political and Social Research* (Michigan), welche in der ersten Welle in 24 Ländern durchgeführt wurden und inzwischen 87 Länder umfassen; (b) das *International Social Survey Programme* (ISSP), das in internationaler Kooperation seit 1985 jedes Jahr mit wechselnden, zum Teil bereits replizierten sozialen und politischen Themenschwerpunkten in zunächst sechs, heute 45 Ländern weltweit durchgeführt wird; (c) die *Eurobarometer*, die seit Anfang der 70er Jahre im Auftrag der Europäischen Kommission halbjährlich oder öfter in allen Mitgliedsländern der EG/EU durchgeführt werden und eine Vielzahl von Haltungen gegenüber der EU, aber auch nationale politische und soziale Orientierungen erfassen; (d) acht *osteuropäische Eurobarometer* (CEEB, Central and Eastern Eurobarometer), im Auftrag der Europäischen Kommission zwischen 1990 und 1997 in bis zu 20 Ländern durchgeführt, mit Schwerpunkten zum politischen und ökonomischen Wandel sowie zur EU; (e) die *New Democracies Barometer*, durchgeführt in osteuropäischen Transformationsstaaten und finanziert von der österreichischen Paul Lazarsfeld Gesellschaft; (f) der European Social Survey, finanziert durch die Europäische Kommission, die European Science Foundation sowie Institutionen der teilnehmenden Länder, zuerst 2001/2002 in 22 Ländern durchgeführt, in der 4. Runde 2007/2008 auf 31 Länder angewachsen; (g) die so genannten *Latinobarometer Surveys*, die seit Mitte der 90er Jahre durchgeführt und inzwischen auch auf Länder außerhalb Lateinamerikas ausgedehnt wurden, koordiniert von Marta Lagos (*Market and Opinion Research International*, MORI, Santiago de Chile); sowie (h) ab Mitte der 90er Jahre die Daten des *Cross-National Election Project* (CNEP) und der *Comparative Study of Electoral Systems* (CSES) unter Schirmherrschaft von ICORE (*International Committee for Research into Elections and Representative Democracies*), die neben Wahlverhalten auch allgemeinere politische Orientierungen erfassen sowie Informationen über Strukturmerkmale verschiedener Demokratien enthalten und damit die Analyse von Wechselwirkungen zwischen Orientierungen und institutionellen Faktoren ermöglichen sollen.[14]

---

13 Hierbei ist zu beachten, dass solch umfangreiche Forschungsvorhaben mit spezifischen methodischen Schwierigkeiten konfrontiert werden, wie z.B. der adäquaten Übersetzung der Frage-*items*. Zur internationalen Vergleichbarkeit vgl. die Beiträge in Van Deth (1998).
14 Nähere Informationen sind auf den websites der Studien erhältlich.

4. Ausgewählte Befunde

Die im Folgenden zusammengefassten Befunde der Politischen-Kultur-Forschung können nur einen sehr kleinen Ausschnitt bieten. Sie konzentrieren sich auf normative und evaluative Orientierungen gegenüber der politischen Ordnung in etablierten Demokratien und in Staaten der dritten Demokratisierungswelle.[15]

Während Urteile zur Systemperformanz breit ermittelt wurden, liegen zu normativen politischen Orientierungen nur auf sehr allgemeiner Ebene vergleichbare Informationen für viele Länder vor. Dazu zeigt sich für nahezu alle älteren Demokratien der westlichen Welt, dass Demokratie als ideelles Ordnungskonzept fast einhellig stabile beziehungsweise in den letzten Jahrzehnten sogar gestiegene Unterstützung erfährt (normative, diffuse Unterstützung der politischen Ordnung). Gleichzeitig zeichnet sich jedoch in den meisten dieser Länder wachsende Unzufriedenheit mit der Realisierung der Demokratie/dem demokratischen Prozess ab (diffus-spezifische Unterstützung der politischen Ordnung), und in vielen Ländern sinkt das Vertrauen in Institutionen der repräsentativen Demokratie, besonders in Regierungen, Parteien, Politiker sowie deren Responsivität gegenüber den Bürgern (diffus-spezifische Unterstützung der Herrschaftsträger und/oder der Institutionen der politischen Ordnung) (Klingemann 2000; Westle/Gabriel 2009).

Was diese sich öffnende Schere zwischen grundsätzlicher Befürwortung der Demokratie als Ordnungsidee und negativer Bewertung ihrer jeweils konkreten Gestaltung bedeutet, ist allerdings kontrovers. So sahen viele die im Westen nahezu einhellige Unterstützung der demokratischen Idee lange Zeit als wenig aussagefähig an (weil als durch soziale Wünschbarkeit tangiert und/oder als alternativlos) und interpretierten Unzufriedenheit mit der demokratischen Realität als Alarmzeichen sinkender grundsätzlicher Systemunterstützung (siehe oben; anders jedoch bereits Schmitt 1983; Westle 1989; Inglehart 1990). Inzwischen mehren sich aber die Stimmen, die vermuten, dass sich die Ansprüche der Bürger an Demokratie verändert/gesteigert haben und die Bürger ihre Kritik offener artikulieren, während die politischen Strukturen den veränderten Ansprüchen nicht hinreichend entgegenkommen; dieser Bürgertypus der kritischen (unzufriedenen) Demokraten wird somit heute weniger als Gefährdung, sondern eher als potenziell innovative Kraft in der Demokratie gewertet (Westle 1999, 2007; Dalton 2000; Klingemann 2000).[16]

---

15 Zu neueren Analysen der politischen Kultur in Deutschland s. z. B. Greiffenhagen/Greiffenhagen (1993), die Beiträge in Niedermayer/von Beyme (1994) und in Gabriel (1999), Falter/Gabriel/Rattinger (2000) Greiffenhagen (2002), Dornheim/Greiffenhagen (2003), Gabriel/Falter/Rattiner (2005), Gosewinkel/Folke (2008), Westle/Gabriel (2009) und die Reihe „Blickpunkt Gesellschaft" (Mohler/Bandilla 1992; Braun/Mohler 1994; Koch/Wasmer/Schmidt 2001), in der die Allbus-Daten (Allgemeine Bevölkerungsumfrage) genutzt werden.

16 Hier rächt sich, dass Erhebungen fehlen, in denen sowohl das bei den Bürgern bestehende Idealbild der politischen Organisation einer Gesellschaft differenziert (z. B. nach Werten und Normen) und kontinuierlich ermittelt wurde als auch die Beurteilung der Realisierung dieses Idealbildes in den jeweiligen Staaten.

Allerdings wird auch in jungen Demokratien häufig eine Gleichzeitigkeit von Befürwortung der Demokratie als Ordnungsidee und Unzufriedenheit mit dem entstehenden politischen System geäußert. Dabei ist die Haltung zur demokratischen Ordnungsform dort jedoch zumeist skeptischer, von Einbrüchen der Nostalgie für das alte Regime durchbrochen und weist hinsichtlich des Verständnisses von Werten und Prinzipien der liberalen Demokratie vielfältige Inkonsistenzen und Vermischungen mit demokratiefernen, häufig autoritären Haltungen auf (Diamond/Linz/Lipset 1995; Linz/Stepan 1996; Plasser/Pribersky 1996; Westle/Gabriel 2009; Mishler/Rose 2000). Dies deutet darauf hin, dass die Demokratie von den Bürgern der Transitionsstaaten zwar zunächst einen Vertrauensvorschuss erhalten hat, ihren Wert jedoch in den Augen der Bevölkerung dann auch tatsächlich im Alltag beweisen muss. Fällt diese Erprobung auf längere Sicht hin negativ aus – sei es durch Ausbleiben erhoffter politischer und/oder ökonomischer Verbesserungen, durch Fehlverhalten der Herrschaftsträger wie beispielsweise Korruption oder durch mangelnde Techniken friedlicher Bewältigung von erst im demokratischen System offen ausbrechenden Konflikten – so besteht durchaus die Gefahr, dass der Aufbau eines leistungsunabhängigen Reservoirs der Unterstützung der Demokratie und die Verankerung demokratischer Werte in den Überzeugungssystemen der Bevölkerung fehlschlägt. Unabhängig davon, für wie relevant man die Orientierungen der Bürger im Vergleich zu dem institutionellen Design und den Handlungen der Eliten hält, ist es doch sehr plausibel, dass anti-demokratische Kräfte es im Fall einer solchermaßen enttäuschten Bürgerschaft leichter hätten, sich gegen demokratisch orientierte Eliten durchzusetzen, als bei einer von den Vorteilen der Demokratie überzeugten Bevölkerung (Norris 2000b).

Aber selbst dann, wenn die Bürger glauben, Demokratie sei das beste verfügbare politische Ordnungskonzept für ihr Gemeinwesen und zufrieden sind, bedeutet dies noch nicht, dass sie demokratische Werte und Normen internalisiert haben und danach leben. Jedoch ist eine Vielzahl politischer Philosophen, Theoretiker und Analytiker der Auffassung, dass bestimmte Tugenden der Funktionsweise der Demokratie förderlich oder gar für sie notwendig seien. Dazu gehören vor allem Toleranz gegenüber und Respekt vor anderen Auffassungen und Lebensweisen – mit dem Problem der Bestimmung der Grenzen der Toleranz gegenüber Feinden der Toleranz. Dazu gehören ebenso Pragmatismus, Flexibilität, Verhandlungs- und Kompromissbereitschaft – wiederum mit dem Problem der Grenzbestimmung zum Wertrelativismus. Und dazu gehört die Bereitschaft, in andere Vertrauen zu investieren beziehungsweise das tatsächliche Vertrauen in Mitmenschen sowie in die politischen Repräsentanten – wiederum mit Grenzproblemen zu blindem Vertrauen einerseits, zu generalisiertem Misstrauen andererseits.

Dieser Themenkomplex zu Bürger-Tugenden wurde in der Politischen-Kultur-Forschung lange vernachlässigt und ist erst in jüngerer Zeit im Zusammenhang mit der Debatte um Selbstzerstörungsgefahren der liberalen Demokratie, kommunitaristische Gegenentwürfe und Sozialkapital wiederbelebt worden. Insbesondere die Arbeiten

Putnams haben für eine Wiederbelebung der Thematik gesorgt. So kam Putnam (1993) auf der Grundlage einer quasi-experimentellen Feldstudie (zur Dezentralisierung Italiens) zu dem Befund, dass Orientierungen der Bürger, besonders das in einer Gesellschaft angesammelte Sozialkapital (Normen der Gegenseitigkeit, soziales Vertrauen und Einbindung in Netzwerke der Zivilgesellschaft) quantitativ messbar kooperatives Verhalten sowie soziales und politisches Engagement fördern und zu einer qualitativ besseren Politik beitragen. Diese und der ebenfalls von Putnam in die Debatte eingebrachte Befund einer parallelen Erosion von Organisationsmitgliedschaften, sozialem Vertrauen und Vertrauen in die Regierung in den USA (1995) haben inzwischen eine umfangreiche Debatte ausgelöst – jedoch mit außerordentlich widersprüchlichen Befunden und Interpretationen, was nicht zuletzt an dem Mangel an geeigneten Daten, besonders für den internationalen Vergleich, liegen dürfte (z. B. die Beiträge in Skocpol 1999; Warren 1999; Pharr/Putnam 2000; Westle 2002; vgl. *den Beitrag von Kunz in diesem Band*). Der in postkommunistischen Gesellschaften vorfindbare Mangel an zivilgesellschaftlichen Organisationen und das geringe Ausmaß an Toleranz scheinen jedoch durchaus wichtige Hürden des Konsolidierungsprozesses junger Demokratien darzustellen (z. B. Sztompka 1995; Westle 1998; Diamond 1999; für umfassendere Analysen zur Politischen Kultur im Ost-West-Vergleich vgl. Westle/Gabriel 2009).

Inzwischen haben auch gesellschaftliche Wertorientierungen, insoweit sie Auswirkungen auf politische Orientierungen zeigen, einen Platz in der Politischen-Kultur-Forschung gefunden. Insbesondere die Arbeiten Ingleharts zum *Wertwandel* (1977, 1990) sind hier zu nennen. So hat nach den Befunden Ingleharts in den letzten 30 Jahren bei den Bevölkerungen der westlichen Demokratien ein Wandel von materiellen hin zu postmateriellen Wertorientierungen stattgefunden, also eine Verschiebung der Prioritäten weg von physischer und ökonomischer Sicherheit hin zu Selbstverwirklichung und Lebensqualität. Ursache dieses Wandels sei die Sozialisation der Nachkriegsgenerationen in einem Umfeld des Friedens und Wohlstands.[17] Die wichtigsten Folgen des Wertwandels für die Politik bestünden in einem größeren Interesse an und Verständnis für politische Fragen, einer kritischeren Sicht der Politik und zeitweise größerer Unzufriedenheit (insofern die Politik noch primär an ökonomi-

---

17 Dabei besagt die so genannte *Mangelhypothese*, dass Individuen jene Güter am höchsten einschätzen, die relativ knapp sind. Während Inglehart diese Hypothese in früheren Arbeiten noch mit Maslows psychologischer Bedürfnishierarchie verknüpfte, die annimmt, dass der Mensch zunächst die Erfüllung physiologischer Bedürfnisse anstrebt, bevor er sich intellektuellen und ästhetischen Zielen zuwendet, zieht er in neueren Arbeiten die wirtschaftswissenschaftliche These abnehmenden Grenznutzens heran, d. h. bei zunehmendem Wohlstand werde der relative Ertragszuwachs weiterer Wohlstandsmehrung geringer und daher subjektiv unwichtiger. In Verknüpfung mit der *Sozialisationshypothese*, die wichtigste Prägung des Individuums erfolge bis zur Jugend, ergibt sich die Annahme, dass die im Lebensverlauf tendenziell stabilen Wertprioritäten des Individuums die sozio-ökonomischen Umweltbedingungen seiner Jugend widerspiegeln. An dem Ansatz hat es vielfältige inhaltliche und methodische Kritik gegeben, z. B. Bean/Papadakis (1994), Bürklin/Klein/Ruß (1994), zu Überprüfungen siehe Van Deth/Scarbrough (1995).

schen Zielen orientiert sei), in abnehmenden festen Bindungen an politische Gruppierungen und Parteien und/oder einer Auflösung der klassischen Polarisierung entlang der sozio-ökonomischen Konfliktlinie, in verstärkten Ansprüchen an Partizipation und größerer Neigung zu unkonventionellem Protest sowie in einer Abnahme parochialer und Zunahme kosmopolitischer Identität. In neueren Arbeiten versucht Inglehart (1997) seinen Ansatz zu einer Theorie der Postmodernisierung auszuarbeiten. Während Demokratie zwar nicht zwangsläufig schon Bestandteil der Moderne sei, werde sie in der Postmoderne doch sehr wahrscheinlich, da ihre Verhinderung angesichts demokratischer Präferenzstrukturen der Postmaterialisten zu großen Kosten erzeuge.

5. Offene Fragen und Perspektiven der Forschung

Während im Rahmen der Politischen-Kultur-Forschung fortlaufend ausgefeiltere Ansätze und Methoden zur Ermittlung politischer Orientierungen entwickelt werden, so finden sich doch auch noch einige stark vernachlässigte Forschungsfelder. Besonders zu originär politischen Ordnungsvorstellungen und Werten und demokratieförderlichen Eigenschaften liegen bislang nur unzureichende Informationen vor. Ebenfalls intensiverer Forschung bedürfen die Fragen nach der typischen individuellen Kohärenz und Stabilität politischer Orientierungen sowie der persistenzförderlichen gesellschaftlichen Verteilungsmuster. Nicht zu vergessen ist die bereits angemahnte Klärung hinsichtlich der Angemessenheit der Ausprägung der politischen Kultur auf die Konsolidierung der Demokratie; der Hinweis auf *civic culture* allein ist hier nicht ausreichend.

Die Verknüpfung der Mikroebene mit der Makroebene, der Nachweis von Zusammenhängen zwischen politischen Orientierungen und politischen Institutionen, insbesondere von kausalen Effekten der Orientierungen auf die Funktionsweise, Qualität und Stabilität erschien lange als unlösbares Kernproblem der Politischen-Kultur-Forschung. Hier deuten sich jedoch mit den Arbeiten Putnams sowie methodologischen Ansätzen der Mehrebenenanalyse neue, durchaus vielversprechende Möglichkeiten an. Dennoch ist – auch wenn Nachweise derartiger Effekte im Einzelnen gelingen mögen – die Forschung noch weit entfernt von einer umfassenden Aufdeckung der Wirkungszusammenhänge zwischen sozioökonomischen Rahmenbedingungen, politisch-kulturellen Orientierungen und der Performanz sowie Persistenz politischer Institutionen. Angesichts des Fehlens empirisch hinreichend gestützter Theorien politischer Persistenz und angesichts der auch im Fall von Regimetransitionen immer wieder beobachtbaren Vielfalt potenzieller Einflüsse kann eine solche Theorie auch wohl kaum erwartet werden. Vielmehr bleibt die Erforschung gesellschaftlicher und politischer Funktionsweisen und Zusammenhänge vermutlich immer ein unabschließbares, aber in jedem Fall im Sinn menschlicher Selbsterkenntnis lohnendes Stückwerk. Das Konzept der Politischen Kultur bietet dafür primär ein zunehmend systematisiertes kategoriales Modell, das zwar noch weit entfernt von einer eigenständigen Theorie, für die Theorieentwicklung zur Persistenz politischer Systeme jedoch unverzichtbar ist.

Trotz konzeptueller und methodischer Probleme: Die politischen Orientierungen der Bürgerinnen und Bürger als irrelevant für die Funktionsweise und Überlebensfähigkeit der Demokratie zu erklären, käme einer Kapitulation der demokratischen Idee selbst gleich.

Annotierte Literatur

Almond, Gabriel A./Verba, Sidney, 1963: The Civic Culture. Princeton/New Jersey.
   Pionierstudie zur Politischen-Kultur im internationalen Vergleich.
Greiffenhagen, Martin/Greiffenhagen, Sylvia, 2002: Handwörterbuch zur politischen Kultur der Bundesrepublik Deutschland. 2. Aufl., Wiesbaden.
   Umfassende Darstellung zur politischen Kultur in Deutschland anhand aller wichtigen Begriffe zu diesem Thema.
Niedermayer, Oskar/von Beyme, Klaus (Hrsg.), 1994: Politische Kultur in Ost- und Westdeutschland. Berlin.
   Sammelband zu zentralen Merkmalen der politischen Kultur im deutschen Ost-West-Vergleich.
Putnam, Robert D., 1993: Making Democracy Work. Princeton.
   Studie zur Bedeutung von Sozialkapital, Versuch der Verknüpfung von Mikro- und Makroebene.
Van Deth, Jan W./Scarbrough, Elinor (Hrsg.), 1995: The Impact of Values. Oxford.
   Sammelband zu Wertorientierungen im internationalen Vergleich.
Westle, Bettina/Gabriel, Oscar W. (Hrsg.), 2009: Politische Kultur. Baden-Baden.

Weiterführende Literatur

Almond, Gabriel A., 1968: Comparative Political Systems, in: *Roy C. Macridis/Bernhard Brown* (Hrsg.): Comparative Politics. Homewood, Ill., 55–66.
Almond, Gabriel A./Verba, Sidney (Hrsg.), 1980: The Civic Culture Revisited. Boston/Toronto.
Bean, Clive/Papadakis, Elim, 1994: Polarized Priorities or Flexible Alternatives?, in: International Journal of Public Opinion Research 6, 264–288.
Berger, Peter L./Luckmann, Thomas, 1980: Die gesellschaftliche Konstruktion der Wirklichkeit. Frankfurt a.M.
Berg-Schlosser, Dirk, 1972: Politische Kultur – Eine neue Dimension politikwissenschaftlicher Analyse. München.
Berg-Schlosser, Dirk/Rytlewski, Ralf (Hrsg.), 1993: Political Culture in Germany. Houndsmill/Basingstoke/Hampshire/London.
Berg-Schlosser, Dirk/Schissler, Jakob (Hrsg.), 1987: Politische Kultur in Deutschland. Opladen.
Blank, Thomas/Schmidt, Peter, 1993: Verletzte oder verletzende Nation?, in: Journal für Sozialforschung 33 (4), 391–415.
Braun, Michael/Mohler, Peter Ph. (Hrsg.), 1994: Einstellungen und Verhalten der Bundesbürger. Opladen.
Brunner, Wolfram/Walz, Dieter, 2000: Das politische Institutionenvertrauen in den 90er Jahren, in: *Jürgen Falter/Oscar W. Gabriel/Hans Rattinger* (Hrsg.): Wirklich ein Volk? Opladen, 175–203.
Bürklin, Wilhelm P./Klein, Markus/Ruß, Achim, 1994: Dimensionen des Wertwandels, in: Politische Vierteljahresschrift 35 (4), 579–606.
Dalton, Russel J., 2000: Political Support in Advanced Industrial Democracies, in: *Pippa Norris* (Hrsg.): Critical Citizens. Oxford, 57–77.

Diamond, Larry (Hrsg.), 1994: Political Culture and Democracy in Developing Countries. Boulder/Co. u.a.
Diamond, Larry, 1999: Developing Democracy. Baltimore.
Diamond, Larry/Linz, Juan J./Lipset, Seymour M., 1995: Politics in Developing Countries: Comparing Experiences With Democracy. Boulder (Col.) u.a.
Diamond, Larry/Plattner, Marc F./Yun-Han, T. H. Chu (Hrsg.), 1997: Consolidating the Third Wave Democracies. Baltimore.
Dittmer, Lowell, 1977: Political Culture and Political Symbolism: Toward a Theoretical Synthesis, in: World Politics 29, 552–583.
Dornheim, Andreas/Greiffenhagen, Sylvia (Hrsg.), 2003: Identität und politische Kultur. Stuttgart.
Douglas, Mary/Wildavsky, Aaron, 1982: Risk and Culture. Berkeley.
Easton, David, 1965: A Systems Analysis of Political Life. Chicago/London.
Easton, David, 1975: A Reassessment of the Concept of Political Support, in: British Journal of Political Science 5, 435–457.
Eckstein, Harry, 1966: A Theory of Stable Democracy. Princeton.
Elkins, David J./Simeon, Richard E.B., 1979: A Course in Search of Its Effect, or What Does Political Culture Explain?, in: Comparative Politics 11, 127–145.
Falter, Jürgen W./Gabriel, Oscar W./Rattinger, Hans (Hrsg.), 2000: Wirklich ein Volk? Opladen.
Farnen, Russel F. (Hrsg.), 2000: Democracies in Transition: Political Culture and Socialization Transformed in East and West. Oldenburg.
Forum „Politische Kultur", in: Politische Vierteljahresschrift 22 (1 und 4).
Fuchs, Dieter, 1989: Die Unterstützung des politischen Systems der Bundesrepublik Deutschland. Opladen.
Fuchs, Dieter, 1999: The Democratic Culture of Unified Germany, in: *Pippa Norris* (Hrsg.): Critical Citizens. Oxford, 123–145.
Gabriel, Oscar W., 1986: Politische Kultur. Opladen.
Gabriel, Oscar W., 1994: Politische Kultur aus der Sicht der empirischen Sozialforschung, in: *Oskar Niedermayer/Klaus von Beyme* (Hrsg.): Politische Kultur in Ost- und Westdeutschland. Berlin, 22–42.
Gabriel, Oscar W., 1999: Bürger und Politik in Deutschland, in: *Oscar W. Gabriel/Everhard Holtmann* (Hrsg.): Handbuch Politisches System der Bundesrepublik Deutschland. München, 379–497.
Gabriel, Oscar W./Falter, Jürgen/Rattinger, Hans (Hrsg.), 2005: Wächst zusammen, was zusammengehört? Stabilität und Wandel politischer Einstellungen im wiedervereinigten Deutschland. Baden-Baden.
Geertz, Clifford, 1987: Dichte Beschreibung. Frankfurt a.M.
Gosewinkel, Dieter/Folke, Gunnar, 2008: WZB Jahrbuch 2007: Politische Kultur der Bundesrepublik Deutschland. Wiesbaden.
Greiffenhagen, Martin, 2002: Handwörterbuch zur Politischen Kultur der Bundesrepublik Deutschland. Wiesbaden.
Greiffenhagen, Martin/Greiffenhagen, Sylvia, 1993: Ein schwieriges Vaterland. München.
Häberle, Peter, 1982: Verfassungslehre als Kulturwissenschaft, Berlin.
Haerpfer, Christian/Bernhagen, Patrick/Inglehart, Ronald/Welzel, Christian (Hrsg.), 2009: Democratization. Oxford.
Heinen, Edmund et al., 1987: Unternehmenskultur. München/Wien.
Hildebrandt, Mathias, 1996: Politische Kultur und Zivilreligion, Würzburg.
Hunt, Lynn, 1984: Politics, Culture, and Class in the French Revolution. Berkeley.
Huntington, Samuel P., 1996: The Clash of Civilizations and the Remaking of World Order. New York.
Inglehart, Ronald, 1977: The Silent Revolution. Princeton.
Inglehart, Ronald, 1988: The Renaissance of Political Culture, in: American Political Science Review 82, 1203–1230.
Inglehart, Ronald, 1990: Culture Shift in Advanced Industrial Society. Princeton.
Inglehart, Ronald, 1997: Modernization and Postmodernization. Princeton.
Inglehart, Ronald/Welzel, Christian, 2005: Modernization, Cultural Change and Democracy: The Human Development Sequence. New York.
Kaase, Max, 1983: Sinn oder Unsinn des Konzepts Politische Kultur für die vergleichende Politikforschung, in: *Max Kaase/Hans-Dieter Klingemann* (Hrsg.): Wahlen und politisches System. Opladen, 144–172.

Kaase, Max/Newton, Kenneth, 1995: Beliefs in Government. Oxford.
Klingemann, Hans-Dieter, 2000: Unterstützung für die Demokratie: Eine globale Analyse für die 1990er Jahre, in: *Hans-Joachim Lauth/Gert Pickel/Christian Welzel* (Hrsg.): Demokratiemessung. Opladen, 266–293.
Koch, Achim/Wasmer, Martina/Schmidt, Peter (Hrsg.), 2001: Politische Partizipation in der Bundesrepublik Deutschland. Opladen.
Kremp, Werner (Hrsg.), 1996: Gibt es eine atlantische politische Kultur? Trier.
Lijphart, Arend, 1980: The Structure of Inference, in: *Gabriel A. Almond/Sidney Verba* (Hrsg.): The Civic Culture Revisited. Boston/Toronto, 37–56.
Linz, Juan J./Stepan, Alfred C., 1996: Problems of Democratic Transition and Consolidation. Baltimore.
Lipp, Carola, 1996: Politische Kultur oder das Politische und Gesellschaftliche in der Kultur, in: *Wolfgang Hardtwig/Hans-Ulrich Wehler* (Hrsg.): Kulturgeschichte Heute. Göttingen, 78–110.
Lipset, Seymour M., 1951: Political Man: The Social Bases of Politics. Baltimore.
Matjan, Gregor, 1998: Auseinandersetzung mit der Vielfalt – Politische Kultur und Lebensstile in pluralistischen Gesellschaften. Frankfurt a.M./New York.
Medick, Hans, 1992: Entlegene Geschichte?, in: *Joachim Matthes* (Hrsg.): Zwischen den Kulturen? Göttingen, 167–178.
Merkel, Wolfgang (Hrsg.), 2000: Systemwechsel 5. Zivilgesellschaft und Transformation. Opladen.
Mishler, William/Rose, Richard, 1997: Trust, Distrust, and Scepticism, in: Journal of Politics 59, 418–451.
Mishler, William/Rose, Richard, 2000: Five Years After the Fall, in: *Pippa Norris* (Hrsg.): Critical Citizens. Oxford, 78–99.
Mohler, Peter Ph./Bandilla, Wolfgang (Hrsg.), 1992: Einstellungen und Verhalten der Bundesbürger in Ost und West. Opladen.
Muller, Edward N./Jukam, Thomas O./Seligson, Mitchel A., 1982: Diffuse Political Support and Antisystem Political Behaviour: A Comparative Analysis, in: American Journal of Political Science 26, 240–264.
Niedermayer, Oskar/Westle, Bettina, 1995: A Typology of Orientations, in: *Oskar Niedermayer/Richard Sinnott* (Hrsg.): Public Opinion and Internationalized Governance. Oxford, 33–50.
Noelle-Neumann, E./Köcher, R. (Hrsg.), 1987: Die verletzte Nation. Stuttgart.
Norris, Pippa (Hrsg.), 2000a: Critical Citizens. Oxford.
Norris, Pippa, 2000b: Conclusions: The Growth of Critical Citizens and its Consequences, in: *Pippa Norris* (Hrsg.): Critical Citizens. Oxford, 256–272.
Pateman, Carol, 1980: The Civic Culture: A Philosophic Critique, in: *Gabriel A. Almond/Sidney Verba* (Hrsg.): The Civic Culture Revisited. Boston/Toronto, 57–102.
Patzelt, Werner, 1987: Grundlagen der Ethnomethodologie. München.
Pesch, Volker, 2000: Handlungstheorie und Politische Kultur. Opladen.
Pharr, Susan J./Putnam, Robert D. (Hrsg.), 2000: Disaffected Democracies. Princeton.
Plasser, Fritz/Pribersky, Andreas (Hrsg.), 1996: Political Culture in East Central Europe.
Plasser, Fritz/Ulram, Peter A. (Hrsg.), 1993: Transformation oder Stagnation? Wien.
Putnam, Robert D., 1995: Bowling Alone, in: Journal of Democracy 6, 65–78.
Reichel, Peter, 1981: Politische Kultur der Bundesrepublik. Opladen.
Rohe, Karl, 1990: Politische Kultur und ihre Analyse, in: Historische Zeitschrift 250, 321–346.
Rohe, Karl, 1994: Politische Kultur: Zum Verständnis eines theoretischen Konzepts, in: *Oskar Niedermayer/Klaus von Beyme* (Hrsg.): Politische Kultur in Ost- und Westdeutschland. Berlin, 1–21.
Rokeach, Milton, 1973: The Nature of Human Values. New York.
Scheuch, Erwin K., 1969: Social Context and Individual Behaviour, in: *Mattei Dogan/Stein Rokkan* (Hrsg.): Quantitative Ecological Analysis in the Social Sciences. Cambridge/Mass., 133–155.
Schmitt, Herrmann, 1983: Party Government in Public Opinion, in: European Journal of Political Research 11, 353–376.
Skocpol, Theda/Fiorina, Morris P. (Hrsg.), 1999: Civic Engagement in American Democracy. Washington.
Sztompka, Peter, 1995: Vertrauen – Die fehlende Ressource in der postkommunistischen Gesellschaft (Sonderheft 35 der Kölner Zeitschrift für Soziologie und Sozialpsychologie). Opladen, 254–276.
Thompson, Michael/Ellis, Richard/Wildavsky, Aaron, 1990: Cultural Theory. Boulder/Co.
Van Deth, Jan W. (Hrsg.), 1998: Comparative Politics: The Problem of Equivalence. London.
Warren, Mark E. (Hrsg.), 1999: Democracy and Trust. Cambridge.
Welch, Stephen, 1993: The Concept of Political Culture. Basingstoke u.a.

Politische Kultur

WeltTrends e.V. und Instytut Zachodni Poznan (Hrsg.), 1996: Globaler Kulturkampf? Berlin.
Westle, Bettina, 1989: Politische Legitimität. Baden-Baden.
Westle, Bettina, 1998: Tolerance, in: *Jan W. Van Deth* (Hrsg.): Comparative Politics: The Problem of Equivalence. London, 20–60.
Westle, Bettina, 1999a: Kollektive Identität im vereinten Deutschland. Opladen.
Westle, Bettina, 1999b: Ethnische Zugehörigkeit, nationale Identifikation und Unterstützung der Demokratie, in: Politische Vierteljahresschrift 40 (2), 279–304.
Westle, Bettina (Hrsg.), 2002: Sozialkapital – Lerneinheit im Teilbereich „Politische Einstellungen und politisches Verhalten" der Bereiche „Politisches System der Bundesrepublik" und „Vergleichende Analyse politischer Systeme" des Projektes PolitikOn.
Westle, Bettina, 2007: Political Beliefs and Attitudes: Legitimacy in Public Opinion Research, in: *Hurrelmann, Achim/Schneider, Steffen/Steffek, Jens* (Hrsg.): Legitimacy in an Age of Global Politics. Houndsmill, 93–125.
Westle, Bettina/Gabriel, Oscar W. (Hrsg.), 2003/04: Politische Kultur – Lerneinheit im Teilbereich „Politische Einstellungen und politisches Verhalten" der Bereiche „Politisches System der Bundesrepublik" und „Vergleichende Analyse politischer Systeme" des Projektes PolitikOn.
Westle, Bettina/Gabriel, Oscar W. (Hrsg.), 2009: Politische Kultur. Baden-Baden.

IV. *Policy* – Politikergebnisse und Handlungsbedingungen

Sozialpolitik

Nico A. Siegel / Sven Jochem

1. Einleitung

In den vergangenen zwei Jahrzehnten ist die Sozialpolitik in den wirtschaftlich entwickelten Demokratien zunehmend in die Kritik geraten, insbesondere von Verfechtern eines „schlankes Staates", aber auch von politischen Akteuren, die im Zuge gesellschaftlichen Wandels und neuer sozialer Ungleichheit bestehende Komponenten staatlicher sozialer Sicherungssysteme als überholt und nicht mehr zeitgemäß kritisieren. Dieser Beitrag verzichtet auf eine Darstellung des facettenreichen Diskurses in Medien und Wissenschaft. Er ist an anderen Stellen ausführlich dokumentiert (Taylor-Gooby 2004, 2008; Seeleib-Kaiser 2008). Dieser einführende Beitrag in die vergleichende Wohlfahrtsstaatsforschung zielt vielmehr darauf ab, jenseits der gegenwärtigen politischen Diskussionen einen Überblick über langfristige sozialpolitische Entwicklungstrends in westlichen Demokratien und die policyanalytische Theoriebildung zu bieten. Dabei ist zunächst festzuhalten, dass ein ausgebautes Netz der sozialen Sicherung ein gemeinsames politisches Strukturmerkmal wirtschaftlich entwickelter Demokratien darstellt (Alber 1982; Schmidt 2005).

In den OECD-Demokratien zielt die staatliche Sozialpolitik auf den Schutz gegen materielle „Risiken" wie Armut und Einkommensverlust unter anderem infolge von Alter, Arbeitslosigkeit, Invalidität, dauerhafte Pflegebedürftigkeit, vorübergehende, krankheitsbedingte Arbeitsunfähigkeit sowie soziale Benachteiligung infolge von Mutterschaft (und neuerdings generell Elternschaft). Nicht nur in den – in diesem Kapitel in den Mittelpunkt rückenden – OECD-Demokratien, auch in den ehemaligen staatssozialistischen Systemen Mittel- und Osteuropas und in den (ehemals oder noch immer) autoritär verfassten politischen Regimen Lateinamerikas und Asiens existieren in der Regel zumindest rudimentäre Systeme der staatlichen Sicherung. Die „sozialpolitische Produktivität" wirtschaftlich entwickelter Demokratien sticht nichtsdestotrotz hervor (Schmidt 2005: Kap. 2.5). Die enorme Bedeutung, die der Sozialpolitik in der Regierungstätigkeit zukommt, spiegelt sich unter anderem in den Sozialausgaben. Auf sie entfällt in der OECD-Staatenwelt der größte Anteil der Staatsausgaben. So beliefen sich die Ausgaben für öffentliche Brutto-Sozialleistungen in 27 OECD-Demokratien im Jahr 2005 auf durchschnittlich 22,6 Prozent des Bruttoinlandsprodukts. Werden zu diesen Brutto-Sozialleistungen (unter anderem) die Effekte der im internationalen Vergleich unterschiedlich ausgeprägten Steuerregime mit eingerechnet, dann belaufen sich die durchschnittlichen Netto-Sozialleistungen für 27 OECD-Demokratien auf immerhin 22,2 Prozent des Bruttoinlandsproduktes (vgl. Tabelle 1). Bei der Differenz zwischen Brutto- und Nettosozialleistungen ist zu vermerken, dass insbesondere die skandinavischen Länder aufgrund ihrer hohen Besteuerung in den Spitzenpositionen von korporatistisch-zentristischen Wohlfahrtsstaaten Kontinentaleuropas wie Frankreich oder Deutschland verdrängt werden.

Tabelle 1: Sozialpolitische Kennziffern für 27 OECD-Demokratien

	Sozialausgabenquote (OECD, 2005)		Dekommodifizierung (ca. 2002)	Wohlfahrtsstaatlicher Typ
	Brutto	Netto		
Australien	18,2	19,5	5,0	liberal/radikal-labouristisch
Belgien	26,4	26,2	10,1	korporatistisch-zentristisch
Dänemark	27,3	24,2	9,9	sozialdemokratisch
Deutschland	27,9	28,8	7,0	korporatistisch-zentristisch
Finnland	26,1	23,5	8,1	sozialdemokratisch/zentristisch
Frankreich	29,5	30,7	6,5	korporatistisch-zentristisch
Griechenland	20,5	–	–	Nachzügler
Großbritannien	22,1	23,7	6,0	liberal
Irland	16,7	17,2	9,0	liberal
Island	18,4	19,3	–	sozialdemokratisch/zentristisch
Italien	26,5	26,1	5,4	korporatistisch-zentristisch
Japan	19,1	20,3	5,0	Nachzügler
Kanada	16,5	18,7	7,1	liberal
Luxemburg	23,4	22,1	–	korporatistisch-zentristisch
Neuseeland	18,5	18,4	4,5	liberal/radikal-labouristisch
Niederlande	21,6	19,7	9,8	korporatistisch-zentristisch/ sozialdemokratisch
Norwegen	22,9	20,7	10,3	sozialdemokratisch
Österreich	28,1	25,5	6,7	korporatistisch-zentristisch
Polen	21,0	19,7	–	postkommunistisch-europäisch
Portugal	23,5	24,3	–	Nachzügler
Schweden	29,8	27,5	9,3	sozialdemokratisch
Schweiz	27,6	–	8,7	korporatistisch-zentristisch/liberal
Slowakei	16,8	16,9	–	postkommunistisch-europäisch
Spanien	21,2	21,2	–	Nachzügler
Tschechien	19,7	20,0	–	postkommunistisch-europäisch
Ungarn	22,5	–	–	postkommunistisch-europäisch
USA	16,3	18,8	7,9	liberal/fragmentiert
Durchschnitt	22,6	22,2	7,6	

Anmerkungen: Spalte 1: Ländername. Spalte 2: Brutto-Sozialausgaben (öffentliche sowie private Pflichtausgaben) in Prozent des Bruttoinlandsproduktes im Jahr 2005 nach OECD Kriterien (OECD ohne Jahr). Der Wert für Portugal ist aus dem Jahr 2004. Spalte 3: Netto-Sozialausgaben (öffentliche sowie private Pflichtausgaben) in Prozent des Bruttoinlandsproduktes im Jahr 2005 nach OECD Kriterien (Adema/Ladaique 2009: 48); bei den Netto-Sozialausgaben werden unter anderem die Besteuerung eines Teils der Sozialleistungen und sonstige steuerpolitische Maßnahmen berücksichtigt. Spalte 4: Wohlfahrtsstaatliches Dekommodifizierungsniveau nach Esping-Andersen und aktualisiert durch Lyle Scruggs für 2002; bei dem Indexwert handelt es sich um einen Durchschnittswert für einzelne Sozialpolitikbereiche (Altersrenten, Arbeitslosenversicherung, Lohnfortzahlung im Krankheitsfall); je höhere Werte der Index annimmt, desto generöser sind die Sozialschutzsysteme gestaltet (Scruggs ohne Jahr). Spalte 5: Wohlfahrtsstaatliche Regimezugehörigkeit auf Basis von Esping-Andersen (1990), Jochem/Siegel (2000), Fenger (2007) sowie Castles/Obinger (2008).

Sozialpolitik

Wie ein Blick auf Tabelle 1 allerdings auch zeigt, variiert die ausgabenwirksame sozialpolitische Staatstätigkeit von Land zu Land erheblich. Nicht nur auf der Ausgabenseite der Sozialbudgets kann das Gewicht der Sozialpolitik abgelesen werden. Auch der Umfang der Sozialgesetzbücher vermittelt in vielen Ländern ein Bild über die Gesetzgebungsaktivität mit sozialrechtlichem Inhalt. Aufgrund ihres nicht nur kostenmäßig herausragenden Gewichts kommt der Sozialpolitik, dem „Sozialstaat" oder der „wohlfahrtsstaatlichen Politik" in der komparativen Policy-Forschung als „output"-orientiertem Zweig der vergleichenden Politikwissenschaft eine zentrale Rolle zu. Über deskriptive Bemühungen des historischen und internationalen Vergleichs hinaus können Sozialpolitikanalysen einen wichtigen Beitrag zur empirisch-analytischen Theoriebildung in der vergleichenden Politikwissenschaft liefern. Es war insbesondere die Suche nach den maßgeblichen sozialökonomischen und politischen Ursachen für gemeinsame und unterschiedliche wohlfahrtsstaatliche Leistungsprofile im Rahmen von (international vergleichenden) Querschnittsanalysen beziehungsweise historischen Längsschnittstudien, die im Zentrum von policyanalytischen Untersuchungen stand. Bevor in diesem Beitrag auf die Befunde der vergleichenden Sozialpolitikforschung näher eingegangen wird, zunächst einige Bemerkungen zur begrifflichen Fassung des in diesem Kapitel behandelten Politikfeldes.

„Sozialstaat", „Wohlfahrtsstaat", „Sozialpolitik": Anmerkungen zur Begriffswahl im deutschen Sprachgebrauch

Im staats- und verfassungsrechtlichen Sinn zielt der Begriff Sozialstaat auf einen spezifischen Typus moderner Staatlichkeit. Im Grundgesetz der Bundesrepublik Deutschland sucht man den Begriff Sozialstaat vergeblich. Das Sozialstaatspostulat in der verfassungspolitischen Debatte und der Verfassungswirklichkeit begründet sich vor allem durch Art. 20, Abs. 1 und Art. 28, Abs. 1 des Grundgesetzes.[1]

Wichtig ist im Zusammenhang mit dem Begriff „Sozialstaat", dass dieser eine deutschsprachige Besonderheit darstellt und in ihm auch eine normative Konnotation mitschwingt. Auf ein etwaiges Synonym wie „social state" stößt man im Englischen selten und wenn, dann als wenig verbreitete und stilistisch wenig elegante Entlehnung aus dem deutschen Sprachgebrauch. Im angelsächsischen Sprachraum wird häufiger der Begriff „welfare state" gebraucht. Dieser dient, wie Jens Alber zu Recht betont hat, im Englischen zunächst als rein „deskriptives Konzept zur Kennzeichnung

---
[1] So heißt es in Artikel 20: „Die Bundesrepublik Deutschland ist ein demokratischer und sozialer Bundesstaat." Und in Art. 28: „Die verfassungsmäßige Ordnung in den Ländern muss den Grundsätzen des republikanischen, demokratischen und sozialen Rechtsstaates im Sinne dieses Grundgesetzes entsprechen." In Verbindung mit den Artikeln 14 und 15 des Grundgesetzes entzünden sich für die sozialpolitische Diskussion maßgebliche verfassungspolitische Kontroversen an der Frage, in welchen gesellschaftlichen Bereichen und mit welcher Reichweite das Sozialstaatsprinzip als Grundgesetzauftrag angewandt werden sollte.

staatlicher Maßnahmen, die der Förderung von Lebenschancen in den Dimensionen Einkommen, Gesundheit, Wohnen und Bildung dienen" (Alber 1992: 542). Im deutschen Sprachgebrauch schwingt im Begriff Wohlfahrtsstaat hingegen häufig auch eine (ab-)wertende Konnotation mit.[2]

So weit zu den Besonderheiten der Begriffsabgrenzung im deutschen Sprachgebrauch. Im Folgenden werden wohlfahrtsstaatliche und sozialstaatliche Politik synonym und ausschließlich als wertneutrale Bezeichnungen verwendet. Als jeweiliger Kern dieser beiden Konzepte rückt die staatliche Sozialpolitik im engeren Sinne ins Zentrum der Ausführungen.[3] Dabei bleibt bei einer engen Definition die staatliche Regulierung der Arbeitsbeziehungen ebenso außen vor wie die Bildungspolitik. Zudem werden normative Fragen der Sozialpolitik sowie die intendierten und nicht beabsichtigten Rückwirkungen wohlfahrtsstaatlicher Politik auf Wirtschaft, Gesellschaft und Politik nicht behandelt. Vielmehr beschränkt sich dieser Überblick auf die wichtigsten Ergebnisse von Studien der empirisch-analytischen Politikwissenschaft, insofern diese die wohlfahrtsstaatliche Politik als zu erklärende Größe im Rahmen eines explizit komparativen policyanalytischen Untersuchungsdesigns definierten. Informale und nichtstaatliche Netze der sozialen Sicherung bleiben dabei ausgeblendet.

2. Sozialpolitische Leitprinzipien und Typen des Wohlfahrtsstaates im internationalen Vergleich

Die Typologisierung sozialpolitischer Leitkonzeptionen und ihre Zuordnung zu der jeweils gängigen Wohlfahrtsstaatspraxis sind Kerndomänen komparativer Sozialpolitikforschung. Eine umfassende Übersicht und kritische Würdigung der bisherigen Forschungsanstrengungen kann an dieser Stelle nicht geleistet werden. Jedoch können in Anlehnung an ältere Sozialpolitiktypologien (u. a. Titmuss 1974) und an die Arbeiten Gøsta Esping-Andersens (1990, 1999) der Einfachheit halber zunächst drei „Welten des Wohlfahrtskapitalismus" unterschieden werden, um die Vielfalt und

---

2 Dazu Alber weiter: „Der Begriff ‚Sozialstaat' impliziert als Alternativkonzept (zum Wohlfahrtsstaat, d. Verf.) nicht nur eine sozialpolitische Verpflichtung des Staates, sondern auch eine Kampfansage gegen das ‚Ausufern' des umfassenderen, als freiheitsgefährdend gedeuteten Wohlfahrtsstaates, der gesellschaftliche Freiräume zugunsten einer umfassenden Betreuung der Bürger von der Wiege bis zur Bahre einschränkt. Der Wohlfahrtsstaat erscheint dann als eine krebsartig wuchernde Entartung des im positiveren Licht gesehenen, maßvolleren ‚Sozialstaats'" (Alber 1992: 543).

3 Durchaus synonym mit der Begriffswahl im Deutschen wird auch im angelsächsischen Sprachgebrauch der Ausdruck „social policy" verwendet. Dabei wird weiter unterschieden zwischen staatlichen sozialpolitischen Maßnahmen („public social policies"), betrieblichen („occupational social policies") sowie steuerrechtlich bedingten Maßnahmen des sozialen Ausgleichs („fiscal welfare"). Der Begriff „social security" wird zumindest im britischen Gebrauch synonym zu soziale Sicherheit im Deutschen verwendet. Dagegen ist im US-amerikanischen Sprachgebrauch der Begriff social security für die gesetzliche Rentenpolitik reserviert.

Sozialpolitik 333

Komplexität wohlfahrtsstaatlicher Politik und sozialpolitischer Leitkonzeptionen zu Typologisierungszwecken zu reduzieren.[4]

Als erstes und ältestes sozialpolitisches Leitkonzept ist das gemäß einer bedürftigkeitsgeprüften Mindestsicherung konzipierte Fürsorgeprinzip zu nennen. Gemäß der begrifflichen Unterscheidung von Esping-Andersen kennzeichnet es vor allem die wohlfahrtsstaatliche Politik im so genannten liberalen Wohlfahrtsstaatsregime. Die Sozialpolitik in den USA dient Esping-Andersen als Paradebeispiel für ein liberales „Wohlfahrtsstaatsregime". In ihm ist die Rolle der staatlichen Politik vor allem auf die Gewährleistung einer Mindestsicherung und damit von Armutsvermeidung beschränkt. Für darüber hinausgehende, ehrgeizigere sozialreformerische Vorhaben wie die Institutionalisierung möglichst generöser Sozialrechtsstandards oder eine staatlich veranstaltete Vollbeschäftigungspolitik ist im liberalen Wohlfahrtsstaat dagegen wenig Platz. Mit Ausnahme der in einigen liberalen Wohlfahrtsstaaten nach dem gesetzlichen Sozialversicherungsprinzip organisierten staatlichen Rentenpolitik, überwiegt dort eine steuerfinanzierte Armutsvermeidung durch gezielte Mindestleistungen an die Bedürftigen mit einer möglichst niedrigen Kostenintensität.

Vom dominierenden Fürsorgeprinzip im liberalen Wohlfahrtsstaatsregime hebt sich das in der konservativen oder korporatistischen Wohlfahrtsstaatswelt vorherrschende soziale Versicherungsprinzip ab. Gemäß der Leitkonzeption des Sozialversicherungsprinzips knüpft die Leistungsbemessung in den gesetzlichen sozialen Sicherungssystemen an vorherige Beitragszahlungen an und reproduziert damit, abgesehen von redistributiven Systemkomponenten, weitgehend den Einkommensstatus während der (früheren) Erwerbstätigkeit (oder Erwerbslosigkeit). Die Finanzierung von Sozialleistungen erfolgt gemäß der Idee eines – sozial abgefederten – Äquivalenzprinzips überwiegend durch Sozialbeiträge. Im internationalen Vergleich sind dabei unterschiedliche Finanzierungsanteile der Unternehmer und der Versicherten zu beobachten. Länder mit primärer Orientierung an der Sozialversicherungskonzeption in sozialpolitischen Kernbereichen, wie vor allem Belgien, Frankreich, Griechenland, Italien, Österreich, Portugal, Spanien und Deutschland, weisen erheblich abweichende Finanzierungsmodi auf. Der hierzulande lange Zeit beschrittene Weg der paritätischen Finanzierung zwischen den „Sozialpartnern" stellte also keine notwendige Konsequenz des Sozialversicherungsprinzips, aber auch keinen deutschen Sonderweg dar.[5] Durch die mittlerweile stärkere Belastung der Arbeitnehmer im Bereich der ge-

---

4 Neben Typologisierungsversuchen nach Esping-Andersen sei noch auf die Schule der „varieties of capitalism" Forschung verwiesen. Dort werden neben sozialpolitischen Kennzahlen weitere Indikatoren wie zur Regulierung der Arbeitsmärkte, der Lohnverhandlungssysteme und der „corporate governance" von Firmen zur Typologisierung heran gezogen. Vgl. hierzu Hall/Soskice (2001). Eine allgemeine Diskussion der unterschiedlichen Typologisierungsbemühungen ist jüngst von Ahlquist und Breunig (2009) vorgelegt worden.
5 Im internationalen Vergleich variiert der Anteil der öffentlichen Zuweisungen an die gesetzlichen Sozialversicherungssysteme sowohl zwischen den Ländern als auch zwischen den einzelnen sozialstaatlichen Programmbereichen erheblich (Siegel 2002). Die Zuweisungen aus den Staatshaushalten ma-

setzlichen Kranken- und Pflegeversicherung sind in Deutschland mittlerweile auch bemerkenswerte Pfadabweichungen von dem ursprünglichen Kurs der paritätisch finanzierten (und organisierten) gesetzlichen Sozialversicherung zu konstatieren.

Neben dem Fürsorge- und dem Sozialversicherungsprinzip kann zu Vereinfachungszwecken eine dritte sozialpolitische Leitkonzeption unterschieden werden, der zufolge die staatliche Sozialpolitik eine allgemein zugängliche Grundsicherung für alle Staatsbürger unabhängig vom Erwerbsstatus auf einem möglichst hohen Versorgungsniveau anstreben sollte. Die universellen Grundsicherungselemente, die nach 1945 außer in Großbritannien vor allem in den nordischen Demokratien und in der jüngeren Vergangenheit auch in der Schweiz handlungsleitend waren, wurden in einigen Ländern im Zuge des wohlfahrtsstaatlichen Ausbaus durch zusätzliche Sozialversicherungskomponenten „getoppt". Diese Sozialpolitikkonzeption war in den skandinavischen Ländern eingebettet in eine übergeordnete wohlfahrtsstaatliche Gesamtarchitektur. Die wohlfahrtsstaatliche Politik zielte auf die Einebnung gesellschaftlicher Ungleichheiten, wozu lohn-, beschäftigungs-, steuer- und sozialpolitische Maßnahmen beitrugen. Esping-Andersen zählte in seiner Typologie diejenigen Demokratien zu den sozialdemokratischen Wohlfahrtsstaatsregimen, in denen im Hinblick auf die Sozialpolitik individuelle Sozialrechtsansprüche für die Staatsbürger auf einem vergleichsweise generösen Niveau gewährleistet werden und Teil eines egalitären Wohlfahrtskapitalismus sind.

Das sozialdemokratische Wohlfahrtsstaatsregime hebt sich von den beiden anderen Welten des Wohlfahrtskapitalismus vor allem durch einen ausgebauten sozialen Dienstleistungssektor ab. Damit weicht das „sozialdemokratische Modell" hinsichtlich der Bereitstellung öffentlicher Dienstleistungen wesentlich stärker vom konservativ-korporatistischen Typ ab als dies in Bezug auf transferintensive Einkommensersatzleistungen der Fall ist. Durch das gut ausgebaute Dienstleistungsangebot strebten vor allem die von sozialdemokratischen Parteien geführten Regierungen Nordeuropas einen hohen Beschäftigtenstand an – idealiter Vollbeschäftigung bei hoher Erwerbsbeteiligung von Frauen und Männern.

Eine Besonderheit stellt die typologische Verortung der osteuropäischen Transformationsländer dar. Es können Programmcharakteristika festgestellt werden, die Ähnlichkeiten zu den jeweiligen klassischen Typologien aufweisen, allerdings sich auch wieder in anderen Hinsichten von den klassischen OECD Wohlfahrtsstaatentypologien unterscheiden. Insofern können diese Länder gegenwärtig als spezieller Typus eines europäischen postkommunistischen Entwicklungspfades klassifiziert werden (Fenger 2007; Castles/Obinger 2008).

---

chen bei einer genaueren Analyse des Leistungsspektrums Korrekturen am so genannten Äquivalenzprinzip deutlich, dem zufolge – in idealtypischer Form – die Höhe der Leistungen jenen der zuvor in die gesetzlichen Sozialversicherungen eingezahlten Beiträge proportional entsprechen sollte.

Kritik an der „Drei Weltentypologie"[6]

Die typologische Verortung wohlfahrtsstaatlicher Regime durch Esping-Andersen (1990) fußt auf einer Mischung aus idealtypischen Überlegungen und komparativer Realtypologie. Mangel an methodischer Stringenz wurde Esping-Andersen daher vorgehalten (Kohl 1993). Als *heuristisches Catch-All-Konzept* mit Anlehnung an die klassische Unterscheidung zwischen Pauschalleistungen gewährenden Beveridge- und beitragsbezogenen Bismarcksystemen bzw. an die im deutschen Sprachgebrauch übliche Dreigliederung Fürsorge-Sozialversicherung-Staatsbürgerversorgung, erweisen sich Esping-Andersens Typologisierungsversuche nichtsdestotrotz als hilfreich.

Allerdings gilt es in Bezug auf die empirische Vielfalt gesetzlicher sozialer Sicherungssysteme in den wirtschaftlich entwickelten Demokratien zu bedenken, dass es sich bei diesen in der Regel um Mischsysteme handelt. So galt und gilt die Sozialpolitik in Deutschland seit der Initiierung der ersten staatlichen Sozialpolitikgesetzgebung auf nationaler Ebene im Kaiserreich als ein Paradebeispiel für eine Sozialpolitikkonzeption, die sich überwiegend am Sozialversicherungsprinzip orientierte. Allerdings weist der deutsche Sozialstaat auch Elemente der Staatsbürgerversorgung auf. Einige Beobachter haben die Zuordnung der deutschen Sozialpolitik zum konservativen Wohlfahrtsstaatsregime kritisiert und stattdessen zur angemessenen typologischen Verortung den Begriff „zentristischer Wohlfahrtsstaat" vorgeschlagen (Schmidt 2005). Ähnlich wie im deutschen Fall zeigen weitere Länderanalysen, dass es sich bei den meisten Wohlfahrtsstaaten der OECD-Welt um Mischsysteme handelt: Allerdings weist Esping- Andersen (1990: 49) selbst auf den Mischcharakter der meisten Wohlfahrtsstaaten hin. Insgesamt muss aus methodischen Gesichtspunkten festgehalten werden, dass Typologisierungen von Policy-Profilen nur grobrastige Momentaufnahmen bieten können. Einem allzu groben „komparativen Hobel" können theoretisch und praxeologisch wichtige nationale Besonderheiten zum Opfer fallen.

Dies wirft verschiedene Probleme auf. So können für einige Länder über längere Zeiträume mitunter deutliche sozialpolitische Akzentverschiebungen festgestellt werden. Während in der deutschen Sozialpolitik auch über politische Regimewechsel hinweg und trotz aller Diskontinuitäten der Vorrang des Sozialversicherungsprinzips charakteristisch war, erweist sich die Zuordnung anderer Länder als wesentlich prekärer, so in jüngerer Vergangenheit unter anderem im Falle der Niederlande, Schwedens und der Schweiz. Die Statik der Esping-Andersen'schen Typologie sollte daher nicht mit realweltlicher Unbeweglichkeit gleichgesetzt werden.

Eine zweite wichtige Einschränkung bezüglich so genannter wohlfahrtsstaatlicher „Makrotypologien" kommt hinzu. Nicht ohne Grund wird mit der Begriffswahl soziale Sicherungssysteme häufig der Plural verwendet. Im Zuge der Typologisierung

---

6 Ausführlichere kritische Würdigungen als dies an dieser Stelle geschehen kann, haben im deutschsprachigen Raum unter anderem Kohl (1993), Schmidt (2005), Obinger/Wagschal (2000) und Jochem/Siegel (2000) vorgelegt.

von Wohlfahrtsstaaten ist bemerkenswert, dass innerhalb eines Landes zwischen einzelnen Sicherungssäulen häufig erhebliche Unterschiede in Bezug auf die zugrundeliegende sozialpolitische Leitkonzeption, die institutionellen Rahmenbedingungen sozialpolitischer Prozesse, die sozialpolitische Akteursdichte sowie vor allem bezüglich der Generosität der Leistungen bestehen (Siegel 2002). Insofern können sich bei einer programmspezifischen Analyse innerhalb eines Landes erhebliche erklärungsbedürftige Unterschiede bemerkbar machen. Das programmspezifische Gefälle in einem Land, etwa zwischen den Altersrenten und den Leistungen für Arbeitslose, kann teilweise stärker ausfallen als jenes Gefälle, das beim Vergleich desselben sozialpolitischen Handlungsbereichs von verschiedenen Ländern mit ähnlich gearteter Sozialpolitikkonzeption hervorsticht.

Hinzu kommt ein dritter wichtiger Kritikpunkt an den Makrotypologien der vergleichenden Wohlfahrtsstaatsforschung. Die Typologisierungen zielen auf die Erfassung der staatlichen Sozialpolitik im engeren Sinne ab, lassen dagegen betriebliche, private und über das Steuersystem vollzogene fiskalische Sozialpolitikmaßnahmen in der Regel weitgehend außen vor.[7] Mit der Diskussion über die künftige Finanzierbarkeit der staatlichen Sozialpolitik gewinnt jedoch die Frage nach Alternativen, vor allem im Bereich der Altersvorsorge, zunehmend an Gewicht. Nicht nur infolge des europäischen Integrationsprozesses wird zudem die Fixierung auf die nationalstaatliche Analyseebene zunehmend in Frage gestellt (Leibfried/Pierson 1998; Zürn 2005).

3. Theorien vergleichender Wohlfahrtsstaatsforschung

Die Suche nach den maßgeblichen Prägekräften wohlfahrtsstaatlicher Policy-Profile hat in der zweiten Hälfte des 20. Jahrhunderts in der vergleichenden Politikwissenschaft eine wichtige Stellung eingenommen. Insbesondere die Frage, ob es vornehmlich sozialökonomische oder politische Faktoren sind, die für Gemeinsamkeiten und Unterschiede bei der Herausbildung sozialpolitischer Policy-Profile verantwortlich zeichnen, war eine der Schlüsselprobleme der komparativen Wohlfahrtsstaatsforschung in den 60er, 70er und 80er Jahren. Zwar hat sich in den 90er Jahren das Gewicht von Fragen nach den maßgeblichen Bestimmungsfaktoren der Initiierung und des Ausbaus der Sozialpolitik auf solche verschoben, welche die maßgeblichen Einflussfaktoren für die Konsolidierung, den Umbau und den Rückbau der Sozialpolitik in den Mittelpunkt rücken (Pierson 1996; Siegel 2002; Jochem 2009). Aber auch nach dem „goldenen Zeitalter wohlfahrtsstaatlicher Politik" (Esping-Andersen 1996)

---

7 In seinen jüngeren Arbeiten hat Esping-Andersen (1999) die Achse Staat-Markt durch eine dritte Dimension, nämlich die der Familie, erweitert, so dass sich die Welten des Wohlfahrtskapitalismus im Hinblick ihrer jeweiligen Gewichtung von Markt, Staat und Familie einordnen lassen. Diese Ausdifferenzierung kann insbesondere das Gewicht der privat erbrachten, familialen und monetär nur schwer bezifferbaren Sozialleistungen in den traditionell geprägten Wohlfahrtsstaaten Südeuropas und den Transitionsdemokratien Osteuropas erfassen.

können sozialpolitische Prozesse und Inhalte zumindest im Rahmen breit angelegter Vergleichsstudien noch immer mit Hilfe der maßgeblichen Schulen der vergleichenden Staatstätigkeitsforschung analytisch durchleuchtet werden (Schmidt 1993; Schmidt et al. 2007). Die wichtigsten Theorien der komparativen Sozialpolitikforschung vorzustellen, ist daher Gegenstand der folgenden Abschnitte.

Theorien des sozioökonomische Funktionalismus

Der erste und älteste theoretische Strang der vergleichenden Wohlfahrtsstaatsforschung führte Gemeinsamkeiten und Unterschiede im wohlfahrtsstaatlichen Politikprofil, vor allem der Sozialausgabenniveaus, auf sozioökonomische Schlüsselgrößen wie den Stand der wirtschaftlichen Entwicklung, die Verbreitung der abhängigen Beschäftigung im nichtagrarischen Sektor („Arbeitnehmerquote") und weitere Kennziffern makrosoziologischer Modernisierungskonzepte zurück (unter anderem Zöllner 1963; Wilensky 1975).[8] In den ersten maßgeblichen Beiträgen der quantitativ vergleichenden Wohlfahrtsstaatsforschung der 60er und der 70er Jahre wurde zunächst die Bedeutung sozioökonomischer Faktoren für das Ausmaß an sozialpolitischen Anstrengungsleistungen eines Staates hervorgehoben. Politischen Größen wurde hingegen meist nur sekundäre Bedeutung zugeschrieben. Gemeinsam war den ersten vergleichend angelegten Untersuchungen, dass sie, von der empirischen Vergleichsbasis her betrachtet, häufig auf einem so genannten „most dissimilar cases design" beruhten (Przeworski/Teune 1970) – auf dem Vergleich von sehr unterschiedlichen Untersuchungsfällen also. Die Sozialpolitik von Staaten auf sehr stark voneinander abweichenden wirtschaftlichen Entwicklungsniveaus und in verschiedenen politischen Herrschaftsregimen wurde so verglichen, wobei die Prägekraft sozioökonomischer Entwicklungsfaktoren diejenige politischer überlagerte.

Detlev Zöllners Analysen über die Entwicklung der Sozialausgaben aus dem Jahr 1963 umfassten beispielsweise 33 Länder. Darunter befanden sich sowohl lange etablierte und wirtschaftlich entwickelte Demokratien wie die USA als auch zum damaligen Zeitpunkt noch vergleichsweise jüngere Demokratien (z. B. die Bundesrepublik Deutschland, Österreich, Italien). In Zöllners Studie wurden zudem Länder auf einem sehr niedrigen wirtschaftlichen Entwicklungsniveau einbezogen. Und auch nicht demokratisch verfasste Länder nahm Zöllner in seine Fallauswahl auf, Panama und Peru seien stellvertretend genannt. Durch das immense Modernisierungsgefälle und das Ausblenden möglicher politischer Einflussgrößen, zeichnete sich in Zöllners Ana-

---

8 Für eine ausführlichere Vorstellung und kritische Würdigung funktionalistischer Ansätze vergleiche Alber (1982). Während wir uns im Folgenden auf diejenigen theoretischen Stränge beschränken, die sich insbesondere für die im internationalen Vergleich unterschiedlich stark forcierte Expansion der Sozialpolitik eignen, bietet Alber auch einen ausführlichen Überblick über die Diskussion um die Bestimmungsfaktoren der Initiierung der ersten staatlichen Sozialpolitikgesetze auf der Ebene des Nationalstaates an.

lyse der Bestimmungsfaktoren von Sozialleistungsquoten ein Primat sozialökonomischer Faktoren ab: „Die Sozialleistungsquote entwickelt sich weitgehend unabhängig von politischen Wertvorstellungen", so Zöllners maßgebliche Schlussfolgerung (Zöllner 1963: 115).[9]

Dass das Zöllner'sche Urteil bei näherer Betrachtung und einem breiteren analytischen Blickwinkel allzu forsch, weil einseitig ausfiel, kann bereits anhand einfacher Reanalysen seiner aus methodischen Gesichtspunkten kritikwürdigen Analysen gezeigt werden. Dies zeigt auch ein Blick auf das unterschiedliche sozialpolitische Leistungsprofil wirtschaftlich ähnlich entwickelter Demokratien, wie beispielsweise Frankreichs, Schwedens und der USA.

Ansätze in der Tradition von „Machtparadigmen" politischer Steuerung: Machtressourcen und Parteiendifferenztheorie

Eine zweite Generation vergleichender Studien, die vor allem ab Ende der 70er Jahre publiziert wurden, kritisierte die bis dato vorherrschenden funktionalistischen Theorien.[10] Ausgehend von der aus politikwissenschaftlicher und soziologischer Perspektive unzureichend behandelten Frage, wie soziale Bedarfslagen über politische Entscheidungen in Sozialpolitikinhalte geformt werden, gelangten Analysen im Rahmen des Demokratievergleichs zu Ergebnissen, welche die Bedeutung politischer Kategorien wie Macht, Konflikt und Institutionen hervorhoben. Politiktheoretische Kernkonzepte wie parteipolitische Kräfteverhältnisse, die Organisation gesellschaftlicher Interessen und die „Durchlässigkeit" politischer Institutionen für sozialpolitische Reformvorhaben rückten nun auch in überwiegend quantitativ angelegten Vergleichsstudien in den Mittelpunkt.

Dabei konnte in Anknüpfung an und Weiterentwicklung von Hibbs' Parteiendifferenzthese (1977) gezeigt werden, dass sich die parteipolitische Zusammensetzung von Regierungen signifikant in international und historisch variablen Sozialausgabenniveaus niederschlug (Castles 1982; Hicks/Swank 1992; Huber/Ragin/Stephens 1993; Schmidt 2005). Je höher die Kabinettssitzanteile von sozialistischen und sozialdemokratischen Parteien in den zentralstaatlichen Regierungen in einem Land und je geringer dagegen die Anteile konservativer Parteien ausfielen, desto umfangreicher fielen die Sozialleistungen unter sonst gleichen Bedingungen aus. Es machte folglich ei-

---

9 Zwar argumentierte Zöllner an anderen Stellen weniger deterministisch, aber an den allgemeinen Gesetzmäßigkeiten des Zusammenhanges vor allem zwischen Arbeitnehmerquote und Sozialleistungsquote änderte dies seiner Einschätzung nach nichts Wesentliches. „Ausreißerfällen" wie Großbritannien, der Schweiz und den USA sagte er zudem eine langfristige Annäherung an den Erwartungswert vorher.

10 Diese zeitliche Eingrenzung gilt vor allem für die stärker quantitativ angelegten Analysen, welche sich auf die Analyse der Sozialpolitikausgaben beschränkten. Stärker qualitativ ausgelegte vergleichende Studien, die weniger Länder umfassten, rückten bereits früher die zentrale Rolle politischer Größen in das Zentrum ihrer Analysen. Vgl. u. a. Heclo (1974).

nen sichtbaren Unterschied auf das wohlfahrtsstaatliche Leistungsprofil, welche kollektiven politischen Akteure die Steuerruder im Regierungssystem bedienten, vor allem ob über längere Zeiträume eine Dominanz oder Hegemonie bestimmter Parteien bei der Regierungsbildung bestand (Schmidt 1982).

Einen wichtigen Beitrag zur Frage der parteipolitischen Prägung von Politikinhalten lieferte die komparative Wohlfahrtsstaatsforschung zudem bezüglich der Parteien der christlichen Mitte, insbesondere der kontinentaleuropäischen Christdemokratie (van Kersbergen 1995). Zumindest bis in die 80er Jahre des 20. Jahrhunderts schlug sich die Regierungsbeteiligung von Mitteparteien in höheren Sozialausgabenniveaus nieder. Danach schwächte sich die prosozialstaatliche Tendenz zentristischer Parteien infolge programmatischer Akzentverschiebungen, wie in Deutschland und den Niederlanden, ab.

In vergleichenden Analysen konnte zudem die allgemeine Machtressourcenverteilung zwischen „sozialen Klassen" (Korpi 1980) als eine Schlüsselgröße für wohlfahrtsstaatliche Politikprofile identifiziert werden. Machtressourceneffekte wurden vor allem sichtbar, wenn das wohlfahrtsstaatliche Politikprofil am Schutz der Arbeitskräfte vor marktbedingten Risiken im Sinne des „Dekommodifizierungskonzepts" festgemacht wurde (Esping-Andersen 1990).[11] Machtvolle Gewerkschaften, die in korporatistischen Staat-Verbände-Beziehungen an der Politikformulierung und Implementierung beteiligt waren, wirkten sich vor allem gemäß den vergleichenden Analysen der „Stockholmer Schule" der Wohlfahrtsstaatsforschung um den schwedischen Sozialwissenschaftler Walter Korpi förderlich auf einen generösen Sozialrechtskatalog aus (Palme 1990; Kangas 1991; Korpi/Palme 2003).

Machtpolitische Faktoren auf und außerhalb der Regierungsebene konnten in international und historisch vergleichenden Analysen umso eher nachgewiesen werden, je ähnlicher die wirtschaftlichen Rahmenbedingungen und die institutionellen Kontextbedingungen *(constitutional structures)* des Regierungssystems ausfielen. Dies gilt es sowohl aus politiktheoretischen als auch aus methodischen Gesichtspunkten zu unterstreichen. Daher sollten Aussagen über entsprechende Ursache-Wirkungs-Zusammenhänge durch die Formel „unter sonst gleichen Bedingungen" („ceteris paribus") relativiert werden. Machtpolitische Konstellationen auf und außerhalb der Regierungsebene schlagen nicht unabhängig von sozialökonomischen und institutionellen Rahmenbedingungen auf die sozialpolitische Regierungstätigkeit durch. Ein übertriebener Steuerungsoptimismus kann daher aus empirischen wie theoretischen Gründen kritisiert werden, weil wichtige materielle, formale und informelle Restriktionen der Regierungspolitik im demokratischen Wettbewerb und im Kontext marktwirtschaftlich organisierter Ökonomie vernachlässigt wurden.

---

11 Der Begriff Dekommodifizierung meint nach Esping-Andersen (1990: 37) „... the degree to which individuals, or families, can uphold a socially acceptable standard of living independently of market participation." Kern der Dekommodifizierung ist der sozialrechtlich verbriefte Schutz des Einzelnen vor umfassender Marktabhängigkeit. Vgl. auch die aufgeführten Daten in Tabelle 1.

Institutionalistische Theoriekonzepte

Zu diesen Restriktionen gehören die *institutionellen Restriktionen* für politisches Handeln. Die Bedeutung von Institutionen auf die Regierungstätigkeit hat daher ein weiterer Zweig der Theorien vergleichender Staatstätigkeitsforschung hervorgehoben. Dass zum Beispiel Regierungswechsel auf zentralstaatlicher Ebene in hochgradig zentralisierten politischen Systemen einen stärkeren und unmittelbareren Einfluss auf die Staatstätigkeit ausüben als in stark föderalistisch verfassten Demokratien, kann die Bedeutung politischer Institutionen, in diesem Fall von formellen Staatsstrukturen, für die Regierungstätigkeit verdeutlichen. So haben gegenmajoritäre Institutionen (Schmidt 1993), Vetopunkte (Immergut 1992) oder Vetospieler (Tsebelis 1995) wie unter anderem unabhängige Notenbanken, Zweite Kammern, Verfassungsgerichte und ein föderalistischer Staatsaufbau bremsend auf die Expansion der Sozialpolitik in den westlichen Demokratien während des 20. Jahrhunderts gewirkt *(vgl. die Beiträge von Croissant und Czada in diesem Band).*

Durch die Streuung politischer Entscheidungskompetenz ergeben sich in fragmentierten Regierungssystemen – wie man sie insbesondere in den USA, der Schweiz und vor allem im Fall abweichender Mehrheiten zwischen Bundestag und Bundesrat auch in Deutschland vorfindet – Blockademöglichkeiten beziehungsweise zumindest Vetochancen für die Gegner sozialpolitischer Regierungsvorhaben. Dadurch steigt die Wahrscheinlichkeit für die Beibehaltung des sozialpolitischen Status quo und es sinkt diejenige für die Durchsetzbarkeit wohlfahrtsstaatlicher Reformvorhaben. Der Ausbau des Wohlfahrtsstaates schritt in der zweiten Hälfte des 20. Jahrhunderts in Ländern mit nur geringer Vetodichte in den „konstitutionellen Staatsstrukturen" (Huber/Ragin/Stephens 1993) voran, wie zum Beispiel in Dänemark, den Niederlanden, Norwegen und Schweden – allesamt OECD-Demokratien mit einer vergleichsweise geringen formal-institutionellen Vetodichte.[12]

Die im vorigen Abschnitt erwähnten politischen Institutionen stellen Ergebnisse politischer Entscheidungen dar. Auch der Wohlfahrtsstaat ist durch die Ausbaumaßnahmen im Verlauf des 20. Jahrhunderts zu einer „Institution" und einem staatlichen Strukturmerkmal geworden. Folgt man einem in den vergangenen Jahren zunehmend an Bedeutung gewinnenden Strang der vergleichenden Wohlfahrtsstaatsforschung, wird die politische Manövrierbarkeit in zentralen Bereichen der Staatstätigkeit wie der Sozialpolitik in erheblichem Maße durch das Politikerbe eingeschränkt. Dies kann in einer ausgesprochenen Pfadabhängigkeit von Problemlösungsroutinen

---

12 In der quantitativ vergleichenden Wohlfahrtsstaatenforschung gelangen verschiedene Institutionenindizes zum Einsatz, welche die Zahl der institutionellen Begrenzer zentralstaatlicher Regierungsmacht abbilden (Huber/Ragin/Stephens 1993; Schmidt 2000). In historiographischen Länderanalysen konnte zudem gezeigt werden, dass und wie die institutionelle Fragmentierung des Regierungssystems, vor allem infolge eines föderalistischen Staatsaufbaus, den Ausbau des Wohlfahrtsstaates mitunter erschwert und systematisch verzögert hat (für die Schweiz Moser 2008; für Australien Siegel 2000; vgl. allgemein: Obinger/Leibfried/Castles 2005).

resultieren (Rose 1991; Pierson 1996, 2004). Die These von der Pfadabhängigkeit wohlfahrtsstaatlicher Politik kann besonders gut anhand von Reformbemühungen im Rahmen der Reform lange etablierter sozialer Sicherungssysteme (Pierson 1996; Siegel 2002) und insbesondere anhand von rentenpolitischen Entscheidungsprozessen veranschaulicht werden (Hinrichs 2000). Überwiegend durch Sozialbeiträge finanzierte gesetzliche Rentenversicherungssysteme begründen rentenrechtliche Besitzansprüche der Versicherten in Form „vorausbezahlter" Beitragsleistungen. Je älter ein Rentenversicherungssystem ist und je mehr durch Beitragszahlungen „begründete" Ansprüche von Versicherten über die Zeit angesammelt wurden, desto stärker werden die Restriktionen für große reformpolitische Manöver, die an der grundsätzlichen Ausrichtung der Rentenpolitik ansetzen und/oder die Leistungsansprüche künftiger Rentenempfänger tangieren.

Der paradigmatische Systemwechsel von einem primär beitragsfinanzierten Sozialversicherungssystem zu einem ausschließlich steuerfinanzierten Grundsicherungsmodell kann somit enorme Machbarkeitsprobleme aufwerfen. Diese können im politischen Prozess als gewichtige Argumente von Verteidigern des Status quo dazu benutzt werden, den institutionellen Status quo zu verfestigen. Infolgedessen gelangen häufig nur „pfadtreue", das heißt systemkonforme Reformschritte auf die politische Tagesordnung beziehungsweise haben dort die Chance auf Umsetzung. Die rentenpolitische Wegwahl der Vergangenheit ist somit nicht selten ein erhebliches Stück für die reformpolitische Kurssetzung in Gegenwart und Zukunft verantwortlich. Besonders anschaulich demonstrieren lassen sich Politikerbeffekte im Rahmen von Längsschnittanalysen der Sozialausgaben. Das Ausgabenniveau zu einem Zeitpunkt t wird in überwiegendem Maße durch das Niveau der Vorperiode $t-1$ vorgegeben. Bis zu 98 und 99 Prozent der Längsschnittvariation werden bei Zeitreihenanalysen auf Jahresbasis durch das Ausgabenniveau der Vorjahre statistisch gebunden. Politisch eingeleitete und kurzfristige Wirkungen zeitigende scharfe Wendemanöver stellen im haushaltspolitischen Regierungsalltag eine höchste selten zu beobachtende Ausnahme dar. Über mittel- und langfristige Zeithorizonte verbleiben nichtsdestotrotz erhebliche Steuerungs- und damit Pfadabweichungspotenziale, die sich durch die kumulierten Folgen vieler kleiner Reformschritte einstellen können (Jochem 2009).

Weiter gehende reformpolitische Wenden, die auch an bestehenden Institutionen ansetzen und politisch hoch sensible schmerzhafte Einschnitte umfassen, sind in der Sozialpolitik aber meist nur dann durchsetzbar, wenn Krisenphänomene bis dato beschrittene Wege als nicht mehr erfolgreich begehbare ausweisen und dadurch politische Lernprozesse zu greifen beginnen (Heclo 1974; Hall 1993). Insbesondere für den Schwenk von einer expansiven Sozialpolitik zu einer an Ausgabenkonsolidierung orientierten Sparpolitik mit Kürzungsmaßnahmen bedarf es vor dem Hintergrund des Wettbewerbs um Wählerstimmen in der Regel eines „Schuldvermeidungspotenzials" seitens verantwortlicher Politiker (Weaver 1986; Pierson 1996). Wirtschaftliche Krisenerscheinungen können in diesem Sinne reformförderliche Kooperationsreserven unter den politischen Akteuren freilegen und die Wahrscheinlichkeit für einen Pfadwechsel erhöhen.

Denationalisierungsprozesse: Erosions- oder Stabilisierungsvehikel?

Insbesondere in der vergangenen Dekade hat sich gegenüber den bis hierher erwähnten und vornehmlich auf innenpolitische und binnenwirtschaftliche Bestimmungsfaktoren wohlfahrtsstaatlicher Politik abzielenden Erklärungsansätze die Diskussion über die Rückwirkung wirtschaftlicher und politischer Inter- und Denationalisierungsprozesse sowie der außenwirtschaftlichen Verflechtung eines Landes verstärkt. In einem ersten und älteren Ansatz, der die so genannte *Kompensationsthese* transportierte, wurden einem hohen Maß an Außenhandelsverflechtung förderliche Wirkungen auf die wohlfahrtsstaatliche Politik zugeschrieben (Cameron 1978; Katzenstein 1985). In kleinen Volkswirtschaften mit hoher Weltmarktintegration wie in Dänemark, den Niederlanden und in Schweden waren bis in die 80er Jahre vergleichsweise generöse Wohlfahrtsstaaten aufgebaut worden. Für Risiken, die von der hohen Verletzlichkeit gegenüber dem internationalen Wirtschaftsgeschehen ausgehen, wurden gemäß der Kompensationsthese die Arbeitnehmer in den kleinen Demokratien Mittel- und Nordeuropas durch ein besonders dicht geknüpftes soziales Sicherungsnetz kompensiert. Entsprechende makrokorrelative Assoziationen zwischen der außenwirtschaftlichen Verflechtung eines Landes (gemessen an der Summe der Importe und Exporte am Bruttoinlandsprodukt) und dem Sozialausgabenniveau zeigten einen positiven Zusammenhang zwischen internationaler Handelsverflechtung und der Größe des Wohlfahrtsstaates an.

Ab Mitte der 80er Jahre, besonders forciert aber in den 90er Jahren, nahm die Kritik an dieser Kompensationsthese zu. Vor allem im Zuge des Abbaus grenzüberschreitender Kapitalmarktrestriktionen rückte nunmehr eine skeptischere Sichtweise bezüglich der Rückwirkungen zunehmender wirtschaftlicher Internationalisierung auf die überwiegend national verankerte wohlfahrtsstaatliche Politik in den Vordergrund. Ohne an dieser Stelle auf die einzelnen Verästelungen innerhalb der so genannten Globalisierungsdiskussion eingehen zu können, sei an dieser Stelle lediglich darauf hingewiesen, dass negative Folgen liberalisierter Kapitalmärkte für die nationale wohlfahrtsstaatliche Handlungsfähigkeit vor allem über die Auswirkungen auf die Steuerpolitik und den Standortwettbewerb befürchtet werden (Rhodes 1995; Strange 1995; Streeck 1998). Steuerregimewettbewerb und zunehmend die Arbeitskosten fokussierender Preiswettbewerb seien als Stichworte genannt. Nationale Wohlfahrtsstaaten geraten der pessimistischen Effizienzthese zufolge zunehmend unter die Räder der ökonomiefixierten Standortkonkurrenz. Der mobile Faktor Kapital gewinne im politischen Prozess gegenüber dem immobilen Faktor Arbeit sukzessive an Macht. Dadurch entstünden erhebliche steuer- und haushaltspolitische Restriktionen für nationale Regierungen. In zugespitzter Form postulieren Globalisierungsskeptiker daher einen sozialen Unterbietungswettbewerb *(social dumping)* zwischen den im Standortwettbewerb konkurrierenden Nationalstaaten.

Im Zuge des europäischen Integrationsprozesses kommen in den EU-Mitgliedstaaten zudem auch formal Souveränitätsabgaben und faktische Autonomieverluste der Nationalstaaten hinzu (Leibfried/Pierson 1998). Ohne dass ein starker europäischer Wohlfahrtsstaat auf EU-Ebene in Sicht wäre, würde vor allem als Folge der Beseitigung von Binnenmarkthindernissen über Maßnahmen der „negativen Integration" und auch durch die Rechtsprechung des Europäischen Gerichtshofes die Sozialpolitik auf nationaler Ebene zunehmend durch den europäischen Integrationsprozess negativ tangiert. Im europäischen Mehrebenensystem würden zunehmend Politikverflechtungen virulent, welche den Abschied einer „autonomen" Wohlfahrtsstaatspolitik auf Staatenebene besiegeln. Durch Maßnahmen der sozialregulativen Politik (Majone 1993) und einen stark begrenzten, aber kontinuierlichen Kompetenzzuwachs der EU in der Beschäftigungs- und Sozialpolitik nach Maastricht, nimmt auch das unmittelbare Gewicht der EU bei sozialpolitischen Fragen zu, nachdem ihr mittelbarer Einfluss auch durch die fiskalpolitischen Rückwirkungen der europäischen Wirtschafts- und Währungsunion ohnehin wächst (Teague 1998). Alle diese knapp skizzierten Annahmen und Hypothesen verweisen auf die Notwendigkeit weiterer Forschung und führen zur Diskussion ihrer Perspektiven.

4. Verbleibende Fragen und Desiderate

Die vergleichende Wohlfahrtsstaatsforschung hat in der Vergangenheit einen wichtigen Beitrag zu Fragen der Staatstätigkeitsforschung als Teilgebiet vergleichender Politikwissenschaft geleistet. Dies gilt insbesondere für den *Policy*-Vergleich etablierter Demokratien. Durch Forschungstechniken wie gepoolte Zeitreihenanalysen konnten in regressionsanalytischen Mehrvariablenmodellen in den vergangenen beiden Jahrzehnten zum Beispiel die Prägekräfte der Sozialausgabendynamik besser isoliert werden als in früheren quantitativen Analysen. Das wesentliche Ergebnis nicht nur dieser Analysen ist, dass die im vorigen Abschnitt vorgestellten Theoriefamilien der vergleichenden Wohlfahrtsstaatsforschung einen fruchtbaren Boden für policyanalytische Beiträge vor allem dann darstellen, wenn sie in kombinierten Erklärungsansätzen verkoppelt werden. Sowohl die Verortung der zentralen machtpolitischen Größen im Regierungssystem als auch die institutionellen Rahmenbedingungen für Regierungshandeln und in jüngerer Vergangenheit vor allem das Politikerbe haben sich als zentrale (innen-)politische Prägegrößen der Sozialpolitik erwiesen. Ohne eine entsprechende Kontextualisierung dieser politischen Faktoren durch die Berücksichtigung sozialökonomischer Rahmenbedingungen und internationaler Umweltbedingungen bleibt das Blickfeld der Sozialpolitikanalyse allerdings zu eingeschränkt – gleich ob das Schwergewicht auf historisch oder international vergleichende Analyse gelegt wird und unabhängig davon, ob vorwiegend qualitative oder quantitative Forschungstechniken der Untersuchung ihren methodischen Stempel aufdrücken.

Als in den 80er und 90er Jahren Quantität und Qualität vergleichender Analysen zur wohlfahrtsstaatlichen Politik zunahmen, wurde angesichts von Denationalisierungsprozessen und vor allem vor dem Hintergrund des europäischen Integrationsprozesses bereits die Frage nach neuen Forschungsimperativen aufgeworfen. Würde der Vergleich der politischen Produktivität von Nationalstaaten nicht obsolet oder zumindest mit deutlich abnehmender Relevanz aufwarten können, wenn auf nationalstaatlicher Ebene legitimierte Politik sukzessive an Handlungsautonomie und Steuerungsfähigkeit einbüßte? War es also nicht an der Zeit, eine „bloß komparative" Perspektive zu überwinden? Oder sorgten durchlässiger werdende Grenzen zwischen den Nationalstaaten für neue Grenzen überschreitende und damit international „geteilte" sozialpolitische Problemlagen und Herausforderungen? Wäre dann nicht sogar ein erhöhter Bedarf an komparativen Analysen zu konstatieren? Schließlich konnte angesichts der zunehmenden gesellschaftlichen Vernetzungen und des Binnenmarkts in der EU die systematische Analyse „ausländischer" Sozialpolitikpraxis und damit der Vergleich etablierter Sozialstaatspraktiken in einzelnen Ländern als Ausgangspunkt für künftige gemeinsame Politikstrategien dienen.

Ungeachtet der Fragen bezüglich der methodisch angemessenen Typologisierung wohlfahrtsstaatlicher Politik (Clasen/Siegel 2007), oder jener nach den maßgeblichen Prägekräften gemeinsamer und abweichender Sozialpolitikprofile und der zunehmenden Beschäftigung mit Denationalisierungsprozessen, hat sich die Diskussion um die Reformpolitik im Wohlfahrtsstaat in den vergangenen Jahren vor allem folgenden Fragenkomplexen gewidmet, die wohl auch in den nächsten Jahren die praxeologisch orientierte und die systematisch analytische Sozialpolitikforschung ein Stück weit für sich in Anspruch nehmen werden.

▶ *Erstens* hat die Frage nach der Reichweite von Reformbedarf vor allem in sparpolitischer Hinsicht an Bedeutung gewonnen – diese Diskussion wird mit einer zeitlichen Verzögerung gegenüber der internationalen Finanzkrise und ihrer fiskalischen Implikationen noch deutlich an Prägnanz gewinnen. Aber auch sozialstrukturelle Wandlungsprozesse (Individualisierung, „Single-isierung"), demografische Veränderungen im Altersaufbau der Gesellschaften und Veränderungen der Erwerbsverläufe üben weitergehenden Reform- und Konsolidierungsdruck auf etablierte sozialpolitische Institutionen aus (Taylor-Gooby 2004). In den vergangenen Jahren ist nicht nur in Deutschland die Frage nach neuen sozialpolitischen Wegen ins Zentrum des wissenschaftlichen Diskurses gerückt. Am Beispiel der Rejustierung sozialpolitischer Arrangements für erwerbstätige Mütter und deren spezifischen Bedarfs an sozialen Infrastruktureinrichtungen wird dies und die nahe Verwandtschaft zu Fragen der Familienpolitik und Arbeitsmarktpolitik deutlich

▶ *Zweitens* ist jenseits des Reformbedarfs auch die Reformfähigkeit weiterhin ein Desiderat der vergleichenden Sozialpolitikforschung. Aufbauend auf die Analysen von Pierson (1996) wird der Frage nachgegangen, welche Reformkorridore von welchen politischen Akteuren tatsächlich genutzt werden können. Hierzu müssen quantitativ variablenorientierte Studien verstärkt durch solche qualitative Studien ergänzt werden, die stärker auf eine kausale Rekonstruktion von reformpolitischen Akteursstrategien im internationalen Vergleich abzielen (Clasen 2005; Seeleib-Kaiser 2008; Starke 2008; Jochem 2009).

▶ *Drittens* rückt das Problem der Ausbalancierung gegenwärtiger sozialpolitischer Verpflichtungen und des verbleibenden Spielraums für Investionen in zukunftsorientierte Politikfelder wie die Bildungs- oder Kinderbetreuungspolitik in den Mittelpunkt. Solche Diskussionen um die Gestaltung der sozialpolitischen Zukunft werden in den europäischen sozialdemokratischen Parteien und der britischen Labour-Partei unter anderem unter dem Stichwort „Dritte Wege" geführt (Merkel 2000; Merkel et al. 2006).

▶ *Viertens* hat die Frage nach der eigenständigen sozialen Sicherung von Frauen an Bedeutung gewonnen. Damit einher ging auch eine Akzentverschiebung weg von der Fokussierung der transferintensiven Einkommensersatzprogramme und hin zu Problemen der „wohlfahrtsstaatlichen Infrastruktur" zur Durchsetzung der Chancengleichheit zwischen den Geschlechtern, also zum Beispiel den sozialen Dienstleistungen. Auch bleiben nach wie vor Fragen nach den Konsequenzen gesellschaftlicher und wirtschaftlicher Denationalisierung auf die nationalstaatsfixierte Sozialpolitik offen – mit besonderer Relevanz werden sie im Rahmen der Europäischen Integration erörtert. Und schließlich werfen die massiven Herausforderungen an die Sozialpolitik zu Beginn des 21. Jahrhunderts Fragen nach der normativen Wünschbarkeit eines starken Sozialstaates auf, wie sie in dieser Arbeit ausgeklammert werden mussten (vgl. hierzu Nullmeier/Köppe/Friedrich 2009).

Bei alldem teilt die vergleichende Sozialpolitikforschung eine allgemeinere Schwäche der komparativen *Policy*-Forschung: sie beschränkt sich, wenn schon nicht nur auf Vergleichsstudien über einige Mitgliedsstaaten der EU, dann doch häufig auf Binnenanalysen des exklusiven Klubs wirtschaftlich entwickelter OECD-Demokratien. Der Blick über den Tellerrand der westlichen Demokratien hinaus erfolgt nach wie vor zu selten, auch wenn er in zunehmendem Maße auf Transitionsstaaten in Mittel- und Osteuropa, auf Mittel- und Lateinamerika und bisweilen bis nach Südostasien erweitert wurde.

Literatur

Adema, Willem/Ladaique, Maxime, 2009: Gross and Net Indicators in the OECD Social Expenditure Database (SOCX), OECD Social, Employment and Migration Working Papers No. 92. Paris.
Ahlquist, John S./Breunig, Christian, 2009: Country Clustering in Comparative Political Economy, MPIfG Discussion Paper 09/5. Köln.
Alber, Jens, 1982: Vom Armenhaus zum Wohlfahrtsstaat. Analysen zur Entwicklung der Sozialversicherung in Westeuropa. Frankfurt a.M. u.a.
Alber, Jens, 1992: Wohlfahrtsstaat, in: *Manfred Schmidt* (Hrsg.): Die westlichen Länder (Lexikon der Politik Bd. 3, hrsg. von *Dieter Nohlen*). München, 542–554.

Cameron, David, 1978: The Expansion of the Public Economy: A Comparative Analysis, in: American Political Science Review 72, 1243–1261.
Castles, Francis G., 1982: The Impact of Parties on Public Expenditure, in: *Francis G. Castles* (Hrsg.): The Impact of Parties. Politics and Policies in Democratic Capitalist States. London u.a., 21–96.
Castles, Francis G./Obinger, Herbert, 2008: Worlds, Families, Regimes: Country Clusters in European and OECD Area Public Policy, in: West European Politics 31 (1-2), 321–344.
Clasen, Jochen, 2005: Reforming European Welfare States. Germany and the United Kingdom Compared. Oxford.
Clasen, Jochen/Siegel, Nico A. (ed.), 2007: Investigation Welfare State Change. The „Dependent Variable Problem" in Comparative Analysis. Cheltenham.
Esping-Andersen, Gøsta, 1990: The Three Worlds of Welfare Capitalism. Cambridge/Oxford.
Esping-Andersen, Gøsta, 1999: Social Foundations of Postindustrial Economies. Oxford.
Fenger, H.J. Menno, 2007: Welfare Regimes in Central and Eastern Europe: Incorporating Post-Communist Countries in a Welfare Regime Typology, in: Contemporary Issues and Ideas in Social Sciences, 1–30.
Hall, Peter A., 1993: Policy Paradigms, Social Learning, and the State. The Case of Economic Policy-Making in Britain, in: Comparative Politics 25, 275–296.
Hall, Peter A./Soskice, David (ed.), 2001: Varieties of Capitalism: The Institutional Foundations of Comparative Advantage. Oxford.
Heclo, Hugh, 1974: Modern Social Policy Politics in Britain and Sweden: From Relief to Income Maintenance. New Heaven.
Hibbs, Douglas A., 1977: Political Parties and Macroeconomic Policy, in: American Political Science Review 71, 1467–1487.
Hicks, Alexander M./Swank, Duane H., 1992: Politics, Institutions, and Welfare Spending in Industrialized Democracies, 1960-82, in: American Political Science Review 86, 658–674.
Huber, Evelyne/Ragin, Charles/Stephens, John, 1993: Social Democracy, Christian Democracy, Constitutional Structure, and the Welfare State, in: American Journal of Sociology 99, 711–749.
Immergut, Ellen, 1992: Health Politics: Interests and Institutions in Western Europe. Cambridge u.a.
Jochem, Sven, 2009: Reformpolitik im Wohlfahrtsstaat. Deutschland im internationalen Vergleich. Münster.
Jochem, Sven/Siegel, Nico A., 2000: Wohlfahrtskapitalismen und Beschäftigungsperformanz – Das ‚Modell Deutschland' im Vergleich, in: Zeitschrift für Sozialreform 46 (1), 38–64.
Kangas, Olli, 1991: The Politics of Social Rights. Studies on the Dimensions of Sickness Insurance in OECD Countries. Edsbruk.
Katzenstein, Peter, 1985: Small States on World Markets. Ithaca.
Kersbergen, Kees Van, 1995: Social Capitalism. A Study of Christian Democracy and the Welfare State. London u.a.
Kohl, Jürgen, 1993: Der Wohlfahrtsstaat in vergleichender Perspektive. Anmerkungen zu Esping-Andersen's „The Three Worlds of Welfare Capitalism", in: Zeitschrift für Sozialreform 39, 67–82.
Korpi, Walter, 1980: Social Policy and Distributional Conflict in the Capitalist Democracies. A Preliminary Comparative Framework, in: West European Politics 3, 296–316.
Korpi, Walter/Palme, Joakim, 2003: New Politics and Class Politics in the Context of Austerity and Globalization: Welfare State Regress in 18 Countries, in: American Political Science Review 97 (3), 425–446.
Leibfried, Stephan/Pierson, Paul (Hrsg.), 1998: Standort Europa. Sozialpolitik zwischen Nationalstaat und Europäischer Integration. Frankfurt a.M.
Lütz, Susanne/Czada, Roland (Hrsg.), 2004: Wohlfahrtsstaat. Transformation und Perspektiven. Wiesbaden.
Majone, Giandomenico, 1993: The European Community between Social Policy and Social Regulation, in: Journal of Common Market Studies 31, 153–170.
Merkel, Wolfgang, 2000: Die Dritten Wege der Sozialdemokratie, in: Berliner Journal für Soziologie Bd. 10, 99–124.
Merkel, Wolfgang/Egle, Christoph/Henkes, Christian/Ostheim, Tobias/Petring, Alexander, 2006: Die Reformfähigkeit der Sozialdemokratie. Herausforderungen und Bilanz der Regierungspolitik in Westeuropa. Wiesbaden.

Moser, Julia, 2008: Der schweizerische Wohlfahrtsstaat. Zum Ausbau des sozialen Sicherungssystems, 1975-2005. Frankfurt a.M. u.a.
Nullmeier, Frank/Köppe, Stephan/Friedrich, Jonas, 2009: Legitimationen der Sozialpolitik, in: *Herbert Obinger/Elmar Rieger* (Hrsg.): Wohlfahrtsstaatlichkeit in entwickelten Demokratien. Herausforderungen, Reformen und Perspektiven. Frankfurt a.M. u.a., 151–189.
Obinger, Herbert, 1998: Politische Institutionen und Sozialpolitik in der Schweiz. Frankfurt a.M.
Obinger, Herbert/Leibfried, Stephan/Castles, Francis G. (ed.), 2005: Federalism and the Welfare State. New World and European Experiences. Cambridge.
Obinger, Herbert/Wagschal, Uwe, 1999: Drei Welten des Wohlfahrtsstaates? Das Stratifizierungskonzept in der clusteranalytischen Überprüfung, in: *Stephan Lessenich/Ilona Ostner* (Hrsg.): Welten des Wohlfahrtskapitalismus. Beiträge zur vergleichenden Wohlfahrtsstaatsforschung. Frankfurt a.M. u.a., 109–135.
OECD, ohne Jahr: Social Expenditure Database (http://stats.oecd.org/Index.aspx?datasetcode=SOCX_AGG, Zugriff am 6.12.2009).
Opielka, Michael, 2004: Sozialpolitik: Grundlagen und vergleichende Perspektiven. Reinbek bei Hamburg.
Palme, Joakim, 1990: Pension Rights in Welfare Capitalism. The Development of Old-Age Pensions in 18 OECD Countries 1930 to 1985. Edsbruk.
Pierson, Paul, 1996: The New Politics of the Welfare State, in: World Politics 48, 143–179.
Pierson, Paul, 2004: Politics in Time. History, Institutions, and Social Analysis. Princeton.
Przeworski, Adam/Teune, Henry, 1970: The Logic of Comparative Social Inquiry. New York.
Rhodes, Martin, 1995: Subversive Liberalism: Market Integration, Globalization and the European Welfare State. Journal of European Public Policy 2, 384–406.
Rose, Richard, 1991: Inheritance before Choice in Public Policy, in: Journal of Theoretical Politics 2, 263–291.
Schmidt, Manfred G., 1993: Theorien in der vergleichenden Staatstätigkeitsforschung, in: *Adrienne Héritier* (Hrsg.): Policy-Analyse (PVS-Sonderheft 24). Opladen, 371–394.
Schmidt, Manfred, 2005: Sozialpolitik in Deutschland. Historische Entwicklung und internationaler Vergleich. 3., vollständig überarbeitete und erweiterte Aufl., Opladen.
Schmidt, Manfred/Ostheim, Tobias/Siegel, Nico A./Zohlnhöfer, Reimut, 2007: Der Wohlfahrtsstaat. Eine einführung in den historischen und internationalen Verlgeich. Wiesbaden.
Siegel, Nico A., 2000: Der nachzügelnde Pionier: Sozialpolitik in Australien zwischen lohnpolitischer Intervention und sozialstaatsinduzierter Dekommodifizierung, in: *Herbert Obinger/Uwe Wagschal* (Hrsg.): Der gezügelte Wohlfahrtsstaat: Sozialpolitik in reichen Industrienationen. Frankfurt a.M. u.a., 329–364.
Siegel, Nico A., 2002: Baustelle Sozialpolitik. Konsolidierung und Rückbau im internationalen Vergleich. Frankfurt a.M.
Strange, Susan, 1995: The Limits of Politics, in: Government and Opposition 30, 291–311.
Teague, Paul, 1998: Monetary Union and Social Europe, in: Journal of European Social Policy 8 (2), 117–137.
Titmuss, Richard, 1974: Essays on ‚The Welfare State'. London.
Scruggs, Lyle, ohne Jahr: Comparative Welfare Entitlement Dataset (http://sp.uconn.edu/~scruggs/wp.htm, Zugriff: 6.12.2009).
Seeleib-Kaiser, Martin (ed.), 2008: Welfare State Transformations. Comparative Perspectives. Basingstoke.
Starke, Peter, 2008: Radical Welfare State Retrenchment. A Comparative Analysis. Basingstoke.
Streeck, Wolfgang (Hrsg.), 1998: Internationale Wirtschaft, nationale Demokratie. Frankfurt a.M. u.a.
Taylor-Gooby, Peter, 2004: New Risks, New Welfare. Oxford.
Taylor-Gooby, Peter, 2008: Reframing Social Citizenship. Oxford.
Tsebelis, George, 1995: Decision Making in Political Systems: Veto Players in Presidentialism, Multicameralism and Multipartyism, in: British Journal of Political Science 25, 289–325.
Tsebelis, George, 2002: Veto Players: How Political Institutions Work. New York.
Weaver, Kent R., 1986: The Politics of Blame Avoidance, in: Journal of Public Policy 6, 371–398.
Wilensky, Harold L., 1975: The Welfare State and Equality. Structural and Ideological Roots of Public Expenditures. Berkeley.

Zöllner, Detlev, 1963: Öffentliche Sozialleistungen und wirtschaftliche Entwicklung. Ein zeitlicher und internationaler Vergleich. Berlin.

Zürn, Michael, 2005: Regieren jenseits des Nationalstaates: Globalisierung und Denationalisierung als Chance. 2. Aufl., Frankfurt a.M.

Umweltpolitik

Wolfgang Muno

1. Einleitung

Ende des 13. Jahrhunderts berief der englische König Edward I. (1272–1307) eine königliche Kommission, die Ursachen für die hohe Luftverschmutzung in London herausfinden und Maßnahmen zur Beseitigung der Schäden vorschlagen sollte. Dieses Beispiel zeigt, dass umweltpolitische Maßnahmen keine Erfindung des späten 20. Jahrhunderts sind. Aber lange Zeit schienen Umweltprobleme lokal begrenzt und einfach handhabbar, oder es gab noch unerschlossene Freiräume. Seit den 60er Jahren des vergangenen Jahrhunderts hat sich dies geändert. Noch 1961 führte die Forderung der SPD im damaligen Bundestagswahlkampf „Der Himmel über der Ruhr muss wieder blau werden" nur dazu, dass die Schornsteine im Revier höher gebaut wurden, ein Problembewusstsein für Umweltverschmutzung gab es noch nicht. 1962 beschrieb die amerikanische Biologin Rachel Carson in ihrem Buch „*Silent Spring*" (Carson 1981) das Sterben von Vögeln, in deren Fettgewebe sich das Insektengift DDT angereichert hatte. Damit weckte sie bei vielen amerikanischen Lesern ein Umweltbewusstsein. Umweltpolitik erhielt in der Folgezeit einen zunehmenden Stellenwert und etablierte sich als ein neues Politikfeld. Daran anschließend entstand auch eine politikwissenschaftliche Umweltforschung als ein neues Gebiet der vergleichenden Politikfeldforschung (Jahn 2006: 149 ff.).

Der folgende Beitrag behandelt die historische Entwicklung sowie Felder, Instrumente und Prinzipien von Umweltpolitik und gibt einen Einblick in die international vergleichende politikwissenschaftliche Umweltpolitikforschung in Bezug auf Industrie- und Entwicklungsländer.

2. Entwicklung

Die Entwicklung des Politikfeldes „Umweltpolitik" kann in drei Phasen unterschieden werden (vgl. Hucke 1992; Fritzler 1997). Die erste Phase begann mit staatlichen Umweltschutzprogrammen in den 60er und 70er Jahren. Auslöser waren weltweite konkrete Umweltprobleme wie die Londoner Smog-Katastrophe von 1953, Quecksilbervergiftungen in Minamata (Japan), Luftverschmutzungen in Los Angeles und im Ruhrgebiet. Vorreiter waren Japan, die USA und Schweden, die 1967 (Japan) bzw. 1969 die ersten nationalen Umweltschutzgesetze erließen. 1970 wurde in Großbritannien das erste Umweltministerium eingerichtet, 1971 folgten Dänemark, die

DDR, Australien und Kanada. Die Bundesregierung legte 1971 ein Umweltprogramm vor. 1972 fand auf Betreiben Schwedens die Konferenz der Vereinten Nationen über die Umwelt des Menschen *(UN Conference on the Human Environment)* in Stockholm statt. Im selben Jahr legte Dennis Meadows die vielbeachtete Studie „Grenzen des Wachstums" über die Endlichkeit der Ressourcen der Erde vor (vgl. Meadows 1972). Beide Ereignisse förderten das Bewusstsein über die Problematik der Umweltverschmutzung. Im Gefolge der Ölkrise 1974 kam es jedoch in vielen Ländern zu einer wirtschaftlichen Rezession, die auch zu einem Nachlassen des umweltpolitischen Elans staatlicher Stellen führte. Nach wie vor galt das Primat wirtschaftlicher Interessen.

Die zweite Phase begann Ende der 70er Jahre und ist durch das Aufkommen ökologischer Bürgerbewegungen gekennzeichnet. Im Gefolge dieser Bewegungen entstanden ökologische, „grüne" Parteien in Westeuropa (vgl. Tabelle 1).

Tabelle 1: Grüne Parteien in Europa

Land	Nationale Partei/Listenvereinigung	Gründungsjahr
Belgien	Agalev (Flandern), Ecolo (Wallonien)	1978, 1980
Dänemark	De Gronne	1983
Deutschland	DIE GRÜNEN	1980
Finnland	Vihereä, Grüne Allianz	1988
Frankreich	Les Verts	1984
Griechenland	Ökologiebewegung-Politische Renaissance	1989
Großbritannien	People Party	1973
Irland	Ecology Party	1981
Italien	Lista Verde	1986
Luxemburg	Dei Greng Alternativ	1983
Niederlande	Grüner Progressiver Akkord	1983
Österreich	Grüne Alternative	1986
Portugal	Os Verdes	1985
Schweden	Miljöpartiet	1981
Schweiz	Föderation der Grünen Parteien der Schweiz	1983
Spanien	Los Verdes	1984

Quelle: Müller-Rommel (1993).

Die ökologischen Bürgerbewegungen und Parteien sorgten dafür, dass das Thema Umwelt eine wichtigere Rolle auf der Agenda nationaler Politiken spielte.[1] Verstärkt

---

1 Der US-amerikanische Politikwissenschaftler Ronald Inglehart sah das Aufkommen ökologischer Bewegungen im Kontext eines gesellschaftlichen Trends hin zu postmaterialistischen Einstellungen. Laut Inglehart entwickelten die Generationen, die nach dem Zweiten Weltkrieg aufwuchsen, bedingt durch den zunehmenden und verbreiteten Wohlstand, postmaterialistische Einstellungen, d.h. sie strebten nicht mehr nach wirtschaftlichem Wohlstand als höchstem präferiertem Gut (Materialismus), sondern nach neuen, postmaterialistischen Werten wie Selbstverwirklichung, Gleichberechtigung der Geschlechter, Emanzipation und Ökologie (vgl. Inglehart 1989, 1997). In neuesten Veröffentlichungen bezeichnet Inglehart den von ihm behaupteten Sachverhalt nicht mehr als Wertewandel von Materialismus zu Postmaterialismus, sondern von Moderne zu Postmoderne (vgl. Inglehart 1998; vgl. auch den Beitrag von Westle in diesem Band).

wurde das Umweltbewusstsein durch Umweltkatastrophen Mitte der 80er Jahre. Vor allem die Tschernobyl-Katastrophe im April 1986 spielte hierbei eine wichtige Rolle, ebenso – wenn auch regional begrenzt auf die Anrainer Schweiz, Deutschland, Frankreich und Niederlande – Chemieunfälle im Oktober und November 1986, die den Rhein vergifteten und zu großem Fischsterben führten (vgl. Durth 1996). In der Konsequenz entstand beispielsweise in der BRD 1986 das Bundesumweltministerium mit dem CDU-Politiker Walter Wallmann als erstem deutschen Umweltminister.

Die dritte Phase der Umweltpolitik ist durch die zunehmende Internationalisierung charakterisiert. Bereits im Gefolge der Stockholmer Konferenz war es zur Gründung des Umweltprogramms der Vereinten Nationen (*United Nations Environmental Programme* – UNEP) gekommen, das viele Konventionen im Umweltbereich initiierte (1973 über den Handel mit gefährdeten Tier- und Pflanzenarten, 1985 über den Schutz der Ozonschicht, 1991 über Giftmüllexporte). 1987 legte die Weltkommission für Umwelt und Entwicklung im Auftrag der UNO den Brundtland-Bericht vor, der globale Umwelt analysieren und realistische Lösungsvorschläge unterbreiten sollte (Weltkommission für Umwelt und Entwicklung 1987). In den 90er Jahren führte das Ende des Ost-West-Konflikts zu neuer Hoffnung, globale Probleme angehen zu können. Die Vereinten Nationen organisierten die Konferenz über Umwelt und Entwicklung (*United Nations Conference on Environment and Development* – UNCED) in Rio de Janeiro vom 3. bis 14. Juni 1992 (vgl. Nachtigäller 1992; Unmüßig 1992). Die gestiegene Bedeutung von Umweltpolitik wird durch die Dimensionen von Rio deutlich: 89 Staats- und Regierungschefs, 3 000 Delegierte aus 185 Ländern, 700 Funktionäre der UNO sowie 200 Repräsentanten internationaler Organisationen nahmen teil. Die Mega-Konferenz führte zum Abschluss zweier Konventionen (Artenschutz-Konvention und Klima-Konvention), zu verschiedenen Absichtserklärungen und Deklarationen, v. a. der Agenda 21[2], sowie zu einer Vielzahl von internationalen Folgekonferenzen, zuletzt etwa der Klima-Gipfel von Kopenhagen im Dezember 2009 (vgl. Barret 2000; Oberthür 2000; Chasek 2006; Varwick 2008). Die zunehmende Internationalisierung des Politikfeldes Umwelt hat zwar zu einer Vielzahl von internationalen Abkommen geführt, nach wie vor ist aber die Umsetzung aller internationaler Abkommen wie die Durchführung umweltpolitischer Maßnahmen generell die Aufgabe nationaler Politiken. Eine Besonderheit ist die EU, wo im Rahmen der Europäisierung von Umweltpolitik eine Vielzahl von Umweltregularien beschlossen wurde, die für jeden einzelnen Mitgliedsstaat bindend sind. Von einem anfänglichen Nebenprodukt der Handelspolitik entwickelte sich europäische Umweltpolitik zu einem zentralen Handlungsfeld der EU (vgl. Knill 2008).

---

2 Die Agenda 21 ist ein umfassender, umwelt- und entwicklungspolitische Einzelthemen beinhaltender Aktionsplan. In 115 Programmen, Strategien und Maßnahmen sollte eine weltweite nachhaltige Entwicklung eingeleitet werden. Die praktische Umsetzung der Agenda auf lokaler Ebene in Deutschland behandeln Teichert et al. (1998).

3. Problemfelder, Instrumente und Prinzipien

Das bundesdeutsche Umweltprogramm von 1971 definierte Umweltpolitik als die Gesamtheit aller Maßnahmen, die notwendig sind, um dem Menschen eine Umwelt zu sichern, wie er sie für seine Gesundheit und ein menschenwürdiges Dasein braucht, um Boden, Luft und Wasser, Pflanzen- und Tierwelt vor nachteiligen Wirkungen menschlicher Eingriffe zu schützen und um Schäden oder Nachteile aus menschlichen Eingriffen zu beseitigen (vgl. Olsson/Piekenbrock 1993: 339). Das Umweltprogramm nennt damit die relevanten Bereiche von Umweltpolitik: Boden, Luft, Wasser, Tier- und Pflanzenwelt. Zu ergänzen wären noch die damals noch nicht erkannten, heute aber aktuellen Problemfelder Klima und Ressourcen. Das verhältnismäßig neue Feld der Ressourcenpolitik bezieht sich auf den Umgang mit natürlichen Ressourcen, wobei aus umweltpolitischer Perspektive eine nachhaltige Nutzung angestrebt wird (vgl. Bleischwitz et al. 2009).

Die genannten Problemfelder zeigen, wie vielfältig Umweltpolitik sein müsste, um alle Bereiche zu erfassen. Gleichzeitig ist offensichtlich, dass Umweltpolitik eine Querschnittsaufgabe ist, die in viele andere Politikfelder hineinreicht (vgl. Simonis 1990; Kösters 1997). Die Reinhaltung von Boden und Wasser sowie die Erhaltung der Tier- und Pflanzenwelt ist auch eine Aufgabe von Landwirtschaftspolitik, Luft und Klima auch eine Frage der Energiepolitik, sämtliche Bereiche werden von der Verkehrspolitik beeinträchtigt, nicht nur durch Emissionen, die Luft, Boden, Wasser und Klima belasten, sondern auch durch Landschaftszerstörung durch den Bau von Verkehrswegen. Die Wirtschafts- und Industriepolitik im Allgemeinen hat umweltpolitische Auswirkungen.

Einer Vielfalt von Problemfeldern steht auch eine Vielfalt von umweltpolitischen Instrumenten gegenüber (vgl. Altmann 1997: 117 ff.; Müller-Rommel 2001: 11 ff.; Böcher/Töller 2007).[3] Unterschieden werden können ordnungsrechtliche Instrumente, planerische Instrumente, ökonomische Instrumente, kooperative Instrumente, Information (vgl. Tabelle 2).

ad 1: Ordnungsrechtliche Instrumente sind direkte staatlich-administrative Eingriffe (vgl. Jänicke/Kunig/Stitzel 2000: 161 ff.). Sie setzen beim Verursacher eines Umweltproblems an, verbieten umweltschädigendes Verhalten oder schreiben zulässige Höchstgrenzen vor. Der Vorteil rechtlicher Regelungen liegt in eindeutigen Regelungen und hoher Verhaltensdeterminierung. Ziel ist, ein umweltpolitisches Minimum durch Androhung rechtlicher Verfolgung von Verstößen zu gewährleisten. Darin liegt auch der Nachteil. Über ein Minimum hinaus gehen rechtliche Regelungen selten, dabei ist dieses Minimum noch häufig umstritten. Es ist schwierig, adäquate Höchstgrenzen festzulegen, wenn unterschiedliche Positionen und Einschätzungen

---

[3] Für eine Diskussion von umweltpolitischen Zielen und Instrumenten aus britischer Perspektive vgl. Helm (2000).

Tabelle 2: Umweltpolitische Instrumente

1. Ordnungsrecht	Ge- und Verbote (Nationale Gesetze und Verordnungen), Genehmigungen, Grenzwertsetzung, Produktionsstandards, Umweltstrafrecht
2. Planung	Umweltpläne, Raumordnungspläne, Bauleitpläne, Landschaftspläne, Luftreinhaltepläne, Abfallwirtschaftspläne, Wasserhaushaltspläne, Flächennutzungspläne, Bebauungspläne, Verkehrspläne
3. Ökonomie	Anreize und Kosten: Umweltsteuern, Umweltabgaben, Gebühren, Lizenzen, Zertifikate, Steuervergünstigungen, Subventionen, Umwelthaftung
4. Kooperation	Absprachen, Verhandlungen, Branchenabkommen, Selbstverpflichtungen
5. Information	Umweltberichte, Umweltgutachten, Umweltzeichen, Umweltbildung

Quelle: Müller-Rommel (2001: 12).

existieren. Die Regelungen wiederum sind sind sehr statisch, beharrlich und mit einem hohen Vollzugsaufwand verbunden. In der Luftreinhaltepolitik der BRD beispielsweise schreibt die „Technische Anleitung zur Reinhaltung der Luft" (TA-Luft) Immissionsgrenzen, Emissionsgrenzen sowie technische und administrative Regeln zur Genehmigung von Produktionsanlagen vor. Auch internationale Verträge und Abkommen fallen unter das ordnungsrechtliche Instrumentarium, wenn sie die konkrete Umsetzung in nationales Recht implizieren.

ad 2: Planerische Instrumente sind administrative Vorgaben, die alle öffentlichen (und zum Teil auch private) Maßnahmen und Vorhaben erfassen (vgl. Carius/Sandhövel 1998; Jänicke/Jörgens/Koll 2001). Berücksichtigen solche Pläne umweltrelevante Aspekte, so handelt es sich um ein umweltpolitisches Instrumentarium. Verkehrspläne beispielsweise erfassen und regeln den Bau neuer Straßen durch die öffentliche Hand; Bebauungs- und Bauleitpläne regeln auch private Vorhaben. Der Vorteil liegt in der proaktiven und vorausgehenden Festlegung von Umweltzielen. Ein möglicher Nachteil liegt vor, wenn Pläne bloße Absichtserklärungen bleiben, die nicht umgesetzt werden. Neben sektoralen Fachplänen (etwa Abfallwirtschafts- oder Wasserhaushaltspläne) gibt es auch integrale Planungskonzepte, etwa umfassende Umweltpläne oder Strategien nachhaltiger Entwicklung im Rahmen der Agenda 21. Umweltpläne sind zwar auch Absichtserklärungen, aber dennoch sind sie als wichtiges umweltpolitisches Instrumentarium einzustufen. Zunächst ist bereits die bloße Zusammenfassung bestehender Zielvorgaben ein Gewinn. Daran lassen sich Erfolge und Misserfolge messen. Schließlich helfen Umweltpläne, die Zielvorgaben aufrechtzuerhalten und im Optimalfall zu internalisieren. International ist ein regelrechter Boom in nationaler Umweltplanung zu verzeichnen. Bemerkenswert ist, dass die ersten nationalen Umweltpläne in Afrika begannen, 1987 in Madagaskar, gefolgt von Mauritius, Lesotho, den Seychellen, Ghana und Ruanda, bevor 1988 in Dänemark das erste OECD-Land einen Umweltplan startete (vgl. Schemmel 1998).

ad 3: Ökonomische Instrumente sind wirtschaftliche Anreize oder Belastungen, die ein bestimmtes, gewünschtes Verhalten erreichen bzw. fördern oder unterbinden wollen (vgl. Bartmann 1996: 199ff.). Es kann sich um Subventionen handeln, wie etwa bei Erzeugung regenerativer Energien, oder um Steuern, Gebühren oder Sonderabgaben für umweltbelastende Aktivitäten, wie zum Beispiel die Öko-Steuer. Dazu gehören auch Zertifikate und staatlich erteilte Lizenzen, die Umweltnutzungsrechte erteilen, z.b. das Recht, in einem begrenzten Umfang Schadstoffe zu emittieren. Zertifikate können fest zugeteilt oder auch gehandelt werden. Ein bekanntes Beispiel ist die Zertifikation von Schwefeldioxidemissionen in den USA. Unterschreiten Unternehmen den lizenzierten Grenzwert, so kann der Differenzbetrag innerhalb räumlicher Grenzen veräußert werden. Auch im internationalen Klimaschutz existieren handelbare Zertifikate. Das Kyoto-Protokoll von 1997 sieht den Handel von Emissionsrechten bei Treibhausgasen vor. Marrakesch 2001 verstärkte die Bedeutung dieses Emissionshandels. Ökonomische Instrumente können sehr schnell und effektiv sein, besonders, wenn sie auf direkte finanzielle Anreize setzen, was aber wiederum häufig starken politischen Widerstand von Betroffenen provoziert. Bestes Beispiel sind die in Deutschland immer wieder stattfindenden Diskussionen über Benzinpreiserhöhungen im Rahmen der Ökosteuer.

ad 4: Kooperative Instrumente sollen im Vorfeld von Auflagen und Abgaben zum Erreichen von erwünschtem Umweltverhalten führen (vgl. Bartmann 1999). In der Regel handelt es sich um Vereinbarungen zwischen staatlichen Stellen und der Industrie. Durch freiwillige Selbstverpflichtung sollen bestimmte Maßnahmen erreicht oder bestimmte Handlungen unterlassen werden. Ein Beispiel ist das Öko-Audit als betriebsinterne Selbststeuerung (vgl. Bültmann/Wätzold 1999). In den Niederlanden sind Vereinbarungen staatlicher Stellen mit Branchenverbänden weit verbreitet. Ein Vorteil liegt im unbürokratischen Vorgehen solcher Maßnahmen, die Kooperationspartner können rasch auf Anforderungen eingehen. Verhandlungen können aber auch lediglich zum Schein geführt werden, um Zeit zu gewinnen. Kooperationsprozesse finden nicht nur auf nationaler Ebene sondern auch im Vorfeld internationaler Verträge und Abkommen statt.

ad 5: Informationen sind indirekte umweltpolitische Instrumente (vgl. Michelsen 2001). Ganz allgemein sollen sie zur Wahrnehmung von Umweltproblemen beitragen. Gezielte Informationen dienen auch zum Erreichen spezifischer Aufklärungseffekte oder zur erwünschten Änderung von Verhalten. Staatliche Umweltkennzeichen wie der „Blaue Engel" sind solche gezielten Informationen, aber auch Warnungen vor Gesundheitsgefährdungen, wie im Falle von Asbestverseuchungen. Der Nachteil dieses Instrumentariums liegt in einer geringen Beziehung zwischen Umweltinformation und Umwelthandeln, wie das Beispiel Tempolimit in Deutschland zeigt.

Die Instrumente sollen umweltpolitischen Grundprinzipien, wie sie etwa das deutsche Umweltprogramm als normative Richtlinien formulierte, folgen. Den drei Hauptprinzipien *Vorsorgeprinzip*, *Kooperationsprinzip* und *Verursacherprinzip* sind die drei Ergänzungsprinzipien *Gemeinlastprinzip, Nachhaltigkeitsprinzip* und *Rationalitätsprinzip* beigefügt (vgl. Olsson/Piekenbrock 1993: 336). Das *Vorsorgeprinzip* ist ein vorrangiger Grundsatz, nach dem die Bekämpfung akuter Umweltgefahren und die Beseitigung von Umweltschäden durch eine vorsorgende langfristige Umweltplanung zu vermeiden ist. Nach dem *Kooperationsprinzip* ist Umweltpolitik eine gemeinsame Aufgabe von Bürgern und Staat. Unternehmen, Verbände und Bürger sowie staatliche Behörden sollen bei der Lösung umweltpolitischer Probleme zusammenarbeiten. Gemäß dem *Verursacherprinzip* sollen die Kosten zur Vermeidung, Beseitigung oder zum Ausgleich von Umweltbelastungen dem Verursacher zugerechnet werden *(polluter-pays-principle)*. Ist ein Verursacher nicht festzustellen, so übernehmen nach dem *Gemeinlastprinzip* bestimmte gesellschaftliche Gruppen oder die Allgemeinheit die Kosten. Weitere Ergänzungsprinzipien sind das *Nachhaltigkeitsprinzip*, das einen möglichst schonenden Umgang mit Umweltgütern verlangt und das *Rationalitätsprinzip*, das eine wissenschaftliche Fundierung von Umweltpolitik bedingt.

4. Umweltpolitik und Politikwissenschaft

Ebenso, wie Umweltpolitik eine Querschnittsaufgabe ist, die in viele Politikfelder hineinreicht (vgl. Jänicke 2006), so sind auch für das Politikfeld „Umweltpolitik" unterschiedliche Wissenschaften zuständig, die verschiedene Aspekte von Umweltpolitik untersuchen. Scharpf unterscheidet eine problemorientierte und eine interaktionsorientierte Politikfeld-Forschung (vgl. Scharpf 2000: 32 ff.). Die problemorientierte Forschung beschäftigt sich mit den wissenschaftlich-technischen Fragen, den naturwissenschaftlichen Ursachen von Problemen, möglichen Lösungen und Effekten. Im Bereich der Umweltpolitik sind hier zunächst naturwissenschaftliche Disziplinen maßgeblich. Chemie, Physik, Biologie oder Medizin müssen auf Umweltprobleme und deren chemische, physikalische und bio-medizinische Ursachen, Zusammenhänge und Folgen hinweisen. Beispielsweise werden stratosphärische Reaktionen analysiert, um das Ausmaß der Zerstörung der Ozonschicht festzustellen. Gleiches gilt für die Erforschung von Strahlenbelastungen und Grenzwerten radioaktiver Strahlungen bzw. deren gesundheitliche Auswirkungen. Bei solchen Fragen kann die Politikwissenschaft wenig sinnvolles beitragen. Einen sozialwissenschaftlichen problemorientierten Ansatz verfolgt beispielsweise der dänische Statistiker und ehemalige Umweltaktivist Björn Lomborg, der in seinem breit perzipierten Buch „The Skeptical Environmentalist: Measuring the Real State of the World" unterschiedliche (natur-)wissenschaftliche Studien zu verschiedenen Umweltproblemen wie zum Beispiel Luftverschmutzung, Waldsterben, Klimawandel und Pestizidbelastung darstellt und deren methodische Mängel untersucht und kritisiert (Lomborg 2001). Eine problemorientierte Perspektive weisen auch die verschiedenen Versuche der Bildung von Umweltindizes bzw. Umweltperformanzindizes auf, die den Zustand der Umwelt oder von Umweltpolitik zu erfassen versuchen. Der prominenteste Versuch scheint der Environmental Performance Index (EPI) des Yale Center for Environmental Law and Policy zu sein (EPI 2010). Der EPI versucht, die Umweltperformanz von Staaten weltweit zu erfassen. Zuerst 2006, in einer zweiten Messung 2008, wurden zuletzt 25 Umweltindikatoren wie sauberes Trinkwasser oder Luftverschmutzung erfasst und daraus ein Index staatlicher Umweltperformanz gebildet (detaillierte Informationen zur Methodik finden sich auf der Homepage, vgl. auch Jahn 2006: 150 ff. zu weiteren Versuchen der Bildung von Umweltindizes). Die sozialwissenschaftliche interaktionsorientierte Politikfeld-Forschung analysiert dagegen die gesellschaftlichen und politischen Kontextbedingungen solcher Probleme, deren Ursachen und Lösungen bzw. Probleme und Widerstände bei der Umsetzung von Lösungsvorschlägen.

Genauer gesagt geht es in der Politikfeld-Forschung oder *Policy*-Analyse um die politischen Akteure, ihre Motive, Interessen und Ressourcen *(wer?)*, um politische Ziele und Probleme *(was?)*, Mittel und Strategien der Zielverwirklichung *(wie?)*, beabsichtigte Wirkungen und Folgen politischer Maßnahmen *(wozu?)* und um Handlungsbedingungen, die für die Ergebnisse politischer Prozesse im Einzelnen verantwortlich sind *(warum?)* (vgl. Schmidt 1995; Faust/Lauth 2005). In der Umweltpolitik sind folgende Themen für politikwissenschaftliche *Policy*-Analysen von Bedeutung (vgl. Jänicke/Kunig/Stitzel 2000: 17):

- Die Analyse und Evaluation des gesamten Politikprozesses von der Thematisierung eines Umweltproblems (agenda setting), über Willensbildung, Entscheidungsfindung, administrativer Vollzug bis hin zur gesellschaftlichen Wahrnehmung und Wirkung umweltpolitischer Maßnahmen;
- Umweltpolitische Instrumente und Strategien;
- Akteure, staatliche und gesellschaftliche Träger von Umweltbelangen, Akteurkonstellationen, Interessen und Machtressourcen;
- politische, ökonomische und gesellschaftliche Handlungsbedingungen, Chancen und Hemmnisse sowie der unterschiedliche politische Einfluss umweltpolitischer Akteure;
- politische Dimensionen von Umweltproblemen: ihre politische Relevanz und der Schwierigkeitsgrad der Problemlösung;
- die internationale Dimension von Umweltpolitik im Sinne einer vergleichenden Analyse von verschiedenen nationalen Politiken, sowohl innerhalb der Industrieländer als auch im Rahmen der Problematik nachholender Entwicklung von Ländern der Dritten Welt;
- die globale Dimension im Zeichen der Globalisierung, besonders internationale Kooperation, die im Falle der vor nationalen Grenzen nicht Halt machenden Umweltproblematik gefordert ist, internationalen Umweltinstitutionen, internationale Abkommen und Vereinbarungen des Umweltschutzes sowie die Bedeutung von Umwelt im Kontext der Nord-Süd-Beziehungen.[4]

---

4 Ein beachtlicher und wachsender Zweig der Forschung beschäftigt sich mit den globalen Aspekten von

Während also andere Disziplinen vor allem die ökologische Notwendigkeit, technische Machbarkeit und Wirtschaftlichkeit von Umweltpolitik diskutieren, geht es in politikwissenschaftlichen Analysen in erster Linie um den politisch-gesellschaftlichen Kontext.

5. Forschungstand

Angesichts des vielfältigen Themenspektrums stellt sich die Frage nach dem Forschungsstand und Ergebnissen der vergleichenden politikwissenschaftlichen Analyse von Umweltpolitik.

Kern/Bratzel geben einen Überblick über einige herausragende Vergleichsstudien, die zwischen 1975 und 1993 entstanden (vgl. Kern/Bratzel 1996). Sie kritisieren, es sei noch nicht zu einer Integration von Forschungsergebnissen gekommen, stattdessen zeichne sich eine zunehmende Spezialisierung und Ausdifferenzierung in einzelne Sub-Policies ab (vgl. Kern/Bratzel 1996: 300). Die meist qualitativ angelegten Vergleiche behandeln nur wenige Länder, meist die USA, gefolgt von Großbritannien, Frankreich, Deutschland und Schweden; osteuropäische Länder werden kaum beachtet, noch weniger Entwicklungsländer. Zur Erklärung umweltpolitischen Erfolgs verweisen diese Studien in der Regel auf politische Faktoren. Sozioökonomische Erklärungsvariablen werden vernachlässigt, kulturelle Variablen allenfalls als Residualkategorien herangezogen. Auf politischer Ebene wird die Frage nach den Auswirkungen parteipolitischer Zusammensetzung der Regierung nicht systematisch untersucht, allenfalls die Struktur des Parteiensystems. Dabei werden die positiven Auswirkungen der Existenz „Grüner" Parteien für Umweltpolitik hervorgehoben. Im Zentrum der Betrachtung stehen Charakteristika der Staatsorganisation, vor allem die Frage der Machtverteilung zwischen Legislative, Exekutive und Judikative, sowie des Zentralisierungsgrads. Daneben spielen Interessengruppen im politischen Prozess eine Rolle. Häufig wird auch auf situative Faktoren zur Erklärung umweltpolitischen Handelns verwiesen. Insgesamt stellen Kern/Bratzel zwar eine beachtlich breite Palette international vergleichender Studien fest, konstatieren aber noch etliche Desiderata. Auch Prittwitz kritisierte bereits 2001 einerseits die thematische Fixierung auf bereits breit bearbeitete Themen wie der Klimaschutz-Problematik, andererseits die Beschränkung auf klassische Untersuchungsländer (vgl. Prittwitz 2001: 40 f.). Detlef Jahn sah in einem Überblicksbeitrag von 2006 noch keine Besserung und kritisierte die bis dato wenig analytisch und stark deskriptiv sowie an Einzelfallstudien orientierte Ausrichtung der Umweltpolitikforschung (Jahn 2006).

Umweltpolitik und untersucht die zunehmende Bedeutung internationaler Regime und völkerrechtlicher Verträge (vgl. Biermann 1994; Gehring 1994; Oberthür 1997; Ott 1998; vgl. auch die entsprechenden Beiträge im PVS-Sonderheft „Politik und Umwelt" Breitmeier/Young/Zürn 2007; Sprinz 2007; Oberthür 2007; Biermann 2007; Gehring 2007; Dingwerth/Pattberg 2007; Bauer/Biermann 2007).

Im Folgenden werden exemplarisch Studien skizziert, die aus policy-analytischer Perspektive Umweltpolitik vergleichend untersucht und mit diesen Untersuchungen das Verständnis umweltpolitischer Prozesse theoretisch und inhaltlich erweitert haben.[5]

5.1 Umweltpolitik in OECD-Ländern

Martin Jänicke von der Forschungsstelle für Umweltpolitik der FU Berlin sucht in einer Studie von 1990 nach strukturellen Rahmenbedingungen ökonomischer, politischer und sozio-kultureller Natur (unabhängige Variablen), die umweltpolitische Performanz (abhängige Variable) erklären können (vgl. Jänicke 1990, 1996). Ausgehend von einem Index der Umweltqualitätsentwicklung konstatiert er Unterschiede in der umweltpolitischen Erfolgsbilanz der Staaten und versucht diese Unterschiede zu erklären.[6] Jänicke konzentriert sich dabei auf Industrieländer der OECD und einige ausgewählte osteuropäische Länder. Zunächst schließt er einige Erklärungsfaktoren aus bzw. schränkt sie ein. Wohlfahrtsstaatlichkeit sieht Jänicke nicht als entscheidenden Erklärungsfaktor für erfolgreiche Umweltpolitik. Zwar können die Wohlfahrtsstaaten Schweden und die Niederlande eine erfolgreiche Umweltpolitik vorweisen, dies gilt aber auch für Japan und die USA, die keinen solchen Wohlfahrtsstaat haben. Die Parteifärbung der Regierung hält Jänicke aufgrund offensichtlicher Erkenntnisse ebenfalls nicht für relevant. So haben in Schweden sozialdemokratische Regierungen eine bessere Umweltpolitik verfolgt als das christdemokratische Italien, aber das konservativ-liberale Japan war besser als Schweden. Irland mit bürgerlichen Regierungen schneidet schlechter ab als die Niederlande mit bürgerlichen Regierungen, in der BRD schneidet die Regierung Kohl nicht schlechter ab als die Regierungen Brandt/Schmidt. Die Existenz grüner Parteien gilt zwar als günstiger Faktor für Umweltpolitik, die Vorreiter Japan, USA und Schweden weisen diesen Faktor aber nicht auf. Die Existenz einer Ökologiebewegung scheint wichtiger zu sein als die Existenz einer grünen Partei. Die institutionelle Verankerung von Umweltpolitik, d.h. die Einrichtung von Umweltministerien, Umweltämtern, Umweltgesetzen und Umweltverfassungsartikel, spielt eine herausragende Rolle. Diesen Aspekt der Institutionalisierung von Umweltpolitik behandelt auch der von Martin Jänicke und Helmut Weidner herausgegebene Band *„National Environmental Policies. A Comparative Study of Capacity-Building"* (vgl. Jänicke/Weidner 1997a).

---

5 Nicht berücksichtigt werden hierbei Studien, die sich zu sehr auf spezifische Bereiche bzw. Spezialfragen der Umweltpolitik (z. B. Landwirtschaft, Verkehr, Forstwirtschaft etc.) beschränken (vgl. etwa Härdtlein 2000; Marzotto et al. 1999; Thomasius/Schmidt 1996). Gerade im Bereich der Klimapolitik ist mittlerweile eine beträchtliche Zahl an Studien entstanden (zum Beispiel Geden/Fischer 2008; Brunnengräber 2009; Bättig/Bernauer 2009; Vogler 2009).
6 Der Index wird anhand der Entwicklung von Schadstoffemissionen (Schwefeldioxid, Stickoxid, Kohlenmonoxid, Kohlenwasserstoff), der Fließgewässerqualität und des Kläranlagenbaus (Einwohneranschlussrate) konstruiert.

In dieser Studie werden umweltpolitische Handlungskapazitäten in 13 Ländern analysiert. Dabei handelt es sich um diszipliniert-konfigurative Fallstudien, die weitgehend parallel strukturiert sind. Die USA, Schweden, Japan, Großbritannien, die Niederlande, Deutschland, Dänemark, die Schweiz, Südkorea, Chile, China, Nigeria und Russland werden anhand der *Main Environmental Problems, Development and Main Characteristic of Environmental Policy, Main Actors, Capacity-Building* und *Policy-Evaluation* (so die Überschriften der einzelnen Teilkapitel) untersucht. Den Fallstudien vorangestellt ist ein theoretisch-konzeptioneller Beitrag, in dem Jänicke das Konzept umweltpolitischer Kapazität aus policy-analytischer Perspektive analysiert (vgl. Jänicke 1997). Die staatlichen Organe der Umweltpolitik sind dabei von besonderer Bedeutung als institutionalisierte Verkörperung von Umweltpolitik. Im Anschluss an die Fallstudien gibt ein statistischer Anhang einen Überblick über die Chronologie formaler Institutionalisierung der Umweltpolitik in 35 Ländern (vgl. Tabelle 3). Diese Studie überschreitet die Grenzen herkömmlicher politikwissenschaftlicher Studien, in dem mit Chile, China, Nigeria, Russland und Südkorea die übliche Beschränkung auf OECD-Länder überwunden wird. Der Schwerpunkt der Fallstudien liegt auf dem Aufbau staatlicher umweltpolitischer Organe, also in erster Linie auf einer Beschreibung, „was" der Staat „wie" macht, politische und gesellschaftliche Prozesse, die Erklärungen für spezielle Entwicklungen anbieten („warum"), spielen eine untergeordnete Rolle.

Die Institutionalisierungshypothese muss allerdings eingeschränkt werden, da die bloße Existenz solcher Einrichtungen nicht viel über ihren Stellenwert aussagt. Es müssen also Kompetenzen und Ressourcen im politischen Prozess berücksichtigt werden. Jänicke hält eine Mischung aus akutem Problemdruck und Modernisierungskapazität für die Erfolgsbedingungen von Umweltpolitik. Modernisierungskapazität meint Reformfähigkeit im weitesten Sinne. Aspekte von Modernisierungskapazität sind die Wirtschaftsleistung und die Innovationsfähigkeit, die Jänicke mit einem erfolgreichen Strukturwandel in Verbindung bringt, sowie die Strategie- und Konsensfähigkeit. Die Strategiefähigkeit eines Landes betrifft vor allem den Staatsapparat und den Grad der Institutionalisierung, die Konsensfähigkeit bezieht sich auf einen aktiven, kooperativen Politikstil, den Jänicke mit Neokorporatismus in Verbindung bringt *(vgl. den Beitrag von Czada in diesem Band).* Demzufolge wären also Staaten, die einen erfolgreichen Strukturwandel von industriellen zu Dienstleistungsgesellschaften vollbracht haben, staatliche umweltpolitische Organe institutionalisiert haben und neokorporatistische Politikstile verfolgen, erfolgreich in der Umweltpolitik. Jänicke untersucht seine Annahmen leider nicht systematisch, sondern argumentiert ad hoc, so dass etliche scheinbar plausible Aussagen letztlich unbefriedigen. Dennoch handelt es sich um eine wegweisende Studie, die eine Vielzahl möglicher Einflussfaktoren von Umweltpolitik anspricht.

Detlef Jahn unterzieht in einer Studie von 1998 18 OECD-Länder zwischen 1980 und 1990 einer systematischen Analyse (vgl. Jahn 1998, 2000). Die umweltpolitische Performanz erfasst er durch einen hochaggregierten Index, der sich zusammensetzt aus Einzelindizes zur Luftverschmutzung, Wasserverschmutzung, Bodenverschmutzung und Abfall. Die Daten, die den Indizes zugrundeliegen, stammen aus dem *OECD Environmental Data Compendium*. Der Index der Luftverschmutzung wird anhand der Emissionen von Schwefeloxiden, Kohlendioxid, Kohlenmonoxid und Stickoxiden gebildet. Der Index der Wasserverschmutzung berücksichtigt den Frischwasserverbrauch sowie den Bevölkerungsanteil, dessen Abwasser von Kläranlagen aufbereitet wird. Die Bodenverschmutzung wird durch den Düngemittelverbrauch und den Anteil von Naturschutzgebieten am Gesamtterritorium gemessen. Indikatoren für den Abfall-Index sind die Pro-Kopf-Menge von Abfall, Papier- und Glasrecycling sowie die Mengen an Giftmüll- und Nuklearabfall. Zusätzlich zu diesen Daten wird ein ideologischer Faktor für die umweltpolitische Performanz berücksichtigt. Jahn unterscheidet in der ideologischen Debatte um Umweltpolitik eine expansionistische und eine limitierende Richtung. Die expansionistische Richtung ist wachstums- und konsumorientiert und plädiert umweltpolitisch für kurzfristig orientierte, technische Problemlösungen. Die limitierende Richtung geht von der Begrenztheit natürlicher Ressourcen aus und betont die Notwendigkeit grundsätzlicher Verhaltensänderungen der Menschen hin zu Konsumverzicht und qualitativem statt quantitativem Wachstum. Etwas stark vereinfachend misst Jahn expansionistische und limitierende *Policy*-Regime durch den Energieverbauch. Im Ergebnis seiner Messung der Umweltperformanz stellt Jahn vier Ländergruppen fest (vgl. Tabelle 3).

Tabelle 3: Umweltpolitische Performanz in OECD-Ländern nach Jahn

	Limitierende Energiepolitik	**Expansionistische Energiepolitik**
Positive Umweltperformanz	Niederlande (1/2) BRD (2/4) Österreich (3/3) Dänemark (6/1)	Schweden (4/17) Schweiz (5/11) Japan (7/16) Finnland (8/15) Belgien (9/12)
Negative Umweltperformanz	Großbritannien (14/5) Italien (16/6)	Norwegen (10/13) Australien (11/9) Frankreich (12/12) Neuseeland (13/18) USA (15/8) Kanada (17/7) Irland (18/14)

Die Zahlen in Klammern geben die Rangfolge der Umweltperformanz und des Energieverbrauchs an.
Quelle: Jahn (1998: 113).

Die Niederlande, die BRD, Österreich und Dänemark kombinieren eine positive umweltpolitische Performanz mit einem limitierenden energiepolitischen Regime. Schweden, die Schweiz, Japan, Finnland und Belgien weisen zwar eine positive umweltpolitische Performanz auf, verfolgen aber eine expansionistische Energiepolitik. Norwegen, Australien, Frankreich, Neuseeland, die USA, Kanada und Irland verbinden eine negative Umweltperformanz mit einer expansionistischen Energiepolitik. Schließlich finden sich Großbritannien und Italien in einer Gruppe wieder. Die beiden Länder weisen trotz einer limitierenden Energiepolitik eine negative Umweltperformanz auf.

Im Anschluss an diese Bestandsaufnahme sucht Jahn in Form einer statistischen Korrelationsanalyse nach Erklärungen für die jeweiligen Ausprägungen der umweltpolitischen Performanz und der energiepolitischen Regime. Dabei werden die Auswirkungen struktureller und ökonomischer sowie institutioneller und politischer Aspekte untersucht. Die strukturellen und ökonomischen Aspekte beziehen sich zum einen auf Wirtschaftsstrukturen, v. a. den Wandel von einer industriellen hin zu einer post-industriellen Dienstleistungsgesellschaft, zum anderen auf physische Bedingungen wie Bevölkerung, Größe des Landes und Klima. Institutionelle Aspekte beziehen sich auf wohlfahrtsstaatliche Regime in Anlehnung an die Typologie von Wohlfahrtsstaaten Esping-Andersens *(vgl. den Beitrag von Siegel in diesem Band)*, neokorporatistische Arrangements und, in Anknüpfung an die erwähnte Studie von Jänicke/Weidner, die Institutionalisierung von Umweltpolitik. In weiteren Studien wird auch Föderalismus als politisch-institutioneller Faktor berücksichtigt (vgl. Jahn/Wälti 2001). Politische Aspekte beziehen sich auf die Stärke politischer Parteien (gemessen an Wahlergebnissen und Regierungsmacht) und die Mobilisierung im Bereich „neuer Politik", worunter Umweltbewegungen und links-liberale Parteien verstanden werden.

Jahn fasst die Ergebnisse der statistischen Analyse wie folgt zusammen: Eine positive Umweltperformanz korreliert hochgradig mit neokorporatistischen Arrangements und starken sozialdemokratischen Parteien. Limitierende Umweltregime korrelieren mit vor allem mit einem großen, aber modernisierten Industriesektor, Neokorporatismus und der Mobilisierung „neuer Politik". Ökonomische Faktoren spielen dabei vor allem in unitarischen und zentralisierten Ländern eine Rolle, in föderativen und dezentralisierten Staat, wo der Staat in seiner Handlungsfähigkeit beschränkt ist, sind dagegen neokorporatistische Strukturen wichtiger. Alle anderen Faktoren, darunter auch die Stärke grüner Parteien, erweisen sich als mehr oder weniger insignifikant.

Die Ergebnisse, die hier nicht im Einzelnen ausgebreitet werden können, stützen im Wesentlichen die Annahmen von Jänicke. Die Studie von Jahn zeichnet sich durch nachvollziehbare Präzision und eine klare Struktur von abhängigen Variablen (Umweltperformanz und Umweltregime) und unabhängigen Variablen (strukturelle, ökonomische, institutionelle und politische Faktoren) aus. Sein Umweltperformanzindex ist sehr umfassend und erfasst differenziert verschiedenen wichtige Bereiche der Umwelt. Insgesamt geht Jahn mit seinen Analysen über beschreibende Darstellungen hinaus und untersucht systematisch Erklärungen („warum") für umweltpolitische Handlungen. Hierbei konzentriert er sich vor allem aus forschungspragmatischen Gründen (Erreichbarkeit von Daten) auf ausgewählte OECD-Länder. In einer weiteren Studie aus dem Jahr 2007 entwickelt Jahn seinen Umweltindex weiter und behandelt ausführlich die Variable Föderalismus (Jahn/Wälti 2007).

Auch Lyle Scruggs untersucht die Umweltpolitik in westlichen Demokratien (vgl. Scruggs 1999, 2001, 2003). Scruggs entwickelt einen *Umweltperformanz-Index*, der Emissionen von Schwefeldioxid und Stickoxid, Bodenbelastung durch Düngemittel, Abfallmengen, Glassrecycling und die Versorgung mit Abwasseraufbereitung umfasst. Die Veränderung der Indikatoren wird zwischen 1970 und 1990 gemessen und in Punktezahlen zwischen 0 (keine Veränderung) und 100 (größte Veränderungen) umgerechnet.[7] In der Addition der einzelnen Indikatoren ergibt sich ein aggregierter nationaler Umweltperformanz-Score (vgl. Tabelle 4). Die erfolgreichsten Länder sind Deutschland, die Niederlande, Schweden und Japan, am schlechtesten schneiden Irland, Spanien, Kanada und Italien ab. Auch der Umweltpionier USA findet sich, etwas überraschend, im hinteren Drittel wieder. Mittelmäßig schneiden die zentraleuropäischen und skandinavischen Länder Schweiz, Österreich, Dänemark, Norwegen und Finnland sowie Großbritannien und Frankreich ab.

Tabelle 4: Umweltperformanz in 17 westlichen Demokratien nach Scruggs

Irland	126,9
Spanien	169,4
Kanada	230,5
Italien	244,6
USA	268,6
Finnland	274,9
Großbritannien	315,1
Frankreich	324,6
Schweiz	332,1
Norwegen	348,0
Dänemark	355,5
Österreich	371,4
Belgien	394,1
Japan	400,4
Schweden	440,7
Niederlande	460,1
Deutschland	469,5

Quelle: Scruggs (1999: 13).

Zur Erklärung der Umweltperformanz zieht Scruggs, ähnlich wie Jahn, eine Vielzahl von möglichen politisch-institutionellen, ökonomisch-strukturellen und politischen Einflussfaktoren heran und führt eine statistische Analyse durch. Unabhängige Variablen sind u. a. der Grad an Korporatismus und Konzertation, der Organisationsgrad von Arbeitgeber und Gewerkschaften, Mehrheits- und Konsensdemokratie, die politische Zusammensetzung der Regierungen, das Wahlrecht (Mehrheits- oder Verhältniswahl), Föderalismus, der Energieverbrauch, Kernenergienutzung, der Anteil der verarbeitenden Industrie, Wachstum und Einkommen, Bevölkerungsdichte, der Stimmanteil grüner oder linksliberaler Parteien, Postmaterialismus und die Stärke der

---

[7] In weiteren Studien arbeitet Scruggs mit Daten von 1980 bis 1995 (vgl. Scruggs 2001, 2003).

Umweltbewegung. Verschiedene Faktoren, so Scruggs Ergebnis, beeinflussen Umweltpolitik stärker oder schwächer, sind aber nicht als Erklärung für Umweltperformanz geeignet, etwa die ökonomisch-strukturellen Faktoren oder politische Faktoren wie Stimmanteil grüner Parteien oder die Stärke der Umweltbewegung. Im Zentrum seiner Überlegungen stand die Frage, ob Korporatismus einen positiven oder negativen Effekt auf umweltpolitische Performanz hat. Die anderen Faktoren wurden mehr oder weniger als Kontrollvariablen berücksichtigt. Wie Jänicke und Jahn kommt auch Scruggs zu dem Ergebnis, dass Korporatismus bzw. Neokorporatismus einen starken positiven Einfluss auf Umweltpolitik hat. Neokorporatistische Gesellschaften weisen eine deutlich bessere Umweltperformanz auf als nichtkorporatistische (vgl. Scruggs 1999: 30 f.). Politikkonzertation und die konsensuale Einbindung verschiedener gesellschaftlicher Gruppen in das *Policy-making* sind zwei zentrale neokorporatistische Mechanismen, die nach Scruggs Meinung für den Erfolg auch in der Umweltpolitik verantwortlich sind. Er bestätigt in seiner neuesten Studie diese Auffassung (vgl. Scruggs 2001).

Die Stärken von Scruggs Analysen bestehen, wie bei Jahn, in der Transparenz, Nachvollziehbarkeit und in der präzisen Trennung von abhängigen und unabhängigen Variablen. Aufbau und Struktur der statistischen Analysen sind ähnlich, daher verwundern auch nicht ähnliche Ergebnisse. Der Umweltperformanzindex von Jahn ist allerdings wesentlich differenzierter. Besonders fällt auf, dass Jahn die Nutzung von Kernenergie über den Nuklearabfall in seinen Umweltperformanzindex integriert, während Scruggs dies als unabhängige Variable ansieht. Daraus ergibt sich für Scruggs ein Problem (vgl. Scruggs 1999: 23). Länder, die wie Frankreich und Schweden massiv auf Kernenergie setzen, können so die von Scruggs gemessenen Emissionen senken und die gemessene Umweltperformanz verbessern. Hier zeigt sich deutlich die Fragwürdigkeit dieser Messung. Die vorgestellten Arbeiten können als richtungsweisend für die vergleichende Erforschung umweltpolitischer Performanz gelten, der danach weitere Studien mit einem ähnlichen methodischen Design folgten (zum Beispiel Neumayer 2002, 2003; Wälti 2004; mit Einschränkungen Roller 2005, die Umweltpolitik nur als einen Aspekt von Performanz behandelt; Farzin/Bond 2006; Fredriksson/Wollscheid 2007 sowie Bättig/Bernauer 2009, die sich allerdings nur auf Klimapolitik beschränken).

In jüngster Zeit liegt ein Schwerpunkt der *Policy*-Forschung in der Verknüpfung von nationalen und internationalen Einflussfaktoren auf Umweltpolitik. Hierbei wird unter den Stichwörtern „Diffusion", „Konvergenz" oder „Politiktransfer" die Bedeutung von Prozessen wie Globalisierung oder Europäisierung im Rahmen der EU untersucht. Holzinger, Knill und Sommerer untersuchen beispielsweise die Konvergenz von Umweltpolitiken in 24 Industrieländern im Zeitraum von 1970 bis 2000 und stellen fest, dass es tatsächlich eine Angleichung von Politiken gibt, wobei als Erklärungsfaktor insbesondere „internationale Harmonisierung" durch die EU-Mitgliedschaft und andere internationale Institutionen angegeben wird (Holzinger/Knill/Sommerer 2008; vgl. auch Holzinger/Knill 2008; Sommerer/Heichel 2009;

Busch/Jörgens 2005; Holzinger/Knill/Arts 2008; Holzinger/Knill/Sommerer 2007; Knill/Lieferink 2007).

5.2 Umweltpolitik in Entwicklungsländern

Rund 90 Prozent des Artensterbens, der Bodenerosion, der Waldvernichtung und der Wüstenbildung finden heute in Entwicklungsländern statt. Trotz einer fortschreitenden Umweltzerstörung spielt Umweltpolitik sowohl auf staatlicher Seite als auch in der Zivilgesellschaft eine untergeordnete Rolle. Abhängigkeit und Verschuldung, Armut und Probleme der nachholenden Entwicklung sowie Demokratisierungsfragen dominieren die politische Agenda (vgl. Hein 1997; für Lateinamerika MacDonald/ Nielson/Stern 1997).

Dementsprechend ist auch die politikwissenschaftliche Forschung zu Umweltpolitik in Entwicklungsländern nicht stark ausgeprägt. Vergleichende Studien von der Qualität wie die vorgestellten von Jänicke, Jahn oder Scruggs existieren kaum. Die Mehrzahl der Publikationen befasst sich lediglich mit Bestandsaufnahmen ökologischer Probleme in Entwicklungsländern im Zeichen von „Umweltzerstörung" (vgl. Wöhlcke 1987, 1999; Mansilla 2001) und „Umweltkrisen" (vgl. Hein 1998: 127 ff.) sowie aus einer stark normativen Perspektive mit dem Problemfeld „Umwelt und Entwicklung" im Kontext der Diskussion nachhaltiger Entwicklung (vgl. Harborth 1993; Nuscheler 2004: 382 ff.; Binder 2000). Daneben gibt es eine Anzahl von Einzelfallstudien, die, stark deskriptiv orientiert, nationale Umweltpolitiken in einzelnen Entwicklungsländern untersuchen, so in Thailand (Sander 1990, 2000), Indien (Lyka 1991; Paulus 1993), China (Plath 1991; Lee 1997; Betke 1998), Südkorea (Ahn 1996; Maggi/Yoon 2000), Taiwan (Heck 1996), Kolumbien (Gómez Duque 1997) und Chile (Lütke Wöstmann 1999; Maggi/Yoon 2000).[8]

Eine Ausnahme bildet die Studie über Umweltpolitik in Lateinamerika von Grand/ D'Elia (Grand/D'Elia 2008). Die Untersuchung versucht Ursachen für eine aktive Umweltpolitik zu identifizieren. Die Operationalisierung von Umweltperformanz ist sehr oberflächlich und nimmt als Indikatoren lediglich *output*-Indikatoren wie die Anzahl internationaler Umweltverträge und Agenda 21-Programme, nicht aber *outcomes*. Als entscheidende Einflussfaktoren werden menschliche Entwicklung (gemessen durch den Human Development Index) und Bevölkerungswachstum aufgeführt, politisch-institutionelle Faktoren scheinen keine Rolle zu spielen.

Auch Tosun (2008) arbeitet vergleichend, allerdings nur mit zwei Ländern, Chile und Mexiko.

Eine policy-analytische Perspektive weist auch eine vergleichende Studie zu Umweltplänen in Afrika von Schemmel auf (vgl. Schemmel 1998). Schemmel benutz das

---

8 Nicht zu vergessen die Studien zu China (vgl. Mao 1997a), Korea (vgl. Nam 1997a), Nigeria (vgl. Salau 1997a) und Chile (vgl. Silva 1997a) in Jänicke/Weidner (1997a).

Konzept der *Policy*-Diffusion, um die rasche Verbreitung von Innovationen zu erklären. Ende der 80er Jahre waren Madagaskar, Mauritius, Lesotho und die Seychellen Vorreiter in der Verabschiedung nationale Umweltpläne, gefolgt von Ghana, Ruanda, Burkina Faso und Guinea. Innerhalb weniger Jahre wurde diese *Policy*-Innovation von einer Vielzahl afrikanischer Länder übernommen. Die transnationale Diffusion umweltpolitischer Innovationen wird als freiwilliger Politiktransfer von Pionierländern zu Nachahmern verstanden und rekurriert stark auf Konzepte des *Policy*-Lernens (vgl. Kern/Jörgens/Jänicke 1999). In einer ersten Phase entstanden aus eigener Initiative Innovationszentren. Angestoßen durch einen Dialog zwischen der Weltbank und der madegassischen Botschaft in den USA über Umweltprobleme, ergriff Madagaskar die Initiative und es entstand, mit Unterstützung der Weltbank, 1987 der allererste Entwicklungsplan. Daraufhin entwickelte sich rasch ein regionales Innovationszentrum. Die in der Region liegenden Länder Mauritius, die Seychellen und Lesotho schlossen sich dem Pionierland Madagaskar an. Kurze Zeit später folgte ein zweites regionales Innovationszentrum mit Ghana, Burkina Faso und Guinea in Westafrika sowie Ruanda in Zentralafrika. Die Diffusion in dieser ersten Phase sieht Schemmel durch direkte, bilaterale Kommunikation veranlasst. Nach dieser ersten Diffusionsphase folgte eine zweite, in der internationale Entwicklungsorganisationen, vor allem die Weltbank, auf Umweltpläne drängten, mithin die freiwillige Übernahme von *Policy*-Innovationen durch eine mehr oder wenige erzwungene Oktroyierung ersetzt wurde.

Das schwierigste Problem, dem umweltpolitische Analysen von Entwicklungsländern ausgesetzt sind, betrifft den Mangel an genauen Informationen. Schemmel vermerkt dieses Problem explizit (vgl. Schemmel 1998: 44). Die Beschränkung auf wenige *output*-Indikatoren bei Grand/D'Elia ist bezeichnend. Hierbei handelt es sich um ein generelles Problem von Entwicklungsländerforschung. In den Statistiken der Weltbank beispielsweise werden etliche Länder gar nicht erfasst, für andere Länder, darunter diverse afrikanische Länder südlich der Sahara, sind nur wenige, gelegentlich gar keine Angaben verfügbar. Datenquellen sind oft Volkszählungen oder Wirtschaftsrechnungen, die zehn, 20 oder 30 Jahre alt sind, manchmal handelt es sich um die einzigen jemals durchgeführten. Ulrich Menzel behauptete: „Es gibt 40, 50, möglicherweise sogar 80 ‚Länder' auf der Welt, über die entweder keine, nur sehr lückenhafte, unzuverlässige, völlig veraltete oder rein virtuelle Daten vorliegen, mit deren Hilfe doch Nationalstaaten oder Nationalökonomien abgebildet werden sollen" (Menzel 2000: 24) – eine Aussage, die auch zehn Jahre später ihre Gültigkeit nicht verloren hat. Je spezifischer die gesuchten Informationen (also etwa spezifische Umweltdaten), umso ungenauer und zweifelhafter die Angaben. Dementsprechend schwierig und ungenau gestaltet sich umweltpolitische Forschung zu Entwicklungsländern. Dies sollte aber nicht vor entsprechenden Versuchen abschrecken. Zumindest für Lateinamerika und Ost- bzw. Südostasien sind in den letzten Jahren positive Entwicklungen in Bezug auf Datensammlungen und Informationsquellen fest zu stellen. So gibt es einen *Asian Environment Outlook*, herausgegeben von der *Asian Devel-*

opment Bank, der eine Grundlage für weitere Forschung bietet. 2001 wurde dieser *Outlook* erstmals erstellt, 2005 der zweite, für 2010 ist der dritte in Planung (vgl. ADB 2001, 2005). Vor dem Hintergrund der unzureichenden Datenlage ist es nicht verwunderlich, dass meist qualitativ ausgerichtete Fallstudien dieses Forschungsgebiet dominieren. Anzustreben wäre eine stärkere theoretische Anleitung der Studien, um so über bloße Deskription hinauszugehen.

6. Fazit

Umweltpolitik hat sich als Politikfeld etabliert. Die neuere Entwicklung der Umweltthematik, ausgehend von konkreten Umweltproblemen in den 50er und 60er Jahren, hat dazu geführt, dass das Thema Umwelt von der Agenda nationaler Politiken nicht mehr wegzudenken ist. Mit dem üblichen *time-lag* hat sich das Thema „Umwelt" auch in der Politikwissenschaft einen festen Platz erobert. Politische und gesellschaftliche Entscheidungs- und Handlungsprozesse im Kontext von Umweltpolitik werden im Sinne einer interaktionsorientierten Politikfeldforschung analysiert.

Die vergleichende Umweltpolitikforschung hat dabei ihr Potenzial bei weitem noch nicht ausgeschöpft. Zwar existieren vielversprechende Untersuchungen, aber sowohl inhaltlich als auch regional sind die Beschränkungen und Defizite beträchtlich. Systematisch-vergleichende Untersuchungen gibt es zu selten. Besonders im Bereich der Umweltpolitik in Entwicklungsländern gibt es so gut wie gar keine policy-analytischen Studien, bestenfalls deskriptive Bestandsaufnahmen. Etliche spezifische Analyseprobleme erschweren die Forschung. Die Regulierung auf verschiedenen Politikebenen (lokal, regional, national, supranational, international) werfen Fragen der Verortung von Entscheidungsprozessen und Einflussfaktoren auf. So sind bei der Untersuchung von Umweltpolitik westeuropäischer Länder nicht nur die nationalen Politikebenen von Relevanz, sondern sowohl die internationalen bzw. supranationalen Ebenen im Zuge von EU-Regelungen als auch Maßnahmen auf regionaler und lokaler Ebene. Die unterschiedlichen Kompetenzverteilungen einzelner Länder (Föderalismus-Zentralismus) macht es zudem schwierig, die Wirkung der nationalen Umweltpolitik angemessen einschätzen zu können.

Umweltpolitische Maßnahmen stehen besonders dann in der gesellschaftlichen Diskussion, wenn deren Effektivität zweifelhaft ist. Ein Beispiel ist die Diskussion um den Treibhaus-Effekt. Während einige Klimaforscher einen solchen völlig negieren, schlagen andere den verstärkten Einsatz von Kernenergie zur Reduktion von Kohlendioxid-Emissionen vor. Werden umweltpolitische Maßnahmen umgesetzt, so handelt es sich meist um eine Verrechtlichung komplizierter technischer Standards wie beispielsweise bei der TA-Luft, die für Sozialwissenschaftler kaum verständlich ist. Hier zeigt sich, dass politikwissenschaftliche Analysen eine interdisziplinäre Forschungsperspektive ergreifen müssen, um solche Diskussionen einordnen und Maßnahmen analysieren zu können. Die Tatsache, dass Umweltpolitik ein Querschnittsbereich ist, der in viele andere Politikfelder hereinreicht, macht es umgekehrt schwierig, Ursachen und Wirkungen eindeutig festzustellen. Zwar kann Umweltpolitik anhand von *outcomes*, d. h. von messbaren Politikergebnissen wie der Reduktion von Emissionen, operationalisiert werden, doch stellt sich die Aufgabe, den tatsächlichen Einfluss politischer Maßnahmen zu zeigen und Einflüsse von Drittvariablen zu isolieren. Wenn tatsächlich ein Rückgang von Kohlendioxid-Emissionen festgestellt werden kann, liegt dies an erfolgreicher Umweltpolitik, an einer wirtschaftlichen Rezession oder an steigenden Energiepreisen, die von der OPEC durchgesetzt wurden? Viele Maßnahmen sind zudem zunächst bloße Absichtserklärungen, deren Auswirkungen kaum zu erfassen sind. Ein weiteres Problem ergibt sich aus der Vermischung analytischer Ebenen. Besonders im Bereich von *Sustainable-Development* und der Agenda 21 gibt es einerseits hochgradig normative Diskussionen um Entwicklungsmodelle, andererseits eine Vielzahl sehr konkreter Einzelmaßnahmen auf lokaler Ebene, die eine nachhaltige Entwicklung erreichen wollen.

Die bisherigen Forschungsergebnisse markieren den Weg der weiteren Forschung. Im Zuge der Präzisierung von Politikfeldanalysen wurden relevante Analysekategorien erstellt, beispielsweise vielversprechende Ansätze der Operationalisierung von Umweltperformanz. Einzelne Problemfelder wurden intensiv erforscht, so die Luftreinhaltepolitik in Industrieländern, zuletzt stand vermehrt Klimapolitik im Mittelpunkt des Interesses wie auch der Forschung. Erste Hypothesen über politische Einflussfaktoren erfolgreicher Umweltpolitik postulieren beispielsweise einen positiven Effekt neokorporatistischer Arrangements. Dem kann konkret entgegengehalten werden, dass die USA ihren zumindest zeitweiligen Status als umweltpolitisches Vorreiterland ohne Korporatismus erreicht haben, es also zumindest auch einen pluralistischen Weg gibt. Aus einem solchen Einwand ergibt sich die Notwendigkeit, sowohl im Einzelfall wie vergleichend politische Misserfolgs- und Erfolgsbedingungen von Umweltpolitik genauer zu analysieren. Dabei sollte auch besonderes Augenmerk auf die bis dato vernachlässigten Regionen Osteuropas und der Dritten Welt gelegt werden, da Umweltprobleme zunehmend globale Auswirkungen haben. Das Ozonloch über der Antarktis ist nicht von einem Staat allein erzeugt worden und kann nicht dadurch gestopft werden, dass einige Industrieländer ihre FCKW-Produktion einstellen. Die Umweltpolitik von Entwicklungsländern, besonders der sich industrialisierenden Schwellenländern ist für solche Fragen von eminenter Bedeutung. Solche Analysen könnten dazu beitragen, Hemmnisse, Wege und Gestaltungsmöglichkeiten von Umweltpolitik aufzuzeigen.

Literatur

ADB, 2001: Asian Environment Outlook 2001. Manila.
ADB, 2005: Asian Environmental Outlook 2005, Manila.
Ahn, Byunkok, 1996: Umweltzerstörung und Umweltpolitik in Südkorea (Institut fächerübergreifendes Studieren und Forschen e. V., Schriftenreihe interdisziplinäre Studien zu Ost-/Südostasien, Skript 3). Trier.
Altmann, Jörn, 1997: Umweltpolitik. Stuttgart.
Barret, Scott, 2000: Political Economy of the Kyoto Protocol, in: *Dieter Helm* (Hrsg.): Environmental Policy. Objectives, Instruments, and Implementation. Oxford, 111–141.
Bartmann, Hermann, 1996: Umweltökonomie – ökologische Ökonomie. Stuttgart.
Bartmann, Hermann (Hrsg.), 1999: Kooperative Umweltpolitik. Aachen.
Bättig, Michèle/Bernauer, Thomas, 2009: National Institutions and Global Public Goods. Are Democracies more Cooperative in Climate Change Policy?, in: International Organization 63 (2), 281–308.
Betke, D., 1998: Umweltkrise und Umweltpolitik, in: *Carsten Herrmann-Pillath/M. Lackner* (Hrsg.): Länderbericht China – Politik, Wirtschaft und Gesellschaft in chinesischen Kulturraum. Bonn, 325–357.
Biermann, Frank, 1994: Internationale Meeresumweltpolitik: Auf dem Weg zu einem Umweltregime für die Ozeane? Frankfurt a.M.
Biermann, Frank, 2007: Nord-Süd-Beziehungen in der Weltumweltpolitik: Globale Interdependenz und institutionelle Innovation, in: *Klaus Jacob* et al. (Hrsg.): Politik und Umwelt (PVS-Sonderheft 39). Wiesbaden, 115–132.
Binder, Klaus Georg, 2000: Entwicklungspolitik und Umwelt. Berlin.
Bleischwitz, Raimund et al., 2009: Ressourcenpolitik zur Gestaltung der Rahmenbedingungen, Wuppertal.
Böcher, Michael/Töller, Annette, 2007: Instrumentenwahl und Instrumentenwandel in der Umweltpolitik. Ein theoretischer Erklärungsrahmen, in: *Klaus Jacob* et al. (Hrsg.): Politik und Umwelt (PVS-Sonderheft 39). Wiesbaden, 262–279.
Breitmer, Helmut/Young, Oran/Zürn, Michael, 2007: The International Regimes Database: Architecture, Key Findings, and Implications for the Study of Environmental Regimes, in: *Klaus Jacob* et al. (Hrsg.): Politik und Umwelt (PVS-Sonderheft 39). Wiesbaden, 41–59.
Brunnengräber, Achim, 2009: Die politische Ökonomie des Klimawandels, München.
Bültmann, Alexandra/Wätzold, Frank, 1999: Die EG-Öko-Audit-Verordnung im verflixten siebten Jahr. Geschichte und Zukunft einer ungewöhnlichen Ehe zwischen staatlicher Regulierung und freiwilligem betrieblichem Umweltschutz, in: Aus Politik und Zeitgeschichte B 48, 31–39.
Busch, Per-Olof/Jörgens, Helge, 2005: Globale Ausbreitungsmuster umweltpolitischer Institutionen, in: *Kerstin Tews/Martin Jänicke* (Hrsg.): Die Duffsuion umweltpolitischer Innovationen im internationalen System. Wiesbaden, 55–193.
Carius, Alexander/Sandhövel, Armin, 1998: Umweltpolitikplanung auf nationaler und internationaler Ebene, in: Aus Politik und Zeitgeschichte B 50, 30–37.
Carson, Rachel, 1981: Der stumme Frühling. München (Original 1962: Silent Spring).
Chasek, Pamela et al. (Hrsg.), 2006: Handbuch globale Umweltpolitik, Berlin.
Dingwerth, Klaus/Pattberg, Philipp, 2007: Wirkungen transnationaler Umweltregime, in: *Klaus Jacob* et al. (Hrsg.): Politik und Umwelt (PVS-Sonderheft 39). Wiesbaden, 133–156.
Durth, Rainer, 1996: Der Rhein – ein langer Weg zum Grenzüberschreitenden Umweltschutz, in: Aus Politik und Zeitgeschichte B 7, 38–47.
EPI, 2010: Environmental Performance Index, Yale Center for Environmental Law and Policy, >http://epi.yale.edu<, 6.1.2010.
Farzin, Y. Hossein/Bond, Craig, 2006: Democracy and Environmental Quality, in: Journal of Development Economics 81 (1), 213-235.
Faust, Jörg/Lauth, Hans-Joachim, 2006: Politikfeld-Analyse, in: *Manfred Mols/Hans-Joachim Lauth/Christian Wagner* (Hrsg.): Politikwissenschaft: Eine Einführung. 5., neu bearbeitete und erweiterte Aufl., Paderborn u.a., 289–314.
Fredriksson, Per/Wollscheid, Jim, 2007: Democratic Institutions versus Autocratic Regimes: The Case of Environmental Policy, in: Public Choice 130 (3–4), 381–393.

Fritzler, Marc, 1997: Ökologie und Umweltpolitik. Bonn.
Geden, Oliver/Fischer, Severin, 2008: Die Energie- und Klimapolitik der Europäischen Union: Eine Bestandsaufnahme und Perspektiven. Baden-Baden.
Gehring, Thomas, 1994: Dynamic International Regimes. Institutions for International Environmental Governance. Frankfurt a.M.
Gehring, Thomas, 2007: Einflussbeziehungen zwischen internationalen Institutionen im Spannungsfeld von Handel und Umwelt. Von gegenseitiger Störung zur institutionalisierten Arbeitsteilung zwischen internationalen Umweltinstitutionen und der Welthandelsorganisation, in: *Klaus Jacob* et al. (Hrsg.): Politik und Umwelt (PVS-Sonderheft 39). Wiesbaden, 94–114.
Gómez Duque, Jorge, 1997: Entwicklung und Umweltpolitik in Kolumbien dargestellt am Beispiel der Umweltverträglichkeitsprüfung UVP. Berlin.
Grand, Mariana/D'Elia, Vanesa, 2008: La Política Ambiental en América Latina y el Caribe. Problemas del Desarrollo, in: Revista Latinoamericana de Economía 39 (154), 111–134.
Harborth, Hans-Jürgen, 1993: Sustainable Development – dauerhafte Entwicklung, in: *Dieter Nohlen/ Franz Nuscheler* (Hrsg.): Handbuch der Dritten Welt. Band 1: Grundprobleme-Theorien-Strategien. 3. Aufl., Bonn, 231–249.
Härdtlein, Marlies (Hrsg.), 2000: Nachhaltigkeit in der Landwirtschaft: Landwirtschaft im Spannungsfeld zwischen Ökologie, Ökonomie und Sozialwissenschaften. Berlin.
Heck, P., 1996: Taiwans Umweltkrise – der (zu) lange Weg zu einer nachhaltigen Entwicklung, in: *Gunter Schubert/A. Schneider* (Hrsg.): Taiwan an der Schwelle zum 21. Jahrhundert, gesellschaftlicher Wandel, Probleme und Perspektiven eines asiatischen Schwellenlandes. Hamburg, 239–262.
Hein, Wolfgang, 1997: Umwelt/Umweltpolitik, in: *Dieter Nohlen* (Hrsg.): Lexikon der Politik, Band 4: Die östlichen und südlichen Länder. München, 589–599.
Hein, Wolfgang, 1998: Unterentwicklung – Krise der Peripherie. Opladen.
Helm, Dieter, 2000: Objectives, Instruments, and Institutions, in: *ders.* (Hrsg.): Environmental Policy. Objectives, Instruments, and Implementation. Oxford, 1–28.
Holzinger, Katharina/Knill, Christoph, 2008: The Interaction of Competition, Co-operation and Communication: Theoretical Analysis of Different Sources of Environmental Policy Convergence, in: Journal of Comparative Policy Analysis 10 (4), 403–425.
Holzinger, Katharina/Knill, Christopher/Aarts, Bas (Hrsg.), 2008: Environmental Policy Convergence in Europe: The Impact of International Institutions and Trade, Cambridge.
Holzinger, Katharina/Knill, Christoph/Sommerer, Thomas, 2007: Konvergenz der Umweltpolitiken in Europa? Der Einfluss internationaler Institutionen und der ökonomischen Integration, in: *Katharina Holzinger/Helge Jörgens/Christoph Knill* (Hrsg.): Transfer, Diffusion und Konvergenz von Politiken (PVS-Sonderheft 38). Wiesbaden, 377–406.
Holzinger, Katharina/Knill, Christoph/Sommerer, Thomas, 2008: Environmental Policy Convergence: The Impact of International Harmonization, Transnational Communication, and Regulatory Competition, in: International Organisation 62, 553–587.
Hucke, Jochen, 1992: Umweltschutzpolitik, in: *Dieter Nohlen* (Hrsg.): Lexikon der Politik, Band 3: Die westlichen Länder. München, 440–447.
Inglehart, Ronald, 1995: Kultureller Umruch: Wertwandel in der westlichen Welt. 2. Auf., Frankfurt a.M. (Original: The Silent Revolution. Changing Values and Political Styles in Western Publics. Princeton 1977).
Inglehart, Ronald, 1997: Vergleichende Wertewandelforschung, in: *Dirk Berg-Schlosser/Ferdinand Müller-Rommel* (Hrsg.): Vergleichende Politikwissenschaft. 3. Aufl., Opladen, 141–158.
Inglehart, Ronald, 1998: Modernisierung und Postmodernisierung: kultureller, wirtschaftlicher und politischer Wandel in 43 Gesellschaften. Frankfurt a.M.
Jahn, Detlef, 1998: Environmental Performance and Policy Regimes: Explaining Variations in 18 OECD-countries, in: Policy Sciences 31, 107–131.
Jahn, Detlef, 2000: Patterns and Correlates of Environmental Politics in the Western Democracies, in: *Stephen Young* (Hrsg.): The Emergence of Ecological Modernisation: Integrating the Environment and the Economy? London, 153–171.
Jahn, Detlef, 2006: Einführung in die Vergleichende Politikwissenschaft. Wiesbaden.

Jahn, Detlef/Wälti, Sonja, 2001: Umweltpolitische Leistung und Föderalismus: Zur Klärung eines ambivalenten Zusammenhangs, Vortrag für die gemeinsame Tagung der DVPW, ÖVPW und SVPW am 8.–9. Juni 2001, im Workshop 7: Vergleichende Analysen von Bundesstaaten.

Jahn, Detlef/Wälti, Sonja, 2007: Umweltpolitik und Föderalismus: Zur Klärung eines ambivalenten Zusammenhangs, in: *Klaus Jacob* et al. (Hrsg.): Politik und Umwelt (PVS-Sonderheft 39). Wiesbaden, 262–279.

Jänicke, Martin, 1990: Erfolgsbedingungen von Umweltpolitik im internationalen Vergleich, in: Zeitschrift für Umweltpolitik und Umweltrecht 3, 213–232.

Jänicke, Martin, 1996: Erfolgsbedingungen von Umweltpolitik, in: *ders.* (Hrsg.), 1996: Umweltpolitik der Industrieländer. Entwicklung – Bilanz – Erfolgsbedingungen. Berlin, 9–28.

Jänicke, Martin, 1997: The Political System's Capacity for Environmental Policy, in: *Martin Jänicke/ Helmut Weidner* (Hrsg.): National Environmental Policies. A Comparative Study of Capacity-Building. Berlin, 1–24.

Jänicke, Martin, 2006: Umweltpolitik – auf dem Wege zur Querschnittspolitik, in: *Manfred G. Schmidt/ Reimut Zohlnhöfer* (Hrsg.): Regieren in der Bundesrepublik Deutschland. Wiesbaden, 405–420.

Jänicke, Martin/Jörgens, Helge/Koll, Claudia, 2001: Nationale Umweltplanung, in: *Ferdinand Müller-Rommel* (Hrsg.): Studium der Umweltwissenschaften: Sozialwissenschaften. Berlin, 43–66.

Jänicke, Martin/Kunig, Philip/Stitzel, Michael, 2000: Umweltpolitik. Bonn.

Jänicke, Martin/Weidner, Helmut (Hrsg.), 1997a: National Environmental Policies. A Comparative Study of Capacity-Building. Berlin.

Jänicke, Martin/Weidner, Helmut, 1997b: Zum aktuellen Stand der Umweltpolitik im internationalen Vergleich – Tendenzen zu einer globalen Konvergenz?, in: Aus Politik und Zeitgeschichte B 27, 15–24.

Kern, Kristine/Bratzel, Stefan, 1996: Umweltpolitischer Erfolg im internationalen Vergleich, in: Zeitschrift für Umweltpolitik und Umweltrecht 3, 277–312.

Kern, Kristine/Jörgens, Helge/Jänicke, Martin (Hrsg.), 1999: Die Duffusion umweltpolitischer Innovationen. Ein Beitrag zur Globalisierung von Umweltpolitik, FFU-Report 99-11 (Forschungsstelle für Umweltpolitik, Freie Universität Berlin, Fachbereich Politische Wissenschaft). Berlin.

Knill, Christoph, 2008: Europäische Umweltpolitik: Steuerungsprobleme und Regulierungsmuster im Mehrebenensystem. Wiesbaden.

Kösters, Winfried, 1997: Umweltpolitik: Themen, Funktionen, Zuständigkeiten. München.

Lee, Byeouk-Gyu, 1997: Energie- und Umweltpolitik in der Volksrepublik China. Wiesbaden.

Lomborg, Björn, 2001: The Skeptical Environmentalist: Measuring the Real State oft he World. Cambridge.

Lütke Wöstmann, Christian, 1999: Umweltpolitik in Chile (Arbeitshefte des Lateinamerika-Zentrums Nr. 61). Münster.

Lyka, Brigitte, 1991: Umweltpolitik in Indien. Aachen.

MacDonald, Gordon/Nielson, Daniel/Stern, Marc (Hrsg.), 1997: Latin American Environmental Policy in International Perspective. Boulder.

Maggi, Claudio/Yoon, Kern Soo, 2000: Competitiveness and Environmental Policies: The Cases of Chile and Korea (INEF-Report 42, Institut für Entwicklung und Frieden, Gerhard-Mercator-Universität-GH-Duisburg). Duisburg.

Mansilla, Hugo C.F., 2001: Fortgesetzte Umweltzerstörung in Lateinamerika trotz des Diskurses der nachhaltigen Entwicklung?, in: Aus Politik und Zeitgeschichte B 12, 30–38.

Mao, Yu-shi, 1997: China, in: *Martin Jänicke/Helmut Weidner* (Hrsg.): National Environmental Policies. A Comparative Study of Capacity-Building. Berlin, 237–256.

Marzotto, Tony et al., 1999: The Evolution of Public Policy: Cars and the Environment. Boulder.

Meadows, Dennis, 1972: Die Grenzen des Wachstums. Bericht des Club of Rome zur Lage der Menschheit. Stuttgart.

Menzel, Ulrich, 2000: Das Ende der Einen Welt oder Die weißen Flecke auf der Landkarte nehmen wieder zu, in: *Betz* et al. (Hrsg.): Jahrbuch Dritte Welt 2001. München, 19–31.

Michelsen, G., 2001: Umweltbildung – Umweltberatung – Umweltkommunikation, in: *Ferdinand Müller-Rommel* (Hrsg.): Studium der Umweltwissenschaften: Sozialwissenschaften. Berlin, 125–152.

Müller-Rommel, Ferdinand, 1993: Grüne Parteien in Westeuropa. Opladen.

Müller-Rommel, Ferdinand, 2001: Einführung in die Sozialwissenschaftliche Umweltforschung, in: *Ferdinand Müller-Rommel* (Hrsg.): Studium der Umweltwissenschaften: Sozialwissenschaften. Berlin, 1–20.

Nachtigäller, Jutta, 1992: Die Konferenz der Vereinten Nationen für Umwelt und Entwicklung: Ergebnisse und Bedeutung für Lateinamerika, in: Lateinamerika. Analysen – Daten – Dokumentation, Beiheft Nr. 12, 3–25.
Nam, Young-Suck, 1997: Korea, in: *Martin Jänicke/Helmut Weidner* (Hrsg.): National Environmental Policies. A Comparative Study of Capacity-Building. Berlin, 199–212.
Neumayer, Eric, 2002: Do Democracies Exhibit Stronger International Environmental Commitment? A Cross-Country Analysis, in: Journal of Peace Research 29 (2), 139–164.
Neumayer, Eric, 2003: Are Left-Wing Party Strength and Corporatism Good for the Environment? Evidence from Panel Analysis of Air Pollution in OECD Countries, in: Ecological Economics 45 (2), 203–220.
Nuscheler, Franz, 2004: Lern- und Arbeitsbuch Entwicklungspolitik. 5. Aufl., Bonn.
Oberthür, Sebastian, 1997: Umweltschutz durch internationale Regime. Interessen, Verhandlungsprozesse, Wirkungen. Opladen.
Oberthür, Sebastian, 2000: Das Kyoto-Protokoll: Internationale Klima-Politik für das 21. Jahrhundert. Opladen.
Oberthür, Sebastian, 2007: Die Wirksamkeit von Verrechtlichung: Die Compliance-Mechanismen internationaler Umweltregime, in: *Klaus Jacob* et al. (Hrsg.): Politik und Umwelt (PVS-Sonderheft 39). Wiesbaden, 73–93.
Olsson, Michael/Piekenbrock, Dirk, 1993: Kompakt-Lexikon Umwelt- und Wirtschaftspolitik. Bonn.
Ott, Hermann, 1998: Umweltregime im Völkerrecht. Eine Untersuchung zu neuen Formen internationaler institutionalisierter Kooperation am Beispiel der Verträge zum Schutz der Ozonschicht und zur Kontrolle grenzüberschreitender Abfallverbringungen. Baden-Baden.
Paulus, Stephan, 1993: Umweltpolitik und wirtschaftlicher Strukturwandel in Indien. Frankfurt a.M.
Plath, Bettina, 1991: Ländliche Umweltprobleme und Umweltpolitik in der Volksrepublik China. Hamburg.
Prittwitz, Volker von, 2001: Umweltpolitologie, in: *Ferdinand Müller-Rommel* (Hrsg.): Studium der Umweltwissenschaften: Sozialwissenschaften. Berlin, 21–42.
Roller, Edeltraut, 2005: The Performance of Democracies. Political Institutions and Public Policy. Oxford.
Salau, Fatai Kayode, 1997: Nigeria, in: *Martin Jänicke/Helmut Weidner* (Hrsg.): National Environmental Policies. A Comparative Study of Capacity-Building. Berlin, 257–278.
Sander, Ingvar, 1990: Umweltpolitik in Thailand. Braunschweig.
Sander, Ingvar, 2000: Umweltpolitik in Thailand. Chancen für eine ökologische Modernisierung, in: *Ingvar Sander/Gerhard Reinecke* (Hrsg.): Thailand: Aktuelle Wandlungsprozesse in Politik, Wirtschaft, Umwelt und Gesellschaft. Hamburg, 143–163.
Scharpf, Fritz W., 2000: Interaktionsformen. Akteurzentrierter Institutionalismus in der Politikforschung. Opladen.
Schemmel, Jan, 1998: National Environmental Action Plans in Africa, FFU-Report 98-8 (Forschungsstelle für Umweltpolitik, Freie Universität Berlin, Fachbereich Politische Wissenschaft). Berlin.
Scruggs, Lyle, 1999: Institutions and Environmental Performance in Seventeen Western Democracies, in: British Journal of Political Science 29, 1–31.
Scruggs, Lyle, 2001: Is There Really a Link Between Neo-Corporatism and Environmental Performance? Updated Evidence and New Data for the 1980s and 1990s, in: British Journal of Political Science 31, 686–692.
Scruggs, Lyle, 2003: Sustaining Abundance. Environmental Performance in Industrial Democracies. Cambridge.
Silva, Eduardo, 1997: Chile, in: *Martin Jänicke/Helmut Weidner* (Hrsg.): National Environmental Policies. A Comparative Study of Capacity-Building. Berlin, 213–236.
Simonis, Udo Ernst (Hrsg.), 1990: Basiswissen Umweltpolitik. 2. Aufl., Berlin.
Sommerer, Thomas/Heichel, Stephan, 2009: Globalisierung und Umweltregieren: Die Konvergenz von Politiken in der OECD-Welt, in: *Johannes Kessler/Christian Steiner* (Hrsg.): Facetten der Globalisierung. Zwischen Ökonomie, Politik und Kultur. Wiesbaden, 117–140.
Sprinz, Detlef, 2007: Die neue Agenda: Zukünftige Forschung zur Effektivität internationaler Institutionen, in: *Klaus Jacob* et al. (Hrsg.): Politik und Umwelt (PVS-Sonderheft 39). Wiesbaden, 60–72.

Teichert, Volker et al., 1998: Lokale Agenda 21 in der Praxis. Kommunale Handlungsspielräume für eine nachhaltige Wirtschaftspolitik (Forschungsstätte der Evangelischen Studiengemeinschaft, Reihe A, Nr. 44). Heidelberg.

Thomasius, Harald/Schmidt, Peter, 1996: Wald, Fortswirtschaft und Umwelt. Bonn.

Tosun, Jale, 2008: Environmental Policy in Chile and Mexico – Explaining the Effect of Economic Integration on Regulatory Standards. Saarbrücken.

Unmüßig, Barbara, 1992: Zwischen Hoffnung und Enttäuschung. Die Konferenz der Vereinten Nationen über Umwelt und Entwicklung (UNCED): eine erste Bewertung, in: Vereinte Nationen 4, 117–122.

Varwick, Johannes, 2008: Globale Umweltpolitik. Schwalbach.

Vogler, John, 2009: Climate Change and EU Foreign Policy. The Negotiation of Burden Sharing, in: International Politics 46 (4), 469–490.

Wälti, Sonja, 2004: How Multilevel Structures Affect Environmental Policy, in: European Journal of Political Research 43 (4), 599–634.

Wöhlcke, Manfred, 1987: Umweltzerstörung in der Dritten Welt. München.

Wöhlcke, Manfred, 1999: Die ökologische Problematik der Entwicklungsländer und deren Position im Rahmen der internationalen Entwicklungspolitik, in: *Peter J. Opitz* (Hrsg.): Grundprobleme der Entwicklungsregionen. Der Süden an der Schwelle zum 21. Jahrhundert. München, 152–168.

Vergleichende Sozialkapitalforschung

Volker Kunz

1. Einführung

Soziales Kapital ist in den Netzwerken, Vereinen und Assoziationen der Bürgergesellschaft verankert, die in der aktuellen Debatte über die Probleme moderner Gesellschaften in mehrfacher Hinsicht eine wichtige Rolle spielen: In ökonomischer Perspektive geht es um den Stellenwert sozialen Kapitals für marktwirtschaftliche Selbststeuerungsprozesse, in wohlfahrtstheoretischer Perspektive wird die Bedeutung der intermediären Instanzen als Produzenten sozialer Sicherheit und Wohlfahrt herausgestellt und in demokratietheoretischer Perspektive steht die Wirkung sozialen Kapitals auf die Funktionsfähigkeit demokratischer Entscheidungsprozesse im Mittelpunkt.[1] Vor allem Robert Putnam (1993, 2000) und Ronald Inglehart (1989, 1997) betonten in den letzten Jahren die Bedeutsamkeit eines funktionsfähigen Systems intermediärer Organisationen und einer engen zwischenmenschlichen Kooperation für die Performanz und die Stabilität einer Demokratie. Sie schließen damit an die Tradition der Politischen Soziologie von Alexis de Tocqueville (1987a, 1987b), Edward Banfield (1958), William Kornhauser (1959) sowie Gabriel Almond und Sidney Verba (1965) an, nach deren Vorstellungen die Netzwerke zivilgesellschaftlichen Engagements horizontale Interaktionsbeziehungen repräsentieren, in denen der Aufbau von Normen der Gegenseitigkeit unterstützt, soziales Vertrauen stabilisiert, der Kommunikations- und Informationsaustausch erleichtert und die Bereitschaft der Bürger, den Staat bei der Erfüllung seiner Aufgaben zu unterstützen, gefördert werden: „By ‚social capital', I mean features of social life – networks, norms, and trust – that enable participants to act together more effectively to pursue shared goals" (Putnam 1995: 664–665).

In dieser Perspektive stellt soziales Kapital ein zentrales Instrument zur Lösung der in allen Gesellschaften verbreiteten Kollektivgutproblematik dar (vgl. Olson 1968): Kollektivgüter sind in der Terminologie der Ökonomie Güter, von deren Nutzung im Prinzip niemand ausgeschlossen werden kann, unabhängig davon, ob jemand zu ihrer Herstellung einen Beitrag geleistet hat oder nicht (wobei ein Gut alles ist, was positiven oder negativen Nutzen stiftet). Rational handelnde Individuen werden da-

---

1 Die Veröffentlichungen zu diesem Thema sind kaum mehr zu überblicken. Für eine Zusammenstellung zentraler Beiträge zum Thema „soziales Kapital" vgl. die von Castiglione et al. (2008), Dasgupta/Serageldin (2000) oder Ostrom/Ahn (2003) herausgegebenen Sammelbände. Für weitere Überblicksdarstellungen vgl. mit unterschiedlichen Perspektiven u. a. Adam/Roncevic (2003), Farr (2004), Franzen/Freitag (2008), Gabriel et al. (2008), Halpern (2005) oder Schuller et al. (2000).

her versuchen, ohne eigenen Beitrag von einem solchen Gut zu profitieren. Wenn jeder so denkt, wird vor allem in großen Sozialverbänden jegliches gemeinschaftliche Handeln in Frage gestellt und die Erreichung kollektiver Ziele gefährdet. Es liegt nahe, dass dieser Sachverhalt erhebliche Folgen für das Konfliktniveau in den Gesellschaften hat (vgl. Weede 1984; Kunz 2008). Der Sozialkapitalansatz versucht Wege aufzuzeigen, wie derartige Probleme überwunden werden können und die Entwicklung der Gesellschaften gefördert werden kann. Er spielt daher sowohl in der vergleichenden Demokratie- als auch in der Entwicklungsländerforschung eine wichtige Rolle.

Die Diskussion über die politischen, sozialen und ökonomischen Funktionen sozialen Kapitals wird häufig normativ und mit Plausibilitätsüberlegungen geführt. Notwendig sind aber auch empirische Analysen, vor allem in international vergleichender Hinsicht: Denn erstens wird die Debatte sehr von den Verhältnissen und Entwicklungen in den Vereinigten Staaten geprägt und – zweitens – ist die im Sozialkapitalansatz enthaltene positive Sicht insbesondere des intermediären Sektors grundsätzlich umstritten (vgl. Levi 1996; Kunz 2000: 207–210; Warren 2008: 127–135). Neben der traditionellen Pluralismuskritik (vgl. Offe 1969; Schattschneider 1970) stellt vor allem die neuere *Public Choice*-Theorie die Rolle von Vereinen und Verbänden als fortschrittsfeindliche Verteidiger eingespielter Besitzstände heraus, die die Gesellschaftsentwicklung blockieren würden. Aus dieser Perspektive wären Solidaritäts- und Vertrauensdefizite geradezu als ein wünschenswerter Zustand zu betrachten (vgl. Olson 1985; Weede 1996; Kunz 2004).

Die Frage, ob Vereine und Verbände sowie weitere Formen sozialen Kapitals wichtige Bestimmungsfaktoren des Zusammenhalts und der Entwicklung von Gesellschaften und insbesondere die Leistungsfähigkeit politischer Institutionen darstellen, lässt sich aber zumindest zum Teil durch empirische Untersuchungen beantworten. Der vorliegende Beitrag konzentriert sich auf diesen empirischen Zweig der Sozialkapitalforschung, der sich in erster Linie mit den Strukturen und Prozessen in entwickelten Demokratien beschäftigt. Ausgangspunkt bilden Überlegungen zur Konzeptualisierung und Operationalisierung sozialen Kapitals sowie zu den Fragestellungen und Untersuchungsebenen der Sozialkapitalforschung. Nach einer Übersicht über die Struktur sozialen Kapitals in ausgewählten repräsentativen Demokratien werden die zentralen Ergebnisse international vergleichender Analysen zu den Hypothesen des Sozialkapitalansatzes vorgestellt.

2. Das Konzept sozialen Kapitals

Das Konzept sozialen Kapitals gehört nach vielfacher Einschätzung zu den bedeutendsten und vielversprechendsten Ansätzen in der aktuellen sozialwissenschaftlichen Diskussion. Daher liegen zahlreiche Annahmen über die produktiven Funktionen sozialen Kapitals vor. Die Plausibilität dieser Überlegungen ist groß und vor allem die

Forderung nach der Stärkung des bürgerschaftlichen Engagements findet auch im politischen Raum immer mehr Rückhalt.

Vor allem Putnam (1993) stellte in seiner mehrfach ausgezeichneten Analyse der italienischen Regionalverwaltungen die Struktur des intermediären Systems in einen unmittelbaren Zusammenhang mit einigen Charakteristika der Kultur von Gesellschaften, wobei er im Anschluss an James Coleman (1995: 389–417) unter der Bezeichnung „Sozialkapital" das Zusammenspiel sozialer Netzwerke, sozialen Vertrauens sowie sozialer Werte und Normen zusammenfasste. Bereits dreißig Jahre zuvor hatten Almond und Verba (1965: 208–265) auf den engen Zusammenhang zwischen der Betätigung in Freiwilligenorganisationen, dem interpersonalen Vertrauen und dem Gefühl subjektiver politischer Kompetenz hingewiesen. Nach dieser Sichtweise kann man die Ausstattung einer Gesellschaft mit Sozialkapital an bestimmten Organisationsformen, Verhaltensmustern und Orientierungen festmachen. In diesem Sinn definiert auch die Weltbank soziales Kapital als „the norms and social relations embedded in social structures of societies that enable people to coordinate action to achieve desired goals" (www.worldbank.org/). Wie andere Kapitalformen ist also auch Sozialkapital produktiv, dient es doch nach diesen Vorstellungen zur Lösung von Problemen in den unterschiedlichsten Bereichen: Soziale Integration, Gesundheit, Wohlfahrt und erfolgreiche demokratische Institutionen seien mit Sozialkapital leichter und besser zu erreichen als ohne: „social capital makes us smarter, healthier, safer, richer, and better able to govern a just and stable democracy" betont Putnam (2000: 290), dessen Überlegungen die empirische Sozialkapitalforschung wesentlich beeinflusst haben.

Alle diese Überlegungen gehen davon aus, ein lebendiges Vereinsleben würde die Verbundenheit, Solidarität und das Vertrauen der Bürger stärken, mit weitreichenden Folgen für Gesellschaft und Politik: Es entwickele sich eine allgemeine Kultur des Vertrauens, die die Distanz zwischen den Bürgern untereinander, den Bürgern und der Gesellschaft und zwischen ihnen und den staatlichen Institutionen verringere. Damit steige zugleich das Gefühl der Eigenverantwortlichkeit, weshalb die Forderungen nach staatlichen Leistungen abnehmen und die Effizienz und Effektivität der staatlichen Aufgabenerfüllung zunehmen würden. Die aktuellen Herausforderungen der Politik seien daher in Gesellschaften, die über eine überdurchschnittliche Sozialkapitalausstattung verfügen, besser zu bewältigen als in Gesellschaften, die nur eine geringe Sozialkapitalausstattung aufweisen (vgl. Castiglione 2008; Fukuyama 1995; Putnam 1993, 2000; Putnam et al. 2000; Rossteutscher 2005; Gabriel et al. 2002; van Deth 2008a; Whiteley 2000; Wolleb 2008; Woolcock 1998). Unschwer lassen sich diese Thesen auf die Arbeiten Alexis de Tocquevilles zurückführen, der bereits frühzeitig in den Freiwilligenorganisationen den Kern einer funktionierenden Demokratie sah, weil hier die zivilen Tugenden der Bürger entwickelt und gefördert werden: „Die Amerikaner jeden Alters, jeden Standes, jeder Geistesrichtung schließen sich fortwährend zusammen. Sie haben nicht nur kaufmännische und gewerbliche Vereine, denen alle angehören, sie haben auch noch unzählige andere Arten: religiöse, ernste, oberflächliche, sehr allgemeine und sehr besondere, gewaltige und ganz kleine; (...) So erweist sich das demokratischste Land der Erde als dasjenige, in dem die Menschen die Kunst, gemeinsam das Ziel ihres gemeinschaftlichen Begehrens zu erstreben, in unserer Zeit am vollkommensten entwickelt und diese neue Wissenschaft auf die größte Anzahl von Zwecken angewandt haben" (Tocqueville 1987b: 161).

Zahlreiche und sich in den Mitgliedschaften überschneidende Gruppen verknüpfen die Akteure zu einem dichten Geflecht sozialkooperativer Bindungen und halten die Gesellschaft so auf der Grundlage eines in horizontalen Interaktionsbeziehungen eingebetteten pluralistischen Interessensystems zusammen, was wiederum eine entscheidende Rolle für die Stabilität und Performanz einer Demokratie spielt. Entsprechend interpretiert Putnam (2000) den von ihm konstatierten Rückgang sozialen Engagements in den USA in den letzten 20 bis 30 Jahren als eine Gefährdung der amerikanischen Demokratie. In dieser Perspektive stellen gesellschaftliche Netzwerke die wesentlichen Aspekte sozialen Kapitals dar: „Auf der einen Seite ermöglicht die Mitgliedschaft in einem Netzwerk den Zugang zu einer größeren Zahl von potenziellen Partnern vertrauensvoller Interaktionen und erhöht auf diese Weise den Wert des Sozialkapitals. Auf der anderen Seite führen die engen Beziehungen zwischen den Mitgliedern eines Netzwerks dazu, dass sich verlässliche Informationen über das Verhalten anderer Akteure im gesamten Netzwerk verbreiten können" (Scharpf 2000: 235). Dabei betont vor allem Putnam (1993: 121–185) im Anschluss an Tocqueville die zentrale Rolle von Freiwilligorganisationen zum Aufbau solidarischer und vertrauensvoller Beziehungen in einer Gesellschaft. Den Sozialkapitalansatz kennzeichnet damit eine Verknüpfung *struktureller* und *kultureller* Komponenten (vgl. Abbildung 1). Soziales Kapital ist eine Kombination aus Netzwerken und sozialem Vertrauen sowie gemeinschaftsbezogenen Normen der Gegenseitigkeit. Der erstgenannte Aspekt definiert die strukturelle Seite sozialen Kapitals, die beiden letztgenannten Größen stehen für die kulturelle Seite des Sozialkapitals.[2]

Abbildung 1: Komponenten sozialen Kapitals

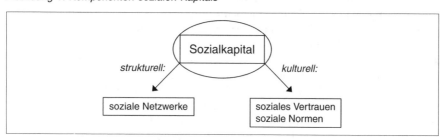

---

2 Einen guten Überblick über die Verwendung des Sozialkapitalbegriffs in der Forschung geben Haug (1997) und Portes (1998); für weitere Differenzierungen vgl. Gabriel et al. (2002: Kap. 1) sowie Drekmann (2007), Esser (2008), Franzen/Pointer (2007), van Deth (2008b).

3. Fragestellungen, Untersuchungsebenen und Datenlage

Vergleichende Untersuchungen zur Bedeutung und Aussagekraft des Sozialkapitalansatzes stehen vor dem Problem, dass die Datenbasis im Vergleich zu anderen Feldern der empirischen Sozialforschung eher dürftig ausfällt. Allerdings hat sich die Situation in letzter Zeit etwas verbessert, da durch die breite Rezeption des Ansatzes in Wissenschaft und Praxis zumindest in einzelnen Ländern vermehrt Erhebungen durchgeführt wurden. Im Einzelnen wird den folgenden Fragen in Quer- und Längsschnittuntersuchungen nachgegangen:

1. Welche Struktur weist das soziale Kapital in den untersuchten Gesellschaften auf und lassen sich Veränderungen in der Ausstattung mit Sozialkapital feststellen? Wie stellen sich die Wechselbeziehungen der einzelnen Elemente sozialen Kapitals dar und bei welchen Komponenten ergeben sich besonders deutliche Verschiebungen? Und verlaufen diese Entwicklungen in den einzelnen Ländern in gleicher Weise?
2. Wie entsteht soziales Kapital? Lassen sich Bestimmungsfaktoren identifizieren, die einen signifikanten und substanziellen Beitrag zur Erklärung sozialen Kapitals leisten und wie groß ist ihr relativer Einfluss auf die einzelnen Komponenten des Sozialkapitals und ihrer Entwicklung im Zeitablauf?
3. Welche Bedeutung kommt dem sozialen Kapital für die Entwicklung einer Gesellschaft, insbesondere ihrer politischen und ökonomischen Performanz, zu?

Die erste Frage zielt auf eine *Beschreibung* der Ausgangsbedingungen und der Entwicklung sozialen Kapitals im Zeitablauf. Demgegenüber teilen die beiden anderen Fragen eine *erklärende* Perspektive (vgl. Abbildung 2). In Frage 2 stehen die Produktionsfaktoren sozialen Kapitals im Mittelpunkt des Interesses, d. h. Sozialkapital wird als abhängige Variable betrachtet. In Frage 3 geht es um die gesellschaftlichen Auswirkungen und politischen Effekte sozialen Kapitals, d.h. Sozialkapital wird als unabhängige Variable betrachtet. Diese Ergebnisse sozialen Kapitals wirken wieder zurück auf die unter Punkt 2 genannten Bestimmungsfaktoren, wobei diese Zusammenhänge nicht mehr zum Objektbereich der Sozialkapitalforschung gehören.

Die Mehrzahl der empirischen Untersuchungen hat sich bisher mit der ersten und dritten Frage beschäftigt, während für die Frage nach den Produktionsfaktoren sozialen Kapitals – obwohl im Hinblick auf das in Abschnitt 1 skizzierte Anliegen der Sozialkapitalforschung nicht weniger bedeutsam – nur wenige empirische Ergebnisse vorliegen. Darüber hinaus muss bedacht werden, dass die Kausalbeziehungen zwischen den in Frage stehenden Größen häufig unklar sind (vgl. Brehm/Rahn 1997: 1002; Inglehart 1997: 174; Muller/Seligson 1994; Newton 2008: 262). Auf der einen Seite kann zum Beispiel die Beteiligung in zivilgesellschaftlichen Institutionen die Stabilität einer Demokratie fördern, weil sie der Internalisierung demokratischer Normen förderlich ist. Auf der anderen Seite können Personen sich auf Grund ihrer politischen Orientierungen zum Engagement in sozialen Organisationen entschlie-

Abbildung 2: Fragestellungen der Sozialkapitalforschung

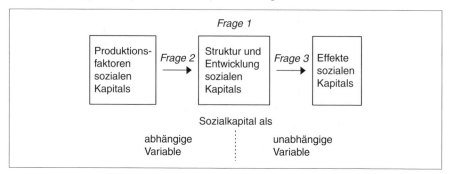

ßen. Die Datenbasis reicht bislang nicht aus, um solche Fragen schlüssig zu beantworten. Dennoch sind Untersuchungen, die sich mit einzelnen solcher Zusammenhänge beschäftigen, unter forschungspraktischen Argumenten zu rechtfertigen.

Empirische Studien zum Zusammenhang von Sozialkapital, Gesellschaftsentwicklung und insbesondere der Leistungsfähigkeit politischer Institutionen beziehen sich auf unterschiedliche politische Systemebenen. Es liegen sowohl Analysen mit einem Schwerpunkt auf der lokalen und regionalen Ebene vor als auch Untersuchungen, die ihre Aufmerksamkeit auf Entwicklungen auf der nationalen Ebene richten. Eine zweite Differenzierung betrifft die Unterscheidung von Makro- und Mikroanalysen. Während Makroanalysen sich mit Zusammenhängen auf der Ebene kollektiver Einheiten beschäftigen (z.b. mit dem Zusammenhang zwischen sozialem Kapital und dem Wirtschaftswachstum von Regionen oder Nationalstaaten), stehen in Mikroanalysen die Einstellungen und Verhaltensweisen individueller Akteure in diesen kollektiven Einheiten im Mittelpunkt des Interesses (hier geht es z.B. um den Einfluss des sozialen Engagements der einzelnen Bürger auf ihr Vertrauen in politische Institutionen oder ihre politische Beteiligung).[3]

Schwierigkeiten in der Unterscheidung zwischen Makro- und Mikroanalysen liegen zumeist darin begründet, dass die *Verteilung* individueller Merkmale in einem Kollektiv als Makrophänomen zu betrachten ist. So gilt die Analyse der Entwicklung des Anteils der Bürger in einem Land, der sich in politischen Institutionen beteiligt, und seiner Bestimmungsfaktoren als *Makroanalyse*. Demgegenüber führt die Frage nach dem Zusammenhang zwischen dem individuellen sozialen Engagement und der individuellen politischen Beteiligung zu einer *Mikroanalyse*, weil mit einem indivi-

---

[3] Zwar ist der Sozialkapitalansatz in der Perspektive Putnams vor allem als Makrokonzept angelegt, wie für jede Makrotheorie stellt sich aber auch hier die Frage, ob der Makrozusammenhang über eine adäquate mikrotheoretische Basis verfügt (vgl. Brehm/Rahn 1997; Kunz 1997: Kap. 3). Beispielsweise beruht die Vorstellung eines Zusammenhangs zwischen Sozialkapital und demokratischer Stabilität auf der Annahme, dass die Bürger soziales in politisches Vertrauen konvertieren und auf diese Weise das betreffende System unterstützen (vgl. z. B. Newton 1999).

Abbildung 3: Mikro- und Makroanalysen in der vergleichenden Sozialkapitalforschung

	Mikroanalysen	**Makroanalysen**
Untersuchungseinheiten	Individuen	Länder, Regionen und Kommunen
häufiger untersuchte Produktionsfaktoren sozialen Kapitals	Mediennutzung, familiäre und berufliche Integration, Geschlecht, sozialer Status, religiöse und sozialkulturelle Orientierungen	sozio-ökonomisches Entwicklungsniveau, gesellschaftliche Fragmentierung, Wohlfahrtsstaat, rechtsstaatliche und demokratische Strukturen
häufiger untersuchte Effekte sozialen Kapitals	politisches Interesse, politische Partizipation, politisches Vertrauen	Policy-Performanz, Umfang der polit. Beteiligung und Unterstützung, wirtschaftliche Entwicklung
Datenquellen	Umfragen zu individuellen Einstellungen und Verhaltensweisen	aggregierte Individualdaten, Statistiken öffentlicher und privater Institutionen, Ereignisdaten

duellen Merkmal ein anderes individuelles Merkmal erklärt werden soll. Abbildung 3 gibt einen Überblick über die Untersuchungseinheiten, die relevanten Datenquellen und hauptsächlich untersuchten Variablen in vergleichenden Mikro- und Makroanalysen auf Basis des Sozialkapitalansatzes in der Politikwissenschaft.

Beispielhaft für die *makrotheoretische* Perspektive ist Putnams vergleichende Studie „Making Democracy Work" (Putnam 1993). Der Autor versucht auf Basis des Sozialkapitalansatzes zu erklären, warum die Produktion kollektiver Güter in bestimmten Regionen Italiens wesentlich erfolgreicher ist als in anderen. Das Kollektivgut ist hier die Effektivität und das Funktionieren der italienischen Regionalverwaltungen seit der Reform dieser Institutionen Anfang der 70er Jahre. Die unterschiedlichen Entwicklungen lassen sich nach Ansicht Putnams nicht mit modernisierungstheoretischen Ansätzen erklären, wie es in Anbetracht des ausgeprägten Nord-Süd-Gefälles in Italien naheliegen würde. Die Hauptfaktoren sind vielmehr die in einer jahrhundertelangen Entwicklung ausgebildeten zivilen Tugenden: Wenn Menschen einander vertrauen, vielseitige soziale Kontakte in horizontalen Interaktionsbeziehungen miteinander unterhalten und Normen befolgen, seien kollektive politische Ziele mit weniger Aufwand zu erreichen, als in Situationen, in denen solche Voraussetzungen fehlen. Denn erstens erleichtere die Zusammenlegung von Ressourcen die Verfolgung gemeinsamer Ziele und – zweitens – würden sich die Kontroll- und Verhandlungskosten verringern, weil die Erfüllung politischer Vorgaben und Regeln nicht erzwungen werden muss. Insofern können Vertrauen und kooperative Einstellungen als Ersatz für formelle Regeln und Vorschriften dienen, Unsicherheiten über relevante Informationen abbauen und damit die Kosten sozialen Handelns senken, womit zugleich neue Möglichkeiten der Kooperation begründet werden. Hier weist der Sozialkapitalansatz einen engen Bezug zu den Grundannahmen der Institutionenökonomie, vor allem des Transaktionskostenansatzes, auf (vgl. grundlegend Coase 1937). Die wesentlichen Bedingungen zur Ausbildung der „civil virtues" sind nach Putnam in der gesellschaftlichen und politischen Struktur Italiens am Ausgang des Mittelalters zu suchen. Seine zentrale Schlussfolgerung lautet daher, dass die spätmittelalterlichen Differenzen zwischen den kommunalen Republiken in Norditalien und den Königreichen im Süden das Maß und die Struktur sozialen Kapitals bestimmen, auf die die zu beobachtenden Unterschiede der Verwaltungsleistungen der Regionalregierungen zurückzuführen sind (eine kritische Würdigung dieser grundlegenden Studie findet sich bei Levi 1996; Tarrow 1996 oder Tavits 2006).

Ein Beispiel für die *mikrotheoretische* Perspektive bietet die Untersuchung von Kunz und Gabriel (2000) zur Bedeutung des Sozialkapitalansatzes für die Erklärung politischer Beteiligung. Die Autoren beschäftigen sich auf Grundlage einer repräsentativen Umfrage der Bevölkerung in Deutschland mit dem Zusammenhang zwischen dem individuellen Engagement in Freiwilligenorganisationen und der Bereitschaft der Bürger, sich kommunalpolitisch zu engagieren, wobei der Vergleich der Verhältnisse in den alten und neuen Bundesländern einen wichtigen Aspekt ihrer Untersuchung darstellt. Der Zusammenhang zwischen sozialer und politischer Partizipation gehört zu den Kernannahmen des Sozialkapitalansatzes: Soziale Aktivität bringt die Integration von Individuen in der Gesellschaft zum Ausdruck und kann in politische Aktivität einmünden, weil sie einen gesellschaftlichen Kontext abgibt, der dem Erwerb von Kompetenzen und Ressourcen dient, die sich im politischen Leben einsetzen lassen; der das Lernen von Normen und Werten fördert, die zur Beteiligung motivieren; und der die Möglichkeit bietet, politische aktive Personen kennenzulernen, die stimulierend auf die eigene politische Betätigung wirken können. Nach den Ergebnissen der empirischen Analysen lassen sich diese Annahmen in beiden Teilräumen Deutschlands größtenteils bestätigen: Mitglieder von Freiwilligenorganisationen sind kommunalpolitisch wesentlich aktiver als Nichtmitglieder, aktive Mitarbeit in den Organisationen ist mit einer deutlich stärkeren politischen Aktivität verbunden als die einfache Mitgliedschaft, und je größer die Zahl von Organisationen ist, denen ein Bürger angehört, desto politisch aktiver ist er. Allerdings ist der Sozialkapitalansatz in der Einstellungs- und Verhaltensforschung nicht der einzige Ansatz zur Erklärung politischer Beteiligung (vgl. z. B. Milbrath/Goel 1977). Wenn man die Wirkung derjenigen Bedingungsgrößen kontrolliert, die in anderen Erklärungskonzepten eine Rolle spielen, verlieren die Sozialkapitalvariablen an Gewicht (vgl. Kunz/Gabriel 2004).

Die erwähnten Untersuchungen beschäftigen sich mit der vergleichenden Analyse von Entwicklungen und Zusammenhängen auf regionaler oder kommunaler Ebene in einem Land. Dies lässt erkennen, dass vergleichende Untersuchungen in der Politikwissenschaft auch auf subnationalen Ebenen üblich und keineswegs nur international vergleichend orientiert sind (vgl. z. B. auch Cusack 1999; Freitag 2000, 2003). Die Mehrzahl der vorliegenden empirischen Untersuchungen auf Basis des Sozialkapitalansatzes konzentrieren sich allerdings – mit vergleichbaren Fragestellungen – auf Aspekte der gesamtgesellschaftlichen Entwicklung bzw. der nationalen Politik. Ausschließlich auf dieser Ebene liegen überhaupt international vergleichende Untersuchungen zum Sozialkapitalansatz vor, die eine Mehrzahl von Untersuchungsländern und einen längeren Beobachtungszeitraum umfassen. Dieser Mangel ist vor allem auf die ungenügende Datenbasis zurückzuführen. International vergleichbare Erhebungen, die nicht nur Teilaspekte des Sozialkapitals abdecken, sondern die einzelnen strukturellen und kulturellen Aspekte sozialen Kapitals gleichzeitig berücksichtigen, sind kaum verfügbar. Von Bedeutung sind hier neben einzelnen Wellen des *European Social Surveys* (ESS) und (ebenfalls für eine vergleichsweise geringe Länderzahl) den Erhebungen des *Citizenship, Involvement, Democracy Network* (CID) in erster Linie die *World-Value-Surveys* (WVS), die breite systematisch-vergleichende Untersuchungen, die über eine Addition von Länderstudien hinausgehen, zumindest auf der Ebene der Nationalstaaten ermöglichen. Auf den WVS beruht der überwiegende Teil der empirischen Analysen im Bereich der international vergleichenden Sozialkapitalforschung. Die Daten basieren auf standardisierten Fragebögen, die in mehreren Untersuchungsjahren repräsentativen Bevölkerungsstichproben zur Beantwortung vorgelegt wurden. Für vergleichende Mikroanalysen lassen sich diese Daten direkt verwenden. In vergleichenden Makroanalysen dienen die aggregierten Werte der auf Individualebene gemessenen Indikatoren als Messvariablen des Sozialkapitals. Der nachfolgende Abschnitt geht ausführlicher auf die Operationalisierung sozialen Kapitals auf Basis der WVS ein.

4. Messkonzepte und die Struktur sozialen Kapitals in ausgewählten Ländern

4.1 Die Messung der strukturellen Komponente

Nach den bisherigen Überlegungen repräsentiert die Dichte und Inklusivität des Netzes der Freiwilligenorganisationen den strukturellen Aspekt des Sozialkapitals. Es bildet die Basis für die Entwicklung der kulturellen Komponenten, die sich aus dem Grad des zwischenmenschlichen Vertrauens und dem Ausmaß der Orientierung an sozialen Normen ergeben. Die Erhebung der strukturellen Komponente erfolgt in der Forschungspraxis über Fragen zum Umfang des sozialen Engagements der Bevölkerung, wobei die Mitgliedschaft in Vereinen und Verbänden und häufig auch auf das Ausmaß der ehrenamtlichen Tätigkeit in diesen Organisationen erfasst wird. Abbildung 4 zeigt die in den WVS enthaltende Variante.

Putnam (1993: 107–109) hebt als die wichtigsten Elemente des *Civic Community*-Netzwerkes die lokalen Freizeitvereine sowie die sozialen und kulturellen Vereinigungen hervor, lässt aber offen, ob nicht auch andere Organisationen entsprechende Funktionen erfüllen. Nach der Logik des Sozialkapitalansatzes sollte die Betätigung in jeder Art von Freiwilligenorganisationen eine Basis für die Orientierung an sozialen Normen und das Entstehen zwischenmenschlichen Vertrauens bilden, denn neben ihren unterschiedlichen Primärfunktionen eröffnen im Prinzip alle Freiwilligenorganisationen die Möglichkeit zum sozialen Kontakt und damit zur Entstehung und Stabilisierung sozialen Vertrauens. Die Messung des sozialen Strukturkapitals sollte daher möglichst umfassend das soziale Engagement der Bürger abbilden. Zur Vermeidung einer tautologischen Argumentation sind allerdings Organisationen mit eindeutig politischen Zielen auszuschließen, wenn es – wie in politikwissenschaftlichen Analysen üblich – um die Frage nach den politischen Effekten sozialen Kapitals geht.

Abbildung 4: Die Messung der strukturellen Komponente sozialen Kapitals in den World-Value-Surveys

> Welcher dieser verschiedenen Organisationen und Gruppen gehören Sie an? Sind Sie bei einer oder mehreren dieser Gruppen ehrenamtlich tätig?
>
> Vorlage einer Liste mit verschiedenen Organisationstypen (15 Items im WVS 1999–2002; religiöse und kirchliche Organisationen, Sport- und Freizeitvereine, Bildungs- und kulturelle Organisationen, Berufsverbände usw.).

Allerdings weist dieses Messkonzept einige Mängel auf, die sich insbesondere aus der Vernachlässigung neuer Formen sozialen Engagements ergeben. Im Rahmen der Dritte-Sektor-Forschung wird die Vorstellung vertreten, dass der soziale Wandel in modernen Gesellschaften, vorwiegend die Individualisierung der Menschen, die Motive für ehrenamtliches Engagement verändert habe (vgl. z. B. Heinze 2000: 353–355). Die klassischen gemeinnützigen Organisationen würden für viele Bürger an Attraktivität verlieren, weil sie eigene Ansprüche an Zeit und Dauer ihres Engagements hätten und sich daher eher in Einzelprojekten mit konkreten Zielsetzungen beteiligen würden. Erhebungen dieses alternativen zivilgesellschaftlichen Engagements liegen vor allem in international vergleichender Perspektive allerdings kaum vor. Die entsprechenden Datensätze müssten zudem weitere relevante Variablen enthalten, um die wesentlichen im Sozialkapitalansatz vertretenen Thesen international vergleichend überprüfen zu können. Zu diesem Zweck ist ein Rückgriff auf die genannten Indikatoren des WVS angemessen.

4.2 Die Messung der kulturellen Komponenten

Nach Coleman (1995: 389–417) steht soziales Kapital für den Wert, den bestimmte Aspekte der Sozialstruktur für Akteure haben, und zwar in Form von Ressourcen, die von den Akteuren genutzt werden können, um ihre Interessen zu realisieren. Eine entscheidende Rolle spielt dabei das situationsgebundene Vertrauen der Akteure auf die Wechselseitigkeit von Vorleistungen. Im Anschluss an Coleman stellte Putnam (1993: 167, 1995b: 664–665) den Begriff „Sozialkapital" in einen stärkeren Zusammenhang mit der Kultur von Gesellschaften, indem er die Bedeutung übergreifenden zwischenmenschlichen Vertrauens und vergleichsweise stabiler sozialer Normen und Werte hervorhob, die sich nur in langfristigen Entwicklungsprozessen ändern und daher auch nur in geringem Masse situationsbedingt schwanken sollen. An diese Perspektive, nach der soziales Vertrauen und die Orientierung an gemeinschaftsbezogenen Normen primär als stabile Persönlichkeitsmerkmalen zu verstehen sind, schließen die in den WVS vorhandenen und in den meisten Untersuchungen verwendeten Messungen der kulturellen Komponenten sozialen Kapitals an. Wie Abbildung 5 zeigt, zielen sie auf die Erhebung allgemeiner Vertrauens- und Normorientierungen der Bürger.

Die Indikatoren zur Messung gemeinschaftsbezogener Normen sind zwar nicht mit dem Ziel formuliert worden, Analysen zum Sozialkapitalansatz durchzuführen, sie korrespondieren aber sehr gut mit der Vorstellung Putnams (1993: 86–91, 1995: 664–665, 2000: 21), dass soziales Kapital auf einer Kombination von „networks, norms, and trust" beruht, wobei er unter Normen im Anschluss an die Überlegungen Michael Walzers (1980) „norms of reciprocity" versteht. Diese Normen der Gegenseitigkeit betreffen die Einstellungen der Bürger zur Gemeinschaft und damit ihre Fähigkeiten zur Kooperation: „Citizens in a civic community, though not selfless saints, regard the public domain as more than a battleground for pursuing personal interest", während in „less civic regions nearly everyone expect everyone else to violate the rules. It seems foolish to obey the traffic laws or the tax codes or the welfare rules, if you expect everyone else to cheat" (Putnam 1993: 88, 111). Die Lösung gesellschaftlicher Kooperationsprobleme bedarf zumindest in großen Sozialverbänden aus Sicht des Sozialkapitalansatzes einer grundsätzlich kooperativen Haltung der Akteure, da die Handlungen der beteiligten Akteure hier nur aufwendig zu identifizieren sind, um sie bei eventueller Defektion auch sanktionieren zu können. Aus spieltheoretischer Sicht entspricht diese Lösung des Trittbrettfahrerproblems einer Transformation des Gefangenendilemmas zu einem Gemeinschaftsspiel, in dem „Kooperation zum gegenseitigen Vorteil" einen internalisierten Verhaltensstandard darstellt, auf den die Bürger in ihrem Handeln zurückgreifen und der damit auf eine sehr günstige Weise kooperative Lösungen für soziale Dilemmata ermöglicht. Mit den in Abbildung 5 beispielhaft genannten Indikatoren, die auf zwei verschiedene, statistisch aber miteinander zusammenhängende Aspekte unkooperativen bzw. abweichenden gemeinschaftlichen Handelns von Trittbrettfahrern zielen, lassen sich diese Normen der Reziprozität mittels einfacher Ratingskalen messen (vgl. auch Gabriel et al. 2002: Kap. 2, 2008: Kap. 4; Kunz 2000; van Oorschot/Arts 2005).

Während zur Messung der Akzeptanz sozialer Normen mehrere Indikatoren zur Verfügung stehen, womit sich mögliche Messfehler der Einzelkomponenten ausgleichen, ist zur Operationalisierung sozialen Vertrauens nur ein Indikator in den WVS durchgehend verfügbar, dessen Aussagekraft zudem kritisch zu betrachten ist (vgl. Bengelsdijk 2006; Kunz 2005; Miller/Mitamura 2003). Die beiden Antwortalternativen müssen sich nicht ausschließen, da davon auszugehen ist, dass zwischen Vertrau-

Abbildung 5: Die Messung der kulturellen Komponenten sozialen Kapitals in den World-Value-Surveys

---

Soziales Vertrauen
Würden Sie ganz allgemein sagen, dass man den meisten Menschen vertrauen kann, oder kann man da nicht vorsichtig genug sein?
kann den meisten vertrauen (1) / kann nicht vorsichtig genug sein (2) / weiß nicht (9).

Soziale Normen
Könnten Sie mir bitte für die folgenden Punkte sagen, ob Sie das in jedem Fall für in Ordnung halten, oder unter keinen Umständen, oder irgendwo dazwischen. 1 bedeutet: das ist in jedem Fall in Ordnung; 10 bedeutet: das darf man unter keinen Umständen tun.
Steuern hinterziehen, wenn man die Möglichkeit hat / Bestechungsgelder annehmen (exemplarisch ausgewählte Indikatoren einer umfassenderen Itembatterie mit gedrehter Skala).

---

en und Vorsicht nicht notwendigerweise ein Gegensatz bestehen muss. Dennoch ist in Anbetracht fehlender Alternativen und auch im Hinblick auf ihre traditionell häufige Verwendung in empirischen Untersuchungen die international vergleichende Sozialkapitalforschung auf diese Variable angewiesen.[4]

4.3 Die Struktur sozialen Kapitals in ausgewählten Ländern

Die vorliegenden Daten eröffnen die Möglichkeit, die Verfügbarkeit sozialen Kapitals in einzelnen Gesellschaften zumindest exemplarisch zu illustrieren. Tabelle 1 gibt einen Überblick über die Struktur sozialen Kapitals in den Vereinigten Staaten, Schweden, Dänemark, Deutschland, Italien, Spanien, Ungarn und Bulgarien. Diese Auswahl gibt einen beispielhaften Überblick über die Spannweite der Sozialkapitalausstattung in repräsentativen Demokratien. Die Angaben beruhen auf den aggregierten Individualdaten der vierten Welle des *World-Values-Surveys* (1999–2002). In der Summe weisen die USA, Schweden und Dänemark ein überdurchschnittliche Ausstattung mit sozialem Kapital auf. Demgegenüber verfügen Ungarn und Bulgarien über deutlich weniger Sozialkapital. Im mittleren Bereich liegt Deutschland, gefolgt von Italien und Spanien. Im einzelnen zeigen sich aber große Unterschiede bezüglich der verschiedenen Komponenten sozialen Kapitals.

---

[4] Lediglich im WVS 1990 wird das soziale Vertrauen über eine zusätzliche Frage adäquater und auch in mehreren Dimensionen erhoben. Sie zielt auf Basis einer fünfstufigen Ratingskala auf die Erfassung des Ausmaßes des Vertrauens zu den Mitbürgern und zum Primärumfeld, wobei die empirische Bedeutsamkeit dieser Differenzierung sozialen Vertrauens sowohl für Deutschland als auch im internationalen Vergleich belegt ist (vgl. Gabriel/Kunz 2002; Gabriel et al. 2002: Kap. 4; siehe hierzu auch Newton 1999; Offe 1999). Zur Messung der sozialen Normen auf Basis der WVS wurde in der Forschung vereinzelt auch eine Itembatterie zu verschiedenen Erziehungszielen verwendet (vgl. Gabriel et al. 2002: Kap. 4, 2008: Kap. 4).

Vergleichende Sozialkapitalforschung

Tabelle 1: Die Sozialkapitalausstattung ausgewählter Länder

Land	Freiwilligenorganisationen		Soziales Vertrauen (%)	Orientierung an sozialen Normen (%)
	Mitgliedschaft (%)	Engagement (%)		
USA	85,5	60,8	36,3	93,3
Schweden	88,3	45,1	66,3	94,2
Dänemark	57,8	27,2	66,5	98,0
Deutschland	40,8	14,4	37,5	94,8
Italien	34,9	20,5	32,6	94,9
Spanien	23,5	11,7	36,3	91,1
Ungarn	22,9	12,0	22,3	89,7
Bulgarien	13,1	10,6	26,8	91,1

Anmerkung: Freiwilligenorganisationen: Anteil der Befragten, der mindestens in einer Organisation Mitglied ist bzw. sich in mindestens einer Organisation ehrenamtlich engagiert (aus den genannten Gründen ohne Organisationen mit explizit politischen Zielsetzungen). Soziales Vertrauen: Anteil der Befragten, der den meisten Menschen vertraut. Soziale Normen: Anteil der Befragten mit mittlerer und großer Normakzeptanz (Skalenwerte 6–10, mittlerer Indexwert der beiden zuvor genannten Items; der Maximalwert 10 bedeutet, dass unkooperatives bzw. unsoziales Verhalten unter keinen Umständen als gerechtfertigt angesehen wird). Die Angaben beruhen auf der vierten Welle des WVS (1999–2002).

Die größten Variationen liegen für die Beteiligung und das Engagement der Bevölkerung in Freiwilligenorganisationen vor. Ausgesprochen hohe Werte erreicht das Engagement in den USA. Eine besonders geringe Beteiligung tritt in Bulgarien hervor. Auch das Niveau sozialen Vertrauens variiert zwischen den Ländern erheblich. In den nordeuropäischen Ländern Schweden und Dänemark, die an der Spitze der Skala stehen, vertrauen über 60 Prozent der Befragten den meisten Menschen. Demgegenüber überwiegt vor allem in den südosteuropäischen Staaten Ungarn und Bulgarien eine vorsichtige Haltung der Bevölkerung. Die Orientierung an sozialen Normen weist im internationalen Vergleich die geringsten Unterschiede auf. In der Summe zeichnen sich hier alle Gesellschaften durch ein hohes Niveau aus. Möglicherweise beeinflussen Aspekte sozialer Erwünschtheit das Antwortverhalten bei dieser Frage in besonders starkem Maße.

Tendenziell lässt sich den Daten entnehmen, dass das höchste Niveau sozialen Kapitals in Ländern mit einer starken demokratischen Tradition und einem hohen sozio-ökonomischen Entwicklungsniveau anzutreffen ist. Im nachfolgenden Abschnitt wird beschrieben, dass sich diese Zusammenhänge auch in quantitativ-vergleichenden Analysen bestätigen, deren Ergebnisse auf einer größeren Fallzahl und damit auf einer breiteren und verlässlicheren Datengrundlage beruhen. Differenzierte Längsschnittanalysen zeigen darüber hinaus keine über alle Länder einheitliche Entwicklung in der Ausstattung mit Sozialkapital (vgl. Esmer/Petterson 2007; Gabriel et al. 2002: Kap. 2, 2008: Kap. 4; Newton 1999b; van Deth et al. 1999): Weder ist ein globaler Zerfall zivilgesellschaftlicher Strukturen zu beobachten, noch kann von einem generellen Anstieg sozialen Kapitals die Rede sein. Der vor allem von Putnam (2000) für die USA beschriebene Rückgang des Sozialkapitals begründet daher keinen allgemeinen Trend, wie in der theoretischen Debatte über die Entwicklungschancen und -defizite der Bürgergesellschaft vielfach befürchtet wird.

5. Ergebnisse international vergleichender Analysen zu den Hypothesen des Sozialkapitalansatzes

Die Befunde neuerer empirischer und international vergleichender Untersuchungen insbesondere auf Basis der Daten der World Values-Surveys und der skizzierten Messkonzepte sozialen Kapitals lassen sich in vier Punkten zusammenfassen:

1. Auf der *Mikroebene* der individuellen Akteure bestehen in allen Untersuchungsjahren nur geringe Zusammenhänge zwischen den einzelnen Aspekten sozialen Kapitals. Weder steht die Mitgliedschaft in den verschiedenen Freiwilligenorganisationen mit den kulturellen Komponenten sozialen Kapitals in einem deutlichen positiven Zusammenhang noch sind enge empirische Verknüpfungen zwischen den kulturellen Variablen soziales Vertrauen und soziale Normen nachzuweisen. Dieses Ergebnis gilt unabhängig von den in verschiedenen Umfragen enthalten Erhebungsvarianten sozialen Vertrauens und bestätigt sich für neue und alte Demokratien sowie für Nicht-Demokratien gleichermaßen (vgl. Franzen/Pointer 2007: 81–84; Gabriel et al. 2002: 90–96, 2008: 103–105; Kunz 2005: 217–220; Rossteutscher 2008: 222–224; van Oorschot et al. 2006: 158; Whiteley 1999: 40–41).[5]

Der *makrostatistische* Gesellschaftsvergleich auf Basis der für die einzelnen Untersuchungsländer aggregierten Werte der Befragten führt allerdings zu abweichenden Ergebnissen. Zumindest für entwickelte Demokratien zeigen sich moderate Korrelationen zwischen den Dimensionen sozialen Kapitals (vgl. Gabriel et al. 2002: 30–34, 2008: 151; Rossteutscher 2008: 223; van Oorschot et al. 2006: 157–158). Die unterschiedlichen Ergebnisse auf Mikro- und Makroebene dürften auf komplexe und bisher nicht modellierbare Wechselwirkungen im Aufbau sozialen Kapitals auf der Gesellschaftsebene zurückzuführen sein. Dies ist allerdings kein besonderes Defizit des Sozialkapitalansatzes. Die Logik der Aggregation, in der Mikro- und Makroebene miteinander verknüpft werden, gehört zu den schwierigsten und bisher nur ansatzweise gelösten Problemen der Modellierung sozialer und politischer Prozesse (vgl. Esser 1993: Kap. 3; Kunz 1997: Kap. 7).

2. In Anbetracht der insgesamt nicht eindeutigen Beziehungen zwischen den strukturellen und kulturellen Dimensionen sozialen Kapitals, werden in den vorliegenden international vergleichenden Untersuchungen zur Bedeutung des Sozialkapitals für die politische Performanz die einzelnen Komponenten differenziert analysiert. In die-

---

5 Es widerspricht klar den Annahmen Putnams, nach denen ein enger positiver Zusammenhang zwischen dem Engagement in zivilgesellschaftlichen Organisationen, dem Grad sozialen Vertrauens und der Orientierung an sozialen Normen zu erwarten ist.

sem Zusammenhang stehen vor allem Untersuchungen zur demokratischen Staatsbürgerrolle im Mittelpunkt des Interesses. Insbesondere geht es um die Beziehungen zwischen dem sozialen Engagement, dem sozialen Vertrauen und der Orientierung der Bevölkerung an sozialen Normen auf der einen Seite und ihrem politischen Interesse, ihrer politischen Beteiligung und politischen Unterstützung auf der anderen Seite. Nach den Ergebnissen der empirischen Analysen zeigen sich trotz großer Niveauunterschiede der verschiedenen Aspekte sozialen Kapitals, politischer Involvierung und politischen Vertrauens zwischen den untersuchten Demokratien in keinem der Länder ein besonders starker Zusammenhang zwischen den Sozialkapital- und Politikvariablen auf der Mikroebene der individuellen Akteure. Am deutlichsten fallen noch die Beziehungen zwischen sozialer und politischer Partizipation aus, was sich auch in der Aggregatbetrachtung bestätigt. Auf dieser Ebene zeigt sich zumindest, dass ohne einen minimalen Grundstock sozialen Kapitals keine involvierte Bürgerschaft und kein politisches Vertrauen zu erwarten ist.[6]

3. *Quantitativ-vergleichende* Analysen, die sich mit der Bedeutung sozialen Kapitals für die ökonomische Performanz einer Gesellschaft beschäftigen, gehen von der Vorstellung aus, dass Vertrauen und Solidarität die Transaktionskosten senken, die der Realisierung von möglichen Erträgen der Arbeitsteilung entgegenstehen. Insbesondere Vertrauen gilt in diesem Zusammenhang als eine Schlüsselvariable (vgl. Fukuyama 1995: 45). Empirische Analysen mit OECD-Ländern und EU-Regionen können einen positiven Zusammenhang zwischen den kulturellen Komponenten sozialen Kapitals und dem Wirtschaftswachstum allerdings nicht eindeutig nachweisen (vgl. Gabriel et al. 2002: Kap. 5; Kunz 2000; Schneider et al. 2000). Dieser auch aus Sicht der Institutionenökonomie ernüchternde Zusammenhang kann u.U. darauf zurückgeführt werden, dass entgegen den Annahmen Putnams (1993: 178) soziales Kapital nicht in erster Linie für entwickelte Volkswirtschaften von Bedeutung ist, sondern vor allem die ökonomische Performanz weniger entwickelter Staaten beeinflusst. So lässt sich argumentieren, dass ein ausgebautes Rechtssystem, das die Einhaltung der Kontrakte formal garantieren kann, den Bedarf deutlich reduziert, soziale und ökonomische Beziehungen auf personelles Vertrauen zu gründen. Weltweite Vergleichsstudien unter Einschluss weniger entwickelter Länder sprechen für diese Vorstellung (vgl. Bornschier 2001; Knack/Keefer 1997; Whiteley 2000), ebenso die Analysen Ingleharts (1997: 226–228), nach denen für entwickelte Staaten ein negativer Ein-

---

6 Vgl. Gabriel et al. (2002: Kap. 4, 2008: 117–148), Gabriel/Walter-Rogg (2008), Hooghe (2003), Kaase (1999), Lippl (2007), Newton (1999), Roller/Rudi (2008), van Deth (2000, 2008). Zu teilweise abweichenden Befunden kommen neuere Analysen auf Basis des erwähnten CID-Projektes *(Citizenship, Involvement, Democracy Network)*. Unter Verwendung eines sehr detaillierten Erhebungsprogramms zeigen vergleichende Mikroanalysen für 13 Länder auch auf der Individualebene deutlichere Zusammenhänge zwischen dem sozialen und dem politischen Vertrauen (vgl. Denters et al. 2007; Zmerli et al. 2007). Darüber hinaus bestätigen sich in fast allen vorliegenden (Makro-)Analysen die nach Putnam zu erwartenden positiven Wirkungen sozialen Kapitals auf das Niveau und die Stabilität der Demokratie (vgl. u. a. Inglehart 1997: 160–215, 1999: 109–112; Paxton 2002).

fluss von Interessenorganisationen auf das Wirtschaftswachstum besteht, während für die Gruppe der ärmeren, weniger entwickelten Staaten der Effekt positiv ausfällt. Dieser Befund korrespondiert mit den Ergebnissen ökonometrischer Analysen, die sich mit dem Einfluss wirtschaftsnaher Interessengruppen auf die ökonomische Entwicklung in westlichen Industrieländern beschäftigen und die im Widerspruch zu Putnams Überlegungen die Annahmen Olsons (1985) über den gesamtwirtschaftlich schädlichen Einfluss von Verteilungskoalitionen in lange bestehenden Demokratien stützen (vgl. Weede 1996; Kunz 2000). Die Stärke dieses Zusammenhangs schwankt allerdings in Abhängigkeit des Untersuchungszeitraums (vgl. Gabriel et al. 2002: Kap. 5; Weede 1999). In der Summe ist daher festzustellen, dass die Ergebnisse zu den materiellen Wohlstandseffekten sozialen Kapitals nicht eindeutig und umstritten sind (vgl. mit abweichenden Ergebnissen auch Beugelsdijk/van Schaik 2005; Bornschier/Leicht 2000; Stadelmann-Steffen/Freitag 2007). Auch die häufig vermuteten positiven Sozialkapitalwirkungen auf die Arbeitsplatzsuche konnten bisher nur selten belegt werden (vgl. Voss 2007; Mouw 2003). Demgegenüber werden immaterielle Wohlstandseffekte in international vergleichenden Untersuchungen weitgehend bestätigt. Positive Sozialkapitaleffekte gibt es für Glück, Wohlbefinden, Bildung und Gesundheit (vgl. z. B. Gundelach/Kreiner 2004; Mansyur et al. 2008; Rostila 2007; Sabatini 2008), sowie innere Sicherheit wie z. B. geringe Korruptions- und Verbrechensraten (vgl. z. B. Buonanno et al. 2009; Uslaner 2005).

4. Putnam (2000) macht für den Niedergang sozialen Kapitals in den USA in erster Linie die steigende Intensität des Fernsehkonsums sowie den Anstieg der Frauenerwerbsquote, die Veränderungen in den Arbeitsbeziehungen und die steigende Mobilität der Menschen verantwortlich. Mikroanalytische Querschnittsuntersuchungen auf Basis der *World-Values-Surveys* können diese Zusammenhänge allerdings kaum bestätigen (vgl. Gabriel et al. 2002: Kap. 3, 2008: Kap. 4). In allen untersuchten Demokratien – und d. h. auch in den USA – lässt sich auf der Individualebene kein eindeutiger Effekt des Fernsehkonsums auf die Verfügbarkeit über die Ressource Sozialkapital feststellen (vgl. auch Norris 1996). Erst weiterführende Analysen mit sehr viel differenzierteren Daten zeigen, dass die Art der konsumierten Medieninhalte Auswirkungen auf das soziale Kapital haben kann (vgl. Scheufele/Shah 2000; Schmitt-Beck 2008 sowie mit Blick auf die Internetnutzung Beaudoin 2008). Auch die familiäre und berufliche Integration der Bürger und ihre verschiedenen Gruppenzugehörigkeiten und die damit zusammenhängenden sozio-ökonomischen und religiösen Orientierungen zeigen keine konsistenten Effekte auf die verschiedenen Komponenten des Sozialkapitals. Lediglich der soziale Status weist nach den überwiegenden Ergebnissen der vorliegenden Analysen häufig erkennbare Auswirkungen insbesondere auf die Beteiligung in Vereinen und Organisationen und z. T. auch auf die kulturellen Komponenten sozialen Kapitals auf. Demnach besitzen soziales Kapital vor allem diejenigen Personen, die bereits reich an anderem (Human- und monetärem) Kapital sind, was soziale Ungleichheiten verschärft (vgl. Badecu/Neller 2007; Gabriel et al. 2002: Kap. 3, 2008: Kap. 4.; Paxton 2007). Dieser Befund widerspricht den bekannten An-

nahmen von Verba et al. (1978, 1995: 18–19), nach denen Interessenorganisationen gerade sozial schwächeren Bürgern die Möglichkeit bieten sollen, ihre Angelegenheiten zu artikulieren und in den politischen Prozess einzubringen. Auch detaillierte Analysen auf Grundlage von Längsschnittdaten der westdeutschen Stichprobe des sozio-ökonomischen Panels zeigen, dass für das soziale Engagement ähnliche Qualifikationen nachgefragt werden, die eine erfolgreiche Erwerbsarbeitsbeteiligung fördern (vgl. Erlinghagen 2000).

Dieser Zusammenhang bestätigt sich größtenteils auch in vergleichenden Makroanalysen zu den Produktionsfaktoren sozialen Kapitals. Demnach schwächt eine hohe Arbeitslosigkeit die Integration der Bürger in das System der Interessenorganisationen (vgl. Gabriel et al. 2002: Kap. 5). Als weitere bedeutsame Bestimmungsfaktoren der gesellschaftlichen Sozialkapitalausstattung werden insbesondere ein hohes sozio-ökonomisches Entwicklungsniveau, ein geringer Grad an sozio-ökonomischer Fragmentierung, Protestantismus sowie rechtsstaatliche und gerechte und faire Institutionen genannt, die die Macht staatlicher oder gesellschaftlicher Akteure beschränken (vgl. u. a. Berggren/Jordahl 2006; Delhey/Newton 2005; Herreros/Criado 2008; Inglehart 1989: 61–63; Knack/Keefer 1997; Meulemann 2008; Neller 2008; Rothstein/Stolle 2008; van Oorschot et al. 2006). Darüber hinaus zählen zu den strukturellen Bedingungsgrößen der Verfügbarkeit sozialen Kapitals die Stabilität bzw. das Alter der Demokratie sowie der Demokratietyp (vgl. Inglehart 1997: 172–174; Gabriel et al. 2002: Kap. 5; Freitag 2006). Die Mehrzahl der Befunde weist darauf hin, dass diese beiden Faktoren die Ausstattung einer Gesellschaft mit Sozialkapital sowohl in struktureller als auch in kultureller Hinsicht fördern: Je älter eine Demokratie ist und je deutlicher der konsensusdemokratische Charakter eines politischen Systems ausgeprägt ist, desto mehr soziales Kapital gibt es in einer Gesellschaft. Schließlich scheinen auch die Bildungs- und Sozialpolitik bzw. die Ausprägung wohlfahrtsstaatlicher Arrangements in manchen Staaten eine nicht unwichtige Rolle für die Verfügbarkeit der Ressource Sozialkapital in diesen Ländern zu spielen (vgl. Hall 1999; Kääriäinen/Lehtonen 2006; Parboteeah et al. 2004; Schneider et al. 1997; van Oorschot et al. 2006).

6. Resümee

Auf theoretischer Ebene verknüpfen sich mit dem Sozialkapitalansatz wesentliche Hoffnungen zur Lösung gesellschaftlicher Entwicklungs- und Kooperationsprobleme. Nach den Ergebnissen der vergleichenden Untersuchungen, die zu großen Teilen auf den WVS basieren, wird man die Bedeutung dieses Konzepts allerdings eher skeptisch einschätzen. In einzelnen Fällen bestätigten sich zwar die vermuteten Zusammenhänge, in wesentlichen Teilen konnten die angenommenen Effekte bisher aber nicht nachgewiesen werden. Vor diesem Hintergrund wird man dem Sozialkapitalansatz als Instrument zur Erklärung sozialer und politischer Prozesse nur eine eingeschränkte Bedeutung zusprechen. Allerdings sollte man auch die im interkulturellen Vergleich nicht auszuschließenden Messfehler und die generellen Unzulänglichkeiten der für vergleichende Untersuchungen verfügbaren Indikatoren sozialen Kapitals mitbedenken. Detailliertere Analysen für einzelne Länder mit qualitativ besseren Indikatoren des Sozialkapitals scheinen darauf hinzuweisen, dass die Zusammenhänge unter diesen Bedingungen zumindest zum Teil deutlicher hervortreten könnten (vgl. z. B. Gabriel/Kunz 2002; Denters et al. 2007; Zmerli et al. 2007). Zudem liegen aufgrund der schwierigen Datenlage bisher keine differenzierten dynamischen Analysen vor, die aber notwendig wären, um den Zusammenhang zwischen dem Wandel der Sozialkapitalausstattung und der Veränderung der Problemlösungsfähigkeit von Demokratien zu untersuchen (vgl. zu ersten Ansätzen die Studien von Paxton 2002; Keele 2005 oder Letki/Evans 2005).

Ungeklärt sind darüber hinaus sowohl Fragen der zumeist nur grob skizzierten Mikro-Makro-Übergänge als auch das Verhältnis der soziologischen und ökonomischen Grundannahmen, die im Konzept sozialen Kapitals konvergieren, ohne dass die methodologischen und theoretischen Voraussetzungen geklärt wären (vgl. Hartmann 2001; Jackmann/Miller 1996; Kunz 1996: Kap. 3). Weiterhin ist zu bedenken, dass erst in neuerer Zeit die mögliche Abhängigkeit der Wirkungen sozialen Kapitals von seiner Struktur eingehender problematisiert wird (vgl. Putnam/Goss 2001; Schuller et al. 2000; Warren 2001; Zmerli 2008). So konzentrieren sich die empirisch-vergleichenden Forschungsarbeiten über Sozialkapital in der Regel auf formelle Vereinigungen, weil diese methodisch einfacher zu erfassen sind. Informelle Beziehungen können jedoch für die Verwirklichung individueller und kollektiver Ziele ebenso von Bedeutung sein. Allerdings muss nicht jede Art formellen oder informellen Sozialkapitals mit positiven Außenwirkungen verknüpft sein. Wahrscheinlich betrifft dies nur so genanntes „brückenbildendes" Sozialkapital, das sich auf übergreifende soziale Netzwerke bezieht, die sehr unterschiedliche Menschen in horizontalen Interaktionsbeziehungen zusammenbringen. Demgegenüber beschränkt sich „bindendes" Sozialkapital nur auf bestimmte Gruppen, die sich gegenüber anderen gesellschaftlichen Gruppen eher abschotten. Diese Form sozialen Kapitals kann zwar mit positiven Effekten für die Mitglieder der jeweiligen Gruppe verknüpft sein, vor allem auf gesamtgesellschaftlicher Ebene wird es aber mit größerer Wahrscheinlichkeit negative Wirkungen aufweisen. Denn häufig fördern gerade selektive und enge Inklusionsbeziehungen das Misstrauen gegenüber denjenigen Menschen, die nicht dazu gehören. Weitere vergleichende Untersuchungen zu den Annahmen des Sozialkapitalkonzepts, die an diese kritischen Punkte anknüpfen, erscheinen notwendig.

Literatur

Adam, Frane/Roncevic, Borut, 2003: Social Capital. Recent Debates and Research Trends, in: Social Science Information 42, 155–183.
Almond, Gabriel A./Verba, Sidney, 1965: The Civic Culture. Boston.
Badecu, Gabriel/Neller, Katja, 2007: Explaining Associational Involvement, in: *Jan W. van Deth* et al. (Hrsg.): Citizenship and Involvement in European Democracies. New York, 158–187.
Banfield, Edward, 1958: The Moral Basis of a Backward Society. Glencoe, Ill.
Beaudoin, Christopher, 2008: Explaining the Relationship between Internet Use and Interpersonal Trust, in: Journal of Computer-Mediated Communication 13, 550–568.
Berggren, Niclas/Jordahl, Hendrik, 2006: Free to Trust: Economic Freedom and Social Capital, in: Kyklos 59, 141–169.
Beugelsdijk, Sjoerd, 2006: A Note on the Theory and Measurement of Trust in Explaining Differences in Economic Growth, in: Cambridge Journal of Economics 30, 371–387.
Beugelsdijk, Sjoerd/van Schaik, Ton, 2005: Differences in Social Capital between 54 Western European Regions, in: Regional Studies 39, 1053–1064.
Bornschier, Volker, 2001: Gesellschaftlicher Zusammenhalt und Befähigung zu Sozialkapitalbildung, in: Swiss Journal of Sociology 27, 441–473.
Bornschier, Volker/Leicht, Michael, 2001: Befähigung zur Sozialkapitalbildung und wirtschaftlicher Erfolg im entwickelten Kapitalismus, in: Schweizerische Zeitschrift für Soziologie 26, 373–400.
Brehm, John/Rahn, Wendy, 1997: Individual-Level Evidence for the Causes and Consequences of Social Capital, in: American Journal of Political Science 41, 999–1023.
Buonanno, Paolo/Montolio, Daniel/Vanin, Paolo, 2009: Does Social Capital Reduce Crime?, in: Journal of Law and Economics 52, 145–170.
Castiglione, Dario, 2008: Introduction: Social Capital between Community and Society, in: *Dario Castiglione/Jan W. van Deth/Guglielmo Wolleb* (Hrsg.): The Handbook of Social Capital. Oxford, 555–567.
Castiglione, Dario/van Deth, Jan W./Wolleb, Guglielmo (Hrsg.), 2008: The Handbook of Social Capital. Oxford.
Coase, Ronald H., 1937: The Nature of the Firm, in: Economica 16, 386–405.
Coleman, James S., 1995: Grundlagen der Sozialtheorie, Bd. 1 (Studienausgabe). München/Wien.
Cusack, Thomas R., 1999: Social Capital, Institutional Structures, and Democratic Performance: A Comparative Study of German Local Governments, in: European Journal of Political Research 35, 1–34.
Dasgupta, Partha/Serageldin, Ismail, 2000: Social Capital. Washington.
Delhey, Jan/Newton, Kenneth, 2005: Predicting Cross-National Levels of Social Trust, in: European Sociological Review 21, 311–327.
Denters, Bas/Gabriel, Oscar W./Torcal, Mariano, 2007: Political Confidence in Representative Democracies, in: *Jan W. van Deth* et al. (Hrsg.): Citizenship and Involvement in European Democracies. New York, 66–108.
Diekmann, Andreas, 2007: Dimensionen des Sozialkapitals, in: *Axel Franzen/Markus Freitag* (Hrsg.): Sozialkapital. Wiesbaden, 47–65.
Erlinghagen, Marcel, 2000: Arbeitslosigkeit und ehrenamtliche Tätigkeit im Zeitablauf, in: Kölner Zeitschrift für Soziologie und Sozialpsychologie 52, 291–310.
Esmer, Yilmaz/Petterson, Thorleif (Hrsg.), 2007: Measuring and Mapping Cultures. Leiden.
Esser, Hartmut, 1993: Soziologie. Allgemeine Grundlagen. Frankfurt a.M./New York.
Esser, Hartmut, 2008: The Two Meanings of Social Capital, in: *Dario Castiglione/Jan W. van Deth/Guglielmo Wolleb* (Hrsg.): The Handbook of Social Capital. Oxford, 22–49.
Farr, John, 2004: Social Capital: A Conceptual History, in: Political Theory 32, 6–33.
Franzen, Axel/Freitag, Markus (Hrsg.), 2008: Sozialkapital. Wiesbaden.
Franzen, Axel/Pointner, Sonja, 2007: Sozialkapital: Konzeptualisierungen und Messungen, in: *Axel Franzen/Markus Freitag* (Hrsg.): Sozialkapital. Wiesbaden, 66–90.
Freitag, Markus, 2000: Soziales Kapital und Arbeitslosigkeit. Eine empirische Analyse zu den Schweizern Kantonen, in: Zeitschrift für Soziologie 29, 186–201.
Freitag, Markus, 2003: Beyond Tocqueville: The Origins of Social Capital in Switzerland, in: European Sociological Review 19, 217–232.

Freitag, Markus, 2006: Bowling the State Back in, in: European Journal of Political Research 45, 123–152.
Fukuyama, Francis, 1995: Trust: The Social Virtues and the Creation of Prosperity. New York.
Gabriel, Oscar W./Kunz, Volker, 2002: Die Bedeutung des Sozialkapital-Ansatzes für die Erklärung politischen Vertrauens, in: *Rainer Schmalz-Bruns/Reinhard Zintl* (Hrsg.): Politisches Vertrauen. Baden-Baden, 255–274.
Gabriel, Oscar W./Kunz, Volker/Rossteutscher, Sigrid/van Deth, Jan, 2002: Sozialkapital in westlichen Demokratien. Wien.
Gabriel, Oscar W./Kunz, Volker/Rossteutscher, Sigrid/Westle, Bettina, 2008: Sozialkapital. Baden-Baden.
Gabriel, Oscar W./Walter-Rogg, Melanie, 2008: Social Capital and Political Trust, in: *Heiner Meulemann* (Hrsg.): Social Capital in Europe. Leiden, 219–250.
Gundelach, Peter/Kreiner, Svend, 2004: Hapiness and Life Satisfaction in Advanced European Countries, in: Cross-Cultural Research 38, 359–386.
Hall, Peter A., 1999: Social Capital in Britain, in: British Journal of Politics 29, 417–461.
Halpern, David, 2005: Social Capital. Cambridge.
Hartmann, Martin, 2001: Einleitung, in: *Martin Hartmann/Claus Offe* (Hrsg.): Vertrauen. Frankfurt a.M./New York, 7–34.
Haug, Sonja, 1997: Soziales Kapital: Ein kritischer Überblick über den aktuellen Forschungsstand, Arbeitspapier 15 des Mannheimer Zentrums für Europäische Sozialforschung. Mannheim.
Heinze, Rudolf G., 2000: Das Dilemma gesellschaftlicher Reformen. Die Förderung von Eigenarbeit und Tauschringen in der politischen Diskussion, in: *Karl Hinrichs/Herbert Kitschelt/Helmut Wiesenthal* (Hrsg.): Kontingenz und Krise. Frankfurt a.M.
Herreros, Francisco/Criado, Hanar, 2008: The State and the Development of Social Trust, in: International Political Science Review 29, 53–71.
Hooghe, Marc, 2003: Participation in Voluntary Associations and Value Indicators, in: Nonprofit and Voluntary Sector Quarterly 32, 47–69.
Inglehart, Ronald, 1989: Kultureller Umbruch. Wertewandel in der westlichen Welt. Frankfurt a.M./New York.
Inglehart, Ronald, 1997: Modernization and Postmodernization: Cultural, Economic, and Political Change in 43 Societies. Princeton, N.J.
Inglehart, Ronald, 1999: Trust, Well-being and Democracy, in: *Mark E. Warren* (Hrsg.): Democracy and Trust. Cambridge, 88–120.
Jackman, Robert W./Miller, Ross. A., 1996: The Poverty of Political Culture, in: American Journal of Political Science 40, 697–716.
Kääriäinen, Juha/Lehtonen, Heikki, 2006: The Variety of Social Capital in Welfare State Regimes, in: European Societies 8, 27–57.
Kaase, Max, 1999: Interpersonal Trust, Political Trust and Non-institutionalized Political Participation in Western Europe, in: West European Politics 22, 1–21.
Keele, Luke, 2005: Macro Measures and Mechanics of Social Capital, in: Political Analysis 13, 139–156.
Knack, Stephen/Keefer, Philip, 1997: Does Social Capital Have an Economic Payoff?, in: Quarterly Journal of Economics, 1251–1288.
Kornhauser, William, 1959: The Politics of Mass Society. New York.
Kunz, Volker, 1996: Empirische Ökonomik. Marburg.
Kunz, Volker, 1997: Theorie rationalen Handelns. Opladen.
Kunz, Volker, 2000: Kulturelle Variablen, organisatorische Netzwerke und demokratische Staatsstrukturen als Determinanten der wirtschaftlichen Entwicklung im internationalen Vergleich, in: Kölner Zeitschrift für Soziologie und Sozialpsychologie 52, 195–225.
Kunz, Volker, 2004: Rational Choice. Frankfurt a.M./New York.
Kunz, Volker, 2005: Soziales Vertrauen, in: *Jan W. van Deth* (Hrsg.): Deutschland in Europa. Wiesbaden, 201–227.
Kunz, Volker, 2008: Die Konflikttheorie der Rational Choice-Theorie, in: *Thomas Bonacker* (Hrsg.): Sozialwissenschaftliche Konflikttheorien. 4. Aufl., Wiesbaden, 461–484.
Kunz, Volker/Gabriel, Oscar W., 2000: Soziale Integration und politische Partizipation, in: *Ulrich Druwe/Steffen Kühnel/Volker Kunz* (Hrsg.): Kontext, Akteur und Strategische Interaktion. Opladen, 47–74.

Kunz, Volker/Gabriel, Oscar W., 2004: Social Capital and Political Participation in Germany, in: Associations 8, 77 99.
Lane, Jan-Erik/Ersson, Svante, 1997: Comparative Political Economy. 2. Aufl., London/Washington.
Letki, Natalia/Evans, Geoffrey, 2005: Endogenizing Social Trust: Democratization in East-Central Europe, in: British Journal of Political Science 35, 515–529.
Levi, Margaret, 1996: Social and Unsocial Capital, in: Politics and Society 24, 45–55.
Lippl, Bodo, 2007: Soziales Engagement und politische Partizipation in Europa, in: *Axel Franzen/Markus Freitag* (Hrsg.): Sozialkapital. Wiesbaden, 420–449.
Mansyur, Carol/Amick, Benjamin C. et al., 2008: Social Capital, Income Inequality, and Self-Related Health in 45 Countries, in: Social Science and Medicine 66, 43–56.
Meulemann, Heiner, 2008: Is Altruism more Effective where it is Required more?, in: *Heiner Meulemann* (Hrsg.): Social Capital in Europe. Leiden, 73–102.
Milbrath, Lester W./Goel, Madan Lal, 1977: Political Participation. Chicago.
Miller, Alan S./Mitamura, Tomoko, 2003: Are Surveys on Trust Trustworthy?, in: Social Psychology Quarterly 66, 62–70.
Mouw, Ted, 2003: Social Capital and Finding a Job: Do Contacts Matter?, in: American Sociological Review 68, 868–898.
Muller, Edward N./Seligson, Mitchell A., 1994: Civic Culture and Democracy, in: American Political Science Review 88, 635–652.
Neller, Katja, 2008: What Makes People Trust in Their Fellow Citizens?, in: *Heiner Meulemann* (Hrsg.): Social Capital in Europe. Leiden, 103–133.
Newton, Kenneth, 1999: Social and Political Trust in Established Democracies, in: *Pippa Norris* (Hrsg.): Critical Citizens. Oxford, 169–187.
Newton, Kenneth, 2008: Trust and Politics, in: *Dario Castiglione/Jan W. van Deth/Guglielmo Wolleb* (Hrsg.): The Handbook of Social Capital. Oxford, 241–272.
Norris, Pippa, 1996: Does Television Erode Social Capital?, in: Political Science and Politics 29, 474–480.
Offe, Claus, 1969: Politische Herrschaft und Klassenstrukturen, in: *Gisela Kress/Dieter Senghaas* (Hrsg.). Frankfurt a.M., 155–189.
Offe, Claus, 1999: How can We Trust Our Fellow Citizens?, in: *Mark E. Warren* (Hrsg.): Democracy and Trust. Cambridge, 42–87.
Olson, Mancur, 1968: Die Logik kollektiven Handlens. Tübingen.
Olson, Mancur, 1985: Aufstieg und Niedergang von Nationen. Tübingen.
Ostrom, Elinor/Ahn, T. K., 2003: Foundations of Social Capital. Cheltenham.
Parboteeah, K. Preveen/Cullen, John B./Lim, Lrong, 2004: Formal Volunteering: A Cross-National Test, in: Journal of World Business 39, 431–441.
Paxton, Pamela, 2002: Social Capital and Democracy, in: American Sociological Review 67, 254–277.
Paxton, Pamela, 2007: Association Memberships and Generalized Trust, in: Social Forces 86, 47–76.
Portes, Alejandro, 1998: Social Capital, in: Annual Review of Sociology 24, 1–24.
Putnam, Robert D., 1993: Making Democracy Work. Civic Traditions in Modern Italy. Princeton, N.J.
Putnam, Robert D., 1995: Tuning In, Tuning Out. The Strange Disappearance of Social Capital in America, in: Political Science and Politics 28, 664–683.
Putnam, Robert D., 2000: Bowling Alone. The Collapse and Revival of American Community. New York.
Putnam, Robert D. (Hrsg.), 2001: Gesellschaft und Gemeinsinn. Gütersloh.
Putnam, Robert D./Goss, Kristin A., 2001: Einleitung, in: *Robert D. Putnam* (Hrsg.): Gesellschaft und Gemeinsinn. Gütersloh, 15–43.
Putnam, Robert D./Pharr, Susan J./Dalton, Russell J., 2000: Introduction: What's Troubling the Trilateral Democracies?, in: *Susan J. Pharr/Robert D. Putnam* (Hrsg): Disaffecting Democracies. Princeton, 3–27.
Roller, Edeltraud/Rudi, Tanja, 2008: Explaining Level and Equality of Political Participation, in: *Heiner Meulemann* (Hrsg.): Social Capital in Europe. Leiden, 251–283.
Rossteutscher, Sigrid (Hrsg.), 2005: Democracy and the Role of Association. London.
Rossteutscher, Sigrid, 2008: Social Capital and Civic Engagement: A Comparative Perspective, in: *Dario Castiglione/Jan W. van Deth/Guglielmo Wolleb* (Hrsg.): The Handbook of Social Capital. Oxford, 208–240.

Rostila, Mikael, 2007: Social Capital and Health in European Welfare Regimes, in: Journal of European Social Policy 17, 223–239.
Rothstein, Bo/Stolle, Dietlind, 2008: The State and Social Capital, in: Comparative Politics 40, 441–459.
Sabatini, Fabio, 2008: Social Capital and the Quality of Economic Development, in: Kyklos 61, 466–499.
Scharpf, Fritz W., 2000: Interaktionsformen. Akteurzentrierter Institutionalismus in der Politikforschung. Opladen.
Schattschneider, Elmer E., 1970: The Semisovereign People. Fort Worth.
Scheufele, Dietram A./Shah, Dhavan V., 2000: Personality Strenght and Social Capital, in: Communication Research 27, 107–131.
Schmitt-Beck, Rüdiger, 2008: Why Television Does Erode Social Capital and Newspaper Readings Does Not, in: *Heiner Meulemann* (Hrsg.): Social Capital in Europe. Leiden, 159–187.
Schneider, Gerald/Plümper, Thomas/Baumann, Steffen, 2000: Bringing Putnam to the European Regions, in: European Urban and Regional Studies 7, 307–317.
Schneider, Mark/Teske, Paul/Marschall, Melissa/Mintrom, Michael/Roch, Christine, 1997: Institutional Arrangements and the Creation of Social Capital: The Effects of Public School Choice, in: American Political Science Review 91, 82–93.
Schuller, Tom/Baron, Stephen/Field, John (Hrsg.), 2000: Social Capital. Critical Perspectives. Oxford.
Stadelmann-Steffen, Isabelle/Freitag, Markus, 2007: Der ökonomische Wert sozialer Beziehungen, in: *Axel Franzen/Markus Freitag* (Hrsg.): Sozialkapital. Wiesbaden, 294–320.
Tarrow, Sidney, 1996: Making Social Science Work across Space and Time: A Critical Reflection on Robert Putnam's Making Democracy Work, in: American Political Science Review 90, 389–397.
Tavits, Margit, 2006: Making Democracy Work More? Exploring the Linkage between Social Capital and Government Performance, in: Political Research Quarterly 59, 211–225.
Tocqueville, Alexis de, 1987a, 1987b: Über die Demokratie in Amerika. Erster und zweiter Teil (zuerst 1835). Zürich.
Uslaner, Eric M., 2005: Trust and Corruption, in: *Johann Graf Lambsdorff* et al. (Hrsg.): The New Institutional Economics of Corruption. London, 76–92.
van Deth, Jan W., 2000: Interesting but Irrelevant: Social Capital and the Saliency of Politics in Western Europe, in: European Journal of Political Research 37, 115–147.
van Deth, Jan W., 2008a: Introduction: Social Capital and Democratic Politics, in: *Dario Castiglione/Jan W. van Deth/Guglielmo Wolleb* (Hrsg.): The Handbook of Social Capital. Oxford, 199–207.
van Deth, Jan W., 2008b: Measuring Social Capital, in: *Dario Castiglione/Jan W. van Deth/Guglielmo Wolleb* (Hrsg.): The Handbook of Social Capital. Oxford, 150–176.
van Deth, Jan W./Maraffi, Marco/Newton, Ken/Whiteley, Paul F. (Hrsg.) 1999: Social Capital and European Democracy. London/New York.
van Oorschot, Wim/Arts, Will, 2005: The Social Capital of European Welfare States, in: Journal of European Social Policy 15, 5–26.
van Oorschot, Wim/Arts, Will/Gelissen, John, 2006: Social Capital in Europe, in: Acta Sociologica 49, 149–167.
Verba, Sidney/Nie, Norman H./Kim, Jae-on, 1978: Participation and Political Equality. Cambridge.
Verba, Sidney/Schlozman, Kay Lehman/Brady, Henry E., 1995: Voice and Equality. Civic Voluntarism in American Politics. Cambridge, Mass.
Voss, Thomas, 2007: Netzwerke als soziales Kapital im Arbeitsmarkt, in: *Axel Franzen/Markus Freitag* (Hrsg.): Sozialkapital. Wiesbaden, 321–342.
Walzer, Michael, 1980: Radical Principles. New York.
Warren, Mark E., 2001: Democracy and Association. Princeton, N.J.
Warren, Mark E., 2008: The Nature and Logic of Bad Social Capital, in: *Dario Castiglione/Jan W. van Deth/Guglielmo Wolleb* (Hrsg.): The Handbook of Social Capital. Oxford, 122–149.
Weede, Erich, 1984: Kosten-Nutzen-Kalküle als Grundlage einer allgemeinen Konfliktsoziologie, in: Zeitschrift für Soziologie 13, 3–19.
Weede, Erich, 1996: The Impact of Distributional Coalitions and State Power on Economic Performance, in: *Erwin K. Scheuch/Chikio Hayashi* (Hrsg.): Quantitative Social Research in Germany and Japan. Opladen, 401–421.

Weede, Erich, 1999: Kapitalismus und Solidarität, Arbeit und Wachstum in westlichen Industriegesellschaften, in: Zeitschrift für Politik 46, 30–49.

Whiteley, Paul F., 2000: Economic Growth and Social Capital, in: Political Studies 48, 443–466.

Wolleb, Guglielmo, 2008: Introduction: Social Capital and Economic Development, in: *Dario Castiglione/Jan W. van Deth/Guglielmo Wolleb* (Hrsg.): The Handbook of Social Capital. Oxford, 373–385.

Woolcock, Michael, 1998: Social Capital and Economic Development, in: Theory and Society 27, 151–208.

Zmerli, Sonja, 2008: Inklusives und exklusives Sozialkapital in Deutschland. Baden-Baden: Nomos.

Zmerli, Sonja/Newton, Kenneth/Montero, Jose Ramon, 2007: Trust in People, Confidence in Political Institutions, and Satisfaction with Democracy, in: *Jan W. van Deth et al.* (Hrsg.): Citizenship and Involvement in European Democracies. New York, 35–65.

Politikfeldanalyse und Internationale Kooperation

Jörg Faust / Thomas Vogt

1. Einleitung

Die Entstehung und Wirkung von Maßnahmen in Politikfeldern wie etwa der Wirtschafts-, Sozial-, Umwelt-, oder Forschungspolitik sind der Untersuchungsgegenstand der Vergleichenden Politikfeldanalyse oder auch *Policy*-Analyse. „Policy analysis is finding out what governments do, why they do it and what difference it makes" (Dye 1976). Es sind die Inhalte der Politik und deren Zustandekommen, die im Mittelpunkt der *Policy*-Analyse stehen. Der *policy*-Begriff unterscheidet sich von den beiden anderen Dimensionen des Politikbegriffs, der *polity*-Dimension und der Dimension der *politics*. Während das Forschungsinteresse der politischen Prozessforschung (*politics*) sich auf die Akteure und deren Interessen richtet und das Erkenntnisobjekt der *polity* das politische Organisationsgefüge ist, befasst sich die *Policy*-Analyse mit Gemeinsamkeiten und Unterschieden in den spezifischen Ausprägungen einzelner Politikfelder.[1]

Doch ist die Unterscheidung zwischen *politics*, *polity* und *policy* lediglich eine analytische. Bei der empirischen Untersuchung von Politikinhalten kommt auch den Dimensionen der *politics* und der *polity* große Bedeutung zu. Bei dem Versuch, im Bereich der Politikfeldanalyse zu theoretischen Aussagen zu gelangen, sind die Ausprägungen in einem bestimmten Politikfeld die abhängige Variable, während Institutionen und interessenorientiert handelnde Akteure die unabhängigen Variablen darstellen. Hierbei greift die klassische Einordnung der Politikfeldanalyse als Bestandteil des politischen Systemvergleichs bzw. der Vergleichenden Regierungslehre allerdings zu kurz. Überall dort – auf kommunaler, regionaler, nationaler oder internationaler Ebene –, wo es zu einer „autoritativen Allokation von Werten" (Easton 1953: 129) kommt, kann eine *Policy*-Analyse durchgeführt werden. Mit zunehmender internationaler Interdependenz wird die Politikfeldanalyse somit auch zu einem bedeutenden Forschungsgegenstand der Internationalen Beziehungen. Die wachsende Entgrenzung von Staaten führt zu einer zunehmenden Verschmelzung der ehemals getrennten Teildisziplinen des Systemvergleichs und der Internationalen Beziehungen (vgl. Grande/Risse 2000).

Im Bereich der internationalen Beziehungen stellt sich die Frage, unter welchen Bedingungen Regeln zur politischen Steuerung grenzübergreifender Politikfelder eta-

---

[1] Vgl. einführend zur Politikfeldanalyse Windhoff-Héritier (1987), Jann (1994), Lauth/Thiery (2009) und Schmidt et al. (2007).

bliert werden und wie sich solche *Policy*-Maßnahmen auswirken. Internationale Handelsvereinbarungen, die Etablierung internationaler Umweltstandards oder Abrüstungsverträge sind Beispiele dafür, wie grenzübergreifende Handlungsinterdependenzen verregelt werden können. Hierbei kommt dem Konzept des internationalen Regimes eine herausragende Rolle zu. Gemäß der als klassisch geltenden Definition von Stephen Krasner (1983: 2) sind *internationale Regime*

> „Zusammenhänge von impliziten oder expliziten Prinzipien, Normen, Regeln und Entscheidungsverfahren, an denen sich die Erwartungen von Akteuren in einem gegebenen Problemfeld der internationalen Beziehungen ausrichten".

Internationale Regime sind von den betroffenen Akteuren eingeführte Spielregeln in einem bestimmten internationalen Politikfeld, deren Aufgabe darin besteht, politische Steuerungsleistungen zu erbringen. Die Struktur eines internationalen Regimes besteht aus einem *set* an Prinzipien, Normen, Regeln und Entscheidungsverfahren. Beispiele für internationale Regime sind etwa die in der Welthandelsorganisation (WTO) verankerten Spielregeln, das Internationale Walfangregime oder der Atomwaffensperrvertrag. Adressaten solcher Regelwerke können sowohl staatliche als auch gesellschaftliche Akteure sein. So sind z. B. die Adressaten bei Sicherheitsregimen zum Zwecke der Vermeidung von Rüstungswettläufen die betroffenen Staaten, bei Handelsregimen zudem die grenzübergreifend tätigen Unternehmen. Die Umsetzung der Spielregeln liegt meist noch bei den Staaten, die bei der Überwachung der Spielregeln oft durch Internationale Regierungsorganisationen unterstützt werden. Angesichts der geringen Anzahl von supranationalen Organisationen mit umfangreichen exekutiven Kompetenzen, stellen internationale Regime eine dezentrale Form von Regieren im Sinne ordnungspolitischer Regulierung dar. Sie regeln Verhalten auf einer regionalen oder globalen Ebene, ohne dass hierzu eine mit einem policy-spezifischen Gewaltmonopol[2] ausgestattete Regierung existiert. Die konkrete Regierungsleistung wird auf die Ebene der Nationalstaaten delegiert (vgl. Kohler-Koch 1993).

Die Vergleichende Internationale Regimeforschung beschäftigt sich vor dem Hintergrund der steigenden Relevanz internationaler Verregelung mit *zwei zentralen Fragestellungen*, die auch im Mittelpunkt dieses Beitrages stehen: (1) Warum entstehen internationale Regime? Unter welchen Bedingungen sind formal souveräne Nationalstaaten dazu bereit, in bestimmten Politikfeldern ihre Souveränität mit anderen zu „teilen", und sich damit gemeinsam erstellten Regelwerken zu unterwerfen? Dieses ist die Frage nach den Ursachen zwischenstaatlicher Kooperation zu Erstellung gemeinsamer Institutionen. (2) Wie wirken einmal erstellte internationale Regime auf das Politikfeld und die darin involvierten politischen Akteure? Dieses ist die Frage nach den Konsequenzen steigender internationaler Verregelung und damit auch nach den

---

2 Außerdem könnte hier argumentiert werden, dass die strikte Vorstellung von Gewaltmonopol „ja" – auf der Ebene nationaler politischer Systeme – oder „nein" – auf der internationalen Ebene – eine analytische Trennung darstellt, tatsächlich jedoch ein Kontinuum eines Mehr oder Weniger an Gewaltmonopol existiert (vgl. Milner 1993).

Rückwirkungen und Rückkoppelungen internationaler Regime. Die in der ersten Frage abhängige Variable wird in der zweiten Fragen zur unabhängigen Variable. Aus dem zu erklärenden Sachverhalt (Explanandum) wird im zweiten Schritt die erklärende Komponente (Explanans).

Um Hypothesen zur Erklärung politischer Phänomene wie etwa der Entstehung und Wirkung internationaler Regime zu gewinnen und in einem nächsten Schritt diese Hypothesen empirisch zu überprüfen, wird meist auf die *Methode des Vergleichs* zurückgegriffen. Ein Problem des Vergleichs in den Internationalen Beziehungen resultiert jedoch daraus, dass die Zahl der Fälle meist zu klein ist, um statistische Verfahren anzuwenden (Collier 1993: 105). Daher wird bei unserem Vorhaben die Methode des Vergleichs vornehmlich als Instrument der Hypothesengewinnung verstanden, da das hypothetisch-theoretische Wissen im zu untersuchenden Bereich noch nicht ausreicht, um den Vergleich auch als Methode des Hypothesentests anzuwenden.[3] Mithin begeben wir uns zunächst auf die Suche nach potenziell prüfbaren Hypothesen, wobei wir ein hypothetisch deduktives Vorgehen bevorzugen.[4] Hierbei gehen wir wie folgt vor:

Im folgenden *zweiten Kapitel* werden wir einen Überblick über die Theorieentwicklung in der Vergleichenden *Policy*-Forschung geben und die Grundannahmen des institutionenökonomischen Ansatzes vorstellen. Im *dritten Kapitel* fragen wir, welche Bedingungen erfüllt sein müssen, damit Kooperation auch unter der Bedingung von Anarchie möglich wird. Grundprobleme grenzübergreifender Verregelung werden im Mittelpunkt des *vierten Kapitels* stehen. Hierbei werden Staaten als maßgebliche Akteure betrachtet. Modellierungsversuche, die die nationale und internationale Verhandlungsebene verknüpfen und die innergesellschaftliche Dimension internationaler Politik integrieren werden im *fünften Kapitel* präsentiert. Mit den Wirkungen und Rückkopplungen internationaler Regime werden wir uns im *sechsten Kapitel* beschäftigen. Im abschließenden *siebten Kapitel* werden wir die Ergebnisse zusammenfassen und nochmals die Verbindung zu einer vergleichend verfahrenden Politikwissenschaft herstellen.

---

3 Damit ist das Problem „many variables, small N" (Lijphart 1971: 686) zunächst vernachlässigbar. Es würde erst wieder im Rahmen einer systematischen Hypothesenprüfung eine Rolle spielen, wobei auch hier mittels sorgfältiger Fallauswahl auch kleineren Ns den Anforderungen an einen Test genügen können (vgl. Bates et al. 1998).

4 Induktiv ließen sich Hypothesen per konkordanzmethodischer bzw. differenzmethodischer Verfahren generieren. Wendet man die Konkordanzmethode an, so geht man davon aus, dass sich die Explananda ähneln. Man möchte herausfinden, welche erklärenden Variablen zu einem Explanandum passen. Bei der Anwendung der Differenzmethode betrachtet man hingegen ähnliche erklärende Variablen. Die ähnlichen Variablen erklären jeweils andere Explananda. Die Beobachtung und der Vergleich erfolgreich wie erfolglos verlaufender Prozesse der Regimeentstehung geben Hinweise darauf, welche Variablen eine bedeutende Rolle im Gesamtprozess spielen und somit den Ausgangspunkt für die weitere Theoriebildung darstellen können (vgl. den Beitrag von Lauth/Winkler).

2. Policyforschung und institutionenökonomischer Forschungsansatz

2.1 Strukturalistische und akteursorientierte Ansätze in der Policyforschung

Die Suche nach den Einflussfaktoren auf die Ausprägung von Politikfeldern sowie die Frage nach den Auswirkungen von Politikergebnissen stellen die Problemstellungen einer theorieorientierten *Policy*-Forschung dar. Drei Ansätze lassen sich hierbei unterscheiden (vgl. Lauth/Thiery 2009: 266 f.). Wir werden kurz den strukturalistischen Ansatz (1), sowie den eher makro-akteursstheoretischen Ansatz (2) vorstellen, bevor wir uns dann einer Variante der institutionenorientierten Analyse, der Institutionenökonomik (Kap. 2.2) zuwenden.

Ad (1) Anknüpfend an die Überlegungen von Karl Marx und Émile Durkheim, stellen Vertreter des *strukturalistischen Ansatzes* bei der Erklärung von Politikergebnissen vor allem die sozioökonomischen Strukturen in den Vordergrund. Soziostrukturelle und insbesondere ökonomische Faktoren beeinflussen die Staatstätigkeit. Das interessengeleitete Handeln des Einzelnen und die daraus resultierenden politischen Interessenkonflikte *(politics)* entfalten hingegen keine besondere Dynamik im Hinblick auf die konkrete Ausgestaltung von Politikfeldern. Staatstätigkeit in Bildungs-, Gesundheits-, Infrastrukturpolitik etc. sind Ergebnisse sozioökonomischer Konfliktlinien und abhängig vom Modernisierungsgrad einer Gesellschaft.

Nicht nur in der OECD-zentrierten Politikfeldforschung fand dieser Erklärungsansatz zunächst großen Anklang. Auch in den Entwicklungstheorien prägten strukturalistisch geprägte Theorien den *mainstream* der Forschung (vgl. Faust 2009). Maßgeblich beeinflusst von Gabriel Almonds struktur-funktionalistischem Modell stellten Modernisierungstheorien soziale Wandlungsprozesse als maßgebliche Bedingung für Entwicklungsblockaden durchbrechende Politik heraus. Auch die darauffolgende Kritik an der Modernisierungstheorie war strukturalistisch geprägt. Die Dependenztheoretiker sahen in der sozioökonomischen Struktur des internationalen Systems den maßgeblichen Grund für die Persistenz von Entwicklungsbarrieren in den Ländern Afrikas, Asiens und Lateinamerikas. So sei die Teilung des internationalen Systems in Zentrum und Peripherie für die Missstände in den Ländern des Südens verantwortlich und spiegele sich zugleich in der strukturellen Heterogenität der betroffenen Staaten wider, die durch einen kleinen weltmarktorientierten und vergleichsweise modernen Sektor sowie einen traditionalen Bereich gespalten seien (vgl. Cardoso/Faletto 1976).[5]

Insgesamt sind die Grenzen solch strukturalistischer Erklärungen jedoch unübersehbar. So können die erheblichen Unterschiede in der Politikfeldgestaltung in Staa-

---

5 Ein gewisses *revival* erleben strukturalistische *dependencia*-Ansätze in jüngster Zeit, wenn es etwa um die Erklärung von Finanzkrisen in den Ländern des Südens geht (Huffschmid 2002). Auch hier lautet die Erklärung, dass die Struktur der internationalen Finanzbeziehungen letztlich verantwortlich für die Misere in den *emerging markets* sei, während sie das internationale Finanzkapital begünstige.

ten mit ähnlichem Modernisierungsgrad nicht geklärt werden. Auch die zunehmende Ausdifferenzierung, was den Erfolg bei der Durchbrechung von „Modernisierungsbarrieren" in den Staaten Afrikas, Asiens und Lateinamerikas anbelangt, lässt sich nur schwerlich durch monokausale Ansätze erklären (vgl. Boeckh 2003: 288). Am Beispiel der Umweltpolitik sei dies illustriert. Zwar mag eine Korrelation zwischen dem Grad an sozioökonomischer Modernisierung und der Bedeutung umweltpolitischer Regulierung bestehen. Doch die beträchtlichen Unterschiede im Hinblick auf den Zeitpunkt der Einführung, den Umfang der Maßnahmen sowie die Wahl der Instrumente zwischen Staaten eines ähnlichen Modernisierungsniveaus sind alleine auf strukturalistische Weise mit der Existenz von gesellschaftlichen *cleavages* nicht zu erklären.

Ad (2) Mit der Erkenntnis über die Unzulänglichkeiten des strukturalistischen Ansatzes rückten die *politischen Akteure* wieder stärker in das Zentrum der *Policy*-Forschung. Das zunehmende Interesse für Parteien, Interessenverbände und politische Eliten illustriert diesen Wandel in der vergleichenden *Policy*-Forschung. So besagt die Parteiendifferenzthese, dass es sehr wohl einen Unterschied mache, welche Partei die Regierung stelle und dass es nicht nur auf den Grad gesellschaftlicher Ausdifferenzierung bei der Gestaltung von Politikfeldern ankomme. Untersucht wurden die Zusammenhänge zwischen parteipolitischer Regierungspolitik und Politikfeldgestaltung, etwa in der Fiskal- und Sozialpolitik (vgl. Hibbs 1977; Budge/Keman 1990). Im internationalen Vergleich wiesen etwa Mitte-Rechts-Regierungen lange Zeit ein anderes Regierungsprofil auf als Mitte-Links-Regierungen. Letztere gaben etwa dem Ziel der Vollbeschäftigung einen höheren Stellenwert als erstere, während konservative Regierungen marktkonformere und preisstabilitätsorientierte Politiken bevorzugten (vgl. Schmidt 2003: 265). Neben den Parteien rückten auch die unterschiedlichsten Interessengruppen und deren Auswirkungen auf die Politikfeldgestaltung stärker in den Fokus der vergleichenden *Policy*-Forschung. Demgemäß versuchen kollektive gesellschaftliche Akteure (Gewerkschaften, Verbände etc.) Staatshandeln zu ihren Gunsten zu instrumentalisieren (vgl. Olson 1965, 1982; Weede 1991).

Gleichwohl sind auch einseitig akteursorientierte Ansätze in ihrer Reichweite stark begrenzt. Regierungshandeln ist verschiedensten Zwängen unterworfen, welche lediglich eine begrenzte Umsetzung parteipolitischer Programmatik erlauben. Koalitionszwänge und institutionelle Barrieren des Regierungssystems begrenzen den Handlungsspielraum für die Regierungsparteien. Gesellschaftliche Konfliktlinien bleiben ähnlich wie die Begrenztheit von Regierungsressourcen unberücksichtigt. Darüber hinaus ist der Einfluss von gesellschaftlichen Interessengruppen gleichfalls Restriktionen unterworfen, insbesondere dann, wenn Politikfelder untersucht werden, in welchen sich die Interessen dieser Akteure nicht klar strukturieren lassen, so etwa vielfach in der Bildungs- oder Umweltpolitik.

Angesichts der Unzulänglichkeiten einseitig strukturalistisch bzw. akteurtheoretisch ausgerichteter Analysen rücken seit den achtziger Jahren verstärkt *neoinstitutionalistische Ansätze* ins Zentrum der *Policy*-Forschung. Um einen Brückenschlag zwischen gesellschaftlichen Strukturen und den Interessen politischer Akteure herzustellen, wurde das Augenmerk stärker auf die Bedeutung intervenierender Variablen gelenkt. Politisch-institutionelle und politisch-prozessuale Bedingungen seien daher die für politische Entscheidungsinhalte maßgeblichen Größen (Schmidt 2003: 266). In den letzten beiden Dekaden hat sich hierbei der institutionenökonomische Forschungsansatz in den Sozialwissenschaften als besonders fruchtbar erwiesen. Dieser Ansatz, auch „akteurszentrierter Institutionalismus" (Scharpf 2000) genannt, ist hypothetisch-deduktiv angelegt, dem empirisch-analytischen Strang der Politikwissenschaft zuzuordnen und soll in Folge näher charakterisiert werden.[6]

2.2 Der institutionenökonomische Forschungsansatz

Ausgangspunkt des institutionenökonomischen Ansatzes bildet die Erkenntnis, dass politische Phänomene maßgeblich sowohl durch die Interessen als auch durch die strukturellen Handlungsspielräume, in welchen sich politische Akteure bewegen, geprägt werden. Der Versuch institutionenökonomisch geleiteter Theorienbildung besteht darin, mikropolitische Fundierung und strukturelle *constraints* in ein theoretisch und empirisch fruchtbares Konzept zu gießen.

Die *mikropolitische Fundierung* wird über die Identifizierung der Interessen eines kulturell informierten Nutzenmaximierers erreicht. Individuen und kollektive Akteure wie Verbände, Regierungen, Staaten und Internationale Organisationen nutzen Interaktionen strategisch, um ihren Nutzen zu maximieren. Im Gegensatz zu den Modellannahmen der neoklassischen Ökonomie begegnen die Akteure einer für sie unübersichtlichen Umwelt; weder existiert vollkommene Information, noch beliebige Anpassungsgeschwindigkeit. Um sich in einer solch „chaotischen" Umwelt zu orientieren, greifen Akteure auf *Institutionen* zurück (Zürn 1992: 171).

> „Institutionen sind die Spielregeln einer Gesellschaft oder förmlicher ausgedrückt, die von Menschen erdachten Beschränkungen menschlicher Interaktion. Dementsprechend gestalten sie die Anreize im zwischenmenschlichen Tausch, sei dieser politischer, gesellschaftlicher oder wirtschaftlicher Art" (North 1992: 3).

Die zentrale Funktion von Institutionen besteht in der Erhöhung der Erwartungssicherheit von Akteuren. Institutionen ermöglichen es Akteuren, die eigenen bzw. die Handlungsoptionen anderer zu bewerten und sie gemäß der unterstellten Präferenzen in eine Rangfolge zu bringen. Sie tragen als formal gesetztes Recht, sozialisierte Norm oder kultureller Wert zu einer Verringerung von Transaktionskosten bei, indem sie als Wissen um Regelmäßigkeiten den Ressourceneinsatz für Informationen und Versicherungen senken (Keohane 1984). Doch sind Institutionen nicht nur formal gesetztes Recht, sondern auch informale Norm, deren Nicht-Befolgung von gesell-

---

6 Zum institutionenökonomischen Forschungsansatz in der Politikfeldanalyse vgl. u.a. Tsebelis (1990, 1995), Ostrom (1996), Scharpf (2000).

schaftlichen Akteuren sanktioniert wird. Soziale und kulturelle Einflüsse auf strategisches Handeln können daher als informale Institutionen aufgefasst werden, welche die Erwartungen von Akteuren strukturieren. So ist etwa der Grad an Vertrauen zwischen nutzenmaximierenden Akteuren handlungsbeeinflussend bei Kooperation wie bei nicht kooperativem Verhalten *(Defektion)*.[7] Der institutionenökonomische Ansatz integriert daher die strukturellen Handlungsbeschränkungen von Individuen und kollektiven Akteuren über die Berücksichtigung von Institutionen als erwartungsbildende und Handlungsraum konstituierende Spielregeln.

Institutionen verstanden als Spielregeln können unter anderem die Eigentumsrechte von Akteuren definieren. Sie bestimmen, wer Zugriff auf Güter hat und inwiefern die Verwendung von Gütern bestimmten Restriktionen unterworfen ist. Da Institutionen eine starke Wirkung auf das Angebot und die Verteilung von Gütern und Dienstleistungen haben, werden sie selbst zu wertvollen Gütern. Vor diesem Hintergrund können entlang der Unterscheidungskriterien Ausschließbarkeit und Verringerung durch Nutzung vier Typen von Gütern unterschieden werden (vgl. u. a. Aggarwal 1996: 90 f.):

Tabelle 1: Vier Typen von Gütern

	Ausschließbarkeit	
Verringerung durch Nutzung	**Nein** (kollektive Güter)	**Ja**
Nein	(A) Öffentliches Gut	(C) Inklusive Club-Güter
Ja	(B) Allmende-Gut	(D) Private Güter

Bilden Institutionen Güter, von deren Nutzung keiner der Akteure ausgeschlossen werden kann, so handelt es sich um kollektive Güter. Verringert die Nutzung des kollektiven Gutes den Bestand an dem Gut nicht, so handelt es sich um ein *öffentliches Gut*, wie etwa Sicherheit (A). Wird ein *Allmende-Gut* (B) produziert kann keiner der beteiligten Akteure von der Nutzung des Gutes ausgeschlossen werden, doch die Nutzung des Gutes verringert die verfügbare Menge des kollektiven Gutes.[8] Bilden

---

7 Vertrauen kann als Risikobestimmung innerhalb sozialer Beziehungen aufgefasst werden. Existiert Vertrauen in einer sozialen Beziehung, so wird ein Akteur A zum Zeitpunkt t1 eine Handlung vornehmen in der Erwartung, dass Akteur B zum Zeitpunkt t2 diejenige kooperative Handlung vornehmen wird, die für beide nutzenmaximierend ist (vgl. Knight 1998). Das Risiko besteht in der zeitlichen Diskrepanz zwischen beiden Handlungen. Der institutionelle Charakter von Vertrauen liegt darin begründet, dass der Grad an Vertrauen erwartungsprägenden Charakter besitzt und damit zur Bewertung von Handlungsoptionen herangezogen werden kann.

8 Richten verschiedene Staaten einen gemeinsamen Liquiditätsfonds für günstige Kredite für den Fall ein, dass eines der Mitglieder von einer Finanzkrise betroffen sein sollte, so wird ein Allmende-Gut produziert. Zwar kann keiner der Staaten von der Nutzung des Gutes ausgeschlossen werden, doch die Nutzung des Fonds verringert den Bestand an finanziellen Reserven. Die Gefahr der Übernutzung von Allmende-Gütern ist hoch (Ostrom 1990). Derjenige Staat, der als erster Zugriff auf den

Institutionen Eigentumsrechte, von deren Nutzung andere ausgeschlossen werden können, so konstituieren sich Inklusive Club-Güter oder Private Güter. Bei *Inklusiven Club-Gütern* (C) wie etwa Patentrechten kann der Besitzer eines Herstellungsverfahrens andere von der Herstellung des Gutes ausschließen bzw. Lizenzgebühren verlangen. Die Existenz des Gutes wird durch den Grad der Nutzung jedoch nicht beeinträchtigt. Bei *Privaten Gütern* (D) sind die Nutzungsrechte auf den Eigentümer beschränkt, die Nutzung reduziert den Bestand des Gutes.

Die Herstellung und Pflege von Institutionen verursacht Kosten, und die spezifische Konstruktion von Regeln hat erhebliche Auswirkungen auf die Verteilung und die Nutzungsrechte von Gütern. Der Atomwaffensperrvertrag regelt, welche Staaten Atomwaffen besitzen dürfen und welche nicht. Handelsverträge setzen Zölle in bestimmten Wirtschaftssektoren fest, die wiederum den Wettbewerb und damit die Gewinnmöglichkeiten der Unternehmen beeinflussen. Umweltregime verteuern knapp gewordene natürliche Ressourcen und beeinflussen damit die Anreize für die Produktion der davon betroffenen Güter. Durch diese Wirkungen wird die Bildung von Spielregeln auf nationaler wie internationaler Ebene Gegenstand des politischen Entscheidungsprozesses, der von den Interessen der Verhandlungspartner geprägt ist.

Ein Instrument, um strategische Interaktionsmöglichkeiten des politischen Entscheidungsprozesses sichtbar zu machen, ist die Spieltheorie (vgl. Zürn 1992: 323). Die Modellierung konkreter Verhandlungssituation durch die Identifizierung von Spielern, deren Strategien und den damit verbundenen möglichen Spielergebnissen (Auszahlungen) ermöglicht die Einbettung in institutionelle Verhandlungskontexte, so dass historische und kulturelle Kontexte berücksichtigt werden können. Die Spieltheorie eignet sich,

> „Konstellationen zu modellieren, die wir typischerweise in empirischen Untersuchungen politischer Prozesse vorfinden: Diese bestehen üblicherweise aus einer begrenzten Anzahl individueller und korporativer Akteure ..., die zweckgerichtet sowie unter Bedingungen handeln, bei denen die Resultate das gemeinsame Produkt ihrer einzelnen Entscheidungen sind" (Scharpf 2000: 24).

3. Kooperation unter der Bedingung von Anarchie

Die Frage nach der Entstehung von Kooperation und nach den Bedingungen friedlichen Zusammenlebens zwischen am Eigennutz orientierten Individuen sind Grundprobleme der Sozialwissenschaften. Lange Zeit galt das „Instrument" Staat als Lösung des Problems, da der Leviathan mittels seines Gewaltmonopols seine Bürger zur Kooperation zwingt. Ausgangspunkt für diesen Befund war, dass Kooperation nicht im Individuum angelegt sei, daher nicht vom Individuum ausgehen könne und Men-

---

Fonds bekommt, kommt noch in den Genuss des Gutes, während weitere „Notfälle" mit geringeren Mitteln auskommen müßten. Deshalb bedarf es zusätzlicher Institutionen, welche die Modalitäten des Zugriffs auf das Gut regeln. Das Gut muss vor der Übernutzung institutionell geschützt werden.

schen der Instanz des Staates bedürften, um ihr Zusammenleben kooperativ zu organisieren. In nationalen politischen Systemen ist Kooperation eine der Formen menschlicher Organisation. Nationalstaaten sind ohne ausgeprägte Kooperation nicht denkbar.

Auf der internationalen Ebene existiert jedoch kein eindeutig verortbares Gewaltmonopol.[9] Gemäß der neorealistischen Theorie (Waltz 1979) ergibt sich aus dieser Tatsache eine Situation strategischer Unsicherheit zwischen eigennutzorientierten Staaten, die dazu führt, dass jeder Staat sich lediglich am Selbsthilfeprinzip orientiert. Hierdurch wird institutionalisierte Kooperation in Form politikfeldverregelnder Regime massiv erschwert. Denn, so die neorealistische Argumentation, wenn kein zentraler Herrschaftsstab mit Gewaltmonopol existiere, könne kaum Kooperation auf „wichtigen" Politikfeldern stattfinden. Im Neorealismus ist institutionalisierte und auf Dauer angelegte Kooperation nur unter zwei Bedingungen möglich, nämlich dann, wenn a) ein mächtiger Hegemon die Regimebildung initiiert, unterstützt und forciert oder b) die wenig wahrscheinliche Situation einer dauerhaft machtproportionalen Verteilung der Kooperationsgewinne (Grieco 1993).

Hat ein Hegemonialstaat ein Interesse daran, problematische Handlungsinterdependenzen (Keck 1991: 637) zu verregeln, dann wird er seine Macht einsetzen, um die anderen Staaten auf institutionalisierte Kooperation zu verpflichten. Doch mit dem Niedergang eines Hegemons wird auch das von diesem oktroyierte internationale Regime verfallen. Durch die Erosion der Kontroll- und Sanktionsfähigkeit des Hegemons entfalten die bereits zuvor latent vorhandenen Anreize zum Trittbrettfahren ihre destruktive Wirkung. Im Rahmen der Spieltheorie argumentierend, heißt dies, dass ein Akteur, der im Spiel über genug Macht verfügt, die Auszahlungsmatrix und Spielregeln nach seinen Vorstellungen verändern kann. Das Problem der Kooperation kann im Neorealismus nur exogen gelöst werden, „indem bestimmte Ereignisse oder Strukturen eingeführt werden, die Präferenzen und Erwartungen der Akteure verändern" (Braun 1999: 199). Das aus der Gefangenendilemma-Situation abgeleitete Problem institutionalisierter Kooperation lässt sich in diesem Fall nur über einen Hegemon lösen. Im Neorealismus beruhen internationale Regimebildung und Kooperation auf extremen Machtungleichgewichten, die dazu führen, dass der Hegemonialstaat seine Position durchsetzt.

Doch die skizzierte theoretische Position sieht sich mit schwerwiegenden Anomalien konfrontiert, d.h. es existieren Fälle, die mit dem theoretisch Vorausgesagten nicht übereinstimmen. So beobachten wir, dass ganz im Gegensatz zur Anfangs erwähnten Position „Staat mit Gewaltmonopol sichert Kooperation" auf der Ebene von Gesellschaften Formen von Kooperation existieren, die ohne Gewaltmonopol zustan-

---

9 Lediglich in der Europäischen Union existieren supranationale Instanzen, welche die Staaten in einigen Politikfeldern bei der Lösung von Verteilungs- und Koordinationsproblemen auf kooperatives Verhalten verpflichten können. Zum Staatsbegriff vgl. den Beitrag von Lauth/Wagner in diesem Band.

de kommen. Und auch in sich als „gleichwertig betrachtenden" Staatengruppen kommt es zu institutionalisierter Kooperation, die über das klassische *one shot*-Gefangenendilemma nicht zu erklären ist, sich auf dem Politikfeld Sicherheit vollzieht und nicht durch machtproportionale Verteilung der Kooperationsgewinne gekennzeichnet ist. Es entwickeln sich im internationalen System Formen der Zusammenarbeit, die – trotz des fehlenden Gewaltmonopols – problemlösende Selbstorganisation darstellen. Es gibt (empirisch) sehr wohl endogene Lösungen des Kooperationsproblems. Internationale Regime sind – lässt man die Hegemonial-Hypothese beiseite – Formen der politisch-gesellschaftlichen Selbstorganisation auf internationaler Ebene. Damit ist die Realität schon einen Schritt weiter als die „klassischen" Erklärungsversuche, die einzig das *one shot*-Gefangenendilemma zur Analyse des internationalen Systems zulassen. Reale Situationen des Gefangenendilemmas sind insofern nicht mit den analytischen Annahmen identisch, da *one shot games* für die soziale Welt oftmals keine realistischen Annahmen darstellen (vgl. Braun 1999: 200).[10] Ausgangspunkt der neueren Ansätze ist der Verzicht auf die unrealistische Annahme eines nur einmal gespielten Spiels.

Die zentrale Überlegung ist folgende: Über so genannte *Superspiele*, Spiele also, die eine Abfolge mehrerer Spiele darstellen und damit der Realität eher entsprechen als *one shot games*, wird eine „interne Lösung" möglich. Es existiert eine Lösung, die ohne eine grundsätzliche Veränderung der Kontextbedingungen „Präferenzen der Individuen" und „Erwartungen" auskommt (vgl. Braun 1999: 199). Robert Axelrod hat sich mit dem Problem der Kooperation und der *endogenen* Lösung des Problems über Superspiele auseinandergesetzt.[11] Die zentrale Erkenntnis Axelrods (1995: 7) war, dass durch das wiederholte Aufeinandertreffen sich für die beteiligten Spieler „Steuerungsmöglichkeiten" ergeben, die bei einem einmaligen Spiel irrelevant wären. Beim einmaligen Spiel kann „aufgrund der Struktur der Situation nur eine Handlungsstrategie die beste Antwort auf alle Züge des Gegner darstellen" (Marx 2001: 60).

Das Wissen, dass weitere Spielzüge folgen werden, erweitert die strategischen Möglichkeiten der Akteure. Hierdurch verbessert sich die Chance erheblich, das Gesamtergebnis des Superspiels zu verbessern, denn „die Spieler können [...] durch die Sequenz ihres eigenen Verhaltens miteinander kommunizieren" (Axelrod 1995: 11; Zangl/Zürn 1994: 99). Insofern würde die Wahrscheinlichkeit der Kooperation stei-

---

10 Die eigentlich dem Grundspiel zugrunde liegende *one shot*-Annahme hatte für die Internationalen Beziehungen über einen langen Zeitraum – und hat ihn teilweise auch heute noch – eine gewisse Berechtigung, da Interaktionen zwischen Staaten nicht die Interaktionsdichte und -frequenz erreichten, wie dies in gefestigten nationalen Gesellschaften der Fall ist. Je weiter sich Akteure in der Realität vom einmaligen Spiel entfernen, umso stärker scheint die Relevanz des Gefangenendilemma für internationale Interaktion zurückzugehen.
11 Strenggenommen kann es keine endogene Lösung des Gefangenendilemmas geben. Das Spiel Gefangenendilemma ist exakt definiert. Teil dieser Definition ist die Annahme, dass die beiden Kontrahenten nur einmal spielen. Werden nun die Komponenten „Zeit" und damit verbunden „wiederholtes Spiel" zum Bestandteil des Spiels, dann treffen wir auf ein anderes Spiel. Die Lösung bleibt exogen, wird aber im Gegensatz zur Lösung „Staat" aus dem Spiel bzw. aus den Spielen heraus entwickelt.

gen, wenn sich die Spieler nicht darüber im klaren sind, zu welchem Zeitpunkt ihre Interaktion enden wird. „Die Zukunft kann folglich einen Schatten auf die Gegenwart zurückwerfen und dadurch die aktuelle strategische Situation beeinflussen" (Axelrod 1995: 11). Die Zukunft ist aber weniger wichtig als die Gegenwart, da Spieler aktuelle Auszahlungen höher bewerten, als solche, die noch in der Zukunft liegen. Zudem besteht permanent die Möglichkeit, dass Spieler sich nicht wieder begegnen (vgl. ebd.). Doch je länger der *Schatten der Zukunft* ist, desto höher die wahrgenommene Bedeutung der zukünftigen Spielzüge und damit die Wahrscheinlichkeit der Kooperation (vgl. ebd.: 12 ff.).

Die erfolgreichste Strategie für einen Spieler im wiederholten Gefangenendilemma ist dabei *Tit-for-Tat*; dies stellte sich in einer Computer-Simulation, in der verschiedene Strategien gegeneinander antraten, heraus. *Tit-for-Tat* als „freundliche" Strategie kooperiert im ersten Zug immer und macht dann genau das, was die Gegenstrategie tut. Reagiert die Gegenseite mit Kooperation, dann kooperiert auch *Tit-for-Tat*. Defektiert die Gegenseite, dann defektiert auch *Tit-for-Tat*. Der Erfolg dieser Strategie resultiert nicht daraus, gegen andere Strategien zu gewinnen. Der große Vorzug von *Tit-for-Tat* liegt vielmehr darin, dass sie mit allen anderen Strategien gut zurechtkommt, indem auf jeden Gegenspieler adäquat reagiert wird (vgl. ebd.: 101). *Tit-for-Tat* ist somit eine durchsetzungsfähige Strategie, die auch in defektionsintensiven Umfeldern bestehen kann.

Für unseren Argumentationsgang bedeuten die dargelegten Befunde, dass Kooperation im wiederholten (iterierten) Gefangenendilemma auch ohne Staat mit Gewaltmonopol oder Hegemon möglich ist. Damit ist der *worst case* nun *endogen* lösbar. Um Kooperation zu begünstigen, muss es daher zentrale Maßnahme sein, den Schatten der Zukunft zu erweitern. Für bestimmte soziale Situationen ist dies umsetzbar. In anderen Fällen, wie im internationalen System, ist diese Steuerbarkeit nur sehr begrenzt gegeben. Doch führt die zunehmende Verflechtung im internationalen System oftmals zu einer – mehr oder weniger automatischen – Erweiterung des Schattens der Zukunft.[12]

Zusammenfassend lässt sich somit festhalten, dass das Gefangenendilemma als analytischer *worst case* über die Zusatzannahme „Wiederholbarkeit des Spiels" lösbar wird. Erfreulich an dieser Zusatzannahme ist, dass wir uns damit der empirischen Realität annähern. Es gibt in der Realität mehr Situationen, die strukturell „Superspielen" ähneln als dem klassischen Gefangenendilemma. Zudem muss die Rahmenbedingung „sozial-kulturell nicht vorbelasteter" Akteur fallengelassen werden: Es han-

---

12 Einschränkend gilt jedoch, dass es sich bei vielen problematischen Handlungsinterdependenzen um Situationen handelt, die nicht mit der Struktur des Gefangenendilemmas übereinstimmen. Sobald eine Vielzahl von Akteuren ein Kollektivgut erstellen möchten und es schwieriger wird, zwischen allen Akteuren jeweils bilaterale Verträge zu schließen, sinkt der Erfolg von *Tit-for-Tat* (vgl. Braun 1999: 212).

delt sich um sozial und kulturell informierte Akteure, die bereits Kooperations- und Defektionserfahrungen gemacht haben und auf diesen Erfahrungen aufbauen.

4. Verregelungsprobleme in der internationalen Politik

Grenzüberschreitende Handlungsinterdependenzen wie „Rüstungskontrolle, die Liberalisierung des Welthandels und bestimmte Probleme des Schutzes der natürlichen Lebensgrundlagen des Menschen [ähneln] in ihrer Struktur der Situation des Gefangenendilemmas" (Zangl 1994: 283). Die bisherige Analyse hat gezeigt, dass die grenzübergreifende Verregelung von Politikfeldern unter der Bedingung eines langen Schattens der Zukunft nicht unmöglich ist. Doch hängt die tatsächliche Realisierung von grenzübergreifender Verregelung nicht nur von dem skizzierten Kooperationsproblem erster Ordnung ab, sondern wird auch von nachgeschalteten Kooperationsproblemen zweiter Ordnung geprägt. (1) Diese können erstens aus Vertrauens-, Kontroll- und Verteilungsproblemen zwischen den an der grenzübergreifenden Verregelung beteiligten Akteure bestehen (vgl. Zangl 1999). (2) Zweitens kann auch die Wirkung der hergestellten Verregelung auf Dritte die Kooperationsbereitschaft beeinflussen (vgl. Aggarwal 1996).

(1) Die wachsende Komplexität grenzübergreifender Politikfeldverregelung sowie eine steigende Anzahl der daran beteiligten Akteure führt oftmals zu verregelungshemmenden Verteilungs- und Kontrollproblemen. Das Vertrauens- bzw. Kontrollproblem resultiert daraus, dass wechselseitiges Vertrauen und Kontrollmöglichkeiten nicht notwendigerweise gegeben sind, sondern der Institutionalisierung bedürfen. Verteilungsprobleme ergeben sich, wenn die Gewinne aus der Verregelung internationaler Politikfelder unterschiedlich auf die beteiligten Akteure verteilt werden.

> „Die zentrale Bedingung der Anwendbarkeit kontingenter Strategien ist die Bewältigung dieses Vertrauensproblems. Die zentrale Bedingung der Möglichkeit, dass kontingente Strategien zur Kooperation führen können, ist hingegen die Bewältigung des Verteilungsproblems" (Zangl 1999:70).

Beide Probleme variieren je nach der Struktur der strategischen Interaktion. Anhand gängiger Spielstrukturen lässt sich die unterschiedliche Relevanz der Kooperationsprobleme zweiter Ordnung verdeutlichen (ebd.: 82 ff.).[13]

---

13 In der folgenden Übersicht sind vier besonders gängige Spielstrukturen dargestellt, wobei das hier dargestellte Dilemmaspiel ohne Verteilungskonflikt dem klassischen Gefangenendilemma entspricht. Die Spieler befinden sich in einer Situation strategischer Unsicherheit und können zwischen einer auf Kooperation und einer auf Defektion gerichteten Strategie wählen. Die angegebenen Werte entsprechen den Nutzeneinheiten für den jeweiligen Spieler bei der entsprechenden Strategiekombination. Ein *Nash-Gleichgewicht* (N) tritt dann ein, wenn keiner der beiden Spieler durch eine einseitige Veränderung seiner Strategie seinen Nutzen verbessern kann. *Pareto-Optima* sind hingegen durch eine Situation gekennzeichnet, in der kein Spieler durch eine Strategieänderung gewinnen kann, ohne dass hierdurch der andere Spieler an Nutzen verliert.

Unter den vier dargestellten Spielstrukturen sind die Kontroll- und Verteilungsprobleme beim *Koordinationsspiel ohne Verteilungskonflikt* (KoV) am unproblematischsten. Da das kollektiv optimale Ergebnis zum einen keine Verteilungsprobleme und zum zweiten ein stabiles Nash-Gleichgewicht aufweist, ist beiderseitige Kooperation naheliegend. Die Einrichtung eines heißen Drahtes zwischen Moskau und Washington während des Kalten Krieges spiegelte eine solche Konstellation wider. Oberstes Interesse beider Staaten war es, einen Atomkrieg zu vermeiden (N), doch beide bevorzugten die Position eines atomaren Erstschlags gegenüber der Reaktion auf einen atomaren Angriff im Rahmen ihrer Abschreckungsstrategie. Das hieraus resultierende Vertrauensproblem wurde durch Kommunikation zu entschärfen versucht, da sich beide in Krisenzeiten nunmehr versichern konnten, einen Erstschlag nicht vorzunehmen. Zwar existierte ein Vertrauens- bzw. Kontrollproblem, doch kein Verteilungsproblem.

Übersicht 1: Spielstrukturen

Dilemmaspiel ohne Verteilungskonflikt		
Spieler B / Spieler A	Kooperation	Defektion
Kooperation	3/3	1/4
Defektion	4/1	2/2 N

Dilemmaspiel mit Verteilungskonflikt			
Spieler B / Spieler A	Koop. 1)	Koop. 2)	Defektion
Koop. 1)	6/5*	3/7*	1/8
Koop. 2)	7/3	5/6*	2/8
Defektion	8/1	8/2	2/2 N

Koordination ohne Verteilungskonflikt		
Spieler B / Spieler A	Handlung a)	Handlung b)
Handlung a	4/4 N	1/3
Handlung b)	3/1	2/2 N

Koordination mit Verteilungskonflikt		
Spieler B / Spieler A	Handlung a)	Handlung b
Handlung a)	4/3 N	2/2
Handlung b	1/1	3/4 N

In *Koordinationsspielen mit Verteilungskonflikten* (KmV) sind hingegen mehrere stabile Gleichgewichtssituationen vorhanden, die durch unterschiedliche Verteilungswirkungen gekennzeichnet sind. Dies bedeutet, dass in einem Politikfeld mehrere Verregelungsmöglichkeiten existieren, die mit unterschiedlichen Verteilungskonstellationen einhergehen. Ist jedoch einmal eine Einigung erfolgt, so ist diese stabil, das Kontrollproblem entfällt. In den internationalen Beziehungen treten solche Probleme insbesondere bei der Einigung über bestimmte Standards auf. Ein gemeinsamer Standard – etwa die Eurosteckdose – senkt für alle beteiligten Staaten Transaktionskosten. Doch die Einigung auf einen Standard zieht Gewinner und Verlierer nach sich, denn jeder Staat hat ein Interesse daran, dass sein Standard zur internationalen Norm erhoben wird. Mithin ist das Vertrauens- und Kontrollproblem ebenfalls schwach ausgeprägt, das Verteilungsproblem jedoch von hoher Relevanz.

Bei *Dilemmasituationen ohne Verteilungskonflikt* (DoV) besteht im Unterschied zu den beiden Koordinationsspielen das Problem darin, dass das kollektiv optimale Ergebnis instabil ist, da es kein Nash-Gleichgewicht darstellt. Es bestehen Anreize zum Trittbrettfahren, was schwere Vertrauens- und Kontrollprobleme nach sich zieht. Bei der Koordination grenzübergreifender Fiskalpolitik bestehen etwa Anreize für Staaten, Steuersätze zu senken, um somit mehr arbeitsplatzgenerierende Investitionen anzuziehen.

Bei *Dilemmasituationen mit Verteilungskonflikten* (DmV) existieren mehrere kollektiv optimale Ergebnisse, was Verteilungskonflikte provoziert. Gleichzeitig sind diese Ergebnisse instabil; sie stellen kein Nashgleichgewicht dar. Damit sind Verteilungskonflikte bei der Suche nach einer kollektiv optimalen Lösung vorprogrammiert und zudem wird eine solche Lösung noch durch Trittbrettfahren bedroht. Bei den Versuchen, internationale Standards für Eigenkapitalquoten von Banken festzulegen, handelt es sich um ein solches Problem (Genschel/Plümper 1999). Einerseits besteht eine Dilemmasituation, da der einzelne Staat Anreize hat, seine Eigenkapitalregelungen gering zu halten, um als Finanzplatz konkurrieren zu können. Zum zweiten besteht ein Verteilungsproblem darin, dass Staaten über unterschiedliche Bankensysteme verfügen und jede Standardsetzung mit Verteilungskonflikten (Anpassungsprozessen) einhergeht. Auch das Mengenkartell der OPEC ist mit solchen Problemen konfrontiert. Zum einen entsteht das Kartellen eigene Vertrauensproblem, da Anreize für die Mitglieder bestehen, mehr als die festgelegte Quote zu verkaufen. Zum anderen sind unterschiedliche Quotenregelungen möglich, die mit entsprechenden Verteilungsproblemen zwischen den Mitgliedern einhergehen.

(2) Die dargestellten Zusammenhänge beziehen sich lediglich auf die Anreizstruktur der an der Regimebildung beteiligten Staaten. Sie enthalten keine expliziten Aussagen über die Auswirkungen der Verregelung auf Drittstaaten. Vergegenwärtigt man sich jedoch, dass eine Vielzahl von Regimen nicht globaler Natur, sondern nur auf eine bestimmte Anzahl von Staaten begrenzt sind, so wird ein weiteres Kooperationsproblem deutlich. Da die grenzübergreifende Verregelung ein Gut darstellt und Kosten verursacht, ist nach dem Wert eines solchen Gutes mit Blick auf Drittländer zu fragen. Hierbei bietet sich ein Rückgriff auf die eingangs vorgestellte Gütertypologie an. Vinod Aggarwal (1996: 90f.) stellt in diesem Zusammenhang eine Präferenzordnung fest, die Akteure im Hinblick auf die Herstellung von Gütern haben. Demnach bringen inklusive Club-Güter den Herstellern den größten Nutzen, gefolgt von privaten Gütern, öffentlichen Gütern und schließlich Allmende-Gütern.

Akteure schätzen *inklusive Club-Güter* am meisten, da diese exklusiv sind und zudem die Nutzung des Gutes dessen Bestand nicht verringert. Zwischenstaatliche Kooperation im Bereich der Forschung wäre ein solches Gut, denn die Forschungsergebnisse stehen nur den beteiligten Staaten zur Verfügung und gleichzeitig werden die daraus resultierenden Innovationen nicht durch Nutzung dezimiert; Patente können gar gegen Lizenzgebühr an Drittstaaten weitergegeben werden. Im Falle *privater Güter* hingegen verringert die Nutzung des erstellten Gutes dessen Wert. Die Errichtung eines regionalen Währungsfonds zum Zwecke der Eindämmung regionaler Finanzkrisen ist ein Beispiel hierfür. Drittländer haben zwar keinen Zugriff auf den Fonds, doch vermindert dessen Nutzung durch die Beteiligten die Mittel des Fonds.[14] Bei der Herstellung von *öffentlichen Gütern* ist hingegen die Exklusivität gegenüber Drittstaaten nicht mehr gegeben, d.h. positive externe Effekte treten für Drittstaaten auf. Doch führt Trittbrettfahren von Drittstaaten immerhin nicht zur Verminderung des Gutes, d.h. die kostenlose Nutzung des Drittstaates hat keine negativen externen Effekte auf die Regimemitglieder. Die Herstellung von *Allmende-Gütern* ist am wenigsten attraktiv, da die an der Regimebildung nicht beteiligten Staaten durch Trittbrettfahren das einmal erstellte Gut zerstören können. Die Herausforderung, die Überfischung von Meeren zu verhindern, stellt ein solches Problem dar. Die nicht an der Regimebildung beteiligten Staaten sind nicht an bestimmte Fangquoten gebunden und können daher über Trittbrettfahren das Gut zerstören. Die Erstellung ist meist nur dann sinnvoll, wenn möglichst viele beteiligten Staaten daran teilnehmen. Während eine begrenzte Anzahl von Akteuren zwar die Verteilungsprobleme lösen kann, schafft sie Anreize für Trittbrettfahren. Wird die Akteurszahl auf die gesamte Akteursmenge ausgeweitet, so befinden sich die Akteure erneut in einem Dilemmaspiel mit Verteilungskonflikten, das die größten Kooperationsprobleme zweiter Ordnung aufweist.[15]

Insgesamt zeigt sich somit, dass eine Begrenzung der an einer Verregelung von Politikfeldern beteiligten Staaten zwar die Interessenheterogenität reduzieren kann und damit die Verteilungsprobleme verringern kann. Doch gilt dies nur, wenn Trittbrettfahren von Ausgeschlossenen nicht zur Reduzierung des Kooperationsnutzens führt.

Fasst man die vorhergehenden Überlegungen zusammen, so ist der Vergleich von Spielstrukturen und Gütern im Zusammenhang mit der Erklärung grenzübergreifender Politikfeldverregelung durchaus gewinnbringend. Denn gelingt es die Spielstrukturen und die durch internationale Kooperation hergestellten Güter an empirische Phänomene anzulegen, so können Aussagen über die Wahrscheinlichkeit von grenzübergreifenden Politikfeldverregelungen getroffen werden. Die Kriterien zur Bewertung der Verregelungswahrscheinlichkeit sind dabei zum einen das Vertrauensproblem, zum zweiten das Verteilungsproblem und zum dritten die Wirkung gegenüber Drittländern.

5. Die zweite Ebene internationaler Verregelung

Im vorherigen Kapitel wurde gezeigt, wie ein systematischer Vergleich von Handlungszusammenhängen mittels des Rückgriffs auf Spieltheorie bzw. Gütertypologie

---

14 Gleichwohl existiert, was das Verhältnis der beteiligten Staaten anbelangt, ein Trittbrettfahrerproblem, was die skizzierten Vertrauens- und Kontrollprobleme nach sich zieht.
15 Am Beispiel der internationalen Bankenregulierung vgl. hierzu Genschel/Plümper (1999: 264).

erste Wahrscheinlichkeitsaussagen über das Zustandekommen von grenzübergreifender Politikfeldverregelung ermöglicht. Hierbei waren die kollektiven Akteure die Staaten, die sich anhand eines Nutzenkalküls für unterschiedliche Varianten grenzübergreifender Politikfeldverregelung entscheiden. Dieses Vorgehen verfügt über den Vorteil der Komplexitätsreduktion, indem die Anzahl der am Verregelungsprozess beteiligten Akteure reduziert wird. Unklar bleibt jedoch, wie sich die Präferenzen des kollektiven Akteurs Staat mit Blick auf grenzübergreifende Handlungsinterdependenzen zusammensetzen bzw. verändern.

Die Entscheidung für die Bildung bzw. Veränderung internationaler Regime zieht gemeinhin Verteilungseffekte in den betroffenen Staaten nach sich. Grenzübergreifende Politikfeldverregelung wird so zum Gegenstand innenpolitischer Entscheidungsprozesse. Da die Regierungen als die Staaten repräsentierenden Akteure abhängig von der Legitimation der relevanten innenpolitischen Spieler sind, werden sie ihre außenpolitischen Entscheidungen mit einem Legitimationskalkül verbinden. Dies gilt für alle politischen Systeme, seien sie Autokratien oder Demokratien. Die sich hieraus für die Politikfeldforschung ergebende Frage lautet demnach, wie diese zweite, die innenpolitische Ebene internationaler Kooperation mit der Ebene der internationalen Verhandlungen verschränkt werden kann.

Der Impuls für die Integration der internationalen mit der nationalen Ebene ging von Robert Putnam (1988) aus.[16] Mittels der Metapher der Zwei-Ebenen-Spiele stellte er die Verschränkung von internationaler und nationaler Ebene bei der grenzübergreifenden Politikfeldverregelung hervor. Demnach müsse der Verhandlungsführer, gemeinhin die Regierung, an zwei Tischen spielen: zum einen mit internationalen *counterparts*, zum anderen mit innenpolitischen Akteuren. Regulierungsvorschläge werden demnach nur dann umgesetzt, wenn diese sowohl am internationalen wie auch an allen beteiligten nationalen Spieltischen genehmigt (ratifiziert) werden.[17] Die Existenz und Größe der Schnittmenge akzeptabler Lösungsvorschläge hängt deswegen in erheblichem Maße von der innenpolitischen Konstellation ab.

Bei der Analyse der innenpolitischen Konstellation ist zu beachten, dass nicht alle innenpolitischen Interessen über den gleichen Einfluss verfügen. Zum einen haben die Organisationsfähigkeit und die Größe von Interessengruppen einen hohen Einfluss auf deren politische Durchsetzungsfähigkeit (vgl. Olson 1965, 1982). So ist in der Handelspolitik oftmals zu beobachten, dass kleine und wohl organisierte sektorale Gruppen, etwa in Textilindustrie oder Agrarwirtschaft,[18] ihre Interessen in überdurchschnittlichem Maße in Verhandlungsergebnisse einbringen konnten. Zum

---

16 Vgl. hierzu auch Evans/Jacobsen/Putnam (1993) sowie Zangl (1995).
17 Mit Blick auf die interregionale Politikfeldgestaltung zwischen Europäischer Union und Drittstaaten wird mittlerweile gar von drei Ebenen gesprochen, da hier die innenpolitischen Verhandlungen, die Verhandlungen innerhalb der EU sowie die interregionalen Verhandlungen aufeinander abgestimmt werden müssen (Collinson 1999).
18 Zur Textilindustrie vgl. Aggarwal (1985), zum Einfluss der europäischen Landwirtschaft auf die Verregelung innerhalb der EU vgl. Zangl (1999).

zweiten wirken die formalen Institutionen des Regierungssystems sowie die Organisation von Parteien auf die Konstellation von *Veto-Spielern*, deren Zustimmung für grenzübergreifende Politikfeldverregelung notwendig ist.[19]

Auf Grundlage der innenpolitischen Akteurskonstellation schlägt Bernhard Zangl (1994, 1999) eine Verbindung zwischen der Spielstruktur auf der internationalen Ebene mit der Interessenkonstellation auf der nationalen Ebene vor. Unterschieden wird, ob eine Mehrheit der innenpolitischen Veto-Spieler die gleichen Interessen hinsichtlich der Politikfeldverregelung hat wie die Regierung (Gleich), ob eine Mehrheit die Verregelung stärker befürwortet als die Regierung (Druck) oder ob eine Mehrheit eine ablehnendere Haltung als die Regierung (Veto) einnimmt (Zangl 1999: 92 f.). Kombiniert man diese Möglichkeiten mit den Vertrauens- und Verteilungsmöglichkeiten der vier vorgestellten Spielsituationen, so ergeben sich die nachfolgend aufgeführten Wahrscheinlichkeitszusammenhänge (ebd.: 107).

Tabelle 2: Wahrscheinlichkeit der Regimebildung unter Berücksichtigung der Spielstruktur und der innenpolitischen Konstellation

	Koordinationsspiel ohne Verteilungskonflikt	Koordinationsspiel mit Verteilungskonflikt	Dilemmaspiel ohne Verteilungskonflikt	Dilemmaspiel mit Verteilungskonflikt
Druck-Druck	Fast sicher	Sehr groß	Groß	Mittel
Druck-Gleich	Fast sicher	Groß	Groß	Gering
Gleich-Gleich	Sehr groß	Groß	Mittel	Gering
Veto-Gleich	Sehr groß	Groß	Gering	Sehr gering
Druck-Veto	Sehr groß	Mittel	Mittel	Sehr gering
Veto-Veto	Sehr groß	Mittel	Gering	Sehr gering

Quelle: Zangl (1999: 107).

Die obige Skizze lässt sich auf eine Verhandlungssituation mit zwei Staaten übertragen. Wenn die Anzahl der beteiligten Staaten jedoch steigt, so nimmt auch die Anzahl der in innenpolitischen Prozessen relevanten Veto-Spieler zu. Insbesondere dürfte die Verregelung bei zunehmender Veto-Spieler-Anzahl schwieriger werden, wenn Vertrauens- bzw. Kontrollprobleme im Vordergrund stehen (Dilemmaspiele). Daraus folgt, dass mit einer steigenden Anzahl von Staaten tendenziell die Verregelungswahrscheinlichkeit sinkt. Weiterhin hat der Zeithorizont der betroffenen Akteure einen

---

19 Veto-Spieler sind all diejenigen Individuen oder kollektive Akteure, deren Zustimmung für eine Veränderung in einem Politikfeld notwendig ist (Tsebelis 1995: 301). Unterscheiden lassen sich hierbei institutionelle Veto-Spieler, Parteien oder aber informale Veto-Spieler wie etwa mächtige gesellschaftliche Interessengruppen mit direktem Zugang zur Regierung. Vgl. die Beiträge von Croissant und Czada in diesem Band.

Einfluss auf deren Verhandlungsposition. Hierbei lässt sich grundsätzlich festhalten, das eine positive Korrelation zwischen der bestehenden Transaktionsdichte von gesellschaftlichen Akteuren unterschiedlicher Staaten und der Länge des Schattens der Zukunft besteht. Zusammenfassend sinkt daher mit der Zunahme der beteiligten Staaten die Verregelungswahrscheinlichkeit, während mit der Zunahme der transnationalen Transaktionsdichte die Verregelungswahrscheinlichkeit ansteigt.

6. Wirkung und Rückkopplung

Eines lässt sich, empirisch wie theoretisch, aus dem bisher Gesagten ableiten: Auf internationaler Ebene wird kooperiert – es entstehen internationale Regime: Es wird nach gemeinsamen Lösungen für „problematische Situationen" gesucht. Die Aushandlungsprozesse, die zu einer internationalen Politikverregelung führen sollen, umfassen mehrere Ebenen: Die Regierungen von Staaten verhandeln miteinander. Gleichzeitig verhandeln diese Regierungen innerhalb ihrer nationalen Gesellschaften mit gesellschaftlichen Gruppen. Am Ende eines „erfolgreichen" Aushandlungsprozesses steht ein internationales Regime.

Die sich anschließende Frage lautet: Inwiefern ist ein „erfolgreicher Aushandlungsprozess" einem „erfolgreichen internationalem Regime" gleichzusetzen? Damit verbunden ist die Frage nach der Regimewirkung. Wie wirken internationale Regime, und wie lässt sich diese Wirkung nachweisen? Wie können wir sicher sein, dass das Regime für bestimmte *outcomes* verantwortlich ist und nicht irgendeine andere Einflussgröße (Keohane/Haas/Levy 1993: 7)?[20]

Würde das Ozonloch in einigen Jahren verschwunden sein, so könnte dieses Verschwinden auf ein funktionierendes, effektives und robustes, internationales Regime zurückgeführt werden. Doch ist der Wirkungsnachweis so unproblematisch zu liefern?[21] Wie können wir sicher sein, dass das Verschwinden des Ozonlochs nicht völlig andere Ursachen hat? Die Gefahr besteht somit darin, jede Veränderung „nach Errichtung eines internationalen Regimes dieser Institution zuzuschreiben" (Oberthür 1996: 16). Statistische Verfahren sind kaum anwendbar; Vergleiche mit geringer Fall-

---

[20] „Truly effective international evironmental institutions would improve the quality of the global environment" (Keohane/Haas/Levy 1993: 7).
[21] Die klassische Form des Wirkungsnachweises ist das Experiment: Unter konstant gehaltenen Umweltbedingungen werden nur wenige Variablen verändert, um zu erkennen, welche Wirkungen diese Veränderungen haben. Ein klassisches Experiment zum Nachweis einer Regimewirkung könnte folgendermaßen aussehen: Angenommen wir hätten eine Grundgesamtheit n = 20 (Planeten Typ „Erde" mit Ozonloch). Wir bilden nun eine Experimentalgruppe mit zehn Planeten, die sich einer Behandlung durch eine „internationales Regime" unterziehen. Die zehn Planeten der Kontrollgruppe werden nicht behandelt. Verkleinert sich das Ozonloch bei der Experimentalgruppe, oder verschwindet es sogar, und bleibt bei der Kontrollgruppe bestehen, dann scheint das internationale Regime die beabsichtigte Wirkung zu haben. Dieses „utopische" Experiment macht deutlich, dass in unserem Fall mit n = 1 (ein Planet Typ „Erde" mit Ozonloch) ein Wirkungsnachweis äußerst schwierig ist.

zahl ebenfalls nur eingeschränkt möglich. Was bleibt sind Zeitreihenanalysen, Vorher-Nachher-Vergleiche, „historical counterfactuals" (Biersteker 1993) und der Versuch, alternative Erklärungsmöglichkeiten auszuschließen.

Für das letztgenannte Vorgehen schlägt Oberthür (1996: 16) folgendes Verfahren vor: Es wird geprüft, ob andere Faktoren für das Politikergebnis verantwortlich sein könnten. Auf jeder der drei Analyseebenen der Internationalen Politik wird nach Erklärungen gesucht, die das Politikergebnis (*outcome*) hervorgerufen haben könnten. (1) Auf der Systemebene kann die Hegemonialhypothese angeführt werden. Diese stellt einen Zusammenhang zwischen extremen Machtungleichgewichten im internationalen System und damit einhergehenden Regimebildungspotenzialen der „mächtigen" Staaten her. (2) Auf der Ebene einzelner Staaten ändern Regierungen ihr Verhalten aufgrund von Eigeninteresse, das nicht mit dem Regime in Verbindung steht. (3) Auf der gesellschaftlichen Ebenen könnten Akteure unabhängig vom Regime Kosten-Nutzen-Analysen vornehmen und daran ihr Handeln ausrichten. Im Verfahren der Regimewirkungsprüfung müsste dann gefragt werden, ob andere Erklärungsmöglichkeiten auf den drei Ebenen vorliegen. Kann diese Frage verneint werden, gewinnt die Erklärung an Plausibilität, ist aber weit davon entfernt als einigermaßen gesichert zu gelten; sie behält „den Charakter einer Plausibilitätsvermutung" (ebd.).

Wie *wirken* internationale Regime? Internationale Regime wirken, wenn die im Aushandlungsprozess formulierten Regimeziele zumindest teilweise erreicht werden. Ziele könnten sein: Freihandel, Schutz der Ozonschicht, Sicherung von Fischbeständen usw. Meist werden zwei Wirkungsdimensionen von Regimen unterschieden: die *Effektivität* und die *Robustheit* von Regimen.

Regime sind *effektiv*, wenn sich die Mitglieder an die vereinbarten Normen und Regeln halten und die mit der Regimebildung verbundenen Ziele zumindest teilweise erreicht werden. Regime sind *robust*, wenn sie auf längere Sicht auf neue Herausforderungen reagieren können, d.h. wenn die eingangs definierten Mechanismen auf neue Situationen anwendbar sind bzw. im Regime die Generierung neuer Mechanismen angelegt ist. Wird das Regime bei jeder Machtveränderung bei seinen Mitgliedern oder im internationalen Umfeld verändert und glauben Mitglieder, dass ihre Interessen mittels des Regimes nicht mehr optimal vertreten werden, dann ist das Regime nicht sehr robust (vgl. Hasenclever/Mayer/Rittberger 2006: 2). Levy/Keohane/Haas charakterisieren erfolgreiche Regime daher folgendermaßen:

> „... even weak and young international institutions ... have proved that they can to some extent facilitate international environmental cooperation. When they work effectively, international environmental institutions sow the seeds of political concern, they enable motivated actors to garner the capacity to manage domestic adjustment, and they overcome uncertainty and mistrust to make cooperation possible" (Levy/Keohane/Haas 1993: 427 f.).

Eng an die Begriffe „Effektivität" und „Robustheit" angelehnt, kann zwischen stabilisierenden und dynamisierenden Rückwirkungen unterschieden werden. Hierbei treiben dynamisierende Rückwirkungen auch bei konstanten Rahmenbedingungen voran, wohingegen stabilisierende Rückwirkungsmechanismen den status quo absichern. Wirksam sind Regime dann, wenn sie innerhalb eines Problemfeldes eine standardisierte Bewertung einer Situation durch die Akteure bewirken und wenn vereinbarte Spielregeln eingehalten werden, die ein anderes Verhalten als unter Abwesenheit dieser Spielregeln provozieren (vgl. Oberthür 1996: 7 ff.). Diese Wirksamkeit strahlt auf die gesellschaftlichen Interessengrundlagen aus, wirkt auf das Regime zurück und beeinflusst die Regimeevolution – dies immer in Abhängigkeit von der Art des Problems und der Verregelung.

Je dynamischer ein Regime konstruiert ist, umso besser kann es auf Herausforderungen aus der Umwelt reagieren. Dynamik bedeutet in diesem Zusammenhang, dass im Regime ein stetiger und strukturierter Verhandlungsprozess stattfindet; so wird es möglich, auf Veränderungen in den Umweltbedingungen zu reagieren. Regimewandel ist eine notwendige Voraussetzung für die Stabilität des Regimes. Statische Regime entbehren eines solchen Instruments.

Bei *stabilisierenden Rückwirkungen* bildet sich auf der Grundlage der Akteursinteressen ein Regime, das die Akteursinteressen beeinflusst. Die Interessen der Akteure verändern sich (z. B. über die Investition in Güter, die die Einhaltung der im Regime festgelegten Standards gewährleisten). Dadurch verschwinden die Anreize, die erreichten Standards abzuschaffen. Die Akteure unterstützen zumindest die Aufrechterhaltung des Status quo. Bei einer *dynamischen Rückwirkung* internationalen Regimes wirkt ein Regime ebenfalls verändernd auf die politikfeldspezifischen Interessen der Akteure zurück. Doch werden hierbei die Interessen der Akteure dergestalt verändert, dass in Folge veränderter Kosten-Nutzen-Kalkulationen die Regimeevolution beeinflusst wird. In einem Verhandlungsprozess wird das Regime aufgrund der veränderten Interessen weiterentwickelt. Die Spielregeln wirken mithin auf ihre eigene Veränderung hin; aus der Rückwirkung entsteht ein Rückkopplungsprozess.

„Entwickelt sich ein Regime über mehrere Stufen weiter, so kann sich dieser Rückkoppelungsmechanismus fortsetzen und zum – positiven oder negativen – *Rückkoppelungsprozeß* werden. In einer spiralförmigen Entwicklung würden dann Regime über Akteursverhalten Akteursinteressen beeinflussen, die geänderten Interessen wiederum zu einer Änderung des Regimes führen, dies rückwirkend die Akteursinteressen modifizieren usw." (ebd.: 15).

Die Erkenntnisse über stabilisierende und dynamisierende Rückwirkungen lassen Rückschlüsse auf erfolgreiche und weniger erfolgreiche Regime-Designs zu. So wurde im Montrealer Protokoll die Nutzung von FCKW insgesamt eingeschränkt und nicht, wie im Vorfeld auch diskutiert, nur als Treibgas. Dies hatte zur Folge, dass die Substitutsentwicklung unterstützt wurde. Aufgrund von entwickelten Ersatzstoffen, die teilweise auch unter ökonomischen Gesichtspunkten interessanter waren als FCKWs, entwickelte sich eine Dynamik, die sich sehr günstig auf die Verregelung des Problemfeldes „Schutz der Ozonschicht" auswirkte (vgl. ebd.: 37). Im Rahmen der Verregelung von Problemfeldern können demnach Mechanismen etabliert werden, die die Wahrscheinlichkeit der dynamisierenden Rückwirkungen von Regimen erhöhen.

7. Schlussbetrachtung und methodische Probleme

Die politikwissenschaftlichen Teildisziplinen der Internationalen Beziehungen und der Vergleichenden Politikwissenschaft wachsen aufgrund der zunehmenden internationalen Interdependenz immer stärker zusammen. Problematische Handlungsinterdependenzen, die einen Bedarf nach kooperativer Institutionalisierung nach sich ziehen, sind deswegen längst nicht mehr auf nationale politische Systeme beschränkt. Die vergleichende *Policy*-Analyse widmet sich daher seit geraumer Zeit den Chancen und den Auswirkungen grenzübergreifender Politikfeldverregelung. In diesem Beitrag haben wir versucht, aus der existierenden Forschung die wichtigsten Einflussfaktoren auf die Entstehung und die Wirkung internationaler Regime herauszuarbeiten. Hierbei ist die vergleichende Methode Grundvoraussetzung, um Zusammenhänge zur Regimeentstehung und zur Regimewirkung zu erarbeiten, da wissenschaftliche Weltwahrnehmung und damit Hypothesenbildung nur über den Vergleich ermöglicht wird.

Aus einer institutionenökonomischen Perspektive zeigte sich, dass der Erfolg der Verregelung internationaler Politikfelder und die Entstehung internationaler Regime von verschiedenen Faktoren auf mehreren Ebenen abhängt. Zunächst ist die Überwindung des Kooperationsdilemmas eine notwendige Bedingung für die Verregelung internationaler Politikfelder. Nur wenn „Soziales Vertrauen" bzw. ein „langer Schatten der Zukunft" existiert, können internationale Regime im Sinne einer gesellschaftlichen Selbstorganisation entstehen. Förderlich wirken insofern historische Erfahrungen erfolgreicher Kooperation und eine hohe Transaktionsdichte. Neben diesen grundlegenden Bedingungen treten weitere Einflussfaktoren, die je nach ihrer Ausprägung die grenzübergreifende Verregelung erleichtern oder erschweren können:

▶ die zwischenstaatliche Spielstruktur,
▶ der Typ des zu erstellenden Gutes,
▶ die innenpolitische Interessenkonstellation und
▶ die Anzahl der beteiligten Staaten.

Für die Robustheit eines einmal erstellten Regimes sprechen im Regimedesign angelegte Verhandlungsprozeduren, die eine Anpassung an veränderte Rahmenbedingungen begünstigen und somit zu dynamisierenden Rückkopplungsprozessen führen können. Zudem können die angeführten Einflussfaktoren bei der Regimeentstehung auch bei der Evolution grenzübergreifender Spielregeln von Bedeutung sein, wenn sich diese Einflussfaktoren aufgrund der Regimewirkung verändern sollten. Auf Grundlage der präsentierten Einflussgrößen wird es – zumindest in einem begrenzten Umfang – möglich, international zu verregelnde Politikfelder vergleichend zu betrachten und Aussagen über die „Verregelungswahrscheinlichkeit" und die Wirkung einmal etablierter Regime zu treffen.

Die Erkenntnisse über die Bildung und Wirkung internationaler Regime kann dann bei der Behandlung nationaler Politikfelder herangezogen werden (Keohane/ Milner 1996). Dies deswegen, weil die zunehmende Verregelung grenzübergreifender Interdependenzen vor allem in wirtschaftspolitischen Belangen die Entwicklung der nationalen Politikfeldgestaltung beeinflusst. So stellt sich insbesondere die Frage, wann eine auf internationaler Ebene erfolgte Standardisierung von Spielregeln eine Konvergenz nationaler Politiken hervorruft bzw. wann trotz internationaler Harmonisierung divergierende Politik auf nationaler Ebene zu beobachten sind. So lässt sich etwa die Frage nach den Auswirkungen von institutionalisiertem Freihandel und freiem Kapitalverkehr auf Sozialpolitiken in diese Diskussion um die nationale Konvergenz bzw. Divergenz einbetten *(vgl. den Beitrag von Siegel in diesem Band).* Die Entstehung internationaler Regime wird insofern nicht nur von innenpolitischen Konstellationen beeinflusst. Umgekehrt wirken auch die internationalen Spielregeln auf die Gestaltung nationaler Politiken zurück, so dass auch die Politikfeldanalyse einen Prozess der Entgrenzung erlebt.

Anhang

Idealiter würden es uns die vorgetragenen Ergebnisse ermöglichen, einen kumulativen Index zu bilden, der die unterschiedlichen Einflussfaktoren integriert und die Entstehungswahrscheinlichkeit in einem einzigen Indikator ausdrückt. Entsprechend der von uns vorgestellten Einflussfaktoren müsste ein solcher Index aus einer Regimeentstehungsfunktion (RE) abgeleitet werden können.[22]

RE = f (KP1 (V,T), KP2a, KP2b, n)

Analog könnte ein Indikator für die Robustheit eines Regimes aus einer Regimerobustheitsfunktion abgeleitet werden. Die Robustheit eines Regimes ist dadurch gekennzeichnet, dass das Regime Veränderungen erfolgreich bewältigen kann, die Ausdruck der Regimewirkung oder externer Veränderungen sind. Dies bedeutet, dass sich einer oder mehrere der in diesem Aufsatz behandelten Einflussgrößen verändert. Damit jedoch stellt sich eine neue strategische Interaktionssituation ein, die erneut die Überprüfung aller bereits bei der Regimeentstehung berücksichtigten Einflussgrößen auf den Plan ruft, ergänzt um eine Einflussgröße, die spezifische Anpassungsmechanismen (A) im Regimedesign berücksichtigt. Die Robustheit eines Regimes (RR) wäre dann wie folgt definiert:

RR= f (KP1 (AV,TD), KP2a, KP2b, n, A)

---

22 KP1 = Kooperationsproblem erster Ordnung; KP2a = Wahrscheinlichkeit der Regimebildung unter Berücksichtigung der Spielstruktur und der innenpolitischen Konstellation; KP2b = Typ des zu erstellenden Gutes; n = Anzahl beteiligter Staaten; A = Anpassungsmechanismen.

Die aus den Funktionen entstehenden Indizes zur Regimeentstehung und Regimerobustheit müssten jedoch eine spezifische Gewichtung der einzelnen Einflussfaktoren widerspiegeln. Der Vorteil solcher Indikatoren bestünde darin, dass eine Kennziffer es erlauben würde, vergleichende Aussagen über Wahrscheinlichkeit der Verregelung und Robustheit zu treffen, anstatt auf multikausale Erklärungen zurückzugreifen. Doch leider stehen einer solchen Indikatorbildung bislang noch zwei entscheidende Nachteile entgegen. Zum einen stellt sich die Frage nach der Skalierung der einzelnen Einflussgrößen, wobei die zunächst nahe liegende Lösung, metrische Skalierung, aufgrund der unterschiedlichen Einflussgrößen bei genauerer Betrachtung höchst fragwürdig ist. Zum zweiten ist die Frage der „korrekten" Gewichtung der einzelnen Einflussgrößen noch weitgehend ungeklärt, so dass die Ergebnisse eines Indikators durch „diskretionäre" Gewichtung diskreditiert würden. Stünden ausreichend Fälle zur Verfügung und wären diese entsprechend der Einflussfaktoren kodiert, so ließe sich mittels einer Regressionsanalyse die Bedeutung einzelner Einflussgrößen herausarbeiten. Doch angesichts der bislang noch ungenügenden Aufarbeitung des empirischen Materials, sind quantitativ-vergleichende Studien bislang eher die Ausnahme. Insofern überwiegen noch multikausal angelegte Studien bei der Regimeforschung mit geringer Fallzahl (z.B. Zangl 1999) oder aber „analytische Erzählungen" (z.B. Bates 1999), die mittels der Kombination aus Deskription und formaler Modellierung nicht nur Hypothesen über Internationale Kooperation formulieren, sondern auch zu testen trachten.

Literatur

Aarebrot, Frank H./Bakka, Pal H., 2003: Die Vergleichende Methode in der Politikwissenschaft, in: *Dirk Berg-Schlosser/Ferdinand Müller-Rommel* (Hrsg.): Vergleichende Politikwissenschaft. Ein einführendes Studienhandbuch. 4. Aufl., Wiesbaden, 57–76.
Aggarwal, Vinod, 1985: Liberal Protectionism. The International Politics of Organized Textile Trade. Berkeley.
Aggarwal, Vinod, 1996: Debt Games. Strategic Interaction in International Debt Rescheduling. Cambridge.
Aggarwal, Vinod/Dupont, 1999: Goods, Games and Institutions, in: International Political Science Review 20 (4), 393–409.
Almond, Gabriel A., 1970: Politische Systeme und politischer Wandel, in: *Wolfgang Zapf* (Hrsg.): Theorien des sozialen Wandels. Köln/Berlin, 211–227.
Axelrod, Robert, 1995: Die Evolution der Kooperation. 3. Aufl., München/Wien.
Bates, Robert, 1999: Open-Economy Politics. The Political Economy of World Coffee Trade. Princeton.
Bates, Robert/Greif, Avner/Levi, Margaret/Rosenthal, Jean-Laurent/Weingast, Barry (Hrsg.), 1998: Analytic Narratives. Princeton.
Boeckh, Andreas, 2003: Vergleichende Analyse peripherer Gesellschaften, in: *Dirk Berg-Schlosser/Ferdinand Müller-Rommel* (Hrsg.): Vergleichende Politikwissenschaft. 4. Aufl., Wiesbaden, 277–296.
Braun, Dietmar, 1999: Theorien rationalen Handelns in den internationalen Beziehungen. Eine kritische Einführung. Opladen.
Budge, Ian/Keman, Hans, 1990: Partys and Democracy. Coalition Formation and Party Functioning in Twenty States. Oxford.
Cardoso, Fernando Henrique/Faletto, Enzo, 1976: Abhängigkeit und Entwicklung in Lateinamerika. Frankfurt a.M.
Collier, David, 1993: The Comparative Method, in: *Ada D. Finifter* (Hrsg.): The State of the Discipline II. Washington, 105–119.
Collinson, Sarah, 1999: Issue-systems, Multi-level Games and the Analysis of the EU's External Commercial and Associated Policies: A Research Agenda, in: Journal of European Public Policy 6 (2), 206–224.

Dye, Thomas R., 1976: Policy Analysis. What Governments Do, Why They Do it and What Difference it Makes. Tuscaloosa.
Easton, David, 1953: The Political System. An Inquiry into the State of Political Science. New York.
Evans, Peter B./Jacobsen, Harold/Putnam, Robert (Hrsg.), 1993: Double-Edged Diplomacy. International Bargaining and Domestic Politics. Berkeley.
Faust, Jörg, 2009: Entwicklungstheorien und Entwicklungspolitik, in: *Hans-Joachim Lauth/Christian Wagner* (Hrsg.): Politikwissenschaft. Eine Einführung. 6. grundlegend überarbeitete Aufl., Paderborn, 322-356.
Grande, Edgar/Risse, Thomas, 2000: Bridging the Gap. Konzeptionelle Anforderungen an die politikwissenschaftliche Analyse von Globalisierungsprozessen, in: ZIB Zeitschrift für Internationale Beziehungen 2 (7), 235–266.
Grieco, Joseph M., 1993: Anarchy and the Limits of Cooperation: A Realist Critique of the Newest Liberal Instituionalism, in: *David A. Baldwin* (Hrsg.): Neorealism and Neoliberalism. New York, 116–142.
Genschel, Philipp/Plümper, Thomas, 1999: Wettbewerb und Kooperation in der internationalen Finanzmarktregulierung, in: *Andreas Busch/Thomas Plümper* (Hrsg.): Nationaler Staat und Internationale Wirtschaft. Anmerkungen zum Thema Globalisierung. Baden-Baden, 251–276.
Hasenclever, Andreas/Mayer, Peter/Rittberger, Volker, 2006: Theories of International Regimes. Cambridge.
Hibbs, Douglas, 1977: Political Parties and Macroeconomic Policy, in: APSR 71, 1467–1487.
Huffschmid, Jörg, 2002: Politische Ökonomie der Finanzmärkte. Hamburg.
Jann, Werner, 1994: Politikfeldanalyse, in: *Dieter Nohlen* (Hrsg.): Lexikon der Politik Bd. II. Begriffe und Methoden. München, 308–314.
Keck, Otto, 1991: Der neue Institutionalismus in der Theorie der Internationalen Politik, in: PVS 32 (4), 79–102.
Keck, Otto, 1995: Rationales kommunikatives handeln in den internationalen Beziehungen. Ist eine Verbindung von Rational-Choice und Habermas' Theorie des kommunikativen Handelns möglich?, in: Zeitschrift für Internationale Beziehungen 2 (1), 5–48.
Keohane, Robert O., 1984: After Hegemony – Cooperation and Discord in the World Political Economy. Princeton.
Keohane, Robert O., 1986: Realism, Neorealism and the Study of World Politics, in: *ders.* (Hrsg.): Neorealism and Its Critics. New York, 1–26.
Keohane, Robert, 1988: International Institutions: Two Approaches, in: International Studies Quarterly 32, 379–396.
Keohane, Robert O./Haas, Peter M./Levy, Marc A., 1993: The Effectiveness of International Environmental Institutions, in: *Peter M. Haas/Robert O. Keohane/Marc A. Levy* (Hrsg.): Institutions for the Earth. Sources of Effective International Environmental Protection. Cambridge/London, 3–24.
Keohane, Robert O./Martin, Lisa, 1995: The Promise of Institutionalist Theory, in: International Security 20 (1), 39–51.
Knight, Jack, 1998: The Bases of Cooperation: Social Norms and the Rule of Law, in: Journal of Institutional and Theoretical Economy – Zeitschrift für die gesamte Staatswissenschaft 154 (4), 754–763.
Krasner, Stephen D., 1983: Regimes and the Limits of Realism: Regimes as Autonomous Variables, in: *ders.* (Hrsg.): International Regimes. Ithaca, 1–21.
Kohler-Koch, Beate, 1993: Die Welt regieren ohne Weltregierung, in: *Carl Böhret/Göttrik Wewer* (Hrsg.): Regieren im 21. Jahrhundert – Zwischen Globalisierung und Regionalisierung. Opladen, 109–142.
Lauth, Hans-Joachim/Thiery, Peter, 2009: Politikfeldanalyse, in: *Hans-Joachim Lauth/Christian Wagner* (Hrsg.): Politikwissenschaft. Eine Einführung. 6. grundlegend überarbeitete Aufl., Paderborn, 263–293.
Levy, Marc A./Keohane, Robert O./Haas, Peter M., 1993: Improving the Effectiveness of International Environmental Institutions, in: *Peter M. Haas/Robert O. Keohane/Marc A. Levy* (Hrsg.): Institutions for the Earth. Sources of Effective International Environmental Protection. Cambridge/London, 397–426.
Lijphart, Arend, 1971: Comparative Politics and Comparative Method, in: American Political Science Review 65, 682–693.
Marx, Johannes, 2001: Sozialkapital – ein Paradigma? Eine wissenschaftstheoretische Untersuchung. Unveröffentlichtes Manuskript.

Milner, Helen V., 1993: The Assumption of Anarchy in International Relations Theory: A Critique, in: *David A. Baldwin* (Hrsg.): Neorealism and Neoliberalism. The Contemporary Debate. New York, 143–169.
Milner, Helen V., 1998: Rationalizing Politics: The Emerging Synthesis of International, American, and Comparative Politics, in: International Organization 52 (4), 759–786.
Milner, Helen V./Keohane, Robert O., 1996: Internationalization and Domestic Politics: An Introduction, in: *Robert O. Keohane/Helen V. Milner* (Hrsg.): Internationalization and Domestic Politics. Cambridge, 3–24.
North, Douglas C., 1992: Institutionen, institutioneller Wandel und Wirtschaftsleistung. Tübingen.
Oberthür, Sebastian, 1996: Die Reflexivität internationaler Regime. Erkenntnisse aus der Untersuchung von drei umweltpolitischen Problemfeldern, in: Zeitschrift für Internationale Beziehungen 3 (1), 7–44.
Olson, Mancur, 1965: The Logic of Collective Action. New York.
Olson, Mancur, 1982: The Rise and Decline of Nations. Economic Growth, Stagflation and Social Rigidies. Yale.
Ostrom, Elinor, 1990: Governing the Commons: The Evolution of Institutions for Collective Action. New York.
Ostrom, Elinor, 1996: Institutional Rational Choice: An Assessment of the IAD Framework. Paper prepared for the 1996 annual meetings of the American Political Science Association. Indiana University.
Putnam, Robert D., 1988: Diplomacy and Domestic Politics: The Logic of Two Level-Games, in: International Organization 42 (3), 427–460.
Ragin, Charles C., 1987: The Comparative Method. Moving Beyond Qualitative and Quantitative Strategies. Berkeley.
Scharpf, Fritz W., 2000: Interaktionsformen. Akteurszentrierter Institutionalismus in der Politikforschung. Opladen.
Schmidt, Manfred G., 2003: Vergleichende Policy-Forschung, in: *Dirk Berg-Schlosser/Ferdinand Müller-Rommel* (Hrsg.): Vergleichende Politikwissenschaft. Ein einführendes Studienhandbuch. 4. Aufl., Wiesbaden, 261–276.
Schmidt, Manfred G./Ostheim, Tobias/Siegel, Nico A./Zohlnhöfer, Reimut (Hrsg.), 2007: Der Wohlfahrtsstaat. Eine Einführung in den historischen und internationalen Vergleich. Wiesbaden.
Tsebelis, George, 1990: Nested Games: Rational Choice in Comparative Politics. Berkeley.
Tsebelis, George, 1995: Decision Making in Political Systems: Veto Players in Presidentialism, Parliamentarism, Multicameralism, and Multipartyism, in: British Journal of Political Science 25, 289–326.
Waltz, Kenneth N., 1979: Theory of International Politics. New York.
Weede, Erich, 1991: Wirtschaft, Staat und Gesellschaft. Tübingen.
Windhoff-Héritier, Adrienne, 1987: Policy-Analyse. Eine Einführung. Frankfurt a.M./New York.
Zangl, Bernhard, 1994: Politik auf zwei Ebenen. Hypothesen zur Bildung internationaler Regime, in: Zeitschrift für internationale Beziehungen 1 (2), 279–312.
Zangl, Bernhard, 1995: Der Ansatz der Zwei-Ebenen-Spiele. Eine Brücke zwischen dem Neoinstitutionalismus und seinen KritikerInnen?, in: Zeitschrift für Internationale Beziehungen 2 (2), 393–416.
Zangl, Bernhard, 1999: Interessen auf zwei Ebenen. Internationale Regime in der Agrarhandels-, Währungs- und Walfangpolitik. Baden-Baden.
Zangl, Bernhard/Zürn, Michael, 1994: Theorien des rationalen Handelns in den Internationalen Beziehungen. Versuch eines Überblicks, in: *Volker Kunz/Ulrich Druwe* (Hrsg.): Rational Choice in der Politikwissenschaft. Opladen, 81–111.
Zürn, Michael, 1992: Interessen und Institutionen in der internationalen Politik. Grundlegung und Anwendung des situationsstrukturellen Ansatzes. Opladen.

Personenverzeichnis

Aggarwal, Vinod 409
Alber, Jens 331
Almond, Gabriel A. 20, 24, 73, 75, 78, 84 f., 163, 205, 306 ff., 310, 314, 373, 375
Arendt, Hannah 103
Aristoteles 17 f., 75, 79, 95, 98
Axelrod, Robert 405

Bagehot, Walter 118, 122, 244, 276
Baldersheim, Harald 153
Banfield, Edward 373
Beck, Paul Ellen 233
Berg-Schlosser, Dirk 65, 78 f.
Bourdieu, Pierre 83
Breslin, Shaun 53

Carey, John 122, 136
Carson, Rachel 349
Cheibub, Josè Antonio 125
Coleman, James 24, 375, 382
Cortés, Donoso 264

Dahl, Robert A. 101, 187, 193, 239
Dalton, Russel J. 232 f.
Delors, Jacques 171
Durkheim, Émile 399
Duverger, Maurice 121 f., 216, 222 f., 226, 233, 238, 250, 257

Easton, David 24, 31, 75, 77 ff., 84, 314 f.
Edward I. 349
Elgie, Robert 122
Encarnación, Omar G. 287
Epstein, Leon 223, 233
Esping-Andersen, Gøsta 332, 335

Flanigan, Scott C. 233
Foucault, Michel 85

Fraenkel, Ernst 101, 119

Gay, Peter 80
Geertz, Clifford 54, 198
Giddens, Anthony 75
Gurr, Ted Robert 58

Habermas, Jürgen 30, 272
Hague, Rod 53
Harrop, Martin 53
Hegel, Georg Wilhelm Friedrich 99
Herodot 117
Hibbs, Douglas 338
Hitler, Adolf 221
Hix, Simon 164
Hoeber Rudolph, Susanne 73, 75, 79
Huber-Stephens, Evelyn 192
Huntington, Samuel P. 206

Inglehart, Ronald 320, 350, 373, 387
Ipsen, Knut 162

Jachtenfuchs, Markus 163
Jaggers, Keith 58
Jahn, Detlef 359 f.
Jänicke, Martin 358

Kaiser, André 134
Kant, Immanuel 99
Kapstein, Ethan B. 125
Katz, Richard R. 224 f., 233
Kirchheimer, Otto 231, 233
Kitschelt, Herbert 233 f.
Kohler-Koch, Beate 163
Kornhauser, William 373
Korpi, Walter 339
Krasner, Stephen 397

Laakso, Markku 226
Lehmbruch, Gerhard 287, 292, 298 f.

Lijphart, Arend   49 f., 117, 126 – 132, 134, 136, 238, 250, 285
Lincoln, Abraham   277
Linz, Juan   29, 104, 106, 108, 125
Lipset, Seymour Martin   191, 219, 229 f., 233, 313
Locke, John   98, 117
Loewenstein, Karl   100
Lowi, Theodore   286
Luhmann, Niklas   31, 189

Machiavelli, Nicolò   17, 98
Maier, Herbert   78
Mair, Peter   224 f., 233
Marx, Karl   399
Meadows, Dennis   350
Merkel, Wolfgang   101, 106
Michels, Robert   222, 233
Mill, John Stuart   55, 244
Montesquieu, Charles de   17, 98, 117
Moravcsik, Andrew   171
Morgenthau, Hans J.   80
Musil, Robert   80

Neidhart, Leonhard   285
Neumann, Sigmund   222, 224, 233
Nohlen, Dieter   39, 106
North, Douglass   401
Norton, Allan   153

Oakes, Guy   80
Oberthür, Sebastian   414
O'Donnell, Guillermo   54
Olson, Mancur   388
Ostrom, Elinor   402

Parsons, Talcott   29, 189
Platon   98
Powell, G. Bingham   24
Putnam, Robert D.   320, 373, 375 f., 382, 388, 411

Ragin, Charles C.   58, 65
Ringer, Fritz   80
Rokkan, Stein   219, 229, 233

Rorty, Richard   80
Rousseau, Jean-Jacques   98
Rueschemeyer, Dietrich   192

Sartori, Giovanni   44, 102, 110, 112 f., 217, 228, 233, 238, 250, 257
Schachter, Stanley   84
Scharpf, Fritz W.   22, 289, 295, 298, 303, 401
Scheuch, Erwin   83
Schmidt, Manfred G.   285, 299
Schmitt, Carl   272
Schmitter, Philippe C.   291, 298
Schnapp, Kai-Uwe   148
Scruggs, Lyle   362
Shugart, Matthew S.   122, 136
Skinner, Quentin   80
Sorauf, Frank J.   215
Stammen, Theo   78
Steffani, Winfried   119 ff.
Stephens, John   192
Stern, Fritz   80

Taagepera, Rein   226
Thomas, John Clayton   232
Thoreau, Henry David   87
Thucydides   75, 79
Tocqueville, Alexis de   18, 53, 99, 191, 205, 373, 375 f.
Tsebelis, George   124, 132 – 135, 298, 412

Vanhanen, Tatu   58, 110, 193
Verba, Sidney   205, 306 ff., 314, 373, 375, 389
Verney, Douglas V.   118

Walzer, Michael   383
Weber, Max   24, 26, 31, 194, 222, 259
Wehler, Hans-Ulrich   81
Weidner, Helmut   358
Wollmann, Hellmut   152

Zangl, Bernhard   412
Zöllner, Detlev   337 f.

Stichwortverzeichnis

Abgeordnete 245
Ablauf eines Forschungsprozesses 45
Ablauf vergleichender Untersuchungen 43
Absorptionsregel 133
administrative integrated models 151
Afrika 20, 219, 400
– afrikanische Parteien 217
Agenda 21 367
Aggregatdaten 48
AGIL-Schema 29
Agrarparteien 229
Allerweltspartei 225
Allmende-Gut 402, 410
American Political Science Association 73
amicabilis compositio 288
Analysen
– bivariate 63
– semantische 58
– univariate 63
Anarchie 25, 108
Antisystemparteien 228
Anzahl der Parteien, effektive 227
Äquivalenz, funktionale 62, 268
Äquivalenzprinzip 333
Arbeiterparteien 229
archaeology of knowledge 85
area-studies 10, 20, 56
Aristokratie 17
ASEAN 182
Asien 20, 22, 219, 400
assemblée nationale 264
Aufgabenorganisationsmodell 144
Aushandlungsmuster, korporatives 275
Ausschuss der Regionen der EU 176
Ausschusswesen 274
Auswahl der Fälle 45
Autokratie 102
– autokratisches Regime 106
Autonomieverluste der Nationalstaaten 343

Autoritarismus 104
– Autoritarismusforschung 186

back translation 84
bargain democracy 286
Bargaining 283
Beamtenstatus 146
Begriffsgeschichte 85
Begründungszusammenhang 46
Belgien 292
Beobachtungsdaten 58
Beteiligung, politische 232
Binnenmarkt 179
Blockade, politische 293
Blockademöglichkeit 340
Breakdown-Forschung 30
Brundtland-Bericht 351
Bundesrat, deutscher 177, 287, 293
Bundesrepublik Deutschland 27, 49, 97, 99, 104, 205, 252
Bundestag, deutscher 177, 287, 293
– EU 174
Bürger-Tugend 319
Bürgertum 266, 272

case studies 52
categorial and conceptual imperialisms 74
Charisma 31
citizen 75
civic culture 205, 306, 308, 310, 321
civil service 145 f.
Club-Güter, inklusive 403, 409
community 75
comparability 76, 82
comparative government 21
comparative politics 9, 21, 140
conceptual history 85
conditionalities 85
constitutional structures 339
contingency 85

cosy triangles 277
criticality 74, 82, 84 f., 87
– (self)criticality 77
cross-cultural 79
cross-cultural and historical comparison 87
cross-cultural theories 77
cross-culturally comparative politics 81
cross-national theories 78
cultural and/or historic specificities 82
cultural differences 74, 78
cultural knowledge 87
cultural (or 'linguistic' and 'interpretative')
  turn 74

Datenanalyse 60, 65
Datenaufbereitung 62
Datenauswertung 46, 52
Datenbestand 47
Datenerhebung 45, 62
Datenmatrix 62f., 66
DDR 225
Dealignment 232
default option 296
Defektion 402
democratic audit 110
Demokratie 11, 28, 98 f., 101 f., 107,
  110, 190
– defekte 107
– Definition/Begriff 100, 187, 283
– defizitäre 107, 114
– delegative 107
– deliberative 100, 283
– direkte 98 ff., 294
– fragmentierte 109
– funktionierende 114
– krisenresistente 206
– materielle 99
– numerische 283
– partizipatorische 100
– pluralitäre 130
– prozedurale 99
– repräsentative 99
– soziale 100
Demokratiedimension 284
Demokratieindex 110
Demokratiekonzept 284
Demokratiemessung 35, 98, 109

Demokratiemuster 129
Demokratie/Partizipation, innerparteiliche
  222
Demokratiequalität 111, 129
Demokratieskala 61
Demokratietheorie 99
Demokratiezufriedenheit 315
Demokratisierung 11, 197 f., 206
– Begriff 201
Demokratisierungsgrad 193
Demokratisierungsphase 163
Demokratisierungswelle 186 f.
Denationalisierungsprozesse 342, 344
Dependenztheoretien 399
desencanto 206
Deutsches Reich 229
Deutschland 27, 49, 97, 99, 104, 174,
  199, 229, 273, 277
– EU 179 f.
development 75, 82
deviant cases 53
Dezentralisierung 154
dichte Beschreibung 54, 198
differences 76, 78
Differenzierung der Gesellschaft,
  funktionale 189 f.
Differenzmethode 55 ff.
dignified parts 265, 278
Diktatur 102, 190
Dilemmaspiel mit Verteilungskonflikt
  408 f., 412
Dilemmaspiel ohne Verteilungskonflikt
  408 f., 412
diminished subtypes 107
Disproportionseffekt 251
divided government 124 f., 293, 297
Divisorenverfahren 248
Dominoeffekt 199
downgrading 173
Dritte-Sektor-Forschung 382
Dritte-Welt-Länder 20
Drittvariablenkontrolle 64

effectiveness 30
efficacy 30
Einerwahlkreise 245
Einheitliche Europäische Akte/EEA 171 f.

Einkammersystem 272
Einzelfallstudie 52
Einzelstimmgebung 246
Elite/Elitenhandeln 197
Eliten, politische 319
Elitendemokratie 100
Encarnación 287
Ende des autokratischen Systems 199
Entdeckungszusammenhang 46
Entparlamentarisierung der Demokratie 277
Entrepreneurparlament 275
Entscheidungsregel 243, 247
Entwicklungsländer 10, 20, 364
Entwicklungstheorie 399
epistemological hegemony 74
epistemological imperialism 73, 79, 87
Erfahrungswissenschaft 87
Erhebungsmethode 45
Erste Kammer 271
ethics 75
Ethnozentrismus 310
Eurobarometer 65, 317
– osteuropäisches 317
Europäische Sicherheits- und Verteidigungspolitik (ESVP) 163
Europäische Union (EU) 161
– Akteursqualität 171
– Demokratiedefizit 181
– Deutschland 174
– Dynamik 167
– Gewaltmonopol 164
– Institutionen 164
– Interessengruppen 178
– Kommission 166, 175
– Legitimationsdefizit 169, 181
– Mehrebenensystem 162, 167, 178, 343
– Mischstruktur 181
– Netzwerk 169, 171
– Öffentlichkeit 163
– politics 169, 173
– qualifizierte Mehrheit 180, 182
– Staatsvolk 163
– System „sui generis" 162 f., 168
– Theorie 170 f.
Europäische Zentralbank (EZB) 179

Europäischer Gerichtshof (EUGH) 166, 173, 177
Europäischer Rat 166, 182
Europäisierung 149, 173, 178
– der Verwaltung 148
– nationaler Regierungssysteme 172
EUROPOL 163
Exekutive 25
– doppelköpfige 119
Experiment 49

Faktorenanalyse 64
Fall 42
– entscheidender 53
– konträrer 53
Fallauswahl, kontrollierte 54
Fallstudien 50, 69
– archetypische 54
– prototypische 53
– repräsentative 53
Faschismusbegriff 104
federalist papers 98
Fehlkalkulation 198
Fehlschluss, individualistischer 312
Feldforschung 46
feminism 86
field 83
Forschung, makro-qualitative 58
Forschungsdesign und -plan 46
Forschungsstrategie 69
founding elections 202, 273
Frankreich 180, 229, 250, 273
Frauenwahlrecht 99
Frühkonstitutionalismus 266
Fürsorgeprinzip 333

Galtons Problem 42, 69
Gebietsorganisationmodell 144
Gefangenendilemma 404 ff.
Gemeinlastprinzip 355
„gemütliches Dreieck" 274
gender studies 35, 86
gerrymandering 245
Gesetz, soziologisches 238
Gettysburg-Formel 277
Gewaltenteilung 27, 98, 100
Gewaltmonopol 24, 26 f., 108

– internationale Ebene 404
Globalisierung 36, 42, 69, 157
– Globalisierungsdiskussion 342
good governance 12, 28, 36
Grabensystem 251
Gremienparlament 275
Grenze des Wachstums 350
Großbritannien 27, 97, 271, 277, 308
Grundannahme institutionalistischer Ansätze 117
Grundgesamtheit 51, 65
Grundsicherung 334
Gruppenpluralismus 275
Gültigkeit 60
Güter
– öffentliche 402, 410
– private 403, 409

habitus 83
Handlungskorridor 206
Handlungslogik, neokorporatistische 289
Hegemonial-Hypothese 405
hegemonic/imperialistic knowledge 77
hermeneutics 76 f.
Herrschaft 33, 95 f.
– autoritäre 104
– „gute" 20, 36
– totalitäre (Kriterien) 103
Herrschaftsform 25, 95, 97, 104
Herrschaftstypologie 95
historical and spatial cultures 75
Hobbes'sches Equilibrium 196
Höchstzahlverfahren 248
Honoratiorenpartei 217, 220, 223 f.
Hypothesenformulierung 43
Hypothesengewinnung und -test 398

Idealtypus 97, 109, 113, 298
– bürokratischer Herrschaft 145
Ideologie 103, 107
– Ideologieverdacht 310
Immunität 270
impact 22
imperialism of categories 79
Indemnität 270
Index der Regimeentstehung 417

Index der Umweltqualitätsentwicklung 358
Indien 219
indigenous categories 87
Indikator 59
– Indikatoren der Konsolidierung 269
Individualdaten 47 f.
– Individualdatenanalyse 49
individualism 82
Inhaltsanalyse 62
Inhaltsvalidität 61
input-Funktion 20
Institution(en) 20, 22, 25, 27, 95
– Definition 401
– formale 25
– Funktion 401
– informelle 25, 44
– supranationale 166, 171
Institutionalisierung der Umweltpolitik 359
Institutionalismus, akteurszentrierter 401
institutionenökonomischer Ansatz 401
Institutionenvertrauen 315
Instrumente
– kooperative 354
– ökonomische 354
– ordnungspolitische 352
– planerische 353
Integrationsmodell
– kommunaladministratives 152
– staatsadministratives 151
Integrationspartei 224 f.
Integrationstheorie, neofunktionalistische 170
intellectual hegemony 83
– and imperialism 74
intellectual history 81
Interessenaggregation 20, 223, 231
Interessenartikulation 20, 223, 231
Interessengruppe 33
intermediate systems 250
international politics 80
internationale Politik/Beziehungen 32, 396
internationales Regime 170, 413
– Bildung 411
– Definition 397

- Effektivität/Robustheit 414
- Veränderung 411
- Wirkung 413 f.
Inter-University Consortium for Political and Social Research 317
Intervallskala 60
Iran 104
Irrtumswahrscheinlichkeit 65
Islam 195
Isomorphismus 179
Issue-Dimension 230
Italien 104, 205, 229, 274, 379
IvI-gap 269

Japan 199, 205
judicial review 277
Judikative 25
Jurisdiktion 27

Kambodscha 104
Kandidat/Kandidaturform 245 – 248
Kartellpartei 225
Kausalfrage 259
Kennziffern, sozialpolitische 330
Klassenkoalition und -struktur 192
Klassifikation 41, 95
- politischer Systeme 105, 117
- von Lokalsystemen 153
- von Wahlsystemen 244
Kohortenanalyse 49
Kollektivgut 373, 379
Kommunalisierung 154
Kompensationsthese 342
Konferenz über Umwelt und Entwicklung (UNCED) 351
Konfiguration, institutionelle 303
Konfliktlinien/cleavages Konfliktlinien 229 f., 234, 260, 300
Konkordanz, parteipolitische 298
Konkordanz/-demokratie 288, 291 f., 303
Konkordanzmethode 55 ff., 66
Konkordanzsystem 287
Konsensdemokratie 126 f., 134
Konsolidierung (der Demokratie)
- Begriff 203
- Bürgergesellschaft 205, 269
- Indikatoren 269

- junger Demokratien 125
- konstitutionelle 203, 268
- repräsentative 204, 268
- Stufenabfolge 203
- territoriale 154
Konsolidierungsforschung 268
Konstitutionalismus 100
Konstruktvalidität 61
Kontextfaktor und -variable 260 f.
Kontextkonstruktion 56
Kontrolle politischer Herrschaft 100
Kontrollproblem 407
Konzeptspezifikation 44
Konzertierung 291
Kooperation
- Entstehung 403
- Prinzip 354 f.
- Problem 407, 409
- Theorie 170
Koordinationsspiel mit Verteilungskonflikt 408, 412
Koordinationsspiel ohne Verteilungskonflikt 408, 412
Korporatismus 292, 303
- Begriff 290
- liberaler 275
- sektoraler 290
- Typen 300 f.
Korruption 25
Kosten-Nutzen-Kalkül 197
Kriteriumsvalidität 61
Kultur 195
- demokratische 276
- politische s. Politische Kultur
Kulturbegriff 310
Kulturforschung, politische 22, 31, 206
Kumulieren 246

Laakso-Taagepera-Index 228
Längsschnitt-Untersuchung 48 f.
Lateinamerika 0, 22, 43, 199, 219, 365, 400
Latinobarometer Survey 317
Legislative 25
legislature 265
Legitimation 26, 30, 104, 203
Legitimität 30 f., 195

Legitimitätsglauben 30, 204
Leitkonzept, sozialpolitisches 333
Leviathan 196, 274
– fragmentierter 108
Liste
– freie 246
– lose gebundene 246
– starre 246
Listenstimmgebung 246
Logik der Komparatistik 42
logo- and culture-centrism 77
logo-centric categories 83
logrolling 270, 288

Maastricht-Urteil 180
Macht 26, 216
Machtdispersion 193
Machtressourcen 26, 193, 338
– Machtressourcenindex 193
Machtverhältnis zwischen Staat und Zivilgesellschaft 192
Madagaskar 365
Majorz 243, 247
Makroanalyse/-studie 47, 379
Makroebene 321, 386
Mandat, freies 270
Mangelhypothese 320
Massenintegrationspartei 222, 225
Massenpartei 218, 224
Maximum Winning Coalition 295
Medien 224
Mehrebenen-Analyse/Ansatz 162, 321
Mehrebenenspieler 149
Mehrebenensystem 154, 162, 168
Mehrheitsdemokratie 126 f., 129, 134
Mehrheitswahl 242 ff., 253
– absolute 250
– relative 250
– romanische 248
– Wirkungen 256
Mehrheitswahlsystem 229, 244
– Typen von M.en 250
Mehrpersonenwahlkreise 245, 250
Menschenrechte 100
Mercosur 182
Merkmale, dichotome 66
Meso-Korporatismus 290

Messanlage
– qualitative 110
– quantitative 110
Messung 59
– totalitärer Systeme 112
method of agreement 56
Methode 10
– komparative 39, 50
– statistische 50, 63
Methode des Vergleichs 39 f., 55, 398
– im umfassenden und im engeren Sinn 39
Methodenlehre 58
methodological individualism 74
methodologies of understanding 86
Mexiko 309
Mikroanalyse/-studie 47, 379
Mikroebene 321, 386
Minderheitenrepräsentation 250
Minderheitenschutz 271
Ministerialbürokratie 147
Ministerrat der Union 165 f.
Mitteleuropa 178
Modell 41
Modernisierungstheorien 21, 191, 194
modernity 79
modernization 75, 82
Monarchie 17, 98
– monarchisches Prinzip 267
Montrealer Protokoll 415
most dissimilar case design (MDCD) 55
most similar case design (MSCD) 55
multi level governance 150
multi purpose model 152
Multifunktionalität 24

Nachhaltigkeitsprinzip 355
NAFTA 182
Nash-Gleichgewicht 408
national interest 80
Nationalcharakterstereotyp 310
Nationalstaat 10, 42
Nationalstolz 315
natural sciences 73
Neo-Institutionalismus 22, 170, 207
Neo-Korporatismus 292, 359, 363
Neo-Weberianische Verwaltung 156

Netzwerk 22
- gesellschaftliches 376
- soziales 390
Netzwerke im parlamentarischen Entscheidungssystem 274 f.
new cultural theory 311
New Deal 286
New Public Management (NPM) 143, 154 f.
Niederlande 267, 295, 300
Nominalskala 60
Norwegen 266

Oberhaus 271
objectifications 79
OECD Environmental Data Compendium 360
OECD-Länder/Staaten 10
Öffentlicher Dienst 146
Oligarchie 17
Oligarchisierungstendenzen 222
one shot game 405
Operationalisierung 59, 61
Ordinalskala 60
Organisationsprinzipien 145
Orientierungsart (pol. Kultur) 314 f.
Ostasien 365
Österreich 205, 300
Osteuropa 43, 199, 229, 273, 277
otherness 79
outcome 22
output/output-Funktion 21 f.

panachieren 246
Panelanalyse 49
Pareto-Optimum 407
Parlament 264
- Artikulationsfunktion 276
- Auflösung 268
- Begriff 264
- Entstehung 266
- Frauen 279
- Funktionenwandel 276
- Gesetzgebungsfunktion 276
- Informationsfunktion 276
- Klassifikation 272
- Kontrollfunktion 276
- Lehrfunktion 276
- Organisationsprinzip 270
- Rekrutierungsfunktion 276
- Repräsentationsfunktion 276
- Selbstversammlungsrecht 270
- Waffen des Parlaments 267
- Wahlfunktion 276
Parlamentarisierung 217
Parlamentarismus 119 f., 264 f., 278
Parochialkultur 308
Parteibindung/politische Bindung 232
- Lockerung von Parteibindung 219
Parteien 33, 215 f.
- Begriff 216
- Entstehung 217
- faschistische 231
- Frauen 223
- grün-alternative 219
- Grüne Parteien in Europa 350
- Klassifizierung nach Interessen und sozialer Herkunft 217
- Klassifizierung nach Organisationsstruktur 217
- Klassifizierung nach Zielen und politisch ideologischer Grundausrichtung oder Herrschaftsanspruch 217
- Organisation 221, 225
- sozialdemokratische 218, 233
- Theorie 233
- totalitäre 225
- Zentrum 218
Parteielite 215
Parteiendifferenzthese 338, 400
Parteienfinanzierung 224
Parteienforschung 215, 220, 222, 228
Partei(en)funktion(en) 220, 231
- Artikulation und Aggregation von Interessen 220, 223, 231
- Elitenauslese/-rekrutierung 220, 223
- Formulierung politischer Ziele und Programme 220
- Kommunikation 220
- Systemintegration 220
Parteiensystem 33, 215 f., 226
- Begriff 226
- Fragmentierungsgrad 260
- Herausbildung 228

- Institutionalisierungsgrad 260
- Klassifizierung nach Anzahl und Stärke der Parteien 226
- Klassifizierung nach ideologischen Distanzen 226
- Klassifizierung nach Richtung des Parteienwettbewerbs 226
- Wandel 231

Parteiensystemforschung 215 f.
Parteientypologie 224
Parteienwettbewerb 220 f.
Parteiliste 247
Partizipationskultur 308
Persistenz politischer Institutionen 321
Personalsysteme, öffentliche 146
Perspektive
- makrotheoretische 379
- mikrotheoretische 380

Pfadabhängigkeit 49, 199
Pfadanalyse 64
Pfade zur Modernisierung 192
Philippinen 219
Philosophie, politische 12, 17, 95
Planungszelle 100
Plenardebatte 273
Pluralismus 104
policy 11, 19, 21, 23, 32, 396
- akteursorientierter Ansatz 399
- neoinstitutionalistischer Ansatz 400
- strukturalistischer Ansatz 399
- Typologie 275

policy-Analyse 22, 356, 396, 416
- Umweltpolitik 356

policy-Forschung 21 f., 331
- vergleichende 400

policy maker 148
political culture 74
political engineering 238
politics 11, 19 ff., 23, 32, 396
Politie 17, 98
Politikbegriff 19
Politikberatung 12, 18
Politikergebnis 414
Politikfeldanalyse 396
Politikfelder der EU 168
Politikfeldverregelung 410
Politikverflechtung 292, 298
- Politikverflechtungsfalle 295, 297

Politische Kultur 34, 74, 190, 205
- Begriff/Definition 306 f.
- Datenlage 317
- -forschung 22, 31, 206
- Operationalisierung 307, 312, 314
- Typen 308, 312
- Veränderungen 313

Politisches System 24 ff., 4
- Funktion 24
- Identität 29
- institutionelle Dynamik 286
- Klassifikation 105
- Stabilität 30

Politisierung 147
- der Verwaltung 147
- formale 147
- funktionale 148

polity 11, 19, 21 ff., 32, 396
- -Projekt 111

Polyarchie 101, 110, 187
- Kriterien 101

Postmodernisierung 321
power 80
Präsidentialismus 119, 121
- 125
- 125

Präsidentialismusforschung 124
Primäranalyse 47
Primäruntersuchung 47, 51
Prognose 18, 60
Proporz/-demokratie 243, 247, 298
Proporzprinzip 287
Proporzsystem 287
prosopography 80
Public Administration 140
Public Choice-Theorie 374
Public-Interest-Tradition 143

Quangoisierung 155
Querschnittanalyse 48

Rat der Ständigen Vertreter (COREPER) 165
Räterepublik 99
rational choice-Ansatz 197 f.
rational choice-Paradigma 198

Stichwortverzeichnis

Rationalitätsprinzip 355
Ratioskala 60
Realtypus 97
Recht 26 f.
Rechtsfamilien 141
Rechtsstaat 26 ff., 103
– formale Kriterien 28
Rechtssysteme 27
– parlamentarische 118
– präsidentielle 118
Redeparlament 272
reflexivity 74, 77, 82 – 85, 87
Reformpolitik im Wohlfahrtsstaat 344
Regierung
– Abberufbarkeit der 119 f.
– Begriff 25
Regierungssystem(e)/System(e) 20, 33, 96, 118, 121 f., 136
– Definition 118
– Merkmale 120
– parlamentarische 96 f., 119 f., 133, 266, 269
– präsidentielle 96 f., 119, 133
– semi-präsidentielle 121, 129
– Typologien 117, 126
Regierungssystemlehre 118
Regierungstypen 118
Regierungswechsel 25
Regierungsweise, parlamentarische 264
Regime 96
– autokratisches 106
– autoritäres 102, 104, 106
– Begriff 25
– defizitäres 109
– Dimension 105
– Grenzziehung 109
– internationales 170, 413
– Klassifikation 105
– Kollaps 201
– totalitäres 102, 107
– Typen 109
– Wandel 187
– Wechsel 25, 187
– Wirkung 413
Regimetypologie 101
Regimewirkungsprüfung 414
Regressionsanalyse, multiple 64

regulatory state 286
Reliabilität 60
Religion 195
– religiös-kultureller Faktor 195
Repräsentation, politische 243, 245
Repräsentationspartei 217
Repräsentationsprinzip 242 ff., 250
Repräsentativverfassung 264
Republik 99
responsibility 75
responsiveness 277 f.
Revokationsrecht 268
root concept 107
Rückkopplungsprozess 415
Rückübersetzung 61
Rückwirkungen
– dynamische 415
– stabilisierende 414
rule of law 27
Runder Tisch 277

Säkularisierung 194
Schatten der Zukunft 406, 416
Schweden 272, 288 f.
Schweiz 285, 294, 300
Schwellenwertbestimmung 113
Sekundäranalyse/-untersuchung 47, 49
Selbstverwaltung, kommunale 150 f.
selection bias 52, 57, 69
Semipräsidentialismus 121
separational system 151
Sicherungssysteme, soziale 329
Signifikanzniveau/-prüfung 65
single purpose model 152
single-transferable vote system 252
Skala 60
social dumping 343
society 82
Souveränitätsverzicht 278
Sowjetunion 225
Sozialausgaben 329
soziales Kapital/Sozialkapital 194, 196, 320, 373 f., 390
– Definition 373
– Fragestellungen 377 f.
– Messung 382 f.
– Produktionsfaktoren 389

Sozialisationshypothese 320
Sozialkapitalansatz 376
Sozialkapitalausstattung 375, 385
Sozialkapitalforschung 320
Sozialpolitik 329
 – Begriff 332
 – staatliche 329
Sozialpolitikforschung 332
Sozialstaat (Begriff) 331
Sozialversicherungsprinzip 333
Spanien 104, 287
 – Spanische Verfassung 273
Spannungslinien 219
specificities 82
Sperrklausel 249
Spieltheorie 403
 – spieltheoretisches Modell 198
spoil system 147
Staat 24, 96, 108
 – Begriff 24 f.
 – Definition 24
 – Kapazität 108
 – Merkmale 24
Staatsbürgerkultur 205
Staatsform 17
 – Staatsformenlehre 117
 – Staatsformentypologie 17
Staatspräsidenten 123
 – Vollmachten (direkt gewählter) 123 f.
Staatstätigkeit 129
Staatstheorie 17, 25
Stabilität 29, 31, 203
 – demokratischer Systeme 205
 – politische 29
Standortkonkurrenz 342
Steuerung, politische 21
Stichprobe 51, 65
Stimmenverrechnung 247 f.
Stimmgebungsform 245 f.
Struktur, politische 24
Strukturtheorie 192
Studie
 – deskriptive 47
 – erklärende 47
Subtypen autoritärer Herrschaft 105
Südostasien 365

Superspiel 405
Supreme Court 286
Surveyforschung 311
sustainable development 367
System(e) 119
 – hybride 108
 – parlamentarische 119, 125
 – pluralistisches S. der Interessenvermittlung 291
 – postkommunistische politische 219
 – präsidentielle 120 f., 124
 – Präsident-parlamentarische 122, 124
 – Premier-präsidentielle 122
 – totalitäre politische 221
Systematisierung politischer Orientierungen 314
Systemforschung, politische 22
Systemfunktion 20
Systemperformanz 318
Systemtheorie 25
 – systemtheoretischer Ansatz 20, 189
Systemwechsel 34, 187
 – Akteurstheorie 196
 – ausgehandelter 201
 – Elite 197
 – gelenkter 200
 – Interessenrepräsentation 204
 – Kulturtheorie 194
 – Modernisierungstheorie 191
 – Phasen 199
 – von unten 200
Systemwechselforschung 206

tertium comparationis 76, 79, 82, 83, 87
Theorie
 – des Intergouvernementalismus 170, 172
 – des sozioökonomischen Funktionalismus 337
 – neorealistische 404
 – vergleichender Wohlfahrtsstaatsforschung 336
Theoriebildung 32
Theoriekonzepte, institutionalistische 340
thick description 54
Threshold-Problematik 113
Tit-for-Tat 406

Totalerhebung 51
Totalitarismus 103, 105, 107
Tradition 31
Transaktionskosten 401
Transformation autoritärer und totalitärer politischer Systeme 34, 186
Transformation der westeuropäischen Parteiensysteme 231
Transformationsforschung 113, 188, 194, 207
Transformationsphasen 199
Transformationsprozess 186, 196
Transformationstheorie
Transition 188
Transitionsphasen 197
travelling problem 44, 61, 141
Treibhaus-Effekt 366
Trendanalyse 49
triangulation 69
Trittbrettfahren 410
truth 80
Tschechien 273
Typologie 41, 113
– der Parteiensysteme 228
– der Wahlsysteme 253
Typus autoritärer Herrschaft 106
Typus legaler Herrschaft 31
Tyrannei/Tyrannis 17, 98

UdSSR 104
Umfrageforschung 48, 65
Umfragen zum parlamentarischen System 269
Umweltbewusstsein 351
Umweltperformanzindex 361
Umweltperformanzscore 362
Umweltpolitik 349, 356, 358
– Analyse 357
– Definition 352
– Entwicklungsländer 364
– Instrumente 352 f.
– OECD-Länder 358, 360
Umweltpolitikforschung 366
Umweltprogramm der VN/UNEP 351
Umweltschutzgesetz 350
Ungarn 204
„ungemütliches Fünfeck" 277

„ungemütliches Viereck" 274, 277
universal categories 87
universal epistemologies 84
Universalien, evolutionäre 189
universalization 76 f., 79 f., 82
universalizability 77 f.
Unterstützung
– Demokratie 318
– diffuse 204
– spezifische 204
Untersuchungsform 44
Untertanenkultur 308
Unzufriedenheit mit der Demokratie 315, 318
USA 18, 97, 264, 272 f., 277, 288 f., 293 ff., 308, 388

Validität 59, 61
– empirische 59
– logische 59
validity of theories 78
Variable 50, 56 f.
– abhängige 42
– unabhängige 42
Verantwortlichkeit, parlamentarische 268
Verband 33
Verbändekorporatismus 298
Verbändesystem, korporatistisches 291
Verfahren, multivariates statistisches 64
Verfassung 17, 26
Verfassungsideal (Aristoteles) 17
– liberales 267
Vergleich 18, 39
Vergleichende Internationale Regimeforschung 397
vergleichende Politikwissenschaft 9, 11
– Methode 9, 39 f., 68 f.
– Selbstverständnis 9
– Theorie 32, 43, 70
Vergleichende Regierungslehre 11 f., 23, 32, 39, 161, 237
– Gegenstand 19
– zentrale Forschungsgebiete 33
Vergleichsanlage 51
Vergleichskriterium 41
Verhaltenskonsolidierung 205, 268
Verhältnisskalen 60

Verhältniswahl 242 ff., 251, 253
 – kompensatorische 251
 – personalisierte 252
 – reine 252
 – Wirkungen 256
Verhältniswahlsystem 228, 244
 – Typen von V.en 251
Verhandlungsdemokratie 283, 285, 295
 – Begriff 285
 – Dimensionen 296
 – Dynamik 302 f.
 – Konzept 285
 – Typen 298, 303
 – Varianten 296
Verhandlungssystem 296
Verregelungswahrscheinlichkeit 417
Versäulung 295
Verteilung politischer Orientierungsmuster 308
Verteilungskonflikt/-problem 407
Vertrauen 383, 402, 416
 – in Institutionen 315
 – soziales 384
Verursacherprinzip 354 f.
Verwaltungsaufbau 144
Verwaltungskoordination im Mehrebenensystem 151
Verwaltungskultur 141
Verwaltungsorganisation 144
Verwaltungspluralität 157
Verwaltungsprofil 142 f.
 – kontinentaleuropäisch-napoleonisches 142
 – skandinavisches 143
Verwaltungsraum, europäischer 157
Verwaltungsreformen 153
Verwaltungstradition 142
 – angelsächsische (und anglo-amerikanische) 143
 – kontinentaleuropäisch-föderal geprägte 142
Verwaltungswissenschaft, transdisziplinäre Ausrichtung 140
Verwertungszusammenhang 46
Veto, konstitutionelles 289, 292, 303
veto points/Vetopunkte 117, 293, 340
Veto-Koalition 294

Veto-Spieler Vetospieler 117, 132 – 136, 340, 412
Vetospieleransatz 132
Vetospielerindex 298
Volatilität 232
Volkspartei 225, 234
Volkssouveränität 98, 100
Vorsorgeprinzip 354 f.

Wahlbeteiligung 248
Wahlen 34
Wähler 246 ff.
Wählermobilisierung 225
Wählerpartei, professionalisierte 225
Wahlkampf 224
Wahlkreiseinteilung 245
Wahlrecht 99, 217, 219
Wahlsystem(e) 34, 228, 237
 – Analyseebene 241 f.
 – Anforderungen 254
 – Auswirkungen 239, 243, 257 f.
 – Bewertungsmaßstäbe 253
 – empirisch-statistischer Ansatz 241
 – Forschungsansätze 237, 240, 259
 – grundlegende Fragestellung 238
 – historisch empirischer Ansatz 241
 – Kernfunktion 254
 – kombiniertes 252
 – Konzept 237
 – Machtfragen 240
 – normativer Ansatz 240
 – Theorien 255
 – Wählerverhalten 239
Wahlsystematik 243
Wahlverhalten 261
Wahlzahlverfahren 248
Währungsunion 179
Weimarer Republik 49, 221
welfare state 331
Welten des Wohlfahrtskapitalismus 332
Werte, demokratische 274
Wertewandel 34,
Wertorientierung 320
 – materielle 320
 – postmaterielle 320
Western concepts 75
Westminsterdemokratie 126

Stichwortverzeichnis

Whiggishness 79 f., 82
Willensbildung, politische 216
Wohlfahrtsstaat 331
– Typen 301, 317, 332, 381, 384, 386, 388
Wohlfahrtsstaatsforschung, vergleichende 329
Wohlfahrtsstaatsregime, sozialdemokratisches 333 f.
World Values Survey 281, 340f., 343, 346, 348f.

Zeitreihe 49
Zeitreihenanalyse 49
Zentralbank 293
Zertifikat 354
Ziele des Vergleichs 18, 40
Zivilgesellschaft 205 f.
Zwei-Ebenen Spiele 411
Zweikammersystem 271
Zweite Kammer 272

Autorenverzeichnis

Dr. *Hartmut Behr*, Professor an der Universität von Newcastle (Chair of International Politics), United Kingdom
hartmut.behr@ncl.ac.uk

Dr. *Klaus von Beyme*, Professor (Emeritus) am Institut für Politische Wissenschaft, Universität Heidelberg
klaus.von.beyme@urz.uni-heidelberg.de

Dr. *Aurel Croissant*, Professor am Institut für Politische Wissenschaft, Universität Heidelberg
aurel.croissant@urz.uni-heidelberg.de

Dr. *Roland Czada*, Professor am Institut für Politikwissenschaft, Universität Osnabrück
roland.czada@uni-osnabrueck.de

Dr. *Jörg Faust*, Head of Department III: Governance, Statehood & Security/Leiter der Abteilung III: Governance, Staatlichkeit & Sicherheit, Deutsches Institut für Entwicklungspolitik, Bonn
joerg.faust@die-gdi.de

Dr. *Sven Jochem*, Vertreter der Professur für Politikwissenschaft, insbesondere international vergleichende Politikfeldanalyse, Universität Bamberg
sven.jochem@uni-bamberg.de

Dr. *Sabine Kuhlmann*, Professorin für Vergleichende Verwaltungswissenschaft an der Deutschen Hochschule für Verwaltungswissenschaften Speyer
kuhlmann@dhv-speyer.de

Dr. *Volker Kunz*, Professor am Institut für Politikwissenschaft der Johannes Gutenberg-Universität Mainz
kunz@politik.uni-mainz.de

Dr. *Hans-Joachim Lauth*, Professor am Institut für Politikwissenschaft und Sozialforschung der Universität Würzburg
Hans-Joachim.Lauth@uni-wuerzburg.de

Dr. *Wolfgang Merkel*, Professor am Wissenschaftszentrum Berlin, Direktor der Abt.: Demokratie: Strukturen, Leistungsprofil und Herausforderungen
Wolfgang.merkel@wz-berlin.de

Dr. *Wolfgang Muno*, Wissenschaftlicher Mitarbeiter am Institut für Politikwissenschaft der Johannes Gutenberg-Universität Mainz
muno@politik.uni-mainz.de

Dr. *Dieter Nohlen*, Professor (Emeritus) am Institut für Politische Wissenschaft, Universität Heidelberg
dieter.nohlen@urz.uni-heidelberg.de

Felix Roesch, M.A. M.A., Doktorand an der Newcastle University

Dr. *Siegmar Schmidt*, Professor am Institut für Politikwissenschaft der Universität Koblenz, Landau, Campus Landau
schmidts@uni-landau.de

Dr. *Nico A. Siegel*, Research Director, „Leben in Deutschland": Das Sozio-oekonomische Panel (SOEP), TNS Infratest Sozialforschung
nico.siegel@tns-infratest.com

Dr. *Peter Thiery*, wiss. Mitarbeiter, Centrum für Angewandte Politikforschung, Ludwig-Maximilians-Universität München
peter.thiery@lrz.uni-muenchen.de

Dr. *Thomas Vogt*, MA, Johannes Gutenberg-Universität Mainz
vogt@verwaltung.uni-mainz.de

Dr. *Christoph Wagner*, Akad. Direktor am Institut für Politikwissenschaft der Johannes Gutenberg-Universität Mainz
wagner@politik.uni-mainz.de

Dr. *Bettina Westle*, Professorin am Institut für Politikwissenschaft der Philipps-Universität Marburg
westle@staff.uni-marburg.de

Dr. *Jürgen Winkler*, Akad. Direktor am Institut für Politikwissenschaft der Johannes Gutenberg-Universität Mainz
winkler@politik.uni-mainz.de

Neu im Programm Politikwissenschaft

Wolfgang Merkel
Systemtransformation
Eine Einführung in die Theorie und Empirie der Transformationsforschung
2., überarb. u. erw. Aufl. 2010. 561 S. mit 26 Abb. u. 51 Tab. Br. EUR 24,90
ISBN 978-3-531-14559-4

Das Buch ist die erste systematische Einführung in die politikwissenschaftliche Transformationsforschung und bietet zweitens umfassende empirische Analysen der Demokratisierung nach 1945 und der Systemwechsel in Südeuropa, Lateinamerika, Ostasien und Osteuropa. Für die 2. Auflage wurde das Buch umfassend aktualisiert und erweitert.

Klaus von Beyme
Geschichte der politischen Theorien in Deutschland 1300-2000
2009. 609 S. Geb. EUR 49,90
ISBN 978-3-531-16806-7

Mit diesem Band wird erstmals eine umfassende Geschichte und Analyse der politischen Theorie in Deutschland vorgelegt, die den Zeitraum vom Mittelalter bis zur Gegenwart behandelt.

Arthur Benz
Politik in Mehrebenensystemen
2009. 257 S. mit 19 Abb. (Governance Bd. 5) Br. EUR 24,90
ISBN 978-3-531-14530-3

Ausgehend von der Tatsache, dass Politik in zunehmendem Maße die Grenzen von lokalen, regionalen oder nationalen Gebietskörperschaften überschreitet und zwischen Ebenen koordiniert werden muss, behandelt das Buch Möglichkeiten und Grenzen einer demokratischen Politik in Mehrebenensystemen. Vorgestellt werden relevante Theorien und Begriffe der Politikwissenschaft, aus denen ein differenzierter Analyseansatz abgeleitet wird. Grundlegend ist dabei die Überlegung, dass die komplexen Strukturen der Mehrebenenpolitik die Akteure häufig vor widersprüchliche Anforderungen zwischen unterschiedlichen Regelsystemen stellen, die Entscheidungen erschweren oder Demokratiedefizite verursachen.
Die Akteure entwickeln aber Strategien, um diese Schwierigkeiten zu bewältigen. Erst bei Berücksichtigung strategischer Interaktionen lässt sich bewerten, ob die Praxis des Regierens im Mehrebenensystem Anforderungen an eine demokratische Politik genügt. Am Beispiel der Mehrebenenpolitik im deutschen Bundesstaat sowie in der Europäischen Union werden diese theoretischen Überlegungen und die Anwendung der Analysekategorien für unterschiedliche Formen von Mehrebenensystemen illustriert.

Erhältlich im Buchhandel oder beim Verlag.
Änderungen vorbehalten. Stand: Januar 2010.

www.vs-verlag.de

VS VERLAG FÜR SOZIALWISSENSCHAFTEN

Abraham-Lincoln-Straße 46
65189 Wiesbaden
Tel. 0611.7878-722
Fax 0611.7878-400

Neu im Programm Politikwissenschaft

Holger Backhaus-Maul / Christiane Biedermann / Stefan Nährlich / Judith Polterauer (Hrsg.)
Corporate Citizenship in Deutschland
Gesellschaftliches Engagement von Unternehmen. Bilanz und Perspektiven
2., akt. u. erw. Aufl. 2010. 747 S. mit 39 Abb. u. 5 Tab. (Bürgergesellschaft und Demokratie 27) Br. EUR 59,90
ISBN 978-3-531-17136-4

Timm Beichelt
Deutschland und Europa
Die Europäisierung des politischen Systems
2009. 364 S. mit 11 Abb. u. 32 Tab. Br. EUR 29,90
ISBN 978-3-531-15141-0

Stephan Braun / Alexander Geisler / Martin Gerster (Hrsg.)
Strategien der extremen Rechten
Hintergründe – Analysen – Antworten
2009. 667 S. mit 21 Abb. u. 3 Tab. Br. EUR 39,90
ISBN 978-3-531-15911-9

Irene Gerlach
Bundesrepublik Deutschland
Entwicklung, Strukturen und Akteure eines politischen Systems
3., akt. u. überarb. Aufl. 2010. 400 S. Br. EUR 19,95
ISBN 978-3-531-16265-2

Franz-Xaver Kaufmann
Sozialpolitik und Sozialstaat: Soziologische Analysen
3., erw. Aufl. 2009. 470 S. (Sozialpolitik und Sozialstaat) Br. EUR 49,90
ISBN 978-3-531-16477-9

Uwe Kranenpohl
Hinter dem Schleier des Beratungsgeheimnisses
Der Willensbildungs- und Entscheidungsprozess des Bundesverfassungsgerichts
2010. 556 S. mit 1 Abb. u. 31 Tab. Br. EUR 49,95
ISBN 978-3-531-16871-5

Martin Sebaldt / Henrik Gast (Hrsg.)
Politische Führung in westlichen Regierungssystemen
Theorie und Praxis im internationalen Vergleich
2010. 382 S. mit 4 Abb. u. 8 Tab. Br. EUR 49,90
ISBN 978-3-531-17068-8

Erhältlich im Buchhandel oder beim Verlag. Änderungen vorbehalten. Stand: Januar 2010.

www.vs-verlag.de

VS VERLAG FÜR SOZIALWISSENSCHAFTEN

Abraham-Lincoln-Straße 46
65189 Wiesbaden
Tel. 0611.7878-722
Fax 0611.7878-400